Walter Nutz

Vom Mythos der Freiheit

Von Platon bis Nietzsche

Verfall und Untergang
der westlichen Demokratien
am Ende des 20. Jahrhunderts

22. XI. 95

edition q

Die Deutsche Bibliothek – CIP-Einheitsaufnahme

Nutz, Walter:
Vom Mythos der Freiheit : Verfall und Untergang der
westlichen Demokratien am Ende des 20. Jahrhunderts / Walter Nutz. –
Berlin : Ed. q, 1995
ISBN 3-86124-251-6

Umschlagentwurf: Atelier Höpfner-Thoma, München
Gesamtherstellung: Ebner Ulm
Printed in Germany

ISBN 3-86124-251-6

Inhaltsverzeichnis

Es läßt sich nicht unbedingt sagen, die größte Gefahr unserer Zeit sei der Freiheitsmißbrauch oder die Tyrannei, die Anarchie oder der Despotismus. Das eine wie das andere ist gleichermaßen zu fürchten und kann ebenso leicht aus einer einzigen und gleichen Ursache hervorgehen, nämlich aus der *allgemeinen Gleichgültigkeit*, der Frucht des Individualismus... Was zu bekämpfen nottut, ist also weit weniger die Anarchie oder der Despotismus als vielmehr die Gleichgültigkeit, die fast gleichermaßen das eine wie das andere hervorrufen kann.

Alexis de Tocqueville, Über die Demokratie in Amerika

Einleitung

Dieses Buch gehört nicht zu jenen Veröffentlichungen, die einen Zustand anklagen, ihn schildern und möglicherweise auch noch überheblich werten, um schließlich Lösungen vorzutragen oder gar Ratschläge zu erteilen, wie man diesen unbehaglichen Zustand zu beenden vermag. Nichts davon! Es gibt für den katastrophalen Zustand, der auf diesen Seiten geschildert wird, keine Lösungsvorschläge und keine Ratschläge, wie man die prekäre individuelle Situation oder den von manchen Zeitgenossen als miserabel gekennzeichneten Zustand unserer demokratischen Gesellschaft ändern oder gar aufheben könnte. Schuld an unserer persönlichen und demokratischen Misere scheint, wie in diesem Buch thematisiert wird, die persönliche *Freiheit* zu sein.

Was in diesem Buch angeboten wird, ist das Aufzeigen eines Weges, der zum Begreifen und Verstehen unseres derzeitigen Zustandes vielleicht führen mag. Das organische Leben – und der Mensch wie auch die sozialen Ausformungen, in denen er existiert, gehören dazu – besteht aus einem immerwährenden, nie endenden *Prozeß*. Ein Prozeß ist nicht reversibel, man kann ihn nie umkehren, man kann nie, wie Heraklit schon im alten Griechenland erkannt hat, in den selben Fluß steigen. Darum ist die Umkehr auf manchen sozialen Irrwegen unmöglich, man ist gezwungen, einfach weiterzugehen. Wer Umkehr oder Rückkehr empfiehlt oder gar in einer Notlage die „Umkehr zum Alten" als einzige Möglichkeit predigt, ist entweder ein Unwissender oder ein Scharlatan oder ein gegen besseres Wissen handelnder Opportunist. Der Ruf „ad fontes!" – zurück zu den Quellen! – bedeutet im Grunde doch nur, man solle die gedankliche Möglichkeit ergreifen, an den „Quellen", an den schon gewonnenen Erfahrungen, sich neu orientieren.

Solches neue Orientieren an alten Quellen will dieses Buch ermöglichen. In allen seinen Grundanlagen und Ausführungen

9

zeichnet es zunächst ein Bild von dem tragischen Bewußtsein, in dem letztlich der Mensch, in seiner Existenz allein gelassen, auf dieser Erde lebt. Es zeigt aber auch die phantastischen Anstrengungen des Menschen, wie er durch die Freiheit, durch seine Phantasie, durch die Schaffung seiner Mythen und Legenden, durch seinen auf vielerlei Göttliches gegründeten Glauben diese unbehausbare Erde zu einer wohnlichen Stätte des Wohlstandes, der Zivilisation und der Kultur verwandelt hat. Gleichzeitig vernichtet der „westliche" Mensch aber auch durch seine immer phantastischer werdende geistige Potenz die bestehende Zivilisation und bringt Zerstörung und Unheil über andere Kulturen. Und nicht nur dies. Hat er bislang nur seine eigene und die fremden Kulturen an den Abgrund geführt, so ist es jetzt die Natur selbst, die für alles Leben Voraussetzung und Grund in einem ist, die der Mensch nun zu zerstören begonnen hat

Dieses Ziel hat er erreicht, weil er *frei* ist. Seine *Freiheit* läßt ihn wählen zwischen Vernichtung und Erhaltung. Erhalten will er nur sich selbst. Dies haben schon viele mahnende Geister erkannt und damit begonnen, dem Einzelnen, den Regierungen, den Völkern und allen einschlägigen Verbänden und Weltorganisationen ins Gewissen zu reden und Vorschläge zur Umkehr und Rettung in millionenfachen Auflagen verbreitet.

Weshalb keine Umkehr möglich ist, und was an ihrer Stelle zu tun ist, gehört zum Gegenstand dieses Buches. Sein Thema aber ist die *Freiheit*, die in ihrer schrecklichen Verwandlung zum *Mythos* der böse Geist für unsere westliche Welt geworden ist, den wir aus der Flasche entkommen ließen, den wir nie mehr einzufangen und in sein gläsernes Gefängnis zurückzuverbannen imstande sind.

＊

Es ist in der Tat recht erstaunlich, daß es um die Bedeutung, um die Anwendung und um die gesellschaftliche Auswirkung der persönlichen und der demokratischen *Freiheit*, die doch das vitale Kernstück unserer demokratischen Verfaßtheit und ihrer sie speisenden Visionen darstellt, nicht bedeutendere und mehr kritische Diskussionen gibt, zumal ohne verantwortungsvolle Freiheit die demokratische Lebenssicht und die mit ihr auf Gedeih und Verderb verbundene persönliche Freiheitsgewißheit zu Schall und Rauch verkommt. Ich spreche hier nicht vom landläufigen und

10

häufig mißbräuchlich eingeforderten „Recht", daß wir alle „frei" sein müssen und obendrein in einer Demokratie leben dürfen. Ich spreche auch nicht von konkreten „Fällen", deren freiheitliche Behandlung gefährdet ist und über die die Zeitungen berichten. Ich spreche von der tatsächlichen Bedeutung der Freiheit für unser gesellschaftliches Leben. Erstaunlich ist auch, daß man die allgemeine Verwendung der Freiheitsauslegung und der mit dem alltäglichen Leben verbundenen Exegesen den oberflächlichen, teils gebetsmühlenhaft vortragenden politischen Sonntags- und Feiertagsrednern überläßt, die ihre Gemeinde damit schon lange eingeschläfert und totgepredigt haben.

Es war immer schon intellektuelle Verpflichtung, den Wert der Freiheit in den öffentlichen Diskurs einzubringen, ihn neu zu bestimmen, um dem Menschen den Weg zu seiner Würde zu weisen, die ohne Freiheit nicht denkbar ist. Von der Antike bis ins Mittelalter, über Luther, Spinoza, Locke, Descartes, Voltaire, Kant, Nietzsche bis zu Max Weber, Raymond Aron, Erich Fromm – um nur wenige Namen zu nennen - haben große Männer über die Freiheit gehandelt und sie neu „entworfen". Wie alle entscheidenden Menschheitsthemen, ob es um Glaube, Liebe, Hoffnung, Würde, Gleichheit, Freiheit, Menschlichkeit, Friede, Krieg, Staat oder Gemeinschaft geht, muß jede Generation diese Themen neu zur Diskussion stellen und ihre Fragen neu beantworten, ohne die schon in der Vergangenheit gegebenen Antworten zu vergessen oder sie einfach als Vergangenes abzutun.

Da sich das ganze Leben, und gerade auch das soziale Dasein, nicht nur in seiner Physis als ein ewiger pulsierender *Wandel* erweist, einen unentwegt sich entwickelnden *Prozeß* darstellt, der nichts *Statisches* kennt, wird auch kein Lebendiges, ohne Gefahr des Absterbens und des Verschwindens, eine Ewigkeit finden, in der nur die angestrebte Hoffnung, sei es die der Ruhe oder die des Friedens, für immer herrscht: Alles verändert sich, Stillstand bedeutet Tod – und nicht einmal der Tod bedeutet Stillstand.

Darum werden vor allem die von der Wissenschaft entdeckten „letzten Erkenntnisse" und „ewigen Wahrheiten" immer wieder infrage gestellt, neu durchforscht, um sie wiederum, modern gewendet, als *neue* „letzte Erkenntnis" zu präsentieren. Dieser Ablauf ist zu begrüßen und ist für die Fortdauer lebendiger und fruchtbarer Menschensuche nach „göttlicher" Wahrheit unbedingt erforderlich, weil die Verkündigung der *absoluten* „ewigen Wahrheit" den Tod jeden kritischen Denkens und den Tod demokratischer und persönlicher Freiheit bedeutet: Die absolute Wahrheit haben nur Diktaturen anzubieten und sie „vollstrecken" sie auch. Diese Erkenntnis des sokratischen „Ich weiß, daß ich nichts weiß", d.h. die Gewißheit, daß trotz allen Bemühens nie die absolute Wahrheit, sondern nur vielleicht eine „relative" zu gewinnen ist, mag den erkenntnishungrigen Menschen verzweifeln und ihn möglicherweise in tiefe Depressionen verfallen lassen. Man kann es damit halten, wie es Friedrich Schiller oder Heinrich von Kleist praktiziert haben, nachdem sie aus den Lehren des Titanen Immanuel Kant die Ungewißheit der Gewißheit erkannt hatten: Schiller meinte, er habe zehn Jahre gebraucht, um Kant zu verstehen und zehn Jahre, um ihn zu vergessen -und lebte auf seine Weise sein Dichterleben weiter; Heinrich von Kleist dagegen versank im uferlosen Meer seiner Schwermut, nachdem er, wie er an seine Schwester Ulrike schrieb, im „Heiligtum seiner Seele" erschüttert wurde, als ihm klar war, daß wir „hienieden" keine Wahrheit und endgültige Gewißheit erfahren werden.

Nun leben die wenigsten Menschen in der ständigen Suche nach Erkenntnis und Wahrheit oder in der Suche nach Gott. Das Leben ist für den Großteil der Menschheit kein Rätsel, man nimmt es unreflektiert hin und versucht im Rahmen des „naiven" Menschseins, die Bedürfnisse – materielle, psychische und geistige – zu befriedigen. Nur für jene, die das Leben „enträtseln" wollen, wird es zum Rätsel und sie stoßen ständig an festgemauerte Grenzen des menschlichen Erkenntnisvermögens: Es sind die unruhigen Geister, die sich als Wissenschaftler oder als intellektuelle Beobachter betätigen. Angesichts des unendlichen Universums und der Aufdeckung der makro- und mikrobiosphärischen „Gesetze" in Physik, Chemie und Biologie hat der intellektuelle Mensch die „Gewißheit" gewonnen, daß hinter allem Tun und unablässigem Handeln die endgültige Vergänglichkeit liegt, jenes „Land, von dessen Grenzen kein Wanderer wiederkehrt", wie Shakespeare seinen Hamlet klagen läßt.

＊

Dieses Buch handelt vom problematischen Besitz und Verlust der persönlichen und demokratischen Freiheit. Es ist geschrieben im Geiste und in der Gewißheit jener Überlegungen, die ich in den vorangegangenen Zeilen vorgetragen habe. Meine Bejahung des unumkehrbaren Menschendrangs, Gewißheit über sich selbst

12

und seine eigene Welt zu erlangen, läßt philosophische Erkenntnisgewinnung und Systembildungen gelten, wenn ich auch gewöhnt bin, aus dem Geiste der empirischen Soziologie unsere Geschicke nicht ausschließlich sub specie aeternitatis zu betrachten, sondern sie sub specie hominis socialis zu ergründen suche – nicht also allein aus der Sicht der „ewigen und letzten Dinge", sondern mit den Augen des einzelnen Menschen, der in seine soziale Welt hineingeboren wurde und nie mehr daraus zu entfliehen vermag.

Die *Kopernikanische Wende* hat uns der Hölle, aber auch des Himmels beraubt. Nun haben wir uns seit Kopernikus auf dem kahlen Erdenrund einrichten müssen – in der transzendentalen Obdachlosigkeit, wie Georg Lukács einmal schrieb. Konnte man vordem Gott oder dem Teufel noch alles aufbürden – auch die Marter der Ungewißheit –, so war jetzt dieser Ausweg endgültig verschlossen. Wir haben uns demnach, ob wir wollen oder nicht, mit dem abzufinden und uns auseinanderzusetzen, was wir in unserem Leben vorfinden. Da der einfache Mensch sich nie mit folgender „ungewisser Wahrheit" konfrontieren läßt und sie dadurch nie zu erleiden braucht, sei sie kurz beschrieben: Der Mensch lebt auf einem winzigen Staubkorn im Universum, das sich über Millionen Lichtjahre ausdehnt. Dieses Staubkorn heißt Erde und rast wie alle anderen Sterne durchs All. Auf diesem Staubkorn wird der Mensch geboren, erlebt viel Leid und ab und zu etwas Glück, kämpft ständig ums Überleben und stirbt. Das Staubkorn rast weiter durch das All.

Diese „Wahrheit", falls sie zutrifft, kann der Mensch nicht ertragen. Deshalb wird er, so ihm diese „Realität" bewußt wird, alles aufbieten, um dieser brutalen Sinnlosigkeit einen Sinn einzupflanzen. Diese Arbeit braucht er allerdings nicht mehr allein zu leisten, da sie schon seine Altvorderen für ihn erbracht haben: In Naturreligionen, Ahnenkulten, Götterverehrungen, Totenkulten, Mythologien, Legenden und religiösen Riten wird die Welt erklärt und ihr „Sinn" dargestellt. So wurde der Mensch nicht nur bei seiner Geburt in die Geborgenheit der Familie oder des Clans oder irgendeiner Gruppe hineingeboren, sondern er ruhte auch im Schoße seiner ihm überlieferten Welterklärung – seiner Religion. Alles hatte einen „Sinn", die Natur, das Gewitter, der Sturm, der Blitz, die Tiere. Die späteren monotheistischen Hochreligionen, wie das Christentum, die mosaische Religion, der Islam, der Buddhismus usw. bauten riesige Vorstellungsgebäude auf, die für den Menschen zum Heim wurden, in das er einfach einzog, in dem er sich häuslich einrichtete und das er niemals als Hort infrage stellte.

Das christliche Mittelalter ist dafür ein guter Beweis: Hier hatten Himmel, Gott, die Heiligen, Christus, die Engel, der Teufel, das Fegefeuer, die Hölle und dazwischen der Mensch, hier hatte alles einen *absoluten* „Sinn". Wenn später die Aufklärung, Charles Darwin und seine Abstammungslehre, der moderne Nihilismus, der Marxismus-Leninismus, die sogenannte Moderne und Postmoderne alles wegfegte, was das christliche Erbe in Europa ausmachte, so zog sich der europäische Mensch auf sich selbst zurück und versuchte, seine Einsamkeit auf dem „sinnvollen" Erdenrund mit vielen Tricks zu überlisten, baute zwischen seinem „sinnvollen" Leben und dem drohenden Verhängnis der todbringenden Sinnlosigkeit eine hohe Mauer auf, die getragen wurde von seinen Hoffnungen und Ängsten, als da waren: Glaube an einen möglichen Gott, an die Verheißungen einer Sekte, und sei sie im finstersten Hinterindien zu finden, Festhalten an materiellem Besitz und rastloser Arbeit, Jagd nach Reichtum, täglicher Kampf ums Überleben, der die Betroffenen nicht zum Nachdenken kommen läßt, hedonistische Sucht nach Sex, Drogen und Alkohol, das Versinken in ständiger Aktivität, Vergnügen und Rausch, vielleicht auch lebenslanges Glück in einer Liebe. Vielleicht geschieht dies heute in der individuellen Anpassung und im Zurechtbiegen der christlichen Lehre, die vor allem in der evangelischen Kirche Deutschlands von fast jedem Theologen auf andere, recht subjektive Weise ausgelegt wird, wobei selbst schon von diesen Theologen die Auferstehung Jesu in Frage gestellt und als „wissenschaftlich" nicht haltbar abgetan wird – das Kernstück christlichen Glaubens, ohne das dieser Glaube seinen eigentlichen Sinn verliert! Die Theologen argumentieren mit ihrer eigenen Wissenschaft letztlich den Glauben hinweg.

Diese multiplen Möglichkeiten und hochdifferenzierten Verhaltensweisen, sowohl in Glaube und Vorstellung als auch in den Lebenszielen innerhalb *einer* Gesellschaft, gründen und können nur gründen auf der Übereinkunft der Anerkennung einer *persönlichen Freiheit* innerhalb einer *permissiven* Gesellschaft, die alles gestattet, die wiederum gestützt wird durch die Staatsform der *freiheitlichen Demokratie*, d.h. einer absolut „offenen Gesellschaft". Und diese freiheitliche Demokratie, so meine Hauptthese, ist überaus gefährdet durch die totale Ausübung der individuellen, d.h. der persönlichen Freiheit. Mit anderen Worten sei die These so formuliert: Es ist die *angewandte* Freiheit, die zur Gefahr für unsere Zivilisation, zur basalen Gefährdung der Demokratie ausufert und zur Destruktion der westlichen Welt führt.

Nun wird in diesem Buch nicht die Freiheit abgewogen und etwa für zu leicht befunden oder möglicherweise für die Abschaffung der persönlichen Freiheit plädiert – im Gegenteil. Ich möchte mich in diesem Buch auseinandersetzen mit dem *Mythos* der Freiheit, d.h. mit den *Vorstellungen* von der Freiheit, die sich beim Einzelnen und in der Gesellschaft eines *mythischen* Daseins erfreuen, aus dem gehandelt und gedacht wird, aus einer mythischen Vorstellung, die eine bestimmte Art von Freiheit fordert, auch wenn sie dem Gemeinwesen schadet. Nicht aus der Position der rationalen Vernunft wird mit der Freiheit umgegangen, sondern aus einer irrationalen Position, für die die Freiheit keine konkrete Lebensauffassung und keine Verantwortung bedeutet, sondern nur noch als *Mythos* fungiert.

Auf welchem Erkenntnis-Hintergrund spielt sich dieses Denken und Handeln ab? Überall hört und liest man, man lebe in einer Zeit des Umbruchs, des Wandels oder der Krise. Solche Zeiten gibt es immer! Wir erfahren sie als Umbruch- oder Krisenzeiten nur dann, wenn sie sich besonders heftig bemerkbar machen. Verlaufen sie in Zyklen und „leise", werden sie kaum registriert. Wenn man soziales Leben als *prozessuales* Leben begreift, dann gibt es logischerweise auch ständig einen Wandel, ob man ihn bemerkt oder nicht. Ereignen sich die Prozesse für den Beobachter abrupt, kann er vom Umbruch sprechen, von Krise, wenn sich keine sichtbaren Lösungen anbieten. In den beiden ersten Kapiteln des I. Teiles dieses Buches habe ich die heutigen (generelle wie akute) Krisenherde aufgelistet und beschrieben. Deshalb soll in diesen einleitenden Bemerkungen die Frage nach dem oben genannten Erkenntnis-Hintergrund nur kurz und stichwortartig beantwortet werden.

Die fast unlösbar erscheinenden Probleme auf unserem Planeten (und damit auch in Deutschland) erscheinen insofern gefährlich, weil sie *gleichzeitig* auftreten und gelöst werden sollen. Man braucht nur einige Stichworte zu nennen wie: drohende Klimakatastrophe, Luftverschmutzung, Ozonlöcher, Überbevölkerung, Naturzerstörung, Hungersnöte in der Dritten Welt, Bürgerkriege, Zusammenbruch des kommunistisch-sozialistischen Machtblocks und die darin lauernden Gefahren, der Ansturm der besitzlosen, hungernden und verelendeten Massen der Dritten Welt auf Europa, die in der westlichen Welt immer weiter ansteigende Massenarbeitslosigkeit, usw. usf. – man braucht diese Stichworte also nur zu nennen, um die fast aussichtslos erscheinende Weltlage beschrieben zu haben. Es scheint, als müsse Abschied genommen werden von einer mit viel Aufwand errichteten und angeblich befriedeten Welt. Wir spüren alle, daß beim Husten in Armenien, Iran oder Bosnien die westliche Welt schon eine Lungenentzündung bekommt. Die Welt ist nicht nur elektronisch, sondern auch schicksalhaft vernetzt durch die durch moderne Technik und Wirtschaft gewonnene Nähe der Kulturen und Staaten. Wenn in Japan die ökonomische Erde bebt, wackeln die entsprechenden Fundamente in den USA und umgekehrt. Andererseits blickt der Westen tatenlos und wie gelähmt und kraftlos auf die unmenschlichen Vorgänge in allen Teilen der Welt. Man kann viele weitere Beispiele anführen und wird zu dem Schluß kommen, daß das Wort vom Umbruch hierbei sicherlich angebracht ist.

Auf der anderen Seite erleben wir, wie die Menschen in Rußland bzw. in der ehemaligen DDR nach dem Zusammenbruch der kommunistischen Diktaturen mit der für sie neuen Freiheit konfrontiert werden: Die Lage in Rußland ist sicherlich nicht mit der in der ehemaligen DDR zu vergleichen, da der Osten Deutschlands in ein bestehendes Staatsgefüge eingebracht wurde, während Rußland bei der Durchsetzung der Demokratie auf sich allein gestellt ist. Aber die Menschen beider Regionen, mit denen man spricht, begegneten bei ihrer Demokratisierung sofort den dunkelsten Schattenseiten demokratischer Provenienz: Arbeitslosigkeit, Drogen, Mafia, um nur drei dieser negativen Phänomene anzuführen. In Moskau und St. Petersburg scheinen Verhältnisse zu herrschen, die diejenigen Chicagos der dreißiger Jahre weit in den Schatten stellen. Die grausamen Jahrzehnte, in denen die Menschen in diesen Ländern zum Schweigen und zum passiven Erdulden verurteilt waren, lassen bei ihnen heute chronische Lähmungen ausbrechen, wenn eine eigenverantwortliche Aktivität von ihnen gefordert wird, um im Daseinskampf zu bestehen. Wo aber sollten diese Menschen ein solch aktives Verhalten, solche Eigeninitiativen erlernt haben? Unter Stalin und seinen Epigonen?

Dort, in diesen Ländern, erleben diese Menschen „Umbrüche"

16

von noch ungeahntem Ausmaß und unvorhersehbarer Wirkung. Erschreckt und zutiefst in ihren bisherigen Lebensgewohnheiten getroffen, erfahren sie unverhofft eine Freiheit (oder Perestroika), mit der sie oft nichts anzufangen wissen. Manche, die die neu gewonnene Freiheit etwas unbeholfen (weil ungewohnt) gebrauchen und anwenden wollen, stoßen meist auf alte verkrustete Sozial- und Marktstrukturen, die solche freiheitlichen Tätigkeiten gar nicht verstehen, sie nicht zulassen oder sogar ersticken. Wen wundert's, wenn sich manche dann nach dem alten, dem kommunistisch bestimmten Lebensablauf zurücksehnen: in eine Welt, in der man sich zumindest auskannte, in der man wußte, woran man war!

In Deutschland selbst gibt es noch ganz andere, ganz konkrete Anzeichen gewaltiger Umbrüche, deren Auswirkungen wir täglich erleben bzw. spüren, Umbrüche, die so vehement sind, daß sie die alten gewohnten und auch liebgewonnenen Regeln und Annehmlichkeiten einfach wegfegen oder sie langsam aber todsicher verschwinden lassen werden. Sehen wir uns in diesem Zusammenhang nur das an, was wir mit *Arbeit* bezeichnen und was sich uns heute massiv im Gespenst der Arbeitslosigkeit von einer anderen, von einer schrecklichen Seite zeigt. Die sich schon 1992 abzeichnende und 1993 immer stärker um sich greifende Wirtschaftsrezession ist nicht nur gegründet in einer „normalen" Marktschwäche, die sich zeitlich konjunkturell auswirkt, sondern sie ist eine völlige Umwandlung dessen, was wir bisher mit dem Begriff „Arbeit" umschrieben haben: Beruf, Geld- und Besitzerwerb, sozialer Status, Freizeit, geregelte Arbeitszeit und tariflich abgesicherter Lohn, Weihnachts- und Urlaubsgeld, feste, lange Urlaubszeiten, Zweitwohnung, Lohnfortzahlung im Krankheitsfall, hohe gesicherte staatliche und betriebliche Rente, Sozialpläne, die Krisen überbrücken, Wirtschaftswachstum, Inflationsausgleich und jährliche Anhebung der Gehälter und Löhne, fester, fast lebenslanger Arbeitsplatz, Gesundheitsvorsorge und Krankenversicherung – diese Regelungen werden, ob es Tarifverträge erlauben oder nicht, zumindest völlig neu definiert werden müssen. Ich fürchte, daß selbst dies nicht genügt.

Das alles ist heute – und wenn man genau hinsieht, schon lange Zeit – äußerst gefährdet und wird in absehbarer Zeit völlig neu verhandelt werden, mit dem wahrscheinlichen Ergebnis, daß die Hälfte dieser Regelungen verschwindet. Wir befinden uns *nicht* in einem Konjunkturtief oder Konjunkturloch, oder vornehmer verklausuliert, in einem Konjunkturtal (das ja impliziert, daß es einen Berg geben muß, auf den wir hinaufklettern werden, weil es ohne Berg kein Tal gibt), sondern wir befinden uns auf einer weiten Fläche, deren Horizonte nicht auszumachen sind, auf einer tabula rasa, deren harten Boden wir noch nicht verspürt haben, weil unser bisheriges Reichtumskissen den Aufprall abmilderte, und deren herbe und erschreckende Wirklichkeit durch den Nebel, den die Politiker und ihre „wissenschaftlichen" Helfer ängstlich verbreiten, immer noch verhindert werden.

Wir alle werden schmerzlich Abschied nehmen müssen von alten Gewohnheiten und von stets als immerwährende Ordnungsraster betrachteten Lebensabläufen, die bereits heute der Vergangenheit angehören. Aus der Berufung wurde der Beruf, aus dem Beruf der Job. Nach dem Schul- oder Hochschulabschluß bleiben heute schon den Abgängern Lehrstellen oder der akademischen Ausbildung entsprechende Positionen zu Hauf verschlossen. Nach Abschluß der Hauptschule findet der Azubi oft keine von ihm gewünschte Lehrstelle, ja er kann froh sein, wenn er überhaupt einen Ausbildungsplatz erhält. Das akademische Examen – vom Mediziner bis zum Juristen, vom diplomierten Kaufmann und Diplom-Ingenieur bis zum Germanisten oder Soziologen – ist keineswegs die Eintrittskarte für entsprechende Karrieren. Überall werden die Menschen aus ihren Stellen geworfen – und nicht nur die „Kleinen", auch das Management ist schon hart getroffen und entläßt seine „Macher" reihenweise. „McJobs" in den einfachsten Dienstleistungsbetrieben treten an die Stelle der alten Berufe, „Aushilfsstellen" in einer sich schon längst abzeichnenden Dienstleistungsgesellschaft, die von den Politikern und Wirtschaftslenkern in der Bundesrepublik viel zu spät erkannt worden ist. Diese Problematik kann man schon mit einem Blick auf die Zahlenstatistik erkennen, die die USA und die Bundesrepublik in dieser Hinsicht betreffen. Danach arbeiten innerhalb des *produzierenden* Gewerbes in den USA nur noch circa 25 Prozent der Beschäftigten, während es in Deutschland 40 Prozent sind. Im Dienstleistungssektor sind in den USA 72 Prozent und in der Bundesrepublik 58 Prozent beschäftigt.

Die Aufzählung solcher Zustände und Daten beinhaltet, wenn wir ehrlich sind und der Wahrheit ins Gesicht sehen, nur Symptome, Anzeichen, Menetekel an einem sich rapid verdüsternden Horizont, von dem der Wind des drohenden Unheils, das dumpfe Donnergrollen aus der Ferne herüberweht und den Orkan, das Inferno, ahnen läßt. Wir haben die Vorboten der drohenden Katastrophe bereits aufgezählt und die Miseren genannt, inmitten deren wir uns bereits befinden – aber wir handeln so, als gäbe es diese tödlichen Anzeichen nicht. Die Symptome, die ganz deutlich wahrzunehmen sind, deuten auf das verborgene Explosionspotential hin, das unsere Kultur und unsere so hochstilisierte Gesellschaft und ihre Zivilisation nicht nur erschüttern, sondern auch hinwegfegen wird. Für welche Ursachen aber stehen diese tödlichen Symptome? Diese Ursachen, die in den geschilderten Symptomen ihren Ausdruck finden, sind Gegenstand meiner Überlegungen.

Nun geht es nicht um das Klagelied beim Tode unserer aufgebrauchten Kulturen, nicht um Trauergesänge auf den Trümmern des untergehenden Abendlandes oder gar um das Aufzeigen der modernen Farben der kultischen Denkmäler des versinkenden Jahrhunderts, die einen fin-de-siècle-Schmerz in uns zeitigen – nein, Kulturen kommen, blühen auf und vergehen. Worum es geht, ist die Sorge um den möglichen Verlust der *Zivilisation*. Wir klagen oft über die merkwürdige deutsche Begriffsunterscheidung von „Kultur" und „Zivilisation". Ich möchte mit „Kultur" jene zusammengefaßten menschlichen Erschaffungen begreifen, die zeitlich und örtlich in den unterschiedlichsten Varianten auftreten können, ob als australische Ureinwohnerkultur, als aztekische, indianische, spanische, römische oder europäische Kultur. Mit „Zivilisation" verstehe ich hier und in den folgenden Kapiteln unsere westliche Zivilisation, die vor allem ihre Kulturgüter und das Zusammenleben ihrer Menschen durch (früher) gemeinsam anerkannte Grundwerte und rechtsstaatliche Gesetze regelt und schützt, d.h. diese Zivilisation umfaßt jene „Wertegemeinschaft", von der unsere Politiker so oft sprechen und für deren Erhaltung sie nichts tun.

Der Regelkreislauf des Auf und Ab von Kulturen wird kaum zu durchbrechen sein. Aber die Zerstörung der Zivilisation und mit ihr parallel die Zerstörung der Ökologie muß einer Analyse unterzogen werden, wenn beides in den Regelkreislauf der Kulturen mit einbezogen werden soll.

Hier möchte ich in Kürze und zusammenfassend folgende Zusammenhänge erläutern: Auf einem Globus, der durch Menschenhand empfindlich in seinem natürlichen Gleichgewicht gestört ist, wird die Natur allmählich, aber umso unbarmherziger zurückschlagen, um alle Bewohner dieser Erde zu treffen – durch die nicht zu reparierende Ozonschicht, durch die abschmelzenden Polkappen und die Erderwärmung, durch die Verbreitung unzähliger Krankheiten, die durch Luftverpestung und Bodenvergiftung in Form von Allergien, Vergiftungen und Zerrüttung des Immunsystems gekennzeichnet sind. Davon sind *alle* Menschen in allen Erdteilen bedroht. Die immer schneller anwachsende Erdbevölkerung wird unvorhersehbare Katastrophen auslösen, weil große Teile dieser Menschenmassen nichts mehr zu verlieren haben und den Hungertod nicht mehr einfach als unausweichliches Schicksal hinnehmen werden. Sie werden unaufhaltsam dorthin drängen, wo sie Hilfe erwarten: nach Europa und in die USA, deren Gesellschaften sich destabilisieren. Denn die europäische und auch die amerikanische Gesellschaft leben augenblicklich in jenem prekären Zustand, den wir oben mit „Umbruch" charakterisiert haben. Dieser Umbruch ist nicht nur eine der gewaltigsten Umwälzungen, die die Menschheit erlebt hat, dieser Umbruch wird auch solange andauern und seine Schwungräder so heiß laufen lassen, bis sie glühend alles sprengen und auf dem Gipfelpunkt der Erhitzung explodierend auseinanderfliegen. Und dieser Gipfelpunkt wird nichts anderes bedeuten als – *den globalen Krieg.*

Wir sind heute kaum imstande, dieses Ungeheure zu denken, geschweige denn dieses Ungeheure auszusprechen. Wer von einem kommenden Krieg spricht, wird heutzutage geradezu gesellschaftlich geächtet oder, was noch schlimmer ist, er wird als ewig Gestriger abgetan, und die Medien, die solche Kunde kommentieren, berichten darüber in einer lächerlich machenden Glosse oder sprechen mit Panik verbreitendem Unterton von Kriegstreiberei. Kurz: man hat die *political correctness* verletzt. Doch man halte sich erneut vor Augen: Die Naturkatastrophen und die auf die Reichtumsinseln drückenden Menschenmassen stellen schon allein eine Bedrohung dar, die nicht ernst genug genommen werden kann. Die durch vielerlei Ursachen destabilisierte Gesellschaft der westlichen Demokratien – fehlende Arbeit, wachsende Zahlen der Arbeitslosen, immer größer werdende Bevölkerungen, die in die Armut abgleiten, eine illusionslose Jugend, die sich in ihrer Mehrheit ohne Zukunft sieht und eine jede freiheitliche Regung erstickende Bürokratie – rettet sich immer mehr in den Versuch, die Produktion und das Bruttosozialprodukt zu steigern, sucht ihr Heil in der ständig wachsenden High-Technology und wird diese – und alle anderen – Anstrengungen

mit der notwendigen Liberalität der freien Marktwirtschaft begründen, d.h. mit dem hinter allem stehenden Gebot der persönlichen und demokratischen Freiheit, die dafür zu sorgen habe, daß
immer mehr erwirtschaftet und immer mehr produziert werde –
gleichgültig mit welchen Opfern.

Da jedoch die Freiheit nur liturgisch und verbal in die Lebensorientierung eingebunden ist, aber in der alltäglichen Realität
stets als Begründung für die „Eigenverwirklichung", und sei sie
noch so egoistisch, gesellschaftsfeindlich und inhuman, herangezogen wird, muß dieses Freiheitsverständnis mit für die Ursache
destruktiven Verhaltens verantwortlich gemacht werden. Diese
Destruktion wird voll durchschlagen, weil sie weder von jenen
Kräften aufgefangen wird, die durch Verantwortung für das Allge-
meinwohl gebildet und gestützt, noch von ethischen Entgegen-
wirkungen aufgehalten werden kann. Diese Kräfte gibt es nicht
mehr. Ethik und Verantwortung gehören zu den Altlasten vergan-
gener Tage und wurden von der Müllabfuhr der Postmoderne
schon längst auf dem Kehrichthaufen der Geschichte entsorgt.

Selbst dann, wenn Wirtschaft und Arbeitsmarkt zukünftig in
einer tolerablen Bandbreite sich „positiv" entwickeln, werden
alle Kräfte dieses Booms nicht die Ursachen der Weltkrisen beseitigen, sondern sie noch gefährlicher werden lassen. Diese Ursachen manifestieren sich in drei Kategorien, und zwar in

1. der *Singularisation* des Individuums und dessen Verlust der
   Soziabilität (und damit der Fähigkeit sich zu vergemeinschaf-
   ten), der Focussierung des eigenen Ego;
2. der Verselbständigung der Bürokratie und damit der *totalen
   Verwaltung* des Einzelnen, der dies gerne geschehen läßt, weil
   die Freiheit seine Sicherheit gefährdet und ein großes Risiko
   für ihn ist;
3. in dem Zusammenfließen von Singularisation und totaler Verwaltung entwickeln sich die *totale Vernachlässigung von
   Ethik*, gesellschaftlicher Stringenz und Umwelt und damit der
   Verzicht auf Zukunft.

Dies ist die in Kurzform zusammengefaßte Ausgangslage.

Nimmt man diesen Kassandra-Ausblick etwas nüchterner und
fragt sich, was unter diesen Bedingungen den Frieden erhalten
und die gewaltigen Probleme lösen könnte, dann gäbe es nur eine
Antwort: die *Vernunft*. Aber nur Träumer und unverbesserliche
Idealisten oder zynische Ideologen rechnen mit der menschlichen
Vernunft. Es gilt hier nicht, die Vernunft zu definieren oder ihre

Bedeutungsschattierungen herauszuarbeiten. Es ist jene Vernunft gemeint, die man im Alltag gebraucht, wenn man von „vernünftigem Handeln" spricht. Seit wir Geschichte schreiben und uns dadurch erinnern können, hat sich nie etwas in der Menschheitsgeschichte ereignet, das für diese Geschichte von entscheidender Tragweite war, und das durch „Vernunft" bewirkt und gelenkt wurde.

Ein zweites Argument für eine „nüchterne" Betrachtung ist sicherlich der Hinweis, daß es in der Menschheitsgeschichte immer Kriege gab, so daß man fragen muß, wieso sollte es bei uns keinen Krieg mehr geben? Also scheint es doch natürlich zu sein, Krieg zu führen. Nur die Qualität dieses kommenden Krieges wird alle bisherigen in den Schatten stellen.

✳

Nachdem gerade die Zukunft und das Heute – aber in erster Linie die Zukunft – in den düstersten Farben geschildert wurden, sind drei wesentliche Argumente gegen diese hoffnungslose Düsternis anzuführen.

Erstens: Keiner weiß, wie wir unsere persönliche, staatliche und gesamtweltliche Zukunft gestalten werden. Wir können das Heute analysieren und mögliche tödliche gesellschaftliche und ökologische Krankheiten diagnostizieren. Vielleicht aber ist die tödliche Diagnose, die dabei herauskommt, nur subjektiv erlebt und kann objektiv nicht „belegt" werden. Das heißt: vielleicht spielt uns eine übertriebene Angst einen gewaltigen Streich.

Zweitens: In der Geschichte der Menschheit gab es immer schon Umbrüche, die sich in schrecklichen Katastrophen niederschlugen. Düstere Szenarien unseres heutigen Daseins sind nicht falsch, sondern die Schlußfolgerungen und die meist angebotenen Lösungen sind es. Es gibt kein „Zurück zum Alten und Bewährten". Es gab schon immer und zu allen Zeiten und in stetig sich wiederholenden Zeitintervallen grauenhafte Katastrophen, die der Mensch oder die Natur oder beide zusammen ausgelöst haben, die weite Landstriche verwüsteten, Völker auslöschten oder Kulturen total zerstörten. Deshalb ist die Frage berechtigt: Weshalb sollte es heute anders sein? Es wird aber trotzdem ganz anders sein, weil *wir* die Betroffenen sind und nicht irgendwelche Menschen in zurückliegenden Geschichtsepochen; es wird eben jenen Unterschied geben, den wir vom Vergleich zwischen Kino

22

und Wirklichkeit her kennen: Die Katastrophen finden nicht mehr auf der Leinwand statt, denen wir als Zuschauer begegnen – nein, sie ereignen sich plötzlich mit aller Brutalität in unserer eigenen Wirklichkeit und wir sind mittendrin, so sie sich denn ereignen.

Drittens: Wir Menschen überlebten stets durch unsere Hoffnung und unseren Glauben, durch Glauben an uns selbst, an Gott, an das Leben, an die Zukunft, an den Menschen und an die Liebe. Und mit dieser Hoffnung, diesem Glauben und dieser Liebe überlebte der Mensch die fürchterlichsten Katastrophen.

Diese Gegenargumente entheben uns nicht, den möglichen Katastrophen *entschlossen* ins Antlitz zu blicken, die sich aus dem explosiven Gemisch unserer Zeit und dem sozialen Desaster entwickeln können. Wir hören, sehen und lesen alltäglich die Berichte, die uns aus den wissenschaftlichen Labors, den Braintrusts und den Forschungsräumen der Universitäten Kunde über den derzeitigen bedenklichen Zustand unserer Erde, unseres Lebens und seiner Umwelt geben. Durch die rasante Geschwindigkeit, mit der z.B. immer neue Ergebnisse aus Physik, Chemie, Genforschung, aus Wirtschafts- und Sozialwissenschaft, aus der Medizin usw. unser Dasein verbessert und angenehmer werden soll, werden wir gleichzeitig aber auch abgestumpft durch die *Informationsfluten* und verstehen überhaupt nicht mehr, was man uns berichtet. Es gibt auch kaum noch Einzelforscher. Die Materien, die behandelt werden, sind so kompliziert, daß wenige Köpfe die Zusammenhänge verstehen, so daß nur noch Teamwork effizient wird. Doch wem nützen all diese Ergebnisse und Erkenntnisse, wenn die Öffentlichkeit sie nicht mehr versteht und sie diskutieren kann? Betrachte ich mein eigenes Forschungsfeld, das der Soziologie, so erhalte ich ständig Tabellen, langwierige Umfrageergebnisse zu allen Segmenten des menschlichen Zusammenlebens, kaum ein sozialer Winkel, der angeblich nicht wissenschaftlich ausgeleuchtet worden ist, und ich lese in einer esoterischen Sprache, im Fachjargon der Fachidioten, in der Idiomatik der Eingeweihten, Erklärungen und Analysen, deren Wortgeklingel nur ich verstehe und andere meines Fachs, darüber hinaus aber kann niemand etwas damit anfangen außer der Politik und der Wirtschaft, die sie ausschließlich *taktisch* nutzen.

In einem Seminar für Sprachsoziologie hörte ich mir vor einiger Zeit über anderthalb Stunden lang die Ergebnisse eines Forschungsprojekts und seiner methodischen Erarbeitung an, die zwei junge Wissenschaftler vorlegten. In einem unüberbietbaren Fachkauderwelsch erläuterten sie ihre Erkenntnisse. Es ging um den Spracherwerb von Ausländern in Deutschland, d.h. um die Frage, wie und auf welche Weise Ausländer die deutsche Sprache erlernen. Man merkte der Zuhörerschaft an – Soziologen –, daß selbst sie Schwierigkeiten hatte, den Ausführungen zu folgen. Mir erging es ähnlich. Nach einer Stunde Zuhörens dämmerte mir plötzlich ein gruseliger Verdacht, der sich am Ende der Ausführungen aufs Schlimmste bewahrheitete: Die beiden Wissenschaftler hatten entdeckt, daß ein Ausländer, der mit einer deutschen Frau zusammenlebt, schneller und besser die deutsche Sprache erlernt als ein Ausländer, der mit einer Frau aus seinem eigenen Land zusammenlebt.

Nun sind nicht alle sozialwissenschaftlichen und philosophischen Forschungsergebnisse sowie die anderer wissenschaftlicher Disziplinen von solch realsatirischem Charakter und geraten zu Lachnummern. Gesagt muß werden: Es gibt selbstredend unzählige verdienstvolle Forschungen, die unser Leben bereichern, unserer Lebensorientierung dienen und uns allenthalben helfen. Worauf aber der Finger gelegt werden muß, ist die Undurchschaubarkeit dieses Forschens, ist das Verhalten der Forscher und Gelehrten, die sich eingeigelt, in ihrem Elfenbeinturm verschanzt haben, ohne daß die Öffentlichkeit weiß, was in diesen Laboratorien zusammengebraut oder welche Ideen in den Denkfabriken entwickelt werden. Von vielen Standorten aus wurde sich befriedigt darüber geäußert, daß es nicht mehr die „großen Männer" sind, die Visionäre, die Titanen oder wie immer man die etwas bewegenden und wegweisenden Persönlichkeiten nennen will, die die Welt vorantreiben. Es wurde sich befriedigend darüber geäußert, daß man in den anonymen, aber hochprofessionellen Zirkeln die Geschicke der Gesellschaft gestaltet, beeinflußt und auch manipuliert. Nach der Ausgeburt von Persönlichkeiten im Stile eines Hitler oder Stalin – von vielen „kleinen" teuflischen Diktatoren einmal abgesehen – haben wir in diesem Jahrhundert wahrlich genug von „großen Männern". Aber die drohende Provinzialität und Sterilität der anonymen Profis, die unser Leben bestimmen, scheinen uns gleichfalls an den Abgrund, und zwar noch irreversibler und irreparabler, manövriert zu haben. Braucht die Gesellschaft nicht doch die großen Denker und Gestalten, die den Weg weisen, den Weg zunächst aus der unbehaglichen Misere? Haben solche großen Gestalten den Weg aus dem Dunkel ins Licht gefunden, so ist dies ein Verdienst, das die Menschheit seit Moses mit Denkmälern würdigt. Die Frage jedoch bleibt, ob die „großen Männer", wenn sie den Weg aus der Finsternis ins Licht gefunden haben, auch den weiteren Weg, das „richtige" Ziel zum Wohle ihrer Anvertrauten angepeilt haben, der in eine andere, möglicherweise noch unheilvollere Finsternis führt. Diese Frage wollen wir hier zunächst offen halten, sie wird aber in der weiteren Gedankenführung des Buches beantwortet werden müssen.

Vielleicht – und damit soll dieses Problem in seiner Fragestellung abschließend bedacht werden – kann man die soeben gestellte Frage nach den großen Visionären mit Beispielen ergänzen. Als Sören Kierkegaard im Jahre 1844 sein Werk „Der Begriff der Angst" veröffentlichte, ahnte niemand, daß die von ihm angesprochene Problematik nicht nur das Denken des 20. Jahrhunderts über Jaspers, Heidegger und Sartre im Grundgefühl der Existenzdetermination bestimmen würde, sondern daß die Angst, die Kierkegaard begrifflich aus der Erscheinung zu fassen versucht und die er auch in der *Angst vor der Freiheit* erkannte, *die* Thematik – in welcher Auslegung auch immer – unseres Jahrhunderts werden sollte. Als Friedrich Nietzsche sein prüdes und bigottes Zeitalter mit dem schrillen Ruf aufschreckte: „Gott ist tot!", schreckte er auch das kommende 20. Jahrhundert auf, dessen Verderbnis er im Christentum, im Sozialismus und in der Demokratie ausmachte, und dem er Kriege von unvorstellbarem Grauen prophezeite. Sein Rezept der Umwertung aller Werte schien für alle eine, wenn auch kleine, Dosis Lösung bereitzuhalten. Ob Faschisten, Rassisten, Existentialisten, Existentialphilosophen, Ästheten – alle können Nietzsche für sich in Anspruch nehmen: Er war von einem solch denkerischen Urgestein, daß für jeden etwas abfiel.

Wenn ich hier Visionäre nenne, dann kommt man in diesem Jahrhundert auch nicht an einem Oswald Spengler oder an einem Theodor W. Adorno vorbei. Man mag zu ihnen stehen, wie man will, sie haben, an ihrer Profession vorbei, Visionäres gewagt und über den Tellerrand ihrer Gelehrsamkeit hinausgeblickt und vieles bewegt, was in der Verkrustung und Kleinbürgerlichkeit zu provinzialisieren drohte. Es gilt deshalb, den Blick nach vorn zu wagen, die eigene Professionalität kreativ zu nutzen und sie nicht nur innerhalb des sich selbst befriedigenden Professionszirkels zu gebrauchen. Es gilt, den Diskurs mit der Öffentlichkeit, mit den

Menschen zu suchen, den Diskurs, der sich nicht scheut, auch die eigenen professionellen Grenzen zu überschreiten, sich nicht fürchtet vor jenen zaghaften Wissenschaftsbeamten, die jeden kreativen Gedanken als „unwissenschaftlich" denunzieren, nur weil er nicht im kleinkarierten Methodenmuster ihrer Seminare abgesegnet wurde. In diesem Sinne versucht der Autor, mit den Fragen, die dieses Buch stellt, über den Rahmen seiner Profession hinauszublicken.

∗

Es bleibt nun nur noch der Hinweis auf die bestmögliche Nutzung des Buches und auf seine thematische Gliederung. Im Teil I wird versucht, eine sozialpsychologische und soziologische Zustandsbeschreibung, d.h. eine Ausgangsbasis der Überlegungen zur Problematik der Freiheit zu schaffen, um die Diskussion zu ermöglichen. Eingeschlossen in diesem Teil (Kap. 3) wird auch das methodische Vorgehen erläutert, wobei diese methodische Darstellung dem Fachmann zu „dünn" und dem Laien zu „schwer" erscheinen mag. Jedenfalls habe ich mich bemüht, so verständlich zu schreiben, daß der gebildete Leser, von welchem Standort er auch kommen mag, allem folgen kann.

Im Teil II werden die historische Darstellung und der Entwurf eines geschichtlichen Rahmens, in dem die Entwicklung des Gedankens und des Begriffes sowie die praktische Anwendung und die Auswirkung von Freiheit nachvollzogen wird, vor dem Leser ausgebreitet. Diese historische Darstellung erhebt nicht den Anspruch auf Vollständigkeit. Auch hat sie nicht den Ehrgeiz, „Vollständigkeit" der historischen Abläufe, in die Freiheitsbewegungen involviert waren, anzustreben. Mir ist am besten bewußt, welche historischen Gestalten und ideengeschichtlichen Zusammenhänge ich ausgelassen habe, ja auslassen mußte, um dem Versuch, dem Essay, der für eine „Allgemeinheit" unternommen wurde, gerecht zu werden. Nach meiner Meinung – und das mag manchen Historiker entsetzen – waren alle großen menschlichen Auseinandersetzungen ausschließlich Kämpfe um Knechtung und Freiheit.

Im Teil III diskutiere ich die Auswirkungen des Mythos der Freiheit auf einige Bereiche unseres gesellschaftlichen Lebens: auf die Politik, die Bildung und Ausbildung, auf die Kunst und den Kunstbetrieb, auf die Wissenschaft, das öffentliche Leben, die

Ökologie und nicht zuletzt auf die Zukunftsvermutungen dieser Gesellschaft.

Vielleicht sollte ich noch darauf hinweisen, daß die Aussagen in diesem Buch selbstredend auf wissenschaftlicher Grundlage fußen und auch diesen Anspruch erheben – wenn man mit „Wissenschaft" die systematisch gewonnenen Erkenntnisse von Forschungsgegenständen meint und nicht ein Konglomerat von Erkenntnissen, das den falschen Ehrgeiz hat, alle Meinungen oder Thesen der einschlägigen früheren und zeitgenössischen Forscherzünfte, in einen Wust von Fußnoten gebettet, vorführen zu müssen. Diese Arbeit entstand jenseits aller möglichen akademischen Ambitionen und benötigt nicht die Form einer vom wissenschaftlichen Beamtentum angeordneten Prägung. Deshalb versucht sie, mit – so wenig wie möglich und so viel wie nötig – nur den wichtigsten Hinweisen, Zitaten und Literaturverweisen auszukommen. Da der Fluß der Lektüre auch nicht durch Verweise auf immer neue Autoren gestört werden soll, habe ich mich bei meinen Argumenten an jene Vertreter der Forschung gehalten, die auch für die Formung meiner eigenen wissenschaftlichen Entwicklung von entscheidendem Einfluß waren. Das sind für die Soziologie Emile Durkheim, Max Weber und René König; für die Philosophie die Stoiker, Arthur Schopenhauer, Sören Kierkegaard, Friedrich Nietzsche, Ernst Cassirer, Karl Popper und Albert Camus; für die Psychoanalyse Sigmund Freud und Erich Fromm. Die bewußte Beschränkung auf diese Autoren bei der Errichtung meines Gedankensystems erleichtert es dem Leser, den von mir eingeschlagenen Weg zu verfolgen. Andererseits muß ich aber auch vorsorglich darauf hinweisen, daß unendlich viele andere Autoren tiefe und nachhaltige Spuren in diesem Buch hinterlassen haben, wie jeder Kenner leicht herausfinden wird. Insgesamt sollte der Leser nicht vergessen, daß es sich hier um ein *Meinungsbuch*, um einen Essay handelt, dessen Verfasser sich auf seine wissenschaftlich gewonnenen Erkenntnisse stützt.

An dieser Stelle soll die Danksagung folgen. Wenn ich damit beginne, müßte ich – in meinem heutigen 70. Lebensjahr – all meiner Lehrer auf der Schule, der Universität und der Freunde gedenken, denen ich Wissen, fruchtbare Diskussionen und Anregungen zu diesem Thema verdanke. Sie zu nennen, hieße Seiten mit Namen zu füllen. Auch müßte ich all jener abendländischen Autoren gedenken, die mein Leben beeinflußten, von Aristoteles und Sophokles angefangen, über Seneca und Marc Aurel, über Luther, Descartes, Pascal bis zu Kant, Schopenhauer und Nietzsche sowie Vilfredo Pareto, Emile Durkheim, Max Weber, Theodor Geiger, Max Scheler und Ernst Cassirer. Wem ich dabei am meisten zu verdanken habe, ist mein 1993 verstorbener Lehrer René König, jener leidenschaftliche Soziologe, der sich, so oft es ging, dem – wie er sich auszudrücken pflegte – „Afterdenken" der beamteten Wissenschaftsprofessoren entzog und dennoch (oder gerade deswegen) zu seinen großen Entwürfen kam.

Es ist mir aber auch ein großes Bedürfnis, den Menschen in meiner nahen Umgebung herzlich zu danken, die mir die Möglichkeit schufen, in Muße zu schreiben. Ich danke auch denen, die mich an manchen Tagen durch vielerlei Kleinigkeiten am Schreiben hinderten, weil dadurch noch Unausgegorenes nicht zu Papier gebracht wurde, sondern erneut durchdacht werden konnte. Mein inniger Wunsch ist, daß auch diejenigen meinen Dank annehmen, denen ich mit ständigen Fragen und Diskussionen über meine Thematik kostbare Zeit gestohlen habe. Ich kann nur hoffen, daß mein Schreiben, Fragen und Diskutieren ein Buch entstehen ließ, das ein fruchtbares Unbehagen schafft.

Bergisch-Gladbach   Walter Nutz
zur Jahreswende 1994/1995

Teil I

Der Freiheitstanz um das goldene Ego-Kalb

Deinen herrschenden Gedanken will ich hören und nicht, daß du einem Joche entronnen bist. Bist du ein solcher, der einem Joche entrinnen *durfte*?... Frei wovon? Was schiert das Zarathustra! Hell aber soll mir dein Auge künden: frei *wozu*?

Friedrich Nietzsche, Also sprach Zarathustra

1. Kapitel

Vom Glanz und Elend der Freiheit

Von allen Ursachen, die in der Forschung, bei privaten Gesprächen und in öffentlichen Diskussionen sowie beim unablässigen Geplauder in den Medien für die Destruktion der modernen demokratischen Gesellschaften, z.B. durch Korruption, Gewalt, Brutalität, Vandalismus, Terror, Radikalismus usw. und für die Zerstörung unserer Umwelt genannt und dafür verantwortlich gemacht werden, erachte ich die nicht nur ideologisch geforderte, sondern auch realiter in allen Verfassungen der westlichen Demokratien verankerte *individuelle oder persönliche Freiheit* als die *gefährlichste* dieser Ursachen, weil der Gebrauch, der davon gemacht wird, so gefährlich ist.

In allen Veranstaltungen, in denen öffentliche Belange anstehen, muß, wenn es zum festlichen Teil der dazugehörenden Ansprache kommt, die obligatorische Komponente „Freiheit" gepriesen werden, wenn es um die Würde unseres Gesellschaftssystems geht. Die Freiheit ist, so heißt es, die Voraussetzung aller privaten Entwicklung, jeder individuellen Entfaltung und der gemeinschaftlichen Prosperität. Und in der Tat: Ohne die *individuelle* und die *demokratische* Freiheit hätte die westliche Welt nicht jenen luxuriösen Standard des hohen Lebensniveaus erlangt, den sie der „freien" Wirtschaft und dadurch der modernen Technologie zu verdanken hat.

Wenn ich die Freiheit für die gefährlichste Ursache von allen anderen, die an der Zerstörung unserer gesellschaftlichen und natürlichen Welt schuld sind, erachte, dann muß man sich fragen, ob es sich bei diesem „Göttergeschenk" Freiheit nicht etwa um ein Danaergeschenk oder um eine der Gaben aus der unseligen Büchse der Pandora handelt. Oder realistischer: haben wir die Freiheit nicht, wie alle edlen und wertvollen Gaben, vielleicht im Übermaß genossen und uns an ihr „verhoben" und krankgesättigt? Wir müssen bei meiner Behauptung noch einmal fragen: Das

31

allenthalben hochgepriesene, köstliche Gut *Freiheit*, dessen Definition und Werteinschätzung sich die größten Geister jeder historischen Epoche angelegen sein ließen, sollte eine tödliche Ursache für die Zerstörung unserer natürlichen, gesellschaftlichen und sittlichen Welt sein?

Diese Frage werden wir – so behaupte ich, auch wenn wir, wie ich, radikale Verteidiger dieses „köstlichen Gutes" sind – am Ende unseres Diskurses bejahen müssen, wenn wir der Wahrheit nicht ausweichen wollen.

Die Proklamation, daß der Mensch frei geboren sei und darum das menschliche Handeln sich an der Vollendung des Glücksstrebens des Individuums postulativ auszurichten habe, ist mitverursachend für die befürchtete ökologische Katastrophe und für die Destruktion einer schon weitgehend korrumpierten Gesellschaft, die sich im Grunde von jeder Verantwortung für allgemeine und öffentliche Belange lossagt und die hedonistischen, egozentrischen Ziele der individuellen Glückseligkeit auf ihre Fahnen geschrieben hat.

Nach den verheerenden Katastrophen der beiden Weltkriege in diesem Jahrhundert und ihrer Nachfolgekriege – von denen jene des Zweiten Weltkrieges mit der industriell durchgeführten Ausrottung des europäischen Judentums, der „slawischen Untermenschen", des „lebensunwerten Lebens" und der Opferung der eigenen Söhne auf den weltweiten Schlachtfeldern nicht nur durch die Nazis verbunden waren –, wurde folgerichtig die „Diktatur" in jeder Form in fast allen politologischen, soziologischen und wirtschaftswissenschaftlichen Theorien als Urübel gebrandmarkt, während die „Demokratie" als Staats- und Lebensform im Westen nicht allzu sehr in Zweifel gezogen wurde oder gezogen werden durfte. Ihre freiheitlich-demokratischen Grundordnungen – gemäß vieler Eiferer – sollten auch auf die Länder der dritten und vierten Welt in Asien, Afrika und Lateinamerika zwingend übertragen werden, obwohl die meisten dieser Länder noch im wirtschaftlich-sozialen und religiös-ideologischen Umfeld eines eigenen „finsteren Mittelalters" leben und auch heute noch im Stadium von subtil ausgeplünderten Kolonialobjekten westlicher Demokratien verharren müssen.

Die westlichen Alliierten, die aus den bekannten Gründen eine der blutrünstigen Schreckensherrschaften in der Geschichte, nämlich die stalinistische Diktatur, zu ihrem Verbündeten zählten, waren angetreten, um die nazistischen und faschistischen

Gewaltregimes auszurotten und die frohe Botschaft der demokratischen Freiheit auszubreiten. Andererseits, wenn es um realpolitische Interessen ging, haben alle Demokratien, auch nach dem Zweiten Weltkrieg – allen voran die USA –, stets Diktaturen an der Macht gehalten und sie vor ihren Feinden geschützt, wenn sie im strategisch-militärisch-wirtschaftlichen Konzept des Westens eine hilfreiche Rolle spielten. So haben die USA in den 50er Jahren das schon abgesetzte Schah-Regime Persiens gestützt, den gewählten iranischen Premier Mossadeq entmachtet und den Schah mit allen Macht-Mitteln wieder auf den Thron zurückgebracht, um die iranischen Öllieferungen abzusichern. In einer anderen Konstellation gingen die USA in den 70er Jahren in Chile vor. Die Vereinigten Staaten stürzten mit Hilfe des faschistischen chilenischen Militärs den gewählten linken Regierungschef Allende, um wieder „Recht und Ordnung" herzustellen.

Zu Beginn der 90er Jahre dieses Jahrhunderts erlebte die Welt zwei verheerende Beispiele demokratischer Interessensdurchsetzung und auch Machtlosigkeit sowie die erschütternde Gleichgültigkeit eines kaum zu verstehenden Interessengerangels und einer inhumanen Behäbigkeit in den westlichen Demokratien. Ich meine den Golfkrieg und den jugoslawischen Bürgerkrieg.

Was immer die Hintergründe des Ausbruchs und der Beendigung des Golfkrieges gewesen sein mögen, die Weltöffentlichkeit bewertete den massiven Einsatz von Armeen und Material, um das vom irakischen Diktator Saddam Hussein überfallene und besetzte Kuwait zu befreien, als die egoistische Verfolgung von knallhartem Eigeninteresse durch die USA, die das reiche Kuwait und dessen Ölvorräte nicht in den Händen des Irak-Diktators wissen wollten. Für den Einsatz von 500.000 Soldaten, deren Aufgebot eine Meisterleistung der US-Logistik auf dem Hintergrund einer perfekt funktionierenden Technologie darstellte, und für die milliardenträchtigen Hilfen an Materialbereitstellung besaßen die USA und ihre europäischen Verbündeten außerdem eine nicht wegzuleugnende Legitimation: Der Irak hatte Kuwait in einem Angriffskrieg überfallen und einfach als „Provinz" seinem Staatsgebilde einverleibt. Diese Handlungsweise war spätestens seit dem Nürnberger Tribunal weltweit geächtet und forderte die Vereinten Nationen zwingend zum Handeln.

Es war demnach schwer verständlich, daß man in der Bundesrepublik Deutschland diesem Aggressor in breiten Bevölkerungsschichten insofern entgegenkam, als daß viele Gruppierungen dazu aufforderten, weiße Tücher aus den Fenstern zu hängen, um den eigenen Friedenswillen zu demonstrieren und den Krieg zu mißbilligen. Die Formel „Kein Blut für Öl!" ließ die Frage aufkommen, ob die demokratischen Bürger Deutschlands gewillt waren, den heimtückischen Überfall auf Kuwait und dessen Annexion einfach hinzunehmen. Es tauchte auch die Frage auf, ob es nur „die Linken" waren – die per se die „imperialistische" USA immer als Feind betrachteten und drüber hinwegsahen, wenn ein so feudales Staatsgebilde wie das von einer milliardenschweren Herrscherclique unterdrückte Kuwait „hinweggefegt" wurde –, die diese Einstellung hatten.

Im Falle des jugoslawischen Bürgerkriegs wurde der Weltöffentlichkeit bald ganz klar, daß sowohl die USA als auch die EG-Staaten keinerlei Interesse hatten, auch nur einen einzigen eigenen Soldaten für Bosnien oder sonst wen zu opfern. Mochten noch so viele Vergewaltigungen, Schändungen, Folterungen, Plünderungen, Morde, Vertreibungen und andere Unmenschlichkeiten geschehen sein, man beschränkte sich im Westen darauf, Lebensmittel (ab und zu) zu liefern, einige Truppen zu entsenden, die nicht in den Kriegs- und Gewaltablauf eingreifen durften, Pläne vorzulegen, die bei den kriegführenden Mächtigen nur Lachsalven auslösten und behutsam dafür zu sorgen, daß man ja nicht in einen Konflikt hineingezogen wurde, der im eigenen Lande Wählerstimmen kosten könnte. Wo blieb die Verteidigung der Freiheit und der Menschenrechte? Diese Güter rangierten nur noch als Objekte auf der Skala der internationalen Taktik, die man immer dann in Verhandlungen einbrachte, wenn man mit ihnen Alibis suchen, Aktionen verhindern oder gar mit ihnen drohen konnte.

Ohne auf zwingende Einzelheiten einzugehen, kommt es mir hier nur auf das Verhalten von Demokratien an, deren staatsphilophische Maxime „Freiheit" heißt. Man kann an diesen Beispielen ersehen, daß es in Wirklichkeit oft um Eigeninteressen geht und nicht um die Verteidigung der Freiheit oder um die damit unausweichlich eng verbundenen Menschenrechte, die die Atlantik-Charta einmal verhieß, deren Forderungen nach dem Zweiten Weltkrieg von den Vereinten Nationen anerkannt und deren Einhaltung von ihnen überwacht werden sollte.

Gegenargumente – um bei unseren Beispielen zu bleiben –, daß das spätere Ajatollah-Regime eines Chomeni im Iran oder die latent-chaotischen Zustände in Chile noch schlimmere diktatorische Auswüchse als die von den USA gestützten Systeme gezeitigt hätten, gehen am Kern unserer Prämissen vorbei. Auch Frankreich und England sowie Holland, Belgien und Portugal taten sich ungeheuer schwer bei der Liquidation ihrer Kolonialreiche, wenn es darum ging, ohne zu zögern den ausgeplünderten Staaten und Völkern die von den Kolonialherren selbst gepredigte Freiheit zurückzugeben oder ihnen gar die Selbstbestimmung zu gewähren. Man denke dabei nur an Algerien, Indochina (Vietnam), Guinea, Indien, Indonesien, Angola, Kongo usw.

Schon bei diesen einfachen Überlegungen erkennen wir eine merkwürdige Zwiespältigkeit, die in jenem menschlichen Errungenschafts-Wert „Freiheit" zu stecken scheint. Auf der einen Seite steht sie als unbedingt lebenswichtiges Gut ganz oben auf der Prioritätenskala unserer individuellen Postulate, mit deren absolutem Verlust (Strafe durch Freiheitsentzug) wir existentiell ge- oder zerstört werden. Auf der anderen Seite jedoch stoßen wir ständig bei der Verwirklichungsabsicht unseres individuellen Freiheitsstrebens an alle Grenzen und Barrieren der uns umgebenden Gesellschaft und Gesetze. Aus den täglichen Informationen der Zeitungen, des Rundfunks und des Fernsehens jedoch erfahren wir, wie eine Reihe hervorgehobener Persönlichkeiten durch Geld und Macht sich illegal viel größere Freiheitsräume zu schaffen vermögen als andere. Auch hier scheint – wie bei den in der Weltpolitik agierenden Großmächten – das Gesetz der Freiheit nicht zu gelten und dem analogen populären Sprichwort Geltung zu verschaffen, das meint, alle Menschen (Staaten) seien gleich, nur manche seien eben gleicher.

Hier stellt sich ganz allgemein die Frage, ob die individuelle Freiheit und auch das Selbstbestimmungsrecht eines Volkes einfach suspendiert werden kann, wenn es um „übergeordnete" Interessen geht? Hier wird nicht von der Aussetzung der Selbstbestimmung oder individueller Freiheitsrechte durch einen Diktator gesprochen, sondern von der gefährlichen Handhabung, d.h. dem Schutz bzw. der Aufhebung dieser Freiheitsrechte durch Behörden, Administrationen und Regierungen solcher Staaten und Völker, die es zu ihrem grandiosen historischen Verdienst rechnen, die Grundrechte der Menschen und deren Freiheit gegen alle obrigkeitlichen Gewalten einst durchgesetzt und sie zum Grundprinzip menschlichen Zusammenlebens erkoren und in eherne Verfassungstafeln gegossen zu haben. Wenn also die Frage gestellt wird, ob die individuelle Freiheit bzw. das Selbstbestimmungs-

35

recht eines Volkes von den Mächtigen suspendiert wird, wenn es in deren Interesse steht, ist diese mit „ja" zu beantworten, auch wenn dieses Suspendieren durch noch so hehre ideologische Verbrämung kaschiert wird.

Das vom einzelnen Individuum massiv eingeforderte Recht auf *persönliche* Freiheit wird nahezu überall und jederzeit von ihm aggressiv vertreten und mit aller Gewalt durchzusetzen versucht, weil es in unreflektierter Selbstverständlichkeit erwartet, daß ihm alles, aber auch alles in einem „freiheitlichen Land" gestattet ist, sofern es nur einige wenige Gesetze halbwegs beachtet. Für dieses Verhalten haben ihm die Soziologen und Sozialpsychologen den schönen legitimativen Begriff der „permissiven Gesellschaft" zur Hand gegeben – die alles gestattende Gesellschaft. Mit diesem einmal geprägten Begriff sollten wir alle beruhigt leben können, auch wenn diese Bezeichnung allein keine Problemlösung darstellt und für die Praxis nur eben ein Begriff ist und für die Theorie eine vage Kennzeichnung bleibt.

Hinter dem Begriff „permissive Gesellschaft" verbirgt sich eine teils gnadenlose Brutalität. Sie beginnt im Alltag mit solch Petitessen wie der Selbstverständlichkeit, mit der junge Schüler und Schülerinnen gedankenlos auf Sitzplätzen in der Straßenbahn beharren und alte, gebrechliche Menschen stehen lassen. Sie setzt sich aggressiv fort im täglichen Straßenverkehr und in der nicht zimperlichen Interessensverfolgung des Einzelnen an seinem Arbeitsplatz, in der Duldung der angeblich „kleinen" Vergehen und Verbrechen, wie Diebstahl, Einbruch usw., deren Regelung die hoffnungslos überforderte Polizei den Versicherungen zuschiebt, bis hin zur Selbstbedienung der Politiker an öffentlichen Geldern. Das oft unverfrorene Einfordern individueller Rechte von der Gemeinschaft beruht auf der festen und genauso unverfrorenen Überzeugung, daß aufgrund seiner verbrieften Freiheitsrechte diese Gemeinschaft für ihn, den Einzelnen, da zu sein hat und daß er, der Einzelne, keineswegs der Gemeinschaft eine Gegenleistung schuldig ist.

Es sind darum nicht mehr die selbstverständlichen Einhaltungen der Regeln und Gesetze gefragt – schick ist nicht nur, wenn man sie elegant zu umgehen versteht, sondern sie vor aller Augen auch bricht oder die Mißachtung publik macht. Die „permissive Gesellschaft" ist anerkannt, und man ist ein viel gefragter Experte im Fernsehen und seinen Talk-Shows, wenn man die Defizite der Permissivität beklagt, aber auch dann, wenn man Vorschläge zur Beseitigung dieser Defizite unterbreitet – und seien sie noch so windig. The Show must go on! Beratung und Rat werden zum Integrat dieser Show.

Die Mechanismen der wirklichen Verläufe dieser hochdifferenzierten Systeme des täglichen sozialen Geschehens sind angeblich bekannt oder werden ständig durch Befragungen und Untersuchungen erkundet, verifiziert und falsifiziert und ihre Ergebnisse der staunenden Öffentlichkeit vermittelt. Die eigentliche Wirklichkeit tritt dem Einzelnen *unmittelbar* nur noch in allerkleinsten und winzigen Segmenten entgegen, der erdrückende und riesige Anteil dieser Wirklichkeit jedoch erreicht nur noch *vermittelt* über die Medien das Individuum selbst.

Sieht diese Wirklichkeit tatsächlich so aus, wie man sie uns vermittelt und in den Medien darstellt? Mit diesem Problem müssen wir uns gesondert befassen und herausfinden, ob wir mit den der Wirklichkeit nahekommenden Informationen bedient werden oder ob wir ständig *Desinformationen* aufsitzen. Der persönliche Befund, den man täglich selbst erfährt, deutet zumindest darauf hin, daß die Normen und Regeln, die eine soziale Gemeinschaft leben und vor allem *überleben* lassen, anscheinend „permissiv" in hohem Maße gewußt gebrochen und verletzt werden, und zwar in einem so hohen Grade, der die Stabilität unserer Sozietät bedroht. Die Strukturen, die Grundpfeiler und der lebenserhaltende normative Ablauf dieser Sozietät werden dabei so massiv gestört, daß wir uns fragen müssen, ob nicht die „permissive Gesellschaft" zu den maßgebenden Ursachen der allgemeinen Destruktion gerechnet werden muß. Auch die Frage, ob die *Darstellung*, d.h. ob die uns übermittelte Botschaft der Auswirkungen dieser Destruktion der Realität entspricht oder ob sie nur zu einem gigantischen Interessenspiel gehört, muß geklärt werden. Die Ursachenforschung der Zivilisations- und Umweltzerstörung, die die Zerstörung der individuellen und demokratischen Freiheit essentiell im Kern berührt, ist das Grundthema unserer Überlegungen. Dabei sollte selbstverständlich sein, daß hierbei nicht der Untergang irgendeiner Kulturepoche oder eine historische eingebundene Zivilisationsform gemeint ist, sondern die drohende Total-Destruktion der menschlichen Zivilisation überhaupt, die – nach meinem Dafürhalten – keine A-, B- oder C-Waffen-Supergaus benötigt, um sich selbst zu zerstören, sondern die nur auf ihrem Weg weiterzuschreiten braucht, der sie in den Zivilisations-Selbstmord führt. Die Selbstmordgerätschaften hat der Mensch schon bereitgelegt.

Wenn wir heute vom Werteverfall sprechen, dann müßte man an erster Stelle auch den Wert „Freiheit" in diese Werteskala einbringen, die nach Meinung vieler Leute verfällt. Es gilt dabei, wenn man ungeschützt über „die" Freiheit spricht, vielerlei Aspekte zu berücksichtigen, von denen zunächst nur zu nennen sind:

- der Aspekt der Freiheit im staatlichen, politischen und privaten Leben,
- der Aspekt des sogenannten Werteverfalls,
- der Aspekt der Multiproblematik und ihre Unlösbarkeit.

Diese Aufzählung umfaßt keineswegs alle Möglichkeiten der Ausleuchtung des Terrains, das wir untersuchen wollen. Es gilt demnach jetzt zunächst einen ganz allgemeinen Einstieg, an Hand der angegebenen Aspekte, in unsere Problematik zu wagen. Da wir es mit einem überaus komplexen Themenkreis zu tun haben, der nicht nur theoretisch, sondern vor allem in der Praxis erfaßt werden soll, möchte ich mich dem Problem Freiheit, d.h. aus meiner Sicht: dem *Mythos Freiheit*, auf pragmatische Weise nähern und aus alltäglicher Erfahrung einfach in das Thema einsteigen.

Die Freiheit führt in der Öffentlichkeit als Begriff vielfach nur ein Präambel-Dasein. Immer wenn es um die Ausschmückung von Darstellungen problematischer „Notwendigkeiten", Direktiven oder auch fragwürdiger Eigeninteressen geht, wird in öffentlichen Erklärungen, politischen Sonntagsreden und in feierlichen Veranstaltungen die „Freiheit" – sei es die persönliche oder die demokratische – bemüht, um allen guten und bösen Absichten höhere Weihen zu verleihen. Dabei scheint sowohl die individuelle, als auch die demokratische Freiheit kaum noch als Haupt-, Grund- und Mittelpunktswert das Zentrum unseres Staatsbewußtseins und unserer Handlungsmaximen zu stabilisieren, falls man Freiheit noch als *Verantwortung* begreift. Im Gegenteil scheint es so zu sein: Durch die von der Verantwortung entbundene Freiheit wird diese Grundkonstellation der Freiheit mißbraucht und im Gewand einer neuen, von allen Bindungen befreiten und dadurch „entfesselten" Freiheit durch den Einzelnen, wie durch die Verantwortlichen in den Gemeinwesen und wirtschaftlichen Unternehmen und vor allem durch die politische Klasse pervertiert und dadurch zur größten Gefahr unserer demokratischen Staatsverfassung, ja unserer gesamten westlichen Zivilisation.

Wir sind gewohnt, uns bei all den anomischen, von der Norm abweichenden Verhaltensweisen, die geradezu explodieren und nicht nur die rasant ansteigende Kriminalität hervorbringen, auf den *Werteverfall* zu berufen. Der *"Werteverfall"* wird bemüht, wenn wir rabiate Umgangsformen und fragwürdige Muster egoistischen Handelns unserer Mitbürger erkennen, wenn wir überall die amoralischen Taten bis hin zum in ganz Europa grassierenden Vandalismus registrieren, wenn es um den Drogenabusus, die Schul- und Jugendkriminalität, um mangelnde Hilfsbereitschaft und sonstige Auswüchse der Ellbogengesellschaft geht.

Oft scheint es so, daß man schon zufrieden ist, wenn man das Unerklärliche eines sozialen Befundes, das uns entsetzt und erschreckt, in einem Begriff einfangen kann. Dann scheint dieser Schrecken vorerst wie durch eine Beschwörung gebannt zu sein, aber das tatsächliche Geschehen, das objektive Faktum, das dieses Entsetzen auslöst und sich als unlösbares Problem präsentiert, ist mit seinem ganzen Eigengewicht Tag und Nacht präsenter als zuvor und läßt sich selbst durch den trefflichsten dieser Begriffe nicht verscheuchen. Die Verantwortlichen halten gewöhnlich nur die Augen geschlossen. Ein solches Handeln ist reines Intellektuellen- oder Politikerverhalten. Im nichtintellektuellen Bereich löse das erwähnte Entsetzen – so meinen viele Sozial- und Individualpsychologen, Kulturkritiker und Zukunftspessimisten – ständig diffuse Ängste aus, von denen die meisten Menschen angeblich heimgesucht würden.

Man muß es schon hinnehmen, als Apokalyptiker angesehen zu werden, wenn man einige Tatsachen immer wieder beim Namen nennt und ständig wiederholt:
- wenn in unseren Großstädten schon 30 bis 35 Prozent der Schüler bewaffnet zur Schule gehen;
- wenn Jugendliche grundlos wildfremde Menschen zusammenschlagen, Schwerbehinderte bestialisch verprügeln und quälen;
- wenn Jugendliche ihnen völlig fremde Leute in ihren Häusern anzünden;
- wenn, wie Lehrer berichten, Schüler und Schülerinnen der Klassen 5 bis 6, also 10–12 Jährige, am Montag die „Stellungen" des im samstagabendlichen TV-Porno dargestellten Geschlechtsverkehrs auf dem Schulhof nachspielen;
- wenn mangelnde Diskussionsfähigkeit und auch Artikulationsschwierigkeiten bei Meinungsverschiedenheiten bei die-

sen Kindern ausschließlich durch Gewalt und Prügelei ersetzt werden;
- wenn ein Diskurs sowohl in der Kleingruppe als auch in der gesamten Gesellschaft nicht mehr möglich ist, weil die Ausdifferenzierung innerhalb der Gemeinschaften sogar zu sprachlichen Verständigungsproblemen und die Bilderfluten zu einem neuen destruktiven Analphabetismus führen;
- wenn Halbwüchsige mit schnellen Autos „russisches Roulette" fahren, alte Menschen überfallen und ausrauben;
- wenn für Heranwachsende nichts mehr zählt außer dem Ziel, ihre akut aufkeimenden Bedürfnisse möglichst rasch zu befriedigen, sei es auch durch Raub, Gewaltanwendung, Einbruch, Vergewaltigung und die billigende Hinnahme von Mord.

Dann ist es mehr als zynisch zu behaupten, dies sei eben *der hohe Preis für eine teure Freiheit.*

Ich habe nur wenige Symptome gesellschaftlicher Gewaltauswüchse im Bereich Jugendlicher benannt. Man kann selbstverständlich wie bei den jugendlichen Anomien einen ähnlichen Katalog für die Erwachsenen zusammenstellen, der in seiner Dichte noch schauriger wirkt. Die Gründe für dieses anomische Verhalten liegen viel tiefer, als die vorschnellen Erklärungen profilheischender Politiker und ihrer Helfershelfer aus der von ihnen bezahlten Wissenschafts-Szene uns weismachen wollen. Denn *sie* sind die eigentlichen Täter, die daran interessiert sind, für diese Auswüchse beruhigende Deutungen schnellstens unters Volk zu bringen, um vor allem von ihrem eigenen so gefährlichen Nichtstun abzulenken.

Wenn der *Werteverfall* eines der Kernübel unserer modernen Zivilisation sein soll, dann muß gefragt werden, *was* verfällt dabei oder *was* ist schon verfallen, und um welche *Werte* handelt es sich, die da im Begriff sind, zugrunde zu gehen. Bedeutsame „Werte", die bei den meisten Menschen die größte Rolle spielen, wie Eigenheim, Auto, Besitztümer, Sparkonten oder/und (wirtschaftlich) gutes Leben, also materielle Werte, sind es anscheinend nicht, die bei diesem Verfall gemeint sein können. Wenn man an die durch die Vergiftung der Umwelt gefährdete Gesundheit denkt, muß man schon überlegen, ob sie zum *allgemeinen* Werteverfall gerechnet werden muß. Dann sind da noch die *sozialen* Valuten, wie Beruf, Ansehen, Prestige usw., die natürlich immer dann in die Befürchtungs-Zone geraten, wenn die wirtschaftliche Basis durch fernes Konjunkturbeben leicht zu erzittern beginnt. Es gibt noch die *sittlichen* Werte, die Tugenden wie Gerechtigkeit, Ehrlichkeit, Tapferkeit, Mut, Hilfsbereitschaft, Liebe, Treue, Wahrheit usw. Diese sittlichen Werte sind es vornehmlich, so scheint es mir, die heute als im „Verfallen" befindend angesehen werden, wenn man in der Öffentlichkeit von den gefährdeten und zugrundegehenden Werten spricht.

Manche fügen zu den eben aufgezählten Tugenden noch solche „Werte" hinzu, die wiederum andere nur verschämt in den Mund nehmen – Tugenden wie Vaterlandsliebe, Mutterliebe, Gottesfurcht, Achtung vor den Eltern, Bescheidenheit, Leidensfähigkeit, Hingabe usw. Wir empfinden diese Bezeichnungen oft nicht nur als altmodisch, sondern halten auch die Menschen, die sie gebrauchen, für altmodisch und letztlich auch für unmodern. Warum nur?

Unsere Kultur, die verlernt hat, Differenziertheit der Gefühle und deren Ausdruck zu fördern und zu achten, versucht auch, sprachlich zu nivellieren und zu vergröbern, um dem dumpf spürbaren individualisierten Chaos zu entkommen. Dazu verhelfen uns u.a. auch die überall gebräuchlichen Anglismen. Eine Sache, eine Befindlichkeit, ein Geschehen – mag es noch so großartig, umwerfend, phantastisch, grandios, wunderbar, wundervoll, herrlich, bombastisch sein (und wie alle die deutschen Wörter heißen mögen, die eine deutliche Bezeichnung zu liefern vermögen, um die Aussage zu differenzieren), wird meist mit „geil" umschrieben. Es, man, ich, er, sie, wir usw. sind, ist und fühlen sich „okay". Bestimmte Dinge sind „geil". Mit dem Wort „cool" beschreibt man ganze epochale Verhaltensweisen bis hin zur Mode. In einer Zeit, in der es nur so von Leerhülsen und im Grunde nichts Präzises ausdrückenden Lautmalereien im Alltag wimmelt, in der in beruflicher Hinsicht im Anzeigenteil der Tageszeitungen Designer, Promoter, Project Manager, Key Accounter, Sale-Consulter, Leasing-Assistants, Cash Treasurer etc. gesucht werden, ist schwer mit dem deutschen Vokabular dagegenzuhalten, ohne Gefahr zu laufen, als hausbacken oder altfränkisch abgetan zu werden. Auch dort, wo die Emotionen dominieren dürfen, in der Musik z.B., die ja zur „Music" umfunktioniert wird, um „anzukommen", finden wir die Pop-, die Soul-, die Country-Music, und der Dirigent X und der Sänger Y treten nicht „im Konzert" oder im Konzertsaal Z auf, sondern X oder Y erleben wir „in concert". Selbst sprachliche Analphabeten und des

Englischen nicht Mächtige verstehen sich darauf – was auch durch die Simplifikation beabsichtigt ist.

Hier geht es nicht um Fragen der Sprachdominanz oder gar des Sprachimperialismus, auch nicht um Auswirkungen einer von manchen Kulturkritikern ausgemachten Kulturindustrie, und es geht auch nicht um Kultur- und Traditionsverlust oder um die Kennzeichnung neuer Epochen – es geht schlicht um eine Zustandsbeschreibung. Wenn man diesen Sprach- und Sprachgebrauchszustand annimmt, dann braucht man keine ideologischen Purzelbäume zu schlagen, um entsprechend konstatieren zu können, daß neben diesem kunststoffartigen Schleiflack-Deutsch Wörter wie „Mutterliebe", „Vaterlandsliebe", „Gottesfurcht", „Leidensfähigkeit" usw. in der Tat wie aus der grauen Vorzeit emporsteigend sich ausnehmen. Deshalb können viele Menschen mit diesem Vokabular nichts anfangen, würden es im Gespräch nie gebrauchen, schämen sich, z.B. Wörter wie „Seele" in den Mund zu nehmen und verschanzen ihre Gefühle lieber hinter der „Soul" oder dem „Ich bin okay".

Geht man also die Frage der *sittlichen Werte* (auch die Wörter „Sitte" und „sittlich" genießen bei Jugendlichen den Ruch einer Unanständigkeit; bei einer Befragung kannte eine Reihe junger Leute – 16 bis 22 Jahre – das Wort „Sitte" nur im Zusammenhang mit der kriminalpolizeilichen Ressortunterteilung) und ihres *Verfalls* an, stößt man selbstredend auf die genannten Begriffe, die z.T. in den Augen vieler Beobachter längst „verfallen" sind. Was drücke ich aber aus, was beschreibe ich, wenn ich sage, der Wert der Gerechtigkeit, der Ehrlichkeit, der Treue, der Wahrheit, der Freiheit „verfällt"? Was ist das – Gerechtigkeit? Wie kann man wissenschaftlich-methodisch, d.h. auch empirisch an das herankommen, was wir „Gerechtigkeit" oder „Freiheit" nennen? Begibt man sich nicht, wenn man sich diesen Bezeichnungen begrifflich, historisch, psychologisch, soziologisch, politologisch oder philosophisch nähern möchte, auf ein äußerst gefährliches Glatteis? Geht man das Problem pragmatisch an, also mit dem Vorsatz, nur zu beobachten, wo und in welchen Zusammenhängen Begriffe wie „Freiheit" im Alltagsleben gebraucht, benutzt und bewertet werden, dann läuft man noch größere Gefahr, in eine Beobachtungsfalle zu tappen: Man stilisiert nicht selten Einzelerscheinungen zu Allgemeinverhalten hoch, wenn sie empirisch nicht überprüfbar sind.

Wie dem auch sei: Es wird versucht, sich zunächst dem „Werteverfall" kritisch zu nähern, indem an Hand des Freiheits-Begriffs dieser von vielen erkannte Werteverfall überprüft wird. Man hätte das, so sagen manche meiner Ratgeber, auch mittels der Überprüfung des Sinn-Gehaltes von „Gerechtigkeit" oder „Wahrheit" oder einer der beliebigen anderen Tugenden leisten können. Da bin ich anderer Meinung.

Freiheit – dieser Begriff steht im Zentrum unserer Staatsverfaßtheit und auch im Zentrum der westlichen Zivilisation. Er ist *der* zentrale Wert. Wir sprechen von der *freiheitlichen* Demokratie. Diese *freiheitliche* Demokratie hat eine zentrale Aufgabe: der *freiheitlichen* Entfaltung des Individuums zu dienen und diese zu schützen. „Kreuzzug der Freiheit" nannten die westlichen Demokratien ihren Feldzug im Zweiten Weltkrieg gegen die Tyrannei der Hitler-Diktatur, die diese Freiheit mit Füßen trat.

Aus dieser zentralen Wertung des Gutes „Freiheit" heraus allein ist das Zentrum der Werte unserer Zivilisation zu definieren und am möglichen Verfall dieses Gutes der *allgemeine* Werteverfall zu orten. Darum wähle ich von allen „Tugenden" die „Freiheit" aus, um sie zum Gegenstand der vorliegenden Untersuchung zu machen. Der Werteverfall wird deshalb erst am Schluß unserer Betrachtungen zu beschreiben sein, wenn der Verfall der Freiheit herausgearbeitet sein wird.

Nun ist „Freiheit" nicht nur ein Gegenstand des *wissenschaftlichen* Interesses, sie ist vor allem Sujet der allgemeinen Beobachtung ihres praktischen Gebrauchs im Alltag. Wie wird Freiheit im öffentlichen und privaten Leben praktiziert?

Mögen heute viele Kritiker mit Recht auf die Gefahren für die Demokratie von Links und Rechts warnend hinweisen, nach meinem Dafürhalten ist unsere Kultur und sind unsere westlichen Demokratien gegen diese totalitären Umtriebe und Gedanken gefeit und stark genug, sie souverän abzuwehren, wenn der Gedanke der „Freiheit" im Mittelpunkt unseres staatlichen Denkens in seiner Grundbedeutung erhalten bleibt und nicht pervertiert wird. Die wirklichen Feinde der freiheitlichen Demokratie und der persönlichen Freiheit sind die sogenannten *Demokraten* selbst, die den Staat und den Einzelnen und sogar sich selbst längst verraten haben und die Freiheit nur noch als Floskel im Munde führen, um verantwortungslos dem eigenen Egoismus besser und leichter, ja skrupelloser folgen zu können.

Nimmt man den in aller Munde geführten Begriff des „Werteverfalls" näher unter die Lupe, dann gerate ich als Soziologe, der

gewohnt ist, seine Untersuchungsgegenstände empirisch abzu-
tasten, in eine merkwürdige Versuchung: man möchte die gesamte Problematik – wenn man sie nicht nur wissenschaftlich,
sondern auch für ein breites Publikum darstellen will – am liebsten aus dem Blickwinkel einer unverbindlichen *Kulturkritik*
betrachten, immer in der Gewißheit nämlich, daß man dann allenthalben ein zahlreiches und aufmerksames Publikum findet,
bejammert man nur zum richtigen Zeitpunkt die „richtigen"
Zustände mit dem nötigen vorzuzeigenden Ernst und wird dabei
nicht auch noch kompliziert. Es ist aber die komplizierte Welt,
die wir begreifen müssen, wenn wir überleben wollen.

Das Wissen um die Trauergesänge der Kulturpessimisten des
19. und 20. Jahrhunderts (um nicht noch weiter in die Geschichte zurückzugreifen) läßt die Warntafeln vor solchen Versuchungen grellrot aufblinken. Wie schnell mutiert Kulturkritik
zu pathologischen Figurationen! Als *Fritz Stern* 1961 sein Buch
„The Politics of Cultural Despair" herausbrachte (dtsch.: „Kulturpessimismus als politische Gefahr", 1963), in dem er die Jere-
miaden eines *Paul de Lagarde*, eines *Julius Langbehn* und die
eines *Moeller van den Bruck*, alle drei im 19. Jahrhundert fußend, kenntnisreich beschrieb, erklärte er in der Einleitung:
„Die Pathologie der Kulturkritik – das ist das Thema meiner
Untersuchung." Und in der Tat besitzen die meisten solcher
Warnungen und Mahnungen einen *pathologischen* Hauch. Der
missionarische Eifer wird dabei aus ähnlichen Quellen gespeist.
Es hat in Wirklichkeit mit dem „Unbehagen in der Kultur" zu
tun, das zunächst virulent registriert und später gebündelt als
Waffe benutzt wird. „In ihrem Kulturpessimismus spiegelt sich
in verschärfter Form die Verzweiflung ihrer Landsleute wider,
und so können wir am Beispiel dieser drei Männer verfolgen,
wie in Deutschland das Mißvergnügen immer weiter um sich
griff, bis es schließlich in den Nihilismus des Nationalsozialismus einmündete", schildert Stern die Auswirkung dieser kul-
turkritischen Angriffe. Obwohl – um bei dem Beispiel dieser drei
Kulturkritiker zu bleiben – zumindest Paul de Lagarde ein blen-
dender Wissenschaftler war, blieb nicht die wissenschaftliche
Basis Ausgangsposition der Polemiken und Anwürfe, sondern
die Irrationalität politischer Mythen, die in das geschilderte Unbehagen eingebettet waren. Diese drei Männer „stellten all das
zusammen, was an der industriellen Zivilisation Deutschlands
unbefriedigend war, und warnten eindringlich vor dem Verlust

von Glauben, Einheit und ‚kulturellen Werten‘," so Stern (1986, S. 1/2).

Auch hier der „Werteverfall"! Diesem Verfall kann man über alle Jahrhunderte hinweg bis in die frühantiken Städte am Nil und im Zweistromland begegnen, wobei natürlich auch an den Schierlingsbecher erinnert werden muß, den Sokrates austrinken mußte, weil er angeblich als Jugendverführer dem athenischen Werteverfall Vorschub leistete.

Wenn massive Kulturkritik sich in jeder Epoche und in jeder Generation den herrschenden Zeitströmen entgegenstellt und als natürliche soziale *Reaktion* auf vorherige *Aktionen* begriffen wird, sollte man dann diese wellenartige Wiederkehr besorgniserregender Menetekel, die uns kulturpessimistische Kritiker an den Zivilisationshintergrund malen, einfach ignorieren? Sind denn diese immer wieder auftauchenden Warnungen, sei es vor dem Untergang ganzer Kulturen oder nur dem des Abendlandes, sei es vor der Todesangst durch den Atom- und den Aidstod oder vor dem Ozon-, Atem-, Vergiftungs- und Vermüllungs-Tod – sind also solche Weltuntergangs-Wehklagen plus dem heute diagnostizierten Werteverfall keine Erscheinungen im normalen Ablauf des sozialen Lebens? Kamen die Warnungen und Proteste bei den erwähnten Kritikern des 19. bzw. beginnenden 20. Jahrhunderts aus der nationalistischen Ecke, aus der vor allem die Angriffe gegen den Liberalismus, gegen die Modernität, gegen den Fortschritt und gegen die Verweltlichung so heftig inszeniert wurden, so sind es heute die linken und grünen Kader, die gegen ähnliche Zielgruppen und Ziele mobil machen und, wenn auch nicht nach der „Tradition", aber doch nach der verlorenen „Scholle" und der allmählich verschwindenden „Natur" rufen. Der Verfall der Werte – gleichgültig von welcher Warte aus man Werte erfaßt und wie sie sich herausbilden - scheint demnach ein in der Geschichte wellenförmig auftretendes Phänomen des sozialen Ablaufs zu sein: Für irgendeine Gruppe verfällt immer ein Wert.

Gegen die Möglichkeit, die heutigen Befunde des diagnostizierten Werteverfalls einfach gelassen in diesen „natürlichen" Ablauf einzuordnen, die pessimistische Kulturkritik zu ignorieren und zur Tagesordnung überzugehen, sprechen jedoch zwei Tatsachen:

1. Die lebensgefährlichen Defizite in unserer Gesellschaft und die menschheitszerstörenden Destruktionen in unserer Umwelt werden von der politischen Klasse zwar benannt und von

ihren wissenschaftlichen Handlangern in Begriffe verpackt, als sei dann die Gefahr damit schon gebannt. Der Gebrauch dieser Begriffe wird auch bei der Berichterstattung durch die Medien übernommen, um auf diesem Wege soziales Allgemeingut zu werden. Man hat eine Gefahr, eine Zerstörung, eine destruktive Quelle oder auch eine schon eingetretene Katastrophe erkannt, nennt sie beim Namen (durch den Begriff) und setzt sich mit der Sache selbst nicht mehr auseinander, so sehr auch Bürgerinitiativen, Berufsgruppen, Betroffene und Warner dagegen vorgehen. Bei den dadurch auftretenden (politischen oder ideologischen) Auseinandersetzungen zwischen der politischen Klasse und ihren Gegnern wird nicht mehr rational argumentiert, sondern nur operiert und zwar auf einem Gebiet, das nur noch die Irrationalität zuläßt, dem *Mythos*! Die Beschwörungsformel von der „Freiheit" als Maxime demokratischen Lebens wird nur noch auf mythischen Schienen hin und her bewegt, die mit der realistischen Einordnung, die nur durch die ratio zu leisten ist, nichts mehr gemein haben. Da Demokratie und persönliche Freiheit nur *rational* zu begründen sind, wirkt ihre *mythische* Variante nicht nur unglaubwürdig, sondern wird zur tödlichen Gefahr des demokratischen Gemeinwesens. Aus diesem Grunde muß man nicht nur über den abstrakten Freiheitsbegriff nachdenken, wenn man die Freiheit als ein Integrat unseres Wertesystems begreift, das dem Verfall anheimgegeben ist, sondern muß ihn seines irrationalen Mythos entkleiden, um von dieser neuen Position aus die anstehenden Probleme rational angehen zu können. Die Freiheit ist heute zu einem Mythos degradiert und wird in der ihr damit zudiktierten Irrationalität auch irrational angewendet. Aus diesem Grunde muß über das belebende Elixier „Freiheit", das unseren Staat und seine Bürger erst demokratisch existieren läßt, neu nachgedacht werden.

2. Der zitierte Werteverfall ist eng verknüpft mit der Destruktion unseres Gemeinwesens, der Zivilisation und der natürlichen Umwelt. Da der Mensch es zum ersten Mal in seiner Hand hat, mittels Nuklearphysik und Nuklearwaffen, biologischen Vernichtungs- und chemischen Ausrottungspotentials die Erde und das darauf existierende Leben gänzlich zu zerstören, hat die Bedrohung eine ganz andere und höhere Qualitätsstufe erreicht als je eine Bedrohung zuvor. Der ausufernden Totalverschmutzung und -vergiftung durch die Industrie und die Ver-

brennungsrückstände aus der benötigten Energie wird zwar durch immer raffiniertere Umwelttechnologien entgegengewirkt, aber die rasant ansteigende Erdbevölkerung wird diese Anstrengungen, den Gefahren hinterherhinkend, nicht sensibel genug zur Kenntnis nehmen. Die heutige Risikogesellschaft, die *Niklas Luhmann* und *Ulrich Beck* bereits scharf herausgearbeitet haben, hält immer noch das nach Beendigung des Kalten Krieges aus dem öffentlichen Bewußtsein etwas verdrängte Vernichtungspotential der Atom- und Wasserstoffbomben sowie die an vielen Orten der Erde defekt zu werden drohenden Nuklearreaktoren bereit, was obendrein durch die biologischen und chemischen Vernichtungsarsenale gigantisch ergänzt wird. Jeder kleine Diktator oder Fundamentalisten-Chef in irgendeinem Erdenwinkel kann – verfügt er über entsprechende Finanzmittel – das Wissen und die Experten auf dem freien Markt einkaufen, um z.B. biologische Vernichtungspotentiale herzustellen.

Diese beiden Argumente lassen uns zunächst die angehäuften Klagen der Kulturkritik über den Weltzustand teilweise verstehen, deren Befürchtungen ich aufgegriffen und ebenfalls in einem der heraufbeschworenen Apokalypse angemessenen Tonfall vorgetragen habe. Die angeführten Kulturkritiker des 19. Jahrhunderts, die ich in ihrem Fühlen und Denken in den Bereich des von *Sigmund Freud* so benannten Unbehagens in der Kultur gerückt habe, können bei all ihrer irrationalen Ableitungen und ihrem pathologischen Rufen nach der Umwertung der vorhandenen Werte nicht einfach abgetan werden, wie auch nicht die im 20. Jahrhundert laut gewordenen und großen Einfluß ausübender Kritiker, etwa Oswald Spengler oder Ortega y Gasset. Sie alle sind nicht nur Vertreter, sondern geradezu Verkörperungen bestimmter Zeitströmungen, die a posteriori als Spinner, Eigenbrödler und Pathologen abgetan werden. Zu ihrer Zeit aber verkörperten und fokussierten sie das Zeitgefühl, das nicht selten alle anderen Strömungen dominierte, mochte es noch so pathologisch und absurd sein.

Es war der französische Soziologe *Émile Durkheim*, der die Normalität und die Krankheit als soziales Ereignis oder sozialen Zustand akribisch untersucht und die Einordnung des pathologischen Zustandes einer sozialen Gruppe oder der Gesellschaft insgesamt soziologisch definiert hat. Ich werde seine „Regeln" und die darin ausgebreiteten soziologischen Parameter bei unseren Untersuchungsthemen anwenden und damit aus seiner wissenschaftlichen Sicht zu argumentieren haben (siehe Kap. 3). Wenn ich auch mit einem gewissen Unbehagen zugeben muß, daß sich bei manchen hier zu behandelnden Problemen die Kulturkritik fast mit der sozialwissenschaftlichen Forschung berührt, dann geschieht dies zumindest nicht ohne Groll, selbst dann nicht, wenn manche Insider meinen, daß es für den Soziologen kein schlimmeres Schimpfwort als „Kulturkritiker" gäbe. Wichtig ist oft nur, daß man sich seinem Forschungsziel wahrheitsgetreu und mit realistischem Sinn nähert – gleichgültig, wie krumm jene Menschenwege und -zeilen sind, auf die Gott „gerade" zu schreiben weiß.

Nun sollte aber noch ein kurzer Hinweis auf jene Werte gegeben werden, die angeblich nicht im „Verfall" begriffen sind, sondern geradezu einen „Aufbau" erleben. Diese heutigen Werte, die im Schwange sein sollen, heißen „Lebensqualität", „Bio-" „Öko-" (in allen Wortverbindungen), „multikulturelle Gesellschaft", „Internationale Solidarität", „Völkerfreundschaft", „Humanität", „Gleichstellung" usw. Wenn ich sage, diese Werte seien, gegenüber den „verfallenden" Werten, im „Aufbau" begriffen oder im Schwange, so heißt dies nicht, daß sich diese Meinung auf empirischen Daten gründet, sondern sie ist ein Ergebnis einer Alltagserfahrung, die aus der Beobachtung der Medien und der Politik gewonnen wird. Dabei kann man folgenden akuten Allgemeinbefund umreißen: Sieht man von der europäisch-atlantischen, also westlichen Situation einmal ab und beschränkt sich, die Zustände der 90er Jahre dieses Jahrhunderts innerhalb Deutschlands zu beschreiben, dann bietet sich das Bild einer unermeßlichen und Angst einflößenden Anhäufung von Krisenbergen, die nicht nur in harter Arbeit abgetragen werden müssen, sondern deren existentielle Probleme *gleichzeitig* gelöst werden müssen, wie schon gesagt worden ist.

Listen wir von diesen Problemen nur ihre wichtigsten Kernbereiche auf, dann möchte man am liebsten sofort wieder mit aller Kraft auf den Verschluß des Gruselbehälters drücken, aus dem diese Problemungeheuer hervorkriechen. Es scheint eine Büchse der Pandora zu sein, die sich schicksalhaft geöffnet hat. Daß auch noch der Geist, der einmal durch unseren Leichtsinn entkommen ist, nicht mehr zurück in die Flasche gelenkt werden kann, haben wir schon vor langer Zeit schmerzhaft und mit unverkennbarem Selbstmitleid zur Kenntnis nehmen müssen.

Nun ist es aber nicht so, daß das alles „schicksalhaft" über uns hereingebrochen ist, daß hier in mythologischer Unfaßbarkeit das Fatum mit uns Sterblichen Schabernack spielt, sondern wir selbst, wir Menschen, haben uns das alles selbst verordnet oder, deutlicher gesagt, selbst eingebrockt.

Stellen wir die Liste zusammen:

– Die Weltbevölkerung nimmt mit unglaublicher Rasanz zu; überall finden die immer stärker wachsenden Massen keine Beschäftigung, d.h. keine Selbstversorgung mehr. (Die deutsche Bevölkerungszahl ist bei hoher Arbeitslosigkeit rückläufig!) Diese Massen, die nichts, außer ihrem Leben, zu verlieren haben, fliehen aus ihren Regionen. Sie drängen in die Länder, in denen sie glauben, Hilfe zu finden. Dazu gehören: Europa, Nordamerika, Australien, Japan, Neuseeland. Die „Festung Europa" wird von den Habenichts-Massen bedrängt. Deutschland hat heute schon Riesenprobleme mit den Asylsuchenden. Diese Probleme sind nur ein kleiner Vorgeschmack von dem, was in Zukunft an Menschenmassen auf uns zurollen wird.

– Die „Verdammten dieser Erde" (*Fanon*), die aus Hunger und Überlebensnot andernorts, vor allem bei uns, Hilfe suchen, werden von ihren fanatisch-religiösen Fundamentalisten-Anführern ideologisch aufgeputscht, motiviert und in einen Haß auf die „Reichen" hineingesteigert, der diesen hilfesuchenden Massen eine Dynamik verleiht, die ihresgleichen suchen wird.

– Eschatologische Utopien, wie der Marxismus, haben nicht nur Riesenreiche hervorgebracht, sondern auch die Massen durch Zwang auf einem mit aller Strenge und Rigorosität kontrollierten niedrigem Wirtschafts- und Lebensstandard-Niveau festgehalten, das die Grundversorgung z.T. garantierte, aber auch die Wünsche nach privater Prosperität knebelte. Zu diesen Riesenreichen gehörten und gehören die UdSSR (heute Rußland) und China.

– Durch den Zusammenbruch der Sowjetunion und der von ihr beherrschten Regime in den osteuropäischen Staaten wurden mit einem Schlag drei gefährliche und explosive Potentiale frei:
1. Die Nationalitätenkonflikte sowie die rigiden Religionsdifferenzen sind nicht mehr eingebunden in eine Staatskontrolle, die auch die Macht hat, diese Kontrolle zu exekutieren, son-

dern sie bringen ungehindert sozialen, religiösen und wirtschaftlichen Sprengstoff in den gesamten Osten.

2. Die Menschen in den ehemaligen Sowjetgebieten kommen zum ersten Mal mit dem Lebensstandard des Westens – wenn auch nur vermittelt – in Berührung, der dynamische Wünsche entfesselt, die zu einem bestimmten Zeitpunkt nicht mehr zu kontrollieren sind, wenn nicht eine staatliche Stabilität als Ordnungsmacht diese Wünsche kanalisiert. Der Westen wiederum, der in seiner Perspektivlosigkeit nur den schnellen Gewinn sucht, fördert dieses explosive Wunsch- und Bedürfnispotential, um neue „Absatzgebiete" zu finden.

3. Das einmal gewonnene Know-how der wissenschaftlichen Elite in der früheren Sowjetunion auf dem Feld der Nuklearphysik, der Nukleartechnologie, der Raumfahrt, der Bio-, Chemo- und Gentechnologie, ist heute „freischwebend" und kann an jeden, der bezahlen kann, verhökert werden.

- Die Großmacht China, die über eine Milliarde Menschen in ihren Grenzen beherbergt, lockert hin und wieder den Deckel des Druckkessels und propagiert eine Minimal-Verbraucher-Orientierung, so daß – solange noch die roten Machthaber die Rute schwingen – keine unmittelbare Gefahr droht.

- Die Umweltfragen sind ebenfalls bedrohend, weil sie nicht in einem menschheitsübergreifenden Konsens geregelt werden können. Die einzelnen Posten dieser Bedrohung brauchen hier nicht nochmals aufgelistet zu werden.

- Die ständigen Kriege, die es in allen Erdregionen gibt, zeigen heute deutlich die Ohnmacht der Völkergemeinschaft auf. Nur dort, wo die unmittelbaren Interessen eines westlichen Landes bedroht sind, wird schnell gehandelt: England im Falkland-Konflikt, USA im Golfkrieg. Der Serbien-Kroatien-Bosnien-Krieg dagegen stutzte die UNO, die EG und zum Teil auch die NATO auf ihre schwache Substanz zurück: Uneinigkeit, mangelnde Durchsetzungskraft, nationale Eigeninteressen – also totale Ineffizienz der sogenannten supranationalen Ordnungskräfte, die sich als Papiertiger erwiesen. (Vielleicht wollten sie „Papiertiger" sein, um von den Gefahren nur abzulenken.) Und gleichzeitig wurde etwas anderes, viel gravierenderes offenbar: die elementare Zerstrittenheit der europäischen Staaten, die doch angeblich der Einheit zustreben, aber diese nie vollziehen werden können.

- Die durch vielerlei Gründe im Zyklus immer rascher auftretenden wirtschaftlichen Rezessionen in den westlichen Staaten, die durch hohe Arbeitslosenquoten, aber auch durch den Verlust von Arbeitsplätzen gekennzeichnet sind, lassen die über Jahrzehnte hinweg genährte Idee der Vereinigung platzen: Die EG, die seit vielen Jahren einen bürokratischen Riesenwasserkopf in Brüssel, Luxemburg und Straßburg sowie in anderen europäischen Hauptstädten mit Milliardenbeträgen verschwenderisch unterhält, ist im Grunde schon längst gescheitert. Der Weg, eine europäische Einigung über wirtschaftliche Kategorien zu finden, mündete in einer Sackgasse. Es ist der *politische* Wille, der eine *politische* Einheit zusammenbringen läßt und nicht irgendwelche wirtschaftlichen, währungstechnischen oder sonstigen Vereinbarungen. Wir sind jedenfalls meilenweit von dem konzipierten europäischen Bundesstaat entfernt, der vielleicht, da viele Instrumentarien und Institutionen schon operieren, als ein loser Staatenbund eines Tages auf der Bühne erscheinen wird. Das Zurückfahren der EG auf die EWG – in der Endkonzeption – ist indes wahrscheinlicher als alles andere.

– Hinter dem Vorhang des europäischen Einigungstheaters schwelen immer stärker die nationalen Querelen und Interessenkonflikte. Dabei spielt sicherlich die deutsche Wiedervereinigung eine große Rolle, und zwar zunächst aus drei Gründen:

1. Deutschland hat wieder die alte Vorkriegsbedeutung als großer Staatenkoloß im europäischen Verbund zurückbekommen. Seine Gewichte haben sich in jeder Beziehung im Vergleich zur alten Bundesrepublik spürbar verschoben.

2. Damit brechen die alten Wunden, die angeblich verheilt waren, wieder auf: Das Image der mitteleuropäischen Großmacht taucht aus der Versenkung auf und mit ihm all die Ängste der anderen Staaten, die vor allem durch die außerdeutschen Medien genährt werden.

3. Die alte Bundesrepublik war der Zahlmeister Europas. Durch das Engagement in den neuen Bundesländern und die enorme Finanzsumme, die in Deutschlands Osten transferiert werden muß, kann das heutige Deutschland nicht mehr – wie vor der Wiedervereinigung – aufkeimende Friktionen, Meinungsverschiedenheiten und einschneidende Interessenskonflikte mit der D-Mark aus der Welt schaffen.

Diese wenigen, aber geradezu hochaufgetürmten Problemberge, die hier skizziert wurden, beziehen sich auf außenpolitische oder übernationale Bereiche. Damit sind noch nicht die Hauptprobleme benannt, mit denen wir innerhalb unserer Grenzen fertigwerden müssen.

Die Gefährlichkeit des falschen Gebrauches der Freiheit besteht vor allem darin, daß sie Normen, sittliche Regeln und zum Überleben zwingende Postulate einer Menschen-Gemeinschaft im Namen des Anspruchs auf freiheitliche Entfaltung des einzelnen Menschen völlig aushöhlt, unterminiert und schließlich exterminiert. Was dabei zugrunde geht, ist nicht eine *bestimmte* Kultur, die nach Auflösung der alten durch eine neue Kultur abgelöst wird, hier geht nicht das Abendland unter, sondern es ist die menschliche Zivilisation insgesamt. Gerade zur Zähmung des aggressiven Einzelnen, dessen Gewaltpotential letztlich für „die anderen" tödlich ist, wurde diese Zivilisation errichtet. Ihr ausschließlicher Sinn ist zunächst, das Aggressionspotential durch Kontrolle einzudämmen. Der demnach pervertierte individuelle Freiheitsanspruch, der im popular-philosophischen Gewand auch als *Selbstverwirklichung*, *Selbstfindung* oder *Selbstidentifizierung* recht harmlos die Szene betritt, ist die gefährliche Ursache der apostrophierten Destruktionen.

In den gesamten Werteverfall, den die Kritiker diagnostiziert haben, muß an erster Stelle dieses geschilderte heutige Freiheitsverständnis des Individuums impliziert werden, wenn man das frei gewordene Gewaltpotential erklären will und das Fieber und nicht das Thermometer heilen möchte.

Wir ahnen bei dieser allgemeinen Zustandsbeschreibung, welche Diskrepanz zwischen der glanzvollen Verheißung der Freiheit und dem Elend ihrer Verwirklichung herrschen mag. Diese Diskrepanz zwischen Glanz und Elend erfahren wir noch deutlicher, wenn wir Freiheit unter dem Aspekt des *Wovon* und des *Wozu* von Freiheit betrachten.

2. Kapitel

Freiheit – wovon und wozu?

„Wer das Wort ‚Freiheit' gebraucht, macht damit allein schon eine abgekürzte Aussage des Sinnes, daß es eine Realität gebe, die durch das Wort ‚Freiheit' gedeckt werde. Das Wort ist aber als solches völlig inhaltslos, es bezeichnet nichts in der raum-zeitlichen Welt Vorfindbares. Kein vernünftiger Begriff kann mit dem Worte verbunden werden. Sicherlich gibt es ‚Freiheiten', z.B. die Bekenntnis- und die Pressefreiheit oder den Rechtsstatus der bürgerlichen Freiheit im Gegensatz zu dem der Leibeigenschaft oder Grundhörigkeit." So definierte der zu Unrecht vergessene große Soziologe *Theodor Geiger* den abstrakten Freiheitszustand in seinem Werk „Ideologie und Wahrheit" (1953, S. 84).

Wenn Theodor Geiger seine in dieser Richtung ausgebreiteten Ansichten nicht als wissenschaftliche Forschungsresultate, sondern als „Kundgabe eines Bewertungs- und Willensstandpunktes" (S. 186) verstanden wissen will, so stehen wir mit dieser Aussage am ersten Treppenabsatz der Stufenleiter, die uns zur Erkenntnis dessen führen soll, was „Freiheit" ist, was sie dem Menschen bedeutet, welche Wertigkeit sie besitzt und welches Destruktionspotential in ihr schlummert.

Raum-zeitlich sei „Freiheit" nicht vorfindbar, sagt Geiger. Aber es gäbe die „Freiheiten", die er aufzählt. Das von vielen gepriesene „hohe Gut" der Freiheit wurde zu allen Zeiten von Staatsdenkern und Philosophen, von Theologen und Soziologen, von Realisten und Utopisten immer neu reflektiert und kritisch bedacht, von Poeten und „Freiheits"-Dichtern besungen, von Politikern beschworen und von charismatischen Tyrannen zynisch pervertiert. In diesem Zusammenhang denke man nur an die diabolische Inschrift am Auschwitz-Lagertor: „Arbeit macht frei".

Prüft man das Geiger-Wort auf die Tatsache der empirischen Vorfindbarkeit der „Freiheit", dann muß man weiterfolgern und sagen, daß auch „Gerechtigkeit", „Gleichheit", „Brüderlichkeit", „Tugend" – um nur einige von den oft so gepriesenen „Gütern" zu nennen – in der empirischen Welt nicht nachweisbar sind – außer sie treten in eine bestimmte Beziehung ein. Und dieses Aufgehen des Wortes Freiheit im realen Funktions-Aggregat von Sinnbedeutungen, wie Presse-*Freiheit*, Religions-*Freiheit*, Denk- und Gedanken-*Freiheit* usw. ist es, was sich in unserer vieltausendjährigen Geschichte als Konflikte, Siege, Niederlagen, Leiden, Grausamkeiten und Triumphe ins Bewußtsein schiebt. Der existentielle Kampf von Individuen, Völkern, Staaten und Kulturen ums Überleben wurde fast immer im Namen der Freiheit geführt, wenn die existentielle Gefahr des Todes heraufdämmerte. Das Ziel aller Bedrängten, um der Not und dem Strudel des totalen Untergangs zu entkommen, war stets *die Freiheit*. Von der alttestamentlichen Geschichte, die die leidensvollen Jahrhunderte der Juden beschreibt, über ihre „babylonische Gefangenschaft", über die Kriege Athens und Spartas gegen die Perser, über die brutale römische Herrschaft, die alle Völker in ihrem Umkreis unterjochte und ihre gedemütigten Gefangenen im Triumphzug als Sklaven durch die Straßen Roms führte, über den Spartakusaufstand bis hin in die Neuzeit, die mit der Reformation einsetzt, über die Französische Revolution, über den „Kreuzzug der Freiheit", den die Alliierten des Zweiten Weltkrieges gegen Nazi-Deutschland siegreich beendeten, weiter bis hin zum quälenden Ende des stalinistischen Terrors – um nur einige Stationen des unendlichen Leidensweges zu nennen – wurden alle Kämpfe, Nöte, Entbehrungen, Folterungen und auch der eigene Tod oft in die Waagschale geworfen, die sich zu der heißersehnten Freiheit neigen sollte.

Diese Beispiele betreffen Völker in ihrem jeweiligen historisch-politischen Bezugsrahmen, der in der Neuzeit auch durch das Erfassen des Freiheits-Gutes als politisches Ideal und Zielausrichtung Niederschlag in jener Bestrebung fand, die wir mit dem Wort Menschenrechte bezeichnen. Die Freiheit als Individual- und Sozialforderung fand Eingang in jenem Freiheitsbegriff, den *Thomas Jefferson* 1776 in die Amerikanische Unabhängigkeitserklärung einbrachte, die mit den berühmten Worten beginnt: „Wir halten folgende Wahrheiten für selbstverständlich: daß alle Menschen von der Schöpfung her gleich sind; daß sie von ihrem Schöpfer mit gewissen unveräußerlichen Rechten begabt sind; daß unter diesen Rechten Leben, Freiheit und das Streben nach Glück sind. . ."

Mit dieser Grundhaltung, die hinter der Jeffersonschen Formulierung der persönlichen Freiheitsrechte steht, setzte sich das neuzeitliche *Denken*, das bis zum heutigen Tag seine Gültigkeit hat, zum ersten Mal politisch durch. Zwar hatte diese Art zu denken bereits die Reformation aufgegriffen. Aber zwischen dem, was *Martin Luther* unter seiner „Freiheit eines Christenmenschen" begriff, die immer von der paulinischen „Obrigkeit" relativiert werde, und der „jeder" untertan zu sein habe, weil sie „von Gott" sei, und dem, was *Thomas Jefferson* unter der menschlichen Freiheit verstand, die ihre Würde und ihre Aufgabe auch darin suche, daß sie selbst (und nicht eine „Obrigkeit") und für sich selbst dem Menschen die Basis schaffe, auf der er über sich selbst allein bestimmen könne, ist ein gewaltiger Unterschied. Diese Grundgültigkeiten in einer demokratisch-staatspolitisch-theologisch-ideologischen Färbung haben wir im Alltagsleben ständig unsichtbar zur Seite, wenn wir uns in der Öffentlichkeit bewegen. Wir wollen versuchen, uns mit dem, was wir mit dem Wort „Freiheit" und der *Bedeutung*, die dieses Wort und sein Inhalt für uns haben, einmal ganz allgemein zu beschäftigen. Erst dann ist es möglich, in Detailprobleme unseres Themas einzusteigen.

Das Welt-, Staats- und Menschenverständnis, das Thomas Jefferson formulierte und das von den Mitstreitern der Amerikanischen Unabhängigkeitsbestrebungen sowie den großen Geistern der europäischen Aufklärung vorgedacht war, fußte auf einer langen abendländischen Denk- und Erkenntnisgeschichte und einem gemeinsamen Postulat, das seit den *Stoikern* über zwei Jahrtausende hinweg lebendig geblieben war. Auch *Ernst Cassirer* sagt, indem er gleichfalls auf die Amerikanischen Unabhängigkeitsformulierungen verweist: „Als Jefferson diese Worte schrieb, war er sich kaum bewußt, daß er die Sprache der stoischen Philosophie sprach. Diese Sprache konnte als anerkannt gelten; denn seit den Zeiten von Lipsius und Grotius hatte sie einen allgemeinen Platz bei allen großen politischen Denkern. Die Begriffe waren als fundamentale Axiome angesehen, die eine weitere Analyse nicht zuließen und keines Beweises bedurften. Denn sie drückten das Wesen des Menschen und den Charakter der menschlichen Vernunft aus." (E. Cassirer, 1978, S. 219). Dreizehn Jahre nach Jeffersons Niederschrift versuchte die Französische Revolution 1789, mit der Erklärung der Menschen- und Bürgerrechte diese Denkpostulate in die Tat umzusetzen. Wir wissen heute, auf welche Weise dieses blutige Unternehmen endete: in der Diktatur.

Wenn ein großes Ideal, ein Nur-Gedachtes, ein in der empirischen Wirklichkeit Nichtvorfindbares, eine wie immer bedeutende Rolle im Lebensablauf der Menschen und ihrer Gesellschaft spielt, so ist es fast stets der rationalen Kontrolle der Vernunft entzogen und wird zum Spielball der Ideologie, oder wird zum Mythos. Der Mythos, wo immer er auftritt, siedelt sich in der Nähe der Ideologie, der Legende, der Überlieferung von Konstrukten an und läßt Zweifel an seiner Fähigkeit zur Realitäts- oder Wahrheitsfindung aufkommen. Mythos wird, nicht zu Unrecht, schon von vornherein meist als „ideologisch" und als „unwahr" eingeordnet.

Theodor Geiger hat sich sehr eingehend mit dem befaßt, was man unter „Wahrheit" und „Ideologie" versteht. So sagt er: „,Die Freiheit ist das höchste Gut des Menschen.' Dieser Satz ist eine Ideologie... denn er spricht ein Werturteil aus... Marschieren aber z.B. Demonstranten durch die Straßen mit Schildern, auf denen geschrieben steht: ‚Wir fordern Freiheit!' so ist dieser Satz nicht ideologisch, denn er gibt nicht vor, eine theoretische Aussage zu sein... Was gefordert wird, ist ‚Freiheit', und diesem Wort entspricht auf der weiten Welt keine Realität. Dennoch wird ihm eine solche beigelegt, denn sonst könnte nichts ‚Freiheit' Genanntes gefordert werden."

Geiger meint, daß einem solchen Wort beliebig viele Realitäten entsprächen. Gewisse Worte, wie z.B. „Gerechtigkeit", „Fortschritt", „Tugend" oder „Sünde" implizierten „gewisse Aussagen" – und dazu zähle auch das Wort „Freiheit", das zu jenen Worten gehöre, „die als magisches Symbol für irgend etwas von jedem einzelnen, der sie gebraucht... Vorgestelltes dienen". Diese Worte deckten „sehr allgemeine, verschwommene Komplexe von Wünschen und Emotionen", meint Geiger, und ich füge hinzu: von mythischen Vorstellungen. „Von den Zehntausenden", fährt Geiger fort, „die hinter dem Schilde ‚Wir fordern Freiheit!' einhermarschieren, haben möglicherweise nicht zwei genau die gleiche Vorstellung von dem, was sie fordern. Sie sind einig im Wort, aber nicht in der Sache." (Th. Geiger, a.a.O., S. 84/85)

Wenn man sich dieser Verschiedenartigkeit bewußt ist, indem man sich klar macht, daß das Wort „Freiheit" nur als ein „Bezogenes", als Auswirkung, in der Wirklichkeit vorzufinden ist, dann ist die Frage, *wann* der Begriff „Freiheit" eine *rationale* Bedeutung hat, von eminenter Wichtigkeit. Da wir soeben Geiger bemüht haben, lassen wir ihn auch diese Frage beantworten: „Das

Wort ‚Freiheit' hat also einen rationalen Sinn", schreibt er, „wenn zugleich gesagt wird, *wovon* – von welcher Bindung, welchem Zwange – oder *wozu* – zu welcher Art von Handlungen – der Freie die Freiheit hat." (ibid.)

Dieses „Wovon" und dieses „Wozu" sind die Schlüssel zu allem, was mit der Forderung der Menschen nach Freiheit gedacht, geplant und getan wird. Selbst dann, wie Geiger keineswegs resignierend vermerkt, wenn nicht einmal zwei Menschen (von den „Zehntausenden") die gleiche Vorstellung von dem haben, unter dessen Postulat sie zu einer gemeinsamen Aktion angetreten sind, mag sie das „Wovon" noch einen. Beim „Wozu" wird es spätestens schon kritisch, weil die ungehemmte Vielfalt der Erscheinungsweise im menschlichen Verhalten als alles sprengende Irrationalität auftritt – schon in dem Augenblick, wenn die *ratio* die „Freiheit" begrifflich an irgend welchen „Dingen" oder „Tatsachen" der Realität festzumachen versucht. In der irrationalen Ausformung dagegen finden wir schließlich alle „übriggebliebenen" Ereignisse, Ergebnisse von Handlungen und verbale Forderungen unter dem gemeinsamen Dach des Mythos, als Ideologien, wieder.

Wenn dies so ist, d.h. wenn die Vorstellungen meist, zumindest oft, irrational und ideologisch diverifizieren, was nutzen dann die Ausrichtungen des „Wovon" und „Wozu"? Sind sie nur unwirksame intelligible Ordnungsfaktoren oder dienen sie dem Menschen als allgemeine Orientierungsangebote? Auch hierzu sei Geiger zitiert, dessen Aussage ich ausdrücklich unterstreiche: „Zur Vermeidung von Mißverständnissen", heißt es bei ihm, „mag ausdrücklich hervorgehoben sein, daß es mir natürlich nicht in den Sinn kommt, das Bemühen um Gesamtorientierung zu verurteilen oder lächerlich zu machen, weil es ideologisch bedroht ist. Diese Bedrohtheit wird nur festgestellt. Es steht nirgendwo geschrieben, daß es verboten sei, Gesamtorientierungen zu suchen und sein eigenes Ich als Bezugs- und Mittelpunkt für eine Ordnung der Erscheinungen um sich selbst zu setzen. Was – im Namen der Erkenntnisehrlichkeit – verboten bleibt, ist dies: die Ergebnisse solcher Gesamtorientierung in Ist-Sätze zu fassen und als Aussagen über das So-Sein der Wirklichkeit auszugeben." (Th. Geiger, a.a.O., S. 83)

Der Schritt vom reinen „Ist" zum „So-Sein" ist ganz klein und wird ständig und immerdar im täglichen Leben vom Einzelnen wie von Gruppen von Gesellschaften und Kulturen vollzogen.

Von der abstrakten Freiheit, die „in der raum-zeitlichen Welt" nicht vorzufinden ist, gibt es *in realiter* auch keinen – außer dem intelligiblen – Gebrauch. Die Forderung nach „Freiheit" jedoch ist äußerst konkret, und da wir ihr nachspüren und ihre „Wirkung" beschreiben wollen, müssen wir, gleich ihr, ins Dickicht des Mythos vorstoßen, auch wenn unter diesem mythischen Himmel nicht die klaren Sterne der Vernunft leuchten. Die Orientierungen des „Freiheit-Wovon" und „Freiheit-Wozu" jedoch werden uns dabei große Hilfe leisten. Um sie zu verstehen, wollen wir ein Beispiel aus der Literatur heranziehen, nämlich jene großartige dichterische Gestaltung, die *Fjodor Dostojewski* schon im vorigen Jahrhundert gewagt hat, die eine der bewegendsten Fragen der Menschheit beinhaltet, nämlich die Frage nach der menschlichen Freiheit.

In seinem Roman *"Die Brüder Karamasow"* läßt Dostojewski Iwan Karamasow, eine der Hauptfiguren des Werkes, in einem weitausholenden Dialog mit seinem Bruder Aljoscha seine Weltsicht ausbreiten. Das langwährende, die „letzten Dinge" berührende Gespräch gipfelt in Iwans erfundener *Legende vom Großinquisitor*. Diese Geschichte läßt Iwan im 16. Jahrhundert in der spanischen Stadt Sevilla spielen:

Jesus kommt noch einmal in Menschengestalt auf die Erde und vollbringt „in seiner unermeßlichen Barmherzigkeit" Wunder in den „heißen Gassen der südlichen Stadt". Dort hatte der Großinquisitor-Kardinal am Tage zuvor, in Gegenwart von König und Hof, in einem grandiosen Autodafé fast hundert Ketzer *ad majorem gloriam dei* verbrennen lassen. Als der Großinquisitor, ein fast neunzigjähriger und in seinem Amt sowie in seinen Anschauungen unerbittlicher Greis, vom Wunderwirken des Herrn erfährt, läßt er ihn, ohne zu zögern, in den Kerker werfen. In der darauffolgenden Nacht sucht der fast versteinerte und im Bewußtsein des erdumspannenden, allmächtig gewordenen Katholizismus lebende Kardinal Jesus in seiner Kerkerzelle auf und überhäuft den schweigenden Christus mit gnadenlosen Vorwürfen. Diese Vorwürfe gipfeln zu Beginn des erbarmungslosen Monologs des Kardinal-Großinquisitors in dem Satz: „Warum kommst du denn, uns zu stören?"

Ein Fixpunkt, um den des Kardinals anklagende Sentenzen wie unsichtbare Racheengel um den Gefangenen kreisen, ist die Jesus-Verheißung der *Freiheit*. Der Großinquisitor mahnt Christus, es sei dem nichts mehr hinzuzufügen, was bei seinem ersten Erdenverweilen schon gesagt worden sei, und fährt fort: „Alles, was du neu verkündest, tastet an den Freiheitsglauben der Menschen. ...Und nun hast du diese ‚freien' Menschen gesehen... Diese Sache kam uns teuer zu stehen, wir haben sie aber endlich erledigt – in deinem Namen. Fünfzehn Jahrhunderte haben wir uns mit dieser Freiheit geplagt, aber jetzt sind wir fertig damit." Die Menschen hätten, so der Großinquisitor, selbst ihre Freiheit ihnen, d.h. der Kirche, demütig zu Füßen niedergelegt, um endlich glücklich zu werden.

Immer wieder kehrt der Kardinal in seinem nächtlichen Monolog zu dem zentralen Gedanken zurück, daß die Freiheit eine unerträgliche Last sei, von der man möglichst schnell befreit sein möchte. „Ich sage dir", heißt es an einer Stelle, „der Mensch hat keine quälendere Sorge, als den zu finden, dem er möglichst schnell das Geschenk der Freiheit, mit dem diese unglücklichen Wesen geboren werden, zurückgeben könnte... Statt dich der Freiheit der Menschen zu bemächtigen, hast du ihnen noch mehr Freiheit gegeben. ... Nichts ist verführerischer für den Menschen als Freiheit des Gewissens, nichts aber auch qualvoller!"

Der Großinquisitor-Kardinal erinnert Jesus an jene drei Versuchungen in der Wüste, als der Satan, den der kirchenfürstliche Greis mit den Worten „furchtbarer und kluger Geist, der Geist der Selbstvernichtung und des Nichtseins... der große Geist" charakterisiert, ihm, Jesus, alle Reiche dieser Welt anbot, wenn er die Steine zu Brot verwandle, sich von den Zinnen des Tempels stürze, um zu beweisen, daß er Gottes Sohn sei (denn es stehe geschrieben, daß ihn die Engel auf Händen trügen) und wenn er schließlich vor ihm, dem Satan, niederfiele und ihn anbete, damit er die Krone und die Herrschaft über die Erde empfangen könne.

In diesen drei „Versuchungen", gewissermaßen in drei Fragen, so der Großinquisitor, sei „die ganze Geschichte der Menschheit zusammengefaßt und vorausgesagt", denn „an diesen Fragen allein, an dem Wunder ihres Auftauchens kann man erkennen, daß man es nicht mit dem irdischen menschlichen Geiste zu tun hat, sondern mit dem Ewigen und Absoluten." Aus dieser Prämisse heraus klagt der Kirchenfürst Christus an, er habe den Menschen nicht von der „qualvollen" Freiheit befreien wollen, „denn was wäre das für eine Freiheit, wenn der Gehorsam durch Brot erkauft würde?"

Hier taucht auch die spätere Bertolt-Brecht-Erkenntnis auf:

„Erst kommt das Fressen, dann die Moral", wenn Iwan durch den Mund des Großinquisitors die armen Menschen fordern läßt: „Mach uns satt, dann kannst du verlangen, daß wir tugendhaft seien!" Weshalb hast du, Jesus, nicht die Steine in Brot verwandelt? lautet die bittere Frage des Großinquisitors an den „Herrn". Dann wären die „Zehntausende von Millionen Menschen" ihm nachgelaufen – aber er habe ihnen damals nur die *Freiheit* gebracht! Daraus erwächst sein ungeheurer Vorwurf an Christus, daß er die Menschen überhaupt nicht geliebt habe. Der Großinquisitor fährt fort: „Du, der gekommen war, sein Leben für sie zu opfern! Statt dich der menschlichen Freiheit zu bemächtigen, hast du sie erweitert und mit ihren Qualen den Seelenbereich des Menschen belastet, für alle Zeiten." Er, Jesus, habe damit den Grund zur Zerstörung seines eigenen Reiches gelegt, denn er habe nicht erkannt, daß es „drei einzige Kräfte auf dieser Erde" gäbe, die das Gewissen der schwachen Menschen „besiegen und fesseln können: das *Wunder*, das *Geheimnis* und die *Autorität!*"

Das alles hätten „sie" an seiner, Christus, Stelle nach seinem Tode getan. Die Menschen seien schwach, lasterhaft und aufsässig, zu guter Letzt aber würden sie wieder gehorsam werden, weil „sie" ihnen die Last der Freiheit genommen hätten und ihnen sagten, „daß wir dir ergeben sind und in deinem Namen herrschen." Der Großinquisitor resümiert und stellt kalt und schneidend die Behauptung auf: „Und so haben wir gehandelt. Wir haben dein Werk verbessert und es auf dem Wunder, dem Geheimnis und der Autorität aufgebaut." „Sie" hätten das „Schwert Cäsars" ergriffen, weil sie nicht *mit* „ihm" (Jesus), sondern *mit* „ihm" (dem „Versucher") seien. Wäre Jesus vor „ihm" niedergefallen und hätte er die Weltherrschaft und die Kaiserkrone angenommen, hätte er „den Weltfrieden" in einem einzigen alle Welt umfassenden Weltreich geschaffen.

Der Großinquisitor führt noch die großen Eroberer Timur und Tschingis-Chan an, die die Welt einigen wollten. Aber sie herrschten nicht über „das Gewissen", wie er, Jesus, es hätte tun können, wenn er dem Versucher gefolgt wäre. Denn über das Gewissen herrschten nur jene, „in deren Händen sich das Brot befindet." Und dann kommt es zu einer schrecklichen Prophezeiung: „Es werden noch Jahrhunderte voller Greuel des freien Geistes, ihrer Wissenschaft und der Menschenfresserei vergehen, denn da sie ihren babylonischen Turm ohne uns zu bauen begonnen haben, müssen sie mit der Menschenfresserei enden. Dann aber wird das

Tier zu uns geschlichen kommen, wird unsere Füße lecken. . .
und wir werden auf das Tier steigen und eine Schale erheben, auf
der wird geschrieben stehen: ‚Das Geheimnis'. Und dann erst
kommt für die Menschen das Reich der Ruhe und des Glücks."
Denn die Menschen würden erst dann frei werden, „wenn sie für
uns auf ihre Freiheit verzichten und sich uns unterwerfen".

Das genialische Szenario, das *Dostojewski* hier in Iwans Legende geradezu bedrückend entwirft, zeigt einen Christus, der
mit der „göttlichen Gabe", der Freiheit, die er den Menschen bringen will, verlassen dasteht, mit nichts als einer „lächerlichen
Freiheit" in Händen, während der Großinquisitor, der die das Erdenrund umfassende, heilige katholische Kirche und auch die
„Regierenden" sowie „die Hüter des Geheimnisses" repräsentiert, auf Millionen glücklicher Menschenkinder schaut, die aus
„ihren" Händen das Brot empfangen und denen sie die Sünde gestatten, weil sie sie ihnen wieder abnähmen und sich selbst auf-
bürdeten, da sie ja über ihr Gewissen herrschten.

In der Legende wird zum Schluß der Großinquisitor dem gefangenen Christus erklären, daß er ihn morgen auf den Scheiterhaufen bringen wird, damit er „sie" nicht mehr auf dieser Erde störe.
Doch der schweigende Christus, der kein Wort erwidert hat, erhebt sich, blickt den Alten sanft an und küßt ihn auf die blutlee-
ren, neunzigjährigen Lippen. Diese Geste erträgt der Großinquisitor nicht. Er öffnet die Tür und jagt ihn von dannen – mit den
Worten: „Geh' und komm' nicht mehr wieder. . .. nie mehr. . . nie
und nimmer mehr!" Bei Dostojewski heißt es zum Schluß: „Der
Kuß brennt in seinem Herzen, aber der Alte bleibt bei seiner früheren Idee."

Man mag zu dieser Dostojewskischen Legende stehen wie man
will: sie soll auf ihre Weise nur beschreiben, wie Freiheit gedeutet
werden kann – als freie Selbstbestimmung oder als Last und Qual,
als etwas, das man gerne von einem anderen, von einem Stärkeren
tragen lassen möchte, dem man sich als Gegenleistung freiwillig
unterordnet, wie dies der Großinquisitor wertet. In diesem Jahrhundert haben die Deutschen auch ihre Freiheit an den „Versucher" abgegeben, der erst die Steine der Weimarer Arbeitslosigkeit in Brot und Arbeit verwandelte und plötzlich „Kanonen statt
Butter" anbieten ließ. Mit der Formel: „Du bist nichts, dein Volk
ist alles" wurde die Freiheit auf den „Führer" gebürdet, der nur zu
befehlen brauchte – „Führer befiehl, wir folgen!" Dieser „Führer"

ergriff das „Schwert Cäsars" und schuf, nur für einen winzigen Atemzug der Geschichte, ein „Weltreich", das von der Atlantikküste bis zur Wolga und zum Kaukasus sowie vom Nordkap bis vor Alexandria reichte. Nach dem Willen des neuen Timur oder Tschingis-Chan sollte dieses Weltreich 1000 Jahre dauern.

Die chiliastische (die „tausendjährige") Utopie gehört stets zum demagogischen Arsenal der großen Diktatoren. Und sie scheint, wenn sie im konsequenten Raster der Dostojewkischen Gedankenführung durchgeführt wird, von der Utopie zur Realität zu mutieren – siehe die jahrtausendalte Fortschreibung der „Praxis" der Katholischen Kirche. Oberflächlich betrachtet hat die katholische chiliastische Verheißung deshalb in der Realität reüssiert, weil die Kirche als jene, „die das Brot in Händen hat" und damit über das Gewissen regiert, eine Gegenleistung erbrachte und sich nicht weigerte, wie dereinst Christus, „mit leeren Händen" nur ein Abstraktum anzubieten – das Abstraktum „Freiheit", mit dem „die Masse" nichts anzufangen weiß.

In den letzten drei Jahrzehnten hat sich, was die Kirchen betrifft, eine Wendung vollzogen, die von Bedeutung ist: zur *inneren* Abwendung vom Glauben, vom Sakrament und von der Seelsorge kommt die *äußere* Abkehr der Gläubigen durch sehr viele Kirchenaustritte hinzu. Wenn für diesen Schritt viele verschiedene Gründe und Motive auszumachen sind, so muß doch festgehalten werden, daß durch die innere und äußere Abkehr von der Kirche auch wieder die „Last der Freiheit" von vielen ehemaligen Gläubigen den eigenen, individuellen Schultern aufgebürdet wird.

Läßt man den Aspekt der Wandelbarkeit und der Fluktuation aus (Motto: „Wenn es den Menschen miserabel geht, kommen sie wieder zurück in die Kirche"), dann kann man, immer noch nach der Dostojewkischen Ausrichtung, die Frage stellen, ob der Mensch nach dem Verlassen der kirchlichen Geborgenheit nun tatsächlich allein mit der „Last der Freiheit" fertig wird, ob er sie, stark und selbstbewußt, einfach schultert oder ob er sie einer anderen „Institution" oder „Instanz" aufhalst und sich durch diese leiten und gängeln läßt. Diese Frage ist zunächst so nicht zu beantworten, nicht zuletzt deshalb, weil die Kirche im Augenblick nicht mehr jene dominierende Position einnimmt wie noch zu Beginn unseres Jahrhunderts. Zum anderen sind anscheinend die unzähligen „Instanzen", die der Mensch als Gewissens-, Persönlichkeits- und Orientierungsregulativ benutzt, nicht mit wenigen Namen aufzuzählen. Dies ist auch nicht nötig.

Halten wir uns zunächst an jene Formel, die wir sowohl bei *Theodor Geiger* als auch bei *Fjodor Dostojewski* (und bei vielen weiteren Schriftstellern) entdeckt haben, daß nämlich Freiheit nur dann einen *realen* Sinn hat, wenn „Freiheit wovon" zur „Freiheit wozu" führt. Diese Einteilung als Hilfskonstruktion ist der Schlüssel zur Rahmenbeschreibung der realen Handhabung von Freiheit. Sie führt uns systematisch zum Kern und zum Verständnis dessen, was unter dem Umgang mit der individuellen und demokratischen Freiheit gemeint ist.

Erich Fromm beschreibt den Menschen, der sich nach der Vertreibung aus dem Paradies in trister Ausgestoßenheit wiederfindet: „Er ist allein und frei, aber machtlos und voller Angst. Die neugewonnene Freiheit erscheint ihm als Fluch. Er ist frei *von* der süßen Knechtschaft des Paradieses, aber er besitzt noch nicht die *Freiheit zur* Selbstbestimmung, seine Individualität zu realisieren. ‚Freiheit von' ist nicht das gleiche wie positive Freiheit, nämlich ‚Freiheit zu'." (E. Fromm, 1990, S. 31) Der Ungehorsam des ersten Menschenpaares gegenüber Gott sei die erste menschliche *Tat* gewesen. Vom Standpunkt des Menschen aus, so Fromm weiter, könne man dieses Aufbegehren gegen Gottes Gebot als den „Anfang der menschlichen Freiheit" bezeichnen. Auch der Psychologe Fromm spricht wie der Dichter Dostojewski von der „süßen Knechtschaft". Diese Einschätzung atmet den gleichen Geist, in dem auch der Großinquisitor denkt, wenn er von den Millionen spricht, die glücklich sind, wenn sie die Qual der Freiheit auf „sie" bürden.

Die Vertreibung aus dem Paradies, aus dem Schutz des liebenden Gottvaters, die die „Freiheit von" initiierte, ließ den Menschen sich plötzlich seiner Einsamkeit und seiner Angst erschreckend bewußt werden, die ihn schnell wieder – nach Dostojewski – in den Schutz der liebenden Kirche oder Gottvaters oder in die Arme einer anderen autoritären Macht zurücktrieb. Denn die „Freiheit von" allein konnte ihm nicht helfen, diesem Vertriebenem, wenn er es noch nicht geschafft hatte, die „Freiheit zu" zu erreichen. Hier müssen wir einen Moment innehalten und uns vergegenwärtigen, daß wir „Freiheit zu" nicht „eindimensional" oder gar als vorbestimmten und „absoluten Fluchtpunkt" begreifen dürfen, sondern dies auch an der Qualität und der Wertbestimmung des angestrebten Zieles messen müssen, „zu" dem die Freiheit ausgerichtet wird.

Wenden wir uns noch einmal Erich Fromm zu. Nachdem er die

Hilflosigkeit des Menschen in der Natur (im Gegensatz zu den instinktbetonten Tieren), d.h. „die biologische Schwäche des Menschen", zur „Voraussetzung der Kultur" erklärt hat, schildert er den Prozeß der wachsenden menschlichen Freiheit: „Auf der einen Seite handelt es sich um einen Prozeß der zunehmenden Stärke und Integration, der Meisterung der Natur und der zunehmenden Beherrschung der menschlichen Vernunft. . . Zum anderen aber bedeutet diese wachsende Individuation auch zunehmende Isolierung, Unsicherheit und, hierdurch bedingt, zunehmende Zweifel an der eigenen Rolle im Universum, am Sinn des eigenen Lebens und. . .ein wachsenden Gefühl der eigenen Ohnmacht und Bedeutungslosigkeit als Individuum." (S. 32) Diesem geschilderten Prozeß der Emanzipation „von" den natürlichen und den primären Unitäten, wie Natur, Stamm, Religion, Volk, geht beim Menschen zunächst ein Ereignis voraus, das *René König* die „zweite Geburt als sozial-kulturelle Persönlichkeit" nennt. Sie unterscheidet sich von der „ersten", der kreatürlichen Geburt, die sich von der biologischen abhebt, von der *Talcott Parsons* (1955) spricht, wenn er diesen von König apostrophierten Vorgang als Resultat eines Sozialisierungsprozesses spezifiziert und erklärt, daß der Mensch als Person nicht einfach „geboren" wird.

Auch eine Gesellschaft, die sich von den statischen und traditionellen Bindungen altübernommener Normen befreit, aus der geschlossenen Einfriedung der sozialen Maximen ausbricht und „offen" ihre Kommunikations- und Lebensweise gestaltet, erlebt eine „zweite Geburt". Nur muß man dann die Frage an eine solche Gesellschaft wie auch an ein solches Individuum stellen, welche *Richtung* die weitere Sozialisierung einschlägt und *wohin* man sich entwickelt, nachdem die „zweite Geburt" vollzogen ist.

Der Mensch – und auch „die" Gesellschaft – erleidet die Befreiung von den Bindungen, in die er hineingeboren wurde, d.h. die Fesseln, die ihm Natur und soziales Milieu auferlegt haben, recht schmerzhaft. Aber diese Befreiung zeigt ihm einen verheißungsvollen Weg, der zur Selbstbestimmung und zur eigentlichen individuellen Identität führen kann. Gleichzeitig erlebt er schockartig das plötzliche Alleinsein, die Ohnmacht, nachdem er das schützende Dach der Natur verlassen und sich der sicheren Wärme seiner Sozietät entledigt hat, und muß den Schmerz der Isolierung sogar panikartig erfahren.

Dieser leidvolle Widerspruch – auf der einen Seite die Befreiung, die ihn endlich als Individuum aufatmen läßt, auf der anderen Seite die lähmende Qual der Einsamkeit – kann sich nur auflösen, wenn nach dem „passiven" Erlebnis der Freiheit, d.h. der „erlittenen" Emanzipation vom Reich des Notwendigen, die zielstrebige Ausrichtung auf die „aktive" Verwirklichung der Freiheit, nämlich *"zu etwas"* frei zu sein, erfolgt. In diesem Sinne spricht auch *Romano Guardini* (1960) von dieser Freiheit, wenn er präzisiert: „Es hat keinen Sinn, Freiheit ‚von' zu fordern, wenn vorher nicht die Freiheit ‚zu', nämlich zu den großen Werten der personalen Existenz gesehen und gewollt ist." Damit deutet er auch das Grundverhältnis der „Freiheit zu": Freiheit als Werterfahrung. Diese „Freiheit zu" wird und wurde von vielen Weltanschauungen, Ideologien, Philosophien und Religionen je nach Richtung und Werte-System in ihren Angeboten unterschiedlich dargereicht oder propagiert. Der Mensch erlebt diesen Widerspruch, wenn man ihn systematisch auf religiöse, soziale und intellektuelle Weise klassifiziert, was er schließlich in der jeweiligen Entsprechung theologisch, politisch-soziologisch und philosophisch reflektiert und was ihn determiniert.

Im *theologischen Rahmen* haben z.B. *Paulus, Augustinus, Thomas von Aquin, Luther* und *Calvin* Maximen und „Wahrheiten" verkündet, die sie in direkter Linie von Jesus Christus oder dem Wort Gottes (der „Heiligen Schrift") abgeleitet und als verbindlich für die Menschheit verkündet haben. Welche Konflikte, Auseinandersetzungen und ständigen blutigen Kriege im Rahmen dieser „Wahrheit" geführt wurden, braucht an dieser Stelle nicht näher erläutert zu werden. Allen gemeinsam, wenn man als normaler Durchschnittsmensch nicht die ausdifferenzierten Lehrmeinungen berücksichtigen will, ist die transzendentale Ausrichtung, in der Gott zu finden ist – entweder als allmächtiger Vater, auf dessen Gnade man letztlich angewiesen ist, oder als Vater Jesu Christi, der durch die Erlösungstat seines Sohnes dem Menschen die Möglichkeit der Wahl geschenkt hat, nämlich der Wahl zur Freiheit in Christo; hier wird das unstete „zu" zum zur-Ruhe-gekommenen „in", hier also „in" Christo. Der Glaube somit wird zur *sittlichen Maxime*, zur allumfassenden ethischen Ordnung, die dem emanzipierten Menschen- oder christlich ausgedrückt: dem erlösten Menschen – die Freiheit zur Wahl und Bindung an Gott und seinen Sohn überläßt und damit auch Lebens-Sinn und Lebens-Planung von Person, Gesellschaft, Staat und Welt bestimmt. Diese vereinfachte Darstellung gilt mehr der protestantisch-evangelischen Variante als der katholischen, die auch noch Anerkennung der Dogmen und kirchlichen Lehren von ihren Gläubigen verlangt, in deren Rahmen sie „die Freiheit" gewährt.

Sehr hautnah erlebt der Mensch seine Freiheit *im Rahmen seiner sozialen und politischen Umgebung.* Chaos und Anarchie einerseits und totalitäre Diktatur andererseits stellen die extremen Endpunkte auf der Skala der politischen Realisationsmöglichkeiten im staatlichen Zusammenleben dar. Dazwischen liegen viele Optionen von Fremd- und Selbstbestimmung. Totale Freiheit, ohne Ausrichtung auf ein Wertesystem, außer der auf seine eigene absolute Befreiung als Selbstzweck, d.h. Anarchie, auf der einen Seite; totale Knechtschaft, d.h. Diktatur, in der man gezwungen wird, seine „Freiheit zu" auf ein Regime, einen Diktator, einen „Führer" zu übertragen, auf der anderen Seite; dazwischen die Facetten der „halben" bis „ganzen" Selbstbestimmung, die nur in einer Demokratie, wie die bisherige historische Erfahrung lehrt, zu verwirklichen ist, in der die eigene subjektive Ausrichtung der „Freiheit zu" zu wählen und zu bestimmen ist. Dies alles bildet den politisch-sozialen Rahmen unseres sozialen Lebens.

Auch in diesem politisch-sozialen Bezugsrahmen gibt es höchst differenzierte Anschauungen und Lehren, die historische Wurzeln und Auswirkungen gezeitigt haben und letztlich dadurch auch die staatlichen, nationalen und individuellen Varianten in der politisch-sozialen Wirklichkeit schufen. Gerade in unserem Jahrhundert erlebte die Menschheit die Auswirkungen dieser Anschauungen, für die sie weit über hundert Millionen Tote auf den schrecklichen Altären des brutalen Chaos und der ent-menschlichten Diktaturen opfern mußte. Die *Rassenlehre* als oberste Maxime des nazistischen Regimes, die der „Führer" ex cathedra verkündet hatte, auf die die „Freiheit zu" des gesamten deutschen Volkes zugeordnet war, ließ nicht nur in einer bürokratisch ausgeklügelten Todesmaschinerie Juden, Zigeuner, Slawen, „Lebensunwerte", „Untermenschen" und solche, die sich dagegen wehrten, in der Gaskammer, am Galgen und vor dem Erschießungspeleton zu Millionen auf grausame Weise umkommen. Auch Millionen Anhänger der Maximen dieser Rassenlehre, vor allem die den „Führer" verehrende Jugend, die an seine Verkündigung der germanischen Neuordnung Europas, an das tausendjährige nationalsozialistische Reich und an die Fahne, die dessen proklamierten Ideale verkörperte, inbrünstig glaubten, ließen auf den europäischen Schlachtfeldern ihr Leben.

66

Ähnliches geschah in der *Sowjetunion*. Die Verantwortung für die nach dem Zweiten Weltkrieg genannte Zahl von 20 Millionen Toten der UdSSR mag man dem faschistischen Aggressor zuschreiben. Dennoch müssen der kommunistischen Ideologie und ihrer pervertierten Variante des Stalinismus ebenfalls Hekatomben von Leichen angelastet werden, die sie in den Gulags, in den Tundren Sibiriens, bei den Umsiedlungen, bei den ethnischen Vertreibungen, durch die grausamen Arbeitsbedingungen, durch Hungersnöte, manchmal sogar auf unmenschliche Art, produzierte. Und dies alles, wie auch bei den Nazis, unter der Ägide eines hehren Ideals – in diesem Falle des Ideals der Verwirklichung des Sozialismus, dessen steiniger Weg einmal in die strahlende Epoche des Kommunismus einmünden sollte, in der dann ewiger Frieden, Gleichheit und Brüderlichkeit das Zepter schwingen würden.

Wie viele westliche und bürgerliche Intellektuelle haben ihre „Freiheit zu" diesen kommunistischen, ja auch stalinistischen Ideen angedient, um ihre Selbstverwirklichung zu erleben! Was sie tatsächlich erlebten, war ihre physische und psychische Selbsterniedrigung, ihre totale Entwürdigung und vielfach auch ihre Exterminierung, die im stillen, vergessenen Sterben in den Weiten Sibiriens oder den Kerkern der sowjetischen Geheimpolizei stattfand.

Vielleicht ist es hier angebracht, die Erwartungen, die die Bevölkerung der ehemaligen DDR an den Mauerfall und an die Wiedervereinigung stellte, zu erwähnen, da hierbei fast greifbar der Prozeß des Übergangs von „Freiheit von" zur „Freiheit zu" innerhalb einer kurzen historischen Zeitspanne verfolgt werden kann. Der überwältigende Bevölkerungsteil begrüßte stürmisch und enthusiastisch den Fall der Mauer und die Aufhebung der Grenze, samt des Todesstreifens, und feierte 1989 die Befreiung vom kommunistischen Joch und der Bevormundung durch die regierende Kaste mitsamt ihrem Unterdrückungsapparat. Die „Freiheit von" war schlagartig erreicht und konnte klar definiert werden. Definiert wurde von der Masse der DDR-Bevölkerung nach dem Mauerfall auch die Ausrichtung der „Freiheit zu" – das Ziel hieß eindeutig, wenn auch vordergründig, „freiheitliche Demokratie", „soziale Marktwirtschaft", „Wohlstand" und „Arbeit", kurz das schnelle Erreichen des wirtschaftlichen Niveaus der „alten" Bundesrepublik Deutschland.

Schon ein Jahr nach der sogenannten Währungsunion, die im

Juni 1990 vollzogen wurde, gab es schockartige Erlebniszustände innerhalb der Bevölkerung der ehemaligen DDR. Die „Freiheit von" hatte über Nacht Arbeitslosigkeit und Armut beschert, wenn man auch mit Hilfe der Geduld freiheitliche Demokratie und soziale Marktwirtschaft zu üben versuchte. Der Zusammenbruch des sozialistischen Wirtschaftssystems, das beim ersten linden Hauch der rauhen Freiheit in sich zusammenfiel, brachte für viele schockartige Erlebnisse: Die Schließung vieler Betriebe, hohe Preise, eine über die Ufer tretende Arbeitslosenflut und eine triste Perspektivlosigkeit nicht nur für ältere Menschen, sondern auch für jüngere Leute, die bislang ihren Lebensweg, ihre Verantwortung und ihre Lebensaufgabe und somit auch die Sinnvermittlung „von oben" vorgeschrieben bekommen hatten. Sie standen plötzlich in der Wüste, in die sie nach der Vertreibung aus den potemkinschen Dörfern des sozialistischen Paradieses gestoßen worden waren. Es war kein Land, in dem Milch und Honig floß, in Sicht, es gab nur Steine und Sand und Mühsal – und es wird noch gewaltiger Anstrengungen bedürfen, um das angestrebte Ziel zu erreichen. Hier ist die Frage angebracht, ob die meisten dieser Menschen begreifen werden, daß sie zur Erreichung dieses angestrebten Ziels *selbst* ihre „Freiheit zu" finden müssen, daß ihnen dies niemand abnimmt, und daß die Hilfe von außen nur substitutionell sein wird.

Radikale feurige Hilfsangebote unverbesserlicher neofaschistischer und altkommunistischer Fanatiker, die heimlich die Rückkehr des alten Systems der DDR herbeiwünschen, könnten sich möglicherweise zu Flächenbränden entwickeln, weil die Bürger, die seit fast über 60 Jahren nur Diktaturen und deren Lebensreglement erlebt und verinnerlicht haben, die ungewohnte „Freiheit zu" als Qual empfinden und sie gerne einem nebulösen Übervater oder irgendwelchen Herrschenden überantworten möchten. Eine Diagnose im heutigen (1994) Stadium zu stellen, wäre voreilig. Worauf hier hingedeutet werden soll, ist nur die problematische Frage nach der Zielausrichtung der „Freiheit zu", wenn man unerwartet die „Freiheit von" gewonnen hat. Der Übergang des ehemaligen DDR-Systems in die demokratische Verfassung der BRD ist dafür ein gutes historisches Beispiel.

Aus dem, was gerade über den politisch-sozialen Rahmen gesagt wurde, geht implicite hervor, daß die Wahl der Ausrichtung zur „Freiheit zu" (falls sie auf dem vorangegangenen und schon verwirklichten „Freiheit von" aufbauen kann) individuell und in freier Selbstbestimmung nur in einem *demokratischen System* getroffen werden muß. In dem erwähnten Artikel von *Romano Guardini* heißt es, daß die Demokratie „die anspruchvollste und eben damit die gefährdetste aller politischen Ordnungsformen" sei und sie bedeute, daß der einzelne „sich für das Schicksal des Staates verantwortlich wisse". *Winston Churchill* hat seine so oft zitierte Beurteilung der Demokratie in die Worte gefaßt, daß die Demokratie die schlechteste aller Regierungsformen sei, aber alle anderen noch schlechter seien. Viele Staatsmänner, Philosophen und Autoren haben das demokratische Gemeinwesen ständig überdacht, kritisiert und definiert, wenn auch von den unterschiedlichsten Standpunkten aus: von *Platon* und *Aristoteles* über *John Locke, Edmund Burke, Alexis de Tocqueville,* über *Hegel* und *Karl Marx* bis hin zu *Ernst Cassirer* und *Karl Popper,* um nur einige wenige zu nennen. Ob Verfassungen, Parteienaufgaben, Wahlverfahren, Bürgerpflichten und -rechte in einer Demokratie zur Debatte standen, das Ziel und die Forderung aller war, eine Herrschaft auf Zeit und einen unblutigen Regierungswechsel zu garantieren.

Alle demokratischen Verfassungen zielten auf die Garantie der Freiheit und Gleichberechtigung ihrer Bürger, wobei die „Freiheit von" meist unstrittig blieb, hingegen die „Freiheit zu" in die Disposition des einzelnen gestellt, aber auch, durch die soziale Kontrolle, einem gemeinsamen (oft christlichen) Überbau untergeordnet wurde – natürlich unter dem Minimalanspruch, daß dieser sich voll verantwortlich gegenüber dem Mitbürger und dem Staat zu erweisen habe. Ob er dabei diese Verantwortlichkeit von seinem Glauben an Gott oder an ein höheres sittliches Wesen oder an die Macht der Vernunft ableitete, spielte im Prinzip keine Rolle. Die Ausrichtungsziele der „Freiheit zu" sollten „verfassungsmäßig" jedem Einzelnen überlassen bleiben„ wenn man die Geschichte der verschiedenen Verfassungen liest und sie beim Wort nimmt. Aber Partei-Ideologien, religiöse und kirchliche *pressure groups* sowie wirtschaftliche Machtblöcke setzten nicht selten diesem Einzelnen so zu, daß seine Entscheidungen keineswegs „frei" blieben und nicht selten seine geistige und materielle Existenz durch massiven Druck der Interessen- und Lobbygruppen zerstört, zumindest aufs Höchste bedroht wurde. Diese Praxis zeigt, daß in einer funktionierenden Demokratie die Freiheit des Glaubens, der Meinung, der Berufswahl, der Ortswahl usw. nicht per se gewährleistet ist, sondern täglich neu erstritten und verantwortlich behandelt werden muß. Individuelle „Freiheit zu"-Verantwortung ist ein Idealzustand, der von der täglichen Erlebniserfahrung meilenweit entfernt ist.

Nach dieser allgemeinen Skizzierung des teilweise theoretisch ausgerichteten Demokratieverständnisses gilt es, einen etwas genaueren Blick auf die Demokratiewirklichkeit zu werfen. Sie stellt sich in den westlichen Ländern sehr unterschiedlich dar. Betrachtet man das *Parteiensystem* dieser Länder nach der deutschen Verfassung, nach der die Parteien bei der „Willensbildung des Volkes" mitwirken (§ 21 GG), so erkennt man sofort den großen Unterschied zwischen den Parteien der USA und jenen in Westeuropa. Vereinfacht dargestellt sind die USA-Parteien nichts anderes als Gruppen, die nichts anderes wollen, als ihre Klientel ohne Schnörkel und ohne ideologische Vorbedingungen an die Regierung zu bringen, wie *Edmund Burke* das schon beschrieben hat: Man tut sich zusammen, um eine Mehrheit zu finden, die dann die Macht übernimmt, d.h., Regierbarkeit kann hergestellt werden. So sind diese Parteien nichts anderes als „Präsidenten-Wahlvereine", die sich ausschließlich zum Zwecke der Übernahme von Regierungsmacht zusammentun.

In Westeuropa ist, es mit einigen gewichtigen Akzentverschiebungen, etwas anders. Hier sind die Parteien traditionell an *Weltanschauungen* oder an Idealen ausgerichtete Zusammenschlüsse. Konservatives, sozialistisches, christliches, liberales, ökologisches, nationales, faschistisches, marxistisches, kommunistisches, heimatbetontes usw. Ideengut bestimmen Programm und Image. In der Wirklichkeit allerdings, vor allem dann, wenn eine dieser Parteien in die Regierungsverantwortung gelangt ist, gelten diese idealen Auflagen, ihr Programm und der sogenannte Parteiauftrag nur dann noch, wenn dies die notwendige Taktik, die Strategie des Machterhalts und die Berücksichtigung des Aspektes der Wiederwahl auch zulassen. Wiederwahl und Machterhalt sind bedeutungsvoller und sogar wichtiger als die Durchsetzung von Programmpunkten der Partei – so lehrt die tägliche Erfahrung, wenn man das politische Alltagsgeschäft aufmerksam verfolgt. Gegenüber den Parteimitgliedern, falls sie Parteiauftrag und Ideale einfordern, wird das Argument gebraucht, man müsse zuerst die Macht sichern, sonst könne man keinen Programmpunkt verwirklichen.

Machtsicherung und Machterhalt heißt nichts anderes, als bestimmte Personen und Gruppen in ihren Machtpositionen abzu-

70

sichern und diese Positionen zu erhalten. Dies verläuft in allen Staaten dieser Welt gleich, in den demokratischen meist unblutig, wenn man von terroristischen Aktionen absieht. Die Machtsicherung bzw. das Machtstreben, dem oft als Motiv die brutalsten und egoistischsten Instinkte, Handlungen und Zielsetzungen motivierend zugrunde liegen, werden stets hinter der Proklamation hehrer Ziele versteckt und verbrämt mit angepriesenen hohen Idealen, von denen man annimmt, daß die Wähler, „das Volk", „die Menschen draußen im Lande" solche Ideale und Proklamationen für wahr halten und ihnen einigermaßen konsensual zu folgen vermögen. Man braucht nicht *Machiavelli* zu bemühen, um hinter die „großen" Abläufe dieser weltweit zur Macht strebenden Mechanismen blicken zu dürfen: Die rigiden Machterhalts- und Machtstrebens-Mechanismen verlaufen in allen Gemeinderäten, Partei-Ortsvereinen, Landesparlamenten und Regierungskabinetten in ähnlicher Weise. Das zynische Austricksen des politischen Gegners einerseits und des staunenden (Wähler-)Volkes andererseits im Namen höherer Güter und Ideale gehört zum alltäglichen demokratischen Ritual. Das geschieht bei den Parteien und Interessensgruppen im Namen der christlichen Verantwortung, der sozialistischen Solidarität, der liberalen Maximen, im Namen der Menschlichkeit, im Namen des Volkes, und wenn gar nichts mehr hilft, im Namen der Freiheit, deren Nennung recht locker zur Hand ist, wann immer man sie braucht, um individuell-egoistische Absichten eindrucksvoll durchzusetzen.

Ein bestens bekanntes und allenthalben verbreitetes Verhaltensphänomen der Öffentlichkeit scheint dieser zynischen Praxis der politisch Handelnden großen Vorschub zu leisten: Die Wähler applaudieren auch dem öffentlich heuchelnden und betrügerischen Politiker, wenn er erfolgreich ist und mit seiner gerissenen Schlauheit andere sichtlich aufs Kreuz legt. Anscheinend ist der Mensch nicht nur willig, auch im demokratischen Dschungel einer überstarken Führernatur zu folgen, er möchte sich auch einer Leitfigur anvertrauen, von der er weiß und hofft, daß sie ihn trickreich durch alle Fährnisse des öffentlichen Gerangels steuert. Dafür gibt es viele Beispiele. In diesem Zusammenhang sei in der jüngsten deutschen Geschichte nur an *Franz Josef Strauß* erinnert, dem durch seine Freunde und Feinde und durch alle Medien, besonders durch den „Spiegel", unzählige Skandale und Affären angelastet wurden – angefangen vom konstanten Belügen des gesamten Deutschen Bundestages, über den Starfighter-Skandal, die Panzeraffäre, die undurchsichtigen DDR-Geschäfte usw. usf. –, ohne daß er dadurch ideellen oder gar materiellen Schaden erlitten hätte. Im Gegenteil – alle rühmten seine Verdienste und waren sich einig, daß in seiner Person sämtliche Eigenschaften versammelt waren, über die ein „Vollblutpolitiker" verfügen muß.

Der Ausweis der „hehren Ideale" innerhalb der „demokratischen Freiheit", die der aktiv Handelnde im politischen Alltagsgeschäft ständig parat haben muß, um seine im Grunde egoistischen Absichten zu verschleiern, scheint auch ein Ausdruck „positiver" sozialer und sozialpsychologischer Akzeptanz, wenn nicht sogar Notwendigkeit zu sein. Der geschilderte Zynismus nämlich, mit dem der Politiker seine Ziele zu verwirklichen versucht – geht man vom üblichen Ethos aus, der von allgemeinen moralischen Maximen determiniert wird –, müßte permanent angeklagt und an den Pranger gestellt werden. Und nicht nur das! Solches Verhalten müßte nach landläufiger Meinung auch als höchst destruktiv eingeordnet werden, weil solche Taten die Alltags-Moral zerstören und allgemeines Chaos verbreiten. Dies ist offensichtlich aber nicht der Fall. Die Gründe dafür, daß das zynische Handeln eines Politikers vom „Volk" toleriert, ja sogar gutgeheißen wird, sind sicherlich in den proklamierten Idealen und verkündeten Werten, im Namen derer man zu handeln vorgibt, zu suchen. Entweder man glaubt als Bürger an sie, oder man tut nur so, als glaube man daran. Jedenfalls scheint ein so gearteter Werteüberbau, der die handfesten Egoismen des Politikers zum einen pathetisch, zum anderen „augenzwinkernd" überwölbt, eine *notwendige* soziale und sozialpsychologische Stütze im Dialog zwischen Politiker und Wähler darzustellen. Denn diese Werte, in deren Namen angeblich die blödsinnigsten Handlungen vollzogen werden, sind auch eine Ausrichtung für jene, die in diesen Handlungen unbedingt einen Sinn erkennen wollen und müssen. Ohne diese Zielausrichtung, die fast stets allgemein, manchmal fast banal von den jeweiligen Verkündern von Wahrheiten proklamiert, zumindest eloquent formuliert wird, bleiben sonst die Sinnsuchenden ratlos in ihrer „Freiheit von"-Situation zurück. Die „hehren Ideale" aber, die am Ende des verkündeten Weges als verwirklichte Ziele winken, sind Utopien, die als manifeste „Freiheit zu"-Bindungen und auch Erfüllungen begriffen werden sollen, selbst dann, wenn man dabei die bohrende rationale Erkenntnis, es handle sich hierbei doch nur um elegante Lügen, vehement verdrängen muß. Hier finden wir ein psychologisches Verhalten vor, das uns aus alten bayerischen Gerichtsverhandlungen bekannt ist: Der Zeuge schwört mit seiner Rechten einen Eid, obwohl er weiß, daß er schwindelt – aber er hat die Finger seiner linken Hand hinter seinem Rücken zu Boden gerichtet, um den Meineid „abzuleiten".

Diesen noch etwas allgemein gehaltenen Diskurs über Bedeutung, Gebrauch und Interpretation von Freiheit außerhalb der wissenschaftlichen Theorienebene wollen wir zunächst beenden und vorläufig folgende Punkte festhalten:

- Der große und schwierige Schritt des Menschen hin zu aufgeklärter Emanzipation, der bislang nur von einem recht kleinen Teil der Menschheit und erst nach Jahrtausenden der Menschheitsexistenz vollzogen worden ist, hat im Stadium der „Freiheit von"-Situation eine erste feste Stufe erreicht, die nur gehalten werden und als gediegene Basis zum zivilisatorischen Überleben dienen kann, wenn die zweite Stufe, die „Freiheit zu"-Ausrichtung erreicht ist.

- Die „Freiheit zu"-Ausrichtung des Individuums verlangt nach einem Zielpunkt, der in seiner Bestimmung und in der Sinnausrichtung von etwas geleitet sein muß, wie es scheint, das *außerhalb* von ihm selbst liegt. Dies ist, wie die Erfahrung lehrt, eine Ausrichtung auf eine den Menschen ausfüllende Sinnstiftung, auf ein Lebensziel hin, auf ein „Höheres", das eine Utopie, ein Glaube oder ein in einen „höheren Sinn" verwandeltes höchst Erdnahes und Alltägliches sein kann. Ist dies so, dann hat dieses „Höhere" so beschaffen zu sein, daß es als erstrebenswertes Ziel gilt, ein Etwas, um das zu leben, zu kämpfen und vielleicht auch zu sterben sich lohnen muß.

- Bei solchem Befund kann dieses „Etwas" nicht ausschließlich *innerhalb* der individuellen Persönlichkeit begründet liegen, d.h. in ihrer Eigentlichkeit, die auch die heute so oft zitierte Selbstverwirklichung und Identität mit einschließt. Darum: Die „Freiheit zu"-Zielrichtung kann *nicht ausschließlich* auf das Ideal der persönlichen und individuellen Freiheit zulaufen, wenn der Mensch der Einsamkeit und der „bleiernen Qual der Freiheit-von" entrinnen möchte. Einsamkeit und die „Qual der Freiheit" bedeuten nur Freiheit zur Selbstzerstörung, denn ein ausschließlich auf sich selbst bezogenes Ziel schließt die Gemeinschaft, das soziale Fundament, die gemeinsame Zivilisation aus.

Es geht bei der „Freiheit zu"-Ausrichtung nicht um isoliertes persönliches, individuelles Verhalten, sondern um das Problem der *sozialen* Beziehung des Einzelnen. Deswegen nenne ich die individuelle und die demokratische Freiheit in einem Atemzug, weil sie nur aus der Interdependenz zu verstehen ist. Wie sich der Einzelne „privat" verhält, steht außerhalb der Diskussion. Sein *handelndes* Verhalten ist ausschlaggebend, denn im *Handeln* wird das Individuum zur sozialen Persönlichkeit. Die Sozietät ist es, in der sein in Handlung umgesetztes Verhalten wichtig und ausschlaggebend wird. Und die „Spielart" unserer Sozietät ist die Demokratie. So muß auch die „Freiheit zu"-Ausrichtung in der Interdependenz von Individuum-Sozietät (Demokratie) verstanden werden.

Die Ausrichtung der „Freiheit zu" auf eine Utopie oder ein Ideal kennen wir in vielerlei Gestalt. Der Mensch hat um seiner Liebe willen, der Ehre wegen, für sein Vaterland, für die Verwirklichung der sozialistischen Idee, für die Schaffung eines künstlerischen Werkes und für ähnliches oft sein und anderer Leben geopfert, hat dabei wie bei der Verwirklichung seiner egoistischen Interessen vieles zerstört, ohne darauf zu achten, daß er dabei möglicherweise auch sich selbst vernichtet. Sind die Ausrichtungen seiner „Freiheit zu"-Bestrebungen jedoch nur „egoistisch" auf die Verwirklichung seiner eigenen Glückseligkeit ausgerichtet, wobei sein eigenes Wohlbefinden und sein eigener Wohlstand als alleiniger Wegweiser und oberstes Ziel seiner Bestrebungen gelten, dann wird er, wie der „individuelle" Fanatiker, alles, auch mit Gewalt, aus dem Wege räumen, was ihn daran hindert, dieses Ziel zu erreichen.

Man kann allerdings auch die Frage stellen, ob es nicht gleichgültig ist, ob der Mensch – aus dem Antrieb, ein „höheres Ziel" außerhalb seiner selbst zu finden oder ganz persönlich sein Glück in sich selbst vorfindend zu verwirklichen – andere oder sich selbst zerstört. Schließlich ist das Ergebnis gleich. Ob der Mensch nach seiner Emanzipation von den absoluten Abhängigkeiten in die Eigenentscheidung seines Willens mit der Zielrichtung tritt, seinen „Sinn" in etwas zu finden, das außerhalb von ihm liegt, oder das nur in seinem Inneren vorzufinden ist, scheint dann völlig gleichgültig zu sein, wenn man nicht das Moment der Zerstörung und Selbstzerstörung berücksichtigt. Wir führen hier extreme Positionen ins Feld, ohne die vielen Möglichkeiten zu erwähnen, die dazwischen liegen: Man kann natürlich auch lieben, für sein Vaterland kämpfen, die Verwirklichung des Sozialismus erstreben oder künstlerische Werke schaffen, ohne andere bzw. sich selbst zu zerstören; auf der Skala der Lebensvarianten sind unzählige Positionen besetzbar.

Ein Unterschied ist anscheinend bei der Beobachtung der verschiedenen Ausrichtungen auf das „Freiheit zu"-Ziel auf den ersten Blick schwer auszumachen: Wenn die individuelle Ausrichtung dem sozialen Konsens widerspricht oder gar entgegenläuft, dann könnte man es mit Prozessen von recht unterschiedlicher und äußerst harter Gangart zu tun bekommen, bei denen die „Gesellschaft" Sanktionen verhängt, die dem möglichen „anarchischen" Verlangen des Einzelnen energisch Einhalt gebieten. Wie aber, wenn große Teile dieser Gesellschaft das ungehemmte Glücksstreben des Einzelnen als erstrebenswerte Lebensmaxime (in unserem Bild das „Freiheit zu"-Streben) für alle und konsensual festschreiben?

Was geschieht dann, wenn gewährleistet wird, daß allen erlaubt ist, das zu tun, was ihnen beliebt? Würde ein solches Verhalten nicht alle gesellschaftlichen Normen sprengen, alle ethischen und zivilisatorischen Übereinkünfte hinwegfegen? Ist es nicht so, daß unsere permissive Gesellschaft, die „alles erlaubende Gesellschaft", in der Praxis schon so verfährt? Befinden wir uns nicht bereits in dieser destruktiven Phase?

3. Kapitel

Der soziologische und psychologische Bezugsrahmen, in den man die Freiheit einordnen muß

Das folgende Kapitel muß nicht unbedingt gelesen werden, um dem Fluß der Gesamtlektüre folgen zu können. Es wird versucht, in den einzelnen Abschnitten dieses Kapitels auf verkürzte und einfache Weise darzustellen, welchen soziologischen Prämissen der Autor folgt. Andererseits kommt der Autor nicht an der Tatsache vorbei, daß soziologische Erklärungen für den Nichtsoziologen eine trockene Angelegenheit sein könnten. Darum darf ich es bei einem Ratschlag bewenden lassen, den Luther für die Lektüre der „Apokryphen" gab: „Die Apokryphen – das sind Bücher, so der heiligen Schrift nicht gleich gehalten und doch nützlich und gut zu lesen sind." Weit davon entfernt, mit der Heiligen Schrift konkurrieren zu wollen, nehme ich den unzweideutigen letzten Teil der Luther-Empfehlung doch als Anregung auf: Dieses Kapitel muß nicht zwingend gelesen werden, aber es ist vielleicht „nützlich und gut", es doch zu lesen.

Kommen wir nun zur Sache:

Die Frage, wie sich Freiheit als erstrebenswertes Ziel und als wohltuende Lebensqualität in eine destruktive Form verwandeln kann, deren negative Auswirkungen zwingend gesellschaftliche Verwerfungen oder gar Zerstörung hervorrufen, muß auf einer Grundlage beantwortet werden. Diese Grundlage gilt es nun zu schaffen. Individuelle und demokratische Freiheit können nur *theoretisch* dem Individualbereich einerseits, d.h. hier der *Psychologie,* und andererseits dem Sozialbereich, d.h. der *Soziologie,* zugewiesen werden. In der Praxis gehen beide Bereiche nicht nur ineinander über, sondern sind so stark miteinander verwoben und verwachsen, daß man sie bei der theoretischen Durchdringung kaum entflechten kann.

Wenn gesagt wird, daß eine Basis zu schaffen ist, so ist damit gemeint, daß theoretische Erkenntnisse, wie das Individuum und auch die Gesellschaft in der Praxis mit dem Gut Freiheit umgehen, wie dieses Gut angewendet wird und welche Auswirkungen diese Anwendung hat, dergestalt erarbeitet werden müssen, daß sie als eine Art von soziologischem Bezugsrahmen für alle weiteren Überlegungen dienen können. Das wiederum heißt, eine Position zu finden, die nicht nur den methodischen Rahmen abgibt, sondern auch zur Plattform aller weiteren Folgerungen und Erörterungen wird. Konkret: Die Gesellschaft und ihre organisierten Strukturen stehen vor einer enormen Anhäufung von Problemen, die alle *gleichzeitig* gelöst werden müssen, wie wir schon in den vorausgegangenen Kapiteln ausführlich dargelegt haben.

Um diese nicht gelösten Probleme und deren Nichtbeachtung nicht im unverbindlichen Anprangern oder in einer mehr oder weniger allgemeinen Diskussion zu belassen, müssen wir uns einen abgesicherten Rahmen schaffen, innerhalb dessen wir methodisch effizient vorgehen können. Zu den Grundlagen dieses Rahmens, von denen aus die angesprochene Problematik zu diskutieren ist, gehören zunächst Sondierungen über die beiden Themen:

    a) Individuell-soziale Ausgangspositionen und das Zusammenwirken von Individuum und Gesellschaft;

    b) Mythos und Wirklichkeit.

Ohne die Klärung dieser beiden Fragenkomplexe verbleiben wir im Unverbindlichen. Der Komplex a) beinhaltet die Frage nach dem Standort, von dem aus wir das Gesamtthema betrachten wollen. Da dieser ein Standort der Soziologie ist, muß er auch als ein solcher Standort herausgearbeitet werden. Weil weiterhin die Beschreibung der theoretischen Ansätze nicht nur für Fachsoziologen, sondern für ein allgemeines und interessiertes Publikum gedacht, müssen wir natürlich in manchen Einzelvorgängen breiter ausholen. Deshalb kann nicht nur die soziologische Grundlage einfach skizziert werden, sondern auch die Einpassung des Einzelnen in seine Gesellschaft und das Funktionieren dieser Verbindungen müssen Gegenstand solcher Grundlagenerklärungen sein.

Hat man eine einigermaßen brauchbare theoretische Grundlage für unsere Überlegungen gefunden, müssen die für unser spezifisches Thema (nämlich das der Freiheit) relativen Handlungsspielräume dargestellt werden: der Handlungsspielraum in der Wirklichkeit und der in der mythischen Verkleidung – d.h. Mythos und Wirklichkeit der Freiheit.

Erst nach diesen Klärungen werden wir in einem eigenen Teil die *historische Tiefe* in die seit Menschengedenken problematisierte Freiheit bringen können, um dann auch die erregende Frage nach der *desinformierten Gesellschaft* stellen zu müssen. Dies ist nicht nur die Frage nach einem unerheblichen und allgemein zu betrachtenden Teilsegment innerhalb unserer Sozietät, sondern sie gehört zu der unser aller Schicksal entscheidenden Behandlung von Lösungsmöglichkeiten: Die informierte oder desinformierte Gesellschaft wird darüber entscheiden, ob unsere Staatsform eine *demokratische* bleiben wird oder ob wir zurückfallen in die Kerker einer geschlossenen und diktatorisch gelenkten Gesellschaft. Jetzt geht es zunächst um jenes Problem, das wir unter a) formuliert haben.

Bei der Bestimmung unserer Positionen im *individuell-sozialen Bereich* beziehen wir den allgemeinen Standpunkt eines soziologischen Denkens, das, grosso modo gesprochen, sich an den Fallbeispielen orientiert und erst auf deren Hintergrund eine *Theorie der Gesellschaft* entwickelt, und das nicht von einer *Gesellschaftstheorie* ausgeht. Hinter dem Begriff „Gesellschaftstheorie" verbirgt sich eine bestimmte Auffassung von „Gesellschaft", die seit Hegel bis zur heutigen Zeit wie an einem durchgehenden roten Faden festzumachen ist: Diese Auffassung ist fast ausschließlich geprägt von sozialphilosophischen Thesen und Spekulationen, ohne empirische Verifikationen und Falsifikationen zuzulassen. *René König* hat bereits darauf hingewiesen, daß „nach Hegel... in Deutschland die Tendenz immer klarer (wird), den spekulativ-dialektisch erhaltenen Begriff der bürgerlichen Gesellschaft mit der historischen Wirklichkeit der ‚kapitalistischen' Wirtschaft zu identifizieren, womit die selbst bei Hegel noch im Hintergrunde stehenden allgemein-humanitären Vorstellungen wachsend verdrängt werden." (R. König, 1967, S. 108)

Marx und *Engels*, die sich in der geforderten „sozialen Revolution" auf *Lorenz von Stein* stützten, entwickelten in allen ihren Schriften eine Geschichtsauffassung, die ausschließlich gesellschaftstheoretisch fundiert ist. Die menschliche Geschichte ist danach eine Geschichte von Klassenkämpfen, die erst „Ruhe findet", wenn die Klassengegensätze endgültig ausgeräumt und die historische Endphase des „menschlichen Gemeinsinns", der Kommunismus, erreicht ist. Dadurch würde das „Reich der Notwendigkeit" vorbei sein und das „Reich der Freiheit" anbrechen. Wir haben es hierbei mit einer Lehre zu tun, die in zahlreichen

Facetten zutage trat und tritt und nicht nur mit „marxistisch" abzutun ist. Zunächst setzt eine solche Auffassung eine „Gesetzmäßigkeit" der Geschichte voraus, deren Verlauf in eine bestimmte Endzeit mündet. „Die metaphysische Übersteigerung dieser Philosophie", schreibt *König*, „in der sich endzeitliche Visionen mit eschatologischen Prophezeiungen vereinen, entspricht genau dem spekulativen Charakter des dieser ganzen Denkweise zugrunde liegenden Gesellschaftsbegriffs." (a.a.O. S. 109)

Dieser Gesellschaftsbegriff lebt von einer Gesellschaftstheorie, die den historischen Geschehnissen einen *bestimmten* Sinn unterlegt und letztlich in einem „Glauben an den Menschen" gründet. Dieser Glaube, im Verbund mit der revolutionären Doktrin des Klassenkampfes, der eine „bessere Welt" schaffen will und sie auch „endzeitlich" verspricht, scheut vor keiner noch so brutalen Maßnahme zurück, um die Verwirklichung seines Glaubens zu erreichen – und sei es mit der Zerstörung ganzer Kulturen und der Auslöschung ganzer Völker. Hier begegnen sich in der Intensität ihrer Absichtsverwirklichung sozial-politische Theorien mit religiösem Glaubenseifer – untereinander sind sie jedoch Todfeinde, weil ihre Endziele verschiedener Natur sind. *König* hat auch auf die Unterschiede bei den Konsequenzen der Marxschen und marxistischen Lebensauffassung hingewiesen, die sich vor allem in den *revolutionären Aktionen* und in der *Kulturkritik* ausdrücken. Die auf Gesellschaftstheorien basierenden Kulturkritiken leben stets von einem vorgegebenen Menschen- und Gesellschaftsbild. Man denke nur an die als neo-marxistisch apostrophierten Thesen der sogenannten Frankfurter Schule, die im Gefolge der 68er-Studentenunruhen durch *Horkheimer, Adorno* und *Herbert Marcuse* vertreten wurden. Ihre Kulturkritik war es, „die vor allem an den Marxschen Gedanken der ‚Emanzipation des Menschen als Mensch' ansetzt und schließlich die Ausgestaltung des Lebens in der bürgerlichen Gesellschaft als Versachlichung, Entmenschlichung und ‚Selbstentfremdung' des Menschen darstellt. Dies ist eine letzte Fernwirkung des allgemein-humanitären Gesellschaftsbegriffs, wobei die theoretische Vorausnahme des Endziels einer ‚freien Assoziation' als Hebel für die Weltrevolution und gleichzeitig für eine universale Kulturkritik wirkt. Allerdings schließt sich diese Auffassung letztlich in einer völligen Scheinwelt ein, indem ein Revolutionsziel und ein kritischer Maßstab aus einem Gesellschaftsbegriff heraus entwickelt werden, dem keinerlei Realität entspricht." (König, a.a.O. S. 109)

Will man die Voraussetzungen dieser gesellschaftstheoretischen Lebens- und Gesellschaftsauffassungen, die sich ausschließlich als Ideologien präsentieren, mit wenigen Beispielen vertiefen, dann muß man nur einige der eschatologischen Verheißungen anführen. Wenn *Marx* konstatiert, die Philosophen hätten bislang die Welt nur interpretiert, es gelte aber, diese Welt „zu verändern", dann trägt diese Aussage einen tiefen Widerspruch in sich. Eine *Theorie der Gesellschaft* dagegen, die sich auf Fallbeispiele stützt, weiß, daß „die Welt" sich stetig „verändert", daß sich die Gesellschaft immerzu „verändert", denn sie ist, wie alles Leben auf dem Erdenrund, einem ständigen, nie aufhörenden Prozeß unterworfen. Die „Gesellschaft" ist, wie alles Leben, *prozessual* determiniert, sie verändert sich in ständigem Werden und Vergehen. Man muß sie also nicht im Grundsatz „verändern" (weil sie sich „von sich aus" verändert), sondern man muß sie – laut Marx – in eine ganz *bestimmte Richtung* hin verändern. Andererseits kann diese Veränderung bei Marx nicht prozessual gemeint sein, denn bei ihm und seiner Geschichtsauffassung wird eines schönen Tages der Prozeß, der als historische Entwicklung auf ein bestimmtes Ziel hin zu begreifen ist, beendet: Die Menschen sind endlich im „Reich der Freiheit", im Kommunismus und dem gelobten Land angekommen. Wenn dieser Zustand auch nicht als „Ewigkeit" genommen wird, so hat er doch die chiliastische Komponente.

Eine ähnliche Verheißung kennen wir aus der Offenbarung des Johannes in der Bibel. Dort heißt es: „Und er griff den Drachen... welcher ist der Teufel und Satan und band ihn tausend Jahre... daß er nicht mehr verführen sollte die Heiden, bis daß vollendet würden tausend Jahre... Und ich sah Stühle, und sie setzten sich darauf, und ihnen ward gegeben das Gericht; und die Seelen derer, die enthauptet sind um des Zeugnisses Jesu und des Wortes Gottes willen, und die nicht angebetet hatten das Tier noch sein Bild und nicht genommen sein Malzeichen an ihre Stirn und auf ihre Hand, diese lebten und regierten mit Christo tausend Jahre. Die anderen Toten aber wurden nicht wieder lebendig, bis daß tausend Jahre vollendet wurden..." (Offenbarung, 20, 2 bis 5)

Hier erleben wir außer der verheißenen Endzeit ebenfalls die chiliastische Ausformung aller menschlichen Träume, die sich immer und stets mit aller Macht gegen Vergänglichkeit zur Wehr setzen. „Lust will Ewigkeit, will tiefe, tiefe Ewigkeit", sagt Nietzsche. Diese Träume wollen das tausendjährige Reich des Friedens, sie fordern die in die Transzendenz verlagerte Gerechtigkeit; z.B. in der Form der Johannes-Visionen, die ein Reich entdecken, das zunächst (die „erste Auferstehung") tausend Jahre währt, in dem die „Gerechten" mit Jesus zusammen regieren. Und erst nach tausend Regierungsjahren der „Gerechten" tritt das Jüngste Gericht ein, bei dem die Toten entweder zur ewigen Verdammnis oder zur ewigen Seligkeit verurteilt werden.

Der Hinweis, daß auch der Nationalsozialismus sich als „Weltanschauung" chiliastisch gebärdete, indem er das tausendjährige germanische Reich predigte und alle seine Anhänger daran glauben ließ, soll nur die Beispiele abrunden. Der Gedanke allerdings, daß sich womöglich „Gesellschaft" nur prozessual abspielen könnte und ohne Endziel allein in dem immer und ewig andauernden Prozeß sich erschöpft, ohne daß eine statische Linie erreicht wird, an der sich der Sinn dieses Prozesses dem Menschen endlich offenbart, ist für fast alle Menschen unerträglich, wenn er ihnen bewußt wird. Die Marxsche oder auch die christliche Gesellschaftstheorie bietet dagegen eine Erträglichkeit an, die *unsere* Theorie der Gesellschaft nicht zu versprechen vermag. Wir sprachen davon, daß eine Theorie der Gesellschaft sich auf *Fallbeispiele* stützt. Damit ist gemeint, daß sich der Soziologe, wenn er seine Wissenschaft nicht „kulturkritisch" oder „sozialphilosophisch" begreift, aller sozialen Vorgänge bedient und sie als „Tatsachen" wertet. Diese sozialen Tatsachen bewegen sich zwar in der Bandbreite des menschlichen Daseins und seiner Möglichkeiten, d.h. in einem überschaubaren und kalkulierbaren Rahmen, sind aber als „Tatsache" einmalig und unwiederholbar. Sie unterscheiden sich zwar durch ihre Subjektivität, aber stellen gleichzeitig eine „Entwicklung" dar, die man historisch einzuordnen vermag. Eine solche Historie jedoch unterliegt keiner Gesetzmäßigkeit, denn Geschichte wird erst *zur Geschichte* durch die Einmaligkeit ihrer Ereignisse. Erkennt man in der Geschichte vielleicht Abläufe, die eine Art von Entwicklungslinie darstellen, dann läßt sich daraus möglicherweise auch eine Theorie entwickeln: Wir haben dann aus den unendlich vielen „Fallbeispielen" der historischen Abläufe von gesellschaftlichem Verhalten eine Theorie erstellt und *nicht* das historische Verhalten einer Theorie *untergeordnet*. Diese Methode ist ein großer Unterschied zur Gesellschaftstheorie, die stets *vorher* vorhanden ist und in die man die historischen Ereignisse zwängt und sie so zurechtbiegt, bis sie „passen".

Um allen möglichen Mißverständnissen vorzubeugen: Eine „Theorie der Gesellschaft" besteht allerdings nach unserem Verständnis und unter den Bedingungen, die wir hier gestaltend einzubringen hoffen, *nicht* ausschließlich aus der „Meßbarkeit" gesellschaftlicher Tatsachen, wie der empirischen Soziologie oft vorgeworfen wird. Uns geht es nicht nur um die Darstellung von Strukturen und funktionalen Gliederungen, die einer Gesellschaft die Rahmenbedingungen setzen. Zur Theorie der Gesellschaft unserer Vorstellung gehört die Einbeziehung der *Historie*, denn sie ist es, die in der Einmaligkeit des menschlichen und sozialen Geschehens, in ihren geschichtlichen Verläufen auch die Einmaligkeit des Menschen im Unterschied zu der ihn umgebenden Natur dokumentiert. Wenn man eine soziologische Theorie entwirft, die sich *nur* an die *meßbaren* Daten der Arbeitsteilung, der Familie, der Gruppe, der Rolle, der Herrschaft, der allgemeinen sozialen Strukturen usw. orientiert und sich in diesen Daten erschöpft, dann vergißt man über den Mechanismus das Eigentliche, um das sich eine solche Theorie bemüht: den Menschen. Die dem Menschen eigene Charakteristik, seine Spontaneität, seine schöpferische Kraft und seine kulturschaffende Impulsivität sind es, die alle seine sozialen Vorgegebenheiten und „Notwendigkeiten" zwar respektieren müssen, die ihm aber immer Grenzen, wie auch Perspektiven aufzeigen, die es ihm ermöglichen, „einmalige" Dinge zu tun: in Politik, Kultur, Kunst und sozialer Gemeinschaft. Und dieses einmalige Geschehen wird zur Geschichte, in der sich alles abspielt, was das Gesamtgeschehen von Kulturen und Zivilisationen ausmacht. Ohne geschichtliche Entwicklung – sowohl politische als auch künstlerische, kulturelle, soziale und geistesgeschichtliche Entwicklung – ist eine Gesellschaft nicht zu verstehen. Aus diesem Grunde muß in eine Theorie der Gesellschaft, von denen es selbstverständlich sehr unterschiedliche geben kann, die *Historie* als eigene Kategorie eingebracht werden und nicht nur die dem Heute verpflichteten Kategorien, die durch das ausgetüftelte Methodeninstrumentarium der modernen Soziologie „meßbar" zu erfassen sind. Die soziologische Behandlung von Historie soll durch einige weitere Feststellungen noch profilierter dargestellt werden.

Es ist ein gewaltiger Unterschied, ob ich Geschichte als eine mehr oder weniger sinnvolle Entwicklung von Evolutionen in einer z.B. zielgerichteten Teleologie begreife oder ob ich versuche, vergangene und überlieferte Geschehnisse als Ausdruck eines sozialen Vorganges zu verstehen, der nur zu *diesem* Zeit-punkt und nur an *diesem* Ort sich ereignen konnte. Wenn zu die-ser letzteren Sichtweise hinzukommt, durch Vergleichen zu ent-decken, daß in einer langen, sich über Jahrhunderte hinweg erstreckenden Zeitspanne eine Reihe von bestimmten Geschehnissen, bestimmte Taten, Ideen, Ereignisse und spontane Gedanken sich „entwickelnd" auf näher zu definierende Kategorien er-strecken, dann kann man sie zusammenfassen und auch *mögli-cherweise* einen bestimmten und charakteristischen „Leitfaden" herauslesen – hier der durch die Geschichte sich durchziehende mögliche „Leitfaden" des Kampfes um die Freiheit.

Etwas grob vereinfacht, auf unsere Kategorie „Freiheit" bezo-gen, heißt dies: Es wird nicht angenommen, daß durch eine göttli-che oder andere übernatürliche Bestimmung die Menschheit in einen sozialen Zustand der Unfreiheit hineingeboren wurde, aus dem sie sich nun selbst, in einem langen, Jahrtausende dauernden Prozeß von Kämpfen, Niederlagen und Revolutionen herausgear-beitet hat, um dann in einem sozialen Raum zu leben, in dem der Einzelne seine persönliche Freiheit genießen darf. Diese mit Recht von *Karl Popper* so charakterisierte und von ihm mit dem Begriff „historizistisch" angeprangerte Weltsicht ist nicht nur in marxistischer Ausformung überliefert, sondern tritt auch unter vielen anderen Vorzeichen auf, um die Geschichte als sinnvolles Geschehen begreifen und ihr ein *sinnvolles* System unterlegen zu können. Es sind weniger die zögerlichen Unsicherheiten bei den Begründern solcher ideologischer Weltsichten für die in der Wirk-lichkeit fehlende sinnvolle Systematik verantwortlich zu ma-chen, die die Ungereimtheiten geschichtlicher Fakten ja nicht „hergeben", als vielmehr ganz andere Ängste. Es ist zum einen die einfache und ganz allgemeine Angst vor dem Eingeständnis, daß die Geschichte mit ihren unsystematischen Umgereimtheiten keinen „Sinn" hat. Zum anderen ist es die schreckliche Angst, daß die so spitzfindig aufgebaute und mit allen irrationalen, bis ins Mythische hineinreichenden Begründungen ausstaffierte Ideologie samt ihrem Glaubens- und Gedankengebäude in sich zusammenfiele, wenn sie nicht abgestützt würde – abgestützt durch stabile Träger aus „sinnvoll" aneinandergereihten histori-schen Fakten und mit aus der Geschichte „sinnvoll" gewonnenen Analysen.

Die Welt, das Leben als „sinnvolles" Sein – das ist die eine Seite der möglichen Sichtweisen. Ihrer bedienen sich die allenthalben verbreiteten *Gesellschaftslehren,* die nicht selten in monolithische und grausame Ideologien umschlagen. Wir kennen diese Sicht aus den Marx'schen Quellen, die unter der Weiterführung und „Ergänzung" durch Lenin zum Stalinismus führten. Wir kennen diese Sicht auch aus der Rassenlehre des Nationalsozialismus, die man ebenfalls historisch abstützte, wenn man dazu auch „Stiftungsväter" der unterschiedlichsten Provenienzen an den Haaren herbeiziehen mußte. Diese Betrachtung wollen wir hier nicht fortsetzen, sondern zurückkehren zur Sichtweise der Soziologie.

Die soziologische Sichtweise fördert, um bei den geschilderten Beispielen zu bleiben, gleichfalls historische Fakten zutage, die sich zu einer bestimmten Geschichtsinterpretation und einem Ideengebäude eignen und auch dafür verwendet werden dürfen – mit dem großen Unterschied jedoch, daß dieses Ideengebäude nicht schon vorgegeben ist, eine Art Prädestination durchlaufen hat und dabei eine a-priori-Stellung einnimmt, die nur noch durch die Geschichtsabläufe „bewiesen" werden muß. Die geschichtlichen Abläufe und überlieferten Fakten werden bei der *soziologischen* Sichtweise zunächst nur registriert und für Erklärungen der jeweils epochalen Analyse mit verwendet sowie möglicherweise dann als Einzelglieder einer Kette erkannt, die ein Gesamtgeschehen zusammenhält, das man als prozessualen Ablauf a posteriori entdeckt. Sehen wir uns einige Beispiele an.

Wenn wir z.B. die Bauernaufstände von 1524/25/26 während der Reformationszeit zum Verstehen des politischen und sozialen Umfelds der Reformation heranziehen, so nicht deshalb, weil sie etwas ganz besonderes als *Bauernaufstände* sind. In England finden wir sie schon in den Jahren 1381 und 1450 vor, in Frankreich (Jacquerie) 1358, in Böhmen und Deutschland 1417, 1432 und 1437. Der Bauernaufstand der Reformationszeit war eine direkte Folge der lutherisch-protestantischen Revolte gegen Kirche und Kaiser und hat somit mit der Freiheits-Lehre Luthers zu tun. Er ist also als *reformatorisches* Geschehen zu entdecken und erst in zweiter Linie als Bauernaufstand.

Ähnliches ist zu dem aufkommenden städtischen *Bürgertum* zu sagen. Städte hat es schon in der Frühgeschichte gegeben. Denken wir nur an die Städtebildung in Mesopotamien. Ninive und Babylon im Zweistromland, Alexandria am Nildelta sind hier zu nennen. Sodom und Gomorrha gelten heute noch als Inbegriff urbaner Verderbtheit. Das Rom des antiken Römischen Reiches war der damalige „Nabel der Welt". Seine Bewohner politisch und sozial zufriedenzustellen, gehörte zur Staatskunst. Die Bewohner all dieser Städte – nennen wir noch das sagenumwobene Troja, die Städte der Azteken, Majas und Inkas, die des „Reiches der Mitte", in denen die chinesischen Kaiser herrschten – lebten im Schutz ihrer Mauern und Burgen und waren „Bürger" in einem nicht genauer definierten Sinne. Ganz andere „städtische" Verhältnisse finden wir in den oberitalienischen Stadtstaaten der Renaissance vor, wenn wir an das Florenz der Medici, das Ferrara der d'Este und an das reiche Venedig unter der Herrschaft ihres jeweiligen Dogen denken.

Wenn wir aber das städtische Bürgertum heranziehen, das sich im 17., 18. und 19. Jahrhundert in West- und Mitteleuropa, vor allem in Frankreich, entwickelte, dann finden wir im Denken, in der Mentalität und in der Handlungsweise dieses Bürgertums etwas vor, das wir heute noch als sehr verwandt empfinden können und mit den Begriffen „bourgeois" oder „citoyen" zu erfassen versuchen. Auf das Gesamtproblem des so gestellten und so verstandenen Bürgertums werden wir noch ausführlich einzugehen haben. Hier interessiert zunächst nur der methodische Zugriff bei der Auswahl historischer Fakten, der nicht gesellschaftstheoretisch vonstatten geht, sondern allein dem „Fallbeispiel" gilt, das nur aus seiner Zeit heraus zu verstehen ist, aber auch in einem größeren historischen Zusammenhang gesehen werden muß, ohne damit ein vorgegebenes ideologisches Geschichtsbild kreieren zu wollen. Die soziologische Verfahrensweise lehnt sich an eine mögliche Theorie der Gesellschaft erst an, wenn die gesammelten Fakten sich wie in einem Mosaik zusammensetzen lassen oder auch nicht.

Nachdem nun die soziologische Ausgangsposition, von der aus wir unsere Problematik betrachten wollen, rahmenartig umschrieben ist, wollen wir einen Blick auf das *individuelle* Verhalten des einzelnen Menschen werfen, wenn er sich mit dem sozialen Angebot der Freiheit konfrontiert sieht, wie er sie nutzen und wie er sich ihrer (aus welchen Gründen auch immer) erwehren kann. Die Freiheit ist manchmal, wie wir bereits sehen konnten, nicht nur ein Geschenk, dessen man sich erfreuen darf, sondern oft auch ein Fluch, eine Last, die man möglichst schnell abwerfen möchte. Dabei spielen die „anderen", die Mitmenschen, die soziale Gruppe eine Rolle, die fast immer bestimmt, wie weit man frei sein darf und wie weit nicht. Die Grenzen sind dabei manchmal recht eng gezogen, andererseits auch wieder sehr großzügig ausgedehnt. Bei diesen Betrachtungen müssen wir psychologische wie auch soziologische Überlegungen anstellen, wenn wir eine gediegene Basis zu Grunde legen wollen.

Im vorhergehenden Kapitel haben wir einige Aussagen des Psychoanalytikers und Sozialphilosophen *Erich Fromm* gestreift. Seine Erkenntnisse hat er schon 1941 unter dem Titel „Escape from Freedom" (dtsch. „Die Furcht vor der Freiheit", Stuttgart 1980) veröffentlicht. Seine Beiträge sollen als Einstieg in den Komplex der anstehenden Fragen dienen, wenn ich auch in manchem nicht mit ihm übereinstimme. Wo dieser Dissens stattfindet, wird sich sehr schnell zeigen. Fromms Erkenntnisse sind auch deshalb von Bedeutung, weil er – was manche seiner Aussagen noch unterstreichen dürfte – durch die Emigration aus einem unfreien Land, das unter der Hitlerherrschaft lebte, in ein freies Land kam und so theoretische Thesen durch eigenes Erleben zu verifizieren vermochte.

Wenn ich nun ein Zitat von *Fromm* anführe, dann hat dies eine bestimmte Bewandtnis:

„. . .der moderne Mensch (hat), nachdem er sich von den Fesseln der vorindividualistischen Gesellschaft befreite, die ihm gleichzeitig Sicherheit gab und ihm Grenzen setzte, sich noch nicht die Freiheit – verstanden als positive Verwirklichung seines individuellen Selbst – errungen [. . .] Die Freiheit hat ihm zwar Unabhängigkeit und Rationalität ermöglicht, aber sie hat ihn isoliert und dabei ängstlich und ohnmächtig gemacht. Diese Isolierung kann der Mensch nicht ertragen, und er sieht sich daher vor die Alternative gestellt, entweder der Last seiner Freiheit zu entfliehen . . . oder voranzuschreiten zur Verwirklichung jener positiven Freiheit [. . .]" (a.a.O. S. 7/8)

In diesem Zitat aus dem Vorwort der deutschen Taschenbuchausgabe (1990) seines Werkes (übrigens wird der deutsche Titel „Die Furcht vor der Freiheit" dem Fromm'schen Werk nicht ganz gerecht: „Flucht vor der Freiheit" – wie der englische Titel lautet – ist treffender) finde ich meine Auffassung nur zum Teil bestätigt. Deshalb möchte ich die Auslassungen in dem angeführten Zitat, die mit dem Zeichen [. . .] versehen sind, wieder einfügen. So finden wir in der ersten Auslassung bei Erich Fromm nach dem Wort „errungen" folgenden Einschub: „. . .das heißt, daß er (gemeint ist der moderne Mensch, W.N.) noch nicht gelernt hat, seine intellektuellen, emotionalen und sinnlichen Möglichkeiten voll zum Ausdruck zu bringen." Die zweite Auslassung fährt nach dem Begriff „positive Freiheit" fort: „...die (nämlich „die positive Freiheit" W.N.) sich auf die Einzigartigkeit und die Individualität des Menschen bezieht." Diese „Einschübe" sind es, die mir Schwierigkeiten bereiten. Deshalb trennen sich hier unsere - Fromms und meine – Wege. Für mich hat der moderne Mensch schon lange gelernt, „seine intellektuellen, emotionalen und sinnlichen Möglichkeiten voll zum Ausdruck zu bringen" – wenn auch nicht in der Weise, wie Erich Fromm es möglicherweise erhoffte oder glaubte. „Der moderne Mensch" strebt auf dem Weg zur „Freiheit zu" kaum einem vom brutalen Egoismus abgehobenen und dem humanitären, der Menschengemeinschaft verpflichteten Idealziel zu. Im Gegenteil: Wenn er sich seiner Einzigartigkeit und seiner Individualität bewußt wird, handelt er meist auch „einzigartig" und „individualistisch" – sein Ego und dessen Vorteil beherrschen alles.

Ungeachtet der Unterschiedlichkeit der Betrachtungsweisen wollen wir *Fromms* Überlegungen weiterverfolgen und zunächst einmal einige seiner Thesen, die wir benötigen, vortragen. Auch hier muß ich darauf hinweisen, daß ich befürchte, für den Laien einiges zu spärlich zu erläutern und für den Fachmann zu oberflächlich zu bleiben – aber beides nehme ich in Kauf. Nachdem, so Fromm, der Mensch seine „primären Bindungen" verloren habe, d.h. wenn er herausgerissen worden sei aus dem Eingebettetsein in eine geschlossene Welt (wie z.B. in jene der Glaubenswelt des Mittelalters), dann sei er allein, sei ein „Individuum" und müßte sich auch allein gegen diese Welt behaupten, und damit sei er ohnmächtig und einsam. Um diesen unerträglichen Zustand zu überwinden, gäbe es *zwei* Möglichkeiten. „Der eine Weg", schreibt Fromm, „führt in die ‚positive Freiheit'. Der Mensch hat die Möglichkeit, spontan in Liebe und Arbeit mit der Welt in Beziehung zu treten... Auf diese Weise kann er mit seinen Mitmenschen, mit der Natur und mit sich selbst wieder eins werden, ohne die Unabhängigkeit und Integrität seines individuellen Selbst aufzugeben. Der andere Weg... ist zu regredieren, seine Freiheit aufzugeben und den Versuch zu machen, seine Einsamkeit dadurch zu überwinden, daß er die Kluft, die sich zwischen seinem Selbst und der Welt aufgetan hat, beseitigt... Es handelt sich um eine Flucht vor einer drohenden Panik... Daher handelt es sich nicht um eine Lösung. ... es ist im Prinzip eine Lösung, wie sie für alle neurotischen Phänomene kennzeichnend ist. Sie mildert eine unerträgliche Angst und macht durch die Vermeidung einer Panik das Weiterleben möglich. Aber das zugrundeliegende Problem ist damit nicht *gelöst...*" (S. 106)

Der zweite von Fromm aufgezeigte Weg gehört zu den von ihm beschriebenen Fluchtmechanismen. Man darf nur nicht den Fehler begehen, daß man, wegen des Gebrauchs der Bezeichnungen „Fluchtmechanismen" oder „neurotische Phänomene", es hier ausschließlich mit *pathologischen* Vorgängen zu tun hat. Fromm verwendet diese Begriffe, wie er sagt, für „kulturell signifikante Mechanismen", die unbedingt „Voraussetzung für die psychologische Analyse der gesellschaftlichen Phänomene" seien. In dieser Einschätzung, weil es sich auch um die Beziehung zur Freiheit handelt, stimme ich mit Erich Fromm überein.

Die Freiheit, die der moderne Mensch errungen hat, wirke sich nicht nur positiv für den Einzelnen aus, sondern lade ihm auch eine riesige Last auf die Schultern, daß er – wie auch Dostojewski den Großinquisitor in seinem Roman „Die Brüder Karamasow" sagen läßt – „kein dringenderes Bedürfnis" habe, „als jemanden zu finden, auf den er so schnell wie möglich das Geschenk der Freiheit.... abladen kann."

Nun entwickelt Fromm die Überlegungen seiner „Fluchtmechanismen", d.h. er schildert jene Handlungen, die der Mensch gebraucht, um seine „sekundären Bindungen" (nach Verlust der Primärbindungen) aufzubauen. Diese Fluchtmechanismen seien ein „Streben nach *Unterwerfung* und nach *Beherrschung*", verbunden mit *masochistischen* und *sadistischen* „Tendenzen", die – und das sei noch einmal nachdrücklich unterstrichen – „bei normalen und bei neurotischen Menschen anzutreffen" seien. Wir dürfen im Zusammenhang mit dem Gebrauch der Termini „masochistisch" und „sadistisch" nicht an die Perversionsformen dieser Tendenzen denken, sondern damit wird hier zunächst lediglich das Verhalten von Menschen erklärt, die sich bei der Flucht vor der Einsamkeit ihres Selbst entweder „unterwerfen" oder mit allen Kräften das Objekt für sich vereinnahmen möchten, ohne dieses Objekt jedoch zu zerstören.

Diese kategoriale Zweiteilung – masochistisch und sadistisch – fußt auf *Sigmund Freuds* Lehre vom Todestrieb, der in der Vereinigung mit dem Sexualtrieb, vereinfacht gesagt, sich gegen den Menschen selbst (Masochismus) oder gegen andere richtet (Sadismus). „Nach Freud", sagt Fromm, „hat der Mensch nur die Wahl, entweder sich selbst oder andere zu zerstören, wenn es ihm nicht gelingt, seine Destruktivität mit dem Sexualtrieb zu verschmelzen." Wir wollen nun nicht die Diskussionen, die sich seit der Freudschen Feststellung seiner diesbezüglichen Erkenntnisse im Laufe eines Jahrhunderts unter den Psychologen ergaben, nachzeichnen, sondern nur erwähnen, daß es – sich an den Lehren Freuds reibend – eine Anzahl unterschiedlicher Auffassungen gibt, die uns nur unter zwei Aspekten interessieren: wenn sie sich zu den Fragen nach der Rationalität/Irrationalität bzw. nach denen der Sexualität/Nicht-Sexualität äußern und man diese Kategorien zur Begründung der apostrophierten Verhaltensweisen heranziehen kann, um sie fruchtbar für die Diskussion zu machen, die die individuell-soziale Position beschreiben kann.

Alfred Adlers Thesen sind, was dieses Thema betrifft, im Gegensatz zu seinem Lehrer Sigmund Freud recht rational. Freud dagegen interessierte das Irrationale im Menschen. Adler spricht von „Minderwertigkeitsgefühlen", wenn es um jenen Komplex geht, den wir vorher bei *Fromm* und *Freud* dem Masochismus zuwiesen, und vom „Willen zur Macht", wenn es um jenen geht, der bei den erwähnten Psychoanalytikern für Sadismus steht. Interessant ist, wie Fromm, der zwar nur wenig, aber doch etwas von Freud abweicht, Adlers Lehre einstuft. Deshalb sei dies, weil es für unsere Diskussion wichtig ist, zitiert: „Während Freud dem Phänomen der nicht-sexuellen Aggression jahrelang nur wenig Aufmerksamkeit schenkt, hat Alfred Adler die hier behandelten Tendenzen (gemeint sind „masochistische" bzw. „sadistische" Tendenzen, W.N.) in den Mittelpunkt seines Systems gestellt. Aber er sieht in ihnen keinen Sado-Masochismus, sondern ‚Minderwertigkeitsgefühle' und den ‚Willen zur Macht'. Adler sieht nur die rationale Seite dieser Phänomene. Während wir von einer irrationalen Tendenz reden, sich selbst herabzusetzen und sich unbedeutend erscheinen zu lassen, hält Adler die Minderwertigkeitsgefühle für eine adäquate Reaktion auf tatsächlich vorhandene Minderwertigkeiten, wie zum Beispiel auf organische Mängel oder auf die allgemeine Hilflosigkeit des Kleinkindes. Und während wir im Willen zur Macht einen irrationalen Impuls sehen, über andere zu herrschen, betrachtet ihn Adler vom rationalen Standpunkt aus und spricht davon als von einer adäquaten Reaktion, welche die Funktion habe, den Menschen gegen Gefahren zu schützen, die von seiner Unsicherheit und Mangelhaftigkeit herrühren. Hier wie stets vermag Adler das menschliche Verhalten nur unter dem Gesichtspunkt seiner rationalen Zweckmäßigkeit zu sehen, und wenn er auch wertvolle Einsichten in bezug auf die verwickelten Zusammenhänge bezüglich der Motivation beigesteuert hat, bleibt er doch stets an der Oberfläche und steigt nie wie Freud in den Abgrund irrationaler Impulse hinab." (E. Fromm, a.a.O., S. 112/113)

Es geht hier um mehr als nur um Gelehrtenstreitigkeiten. Die Frage nach dem „Abgrund irrationaler Impulse", die Freuds Werk ständig stellt, war der Anstoß und auch der Grund für vielerlei handfeste Auseinandersetzungen und Schulenbildungen, aus deren Lehren wiederum andere Erkenntnisse die Oberhand erhielten. Dies fand schon vor 1933 statt, ehe die Nazis die „verjudete und vergiftende Lehre" der Psychoanalyse verboten, die, wie es in vielen damaligen Pamphleten hieß, nur an die niedrigen Instinkte des Menschen appellierten. Diese Barbarei muß hier keine nähere Beachtung finden.

Anders ist es mit der Zuordnung der Motive menschlichen Verhaltens zum Irrationalen und zum Rationalen. Denn bei dieser Diskussion – wie wir bereits aus Fromms Einschätzung der Adler-Erkenntnisse ersehen können – werden innerhalb der Polemik nicht nur Noten verteilt („Oberfläche", „Tiefe"), sondern es wird auch handfestes öffentliches Bewußtsein geprägt. Wie auch immer in den letzten Jahrzehnten die Psychologie, insbesondere die Psychoanalyse, ins Bewußtsein der Menschen drang (als Lehre, als Therapie etc.), sie spielte besonders dort eine große Rolle, wo sie Unbewußtes, Unerklärliches, Triebhaftes, dunkle Seelenlabyrinthe, wo sie Irrationales vermutete. Dieses Irrationale und Unergründliche in der menschlichen Seele zu deuten und zu erklären, ließ auch akademische Forschungen zu Publikumsrennern werden. Man denke in diesem Zusammenhang nur an die Namen der Professoren *Alexander* und *Margarete Mitscherlich* sowie *Horst-Eberhard Richter*. Sie verstanden es, den oft schwierigen Stoff in gefälliger Sprache dem großen Heer der interessierten Laien mundgerecht zu servieren. Ihnen und vielen Auch-Psychologen ist es gelungen, die psychologische Begriffswelt, in der Begriffe wie Ego, Es, Entfremdung, Selbstidentität, Selbstverwirklichung, Ich-Steuerung, Fremdbestimmung, Frustration, Autoaggression, Initiativkollektiv, Rivalitätskonflikte, sexuelle Emanzipation usw. usf. eine Rolle spielen, populär zu machen. Hunderte von solchen Termini geistern im täglichen Sprachgebrauch herum und wurden schon lange als ureigenstes Vokabular von einfachen Zeitgenossen verinnerlicht. Ich bewerte hier nicht diese Praxis, sondern spreche nur die populäre und allgemeine Akzeptanz solcher Begriffe an, die die „Verbraucher" als selbstverständliche Akzeptanten der hinter diesen Begriffen stehenden Lehren und Thesen ausweisen, auch dann, wenn sie diese Lehren und Thesen überhaupt nicht begriffen haben, geschweige denn die Autoren und deren Theorien kennen.

Mir geht es hier nur darum, daß die auf der Psychoanalyse fußenden Anschauungen und mehr oder weniger populär dargestellten Thesen und deren Anwendung eine breite Aufnahme fanden und finden. Diese allgemeine Erkundung der „dunklen" Seite der Psyche, der Versuch, das Triebhafte und Unerklärliche in uns zu entdecken, das Irrationale, das unser Leben so oft bedroht, ins helle Licht des Wissens zu rücken, hat – und das können Tausende von praktizierenden Psychotherapeuten bezeugen – den Effekt, daß man sich *mit sich selbst*, mit *seinem* Ich, mit seiner *Selbstverwirklichung* überaus intensiv befaßt. Das „Verarbeiten" wird erlernt, das „Verdrängen" verdammt. Will man und erreicht man tatsächlich mit dieser Ich-Beschäftigung, mit dem In-sich-selbst-Versinken eine „Bewußtmachung", eine Wendung des Irrationalen ins Rationale? Diese Frage soll und kann so nicht beantwortet werden, zumal auch keineswegs beantwortet wurde, was denn nun *rational* sei.

Adler spricht von Minderwertigkeitsgefühlen, die „rational" aus dem Wissen um die eigene „Minderwertigkeit" herrühren sollen. Gewiß, wenn ich starke körperliche Handikaps besitze, wenn ich ein beruflicher Versager bin, dann fühle ich mich minderwertig. Diese Aussage betrifft nur die „Rationalität" des Motivs. Vielleicht sollte man hier, um einen weiteren Problemeinstieg zu erhalten, einen ganz anderen Weg beschreiten, der von der Nabelschau des Ego, der Ich-Betrachung wegführt.

Friedrich Schiller dichtete: „Und setzt ihr nicht das Leben ein, nie wird das Leben euch gewonnen sein." Im Johannes-Evangelium (15,13) steht das Christus-Wort: „Niemand hat größere Liebe denn die, daß er sein Leben läßt für seine Freunde." Diese Worte umschreiben eine andere Welt der Ein-Sicht, ein anderes Denken, ein Denken, das nicht nur beherrscht wird vom steten Über-sich-Nachdenken. In diesem Zusammenhang kann man einige Gedanken des großen Theologen *Reinhold Niebuhr* anführen, der in seinem Buch „The Children of Light and the Children of Darkness" schrieb: „Im Kern aller menschlichen Begierde liegt zwar immer ein natürlicher Selbsterhaltungstrieb. Dieser Selbsterhaltungstrieb läßt sich aber nicht völlig von zwei Formen seiner Vergeistigung lösen. Die eine Form ist das Streben, die latenten Kräfte des Lebens zu entwickeln und nicht nur sein Dasein zu fristen. Der Mensch ist das Lebewesen, das sich nicht darauf beschränken kann, seine Existenz zu erhalten. Wenn er überhaupt lebt, so muß er nach Verwirklichung seiner wahren Natur streben, und zu dieser wahren Natur gehört seine Erfüllung im Leben der anderen. Der Wille zu leben verwandelt sich auf diese Weise in den Willen zur Selbstverwirklichung, die Selbstverwirklichung aber enthält die *Hingabe seiner selbst an andere*. Wenn man diesem Streben nach Selbstverwirklichung auf den Grund geht, so wird deutlich, daß es dem Paradox unterworfen ist, daß die höchste Form der Selbst-Verwirklichung die Folge der Selbstentäußerung ist, daß sie aber als diese Folge nur gewollt werden kann, wenn sie frühzeitig in Schranken gehalten wird. So wird der Wille zum Leben schließlich in sein Gegenteil verwandelt in dem Sinne, daß nur in der Selbsthingabe das Selbst sich erfüllen kann, denn: ‚Wer sein Leben findet, der wird's verlieren; und wer sein Leben verliert um meinetwillen, der wird's finden' (Matth. 10, 39)." (Reinhold Niebuhr, 1947, S. 21, Hervorhebung von mir, W.N.)

Wir haben hier zwei anscheinend recht extreme Gegensätze vorgestellt. Auf der einen Seite das Individuum, das die Selbstverwirklichung in sich selbst sucht, im „Abgrund irrationaler Impulse" herumtastet, um das „Selbst" zu finden, und auf der anderen jenes, das sein Selbst bewußt einsetzt für den „anderen", für den Nächsten, wie es christlich formuliert heißt.

Wir betrachten dabei nicht das wissenschaftliche Forschungsinteresse, das z.B. Sigmund Freud, Alfred Adler oder Erich Fromm bewogen hat, die menschliche Seele auszuleuchten, um ihre Verhaltensweisen zu erkunden und in Kategorien zu erfassen, sondern es ist letztlich die Frage nach der pragmatischen Anwendung oder Benutzung des psychologischen Wissens oder Halbwissens des geplagten Menschen, die hier angesprochen werden soll. Die meisten Psychologen und Sozialpsychologen sind sich einig über die Isolation und die auf seinen Schultern lastende Bürde, die der Mensch nach seiner Emanzipation, nach seiner Loslösung von den „Fesseln der vorindividualistischen Gesellschaft" erlitten hat. Er beginnt, wie wir sahen, unter dieser Last, die ihn quält, zu fliehen. Das geschieht einerseits dadurch, daß er sich auf sich selbst konzentriert und sich mit Hilfe einer mehr oder weniger guten psychologischen oder gar psychotherapeutischen Unterstützung „stabilisiert", oder daß er einem anderen oder mehreren „anderen" oder „Nächsten" sich hingibt – in christlicher oder in anderer Liebe.

Die wissenschaftliche Frage nach der Motivation dieser Hingabe auf der einen Seite oder dieses In-sich-selbst-Versinkens auf der anderen klammern wir zunächst aus und betrachten nur den möglichen manifesten Tatbestand, auch wenn ich mir bewußt bin, daß dieses oben geschilderte Aufgehen in einem anderen, jenes Phänomen, das wir Liebe nennen, auch – wie bei Fromm – anders und zwar so gedeutet werden kann: „Besonders masochistische Phänomene werden oft für Liebe gehalten. Wenn jemand sich um eines anderen willen völlig selbst verleugnet, und alle seine Rechte und Ansprüche an ihn abtritt, so preist man das als Beispiel ‚großer Liebe'. Scheinbar gibt es keinen größeren Beweis für ‚Liebe', als daß man sich aufopfert und bereit ist, sich um der geliebten Person willen selbst aufzugeben. Tatsächlich aber ist die ‚Liebe' in solchen Fällen im wesentlichen ein masochistisches Verlangen, das in dem Bedürfnis wurzelt, mit der betreffenden Person eine symbiotische Verbindung einzugehen." (a.a.O., S. 120) Mit symbiotischer Verbindung meint Fromm eine „Symbiose" aus den Absichten, die sowohl dem Masochismus als auch dem Sadismus zugrunde liegen. Die Gedanken, die durch das Zitat ausgelöst werden, wollen wir hier nicht weiter vertiefen, sonst erlebten wir eine Diskussion über Fragen wie: ob alle Märtyrer und Heiligen, alle Helfer der Schwachen, ob Jesus Christus, ob Mutter Teresa, ob die sich „aufopfernden" Mütter in aller Welt aus den angeführten „symbiotischen" Motivationen sich „masochistisch" oder „sadistisch" für ihre Ideale „hingaben"; auch müßte die Frage geklärt werden, ob die archetypischen Liebespaare, wie Orpheus und Eurydike, wie Hero und Leander, wie Tristan und Isolde, wie Romeo und Julia, aus der sado-masochistischen Vernetzung ihrer Seelen heraus sich auf dem Altar der Liebe opfern *mußten*. Ich schlage hier keinen ironischen oder gar zynischen Ton an – weit entfernt davon. Es sei nur angedeutet, in welche Richtungen die Diskussionen verlaufen könnten, die wir nicht führen wollen, weil sie für *unsere* Diskussion unwichtig sind.

Eines ist sicherlich einleuchtend: Es scheint gar keinen so großen Unterschied zwischen den Erkenntnissen der „klassischen" Psychoanalytiker und jenen Vertretern, wie *Reinhold Niebuhr*, zu geben, die in der Hingabe an den Nächsten, an den leidenden oder geliebten Mitmenschen, an eine „große Sache", an ein Ideal usw. den Fluchtweg aus dem Kerker des eigenen Ich finden. Denn die sadistische oder masochistische Hinwendung des Menschen heißt bei Fromms Erklärungen auch, sich unterordnend, leidend, unterwerfend dem auserkorenen Objekt „hingeben" (Masochismus) oder es ordnend, besiegend, überwindend, vereinnahmend sich „aneignen" (Sadismus). Nur Zerstörung oder Destruktion findet nicht statt, denn wenn man das Objekt „sadistisch" zerstört, dann steht es für diese Strebungen nicht mehr zur Verfügung. Bei Fromm heißt es auch, „daß Destruktivität dann entsteht, wenn die sinnliche, emotionale und intellektuelle Entfaltung des Menschen vereitelt wird", d.h. wenn – um bei unseren gebrauchten terminologischen Ausdrucksmöglichkeiten zu bleiben – den „sadistischen Strebungen" die „eigentlichen" Funktionen verwehrt sind, dann schlägt das „Objekt-aneignen" in das „Objekt-zerstören" um, dann kann auch die Grenze des „Normalen" zum „Pathologischen" überschritten werden. Dieses Phänomen interessiert im Augenblick jedoch nur am Rande, allerdings müssen wir darauf zurückkommen. Jetzt steht allein das Interesse an jenen „Strebungen" im Mittelpunkt, die das Individuum an die Gesellschaft (und umgekehrt) binden oder die die Affinität zwischen dem Individuum und seiner sozialen Umgebung herstellen. Bevor wir diese „Bindungen" zu orten versuchen, müssen wir noch einen kurzen, aber wichtigen Exkurs zu psychoanalytischen Erkenntnissen unternehmen.

Beginnen wir mit einem Beispiel. Es ist unerheblich, welche Rolle z.B. die „Macht" in der Analyse des sadistischen Spektrums beim Menschen spielt, wenn wir, ganz ohne soziale Relationen, „Macht"-Strebungen des Einzelnen für die Eignung als „gesellschaftsbindend" betrachten. Im „symbiotischen" Spannungsfeld der menschlichen Psyche jedoch kann „Macht" ganz schwerwiegende Bedeutungen annehmen. Für Fromm, der „Macht" (power) in Herrschaft über andere (domination) und „schöpferische Potenz" (potency) unterteilt, ist „Macht" nicht bei jenen Menschen als „Machtausübung" zu registrieren, die „auf der Grundlage der Freiheit und Integrität" ihr Selbst verwirklichen wollen und können. „Machtgier" jedoch wurzele im psychologischen Sinne „nicht in der Stärke, sondern in der Schwäche" und sie sei – wie Fromm weiter schreibt – „Ausdruck der Unfähigkeit des einzelnen, im Leben auf eigenen Füßen zu stehen." Der Begriff „Impotenz" (hier nicht auf die sexuelle Bedeutung bezogen) führe zu „sadistischem Streben nach Macht über andere". Macht aber sei im Sinne von Beherrschung anderer die „Perversion der schöpferischen Potenz, genau wie der sexuelle Sadismus die Perversion der geschlechtlichen Liebe ist". Wenn nun Fromm weiter folgert, daß bei allen Menschen sich sadistische und masochistische *Charakterzüge* finden ließen, muß er natürlich auch erläutern, was er unter Charakter versteht. So benutzt er den Begriff Charakter „in dem dynamischen Sinn, in dem Freud vom Charakter spricht". Freud habe die grundlegenden Motivationskräfte des Menschen auf jene Triebe bezogen, die sexueller Natur seien, und die Charaktere eingeteilt in „orale", „anale" und „genitale" Charaktere. Wenn man einer solchen Einteilung nicht folgen wolle, brauche man eine andere, aber, so Fromm weiter, er möchte die „dynamische Auffassung" beibehalten.

Hier, und genau an diesem Punkt, erleben wir die Verwirrung, die wir bei der Lektüre aller einschlägigen Werke und Aufsätze immer wieder erleben, wenn es um die Motivationskräftedefinition und -analyse geht. Ich habe oben schon gesagt, daß es anscheinend gar keinen so großen Unterschied zwischen den Erkenntnissen der Psychoanalytiker und jenen (anthropologischen, theologischen etc.) Vertretern gäbe, für die ich Reinhold Niebuhr anführte. Es gibt kaum einen Unterschied – nur in den „Meinungen" zu den Erkenntnissen. Wenn wir von der alles umfangenden Liebe bei Jesus Christus sprechen, dabei auch Heilige und Märtyrer einschließen, wenn wir von den unzähligen einfachen Menschen berichten, die täglich Armen und Leidtragenden helfen, wenn sich Menschen aufopfern und wenn wir von der großen Liebe jener sprechen und hören, die es zu jeder Zeit und an jedem Ort dieser Erde gibt, jener großen Liebe, für die Romeo und Julia sowie Tristan und Isolde stehen, dann dünkt uns, daß doch eher so hehre Worte wie „Niemand hat größere Liebe, denn die, daß er sein Leben läßt für seine Freunde" am Platze seien, als die Erklärung (für eine solche Liebeshingabe), die auf masochistisch-sadistischen Triebintegraten der menschlichen Psyche fußen. So edle Charaktere wie diese Liebenden und die sich uneigennützig aufopfernden Menschen auch noch in Kategorien einzuteilen, die mit „analen", „oralen" und „genitalen" Charakterzügen definiert sind, gehört in den Bereich der Verletzungen, die *Hans Mayer*, im Zusammenhang mit dem Werk *Sigmund Freuds*, als die psychische Kränkung der Menschheit bezeichnete.

Es ist für viele schon eine Ungeheuerlichkeit, all die unzähligen „Liebesgeschichten", Märtyrerwerke und deren Verklärung, all die Selbstaufopferungen in der Welt in einer Motivation gründen zu lassen, die nur eine einzige Erklärung zu haben scheint: masochistisch-sadistische Antriebe, die mit der sexuellen Komponente behaftet sind. Um es überspitzt zu formulieren: Die sadomasochistische Symbiose allein brachte demnach *Christus* ans Kreuz von Golgatha und nicht sein rationaler Wille, durch sein Blut die Menschen zu „erlösen"!

Dies mag im ersten Moment schockieren, zielt aber in der Zuspitzung auf die vorgetragene Situation. Nun wissen wir allerdings, daß dies alles viel differenzierter und auch noch viel erklärungsbedürftiger ist, als wir es hier darzustellen vermögen.

Auch die weiteren Ausführungen Fromms ändern an meiner Grundeinschätzung, daß die beiden erwähnten Auffassungs-Lager sich anscheinend kaum unterscheiden, nicht viel. Lesen wir, was er zu sagen hat: „Jemand kann völlig von sadistischen Strebungen beherrscht sein und trotzdem bewußt der Überzeugung sein, alles nur aus Pflichtgefühl zu tun. Es kann sogar sein, daß er keine offenen sadistischen Handlungen begeht, sondern seine sadistischen Triebe so unterdrückt, daß er oberflächlich betrachtet als ein nicht-sadistischer Mensch erscheint... Wenn man auch den Charakter von Menschen, in denen sado-masochistische Triebe am Werk sind, als sado-masochistisch bezeichnen kann, so müssen doch solche Personen nicht unter allen Umständen neurotisch sein. Es hängt weitgehend von den speziellen Aufgaben ab, die die Betreffenden in ihrer gesellschaftlichen Situation zu erfüllen haben, wie auch von den in ihrer Kultur vorhandenen Gefühls- und Verhaltensmustern, ob ihre Charakterstruktur als ‚neurotisch' oder als ‚normal' empfunden wird." (Alle Zitate bei Fromm, 1990, S. 119ff.)

Mit der Frage nach dem „Neurotischen" und dem „Normalen" wollen wir diesen kurzen psychoanalytischen Exkurs beenden, weil wir das Neurotisch-Krankhafte und das Normale vom Individuum auf das Soziale zu übertragen versuchen müssen. Ehe wir dies allerdings unternehmen, müssen wir die gewonnenen Einsichten festhalten:

1. Die von Psychologen, Psychoanalytikern, Anthropologen, Theologen und anderen wissenschaftlichen Disziplinen gewonnene Einsicht, daß der Mensch bei der Bewältigung seiner Isolations- und Einsamkeitsgefühle von verschiedenen Moti-

vationen gelenkt wird, hat unterschiedliche Deutungen erfahren. Psychoanalytiker wie Erich Fromm, gestützt auf Freud, verweisen diese Motivationen in den Bereich sado-masochistischer „Strebungen", die sich einerseits als „Unterwerfung" unter und andererseits als „Aneignung" anderer Menschen manifestieren. Dabei wird die pathologische Ausformung dieser Strebungen hier ausgeklammert und festgehalten, daß jedem Menschen sado-masochistische Strebungen innewohnen.

2. Die von der Psychoanalyse verwendete Erklärung (z.B. für die Aneignung oder die Unterwerfung unter einen geliebten Menschen die Vokabel „sado-masochistisch" zu verwenden, und diese Erklärung auch noch mit dem Sexualtrieb zu koppeln) scheint in völligem Gegensatz zu andere Strebungen zu stehen, die bestimmte Wissenschaftler Liebe, Opferung und Hingabe nennen – sehr „positive" Valuten auf der Skala unser Kulturwerte.

3. Diese Unterscheidungen sind nur unterschiedliche Sichtweisen für die gleiche Sache, die durch die jeweilige geistig-kulturell bedingte Position dessen geprägt wird, der diese Wertungen vertritt.

Wenn wir diese Thesen als Ausgangsbasis für die weitere Diskussion gesichert haben, müssen wir nach der *Relevanz* dieser zum großen Teil psychoanalytischen Erkenntnisse für die soziologische Anwendung fragen. Um die Affinität von Individuum und Gesellschaft in Rückbeziehung zu den geschilderten „Strebungen" etwas salopp zu beschreiben, können wir sagen, es sei im Grunde gleichgültig, ob man diese Strebungen nun vom Komplex des Sado-Masochismus oder vom Bereich Liebe/Hingabe aus definiert – es sind *immer* nur Strebungen, die, falls sie nicht pathologischer Natur sind, „sozial" *wirken*, d.h. wie verschieden man sie auch betrachten mag, ihre Wirkungen sind stets die gleichen.

Über der Detailerforschung des menschlichen Seelenlebens und der wissenschaftlichen Einzelerfassung sozialer Vorgänge vergißt man sehr oft, daß es ein Ganzes gibt, das man in Einzelteile zerlegt hat, um es besser zu verstehen. Vielfach wird dieses Ganze über der faszinierenden Detailerfassung und deren Einzeloperationen sträflich aus den Augen verloren. So sehr auch die klassische wie auch die moderne Psychologie um die so verästelten Labyrinthe der Seele des Einzelnen sich bemühen mag, es bleibt dem Individuum selbst überlassen, wie es seine Beziehungen zu seinem Selbst und zu seinen Mitmenschen, zu seiner Familie, zu seiner Arbeitswelt, zu seinem Staat gestaltet, denn es selbst und seine soziale Umgebung sind das *"Ganze"*, dem es nie entfliehen kann, dem es sich ständig stellen muß. Wissenschaftliche Erkenntnisse über die unzähligen und unsichtbaren Fäden, die sich in einem dichten, undurchschaubaren Netz über ihn und „seine" Gesellschaft legen und ihn zwingend einbinden, mögen ihm vage Erklärungen, brauchbare Erleuchtungen oder auch schädliche Mißverständnisse bringen oder ihm erleichternde Hilfe in der alltäglichen Beschwernis bedeuten. Aber er wird diesem *Ganzen*, das er lieben oder verfluchen mag, nie entrinnen. Die Fluchtmechanismen, die Fromm beschreibt, seien sie ausgerichtet auf einen vergötzten „Führer", der den Menschen, wie *Hitler*, ein tausendjähriges Reich verspricht, oder auf ein konformistisches, der jeweiligen Gesellschaft angepaßtes Wohlverhalten oder auf eine dieser Gesellschaft widersprechende, sie aber nicht zerstörende Verhaltensformation – es bleiben nur Mechanismen, Pseudofluchten, die Erleichterung verschaffen mögen, dies aber nur für kurze Zeit. Sind die Mechanismen auf totale Destruktion ausgerichtet, im masochistischen Bereich als Selbstzerstörung, im sadistischen als Zerstörung des „anderen", dann betreten wir ein Land, in dem anscheinend nur noch Pathologisches, also Krankes oder Krankhaftes, vorzufinden ist – aber nicht immer pathologisch oder krankhaft sein *muß*. Diese Unterscheidung *psychologisch* treffen wollen wir hier nicht. Aber wir werden versuchen, die Grenzlinie zwischen *Normalem* und *Krankem* für den *soziologischen* Aspekt zu ziehen.

Bei seinen Erläuterungen zu den psychischen Fluchtmechanismen treffen wir bei *Erich Fromm* auf die Begriffe „normal", „gesund" und „krank". Diese Wertungen finden wir alltäglich auch bei Beurteilungen sozialen Verhaltens. Denken wir dabei nur an die Praxis der Nazis, die mit dem Begriff „Gesundes Volksempfinden" fürchterliches Schindluder trieben. Das ins geradezu unantastbare Absolutum erhobene „gesunde Volksempfinden" war nicht nur eine unverbindliche Aussage, geleitet von ideologischen Vorstellungen, sondern bedeutete eine hohe moralabsurde Instanz, aus der man die grausamsten und irrationalsten Repressionen ableiten konnte. Durch die nie definierte Nazi-Maxime „Gesundes Volksempfinden" konnte jeder Andersdenkende, „Abweichler", Gegner und Widerständler als „Volksschädling" unters Fallbeil gebracht werden. Mit diesem schwammigen Begriff arbeiteten alle Kontrollinstanzen und sprachen Gerichte mit Bezug auf diesen Begriff Todesurteile. Wer sich nicht dieser Naziformel gemäß verhielt, konnte denunziert und an den Galgen gebracht werden – ob er tatsächlich gegen die Nazis gearbeitet, nur „Feindsender" abgehört oder vielleicht nur einen Führerwitz erzählt hatte. Wer sich der einmal propagandistisch in die Welt gesetzten Formel vom „Gesunden Volksempfinden" nicht anpaßte und davon abwich, war „krank", d.h. er war ein „krankes" Glied der „Volksgemeinschaft" und mußte „ausgemerzt" werden. Tausendfach finden wir in den Archiven Horrorbelege für den Verstoß einfacher Menschen gegen das ungeschriebene Gesetz des „Gesunden Volksempfindens", das nie definiert wurde und nie definiert werden konnte.

Heutzutage hören wir oft, daß vieles, was wir in der Öffentlichkeit erleben, nicht „normal" sei. Vor allem wenn es um Kriminalität oder Sexualverhalten geht. Daß Frauen in der Dunkelheit sich nicht allein auf der Straße bewegen können, sei nicht „normal", die vielen Drogensüchtigen, die Diebstähle, der Vandalismus, die sexuellen Übergriffe an Kleinkindern, die Ausweitung der Pornographie, der Zulauf zu den Sekten – all dies sei „anormal" und deute auf eine „kranke Gesellschaft". Wer aber bestimmt oder zeigt auf, *was* sozial als normal und was als pathologisch einzustufen ist?

Im Jahre 1895 veröffentlichte der französische Soziologe Émile Durkheim sein Buch „Les Règles de la méthode sociologique", das 1965 in deutscher Übersetzung erschien. (Die 1908 erstellte erste Übersetzung dieses Durkheimschen Werkes ist so fehlerhaft, daß man sie vergessen sollte.) Darin hat Durkheim sich methodologisch mit dem Problem des Normalen und Pathologischen befaßt und auf diese Weise grundlegende „Regeln" aufgestellt, ohne deren Erwähnung heute niemand über dieses Problem sprechen kann. Worum ging es Durkheim?

Er untersucht soziologische Tatbestände (fait social), die „in gewissen Punkten sehr unähnlich sind: diejenigen, die durchaus so sind, wie sie sein sollen, und diejenigen, welche anders sein sollten, als sie sind, also die normalen und die pathologischen Phänomene". (a.a.O. S. 141) Vielleicht ist hier noch angebracht, Durkheims Definition zu zitieren, was er mit „sozialen Tatbeständen" meint. So schreibt er: „Ein soziologischer Tatbestand ist jede mehr oder minder festgelegte Art des Handelns, die die Fähigkeit besitzt, auf den Einzelnen einen äußeren Zwang auszuüben; oder auch, die im Bereiche einer gegebenen Gesellschaft allgemein auftritt, wobei sie ein von ihren individuellen Äußerungen unabhängiges Eigenleben besitzt." Wie aber soll man diese soziologischen Tatbestände behandeln? Der erste Satz im 2. Kapitel von Durkheims „Regeln" erklärt dies und er soll, um der Klarheit willen, französisch zitiert werden: „La première règle et la plus fondamentale est de considérer les faits sociaux comme des choses." („Die erste und grundlegendste Regel besteht darin, die soziologischen Tatbestände wie Dinge zu betrachten.") (a.a.O. S. 114/115)

Nach dieser kurzen Verständigung kehren wir zu den „normalen und pathologischen Phänomenen" zurück, die Durkheim „comme des choses", wie „Dinge", behandelt wissen will. Dementsprechend geht er auch vor. Er schildert den Schmerz, den man üblicherweise als Anzeichen von Krankheiten ansähe, fügt aber sofort hinzu, daß das „Fehlen des Schmerzes" *auch* ein Krankheitssymptom sein könne. Es gäbe auch schmerzvolle „Zustände", die ganz normale physiologische Zustände seien, wie z.B. Hunger, Ermüdung oder Entbindung. Er führt noch einige Beispiele an, wie das Greisenalter oder die Menstruation: „Wenn übrigens das Alter schon an sich eine Krankheit ist, wie scheidet man den gesunden vom kranken Greis? Von demselben Gesichtspunkt aus muß man die Menstruation unter die krankhaften Erscheinungen einreihen; denn durch die Störungen, welche sie erzeugt, wächst die Empfänglichkeit der Frau für Krankheiten. Wie kann man aber einen Zustand als krankhaft erklären, dessen Ausbleiben oder dessen verfrühtes Verschwinden unstreitig eine pathologische Erscheinung darstellen?" (S. 143/144). Wir sehen also, nachdem er weitere Beispiele aufführt, daß es selbst im physiologischen Bereich recht schwierig ist, „gesund" und „krank" zu definieren.

Im sozialen Bereich, folgert Durkheim, gäbe es oft a-priori-Konstrukte, die das Normale und Pathologische betreffen. Für den „ungläubigen Theoretiker" z.B. seien Glaubensüberreste „krankhafte Phänomene", „während für den Frommen der Unglaube die große soziale Krankheit der Gegenwart darstellt", usw., usf. Wenn bei der Bestimmung des Normalen und Pathologischen nur relativierte Standpunkte zu ermitteln sind, erkennt man leicht, daß man hierbei nicht abstrakte Urteile fällen kann, sondern daß man – unter Anwendung der Regeln, soziale Tatbestände *wie* Dinge zu betrachten und „Soziales nur durch Soziales zu erklären" – „diejenigen Tatbestände normal nennen" solle,

„die die allgemeinsten Erscheinungsweisen zeigen", während man „dem anderen den Namen krankhaft oder pathologisch beilegen" müsse. Daraus folgert Durkheim, „daß eine Tatsache nur unter Bezugnahme auf eine gegebene Gattung als pathologisch erklärt werden kann".

Wenden wir uns nach diesen theoretischen Überlegungen einem konkreten Beispiel zu, das Durkheim sehr breit ausführt: dem Beispiel der Kriminalität. Unbestritten sei die Tatsache, daß das Verbrechen von *pathologischem* Charakter sei, denn alle Kriminologen stimmten *darin* überein, meint er. Wenn man aber alle uns bekannten Gesellschaften überprüfe, dann müsse man feststellen, daß es keine Gesellschaft gäbe, in der *keine* Kriminalität existiert. Mit Hilfe der Statistik wiederum könne man das Anwachsen von Kriminalität leicht feststellen. Ein „Übermaß an Verbrechen ist krankhaft", meint Durkheim weiter, fährt dann aber fort: „Normal ist einfach die Tatsache, daß eine Kriminalität besteht, vorausgesetzt, daß sie sich im Rahmen des gegebenen Typs hält, dessen Höhe im Sinne der vorgehenden Regeln festgestellt werden kann, und ihn nicht überschreitet. Wir stehen hier vor einer scheinbar recht paradoxen Folgerung. . . Das Verbrechen unter die Erscheinungen der normalen Soziologie einzureihen, bedeutet nicht bloß, die Ansicht vertreten, daß es eine unvermeidliche, wenn auch bedauerliche Erscheinung ist, die der unverbesserlichen Böswilligkeit der Menschen zugeschrieben werden muß; es schließt auch die Behauptung ein, daß es einen Faktor der öffentlichen Gesundheit, einen integrierenden Bestandteil einer jeden gesunden Gesellschaft bilde. *Zunächst ist das Verbrechen deshalb normal, weil eine Gesellschaft, die frei davon wäre, ganz und gar unmöglich ist.*" (Alle Zitate S. 147–157; Hervorhebung von mir, W.N.)

Wir haben es hier in Bezug auf die Gesellschaft mit dem *abweichenden* oder *anomischen* Verhalten oder der *Anomie* zu tun, die E. Durkheim schon etwas früher, und zwar in seinem heute immer noch großartigen Werk von der „Arbeitsteilung" aus dem Jahre 1893 angeführt hat. Bereits in diesem Buch schildert er die Funktion des Verbrechers, des „Abweichlers". Seine (kriminelle) Tat errege zugleich Wut und Solidarität in der Gemeinschaft. Wut sei nicht nur eine „zerstörerische Leidenschaft", nein, sie mobilisiere auch Leidenschaftsreserven, die in der Gemeinschaft die Abwehr gegen den Angriff der Abweichung organisieren. Die soziale Reaktion auf die Anomie stammen aus der „sozialen Natur der verletzten Gefühle... Alle Welt ist getroffen und folglich versteift sich alle Welt gegen die Angriffe". Es handle sich um den „öffentlichen Zorn", bei dem Gefühle entstünden, die ihre ganze Kraft aus der Tatsache holten, die aller Welt gemeinsam und so kraftvoll seien, „weil sie unbestritten sind". Das Verbrechen aber sei nur möglich, schreibt Durkheim, wenn der Respekt, der diese Gefühle nicht respektiert, *nicht* „universell" sei, und daraus gehe folglich hervor, daß diese Gefühle nicht kollektiv seien. Aber das Verbrechen bräche in die „Einstimmigkeit" ein, „die die Quelle ihrer Autorität ist. Wenn also ein Verbrechen geschieht und die Gewissen, die es verletzt hat, vereinigen sich nicht, um sich gegenseitig *zu bezeugen*, daß sie in Verbindung bleiben und daß dieser besondere Fall eine Anomalie ist, dann kann es nicht ausbleiben, daß sie *auf die Dauer erschüttert* werden. Sie müssen *sich stärken und gegenseitig versichern*, daß sie immer im Einklang stehen. Das einzige Mittel ist die gemeinsame Reaktion. Da das gemeinsame Bewußtsein verletzt ist, muß es Widerstand leisten, und folglich muß der Widerstand *kollektiv* sein." (E. Durkheim, 1977, S. 143/144, Hervorhebung von mir, W.N.,)

Wir ersehen daraus, daß das abweichende Verhalten die Verbundenheit der Menschen, die in einer Gruppe, einer Gemeinschaft, einer Gesellschaft leben, stärkt, daß sich die Menschen sofort solidarisieren in der Abwehr gegen die Anomie. Nun gehört nicht nur das Verbrechen zu anomischem Verhalten, sondern *alle Regelverletzungen*, die einer Gesellschaft widerfahren. Den Abweichler selbst als Typus zu beschreiben, fällt ungeheuer schwer, da die „Abweichungen" sehr verschieden von der Gemeinschaft beurteilt werden. „Manche Menschen, die stark trinken, werden Alkoholiker genannt, andere nicht; manche, die sich seltsam verhalten, werden in Krankenhäuser eingewiesen, andere nicht", schreibt Kai T. Erikson, und meint, daß Abweichler wichtige Dienste an der Gesellschaft leisteten, „indem sie an den Rändern des Gruppenraums patrouillieren und einen Kontrast bieten, welcher der übrigen Gemeinschaft die eigene territoriale Identität deutlich macht". Gemeinschaften ziehen stets ihre Grenzen – sowohl im Verhalten als auch in der Moral. Diese bilden die großen und wirklichen Kräfte des Zusammenhalts, dessen Verletzung nie ungestraft hingenommen wird. Die Gemeinschaft schützt sich durch Sanktionen und Strafen, die sie gegen die Abweichler verhängt. Wie aber erfahren die Menschen etwas über die Grenzen dieser Gemeinschaft, die man nicht verletzen darf? fragt auch

Erikson, der über das abweichende Verhalten eine überaus fundierte Studie geschrieben hat. Es sind die Verhaltensweisen der Gruppen- und Gemeinschaftsmitglieder, die die Grenzen bilden, oder wie Erikson es soziologisch ausdrückt: „...die Interaktionsnetze, welche die Mitglieder in geordneten Sozialbeziehungen verbinden." (Kai T. Erikson, 1978, S. 17–20 sowie 170/171)

Um diese Überlegungen kurz zusammenzufassen, können wir sagen: Alle Abweichungen von den Regeln des geordneten Zusammenlebens einer Menschengemeinschaft, von einfachen Verletzungen von Ordnungsregeln bis hin zum Verbrechen, haben eine „positive" soziale Funktion: sie solidarisieren die Gemeinschaft, lassen ihre Mitglieder enger zusammenrücken und halten ihren Mitgliedern vor Augen, wo die Grenzen der Gemeinschaft und ihrer Ordnung liegen.

Wenn wir diese Überlegungen akzeptieren, dann bleibt eine Anzahl von Fragen offen, die für das Verhältnis Individuum-Gesellschaft von Bedeutung sind. Von diesen wollen wir jene nach Schuld und Sühne, nach den Institutionen, die über die Anomie befinden (wie z.B. die Rechtsorgane), ausklammern. Sie interessieren für unsere Problemstellung nicht, die nach dem Spielraum der Freiheit für Individuum und Gesellschaft fragt. Dagegen ist von großem Interesse die Frage, *wann* eine Anhäufung von anomischem Verhalten, einschließlich natürlich auch von Verbrechen, eine Gemeinschaft „krank" werden läßt. Wir haben weiter oben gehört, daß Durkheim es für „normal" hält, wenn Kriminalität besteht, aber sie müsse „sich im Rahmen des gegebenen Typs" halten. Was ist nun der Rahmen eines gegebenen Typs, an den „man" sich halten muß, um herauszufinden, ob man sich noch im Bereich des „Normalen" bewegt oder sich schon in jenem des „Pathologischen" befindet? Wir sollten zu dieser Frage noch einmal Émile Durkheims Meinung heranziehen. So schreibt er: „Man stelle sich eine Gesellschaft von Heiligen, ein vollkommenes und musterhaftes Kloster vor. Verbrechen im eigentlichen Sinne des Wortes werden hier freilich unbekannt sein; dagegen werden dem Durchschnittsmenschen verzeihlich erscheinende Vergehen dasselbe Ärgernis erregen wie sonst gewöhnliche Verbrechen in einem gewöhnlichen Gewissen." (S. 158 der „Regeln")
Man kann dieses Beispiel auf viele andere soziale und historische Möglichkeiten übertragen oder ausdehnen. Wenn wir z.B. das Calvinsche Reformations-Regime in Genf in den vierziger Jahren des 16. Jahrhunderts betrachten und erfahren, wie niedrig die

Schwelle lag für Vergehen und Übertretungen, so daß schon für den geringsten Verstoß gegen die Regeln die drakonischsten Strafen gefordert wurden; wenn wir die Nazi-Zeit bedenken, in der allein schon das Überlassen eines Stück Brotes an einen polnischen Kriegsgefangenen die Einweisung in ein KZ bedeutete; wenn wir uns heute selbst betrachten und täglich erleben, wieviele Tausende, ja Hunderttausende von Autofahrern die Verkehrsgebote – besonders die Tempolimite – ständig und bewußt mißachten; wenn wir noch viele andere Beispiele anführen, dann zeigt sich deutlich, daß wir es nicht mit einem allgemeinen Typ von Gesellschaft zu tun haben, der *statisch* als „Maßstab" der Ordnung und der Regel angesehen werden kann, quasi als „fester Punkt", von dem aus dann die Abweichung gemessen werden kann.

Der schon erwähnte amerikanische Autor *Erikson* sagt zu diesem Punkt, ein wichtiges Thema sei „das Verhältnis zwischen den Grenzen einer Gemeinschaft und der Art der Abweichungen, die sie erlebt". (S. 28) Mit anderen Worten: Jede Gemeinschaft setzt ihre Grenzen anders und sanktioniert die Abweichungen auch anders. Diese Praxis findet nicht nur unterschiedlich in den Gruppen einer Gemeinschaft, sondern auch unterschiedlich in den verschiedenen Gemeinschaften, Kulturen und Völkern statt. Somit haben wir keine Möglichkeit, den „festen Punkt" der Verhaltensorientierung ganz allgemein und auch für die einzelne Gemeinschaft zu orten.

An den obigen Beispielen aus dem historischen Genf, der Nazizeit und der Verkehrspraxis von heute erkennen wir, daß es nicht die einzelnen Staats- und Überwachungsorgane sind, die die Sanktionen verhängen, sondern es sind die Mitglieder der Gemeinschaft. Ihr Bewußtsein wird verletzt oder gestärkt und sie veranlassen die Sanktionierung. In der Nazizeit war das gemeinsame Bewußtsein des deutschen Volkes identisch mit dem der Führung, genau wie in der Calvinschen Genfer Gemeinde. Mir selbst widerfuhr im Jahre 1944, als Soldat an der Invasionsfront, daß ich auf der Skala eines Radiogeräts in einem zerschossenen französischen Haus nach Musikübertragungen suchte. Plötzlich ertönten die Rhythmen eines Orchesters aus dem alten Rundfunkkasten, das ich einige Jahre später als jenes von Glenn Miller entdecken sollte. Die schmissigen Melodien veranlaßten meine Kameraden und mich – wir waren alle noch junge Burschen – sofort, uns im Rhythmus mitzuwiegen. Alle lachten, klatschten sogar den Rhythmus mit und fanden die Musik „toll". Als sie beendet war und die Ansagerin auf Englisch das nächste Musikstück ankündigte, brach die gute Stimmung ab, eisiges Schweigen trat ein und alle sahen mich an, als habe ich ein Verbrechen begangen: ich hatte auch eins begangen, ich hatte einen „Feindsender" eingeschaltet. Auf dieses Vergehen stand damals die Todesstrafe. Es gab in unserer Nähe keinen Vorgesetzten, keine staatliche Aufsicht, aber alle Anwesenden hatten die Regel, „Feindsender" durften nicht gehört werden, verinnerlicht. Wären wir damals nicht auf Gedeih und Verderb aufeinander angewiesen gewesen, hätte mich sicher der eine oder andere „gemeldet".

Daraus ersehen wir, daß bei der Anomie das *gemeinsame* Gewissen, das *gemeinsame* Bewußtsein verletzt werden muß und nicht nur das genormte Recht eines Staates. Umgekehrt zu dem Beispiel, das ich aus meinem persönlichen Erleben berichtete, ist das Verhalten der Autofahrer dergestalt „verdreht", daß sie das Übertreten der Tempolimits gar nicht als Regelverstoß im gemeinsamen Bewußtsein tragen, sondern diesen Verstoß nur in solchen Fällen anerkennen, wenn sie eine „Radarfalle" oder eine offizielle Aufsicht vermuten. Das höchste, was den meisten Autofahrern einfällt, ist das Drosseln der Geschwindigkeit, ohne jedoch das Tempogebot exakt zu befolgen. Das gemeinsame Bewußtsein der Autofahrer anerkennt dagegen den Verstoß *gegen* die *staatliche* Anordnung – und findet dies schick.

Demnach – und ich glaube, wir benötigen keine weiteren Beispiele mehr – müssen wir festhalten, daß ein bestimmtes Maß an Regelverstößen für die „gesunde" Gesellschaft notwendig ist, daß aber das Überschreiten dieses Maßes soziale Störungen, wenn nicht totale Destruktion hervorruft. Zum einen kann das „Überschreiten des Maßes" durch rigorose Regeln und Gesetzesanwendungen erfolgen (so daß der kleinste Verstoß schon drakonische Strafen nach sich zieht), zum anderen aber auch durch den gesellschaftlichen Konsens, Regeln nicht sonderlich zu beachten. In den sechziger Jahren z.B. galt es als Verstoß gegen die allgemeine Sittenregel, weibliche Modelschönheiten auf den Illustriertencovers „oben ohne" abzubilden. Heute gibt es kaum eine Illustrierte oder Unterhaltungszeitschrift, die in ihren Nummern keine nackten Frauen zeigt. Auch liegen heute die Frauen „oben ohne" am Strand, auch wenn es kein FKK-Strand ist. Pornographische Schriften wurden vor nicht allzu langer Zeit „unter der Theke" gehandelt, heute hängen sie an jedem Kiosk aus, außerdem gibt es die Pornofilme nicht nur auf Videokassetten, die man ab dem 18. Lebensjahr ausleihen kann, sie laufen sogar im Fernsehen, zwar meist am späten Abend, aber bei der riesigen Anzahl der TV-Geräte in Kinder- und Jugendlichen-Zimmern ist der Zugang zu diesen obszönen Werken auch für Minderjährige garantiert. Es soll hier nicht gewertet, sondern nur dargestellt werden.

Unsere Gesellschaft trägt das Bewußtsein mit sich, daß *alles* „gestattet" ist. Darum nennt man sie auch die „permissive Gesellschaft", die alles gestattende Gesellschaft, wie wir schon ausgeführt haben. Oft kommt es vor, daß eine Gesellschaft, die ihre selbst auferlegten Regeln nur *formalistisch* auffaßt (und sie nur für justitiable Fälle parat hält) und nicht *ethisch* verinnerlicht hat, diejenigen Mitglieder als Außenseiter betrachtet, die sich nicht „alles gestatten", sondern ihr Tun an „alten" ethischen Regeln orientieren, weil es keine „neuen" gibt, an die man sich halten könnte.

Unsere Aufmerksamkeit gilt der strukturellen Verbindung von *Individuum* und *Gesellschaft*, wobei wir anhand der Durkheimschen Betrachtung und Einordnung des Verbrechens die sozialen Funktionen der Anomie herausgearbeitet haben, die uns auch in die Lage versetzen, zu klären, wann eine Gesellschaft ihre „Abweichler" feststellt und wie sie sie mit Sanktionen belegt. Dabei enthalten wir uns im Augenblick noch jeglicher Wertung und auch der möglichen Anwendung unserer Feststellungen als Kritik an unserer heutigen Gesellschaft.

Das Individuum ist Gegenstand des Interesses und der Forschungen der *Psychologie*. Da aber jedes Individuum innerhalb einer sozialen Gruppe, einer Gemeinschaft und Gesellschaft lebt, ist es wiederum auch Forschungsgegenstand der *Soziologie*. Daneben hat man die *Sozialpsychologie* meist als interdisziplinäre Wissenschaft betrachtet.

Ohne nun wissenschaftsängstlich nach den Erfordernissen und den methodischen Abgrenzungen dieser Fachdisziplinen zu schielen, müssen wir das „Zwitterwesen" Mensch, das einerseits ein unverwechselbares und einmaliges Individuum darstellt und zum anderen als soziales Integrat einen Teil seiner jeweiligen sozietären Verhältnisse ausmacht, als *Ganzes* sehen, wenn wir es in der ihm als „geistigen Wesen" verheißenen und sich selbst zugeordneten Freiheit erfassen wollen.

Die im Menschen vorhandenen und von vielen Forschungsseiten erkannten „Strebungen" sind zum großen Teil nicht nur auf ihn selbst, sondern auf die Sozietät gerichtet. Ob Verzweiflung und Ohnmacht, ob Machtwille oder Minderwertigkeit, ob Liebe oder Selbsthingabe – sie alle zielen auf „die anderen". Es sind diese Kräfte, die die Soziabilität des Einzelnen ausmachen. Diese Strebungen verlaufen in einer bestimmten Bandbreite, die der Mensch nicht ungestraft überschreitet: tut er dies in seinem inneren, subjektiven Bereich, gerät ihm der „Fehltritt" zur Selbstzerstörung, tut er dies „anomisch", d.h. „regelwidrig" in seinem sozialen Bereich, „zerstört" ihn die Gemeinschaft. Wir sehen also, daß das Individuum ständig mehr oder minder Regelverstöße riskiert, daß diese Regelverstöße, auch wenn sie noch so heftig sind (Kriminalität), nach Émile Durkheim für jede „gesunde" Gesellschaft von existentieller Wichtigkeit und Bedeutung sind. Wir müssen dem aber hinzufügen, daß es für eine „gesunde" Gesellschaft von existentieller Wichtigkeit und Bedeutung ist, das Vermögen zu besitzen und die Kräfte zu aktivieren, diese Regelverstöße zu *sanktionieren* und zu *bestrafen*.

Regelverstöße werden nicht überall gleich bewertet oder gleich bestraft. Greifen wir ein historisches Beispiel auf, ehe wir die Funktion des anomischen Verhaltens für unsere Freiheits-Diskussion heranziehen wollen. Das Hitlersche „Großdeutsche Reich" hatte, ehe der Zweite Weltkrieg von ihm ausgelöst wurde, gegen eine Reihe von Regeln verstoßen, die im internationalen Zusammenleben der Völkergemeinschaft ihre allgemeine Gültigkeit besaßen. Es geht hierbei nicht nur um juristische Regeln, z.B. nicht allein um internationales oder nationales Recht, sondern um ungeschriebene und tradierte Übereinkünfte der Zivilisation, der Humanität und der abendländischen Kultur. Diese Verstöße begannen mit den Röhm-Morden 1934, bei denen Hitler sich als „oberster Richter" aufspielte, als er die höchsten SA-Führer von seiner Leibgarde exekutieren ließ, und die deutsche Justiz nicht den Mut aufbrachte, empört Anklage zu erheben. Es ging weiter mit den Nürnberger (Rassen-)Gesetzen, die die jüdische Minderheit aus dem Volksganzen ausgrenzten, sie zu Parias abstempelten und sie bei der Ausübung einer Anzahl gewöhnlicher und alltäglicher Gepflogenheiten kriminalisierten (Berufsverbote, „Blutschande" etc.). Es folgte die sogenannte Kristallnacht, in deren Folge die jüdische Bevölkerung ausgeplündert, enteignet und in KZ's verbracht wurde.

Wo diese Taten endeten, wissen wir: in Auschwitz. Hinzu kam das Nichteinhalten von internationalen Absprachen und Verträgen. In diesem Verlauf wurde die Tschechoslowakei zerschlagen und Österreich kurzerhand dem Deutschen Reich einverleibt. Der Kriegsbeginn wurde mit dem Überfall Deutschlands auf Polen eingeleitet. Es folgten die Überfälle auf Dänemark und Norwegen, der Überfall auf das neutrale Holland, dann auf Belgien und Frankreich, auf den Balkan und schließlich auf die Sowjetunion. Es steht hier nicht zur Debatte, auf welche Weise internationales Recht usw. gebrochen wurde, sondern es geht allein um die Tatsache, daß die Führung des größten mitteleuropäischen Staates alle bisherigen Regeln zivilisatorischen Zusammenlebens nicht nur gebrochen hatte, sondern dabei war, die Menschen in den von den Nazis besetzten Ländern zu versklaven, wobei gleichfalls alle bisherigen Normen über Bord geworfen und Mord und Unrecht zur Staatsdoktrin erhoben wurden, wobei Millionen unschuldiger Menschen den Tod fanden.

Ein solch grauenvolles Verhalten konnte die Welt-Völkergemeinschaft nicht hinnehmen. Sie bestrafte die anomischen Brutalitäten, indem sie zurückschlug, Millionen Deutsche aus ihren Wohngebieten vertrieb und sie ebenfalls als Arbeitssklaven benutzte (Sowjetunion), große Teile des deutschen Staatsgebietes annektierte (Ostgebiete), die deutschen Städte zerbombte und in Schutt und Asche legte und das Land lange Jahre und Jahrzehnte in verschiedenen rechtlichen Abstufungen besetzt hielt.

Wir haben in diesem geschilderten makro-sozialen Bereich ein gutes Beispiel für die anomischen Auswirkungen und deren manifeste Abläufe. Ähnliche Beispiele kann man im mikro-sozialen Bereich fast täglich finden: anomisches Verhalten in Familie, Kleingruppen, Betrieben, Jugendgruppen, Peergroups, Vereinen usw. Dabei wollen wir auch eine entscheidende Variante einbringen, die heute vielfach übersehen wird, nämlich jene der multikulturellen, pluralistischen und äußerst komplexen wie heterogenen Gesellschaft, die, in ihren Teilsegmenten, hinsichtlich der Normen, keineswegs homogen strukturiert ist, geschweige denn, daß alle Gruppierungen in ihren Sanktionen gleichförmig reagieren. Anders ausgedrückt: Es kann vorkommen, daß in einem größeren sozialen System sich kleinere Untersysteme in ihren Wertvorstellungen und selbstgesetzten Regeln und Normen nicht nur unterscheiden, sondern geradezu entgegengesetzte, konträre Positionen beziehen. Dementsprechend wird z.B. das, was bei einem sozialen System als abweichendes Verhalten bestraft wird, bei einem anderen als Norm gefördert oder als wertvoll betrachtet.

Wir kennen dieses Verhalten aus vielen Erfahrungen des alltäglichen Lebens. Wenn z.B. bei einer sehr christlich orientierten Familie der Sonntag „geheiligt" und jeder Verstoß dagegen entsprechend bestraft wird, kann die benachbarte atheistische Familie den Sonntag als häuslichen Arbeitstag betrachten, weil man z.B. innerhalb der Woche nicht zu den dringenden und notwendigen Verrichtungen kommt. Beide Familien haben grundlegend verschiedene Wertauffassungen, aber beide sind auch Mitglieder *einer* Nachbarschaft und *einer* Gemeinde, d.h. *einer* Gesellschaft.

Um dieses Verhalten gedanklich abzustützen, sollen noch einige Erklärungen vorgetragen werden. Wenn man die Gesellschaft, in der wir leben, als ein Netz von Systemen begreift, das von Kleinstsystemen bis zu einem Großsystem „vernetzt" konstruiert ist, dann müssen wir auch die Triebkräfte und Aktivitäten des Individuums und der Kleinsysteme sowie die Strukturen ihrer Vernetzung kennen.

Dazu muß noch einmal nachdrücklich erklärt werden, daß es innerhalb einer Gesellschaft nichts *Statisches*, *Bleibendes* gibt, sondern daß Gesellschaft immer als ein *lebendiger* Organismus betrachtet werden muß, in dem ein ständiger *lebendiger* und ununterbrochener Prozeß, ein stets pulsierendes Leben, stattfindet. Von diesem prozessualen Geschehen werden alle Teile, alle Kleinstsysteme und alle Segmente erfaßt. Es ist also z.B. nicht nur die Gruppe, die sich ständig prozessual verändert, sondern auch ihre Vorstellungen, ihre Werte und ihre Verhaltensweisen, die dem immerwährenden prozessualen Wandel unterworfen sind. Wie kompliziert die Materie ist, mit der wir uns befassen, zeigt folgende Grundüberlegung: Wenn wir am Anfang des Kapitels den Begriff der Theorie der Gesellschaft erläuterten, so verbirgt sich dahinter die Tatsache, daß man die systematischen Erkenntnisse vom Menschen in seiner sozialen Welt in dieser oder in mehreren Theorien vereinigt. Je nachdem, ob nun der eine oder andere Soziologe das Schwergewicht auf diese oder jene Erkenntnis legt, umso verschiedener gestalten sich diese Theorien, umso mehr gleichen oder unterscheiden sie sich. Ob die Urväter der Soziologie, Auguste Comte und Saint-Simon, ob Vilfredo Pareto, Émile Durkheim und Max Weber, ob Georg Simmel, Alfred Vierkandt, Ferdinand Tönnies und Talcott Parsons, ob René König und Niklas Luhmann – um nur einige Namen aus der Geschichte der Soziologie zu nennen – diese These oder jene Erkenntnis besonders hervorheben, es ging und geht nur um die *Suche* nach

Wahrheit und *nicht* um den *Besitz* von Wahrheit. Alle Theorien müssen auch falsifizierbar sein, sonst sind sie keinen Heller wert, denn der ständige Lebens*prozeß* bietet nie einen endgültigen Standort – könnte er ihn bieten, erlöschte das Leben. Die Erkenntnis gilt also immer nur für das Hier und Jetzt.

Nun müssen wir zum Schluß dieser Überlegungen zu dem kritischen Punkt zurückkommen, an dem man die Frage stellen muß: Wenn es ständig Regelverstöße gibt – wer stellt diese Regeln, gegen die man verstößt, auf, und vor allem, wie sehen solche gesellschaftlichen Regeln aus, wenn man eine Gesellschaft als „gesund" bezeichnet? Um diese Frage beantworten zu können, müssen wir vorab einen anderen Bezugspunkt klären, der in diese Problematik hineinstrahlt: die Frage nach dem *Kollektivbewußtsein*. Es ist nun ganz und gar unmöglich, das Kollektivbewußtsein, dessen Existenz und Nichtexistenz ein ganzes Heer von Gelehrten beschäftigte, hier ausführlich zu beleuchten. Da wir bei der Frage nach dem anomischen Verhalten uns an Durkheim orientierten, wollen wir uns bei der Behandlung des Problems des Kollektivbewußtseins ebenfalls an Émile Durkheim halten.

In seinem großen Werk über den Selbstmord, das 1897 erschien, hat er sich sehr breit über den Menschen innerhalb der Grenzen seiner Gesellschaft ausgelassen. Im Gegensatz zum Tier, das seine Bedürfnisse und Lebensabläufe physisch regle und von materiellen Bedingungen abhänge, werde der Mensch „von außen" gelenkt. „Niemand kann sich wohlfühlen", schreibt Durkheim, „wenn seine Bedürfnisse nicht mit den ihm zur Verfügung stehenden Mitteln einigermaßen im Einklang stehen... Wie soll man aber das Maß bestimmen, das dem Menschen berechtigterweise an Wohlstand, Komfort oder Luxus zusteht? ... Unbegrenzte Wünsche sind ex definitione nicht zu befriedigen... Der Mensch würde nicht einer Beschränkung seiner Begierde zustimmen, wenn er sich berechtigt glaubte, die ihm gesetzten Grenzen zu überschreiten. Nur könnte er sich diesen Rechtsgrundsatz... nicht selber diktieren. Eine Autorität muß sie ihm vorschreiben, die er respektiert und vor der er sich spontan verneigt. Nur die Gesellschaft ist in der Lage, diese mäßigende Rolle zu spielen, sei es direkt und als Ganzheit oder vermittels eines ihrer Organe." (Durkheim, 1973, S. 279–283)

Für Durkheim entsteht dabei ein Druck auf den Menschen *von der Gesellschaft aus*, die für ihn nicht nur eine „Zusammenballung von Individuen" darstellt, sondern ein organisches Gebilde sui generis. Und sie ist es, die dem Menschen, wie R. König in der Einleitung zu Durkheims „Regeln der soziologischen Methode" sagt, „mit ihren Regelungen ein Maß (modération), eine Begrenzung (limitation) und eine Disziplinierung (discipline)" setze. (S. 56) Und Durkheim selbst schreibt in seinem Selbstmord-Werk dazu noch: „Wenn wir sagen, daß eine Autorität notwendig ist, um die einzelnen in diese Ordnung einzufügen, meinen wir damit keineswegs, daß Gewalt das einzige Mittel sei, sie zu etablieren. Weil diese Regelung dazu da ist, die Leidenschaft des einzelnen im Zaum zu halten, muß sie von einer Macht ausgehen, *die über den einzelnen herrscht.* Bedingung ist, daß der *Gehorsam* dieser Macht gegenüber auf *Respekt* und nicht auf *Furcht* beruht." (a.a.O. S. 287, Hervorhebungen von mir, W.N.)

Sicherlich wird manche Regelverletzung oft auch mit Gewalt geahndet. Was aber Durkheim hier meint, ist die Tatsache, daß den Einzelnen der Respekt, die Disziplin, d.h. ein bestimmtes *Bewußtsein* zurückhält, Regeln zu verletzen. *König* interpretiert diese Durkheimschen Aussagen, indem er meint, daß folgender Satz des französischen Soziologen „genau der Begriff der ‚Disziplin'" sei, „womit die Art der Einwirkung des Kollektivbewußtseins eine ganz eindeutige Präzisierung erfährt". (S. 57) Der Satz bei Durkheim lautet: „Für den Menschen allein ist es charakteristisch, daß die Beschränkungen, die ihm auferlegt werden, nicht physisch, sondern moralisch, das heißt sozial sind." (E. D. a.a.O. S. 287) König, einer der besten und intimsten Kenner der Durkheimschen Lehre, arbeitet in der Einleitung zu Durkheims „Regeln" jene Fassung heraus, die Durkheim in seinem *gesamten* Werk immer wieder vorlegt, wenn es um das "Kollektivbewußtsein" geht. Das Kollektivbewußtsein bei Durkheim hat vielfach in der Literatur Mißverständnisse entfacht. Mit den zitierten Durkheimschen Texten und Königs Interpretationen bewegen wir uns aber auf recht sicherem Boden. So wollen wir zunächst einmal König ausführlich zu Wort kommen lassen: „Während Durkheim in seiner älteren Auffassung der Psychologie gewissermaßen von einer punktuellen Auffassung des Ichs ausgeht, entwickelte er in der Abhandlung von 1898 über ‚Individuelle und kollektive Vorstellungen' eine stark an Henri Bergson gemahnende Konzeption der Person; hierbei ist sein Ausgangspunkt die relative Unabhängigkeit des Bewußtseins und insbesondere des Gedächtnisses von der unmittelbaren Empfindung. Wenn man das Bewußtsein konsequent auf die Empfindung aufbauen wollte, würde niemals eine eigentliche Kontinuität und Identität der Person zustandekommen. Diese entsteht vielmehr durch ‚Speicherung' unserer vergangenen Erlebnisse. Dabei aber kommt er denkbar nahe an den Ausgangspunkt der Sozialpsychologie heran, indem er den Charakter der Person sich in der gesamten Vergangenheit der individuellen Lebensgeschichte aufbauen läßt... Unser seelisches Leben verlöscht eben nicht in jedem Moment, sondern es hat ebenfalls Struktur, indem alles Vergangene auf die Gegenwart wirkt. So ist unser Bewußtsein weiter als unser aktuelles Bewußtsein, wobei wiederum der Begriff des ‚Unbewußten' in diesem Zusammenhang auftaucht. Ist einmal eine solche Erweiterung des Bewußtseins zugestanden, dann liegt es auch nahe, die Konsequenz zu ziehen und die Entfaltung der sozial-kulturellen Person aus der Tiefendimension des Personenbewußtseins vorzunehmen... Wenn... die vergangene Lebensgeschichte im Einzel-Ich aufbewahrt ist, so fragt man sich vergebens, wie das zu denken sei, ohne daß damit zugleich seine Vergangenheit als soziales Wesen gespeichert wäre." (R. König, Einleitung zu E. Durkheims „Regeln", S. 59/60)

Es sind die uns tragende und umgebende Gesellschaft, die Familie, die Gruppe und die gemeinschaftbildenden Sozialformen, die mittels Erziehung, Überlieferung und all jenen Abläufen, die aus dem *natürlichen* Menschen eine *kulturelle* Persönlichkeit werden lassen, die uns „in" unserem „Kollektiv" denken und bewußt sein lassen. Der Einzelne will seine Triebe und Bedürfnisse ausleben und befriedigen, stößt aber an gewisse Grenzen, die ihm die Gesellschaft durch Regeln und Gesetze setzt, und fühlt den massiven Widerstand *in sich selbst* – in dem, was als *Moral*, als *Pflicht* und als *Aufgabe* gewissermaßen internalisiert, verwirklicht wurde, so daß er, aus seinem „Kollektivgedächtnis" heraus, die Disziplin „abrufen" kann, um sich innerhalb seiner Gesellschaft „frei" bewegen zu können. In einer seiner Vorlesungen an der Pariser Sorbonne in den Jahren 1902/1903 führte Durkheim aus: „Alle möglichen Kräfte bewegen uns, begegnen sich, stoßen ganz nahe bei uns aufeinander, reiben sich fast an uns, ohne daß wir sie sehen, bis an den Tag, wo irgendein gewaltiges Ereignis uns erlaubt, einen Blick auf die unterirdische geheimnisvolle Arbeit zu werfen, die sich in unserer Nähe vollzieht, von der wir keine Ahnung haben und von der wir nur die Ergebnisse wahrnehmen. Aber eine Tatsache unterhält ständig dieses Gefühl in uns: Es ist der Druck, den die Gesellschaft zu jedem Augenblick auf uns ausübt, und der uns nicht unbewußt bleiben kann. Jedesmal, wenn wir überlegen, wie wir handeln sollen, erhebt sich in uns eine Stimme und sagt: Das ist deine Pflicht. Und wenn diese Pflicht, die derzeit zu uns spricht, nicht befolgt wird, erhebt sich die gleiche Stimme und protestiert gegen unsere Handlung. Weil sie zu uns im Befehlston spricht, fühlen wir, daß sie von einem höheren Wesen als wir es sind kommt; wir sehen aber nicht deutlich, wer dieses Wesen ist, noch was es ist. Und diese geheimnisvolle Kraft sich vorzustellen, die mit einer anderen als der menschlichen Stimme spricht, haben sich die Völker zu ihrer Erklärung vorgestellt, es handle sich um höhere, transzendente Geister, die dann Objekte des Kultes geworden sind; der Kult war schließlich das äußere Zeugnis für die Autorität, die man ihnen zuerkannt hatte." (E. Durkheim, 1973, S. 137.)

Nach seiner Darstellung dieses Verhältnisses entkleidet Durkheim die „geheimnisvolle Kraft" ihrer mythischen Verhüllungen und stellt ihre Wirklichkeit wieder her – diese Wirklichkeit, so sagt er, ist nichts anderes als die *Gesellschaft*. Die Gesellschaft ist es, die alles ausgeprägt hat, die Religion, die Moral, die sittlichen Gesetze und die Autorität, die im einzelnen Menschen manifest werden. Erinnern wir uns der Sätze, die er schon in seinem 1897 erschienenen Werk über den Selbstmord, *Le Suicide*, geschrieben hat, indem er sagt, daß die Moral das *Soziale* und damit die Macht der Regeln und den Respekt des Einzelnen vor der Moral bestimme: „Weil diese Regelung dazu da ist, die Leidenschaft des einzelnen im Zaum zu halten, muß sie von einer Macht ausgehen, die über den einzelnen herrscht. Bedingung ist, daß der Gehorsam dieser Macht gegenüber auf Respekt und nicht auf Furcht beruht..." Und dann kommt der schon zitierte Satz: „Für den Menschen allein ist charakteristisch, daß die Beschränkungen, die ihm auferlegt werden, nicht physisch, sondern moralisch, das heißt sozial sind." (E. D., 1973, S. 287) Diesen schon erwähnten Gedanken führt der französische Soziologe in den Vorlesungen der Jahre 1902/1903 noch weiter aus. So findet er in der Moralität die „Disziplin" und das „Gute" (bien et devoir) vor. Die Pflicht ist dabei die anordnende Moral, die „Moral der Autorität", wie wir hier nur kurz und zusammengefaßt diese Zusammenhänge benennen können. Das „Gute", so Durkheim, ist die „Moral als gute Sache", als etwas, dem man leicht, ja sogar freudig Folge leistet, während bei der „Pflicht" eine Art von Zwang ausgeübt wird, wobei nur Befehle gegeben werden.

Wir haben es hierbei nicht mit irgendwelchen philosophischen Spekulationen zu tun, sondern mit einer theoretisch-soziologischen Analyse, die Durkheim aus all seinen empirischen Forschungen im Bereich der Arbeitsteilung, des Selbstmords, der Religion und der methodologischen Ableitung der Fragen, wie man soziale Befunde behandelt, vorlegt und auch in die „moralische Erziehung" eingebracht wissen möchte.

Wir kommen in der Verfolgung dieser Gedankenkette jetzt der eingangs dieser Thematik gestellten Frage, wenn es Regelverstöße, also anomisches Verhalten gibt, wer die Regeln aufstellt, gegen die verstoßen wird, bedeutend näher. Wenn wir zustimmen, daß Regelverletzungen innerhalb einer Gesellschaft zur „Gesundheit" *jeder* Gesellschaft gehören, müssen wir auch die Frage beantworten können, wie verbreitet und wie heftig Regelverletzungen sein dürfen, damit eine ausbalancierte und „gesunde" Gesellschaft nicht „krank" wird. Damit tritt auch die Forderung nach einer Antwort in den Vordergrund, ob die heutige Gesellschaft nicht „ausbalanciert" und „krank" sei. Eine spezifische Antwort ist nur zu geben, wenn wir vorher die allgemeine Betrachtung zur Moral und des damit implizierten Kollektivgedächtnisses abschließend durchdenken.

Durkheim hatte die Moralität in *drei* Elemente unterteilt: die Disziplin, das Gute und die Autonomie des Willens. Die *Pflicht* ist bei ihm die Moral der Autorität, der gehorcht werden muß, wohingegen das *Gute* eine Sache ist, „die den Willen anzieht, die unmittelbar das Verlangen hervorruft". Oder anders ausgedrückt: „. . .je nachdem, wie wir uns die Gesellschaft unter dem einen oder dem anderen Gesichtspunkt vorstellen, erscheint sie uns als eine Macht, die uns gebietet, oder als ein geliebtes Wesen, dem wir uns hingeben." (a.a.O., S. 144 u. 146) Wir haben es demnach bei der Moralität einmal mit einer „befehlenden Gesetzgebung" (Pflicht) oder zum anderen mit einem „großartigen Ideal" zu tun.

Das dritte Element, die Autonomie des Willens, leitet Durkheim von einer Anzahl von Prämissen ab. Die Hauptlinie bei ihm verläuft über die Folgerung, daß das Handeln nach der Moral nicht allein von Pflicht oder Zuneigung gespeist werden kann, sondern: „Um moralisch zu handeln, genügt es nicht. . . die Disziplin zu respektieren. . . oder uns einem Kollektivideal zu weihen. . . (wir müssen uns auch) der Gründe unseres Handelns bewußt sein, und zwar so deutlich und vollständig wie möglich. Dieses Bewußtsein vermittelt jene *Autonomie*, die das öffentliche Bewußtsein von nun an von jedem wirklich und völlig moralischen Wesen verlangt. Wir können also sagen, daß das *dritte* Element der Moral *die Einsicht der Moral* ist..." (a.a.O. S. 164/165. Hervorhebungen von mir, W.N.)

Nun werden einerseits die Forderungen oder auch die Segnungen der Moral von idealen, von höheren, ja von göttlichen Instanzen abgeleitet, andererseits wird auch einem imperativen Moralbewußtsein das Recht einer anordnenden oder übergeordneten Position abgesprochen, ja verweigert. Der Mensch möchte einerseits seine Lebensführungen von einem höheren „Auftraggeber" bestimmt wissen und nicht von seinesgleichen. Auf der anderen Seite wehrt sich sein Selbstbewußtsein, sein Autonomiebegehren gegen diese Art von Fremdbestimmung. Es gibt demnach viele, die eine ordnende Autorität über sich wissen wollen, aber auch viele andere, die eine „absolute", eine selbstbestimmende Freiheit für ihr Leben in Anspruch nehmen möchten.

Selbst wenn man die moralischen „Gesetze" und Segnungen von Gott oder Gottheiten, d.h. von außermenschlichen Instanzen herleitet, bleibt zu sagen, daß wir dieses Verhalten und diese Einsicht bei unserer Sozialisation, also bei der Persönlichkeitsbildung erlernt haben. Dieses Wissen oder der Glaube an Gott wird stets von der Gesellschaft via Erziehung „vermittelt" – durch das vermittelt, was wir mit *Kollektivbewußtsein* bezeichnen und das wir oben mit einem Zitat von R. König näher definiert haben. Dieses Kollektivbewußtsein läßt uns über die Moralitäten und ihre einzelnen Elemente auch Gott und alle anderen sittlichen Maximen „vermitteln", d.h., wenn man so will, ist auch Gott eine „Prägung" der Gesellschaft, weil sie die letzte und höchste Instanz ist, die die „Regeln" aufstellt, welche einzuhalten sind oder gegen die verstoßen wird.

Gott als „Ausprägung der Gesellschaft" zu bezeichnen, ist weder eine Blasphemie noch eine Gotteslästerung, denn wenn wir *über* die Gesellschaft etwas von seiner Existenz erfahren, ist es völlig unerheblich, ob ich an seine Existenz glaube oder nicht. Die *Realität* jedoch, die wir mit unseren irdisch-begrenzten Möglichkeiten und unserem begrenzten Bewußtsein zu erfahren vermögen, *ist allein die Gesellschaft.* Selbst ein Glaube, der uns sagt, Gott habe die Gesellschaft ebenso wie alle anderen Dinge geschaffen und sich uns durch ihre „Vermittlung" offenbart, ändert nichts an der Tatsache, daß ich allein nur die Gesellschaft als real existierend erfassen, die Existenz Gottes aber nur „glauben" kann.

Auf die Weigerung vieler Menschen, das Recht der „höheren Moral" und deren Autonomie anzuerkennen, geht auch Durkheim ein. Die Menschen, die diese Meinung haben, so Durkheim, wiesen darauf hin, „daß wir ständig Zwängen ausgeliefert" seien, „daß sie uns alle Arten von Meinungen" aufzwängen, „die wir nicht mitbeschlossen haben, gar nicht zu reden von den Tendenzen, die uns schicksalhaft über das Erbgut zukommen". (a.a.O. S. 154) Diese Haltung ist verständlich, weil sie dem Autonomiebestreben des Menschen, der nicht nur der Vernunft, sondern vor allem seinen Wünschen und Gefühlen ausgesetzt ist, entgegenkommen. Von dieser Befindlichkeit abhängig verstößt der Mensch gegen die sozialen Regeln, sei es, bewußt die „Moral" zu verleugnen oder sie überhaupt nicht wahrnehmen zu wollen. Die meisten ethischen und sittlichen Forderungen der abendländischen Philosophie bewegen sich auf dem Boden des imperativen Gebotes der Sittengesetze, die unabdingbar für das Funktionieren der Gesellschaft und ihrer „Gesundheit" seien. Hier aber, bei Durkheim, wird im Element der „Autonomie des Willens" innerhalb der Moralität das *freie* Anerkennen der Regeln als Grundlage für eine *ausgewogene* Einhaltung der Regeln begriffen – die Voraussetzung einer intakten und „gesunden" Gesellschaft.

Treten *Störungen im Gleichgewicht* dieser Regelungen auf, durch Verstöße gegen sie, durch anomisches Verhalten, dann treten Sanktionen in Kraft, die die Gesellschaft in Marsch setzt. Die Übertretungen werden durch soziale Auflagen (Ächtung, Stigmatisierung, Nichtanerkennung etc.) geahndet, die kriminellen Übergriffe durch Gerichte verfolgt. Nun geschieht es oft, daß im Verlauf des sozialen Prozesses, der über Jahre, ja gar über Jahrzehnte andauert, nicht nur „natürliche" Verschiebungen von Vorstellungen, Mentalitäten und moralischen Maximen zu registrieren sind, sondern daß sich die Maßstäbe, mit denen gesellschaftliche Ideale „gemessen" werden, selbst verschieben. So mag es ganz „natürlich" sein, daß ein junger Mann mit 18 Jahren zusammen mit seiner Freundin in einer eigenen Wohnung lebt, ein Verhalten, das zu Beginn des Jahrhunderts noch unmöglich gewesen wäre. Genauso unmöglich wäre es damals gewesen, daß ein Großteil der „Partnerschaften" nicht auf dem Standesamt geschlossen worden sind. Dieses Verhalten ist für die Gesellschaft nur dann tragbar, wenn ihre Stabilität dadurch nicht infrage gestellt wird. Die Tatsache, daß in ein und derselben Gesellschaft Ehen existieren, die durch Heirat, andere, die durch keinen öffentlichen Akt geschlossen wurden, erlebt ihre soziale Akzeptanz nur dann, wenn sie durch die geschilderten Elemente der Moralität, Disziplin, „Gutes" und Autonomie geregelt sind und dadurch auch sozial stabilisierend wirken. Wir können bei der theoretischen Betrachtung dieses soziologischen Rahmens nicht näher auf weitere Beispiele eingehen, sondern wollen nur noch kurz die Stabilisierung der Gesellschaft und ihre Destabilisierung (Regeleinhaltung/anomisches Verhalten) betrachten.

Kehren wir kurz zu den drei Elementen der Durkheimschen Moraldefinition zurück. Es muß festgehalten werden, daß diese drei Elemente der Moralität, die Pflicht, das Gute, die Autonomie, voneinander total unabhängig sind. Von zwei Elementen, nämlich von der Pflicht und vom Guten, sagt Durkheim: „Alle Versuche, die beiden Begriffe auf eine Einheit zu reduzieren, indem man sie untereinander ableitet, haben das Ergebnis, den einen oder den anderen zum Verschwinden zu bringen, entweder die Pflicht vom Guten, oder das Gute von der Pflicht aufsaugen zu lassen: Dann bliebe nur mehr eine verarmte und unvollständige Moralität übrig." (ibid. S. 145) Die bliebe auch übrig, wenn eines der Elemente die Oberhand erhielte und die anderen einschränkte oder gar ausschaltete. Wenn also nur die Pflicht imperativ aufträte und als Richtschnur gälte und das Gute, d.h. freundlich oder sich zuneigend der Gesellschaftsregel zu folgen, überhaupt nicht zählte, oder umgekehrt: Es gäbe keine Balance, die die soziale Stabilität garantierte. Nimmt man noch die Autonomie hinzu und stellt sich vor, sie sei so ausgeprägt und so verbreitet, daß man mit ihr nicht der allgemeinen Moral *freiwillig* zu folgen gedenkt, sondern sie als Auflehnung des freien Menschen, des autonomen Einzelnen begreift, in der auch der allgemein gesellschaftlich anerkannten Moral das Recht abgesprochen wird, irgendwelche Regeln aufzustellen, dann geriete die Stabilisierung dieser Gesellschaft völlig aus den Fugen. Wir sehen dadurch die Notwendigkeit ein, daß eine Gesellschaft für ihre Stabilisierung das Gewicht der drei Elemente gleichwertig und ausbalanciert berücksichtigen muß und auch darauf zu achten hat, daß die drei Elemente ausgewogen bleiben.

Geringfügige und auch gefährliche Schwankungen werden aufgefangen und wieder ins Lot gebracht – solange ist die Gesellschaft auch „gesund". „Krank", d.h. daß sie nicht nur gerade einen Umbruch durchlebt, sondern möglicherweise auch Teile ihrer Kultur zerstört, ist sie dann, wenn das *anomische Verhalten* nicht nur einen Großteil einer Gesellschaft erfaßt, sondern wenn dieser Großteil auch *die Maßstäbe entfernt* oder sie gar *zerstört*.

Wir haben versucht, einen einigermaßen brauchbaren, wenn auch recht ausführlichen, aber auch allgemein verständlichen, wie ich hoffe, soziologischen Bezugsrahmen für unser Thema *Mythos Freiheit* herzustellen. Nun sollten wir versuchen, diese theoretisch gewonnenen Einsichten in der Praxis zu überprüfen, ehe wir dem Freiheitsthema insgesamt unsere weitere Aufmerksamkeit widmen. Wir müssen demnach die gewonnenen Einsichten an der Wirklichkeit messen und dabei herausarbeiten, wie weit der Mythos, die mythische Einkleidung von gesellschaftlichen Forderungen und die Regeln voll auf das Verhalten des Einzelnen durchschlagen oder umgekehrt: wie die mythischen Vorstellungen des Einzelnen auch die Einstellung der Gesellschaft mythisieren.

4. Kapitel

Vom Mythos

Wenn wir den Begriff „Mythos" als Konstrukt für Erkennen, Ausdeuten und Erklären unserer oft kaum zu verstehenden Universalität begreifen, dann gelangen wir geradewegs zum Kern des Problems, auch wenn ich mich damit der Kritik aussetze, viele einschlägige wissenschaftliche Theorien zu ignorieren. Das nehme ich gerne in Kauf, denn wir werden sehen, daß wir auf diesem Wege schneller zum Ziel gelangen, als wenn wir uns jetzt mit den unzähligen Andeutungen, Interpretationen und Lehrmeinungen der wissenschaftlichen Disziplinen zum Thema „Mythos", vor allem im 19. und 20. Jahrhundert, auseinandersetzen, um uns dann für eine von ihnen als Ausgangsposition zu entscheiden. Allerdings kommen wir nicht umhin, einige Grundtheorien zum Allgemeinverständnis zu umreißen.

Mythos, ein Wort, das aus dem Griechischen kommt und „Erzählung", „Wort" oder auch „Aussage" bedeutet, hat im heutigen Alltagsgebrauch mit Irrationalem zu tun. Wir stützen uns oft im individuell-persönlichen wie auch im sozialen Bereich auf „Erkenntnisse", deren „Aussagen" keineswegs gesichert, die aber für unser Leben richtungsweisend sind. So haben wir im sozialen Bereich orientierende Vorgaben, die sich manchmal ganz schnell als eine Art „Glaube" entpuppen. So „glauben" wir an das *Wirtschaftswachstum*, das unseren Lebensstandard als selbstverständliche Einrichtung garantiert, obwohl wir dieses Wirtschaftswachstum keineswegs mit den rationalen Gaben unseres Verstandes überprüft und als eine „Wirklichkeit" der zu uns gehörenden Universalität ausgemacht haben. Erst als nach der Wiedervereinigung 1989/90 in der Bundesrepublik zu Beginn der 90er Jahre die Steigerungsrate der Wirtschaftsproduktionen stagnierte und statt Wachstum Zurückgehen der Produktion eintrat, als überall weniger geschaffen wurde, dagegen die Arbeitslosenzahlen anwuchsen, junge Menschen keine Lehrstellen bekamen, zahllose

Jungakademiker auf der Straße standen und als sich ganz deutlich ein Absinken des bisherigen Lebensstandards ankündigte, ja auch die drohende Armut an viele Türen klopfte, da erwachte in der Gesellschaft der Zweifel am sozusagen „natürlichen" Wirtschaftswachstum. Ihr dämmerte, daß dieser Mythos vom Wirtschaftswachstum möglicherweise auf sehr dünnem Eis errichtet worden war.

Eine *Utopie* wird als System rational gewonnen, eine *Ideologie* wissenschaftlich untermauert, der *Mythos* jedoch ist eine sich meist sozial entwickelnde Erklärung von Leben, Natur, Übersinnlichem, Transzendentem und Menschen-Ich im „Einklang" des Tages und in den Zeitläufen der Universalität der Dinge. Der Mythos erklärt die Welt, ordnet ungeprüft das Geschehen in den vorhandenen Erklärungsrahmen ein und folgert aus diesen Lebensrahmen heraus, wie „man" die Ereignisse begreifen, Ursachen sich erklären und sich selbst verhalten sollte. Das Leben tritt dem Einzelnen und auch der Gemeinschaft in einer nicht selten verwirrenden Vielfalt entgegen, die schwer zu ordnen ist und die mit ihrer Undurchsichtigkeit ängstigt. Deshalb suchen wir nach Orientierung. Woran kann man in dem kaum durchschaubaren, anscheinend chaotischen Ablauf unseres Lebens, oder auch nur im täglichen Geschehen, sich halten, sich orientieren, sich ausrichten und wo gewinnbringenden Rat finden? Und nicht nur das. Wie kann man dieses Geschehen auch begreifen, wie hinter die Dinge blicken, wie Vorgänge und Erlebtes erklären?

Dies alles vermag der *Mythos*, er ist es, der die unübersehbare organische Vielfalt vereinfacht, sie ordnet und uns auch erklärt. Dazu kann man ein markantes Beispiel anführen. Als Deutschland nach dem Ersten Weltkrieg in die Krisenzeit der Umwandlung der Staats- und Regierungsform, d.h. des Wandels von der Monarchie zur Demokratie, eintrat, erlebte es wirtschaftliche Zusammenbrüche von ungeahntem Ausmaß. Die fieberhaft sich entwickelnde Inflation, die nicht bezahlbaren Reparationsleistungen, die die Siegermächte dem Land auferlegt hatten, und die Millionen von Arbeitslosen, deren Fall ins Ungewisse nicht von einem so starken Sozialnetz, wie wir es heute teilweise besitzen, abgefangen werden konnte, schufen eine ungeheure Depression, die von unserer Generation kaum nachvollziehbar ist. So sehr auch die damaligen deutschen Regierungen bemüht waren, die strangulierenden Fesseln des Versailler Vertrages außenpolitisch zu lockern, die Probleme der am Boden liegenden Wirtschaft und der Arbeitslosigkeit innenpolitisch zu lösen, die Bürger und die Arbeiter glaubten kaum an die von der Regierung angekündigten Heilungsmöglichkeiten – sie glaubten an den Mythos, den ihnen der österreichische Zuwanderer, der unbekannte Gefreite des „Großen Krieges", der „Mann aus dem Volke" anbot – sie glaubten an *Adolf Hitlers* Visionen. Danach war es nicht die Hybris des militaristischen Monarchen Wilhelm II., die Deutschland in den Untergang geführt hatte, sondern es waren die Sozialdemokraten, die Soldatenräte und die Juden, die dem deutschen Heer („im Felde unbesiegt") den „Dolchstoß" in den Rücken versetzt hatten. Ein *Mythos* war geboren.

Es war der Mythos des „Reiches", der Mythos des „Blutes", der Mythos des „Glaubens an Deutschland". Hitler setzte das *"irrationale"* germanische Reich, dessen Glanz und dessen stolze Vergangenheit, die „im Felde unbesiegte deutsche Armee" gegen die „rationale" Wiederherstellung der Ordnung und des Aufbaus eines demokratischen Staates. Dieser demokratische Staat wurde in der Sprache des mythosbringenden Hitler zum verhaßten „Weimarer System", zum Spielball des Weltjudentums und der degenerierten westlichen Plutokratie, zum Staat der marxistischen „Novemberverbrecher", der Schieber und der Schwarzhändler. Die westliche Plutokratie, die Juden und die marxistische Internationale trugen die Schuld an der deutschen Notlage der dreißiger Jahre. So vereinfacht erklärte Hitler den Massen die ungeheure Misere, in der sie sich befanden. Dieser „Saustall von Demokratie" mußte dem erneuerten Glanz des Reiches weichen: das verhaßte „System" dem wiedererwachten Deutschland, der verjudete Handel der Wertarbeit des befreiten Arbeiters; der kommunistisch-marxistische Internationalismus dem nationalbewußten Glauben an Deutschland und an seinen neuen Führer Adolf Hitler.

Die Massen glaubten an den neuen Mythos, sie glaubten an den Glanz des aufkommenden neuen, des *Dritten Reiches*, sie glaubten an diese verkündete Wiedergeburt (auch wenn das in hohen Auflagen erschienene und in allen Bücherschränken obligatorisch zu findende Buch des „Chef-Ideologen" der Nazis, Alfred Rosenberg, mit dem Titel „Der Mythus des 20. Jahrhunderts", fast niemand las). Natürlich überprüften damals die meisten Menschen nicht die „Wahrheit" des verkündeten Mythos, sie erlebten nach Hitlers „Machtübernahme" nur, daß sie wieder satt zu essen hatten, daß viel Arbeit vorhanden war und daß es „aufwärts ging". Auch um die Wirklichkeit kümmerte sich niemand: Wohin waren die Schieber, Schwarzhändler, Juden und Marxisten verschwunden? Woher kamen die vielen Industrieaufträge? Wer bezahlte den Aufschwung? Wer wollte schon etwas von Konzentrationslagern wissen? Knechteten die französischen und britischen Imperialisten in ihren Kolonien nicht auch Millionen Menschen und beuteten sie schamlos aus? Hatten nicht die Briten die KZs erfunden und Frauen und Kinder der Buren in Südafrika in diese Lager gepfercht, wo sie elendiglich verhungerten? Aufrüstung? Sie brachte endlich Arbeit! Alle anderen Nationen waren doch auch aufgerüstet, weshalb sollte Deutschland dies nicht auch tun? Wer bezahlte all diese Wahnsinnskosten, die die neue Luftwaffe, die Kriegsmarine und das Heer mit seinen Panzerarmeen verschlangen, wer die Summen, die der Bau der Autobahnen kostete? Wer kannte schon die Einrichtung der MEFO-Wechsel, die der damalige Reichsminister Schacht erfunden hatte – Wechsel auf die Zukunft: sie waren erst gedeckt, wenn Deutschland einst den nötigen „Lebensraum" erobert haben würde. Mit dieser zukünftigen Beute sollten die Wechsel eingelöst werden.

Doch diese Wirklichkeit erfaßten die Massen nicht, sie sahen nur den Aufschwung: „Der Führer hat Wort gehalten", hieß es. Kaum jemand hat heute noch eine Vorstellung von den ungeheuerlichen Anstrengungen und den offiziellen Maßnahmen, die diesen Mythos vom erwachten Reich und vom deutschen Blut verbreiten halfen. In allen Schulen wurde nationale Geschichte unter dem Aspekt des Mythos „ewiges Reich", „ewiges, heiliges Deutschland" usw. unterrichtet. Die historischen Abläufe wurden zielstrebig und zwingend von Hermann dem Cherusker bis auf den Führer ausgerichtet. Eine Bilderserie mit Friedrich dem Großen, Bismarck und Hitler, nebeneinander dargestellt, zeigte dieses Zwingende in der Worterklärung auf. Da hieß es: „Was der König gegründet, der Kanzler errichtet, vollendet der Führer." Das Hitler-Reich „lebte" danach als Kontinuum, als Immerwährendes weiter. In den Adern der deutschen Menschen floß *nur* deutsches Blut, diese Menschen lebten nur auf deutscher Scholle – und so fügte sich auch noch der Mythos der Rasse und der Mythos der Scholle in das Gesamtbild der konstruierten Wirklichkeit ein. Dokumentationen und Artikel boten in Millionenauflagen diese Mythoskunde an, sie flimmerte von allen Kinoleinwänden, tönte aus allen Volksempfängern und wurde in unzähligen Auflagen von Romanen und Erzählungen verbreitet.

Dieser Mythos, dessen Lehren und Postulate sich vor allem in den Köpfen der Jugend eingenistet hatten, war es, der diese Menschen 1939 gläubig in den Krieg ziehen, der sie über fast sechs Jahre in ganz Europa die grausamsten Taten vollbringen, aber auch die furchtbarsten Opfer „gläubig" ertragen ließ. Es war nur die Kraft der „Aussage" zum deutschen Reich, zum deutschen Blut, zur germanischen Rasse, zur deutschen Scholle – keine wissenschaftliche Theorie, kein rationaler Beweis, keine durch empirische Forschung nachgewiesene „Richtigkeit". Im Gegensatz dazu war die sozialistisch-kommunistische *Ideologie*, die natürlich auch einem Mythos entsprang, auf einem marxistisch-leninistischen wissenschaftlichen Lehrgebäude errichtet. Ihre pseudowissenschaftlichen Fundamente wurden von vielen (auch „gläubigen") Wissenschaftlern erläutert, verfeinert, verbessert. Daß aber gegen jede Vernunft Tausende dieser Wissenschaftler und Intellektuellen in den Kerkern des Sowjetreiches und seiner Satelliten hingemordet wurden, zeigt auf, daß wir es hier mit Konflikten und Ritualen zu tun haben, die wir von den Glaubens- und Religionskriegen her kennen.

Nun muß ein Mythos nicht monolithisch auftreten, d.h. als eine Art Basislehre. Wenn dem so wäre, dann handelte es sich nicht um einen Mythos. Der Mythos tritt natürlich unter dem Topos einer inneren Einheit auf, die aber viele Wendungen und Eigenarten zuläßt, ja er speist sich geradezu aus den möglichen Varianten seiner Einheit und denen seiner „Verbraucher". Er ist im Grunde die persönlich und sozial idealisierte Überhöhung der „falsch" erlebten Wirklichkeit und deren erwünschten „Fortsetzung" ins Unbekannte, ins Transzendente, in die Vergrößerung des Imaginären, was nur durch Religion zu erfassen ist. Unser individuelles und soziales Leben verläuft nicht allein in den Bahnen der sogenannten wirklichen Welt, sondern gleichzeitig auch in den Gefilden der Vorstellungen, des „Übernatürlichen" und des Für-wahr-Haltens. Der von *Marx* definierte „Überbau" wird nicht nur vom Bewußtsein (oder gar „Klassenbewußtsein") hergestellt, sondern er ist ein vielfältiges und teilweise unerschöpfliches Konglomerat von Glauben, Vorstellungen, Utopien, Träumen, Wünschen und Für-wahr-halten. Und alle Teile dieses unerschöpflichen Konglomerats haben ihre tiefen Wurzeln in uns selbst. Wir tragen sie nach „draußen", versuchen die Träume und die Wünsche in Taten umzusetzen und errichten damit ein großes Lebensgebäude, in dem die Realität nur *einen* Teil ausmacht. Einen großen anderen (den *zweiten* Teil) nimmt die idealisierte Fortführung der Realität ein, nämlich das handelnde Streben, die Probleme, das Leid, das Glück, die Wünsche, die Erfüllung usw., die im „ideellen" Reich ihre Wurzeln haben, die dort erklärt oder geklärt, die dort gelöst oder verdrängt werden. Diesen Weg beschreitet mit uns die Gesellschaft, in die wir fest eingeschlossen sind, die im Rahmen ihrer Kollektivität diesen Teil der nicht realen Welt idealisiert und damit den Raum beherrscht, der schon von der Religion besetzt ist. Die historischen Wissenschaften und die Ethnologie lehren uns, daß es kein Volk, keinen Stamm, keinen Clan und keine Gesellschaft auf Erden gibt, die keine Religion haben. Nicht Reflexion, nicht allein über die Welt, Gott, Ewigkeit und über sich selbst nachzudenken, ist die Aufgabe der Religion, sondern zu fordern, daß die Menschen sich nach den Auflagen und den Orientierungen des Göttlichen im Leben richten. Die Religionen, seien sie im Animismus, im Ahnenkult, in Mythologien, in Geister- und Götterhimmeln, in einem sogenannten Hochgott begründet oder von Religionsstiftern ins Leben gerufen – sie alle weisen dem Einzelnen und der Gesellschaft den Weg des (moralischen) Handelns und bieten ihnen die Kompensation der Beschwernisse und des Leids an.

Die Religion ist im *Glauben* fundiert, der Glaube manifestiert sich in den *gemeinsamen* Handlungen des *Kultes* und der Durchführung der *Riten*. Die religiösen Dinge sind keine „Erfindungen", sondern bilden einen *wirklichen* Teil des sozialen Lebens und sind wiederum, wie im vorhergehenden Kapitel nachdrücklich aufgezeigt worden ist, Sinn- und Lebensgebung der Gesellschaft. Ihrem gemeinschaftsbildenden Schoß entspringen alle religiösen Glaubensinhalte sowie deren kultische Darstellungen und die aus den religiösen Vorstellungen abgeleiteten moralischen Postulate, die – wie wir ebenfalls im vorhergehenden Kapitel gesehen haben – nur von einem höheren Wesen, das von allen gemeinsam respektiert wird, gefordert werden und damit ihre Erfüllung erzwingen können. Wenn wir den Mythos in die Religion oder umgekehrt einordnen, so scheinen wir vor folgenden Fragen zu stehen: Ist der Mythos ein Integrat, Teil oder Vorläufer der Religion? Sind Mythos und Religion womöglich zwei verschiedene Aspekte menschlicher Vorstellungen, die nur das Eine gemeinsam haben: Beide sind nicht rational zu begründen? Ehe wir in die mögliche Beantwortung dieser Fragen eintreten, müssen wir uns zunächst an anderen Überlegungen ein wenig orientieren.

Ernst Cassirer hat bereits darauf hingewiesen, daß bei der Frage, was der Mythos sei, „die verwirrendste Tatsache nicht der Mangel, sondern der Überfluß unseres empirischen Materials" sei. (1978, S. 8) Die Literatur, in der die Ethnologie, Anthropologie, Linguistik, Theologie, Philosophie, Psychologie und Soziologie das empirische Material und dessen Analyse veröffentlicht haben, füllt in der Tat ganze Bibliotheken. Wenn wir die klassischen Werke aus dem 19. Jahrhundert und vom Beginn des 20. Jahrhunderts betrachten, so sollte man vor allem auf jene Autoren verweisen, die für die gesamte Betrachtung des Mythos zum Teil richtungsweisend wurden.

In der lebendigen Forschungsepoche der zweiten Hälfte des 19. Jahrhunderts traten in der soziologisch-ethnographisch-anthropologischen Wissenschaft Namen ins Rampenlicht, deren Träger heuten noch zu den „Klassikern" zu rechnen sind, vor allem Edward B. Tyler (1832–1917), James George Frazer (1854–1941), Émile Durkheim (1858–1917), Max Müller (1823–1900) und Lucien Lévy-Bruhl (1857–1939).

Tyler und *Frazer* haben in ihren Schriften (vor allem in Tylers *Primitive Culture*, 2 Bd. 1871 und in Frazers *The Golden Bough*, 1910) – ohne jetzt auf Unterschiede der beiden Autoren einzugehen – eine Kontinuität vom primitiven zum zivilisierten Denken festgestellt. Eine von Tylers Thesen besagt, daß der Primitive sein Denken und sein Handeln wie ein moderner „Philosoph" ausübe – er denke und handele gemäß den Erfahrungen, die ihm zugänglich seien. Die Lebenserfahrungen z.B. des primitiven australischen Ureinwohners orientierten sich an seinem Körper, an seinen Träumen und an seinen Krankheiten, an dem Phänomen des Todes und an den Naturereignissen, wie Blitz, Donner, Regen, Trockenheit usw. Er erkläre diese Erscheinungen gemäß seinem Wissen und seiner Erfahrungen, genau wie dies der europäische Wissenschaftler mit seinem ihm zugänglichen Wissen auch tue.

Ganz anders argumentierte *Lucien Lévy-Bruhl*, der dem Primitiven ein „prä-logisches" Denken zuordnete. In seinem Werk „Les functions mentales dans les sociétés inférieu res" arbeitet Lévy-Bruhl heraus, daß unser Denken sich von dem des „Wilden" fundamental unterscheide, indem die „primitive Mentalität" über ein rein mystisches Denken, eben ein prä-logisches verfüge, in das wir nie eindringen könnten. Wir haben hier zwei entgegengesetzte Theorien, d.h. unterschiedliche Wege, die einen Zugang zum Wesen des Mythos verschaffen sollten. Teilt man die Prämisse, daß der Mythos, wie auch die Religion, jenen Teil der menschlichen Universalität abdeckt, der dafür steht, das Unbekannte, das nicht mit der Ratio zu Erfassende der Gesamtschöpfung zu „erklären", dieses Unbekannte gleichzeitig in eine überhöhte Position so respektheischend zu versetzen, um moralische und sittliche Eckwerte für das gesamte soziale Leben in der Wirklichkeit zu gewinnen, dann muß man dieses Mythische, das Unbekannte, das Höhere nicht „verstehen", sondern es nur „annehmen", es vielleicht auch nur „glauben" oder für „wahr" halten.

Genau diese Auffassung scheinen sowohl *Tyler* und *Frazer* einerseits wie *Lévy-Bruhl* andererseits nicht mit uns zu teilen, sondern mit ihren Thesen nur Eckpfeiler bilden zu wollen für die mögliche Bandbreite des Einordnens des Mythos. *Cassirer* hat sich mit den Auffassungen der genannten Forscher eingehend auseinandergesetzt. So sagt er, indem er Tyler und Frazer kritisiert: „Es liegt auf der Hand, daß in dieser Beschreibung das mythische Denken eines seiner wesentlichen Charakteristika verloren hat. Es ist ganz und gar nicht intellektualisiert. . . Auf Grund dieser Auffassung wird Mythos sozusagen eine Kette von Syllogismen, die alle den wohlbekannten syllogistischen Regeln folgen. Was jedoch in dieser Theorie vollständig aus den Augen verloren wird, ist das ‚irrationale' Element des Mythos – der emotionale Hintergrund, in dem er seinen Ursprung hat und mit dem er steht und fällt." (Cassirer, a.a.O. S. 20/21) Lévy-Bruhls Version hat Cassirer als „Fehler" bezeichnet, nicht zuletzt deshalb, weil „selbst der unzivilisierte Mensch . . . nicht in der Welt leben" kann, „ohne beständige Bemühung, diese Welt zu verstehen".

Diese Auseinandersetzung, die vielfach als bereits „verstaubt" bezeichnet wird, führe ich deshalb an, weil ich der Überzeugung bin, daß das heutige „säkularisierte" mythische Denken sich direkt aus dem mythischen Denken des, wenn man so will, „Primitiven" herleiten muß und dessen Interpretation mit den Theorien dieser Autoren eigentlich erst vehement einsetzte.

Cassirer wies u.a., wie wir oben gesehen haben, dem Mythos ein „irrationales Element" zu, d.h., wie er weiter sagt, daß dieses irrationale Element einem emotionalen Hintergrund entspringt, ja daß sogar der Mythos mit diesem Background „steht und fällt". Ins Soziologische übersetzt heißt das, daß das irrationale Moment, die Vorstellungen, unter denen die Menschen leben und handeln, die Annahmen über die Welt und die Glaubensbilder des Einzelnen und der Gruppe handfeste gesellschaftliche *Realitä-*

126

ten und nicht etwa nur illusorischer Art sind. Dieses gilt natürlich ebenso ausnahmslos für die etablierten Religionen, die den gemeinsamen Glauben in einen gemeinsamen Kult darstellen. So sind auch die modernen Ausprägungen eines Mythos Realitäten, seien es jene des endzeitlichen Kommunismus, des ewigen Friedens, der Demokratie, der Freiheit, Gleichheit, Brüderlichkeit, oder sei es der Mythos vom sinnvollen Sterben für das Vaterland oder für irgendeine „große Sache", vom Glauben an die Vernunft oder an die Verwirklichung einer abendländischen, europäischen oder westlichen Kultur – alles „abstrahiertes" und vom gleichen Gefühl und von der gleichen emotionalen Kraft getragenes Verlangen, das Transzendente als Richtschnur und Ordnungsmacht in die Alltäglichkeit einzubringen, wie es die Primitiven mit ihren Mythen, die Griechen, Römer und Germanen mit ihren mythischen Götterwelten oder die islamischen Völker mit ihren mythischen Erzählungswelten taten.

Dabei geht es nun keineswegs um die Diskussion, ob es vor der Herausbildung der „Religion" ein mythisches Zeitalter gab oder nicht. Beides vermischt sich: Der Mythos hat immer eine religiöse Komponente oder ist völlig religiös determiniert, oder auch umgekehrt: Die Religion kommt ohne Mythos nicht aus. Der Mythenforscher und Ethnologe *Ad. E. Jensen* spricht davon, „die Sprache der Mythen und Kulte" für uns „redend zu machen" und meint weiter: „. . .eine Sitte wird zweifellos verständlicher, wenn wir sie aus ihrer Isolierung lösen und in einen logisch widerspruchsfreien Zusammenhang mit anderen Äußerungen der gleichen Völker stellen können. . . Wenn wir davon ausgehen. . . daß der Mensch im Ablauf seiner ganzen Geschichte, solange er den Namen Mensch zu Recht führt, niemals sinnlos gehandelt hat (d.h. in seinen wesentlichen kulturellen Schöpfungen sich sinnvoll verhielt und dem Sinnlosen auch in der Frühzeit seiner Geschichte keinen größeren Platz einräumte als etwa heute), so müßte es möglich sein, den Sinn seines Handelns auch in der Sprache etwa unserer Zeit auszudrücken." (Ad. E. Jensen, 1950, S. 31) Im gleichen Werk schreibt ein weiterer bekannter Mythenforscher, *Raffaele Pettazzoni* in seinem Aufsatz „Die Wahrheit des Mythos", daß die Mythen „wahre Geschichten" seien, die „niemals falsche Geschichten" sein könnten. „Ihre Wahrheit ist nicht logisch", fährt Pettazzoni fort, „auch nicht historisch begründet, sie ist in erster Linie religiöser und in speziellem Sinne magischer Natur. Die Wirkungskraft der Mythen für den Kultus, für die Er-

127

haltung der Welt und des Lebens besteht in der Magie des Wortes, in der verwirklichenden Macht des Wortes, eben des *Mythos*, der *fa-bula*, nicht als ‚Fabel-Rede', sondern als geheimnisvolle und mächtige Kraft, verwandt, auch in ethymologischer Hinsicht, der Gewalt des *fa-tum*."

Diese religiöse Zuweisung sowie das Zusprechen einer Wirkungskraft der Mythen für die Erhaltung der Welt soll noch durch ein weiteres Zitat dieses Autors untermauert werden, um einen Teilbefund des Wie und Was des Mythos zu erhalten. In einer seiner Analysen sagt Pettazzoni: Die „magische, primitive Menschheit ist... schon eine religiöse Menschheit. Es gibt kein magisches Zeitalter, das der Religion vorausging (Frazer), genau so wenig wie es eine der Magie vorausgehende religiöse Epoche gibt. Gewiß stehen die Ursprungs-Mythen mit ihren großen Schöpferwesenheiten – es sind die Schöpfer-Gestalten der Welt und des Menschengeschlechts, des Lebens und des Todes - *unserem* Religionsbegriff sehr nahe. Die Idee eines höchsten Schöpferwesens als reine logische Vorstellung eines prä-mythischen Denkens (W. Schmidt) bleibt aber eine ganz und gar willkürliche Konstruktion. Der Prä-Mythismus ist ebenso eine Abstraktion wie der Prä-Logismus (L. Lévy-Bruhl). Das menschliche Denken ist nämlich beides: logisch und mythisch. Auch erweist sich die Religion nicht als eine dem Mythos fremde, rein rationale Größe (A. Lang). Wie die Magie, ist auch der Mythos bereits Religion. Die Idee eines höchsten Schöpferwesens bei den Primitivvölkern ist nur eine bestimmte Form des Ursprungsmythos und in dieser Eigenschaft nimmt sie an dem gemeinsam magischen und religiösen Charakter des Mythos teil. Eben dieser Charakter ist... die Wahrheit des Mythos selbst. Nennen wir das eine absolute Wahrheit, da es eine Wahrheit des Glaubens ist. Denn Wahrheit des Glaubens ist Wahrheit des Lebens. Der Mythos ist wahr und es kann nicht sein, daß er nicht wahr ist, denn er ist die Grundlage des Stammeslebens, d.h. einer ganzen Welt, die ohne den Mythos nicht weiter existieren kann." (a.a.O. S. 5 u. 7)

Nun mag man sich fragen, was der Mythos der Primitiven, die Magie dieser dunklen, steinzeitlichen Welt mit den modernen politisch-sozialen Mythen unserer hochtechnisierten Welt gemein und zu tun hat. Um es gleich zu sagen: ihre Inhalte sind unterschiedlich, ihre Strukturen und ihr Werden nicht. Wie in vielen Mythologien der Völker – ob in Ozeanien, in Indien, in Afrika, im alten Babylon oder in der frühen Antike – hängt die Erschaffung der Welt vielfach mit der Bändigung des Bösen (der Schlange, des Drachens, des Ursatans usw.) zusammen. Die Überwindung des Schädlichen, des Bösen, das den Durchbruch der „guten Welt" verhindert, das die Bändigung der „bösen" Magie, des Zauberglaubens und des Hexenwahns bewirken soll, schafft die Vernunft, die Ratio. Der menschliche Geist, der die Welt erkennen und begreifen möchte, will möglichst Klarheit und Durchsicht in die ihn umgebende Welt tragen. Seine Vernunft möchte *rational* die Probleme wahrnehmen und sie auch *rational* lösen. Und doch bleibt der Großteil seiner ihm zur Verfügung stehenden Universalität dem Menschen verborgen und die Komplexität der vielgeschichteten Gesellschaft bleibt für ihn ebenfalls undurchschaubar. Die technologisierten Abläufe des täglichen Lebens schrecken den Menschen, er reagiert oft angstvoll auf sie und kann diese undurchschaubare Finsternis, in der er die Quellen vermutet, aus denen die dunklen Geschicke sich über ihn ergießen, nur durch gleichsam der Magie ähnelnde Praktiken überwinden und versuchen, sie erträglich werden zu lassen.

Dafür gibt es auf der einen Seite die religiösen Riten, Handlungen und Glaubensinhalte, die Sekten-Bräuche, die Utopien und ideologischen Konstrukte, künstlerische Praktiken, magische Zirkel, Ausrichtung auf und Orientierung an herausragenden Persönlichkeiten usw. usf. Auf der anderen Seite bringen wir, wenn uns die Fremdheit einer Sache schreckt, insofern Ordnung und Erklärung in sie hinein, indem wir ein schnelles Urteil darüber fällen, das uns eine hilfreiche rationale Aussage garantiert. Um dieses Urteil über eine uns noch fremde Angelegenheit zu fällen, fehlt uns meist das empirische Material, deshalb fällen wir ein *Vor-Urteil*. Und dieses hat die Funktion, möglichst schnell eine uns fremde Sache zu erklären, damit wir sie verstehen, um nicht an der fremden Bedrohung zu scheitern, kurz: um uns zu orientieren.

Nun haben bereits viele Autoren auf die Verwandtschaft zwischen Medizinmännern und Magiern der Primitiven, denen es obliegt, die Mythen zu erklären und sie für die Allgemeinheit dienstbar zu machen, und den modernen Verführern, den politischen Hasardeuren und Demagogen hingewiesen. Vor allem Psychologen und Sozialpsychologen taten dies. Ernst Cassirer, der 1933 emigrieren mußte, wies in zweifacher Hinsicht darauf hin: einmal im Hinblick auf die politischen (nazistischen) Abenteurer und zweitens im Hinblick auf die Funktion der Sprache, die in diesem Zusammenhang mit die wichtigste Rolle spielt. So „mußten in den totalitären Staaten", heißt es bei ihm, „die politischen Führer all jene Funktionen übernehmen, die in primitiven Gesellschaften vom Zauberer ausgeübt wurden. Sie waren die absoluten Herrscher; sie waren die Medizinmänner, die versprachen, alle sozialen Übel zu heilen... Bei einem wilden Stamm hat der Zauberer noch eine andere wichtige Aufgabe... Er enthüllt den Willen der Götter und sagt die Zukunft voraus... Wir haben (heute) eine viel verfeinertere und ausgearbeitetere Methode der Weissagung entwickelt... Unsere modernen Politiker wissen sehr wohl, daß große Massen viel leichter durch die Gewalt der Einbildung bewegt werden, als durch reine physische Gewalt. Der Politiker wird eine Art öffentlicher Wahrsager. Prophetie ist ein wesentliches Element in der neuen Technik der Führerschaft..." (a.a.O. S. 376/377)

Wir sprachen von der idealisierten Überhöhung der Wirklichkeit, von der ersehnten Fortsetzung der Wirklichkeit ins Transzendente und ins Unbekannte, Jenseitige – das alles wird vom Mythos und seinen Ausdeutungen erklärt und mit „Sinn" erfüllt. Für den heutigen Menschen sind nicht mehr die Naturgewalten und der Tod sowie die damit verbundenen Fragen nach dem Leben nach dem Tode, nach der Existenz eines Gottes oder nach dem Vorhandensein einer wie auch immer gearteten Ewigkeit von großem Belang. Der heutige Mensch möchte vor allem die ihn umgebende Wirklichkeit „verstehen", die ihm so kompliziert erscheint, daß sie ihn ständig ängstigt. Die meisten Menschen arbeiten in ihrem Beruf an Plätzen, deren Anforderungen sie zwar erfüllen, aber das Ganze, d.h. das *Warum* ihrer Tätigkeit, bleibt ihnen verschlossen. Schon *Karl Marx* stützte seine Theorien auf die Wahrnehmung und Erkenntnis dieses Befundes und führte dafür den Begriff der „Entfremdung" als Kategorie seines Denkgebäudes ein. Wenn die Menschen Gegenstände des täglichen Lebens oder nur Lebensmittel erwerben, steht sofort die bedrohliche Frage im Raum, ob man nicht betrogen wird, ob die Gegenstände gut und die Lebensmittel nicht gefährlich sind. Die Kaufhäuser und Supermärkte sind von einer kalten Unpersönlichkeit, die sich fortsetzt beim Besuch der Banken. Man kennt kaum noch die einzuschlagenden Wege: die Zahlung von Rechnungen wird immer komplizierter, die Finanzgesetze und Steuerentrichtung verworrener, die Kompliziertheit der Wasser-, Strom- und Müllabfuhrrechnungen eskaliert – kurz, die einfachsten und notwendig-

sten Abläufe des Lebens sind von einer bedrohlichen Undurchsichtigkeit, die allenthalben immer beherrschender wird.

Die Undurchsichtigkeit, dieses Dunkel, wird von der modernen Werbung für uns erschlossen und uns „erklärt". Es sind die
magischen Symbole der werbenden und plakativen Sprache und
ihrer Bilder, die uns sicher ins Reich der bargeldlosen Zahlung
über Bildschirmtext und Telebanking, ins Land von Telekom und
Leasing, in die Welt der kreditkartengeschützten Fernferien führen wollen. Es gibt keinen Platz mehr, auch nicht einen winzigen
Fleck unseres Lebens, der nicht über die Werbung via Fernsehen,
Rundfunk, Zeitschriften usw. aufgeklärt werden kann, falls es irgendwelche Fragen gibt. Die Fachleute sprechen vom „Image"
einer Sache, d.h. vom „Bild", das eine Person, eine Sache, eine Angelegenheit abgibt, oder abgeben sollte und das „vermittelt" werden muß. Das gilt vor allem für die Politik und die Politiker.
Diese sind geradezu versessen darauf, das „richtige" Image abzu-
geben und vom Fernsehen vermitteln zu lassen, gleichgültig ob
die Inhalte „stimmen" oder nicht. Der Schein muß es machen!
Das frühere Sprichwort: „Mehr sein als scheinen!" hat sich in die
Formel: „Mehr scheinen als sein!" verkehrt.

Nicht daß die Magie und das erzeugte und propagierte Image
der Politik die Kulthandlungen und Manifestationen der Religion
ersetzt haben! Die Politik jedoch hat in einer Gesellschaft, die
sich zum großen Teil von der manifesten Religion, d.h. von den
Kirchen abgewendet hat, eine ähnliche steuernde Funktion. Die
Hinwendung der Menschen zu den materiellen Gütern und zur
pragmatischen Diesseitsbewältigung erwartet von der Politik
eine „übergeordnete" Steuerung und Richtungsweisung. Hierzu
gehören die Verkündung des Wirtschaftswachstums (das gleichsam identisch ist mit „der" Demokratie, worauf auch *Joachim
Fest* in seinem Essay, 1993, nachdrücklich hinweist), die Arbeits-
platzgarantie und die soziale Absicherung durch ein gediegenes
„Netz", d.h. die Prophetie und Verkündung des Wohlstands oder
die der heraufziehenden Gefahren. Die parlamentarischen und
parteipolitischen Querelen und das Feilschen um Gesetzestexte,
das fruchtlose Diskutieren um Währungs- und Steuerfragen, die
Streitereien um Abgaben, Sonderabgaben, Verfahrensweisen
usw., dies alles erweist sich als weiteres Dunkel, das der Bürger
nicht durchschaut, von dem er sich tief ängstigen ließe, wenn er
sich nicht mit seinem Abscheu, mit seiner ihm zugewiesenen
Verdrossenheit davor schützte.

Nun darf man aber nicht glauben, dieses anscheinend von der Vernunft diktierte Handeln der Politiker, das sie oft beim winzigsten Detail der Gesetzesarbeit mitzuarbeiten zwingt, unterliege der Absicht, Rationales zu tun, das der irrationalen Magie und der Prophetie entgegenwirke! Keineswegs. Da die Politiker meist vorher, d.h. wenn sie sich in Wahlkämpfen oder Sonntags- und Festreden dem Volke nähern, ihre kommenden und beabsichtigten Handlungen unter die Glorie hehrer Ziele stellen, müssen sie – so scheint ihr Selbstverständnis es ihnen zu diktieren – einen Mythos entwerfen, der von höherem Respekt zeugen muß. Da wird der Mythos der *Verantwortung* beschworen, der Mythos der *Solidarität*, der Mythos der *Gerechtigkeit* und, alles andere überragend, der Mythos der *Freiheit*.

Spätestens hier erkennen wir, daß der Mythos, der uns hoffen und beruhigter leben läßt – seien es, wie aufgezeigt, der Mythos der Verantwortung, der der Solidarität und der der Gerechtigkeit –, von grundlegender existentieller Wichtigkeit und viel bedeutsamer für unser Leben ist als die harte Erkenntnis, daß Verantwortung, Gerechtigkeit und Solidarität in dem genannten Zusammenhang nicht zu entdecken und deshalb sehr oft reine Schimären sind.

Bei der Diskussion im vorhergehenden Kapitel um die Moral und die „höheren Instanzen", denen der Mensch lieber folgen und ihnen darum respektvoller gehorchen möchte als den Anweisungen Gleichgestellter, legten wir dar, daß es keine Gesellschaft gibt – und sie ist es allein, die Moral, Religion, Höheres und Mythos „schafft"! –, die ohne diese übergeordnete, magische Kraft auskommt, um ihre Gesamtexistenz ständig zu stabilisieren. Bei den Nationalkriegen des 19. und 20. Jahrhunderts gehörten zur Stabilisierung z.B. die Krone, das Vaterland oder der „Führer", auf die geschworen, für die gekämpft und für die gestorben wurde. Die Fahne symbolisierte schon immer sichtbar diesen dahinterstehenden Mythos. Bei den Nazis wurde der Fahnenkult geradezu ins Gigantische transformiert. Das Fahnenlied der Nazi-Jugend, der Hitlerjugend, beschwor die Fahne als das über allem Stehende. Darin hieß es: „Unsere Fahne flattert uns voran. Unsere Fahne ist die neue Zeit. Unsere Fahne führt uns in die Ewigkeit, ja die Fahne ist mehr als der Tod." Hier haben sich die religiös-magischen Kräfte total säkularisiert.

In den westlichen Demokratien geben die Verfassungsgrundlagen die Vorgaben für die Hierarchie der Werte, die die Gemeinschaft auf die Prioritätenliste setzt. Dazu gehören: das über allen Werten stehende Gut der individuellen Persönlichkeit, deren Anspruch auf Glück und auf Selbstverwirklichung, sowie die Würde des Menschen und dessen Freiheit. Auf eine Formel gebracht heißt das, die Gesellschaft und der Staat haben alles in ihren Kräften Stehende zu tun, um diese Werte zu schützen und ihre Verwirklichung durchzusetzen. „Einigkeit und Recht und Freiheit", die dritte Strophe des „Deutschlandliedes", unterstreicht als Nationalhymne diesen Anspruch in Deutschland. Da die Verfassung auf militärischem Gebiet nur eine Verteidigung kennt, werden in einem Verteidigungsfall die Soldaten der Bundeswehr nicht im Namen des Vaterlandes antreten, sondern im Namen der Freiheit das Land verteidigen müssen.

Da jeder einzelne Bürger (wie wir auch schon bei Theodor Geiger nachlesen konnten, der zu diesem Punkt im Kapitel 2 zitiert wurde) unter „Freiheit" etwas anderes versteht als sein Mitbürger, ist es gut, wenn in der rituellen Beschwörungssprache der staatlichen Institutionen nie „Freiheit" genau definiert wird, sondern das Wort „Freiheit", gewissermaßen als magische Zauberformel, pauschale und liturgische Verwendung findet. Hierbei, d.h. im festaktlichen Gebrauch, haben diese Formeln eine mystische, ja eine Art sakrale Aura. Sie schafft die Distanz zum Profanen, sie bringt die Gewähr für das Höhere, die Garantie für die respektheischende höhere Instanz und die transzendente Plattform, von der aus Ordnung und Orientierung gewiesen wird.

Der ständige und fast tägliche Gebrauch von sakralen Einrichtungen nutzt ab. Gleichzeitig zeigt diese Abnutzung der mit einer Aura umgebenen mythischen und magischen Abläufe auch die Machtlosigkeit ihrer Riten auf. Die gleichzeitigen Schwächen ihrer Priester und Zaubermänner werden offenbar, die ihre demonstrierten Riten und Formeln selbst nicht mehr ernst nehmen und sie meist als taktische Mittel benutzen. Sie verkünden sie oft nur noch mit einem Augenzwinkern. Dies alles führt zur Profanisierung, zur Säkularisierung und zur Entwertung des Mythos. Man „glaubt" ihn nicht mehr, man nimmt ihn nicht mehr ernst, aber man scheut sich, ihn abzuschaffen, weil man Angst vor seiner noch vorhandenen magischen Kraft hat, die man mit Sicherheit nie ableugnen kann. So wird der einst gemeinsame Mythos *ab*gewertet und geradezu privat vom Einzelnen für den Eigengebrauch *ver*wertet. Die Freiheit wird somit zum Mythos für den Einzelnen, den er für sich und seine Absichten je nach Interessenslage verwenden darf und kann. Freiheit wird dadurch auch endgültig aus ihrer rationalen Position entfernt, d.h. weggedrängt von ihrem *vernünftigen* Postulat der freien Selbstbestimmung und dem *rationalen* Wissen, daß die freie Selbstbestimmung ihre Grenzen in den freien Selbstbestimmungen der Mitmenschen findet. Sie wird der ungebundenen und nicht begrenzten Selbstbestimmung, d.h. dem Egoismus des Individuums, überantwortet, das dann *alles*, was es will, was es für sich nützlich findet und tun möchte, *mit dem Hinweis und der Formel, die persönliche Freiheit sei garantiert, rechtfertigen kann.*

Die Entwertung oder auch Säkularisierung des Mythos läßt sich in den verbliebenen Worthülsen, die als rituelle Leerformeln ständig noch im Gebrauch bleiben, sehr gut wahrnehmen. Weiterhin findet der entwertete Mythos als „Gebrauchsgegenstand" im täglichen Leben hervorragende Verwendung. Jedermann kann seine von Eigeninteressen stimulierten Handlungen mit der Floskel schmücken, er habe als „freier Bürger" gehandelt, um so den Freiheitsgedanken als mythischen Markenartikel vorzuweisen. Als vor Jahren in der alten Bundesrepublik die Umweltzerstörung durch Autoabgase, die durch die hohen Geschwindigkeiten auf den Autobahnen entstehen, diskutiert wurde und eine Geschwindigkeitsbegrenzung vorgeschlagen wurde, konterte man aus vielen Interessenslagern mit dem, meiner Meinung nach, verantwortungslosen Slogan: „Freie Fahrt dem freien Bürger!" Man kann viele solcher Beispiele aufzählen. Was sich dabei aufweisen läßt, ist die Tatsache, daß der *Freiheitsauftrag* der demokratischen Verfassungen in den westlichen Demokratien – deren Existenz und Legitimität auf der *rationalen* Einsicht beruhen, weil nur ein freier Bürger eine freie Demokratie gewährleistet und weil diese freie Demokratie wiederum nur durch die verantwortungsvolle Einschränkung der Einzelbedürfnisse durch die Erfordernisse des Gemeinwohls lebensfähig bleibt - aus der rationalen Disposition in den *irrationalen* Bereich des *Mythos* gerückt und transformiert worden ist und weiterhin transformiert wird. Von dort aus fallen bei seiner Entwertung, wie in allen Säkularisierungsprozessen, wenn eine monolithische Einheit religiöser Provenienz aufgelöst oder zerschlagen wird, unzählige Einzelteile und Bruchstücke ab, die die Menschen je nach Bedürfnis verwerten. Diese Prozesse verlaufen im ubiquitären Werbealltag routinemäßig ab, wobei sie den Marktgesetzen unterworfen sind und ihre Inhalte von den Verbrauchern, je nach Nutzen, zum Konsum erworben werden.

134

Über die Kanäle der Kommunikation und der Massenkommunikation, die auch ihre eigengesetzlichen Abläufe einhalten müssen, gelangen die sinnentleerten Bruchstücke des ehedem magischen Mythos auf den Gebrauchtwaren-Markt der Gesellschaft – zur beliebigen Verwendung.

Zusammenfassend darf man nun feststellen, daß die lebensnotwendige Ausgewogenheit persönlichen und sozialen Daseins auch bestimmt wird von der *Wirklichkeit,* die einerseits unserer *ratio* entspringt, und der *Wirklichkeit,* die andererseits durch den Mythos geschaffen und durch die „Glaubensinhalte" *wirklich* wird. Eine Gewichteverschiebung, die das persönliche und soziale Dasein aus dem Gleichgewicht bringt und gewaltige Störungen verursacht, tritt durch die „Säkularisierung" dieses Mythos und damit seiner ausschließlichen *Nutzung* zur Durchsetzung egozentrischer Absichten ein.

Die Wandlung der Freiheitsidee von der *rationalen* Forderung, die einst ein Gut von unschätzbarem Gewinn für die zivilisatorische Höhenlage des Menschen bedeutete, zum *irrationalen* Mythos ist schon lange vollzogen worden. Der Ausverkauf seiner verbliebenen Werte ist bereits im vollen Gange und wir alle befinden uns mittendrin.

5. Kapitel

Individuum und Gesellschaft – heute

Wenn ich in den beiden letzten Kapiteln die Rahmen*bezüge* und teilweise auch die Rahmen*bedingungen* für den sozialen Ablauf zwischen Individuum und Gesellschaft herzustellen versucht habe, so stützte ich mich dabei überwiegend auf klassische Beispiele und wählte dazu Grundlagen aus, die mehr durch die Erkenntnisse klassischer und weniger durch moderne und aktuelle Soziologen gewonnen wurden. Dies hat seinen Grund in meiner Absicht, zwei Vorhaben gleichzeitig zu realisieren: zum einen möchte ich eine *eigene* Erkenntnisbasis errichten, die diejenigen „Klassiker" einbezieht, die immer noch die Berechtigung haben, sich auf ihre Ausgangspositionen zu beziehen; zum anderen wollte ich vermeiden, mich in für den Leser unfruchtbare theoretische Auseinandersetzungen mit heutigen soziologischen Theoriegebäuden einzulassen, die einerseits in unserem Zusammenhang nicht relevant und andererseits für den Nichtsoziologen von wenig Interesse sind. Niklas Luhmann, Ulrich Beck und Jürgen Habermas, um nur drei moderne Soziologen zu nennen, haben unstreitig theoretische Systeme errichtet, an denen man bei bestimmten soziologischen Themen nicht vorbeikommt. Aber in unserem Zusammenhang ist es nicht zwingend, sich mit ihren Theorien auseinanderzusetzen. Nimmt man noch die einer älteren Generation angehörenden Wissenschaftlern wie Norbert Elias (für den Zivilisationsprozeß), Hans Jonas (für die ethische Seite der technologischen Zivilisation) und Alphons Silbermann (für die Kunst- und Massenkommunikationssoziologie) hinzu, so sind wahrscheinlich die herausragenden Segmente des heutigen sozialen Forschungsfeldes wenigstens benannt. Da unsere Überlegungen den Gesamtrahmen der einschlägigen wissenschaftlichen Angebote nicht kritisch behandeln *müssen*, ist dieses Vorgehen völlig legitim.

Vielleicht sollten für den soziologisch Interessierten kurze An-

136

merkungen helfen, methodologischen Mißverständnissen zu begegnen, zumal ich nicht die Absicht habe, meine Aussagen gegen andere einschlägige Theorien „abzusichern". Ich bin mir bewußt, daß die thematisierte und problematisierte Freiheitskategorie innerhalb des Gesamtspektrums menschlicher Soziabilität nicht nur isoliert betrachtet werden kann, was ich bisher auch nicht getan habe. Wer das Thema *Freiheit* anspricht, erlebt einen Domino-Effekt – alle anderen Themen fallen sofort in eins. Wir haben es dabei mit dem „totalen Phänomen" zu tun, von dem *Marcel Mauss* spricht. Die Schwierigkeit unseres Diskurses, der auf einer mehr oder weniger allgemeinverständlichen Schiene sich bewegt, schwankt ständig zwischen einer Art von empirisch-positivistischem und einem hermeneutischen Holismus. Wir bewegen uns bei unserem Freiheitsdiskurs auf einer Makro-Ebene, die bewußt viele Mikro-Seiten vernachlässigt. Dies bedeutet insofern eine Gefahr, weil alle auf Makro-Ebene gefundenen Resultate, die in eine oder eine Anzahl von in Begriffe eingebrachte Erkenntnisse umgesetzt werden, möglicherweise für die Mikro-Ebenen nicht mehr zutreffen. Ein solches Ergebnis wäre blamabel und unsinnig und höchstens als „Papier-Theorie" zu verwenden. Andererseits wäre es aber genau so unsinnig, wenn die Mikro-Ebene nur noch Einzelfallergebnisse hervorbrächte, die nicht einmal auf kleinstem gemeinsamen Nenner eine Art von Regelmäßigkeit erkennen ließen. Denn in diesem Fall wäre der Nachweis einer völlig atomisierten Gesellschaft erbracht, die im Grunde dann keine „Gesellschaft" mehr wäre. Das Gegenteil ist aber der Fall, wie wir täglich feststellen.

Diese Aussage können wir am Beispiel der Anwendung der, in Kapitel 3 ausführlich besprochenen, „Regeln" von *Durkheim* prüfen. Die „Regeln" des französischen Klassikers wurden hauptsächlich aus den soziologischen Befunden bei Stammesgesellschaften gewonnen, die möglicherweise auch noch ihre absolute Gültigkeit bei „halboffenen" Ständegesellschaften haben. Weshalb aber sind sie auch bei offenen und liberalen, bei den permissiven Gesellschaften anwendbar? Weil man bei solch einer Anwendung einen Zugang zum sozialen Wandel und dessen manifesten Auswirkungen erhält. Stimmt man mit dieser Aussage überein, dann muß man sofort alle Warnlampen aufleuchten lassen, weil dieser ermöglichte Zugang keineswegs erlaubt, auch zu *werten*. Um einer solchen Wertung zu entgehen, bedarf es nur *eines* Entschlusses: die Prozessualität und Prozessuabilität aller sozialen

Vorgänge als Forschungsansätze heranzuziehen. Nimmt man diese Position beim Erforschen der Kategorie *Freiheit* im Bezug auf Individualität und demokratischer Gesellschaft ein, dann haben wir so viel empirisches Material, vor allem im Bereich der politologischen Forschungen zur Demokratie (von Alexis de Tocqueville bis zu allen heutigen Forschern), daß wir darin versinken und - mit *Durkheim* zu sprechen – alle Teile „comme des choses", wie „Dinge", behandeln können und müssen. Die methodologische Frage, was eine Regel im Makrobereich nutzt, wenn im Mikrobereich die Zahl der Ausnahmen von der Regel die Zahl der Vorkommnisse, die der Regel entsprechen, übertrifft, mag das Vertrauen in die Ergebnisse der Makro-Forschung ziemlich böse aussehen lassen – zumindest für die Theorieerstellung. Dem muß aber entgegengehalten werden, daß jenseits des Streites, ob hier hermeneutischer oder empirischer Holismus ansteht, der demokratische Staat uns in der Empirie als *Ganzes* nur auf der Makro-Ebene begegnet. Seine Präsenz erfahren wir massiv in seinen Systemen und Institutionen, die teilweise wirksam, noch wirksam oder schon ohne Bedeutung (auf Grund des Wandels) sind. Und nur die hautnahe Präsenz der in der täglichen *Erfahrbarkeit* existierenden demokratischen Ordnung des Staates und die tägliche *Erfahrung* mit den in dieser Ordnung lebenden Individuen sollen hier für den Diskurs ausschlaggebend sein: jenseits des Ehrgeizes einer verspielten oder gar „ernsthaften" Theorienbildung. So viel nur sollte zur soziologischen Verständlichmachung gesagt werden.

Noch bis zu Beginn der 70er Jahre dieses Jahrhunderts schien unsere deutsche (West-) Gesellschaft, wenn auch teilweise schon durchlöchert, eine „Wertegemeinschaft" zu sein. Viele Politiker beschwören in ihren Reden diese „Wertegemeinschaft" und tun so, als gäbe es sie noch heute, als bildeten Familie, Beruf, Stand, Religion, Staat und Besitz immer noch die gemeinsamen Werte unserer Gesellschaft. Diese gemeinsamen Werte, so meinen noch viele, würden erreicht durch das Streben nach Wohlstand, Glück, Ansehen, Gerechtigkeit und Freiheit. Eine gewisse Solidarität untermaure die gemeinsamen Ziele, die teilweise von ethischen Normen abhingen, die zum großen Teil von den Lehren der Religionen geliefert würden. Unterstellt man die frühere Existenz einer solchen Wertegemeinschaft, d.h. bis zu Beginn der 70er Jahre, dann muß man feststellen, *heute gibt es sie in dieser überlieferten Form nicht mehr.*

Allein schon die nüchternen Zahlen der Statistiken lassen uns die totale Veränderung der Gesellschaft in den letzten 25 Jahren erkennen. Um nur *ein* Beispiel anzuführen: Zum jetzigen Zeitpunkt (1994) wird in der Bundesrepublik jede dritte Ehe geschieden. In zwölf von mir befragten Schulklassen findet man bis zu 70 Prozent, in drei weiteren Klassen in unterschiedlichen Regionen sogar bis zu 90 Prozent „Scheidungswaisen". Dies mag nicht „repräsentativ" sein, aber in allen Schulklassen häuft sich die Anzahl dieser Scheidungswaisen. Der Zug zum Singledasein hat die Gefährlichkeit eines Sogs. Hier löst sich die alte Kernfamilie, die sich bereits seit dem Aufkommen der flächendeckenden Industrialisierung stetig aus der Großfamilie herausgedrängt hatte, gänzlich in ihre Einzelteile auf, wie es den Anschein hat. Die Umwandlung dieser Familie in ein zeitliches (und nicht: „bis der Tod euch scheidet") Zusammenleben „ohne Trauschein" ändert zwar nichts am Bestand der Kernfamilie, läßt aber einen nicht zu übersehenden Destabilitätsfaktor zu.

Die Wertschätzung des Berufs wechselt über zur harten Suche nach dem existenzsichernden Job. Die rasante Entwicklung vieler Technologien und deren Einwirkungen auf die schnelle Umwandlung der materiellen Produkte und auf die gesellschaftlichen Bedingungen, die die Arbeit in ihrem Wert und in ihrer sozialen Position laufend verändern, läßt den Einzelnen nur dann noch Erfolg haben, wenn er die „richtige" Ausbildung erfahren hat und außerdem flexibel und mobil ist. Die anderen, die über diese Voraussetzungen nicht verfügen, fallen durch das soziale Sieb, das immer weitmaschiger wird. So gehört zu den Voraussetzungen der Mobilität und Flexibilität auch eheliche Ungebundenheit und Kinderlosigkeit. Wer einen Ehepartner oder gar Kinder hat, kann kaum angemessen auf die immer schwerer abzuschätzenden Forderungen des Arbeitsmarktes reagieren. Außerdem spielt der mangelnde Wohnraum, der nicht zuletzt deshalb so spärlich vorhanden ist, weil jeder Single (und auch schon alle Jugendlichen, wenn er oder sie das 18. Lebensjahr erreicht haben) seine individuellen vier Wände bewohnen möchte, eine nicht zu unterschätzende Rolle.

Während ich diese Zeilen schreibe, veröffentlicht das Nachrichtenmagazin „Der Spiegel" (Nr. 22/1994) eine längere Betrachtung über „Die Ego-Gesellschaft" unter dem Titel „Tanz ums goldene Selbst", in dem der in den vorhergehenden Kapiteln schon ausführlich geschilderten Trend der Individuation mit Beispielen untermauert wird. Ich weise deshalb darauf hin, weil gegenwärtig diese Entwicklung auch in der aktuellen Presse und in den elektronischen Medien sehr große Beachtung findet – nicht als „Neuheit", sondern auch als reflektierte Totalwandlung der Gesellschaft. So heißt es in dem erwähnten „Spiegel"-Artikel: „Das neue Wesen der Ego-Menschen weist, wie Wissenschaftler vorhersagen, auf einen künftigen Typus des homo sapiens hin, der mit seinen Vorgängern kaum noch etwas zu tun haben wird." Solche Hinweise und Deutungen des Wandels sind zwar pauschal, sie untermauern jedoch, wie auch viele andere Berichte, durch die Aufzählung vieler Einzelbeispiele aus dem Alltagsleben den Befund der sich anbahnenden Totalindividuation. Und doch kann man der These, daß der künftige Typus des homo sapiens mit seinen Vorgängern kaum etwas zu tun haben werde, nicht so einfach zustimmen. Hier gilt es, einen wichtigen Einwand anzubringen.

Wenn die „Klassiker" ihre Erkenntnisschlußfolgerungen in bestimmte soziale Regeln faßten (wie E. Durkheim), nach denen z.B. die Familie angeblich „funktioniert", so gelten diese Regeln (wie ich oben im Sinne der Position der Prozessualität schon angemerkt habe) nicht nur für eine beschreibbare Großfamilie oder Kernfamilie mit Vater, Mutter, Kind, sondern auch für jene Kleingruppe, die sich *als Familie begreift*. Demnach bilden auch eine alleinerziehende(r) Mutter oder Vater mit den Kindern oder ein nichtverheiratetes Paar mit vielleicht adoptierten Kindern oder auch ganz andere Personengruppierungen jeweils eine Familie, selbst dann, wenn sie im Vergleich mit sogenannten „intakten" Familien nicht als solche angesehen werden. Sie müssen sich nur selbst als „Familie" verstehen – das ist der springende Punkt. Was viele Kritiker und professionelle Analytiker bei ihrer Einschätzung, die Familie sei tot und man müsse den neuen Individuationstrend als Trend zur Totalauflösung der alten Gesellschaft oder gar als Weg in die Barbarei begreifen, vielfach übersehen, ist die Tatsache, daß die völlig neuen Sozialkonstellationen auch neue Gebilde einer Gesellschaft darstellen. Insofern ist die „gewandelte" Gesellschaft eine Ablösung der alten Formen, deren Nichtexistenz wir beschrieben haben.

Damit wird die These aufgestellt, daß *alle* Gesellschaften, seien sie geschlossen oder offen, d.h. ob ihre Institutionen und Systembildungen von ihren Mitgliedern gleich bewertet werden oder ob diese Bewertungen individuell ausdifferenziert ausfallen, den soziologischen Regeln, wie wir sie erläutert haben, unterliegen. Wir wollen einige davon noch einmal ins Gedächtnis rufen:

- Das anomische, d.h. das regelwidrige Verhalten eines Mitglieds innerhalb einer Gesellschaft sanktioniert die *eigene* Gesellschaft selbst.
- Die Anzahl der Verstöße, verteilt auf eine bestimmte Anzahl von Mitgliedern einer Gesellschaft, indiziert heute immer noch das „Gesund"-oder „Krank"-Sein einer Gesellschaft.
- Werte, Moral und Verantwortung für die Gesellschaft, die durch das Individuum von welcher „höheren Instanz" auch immer abgeleitet werden, haben letztlich ihren Ursprung in seiner (des Individuums) Gesellschaft selbst.
- Jede Gesellschaft besitzt eine Bandbreite ihres materiellen und moralischen Vermögens und dessen Reserven, die nicht ungestraft von einer Vielzahl oder gar der Mehrheit dieser Gesellschaft überschritten oder aufgebraucht werden dürfen, ohne großen Schaden oder gar den Gesamtverlust ihrer Kultur zu verursachen.

Nun müssen wir, als Vorleistung zu unseren späteren Schlußfolgerungen, das heutige Verhältnis Individuum – Gesellschaft zunächst stichwortartig diagnostizieren, um die weiteren Überlegungen besser zu verstehen. Ich behauptete schon, daß die oft beschworene gemeinsame Wertegemeinschaft im Westen nicht mehr existiert. Die wirklichen Werte, die in unserer heutigen (bundesdeutschen) Gesellschaft Gültigkeit besitzen, sind nicht gemeinschaftlicher Art, sondern stellen sich höchst differenziert in allen Gruppierungen und recht unterschiedlich dar. Die Einstellung des modernen Individuums zu Familie, Religion, Arbeit, Beruf, Wohnung und Staat – um nur diese Kategorien zu nennen – ist grundverschieden zu jener, die sie in der Bewertung „früher" ausmachte, wie schon gesagt und aufgezeigt worden ist. Dies wird von fast allen Soziologen festgestellt und ist anscheinend ein „normaler" Vorgang im „normalen" sozialen Prozeß. Wenn *Ulrich Beck* die kinderlose Gesellschaft prophezeit, weil die Markterfordernisse die jungen Leute dazu zwängen, flexibel und „frei" zu bleiben, oder wenn *Gerhard Schulz* die Bildung und den Stil als wesentliche Orientierungskräfte bei der Gruppierungsabsicht ausmacht und nicht mehr Lebensstandard oder Beruf als soziale Standeskriterien gelten läßt, dann sind das nur zwei Stimmen von deutschen Soziologen, deren Gesamtheit fast zu ähnlichen

Schlüssen kommt. Was zur Analyse ansteht, ist unsere offene und permissive (alles gestattende) Gesellschaft mit ihrer völlig liberalen Ordnung.

Die Haltung des Individuums gegenüber dieser offenen und liberalen Gesellschaftsform wird geprägt von einem Bündel ambivalenter Gefühle, Vorstellungen, Forderungen und Erwartungen. Greifen wir die *Erwartungen* heraus. Nirgendwo treffender als bei der deutschen Wende, als Ost- und Westdeutschland wieder ihre Zukunft *zusammen* planen konnten, war bei den ehemaligen DDR-Bürgern folgende Erwartung fast mit Händen zu greifen: „Nun wird alles wieder gut, denn jetzt erleben auch *wir* den Wohlstand!" Die Formel Demokratie = Wohlstand ist aus den meisten deutschen Köpfen (und nicht nur aus denen der ehemaligen DDR-Bürger) nicht wegzudenken. Das Stagnieren der heiligen Kuh Bruttosozialprodukt oder sinkende Exportzahlen lassen bei den meisten Bürgern schon panikartige Angstzustände aufkommen. Sofort sehen sie die Spanien-, Florida- und Mallorca-Urlaubsreisen, das 13. Monatsgehalt, das Urlaubsgeld und die 40-Stunden-Woche in Gefahr. Der Staat wird in dieser vermeintlichen Not gleich in die Pflicht genommen. Mit anderen Worten ausgedrückt: solange die Gesellschaft den Wohlstand garantieren kann, genießt das Individuum dessen Früchte und die Segnungen der Demokratie, ohne sich um das Wohl der Gesellschaft zu kümmern; werden die Wohlstandsressourcen jedoch schmaler und karger, dann ruft der Einzelne nach der Gesellschaft, d.h. nach dem Staat, wenn nicht nach dem „starken Mann"! Der Staat ist nur zuständig für Notfälle und anfallende Defizite.

Die Beziehung Individuum – Gesellschaft (oder Staat) wird heute fast ausschließlich vom Trend bzw. vom Streben zur Vollendung der Individuation bestimmt, ja überwiegend geprägt. Individuation und Individualität müssen hier sauber getrennt werden. Der Begriff der *Individuation* wird sowohl in der Philosophie als auch in der Psychologie, jeweils in unterschiedlicher Semantik, gebraucht. Wir wollen unter *Individuation* einen Prozeß verstehen, der aus zwei verschiedenen Entwicklungen gespeist wird: Zum einen ist er psychologisch, zum anderen soziologisch einzuordnen. Im Grunde haben wir es selbstverständlich mit *einem* Vorgang zu tun, der sich im Individuum abspielt. Um ihn besser zu verstehen, muß dieser Vorgang gedanklich differenziert betrachtet werden. Der psychologische Prozeß verläuft (wie C.G. Jung dies schon entwickelt hat) vom innerpersönlichen Ich des

Einzelnen zur Ausfaltung des Persönlichkeitsselbst, das sich in seinen Fähigkeiten, seinem Charakter und seinem Bewußtsein ausdrückt. Es ist jener Prozeß, bei dem das *natürliche* Geschöpf zur *kulturellen* Person geformt wird, der Prozeß, den man auch die *zweite Geburt* nennt. Hierbei haben wir es aber auch mit einem Sozialisierungs- und Enkulturationsprozeß zu tun, d.h. einem sozialen Vorgang. Dies gehört zur Grundbeschreibung dessen, was wir unter Individuation verstehen wollen.

Zur Grundbeschreibung jedoch möchte ich diesem Begriff ein weiteres Verständnispaket aufbürden. Im Laufe der Entwicklung zur Persönlichkeit lernt der junge Mensch seine Umwelt, d.h. seine soziale Bewegungsfreiheit kennen und erlebt auch die Regulierung durch die Normen, die er internalisiert (verinnerlicht). Dabei gerät er zusehends in ganz normale Normenkonflikte, aus deren Widerstreit er mit bestimmten Ausformungen, Vorstellungen und Zielrichtungen als kulturelle Persönlichkeit hervorgeht. Im heutigen Verlauf der Persönlichkeitsentwicklung prägt die soziale Umwelt mit ihrer modischen Überbetonung der individuellen Selbstbestimmung einen Trend, der der Individuation, d.h. dem Persönlichkeitsselbst, den obersten Rang auf der Skala der sozialen Wertungen zuweist. Diese anarchisch anmutende Situation, die mit in die Individuation eingeschlossen ist, hat nichts mit dem Begriff der *Individualität* zu tun, die nur beschreibt, wie sich eine Persönlichkeit als eigenes, unverwechselbares Wesen mit allen seinen Fähigkeiten, Eigenschaften und Charakterzügen darstellt.

Wenn auch die Entwicklung der Individuation selbst keiner Kritik unterworfen werden kann, so steht doch die so beschriebene Individuation, der ein bestimmter, ja ein recht hoher Wert zugemessen wird, inmitten der kritischen Abwägung, die wir hier vornehmen. Bei dem heutigen Individuationsprozeß, der aus der allgemeinen Ausgewogenheit sozialer Abläufe hervorragt und ein ungeheuer großes Gewicht erhält, das vom Einzelnen nicht einfach akzeptiert, sondern dessen Resultate eingefordert werden, verliert der Einzelne durch diese Blickverengung die Übersicht über andere Werte. Weiterhin verschieben sich vielfach auch Gewichte, die Schieflagen bewirken, die er zu spät bemerkt. Bei diesen Schieflagen müssen folgende Zusammenhänge verstanden werden:

1. Der demokratische Staat, der von einer offenen Gesellschaft

gebildet wird, kann nur die *Abläufe* des gesellschaftlichen und individuellen Lebens durch Regeln organisieren, aber *keine Inhalte* schaffen oder gar „Sinn" für das Leben oder andere „Sinnfälligkeiten" anbieten oder garantieren. Geschlossene Gesellschaften tun dies.

2. Da die offene Gesellschaft keine *Inhalte* offerieren kann und nur Abläufe regelt, kann sich der Einzelne nicht für die Abläufe einer freien Ordnung „erwärmen". Weshalb sollte er auch? Gerade die Kälte, die diese Beziehung schafft, läßt den Einzelnen auf Distanz zu Staat und Gesellschaft gehen und diese teilweise als notwendiges Übel betrachten.

3. Diese Distanzierung wird zur Gefahr: Die freie und offene Gesellschaft, die der demokratische Staat schützt, garantiert allein die individuelle Freiheit. Die Distanzierung des Einzelnen vom demokratischen Staat jedoch läßt diese Gesellschaftsform zu einer solchen Schwäche verkommen, daß die verantwortungslosen, aber cleveren Gauner aus allen Schichten den Staat als Beute betrachten und ihn ausnehmen können.

4. Distanzierung und Abwendung des Einzelnen von Staat und Gesellschaft, die beide keinen „Sinn" und keine „Wärme" anbieten, läßt das Individuum sich auf sich selbst und seine Bedürfnisse konzentrieren: Es wird mit allen Mitteln das verfassungsmäßig garantierte Streben nach Glück bis zur Perversion ausüben und damit alles Gemeininteresse zerschlagen und mit Füßen treten. Dieses Verhalten, von Millionen und Abermillionen Individuen ausgeübt, das ja nicht nur als ein Negativum angesehen, sondern auch als moderne Lebensform angepriesen wird und sich höchster Akzeptanz erfreut, wird ständig weiterbetrieben, das egoistische Recht wird ausgeweitet und damit die Quelle weiterer essentieller Gefahren: Es führt zur totalen Destruktion der liberalen Organisation. Gleichzeitig schafft dieses angepriesene individuelle Streben (als Ergebnis der erwünschten Individuation), das als höchste Ausdrucksform des falsch verstandenen Individualismus und der Freiheit gilt, *nicht* eine Stabilität der freiheitlichen Ordnung, sondern es untergräbt sie permanent und zerstört sie schließlich.

5. Eine zusätzliche Krise entsteht durch das politische Alltagsgeschäft der demokratischen Staatsform. Das ewige Feilschen, Verhandeln, das Suchen nach Kompromissen, das ständige Ankündigen von Maßnahmen, die durchgeführt werden müßten,

ten, aber nie durchgeführt werden, das schäbige Austricksen des Gegners, der komplizierte und kaum durchschaubare Prozeß parlamentarischer Abläufe lassen den einzelnen Bürger sich endgültig abwenden, wenn obendrein auch noch am Ende der parlamentarischen Prozedur die widerstreitenden Interessen sich gegenseitig paralysieren. In seinem Essay „Die schwierige Freiheit" schreibt *Joachim Fest*, daß die Krise zwei Ursachen aufweise: „Die eine hat mit der Erfahrung zu tun, daß alle politischen Entscheidungen angesichts der unübersehbaren, von widerstreitenden Vorstellungen beherrschten Gruppeninteressen blockiert werden und der Staat zusehends zu einer Handlungsunfähigkeit verurteilt ist . . . die andere Ursache entstammt der sich ausbreitenden Einsicht, daß die Politik keine Antworten auf die Daseinsfragen hat. . ." (J. Fest, 1993, S. 26/27)

6. Die von Staat und Gesellschaft *nicht* gegebenen Antworten auf Daseins- und Sinnfragen muß sich der Einzelne nun selbst und woanders beschaffen. Er benötigt diese Antworten dringend, um sich seiner Ängste und seines Leids zu entledigen und um seine Konflikte bewältigen zu können. Wir haben schon mehrfach darauf hingewiesen, daß der Mensch eine Art höhere Macht, eine Art letzter Instanz benötigt, um diese meist moralischen Konflikte befriedigend zu lösen. Da die „absolute Instanz" der Kirche nicht mehr existiert, sucht das enttäuschte Individuum, das vom Staat und der Gesellschaft nicht in seinem Sinn bedient wird, Hilfe bei Sekten, esoterischen Verbindungen, Freundeszirkeln, Drogen, Sexclubs, Utopien und anderen Ersatzreligionen. Es gibt keine „wertegemeinsamen" Glaubensinhalte mehr – nur ausdifferenzierte und individuelle Eigenvorstellungen von Lebenstopoi. Allenthalben werden „Ethikkommissionen" gebildet, die mangels gesellschaftlich verbindlicher Moral eine Art von Ehrenkodex innerhalb von Gruppen darstellen, die das Verhalten sauberhalten sollen. Bei näherer Betrachtung erweist sich die Einrichtung von Ethikkommissionen als Ausdruck eines pervertierten sozialen Verantwortungsrasters, das nicht nur den staatlichen Kontrollen der Einhaltung der Gesetze sowie der standesorganisatorischen Anordnungen, Satzungen und Spielregeln überhaupt nicht mehr traut, sondern auch noch unter dem monströsen Begriff „Ethikkommission" eine Instanz schafft, die die ehrenwerten Mitglieder einer bestimmten

Gruppe ständig daran erinnern muß, keine Betrüger oder gar Ganoven zu werden.

7. Sicherlich hat man bei den ethischen Dammbrüchen, die die heillose Individuation bewirkte, nicht bedacht, daß für den Erhalt der demokratischen wie der persönlichen Freiheit die sozialen Institutionen *zwingende* Voraussetzungen sind. Dazu gehören auch soziale Kategorien wie Geschlecht, Alter, Anerkennung der demokratischen Spielregeln oder Respekt vor dem Gesetz und der Würde des anderen. Diese Voraussetzungen sind unvereinbar mit dem Anspruch der absoluten Individuation, die in dieser Konfrontation sich nicht nur als zutiefst gesellschaftsfeindlich erweist, sondern als gesellschaftszerstörend.

8. Alle Institutionen, die die moralischen, normvermittelnden und regulierenden Orientierungsrahmen setzen oder setzen könnten, haben gleichfalls vor der Individuation kapituliert oder sich von der Gesamtgesellschaft verabschiedet. Die Kirchen, die über die Religion diese Orientierung vermitteln könnten, sprachen wir schon an. Ihre Akzeptanz bei den Menschen ist nur noch gering. Die Schule hat längst kapituliert, wie auch das Elternhaus. Die Kunsteinrichtungen, vor allem das deutsche Subventionstheater, untergraben mit Millionen und Abermillionen öffentlicher Gelder die Normen und lassen die fragwürdigen Parolen und Ideologien einer im Manierismus erstickten und versnobten Minderheit Zerstörungsarbeit leisten. Ein Großteil des Fernsehens handelt ähnlich. Dies alles liegt im tödlichen Trend, dessen Todesweg über das Ego zum exzessiven Selbstverwirklichungsanspruch führt. Dabei drängen nicht nur krankhafte und letztlich pervers-destruktive Ansprüche und Forderungen von Minderheiten die zaghaften und naiven und im Grunde viel stärkeren Mehrheiten an den Rand des Meinungsspektrums und stilisieren ihre anomischen Handlungen zu arroganten Rechtsansprüchen hoch. Auch hierzu sei *J. Fest* zitiert, der die genannten Defizite noch schärfer konturiert: „. . . wie im ganzen nimmt auch hinsichtlich der eigenen Institution das Vermögen ab, ein Verhalten auf seine Folgen zu beziehen. Die Experimentiersucht an den Bildungseinrichtungen beispielsweise widerstrebt dem Kontinuitätsgedanken als einem Leitprinzip aller Erziehung ebensosehr wie die Politisierung der Kirchen den geistlichen Auftrag aushöhlt, dem sie unterdessen fast alles schuldig bleiben. Die

Theater wiederum tun sich längst als Feierabend-Pandämonien aus Perversion, Gewalt und Obszönität groß oder opfern doch das dialogische Prinzip, dem das europäische Schauspiel nicht nur Herkunft und Rang verdankt, sondern als Kunstform offener Ordnungen schlechthin, zusehends den ‚mythischen Bildern'. In ihrem gleichgerichteten Eifer bauen die einen wie die anderen unablässig Orientierungsmarken ab und untergraben überdies gerade die Chancen dessen, was ihre Befreiungsrhetorik in Aussicht stellt. Denn mit all ihrem Konformismus gegenüber den wechselnden Tagesparolen sind sie zugleich die gebieterischen Lehrmeister der zeitgenössischen Form der Unterwürfigkeit." (a.a.O., S. 70/71)

9. In den Werteverfall „wächst" man nicht nur einfach hinein, sondern er wird obendrein aggressiv von Menschen beschleunigt. Schon die propagierten Imperative der 68er für die Jugendlichen: „Trau' keinem über 30!" oder „Macht kaputt, was euch kaputtmacht!" enthielten einen destruktiven Drive, der sich höchst revolutionär gebärdete. Da aber die 68er auch jedes Ordnungsprinzip verneinten und anarchische Ziele anstrebten, galten die Attacken im Grunde der Zivilisation. Damit ist nicht gesagt, daß die sogenannte 68er-Generation insgesamt zivilisationsfeindlich und zerstörerisch wirkte, sondern nur, daß Tendenzen in dieser Bewegung sich so darstellten. Als „Endprodukt" der Zivilisationsfeindlichkeit findet man schließlich all jene inneren und äußeren Zerstörungen vor, die jene modernen Wilden zeitigen, deren Wertezerstörungen heute jeden Tag auf allen Straßen vorfindbar und Berichte über sie in allen Medien zu entdecken sind. Die Auswüchse gedeihen auf dem Boden einer Gesellschaft, die anomisches Verhalten geradezu als sportliche Leistung nicht nur toleriert, sondern auch schätzt und außerdem viele Regelverstöße einfach in die alltäglichen Aktivitäten einbezieht und anerkennend beklatscht.

Ich habe mit diesen Punkten eine Reihe von Wahrnehmungen innerhalb unserer empirisch erfaßbaren Umgebung aufgelistet, die zunächst auszureichen scheinen, um die erlebbare Beziehung Individuum – Gesellschaft zu beschreiben. Daraus möchte ich keine theoretischen Allgemeinschlüsse ziehen. Es nützt wenig, nur die anscheinend signifikanten Defizite aufzuführen, ohne auch das „altera pars" zu berücksichtigen. Denn „die" Gesellschaft (oder „der" Staat) hat in dieser Wechselwirkung zwischen ihr und dem Einzelnen natürlich auch ein gerüttelt Maß an Unterlassungen vorzuweisen, die die Intensität der Defizite weiter eskalieren lassen. Ich möchte nur *vier* Punkte herausgreifen, die aufzeigen sollen, wie orientierungslos der Einzelne inmitten seiner Problemfelder sich bewegen muß, wenn ihm die zentralen Orientierungsmarken abhanden gekommen sind.

1. Wir sprachen von den *Ersatzreligionen*, die die meisten Menschen in Anspruch nehmen, nachdem sie ihren Glauben verloren haben und teilweise aus ihrer Kirche ausgetreten sind. Alle großen *Religionen* vermitteln ihren Gläubigen nicht allein metaphysische Aufklärung und Jenseitshoffnungen, die gleichsam das irdische Dasein sinnfällig begründen. Sie regeln auch das Diesseits und geben dem Menschen Hilfestellungen im alltäglichen Daseinskampf. Dabei werden nicht nur seelsorgerliche Unterstützungen gefordert und gewährt, sondern auch ganz simple Serviceleistungen caritativer Art angeboten. Ob seelsorgerliche Hilfe oder andere Unterstützung – sie werden in den christlichen Konfessionen von Christus hergeleitet, vom Mittelpunkt des Glaubens, der in der katholischen Kirche dogmatisch untermauert und in der evangelisch-protestantischen Variante allein auf den Glauben bezogen ist. Es gibt also einen Beziehungspunkt der Mitte, auf den das christliche Verhalten ausgerichtet ist.

In einer pluralistischen Gesellschaft, die die gemeinsame Mitte verloren hat, bilden sich unzählige „Mittelpunkte", an denen sich die Individuen nun einzeln und für sich selbst ausrichten. Der Ersatzreligionen, die diese Mittelpunkte markieren, mögen unendlich viele sein, wir wollen davon nur wenige herausgreifen. Die *Psychotherapie* und die dazu gehörenden „Sachbuch"-Veröffentlichungen haben Hochkonjunktur. Auf diesem Felde tummeln sich ganze Heerscharen von guten, mittelmäßigen und schlechten „Experten", auch Scharlatane und schlimme Abzocker finden hier ihre Spielwiesen.

Die Gründe, weshalb die *Psychologie* als Hilfe und Ersatzreligion eine solche Hochkonjunktur erlebt, sind sehr komplex. Sicherlich gründet diese Nachfrage insgesamt in der geschilderten Orientierungslosigkeit, aber ihre Anlässe sind auf allen Sektoren des menschlichen Daseins auszumachen. Ob es Partnerschafts-, Ehe- oder Eltern-Kinder-Probleme, ob es Sinn-

148

oder Berufsfragen, ob es politische, soziale oder wirtschaftliche Konflikte oder gar rechtliche und ökologische Streitigkeiten sind: die Psychologie ist immer dabei. Man muß nur fragen: welche Psychologie?

Die Akzeptanz psychologischer „Sachbücher" und die Einschaltquoten der in den Talkshows aller Fernsehkanäle breitgetretenen Psycho-Probleme sind es, die interessant sind. Diese Akzeptanz beim Publikum und die riesigen Geldsummen, die man für solche „Aufklärung" ausgibt, sind ein eindeutiges Indiz für den Charakter einer solchen Ersatzreligion. Es ist auch interessant zu verfolgen, wie die Rezipienten dieser sogenannten „Aufklärungsliteratur" immer stärker desinformiert werden, weil jedes weitere Buch, das der Laie dazu liest, andere Schwerpunkte und Aussagegewichte setzt. *Wie* diese „Psychologisierung" der Gesellschaft erreicht wird und *wie* sie funktioniert, wird gleichfalls Gegenstand späterer Überlegungen sein.

In einem solchen Umfeld, das nicht nur den Charakter einer Ersatzreligion angenommen hat, sondern *ist*, wächst auch der Hang zu Sekten, die Erlösung versprechen. Die meisten Sekten wurden durch ihre Anhänger nicht nur vermögend, sondern ließen ihre Oberhäupter darüber hinaus steinreich werden. Für Selbstverwirklichung, Selbsterkenntnis, Selbstfindung und Erlösung vom bleiernen Ich zahlt man gern und viel, wenn man daran glaubt. Das wissen auch die skrupellosen Beutelschneider und gewissenlosen Scharlatane, die diesen internationalen Sekten vorstehen. Daneben gibt es natürlich auch Sekten, die ihren Glauben nicht vom irdischen Mammon abhängig machen. Deren Anhänger sind aber in der Minderzahl.

Gleichfalls im psychologisierten Umfeld finden wir die Subkulturen der Drogenabhängigen (wobei natürlich vor allem jene User genannt werden, die sich nicht auffällig zeigten und zeigen). Ihre „Erlösung" finden sie im Dionysischen des Rausches und auch in den Orgien des Sex. Es sind jene Fluchtmechanismen, von denen die klassischen Psychologen sprechen, die sich aber meist verselbständigen, wobei die *Flucht* zum eigentlichen und angestrebten *Ziel* wird. Es könnten hier noch viele andere Ersatzhandlungen genannt werden – Ersatz für die verlorengegangene Religion. Aus dem Ersatz wird meist ein *Original*, dessen Gebrauch man dem Individuum nicht absprechen oder gar ausreden soll. Hier gilt natürlich auch der Satz, der besagt, daß jeder nach seiner Façon selig werden soll. Nur dann, wenn das Verhalten dieser Anhänger sich als überbordende Anomie erweist und die soziale Balance gefährdet, gilt es wach zu werden.

2. Zentrale Orientierungsmarken stellen die *Utopien* dar, die vor allem durch strukturierte Ideologien gespeist werden. Im Zusammenhang mit unserer Diskussion über die Gesellschaftstheorien haben wir diese Problematik bereits gestreift. Politische Utopien wie der Nationalsozialismus oder der Kommunismus basieren auf sogenannten Weltanschauungen oder pseudowissenschaftlich konstruierten Denksystemen. Wir sprechen hier nicht von individuellen, utopischen, d.h. kaum zu verwirklichenden Wunschträumen, sondern von weltweiten und theoretisch fundierten Welterklärungen, die für den Beginn und das Ende bestimmter konkreter Maßnahmen – sei es die Errichtung eines Weltreichs, eines Paradieses auf Erden, die Herrschaft einer Rasse oder die Vollendung von Glück und Wohlstand der Menschheit – großräumige Entwürfe bereithalten, um sie heute noch als *Utopie*, aber morgen schon als Verwirklichung zu sehen.

Solche Utopien sind alle von chiliastischem Charakter, d.h. ihr Endziel ist das tausendjährige Reich. Darin liegt ihre ungeheure Sog- und Anziehungskraft. Und gerade *weil* sie Denksysteme sind, d.h. gedanklich errichtete Strukturen, die sich nicht der Realität anpassen, sondern die umgekehrt die Realität ihrem Denksystem einordnen und zurechtbiegen, finden diese Utopien vor allem Anhänger bei den Intellektuellen, denen viele unterstellen, sie seien so „vernünftig", daß sie auf solche „Hirngespinste" nicht hereinfallen könnten. Das Gegenteil ist der Fall. Wenn man sich die unendlich langen Namenslisten jener Gelehrten, Professoren, Dichter, Autoren, Journalisten und anderer Geistesarbeiter anschaut, die den nazistischen, faschistischen und kommunistischen Utopien in diesem Jahrhundert begeistert folgten, sie verherrlichten und sich dafür selbst opferten oder auch geopfert wurden, dann kriecht einem ein kalter Schauder über den Rücken. Sie alle liefen deshalb diesen Utopien zu, weil sie eine *gedachte* Welt darstellen, eine Denkwelt, die man mit seiner Phantasie beleben *und* verwirklichen konnte. Hier winkte die große und einmalige Chance, aus dem Kerker der eigenen Gedanken und des

Träumens auszubrechen, um eine „große Idee" in die Tat umsetzen zu können. Das faustische „Am Anfang war die Tat" winkte verheißungsvoll und lockte Tausende aus ihren Denkerstuben. Endlich durfte man Schöpfer sein, durfte eine Welt entwerfen, die man mit „den Massen" in die Tat umsetzen konnte. Dieses Ziel lockte aus der Ferne und war doch zum Greifen nah.

Die Nazi-Utopie versank in ihrer eigenen infernalischen Götterdämmerung und hinterließ ein Europa in Trümmern und rauchenden Ruinen, in denen Millionen Menschen halbverhungert sich wieder an die Realitäten gewöhnen mußten. Die kommunistische Utopie wurde beinahe lautlos zu Grabe getragen – sie hinterläßt aber ein Erbe, das über Jahrzehnte den modernden Todesgeruch nicht aus den europäischen Ländern verschwinden lassen wird. Auch sie wurde unbarmherzig von der Realität eingeholt und ihre Jünger wurden auf das realistische Maß zurechtgestutzt.

Weil man sich in diesen Systemen des utopischen *Denkens* zu bewegen und sich zu befinden wähnte, wurden viele Intellektuelle aus allen Ländern dieser Erde zu Verrätern an ihrem Land, an ihrer Familie, an der Demokratie und vor allem an sich selbst. Dieses Denken, das „nach vorn" gerichtet war, ließ nicht zu, das Heute zu sehen – das Heute, das damals aus KZ's und Straflagern, aus Verbannung und Foltern, aus Mord und Hinterlist bestand. Nur so ist zu erklären, weshalb hochgeehrte Wissenschaftler, überaus begabte Professoren, kritische Journalisten oder skeptische Künstler zu den Bataillonen der Diktatoren überliefen, die sich doch anschickten, ihre Kultur mit Stumpf und Stiel auszurotten. Sie alle schienen sich in einer Art spiritueller Sphäre zu bewegen, wo die Wirklichkeitsbetrachtung anscheinend garantiert und wissenschaftlich über Jahrzehnte hinweg untermauert worden war. Sie alle, die Blauäugigen, die nach Moskau oder zur „Sonne des Hakenkreuzes" pilgerten, waren berauscht von dieser Sphäre, wenn sie nicht ausgekochte und opportunistische Spitzbuben waren. Solange sich die Utopie nur in den Köpfen der Denker befindet, mag sie dort anrichten, was immer sie will. Nur: In dem Augenblick, wo die Utopie den Massen vermittelt wird, wo im Kollektivbewußtsein die intellektuelle Utopie sich zum Machtpotential des Mythos wandelt, wird der Einzelne mit fortgeschwemmt und in den unvermeidlichen Abgrund gerissen, wenn es ihm nicht vorher gelingt, sich aus diesen Strudeln ans sichere Land zu retten.

3. Eine weitere wichtige Rolle innerhalb des Spannungsfeldes Gesellschaft – Individuum spielt der „Zyklus des Auf und Ab" (wie wir diese Erscheinung nennen wollen). Wir alle sprechen z.B. vom Werden und Vergehen von Kulturen, vom Aufstieg und Untergang eines Volkes, eines Unternehmens oder einer Familie. Die Gründe für diese umwälzenden Prozesse mögen multikomplex sein. Ihre Unterschiede sind für die Ergebnisse unwichtig, wichtig sind jedoch ihre Wirkungen.

Wir beobachten sehr oft, wie ein Unternehmen oder eine Familie in den beiden ersten Generationen gediegene Grundlagen zu ihrem Wohlstand legt, wie die dritte Generation die Früchte dieses Wohlstandes nicht mehr vermehrt, sondern sie ausschließlich genießt und wie die vierte Generation sie verspielt. Die Spielräume und Zeitintervalle des Auf und Ab der Generationen mögen teilweise kürzer, teilweise länger währen. Wir wollen dieses zyklische Auf und Ab nur feststellen, das zu allen Zeiten Gültigkeit hatte und zu allen Zeiten von den Menschen beobachtet und in allen Literaturen überliefert wurde. Eine viel interessantere Beobachtung ist meiner Meinung nach von größerer Wichtigkeit: die Art, die Hartnäckigkeit und auch die blinde Zielstrebigkeit, mit der der Mensch *selbst* sein eigenes Grab schaufelt und den Untergang seiner Existenz betreibt. Wenn man diesen Zyklus des Auf und Ab als eine Art naturwissenschaftlicher Gesetzmäßigkeit ansähe, dann müßte man tatsächlich vermuten, daß diese Gesetzmäßigkeit, die die sozialen Gebilde wachsen läßt und wiederum zerstört, sich dabei des einzelnen Menschen bedient. Seine zwanghafte Art, mit der er oft den Ast absägt, auf dem er sitzt, erinnert nicht an das Werk der Vernunft, sondern an die Auswirkungen einer Leidenschaft.

Das Postulat der absoluten Freiheit, das das Individuum einfordert, läßt zu, daß dieser Freiheitsrahmen auch den Untergang einschließt. Niemand kann den Menschen zwingen, Werte zu erhalten, oder den Wohlstand zu sichern. Er kann die Werte verspielen oder die Wohlstandsgüter in den Orkus werfen. Ihm aufzuerlegen, das Land oder die Gesellschaft oder den Staat im möglichen Kriegsfall zu verteidigen, steht auch in seinem eigenen Ermessen. Wenn ein Sprecher der Grünen in Deutschland, der gleichzeitig Bundestagsabgeordneter ist, Deserteure und Kriegsdienstverweigerer als Helden preist und gleichzeitig die Welt in einem ökologisch ausgerichteten Frieden als erstrebenswertes Ziel anpreist, so mag man sein zweifelsohne vorhandenes Engagement loben. Die nicht vorhandene Bereitschaft, seine ihm eigene Welt zu verteidigen, gehört zu den Eigenschaften, die das eigene Grab schaufeln lassen. Nun findet man solche Haltungen nicht nur bei den Linken. Mit umgekehrten Vorzeichen und mit der gleichen Verbissenheit betreiben auch die Konservativen die Zerstörungsgeschäfte. Es sind Persönlichkeiten wie Frau Breuel, die langjährige Chefin der „Treuhand", die für die marktwirtschaftliche Annektion der ehemaligen DDR verantwortlich zeichnete, und die ehemalige britische Premier-Ministerin Margaret Thatcher, die beide in ihren Bereichen so radikale Auffassungen vertraten, die sie auch schonungslos durchsetzten, daß sie genau wie die Linken an den Grundfesten der Demokratie rüttelten. Ob grüner Linker oder konservativer Rechter – die geradezu blinde Verbohrtheit, mit der utopische oder ideologische Ziele im Namen der Freiheit vollzogen werden, fördert den beschleunigten Verlauf des genannten Zyklus.

Die Nachgiebigkeit der Gesellschaft gegenüber immer weiteren anomischen Auswüchsen, die sich auch als ein immerwährender Druck persönlicher Interessen auf alle staatlichen Instanzen erweisen, ist geradezu grotesk und spielt sich auf zwei Ebenen ab: auf der Ebene der Infiltration und auf der der Information.

Die *Infiltration* geschieht durch Anpassung, Erpressung und Korruption der staatlichen und gesellschaftlichen Instanzen durch Interessengruppen. Die Einflußnahmen beginnen schon bei jenen ständig um die staatlichen und parlamentarischen Instanzen herumschwänzelnden Interessenvertretern, die als Lobbyisten nicht nur legitimiert sind, sondern auch einen gewissen anerkannten Status besitzen. Die Metastasen der Interessensinfiltration dringen immer weiter in den Organismus der Demokratie ein, bis er, wie es uns in den Jahren 1992–1994 in Italien vorgeführt worden ist, kollabiert. In Italien, um bei diesem Beispiel zu bleiben, setzten die Bürger in die demokratischen Parteien, die nicht nur sich selbst, sondern auch die staatlichen Organe völlig korrumpiert hatten, kein Vertrauen mehr und wählten 1994 eine Regierung, die von Faschisten gestützt wird. Das Donnergrollen der Diktatur kann jedermann hören, der noch zu hören gewohnt ist.

Die *Information* muß im Zusammenhang mit den Massenmedien gesehen werden. Mit welcher Nachsicht das kommunistische Regime des Ostblocks über lange Jahrzehnte in den westdeutschen Medien behandelt wurde, grenzt an jene Harakiri-Bereitschaft der Lämmer, die sich ihren Metzger selber aussuchen. Hier muß natürlich sehr deutlich zwischen der Berichterstattung über die politischen Annäherungsversuche („Wandel durch Annäherung", vor allem durch die Regierung Willy Brandts) und jenen ständigen Verharmlosungen der menschenverachtenden Praktiken im Ostblock unterschieden werden. Die Verhältnisse des demokratischen Bundesstaates USA standen oft unter stärkerem Beschuß der Medien als die Massenverfolgungen in der UdSSR, in Rumänien, der DDR oder in China. Die Berichterstattung und die Kommentierung des Ostblock-Geschehens verkamen oft zur peinlichen Hofberichterstattung, als wolle man seine vorauseilende Unterwerfung signalisieren.

4. Von großer Wichtigkeit im Zusammenhang des *praktischen* Lebens innerhalb der Gesellschaft erscheint mir die Frage nach der Zugehörigkeit des Individuums zu einer *Mehrheit* oder einer *Minderheit*. Der einzelne Mensch ist mit „der" Gesellschaft eigentlich nur innerhalb seiner näheren Umgebung konfrontiert: Familie, Verwandtschaft, Nachbarschaft, Arbeitsplatz, Vereine. Für die meisten erschöpft sich der gesellschaftliche Kontakt in dieser Form. Begegnungen mit dem „Staat" sind begrenzt durch die Kontakte mit den „Ämtern", vielleicht noch mit einer Partei oder bei der Wahl einer Partei. Etwas akzentuierter und teilweise intensiver erlebt er den Druck der Gesellschaft, wenn der Einzelne einer sogenannten Minderheit angehört, sei es, daß er Jude, Ausländer, Farbiger, Homosexueller, Behinderter, Aidskranker, Nichtseßhafter u.ä. ist. Diese hier genannten Gruppen sind in der Tat gegenüber den „anderen" schon deshalb eine Minderheit, weil sie es auch im Bewußtsein der anderen sind. Die sogenannte Mehrheit weist andererseits so viele Diffenzierungen auf, daß der gemeinsame Nenner dieser Mehrheit, und das wird z.T. überhaupt nicht bemerkt, nur auf einer kleinen hauchdünnen Gemeinsamkeitsebene zustandekommt. Nur „bei Bedarf" bilden sich oft Mehrheiten, d.h. es sind z.B. ephemere, lokale oder Ad-

hoc-Interessen, die Mehrheiten schaffen. Natürlich verbleiben darüber hinaus jene Mehrheiten wie Volk, Weiße, Schwarze, Sachsen, Franzosen, Männer, Frauen etc., denen große Bedeutung zukommt. Aber sie sind durch die Ausdifferenzierung gewaltig durchlöchert. Die geradezu hochgradig ausdifferenzierte Gesellschaft schafft selten Gemeinschaften, die auf „Gemeinsames" sich gründen. Neben den im Bewußtsein der Gesellschaft vorhandenen Minderheiten (wie Homosexuelle, Juden etc.) existieren unzählige unauffällige Minderheiten, die sehr massiv ihre Interessen vertreten. Unsere Gesetze verpflichten uns, Minderheiten zu schützen – und das ist gut so. Was jedoch recht schwierig ist und gesellschaftlicher Regelungen bedarf, ist auch der Schutz *vor* Minderheiten.

Nicht nur die arbeitsteilige Gesellschaft, die *Arbeit* in unzählige Segmente zerlegt hat und die durch die höchst spezifischen Tätigkeiten der Menschen charakterisiert wird, sondern auch die durch die spezifizierten Tätigkeiten notwendig gewordene Ausbildung und punktuelle Informationsgewinnung schaffen die genannte soziale Ausdifferenzierung, die wiederum Gruppen zu „Minderheiten" werden läßt. Diese heben sich durch ihre Spezifika von der „Mehrheit" nicht nur ab, sondern grenzen sich auch selbst durch ihr So-Sein aus.

Ich möchte es zunächst bei den Anmerkungen zu diesen vier Punkten belassen, später werden wir viel intensiver auf diese Problematiken zurückkommen müssen. Im Vordergrund steht im Augenblick das Verhältnis Individuum – Gesellschaft, das in seinen Spannungsfeldern skizziert werden sollte. Zum Schluß muß noch auf einen Punkt eingegangen werden, der innerhalb unserer Diskussion eine Rolle spielt – eine Antinomie, die sich in einem Begriffspaar ausdrückt, das wir bislang in den vorherigen Kapiteln ohne weitere Definition benutzt haben: es sind die Begriffe *"Gesellschaft"* und *"Gemeinschaft"*.

Der deutsche Soziologe *Ferdinand Tönnies* (1855–1936) hat die erwähnte Begriffsantinomie mit seinem Werk „Gemeinschaft und Gesellschaft" 1887 in die wissenschaftliche Diskussion eingeführt, die bis heute immer wieder aufflammt, wenn diese Begriffe im Zusammenhang mit soziologischen Fragen auftauchen. Vor allem im Zuge der durch den Nazi-Jargon ausgelösten Stigmatisierung von deutschen Sprachelementen und einzelnen Wörtern erhielt der Begriff „Gemeinschaft" vielfach einen negativen

Akzent. „Volksgemeinschaft", „Gemeinschaftsessen", „Notge-
meinschaft", „Rassengemeinschaft" und ähnliche Termini, die
die Nazis mit spezifischen Bedeutungen ausstaffierten, hinterließen nach dem Zweiten Weltkrieg für den Begriff „Gemeinschaft"
bei manchen einen Geruch von ideologischer Peinlichkeit. Dies
wird umgekehrt ebenso peinlich, wenn ignorante Autoren Tönnies' Begriff *"Gemeinschaft"* auf diese Ebene heben. Es ist der
wohlüberlegte Begriff eines Mannes, der in der Weimarer Republik leidenschaftlich gegen die Nazis Stellung bezogen hatte, der
schon 1933 im Alter von 78 Jahren ohne Pension von der Universität verjagt wurde und der bereits am 29. Juli 1932 in der „Schles-
wig-Holsteinischen Volkszeitung" warnend schrieb: „Diese
NSDAP ist eine Partei, die keine Partei sein will und doch sein
muß, eine Partei, die einen Ausländer, der unsere Verhältnisse gar
nicht kennt, zum Führer hat, einen Mann, den ein unklares,
schwärmerisches, auf der Unkenntnis der Wirklichkeit beruhen-
des Denken auszeichnet, der mit seinem schwachen Geist sich
einbildet, Probleme zu lösen, an denen teils durch die Jahrhunderte, teils wenigstens seit etwa hundert Jahren die besten Geister
der Nation gearbeitet haben; sie ist eine Partei, deren Endziel eine
heillose Zerrüttung aller Verhältnisse sein würde. . ." (zit. nach R.
König, 1987, S. 124) Es ist deshalb eine Ironie des Schicksals, daß
ein von ihm geprägter Begriff in Nazi-Nähe gerückt wird.

Bei der Benutzung dieses Begriffs beruft sich mancher Autor auf
den Namen Tönnies, auch wenn es sich dabei um ein Konglomerat handelt, das Kuhwärme, Provinzialität, Dörflermentalität sowie Blut und Boden einschließen kann. „Gesellschaft" dagegen
erscheint meist als distanzierte Oberinstanz, der alle und alles
unterworfen sind, wobei, in einer bestimmten Wortbedeutung
und Wortsinngebung, das Adjektiv „gesellschaftlich" eine fast sakrale Hochdeutung erfährt. Man sollte sich endlich von den Be-
rührungsängsten bei Wörtern befreien, die durch den Nazi-Jargon
oder neomarxistische Verhunzungen Schrammen erlitten haben.

Was Tönnies selbst unter *Gemeinschaft* und *Gesellschaft* begriffen haben möchte, beschreibt er 1887 wie folgt: „Die menschlichen Willen stehen in vielfachen Beziehungen zueinander; jede
solche Beziehung ist eine gegenseitige Wirkung, dies insofern, als
von der einen Seite getan oder gegeben, von der anderen erlitten
oder empfangen wird. Diese Wirkungen sind aber entweder so beschaffen, daß sie zur Erhaltung, oder so, daß sie zur Zerstörung
des anderen Willens oder Leibes tendieren: bejahende oder ver-

neinende. Auf die Verhältnisse gegenseitiger Bejahung wird diese Theorie als auf die Gegenstände ihrer Untersuchung ausschließlich gerichtet sein. Jedes solche Verhältnis stellt Einheit in der Mehrheit oder Mehrheit in der Einheit dar. Es besteht aus Förderungen, Erleichterungen, Leistungen, welche hinüber oder herüber gehen, und als Ausdrücke der Willen und ihrer Kräfte betrachtet werden. Die durch dies positive Verhältnis gebildete Gruppe heißt, als einheitlich nach innen und nach außen wirkendes Wesen oder Ding aufgefaßt, eine *Verbindung*. Das Verhältnis selber, und also die Verbindung, wird entweder als reales und organisches Leben begriffen – dies ist das Wesen der *Gemeinschaft*, oder als ideelle und mechanische Bildung – dies ist der Begriff der *Gesellschaft*."

Nach dieser Fundierung der involvierten Begriffsantinomie holt Tönnies zu einer umfassenden Erläuterung aus und sagt: „Durch die Anwendung (dieser so eingeführten Begriffe, W.N.) wird sich herausstellen, daß die gewählten Namen im synonymischen Gebrauche deutscher Sprache begründet sind. Aber die bisherige wissenschaftliche Terminologie pflegt sie ohne Unterscheidung nach Belieben zu verwechseln. So mögen doch im voraus einige Anmerkungen den Gegensatz als einen gegebenen darstellen. Alles vertraute, heimliche, ausschließliche Zusammenleben (so finden wir) wird als Leben in Gemeinschaft verstanden. Gesellschaft ist die Öffentlichkeit, ist die Welt. In Gemeinschaft mit den Seinen befindet man sich, von der Geburt an, mit allem Wohl und Wehe daran gebunden. Man geht in Gesellschaft wie in die Fremde. Der Jüngling wird gewarnt vor schlechter Gesellschaft; aber eine schlechte Gemeinschaft ist dem Sprachsinne zuwider. Von der häuslichen Gesellschaft mögen wohl die Juristen reden, wenn sie nur den gesellschaftlichen Begriff einer Verbindung kennen; aber die häusliche *Gemeinschaft* mit ihren unendlichen Wirkungen auf die menschliche Seele wird von jedem *empfunden*, der ihrer teilhaftig geworden ist. Ebenso wissen wohl die Getrauten, daß sie in die Ehe als vollkommene Gemeinschaft des Lebens (communio totius vitae) sich begeben; eine Gesellschaft des Lebens widerspricht sich selber. Man leistet sich Gesellschaft; Gemeinschaft kann niemand dem anderen *leisten*. In die religiöse Gemeinschaft wird man aufgenommen; Religions-*Gesellschaften* sind nur, gleich anderen Vereinigungen zu beliebigem Zwecke, für den Staat und für die Theorie, welche außerhalb ihrer stehen, vorhanden. Gemeinschaft der Sprache, der

Sitte, des Glaubens; der Gesellschaft des Erwerbes, der Reise, der Wissenschaften..." (F. Tönnies, 1979, S. 3/4)

Diese Erörterungen werden im ersten Kapitel seines Buches, im § 1, noch weiter vertieft. Wenn er dabei zunächst seine Begriffe und Bedeutungsinhalte von der Sprache herleitet, so gehen Tönnies' Überlegungen und Begriffssetzungen viel tiefer und berühren Grundlagen der Philosophie, der Soziologie und der Psychologie.

König trifft am Schluß seiner Analyse (R. König, 1987 a) zu Ferdinand Tönnies folgende Feststellung: „Oft schon ist im Zusammenhang mit ihm (F. Tönnies, W.N.) von philosophischer Soziologie gesprochen worden... Philosophische Soziologie? Nein! *Wohl aber Philosophie statt einer Soziologie* ; das scheint uns die Lösung zu sein. Und wir werden uns daran gewöhnen müssen, *Tönnies in Zukunft in die Geschichte der Philosophie und nicht mehr in die Geschichte der Soziologie einzuordnen.*" (S. 189) Wie das?

In einem vorausgehenden Diskurs weist König nach, daß in der Tönniesschen „Fundierungsordnung" Gemeinschaft und Gesellschaft dem sozialen Verhältnis „ontologisch vorgeordnet" seien. Sein Denken, das von Spinoza beeinflußt sei, münde in die Anwendung von „Wesenheiten": „Der Seinsgrund dieser Wesenheiten", schreibt König, „ist der gemeinsame Wille, der sich dann in Akten des Bejahens offenbart, während der Erkenntnisgrund in dem gleichen gemeinsamen Denken liegt, das die Individuen verbindet. *Diese Identität von Seinsgrund und Erkenntnisgrund....* veranlaßt uns auch, hier von einem ontologischen Ansatz zu sprechen." (S. 139)

Ein anderer Weg führt uns möglicherweise zu mehr Klarheit. Dieser Weg wird markiert von zwei soziologischen Begriffen: dem der *Person* und dem der *Intim-* oder *Primärgruppe*. Die Person entwickelt sich im soziologischen (und auch im sozialpsychologischen) Sinn in einem langwierigen Sozialisierungsprozeß zu einer *sozialen* Person. Der philosophische Begriff der Person verharrt mehr oder weniger im „Statischen". Die Person, wenn man sie prozessual begreift, wächst in einem langen Lernprozeß in der, wie *Cooley* (1864–1929) es definiert hat, *intimate face-to-face association*, in der Primärgruppe auf, in der sie alle Verbindungen sozialer und psychischer Art zu Familie, gleichaltrigen Gruppen, Nachbarschaft usw. aufbaut. Ein solches Begreifen von Person und Gesellschaft schließt nicht nur die „bejahenden" Komponenten ein, die Tönnies bei seinen Definitionen so stark herausstellt, sondern auch die „verneinenden", die aggressiven, die gewalttätigen, die konfliktreichen und spannungsgeladenen zum Beispiel, die das Gesamtumfeld von sozialen Bindungen und Verbindungen ausmacht.

Nicht nur *König*, auch andere Soziologen (wie z.B. *Theodor Geiger*), sehen darum in dem recht verschwommenen Begriff „Gemeinschaft" (verschwommen als *Grundbegriff* für soziologisch definierte Wirklichkeiten) im Grunde ein „heuristisches Prinzip ohne weitere Ansprüche personalistisch-metaphysischer, geschichts-philosophischer oder organizistisch-substantieller Natur". (R. König, 1967, S. 95) Geiger sagte einmal dazu, daß Gemeinschaft als „Seinsform„ darin ich mich mit anderen ungesondert eins weiß" erscheine. (ibid.) So wird eigentlich Gemeinschaft zum Ausdruck eines Gruppengefühls, das durch das Wir-Gefühl gekennzeichnet ist.

Die Diskussion um die Begriffsantinomie *Gemeinschaft* und *Gesellschaft*, die von Ferdinand Tönnies initiiert worden ist, durfte nicht unerwähnt bleiben, zumal die „Gemeinschaft" fast über 100 Jahre in vielerlei Gestalt eine Rolle spielte. Mit Aufkommen der sogenannten „sozialen Frage" haben viele caritative Verbände und auch die Jugendbewegung am Ende des 19. Jahrhunderts und zu Beginn des 20. Jahrhunderts die Gemeinschaft als eine anzustrebende Idealform des Zusammenlebens nicht nur gepriesen, sondern auch angestrebt. In der Weimarer Republik setzte sich diese Bewegung fort, in überzogener Weise auch in der Nazi-Zeit, sie geistert auch heute noch in ideologischer Ausformung in vielen Gruppierungen herum.

„Gemeinschaft" ist meiner Meinung nach nur in der oben erläuterten Primärgruppe zu finden, d.h. dort, wo „ich mich mit anderen ungesondert eins weiß" (Th. Geiger). In diesem Sinne wird auch der Begriff „Gemeinschaft" von mir gebraucht, ohne die Bestimmungen von Ferdinand Tönnies im Einzelnen zu berücksichtigen.

In dem eigentlich nur angedeuteten Rahmen, in dem wir Individuum und Gesellschaft überprüften, müssen wir nun die Komponente „Freiheit" unterbringen, die sich sowohl auf das Individuum als auch auf die Gesellschaft bezieht, da beide zum einen, in der Verbindung mit dem Freiheitszustand und -anspruch, eigene Kategorien bilden und zum anderen in ihrer zwingenden Bindung („kein Individuum, keine Gesellschaft – ohne Gesellschaft kein Individuum") wiederum eine eigene kategorische Existenz besitzen.

Wir würden eine große Unterlassung begehen, wenn wir zu dieser sozialen Interdependenz nicht die *historische* Kategorie mit einbrächten. Sowohl individuelle als auch demokratische Freiheit sind Früchte leidvoller Entwicklungsprozesse, die sich seit der Antike bis heute zum Teil tragisch, zum Teil mörderisch dahinschleppten. Unsere heutige freiheitsbezogene Existenz ist nur zu verstehen, wenn wir uns das Ringen um die Freiheit innerhalb der abendländischen Geschichte vergegenwärtigen. Hat man sich dieses Ringen, das nun über mehr als zweitausend Jahre sich schon hinzieht, verdeutlicht und wird sich bewußt, wie qualvoll und mit welchen furchtbaren Opfern das Ziel der Freiheit einigermaßen erreicht wurde, dann erst wird man sich auch klar darüber werden, welches Gut und welchen Wert wir zu verspielen uns gerade anschicken.

In den Kapiteln des folgenden II. Teils wird das Ringen des Menschen um seine Freiheit im Geschichtsverlauf der europäischen Zivilisation dargestellt.

Teil II

Geschichte und Geistesgeschichte: Der lange und steinige Weg auf der Suche nach Freiheit

Ein Volk, das jahrhundertelang unter der Herrschaft der Kasten und der Klassen gelebt hat, gelangt zur demokratischen Gesellschaftsordnung nur durch eine lange Folge mehr oder weniger mühseliger Umgestaltungen, mit Hilfe gewaltsamer Anstrengungen und nach zahlreichen Schicksalsschlägen, während derer der Besitz, die Anschauungen und die Macht sich rasch verschieben.

Alexis de Tocqueville, Über die Demokratie in Amerika

6. Kapitel

Die „Freiheit" der Antike und die geschlossene Gesellschaft des Mittelalters

Um das ideologisch bedingte und Ich-bezogene Verhalten des modernen Menschen zu verstehen, vor allem um seine hemmungslosen und durch keine Bedingungen kanalisierten Forderungen nach unkontrollierter persönlicher Freiheit ohne Selbstbeschränkung zu begreifen, muß man die historische Entwicklung heranziehen. Natürlich finden sich Modelle in den geschichtlichen Quellen, aus denen heraus sich die Ausprägung des bewußt zur Schau gestellten, meist aber unbewußt benutzten schamlosen Individualismus des modernen Menschen entwickeln, erklären und ableiten läßt. Auf vielen historischen Bezugsebenen unserer westlichen Zivilisation erscheinen Modelle, Vorgaben und Entwicklungen für die Individuation und lassen sich bei ihrer Vermittlung und Weiterleitung ins Heute in mancherlei Geschichtsverläufen entdecken. Vor allem waren es *zwei* Ströme, die Lebensmaximen sowie Inhalte der Lebens- und Weltanschauungen z.B. aus dem frühen Mittelalter in Wellenbewegungen bis zu uns in die Moderne transportierten.

Zum *einen* wurde im geschichtlichen Verlauf die christliche Kirchenlehre, die fundamentale Lehre von Gott, dem Schöpfer der Welt, des Werdens und des Sterbens, des Todes und des ewigen Lebens, zur allverbindlichen Lehre, die das gesamte Alltagsleben bestimmte, sämtliche Werte-Ordnungen des sogenannten christlichen Abendlandes formte und in ständigem Fluß die Traditionen an die Nachkommen weiterbeförderte. Alles Tun – das Gute, das Böse, das Häßliche, das Teuflische, das Hehre, das Moralische –, alles Denken und Tun war *in Gott* und *zu Gott*.

Zum *anderen* wurden aber auch die Erkenntnisse und Wissensgüter der *griechischen* und *römischen Antike* überliefert und weitertransportiert, die in den mächtigen Strom der christlichen Lehre einmündeten oder sich an dieser Lehre rieben, sich als

„Wissen" gegen den „Glauben" stellten und dann schließlich als eigene Lehren auch durchsetzten. Wenn ich von *zwei* Strömen oder Bahnen spreche, dann bin ich mir der großen Vereinfachung bewußt. Ich meine damit der besseren Übersicht wegen nur die Bündelung einer ungeheuren Anzahl von Lehrmeinungen, die man in diese zwei Kategorien einordnen kann. Die von Gott, dem Herrn, abgeleiteten und von der christlichen Kirche des Mittelalters gepredigten Werte wurden zunehmend von innen und von außen infrage gestellt und relativiert. Wir haben demnach auf der einen Seite die christliche Lehre des Mittelalters mit einem bis ins Detail ausgebauten christlichen Wertesystem, das sich bis heute auf die „Verkündigung", das „Wort Gottes" und die daraus abgeleitete Ethik stützt. Auf der anderen Seite finden wir die ebenfalls ethisch fundierten „Systeme" der „freien Geister", die sich im Laufe der Jahrhunderte von dem christlichen „System" zu emanzipieren versuchten, sich emanzipiert haben oder sich im direkten Versuch sofort anti-christlich deklarierten und sich auch so verhielten. Diese Emanzipationsprozesse zeitigten in teils philosophisch-weltanschaulichen, teils politisch-ideologischen Gedankenfigurationen unzählige Lebens- und Weltentwürfe sowie Gegenentwürfe, die nimmermüde zu allen Zeiten vorgelegt wurden. Entwurf und Verwirklichung stehen oft in imposanter Entfernung voneinander und scheinen Gegensätze zu bilden. Sie kommen selten zusammen. Wenn aber die Realisation des Entwurfs eintritt, ob in einer oberflächlichen Wahrnehmung, als „Explosion", oder in einem langwierigen und schmerzhaften Prozeß, dann haben wir es mit „Umkehrungen", mit sogenannten *Zeitenwenden* zu tun, wie z.B. mit
- dem Entwurf der *griechisch-platonisch-hellenistischen* Weltschau;
- der *stoisch-pragmatischen* römischen Weltschau, die allmählich die hellenistische Welt ablöste;
- der Inthronisierung des Christentums als alles dominierende *weltlich-geistige* und *religiös-geistliche* Macht nach Ablösung der griechisch-römischen Weltsicht durch das Christentum;
- der die mittelalterliche Welt verändernden *"Kopernikanischen Wende"*;
- der *Französischen Revolution;*
- der Geburt des *Bürgers* und dem Industriezeitalter;
- dem Anbruch des *nuklearen Zeitalters.*
Diese „Zeitenwenden" manifestierten sich nicht in einem soge-

nannten „Urknall" – so daß mit einer Art explosionsartiger Eruption „neue Zeiten" plötzlich geboren waren. Wenn man z.B. die Zeit der Reformation betrachtet, dann wird sie zwar durch Daten, die Luther, Zwingli oder Calvin gesetzt haben, fixiert, aber in ihr Werden, Wachsen und ihre Entfaltung müssen auch aus der Vor-Luther-Zeit eine Anzahl von Ereignissen sowie spezifischen Denkmodellen mit einbezogen werden. Auch die Nach-Luther-Zeit bis hin zum Westfälischen Frieden 1648, der den Dreißigjährigen Krieg beendete, muß in den Prozeß, den wir mit dem historischen Begriff der „Reformation" beschreiben, selbstverständlich eingeordnet werden. So gibt es auch eine Reihe anderer Strömungen, die sich in kleinen Verästelungen und esoterischen Denkrichtungen ausdrücken, in Wirklichkeit aber nur Varianten eines viel größeren universalen Geschehens sind.

Oder: Zwischen die Epoche der Kopernikanischen Wende und die der Französischen Revolution schoben sich, zunächst unmerklich, dann immer deutlicher, jene sozialen Prozesse, die zur allmählichen Geburt des europäischen *Bürgertums* führten. Eine der bedeutendsten Rollen in der sozialen und geistesgeschichtlichen Entwicklung unserer westlichen Welt spielt der *Bürger*. Die Kopernikanische Wende bildet die Voraussetzung für seine Geburt, die Französische Revolution einen der Höhepunkte seiner beginnenden Macht, die jedoch mit dem Fallgeräusch der Guillotine auch bereits seinen Untergang einläutete.

Zunächst löst sich der Bürger, kaum bemerkbar, von der alles dominierenden christlichen Heils- und Gnadenlehre. Dann emanzipiert er sich vom herrschenden Gottesgnadentum, zerschlägt die von diesem ausgehaltene und das Gottesgnadentum abstützende Aristokratie und erschafft neue Lebensparadigmen und neue Weltanschauungen, auf denen er seine politischen, wirtschaftlichen und ideologischen bürgerlichen Imperien gründet.

Wir ersehen daraus, daß viele historische Daten, die die „Zeitenwenden" markieren, mehr signalhaft als historisch-präzis sind. Wenn *Goethe* die Kanonade von Valmy 1793 bei seiner „Kampagne in Frankreich", die er im Heereszug des Herzogs von Braunschweig gegen die französischen Revolutionäre miterlebte, als Beginn eines neuen Zeitalters bestimmte, denn trifft dies im Kern zu, aber dieses „neue Zeitalter" hatte prozessual schon lange vorher begonnen und war 1793 noch lange nicht „fertig".

1514 *Kopernikus' Entdeckung*, 1789 *Sturm auf die Bastille*, 1945 *Hiroshima* – diese Daten sind Signien von historischen Wendepunkten, sie sind Daten des Beginns, der Dauer und des Endes schmerzlicher Prozesse innerhalb gewaltiger sozialer Umwälzungen. Ohne das Verständnis ihrer Abläufe sind das heutige soziale Paradigma der Individuation und die damit verbundenen destruktiven Freiheitsforderungen weder zu begreifen noch zu erklären.

Als *Kopernikus* entdeckte, daß die Erde nicht der alles beherrschende Mittelpunkt des unendlichen Alls sein konnte, geschah zunächst gar nichts. Die große *Bedeutung* jedoch, die diese Entdeckung hatte und die *Immanuel Kant* später die „Kopernikanische Wende" nannte, erkannten zu Beginn des 16. Jahrhunderts nicht nur die physikalisch-astronomisch vorgebildeten Gelehrten, sondern auch die Kirchengewaltigen. Sie waren imstande, das in seiner Gefahr nicht abzuschätzende Ausmaß dieser schockierenden Entdeckung zu erahnen. Für sie mußte diese Entdeckung nicht nur ein gewaltiger Schock gewesen sein, sondern auch ein überaus deprimierendes Erwachen. Sie, vor allem die Kirchenoberen, begriffen (aus ihrer Sicht), daß eine sich abzeichnende verheerende Katastrophe drohte, falls diese Entdeckung allgemeines Wissensgut der einfachen Gläubigen werden würde: es drohte die totale Sinnvernichtung, aber auch die völlige Zerschlagung einer Welt, deren Wert auf die *Einmaligkeit* und die *Bedeutungs-Unität* der Erde, des darüber liegenden Himmels und der unter ihrem Boden brennenden Hölle gründete.

In der *Kopernikanischen Wende* vermochte der vorwitzige Mensch, den das Schöpfungsgeheimnis verhüllenden Mantel Gottes für einen winzigen Moment zur Seite zu schieben, um in einem ergreifenden Augenblick durch einen schmalen Spalt des ihn umgebenden Mysteriums hindurch schaudernd in den erschreckenden Abgrund einer „anderen" Wirklichkeit zu blicken. Einen solch schaudernden Augenblick müssen auch jene Wissenschaftler in der Mitte des 20. Jahrhunderts erlebt haben, als ihre Freude über die Enthüllung des Nukleargeheimnisses der Kälte einer alles erstarren lassenden Schrecksekunde weichen mußte: Das Erschrecken über die Möglichkeit der Weltvernichtung glich sicherlich jenem über die Möglichkeit der absoluten Sinnvernichtung im 16. Jahrhundert.

Ob dieses Erschrecken bei der späteren Verbreitung ihrer schockierenden Entdeckungen auch die einfachen Menschen, die „Masse" ergriff, die allmählich davon erfuhren, mag dahingestellt bleiben. Bei der sich im Volke stetig verbreitenden Erkenntnis über die neuen Zusammenhänge geschah auch eine Verinnerlichung dieser neuen Fakten bei den Massen, die nicht schockartig vor sich ging, sondern sich in einer Art von Verletzung, die allmählich heilte und zu ganz neuen Einstellungen dem Leben gegenüber sich verwuchs. *Hans Mayer*, der Literaturwissenschaftler, sprach einmal von der „kosmischen Kränkung" des Menschen, die er durch Kopernikus erfahren habe. (Mayer reiht drei weitere „Kränkungen" an: die „gesellschaftliche" durch *Karl Marx*, die „anthropologische" durch *Charles Darwin* und die „psychologische" durch *Sigmund Freud*.) Was hatte sich durch die Kopernikanische Wende eigentlich verändert?

Die – bis zu Kopernikus' Entdeckung – geordnete Welt, in deren Mittelpunkt der Mensch als „Krone der Schöpfung" auf der Erdscheibe lebte, geriet aus ihren Fugen. Bisher wölbte sich über diesem Mittelpunkt des Weltalls, nämlich der Erde, also über dem Menschen, der Himmel, in dem Gott, der liebende Vater, Schöpfer des Himmels und der Erde, von Ewigkeit zu Ewigkeit regierte. Unterhalb der Erdenscheibe, in „unendlichen Tiefen", hauste das Böse, das vernichtende Feuer. Dort herrschte der Herr der Finsternis, der Teufel, Satan. Die Menschen waren sinnvoll in diese Welt eingepaßt. Ihnen war auferlegt, Gottes Gebote während ihres irdischen Lebens zu beachten und zu befolgen, um der ewigen Seligkeit teilhaftig zu werden, d.h. ewig zu „sein". Ein göttlicher Sinn, für den zu leben diesseitiges Leid, tiefer Schmerz, leiblicher Tod, Haß, Ungemach und alles blinde Schaffen sowie die anscheinend sinnlosen Schicksalsschläge zu ertragen sich wahrhaft lohnte! Wer wider den Stachel löckte, wer Gottes Gebot nicht befolgte und sich der Sünde überließ, dem drohte die Hölle mit mannigfachen Qualen und schmerzvoller Exekution.

Über dem Menschen des vorgestellten Weltenmittelpunkts wölbte sich jenseits der Sterne der Himmel des ewig Sinnvollen. Und für denjenigen, für den hinter den Wolken, in der Unendlichkeit des Himmels, der sinngebende Gottvater die Geschicke lenkte, für den waren *alle* Menschen gleichermaßen eingebunden in dieser sinnvollen Welt – ausgenommen die „Heiden", die durch die paulinische Aufforderung an die Mission: „Gehet hin in alle Welt und lehret alle Völker!" noch zu Gottvater, seinem eingeborenen Sohn und zum heiligen Geist „heimgeführt" werden mußten. Auch wenn Gott der Herr den Einzelnen „bei seinem Namen" gerufen hatte (wie es in der Bibel heißt), dessen individuelles Schicksal ständig durch seine Allmacht und Allgegenwart „destinierte" und lenkte, so waren die Menschen insgesamt, sub specie aeternitatis, „Gottes Gemeinde", „Kinder Gottes", oder eine homogene, in sich selbst strukturierte geschlossene Gesellschaft, wie man das sozialwissenschaftlich verallgemeinernd ausdrücken kann.

Die sinnvolle Welt, hier die christliche, stellte sich vor der Kopernikanischen Wende selbst nicht in Frage, wie dies auch alle anderen „Welten" tun, die auf andere religiöse Basen sich gründen und sich nie und nimmer in Frage stellen, solange diese Glaubensgründe noch mit der sie tragenden Gesellschaft „übereinstimmen" und ihren „Überbau" bilden, wenn sie sich durch ihre eigene, in sich geschlossene Kultur definieren.

Die spätmittelalterliche Welt – und wir müssen aus erklärlichen Gründen hier etwas vereinfachen – ruhte in sich selbst und in ihrem Sinn, und der Einzelne, das Individuum, war prozessualer Teil eines prozessualen und sinnvollen Ganzen, das er und das ihn auch nur so begriff. Der gestirnte Nachthimmel, der *Immanuel Kant* (neben dem „moralischen Gesetz in seiner Brust") unerklärbar erstaunen ließ, war die sichtbare Unendlichkeit der Existenz Gottes, die den moderner werdenden Menschen schon in jene Zweifel gestürzt hat, die die spätere Aufklärung charakterisieren. Diese Unendlichkeit von gottgewolltem Sinn und menschlicher Sinnfälligkeit ging unter in der Kopernikanischen Wendung, die nicht mehr die Erde, sondern plötzlich die Sonne in den Mittelpunkt stellte. Mit dem heliozentrischen Weltbild mutierte das geozentrische von einer *geistigen* Bedeutung in eine *physikalische* Erklärung – der gestirnte Nachthimmel verlor seine Existenzberechtigung und die bisherige „Welt" ihren Sinn.

Ein Mensch in dieser mittelalterlichen Welt, die das Humanum *nicht* in der Individuation, sondern ausschließlich in Gott suchte und fand, konnte auch nur innerhalb des Gesetzeswalles Gottes, den die Kirche um ihre Gemeinde errichtet hatte, „frei" leben. Eine auf „Persönlichkeit" ruhende und allein aus ihr heraus zu definierende *persönliche Freiheit* war undenkbar und nicht existent – es gab sie nicht. Das zögerliche und fast keusche Aufkeimen eines wie immer gearteten menschlichen Persönlichkeitsbewußtseins barg schon den Sprengsatz in sich, der eine solchermaßen geschlossene und in sich selbst befriedete Welt einmal explodieren lassen und dadurch sich selbst zerstören mußte: es gab auch in dieser Totalintegration noch keine *Gesellschaft*.

Dieses in Gottes Reich eingeordnete, funktionale und dadurch determinierte Sein des mittelalterlichen Menschen würde allein durch den Entwicklungsprozeß in seinem Bewußtsein – wie einst bei den Griechen –, durch die Entdeckung des Individuums, diese „geschlossene Gesellschaft" infrage stellen. Dieser Mensch mußte eines Tages an einem Punkt angelangen, an dem er diese alte Welt und ihr Gefüge anzweifeln mußte, weil sein erwachter individueller Geist darin keinen Platz mehr hatte. Er würde darum die zwingende *polare* Position einnehmen, die als Gegenposition in der Polarität die Sprengung der alten Welt erreicht, um seine eigenen Bedürfnisse einzubringen: die Befreiung des Ichs aus den Fesseln dieser absolut geschlossenen Gesellschaft, die Sprengung der autoritativen Ketten, welche die geistige und psychische Individuation bislang verhindert hatten.

Erst der Entwurf einer *Gesellschaft*, deren einzelne Mitglieder ausschließlich als Totalintegration eines Ganzen begriffen werden, kann jedoch den Gegenentwurf einer *individuellen Persönlichkeitskultur* ermöglichen, ja ihn im Grunde erst fordern. Deshalb kann unsere Untersuchung der Auswirkungen, Attitüden, Beschaffenheiten und auch Pervertierungen der individuellen (und demokratischen) Freiheit erst dann fruchtbar werden, wenn man das Fehlen, das heißt das absolute Nichtdenken einer Individual-Persönlichkeits-Freiheit, wie es im Mittelalter sich darbietet, wirklich erkundet, verstanden und nachempfunden hat.

Diese knappe und gedrängte Zustandsschilderung des durch die Kopernikanische Wende erschütterten Glaubens bei den mittelalterlichen Menschen beschreibt natürlich nur einen schleichenden und langwierigen Prozeß, bei dem sich die einzelnen Verhaltens- und Bewußtseinsschichten zeitlich stark überlagerten. Die Wandlung vollzieht sich in teilweise unbemerkten historischen Abfolgen, in mehr oder weniger deutlichen sozial- und politikhistorischen Schüben. Hin und wieder auftretende eruptive Erscheinungen dominierender Ideen wurden von der Allgemeinheit als „völlig überraschend" wahrgenommen, hatten sich aber seit langer Zeit schon hinter einer Art modischer Schichtenverdeckung als Symptome angekündigt. Nun muß man die Frage stellen, was hat sich in der geistigen, der ideologischen und der beherrschenden theologischen Region, zu der die Massen keinen Zugang hatten, wirklich abgespielt? Worin gründete nun die mittelalterliche Welt, geistlich und geistig, bevor die Kopernikanische Wende diese fest in sich ruhende Welt zu erschüttern vermochte?

Aus oberflächlicher religiöser Sicht bildet das Mittelalter als Glaubensgemeinschaft insgesamt einen monolithischen Block, dessen Glaube „Wissen" ist, was wiederum in der Offenbarung Gottes ruht. Das Geoffenbarte ist es, was diesen monolithischen Block nicht als Einheit auftreten läßt, denn das geoffenbarte Wort und die Auslegung dieses Wortes durch die Kirchenväter und deren Exegesen durch die Nachfolger wiederum, die sich machtpolitisch gruppierten, sind die Gründe für die heftigen theologischen und grausamen kriegerischen Auseinandersetzungen, die teilweise alles übertrafen, was es bis dahin an Scheußlichkeiten gab. Allerdings spielen sich dabei alle Auseinandersetzungen, Kämpfe, Morde, Grausamkeiten, Dialoge, Lehrmeinungen und was immer an Gegensätzlichem aufgeboten wird, *unterhalb* der Ebene des Zweifels an Gottes intakter Welt ab. Gottes Welt wird zu keinem Zeitpunkt angezweifelt, sie „war", „ist" und „wird sein". Die menschlichen, theologischen und politischen Auseinandersetzungen werden im „subjektiven Namen" Gottes geführt, aber nie geht es dabei um die Existenz dieser „Welt in Gott" selbst.

Die Welt in Gott ist das gemeinsame Band, das gemeinsame Denken und die gemeinsamen Lebens- und Weltanschauung dieses geistigen Monoliths der mittelalterlichen Kultur, den wir für unsere Zwecke heranziehen müssen. Es ist nicht das Trennende, das Differenzierende dieser Welt, das unterhalb der geschilderten Ebene massiv existiert, das Klärung bringen kann. Die frühe mittelalterliche Kultur war nicht einfach eine „kulturelle Ablösung" der griechischen und römischen Kultur durch die christliche. Die griechisch-römische Mittelmeerkultur wurde in ihrer Weltanschauung von *Platon, Aristoteles* und den *Stoikern* geprägt, wenn man einen partiellen geistesgeschichtlichen Rahmen entwirft, aus dem christliche Denker wie *Augustin* im 4. Jahrhundert oder *Thomas von Aquin* und *Anselm von Canterbury* im 11. und 13. Jahrhundert Welterklärungen von diesen antiken Philosophen übernahmen und in ihr eigenes Weltbild integrierten.

Das platonische Denken schuf sich eine *intelligible* Welt, in der die Menschen existierten. Die christliche Welt, aus Augustinus Sicht, war eine *geoffenbarte* Welt. Für Augustin hatte sie einen Anfang, wie alles einen Anfang und alles ein Ende auf dieser Erde hat: Gott war der Anfang und das Ende, das A und das O, Alpha und Omega. Die Welt Platons kannte keinen Beginn und auch

170

kein Ende, sie hatte nur ein „Sein", sie „war" einfach. In Platons Überlegungen bildeten Staat, Religion, Kultur und Gesetze eine Einheit. Über das dialektische Denken erst konnte man nach *Platon* über die einzelnen Disziplinen der Arithmetik, der Geometrie, der Astronomie usw. zur Harmonie gelangen. Gott, wenn man so will, wurde dabei erst durch die Dialektik, am Ende des langwierigen Erkenntnisweges gefunden. Bei *Augustin* steht Gott aber am Anfang allen Denkens. Diese beiden Anschauungen, die platonische und die augustineische, scheinen deshalb diametral entgegengesetzt zu sein und sich gegenseitig auszuschließen. Und dennoch sind sie ineinander aufgegangen – im Christentum wurde auch das Denken *Platons* absorbiert. Um das Entstehen und die Entwicklung der Individuation in ihrem Kern zu verstehen, muß man das Aufgehen der griechischen und hellenischen Welterklärungen und der Stellung des Menschen in dieser Welt, wie wir sie bei Platon (und dadurch bei *Sokrates*), Demokrit, *Heraklit*, bei den *Stoikern* und *Epikureern* dargestellt finden, in das christliche Denken begreifen. Die Wege, die dieses Aufgehen über Aristoteles und den jüdisch-mosaischen Lehrkanon nahm, sind hier nicht von großer Bedeutung, wenn auch als historische Erklärung wichtig.

Wenn Platon seine mit Hilfe von Sokrates gewonnenen Einsichten und Werke vorlegt, so haben wir es hier auch mit einem geschlossenen Weltbild zu tun. Da Kultur, Religion und Staat bei ihm „eins" sind, ist der Staat logischerweise Ausdruck von Religion und Kultur. Der platonische Staat ist eine „Idee", die zeitlos ist. Es ist nicht der „gerade" jetzt existierende Staat, in dem sich die Menschen, die Griechen bewegen, er ist Beispiel, er ist Paradigma. Der Staat „ist", er „ist" genau so, wie die Gesetze „sind", wie die Gerechtigkeit „ist", wie die Natur „ist"; alles „ist" durch sich selbst. Gerade seinen Begriff der Gerechtigkeit, seinen „Gerechtigkeitsstaat", sollte man, wenn man „die" Freiheit behandelt, genau ansehen, vor allem auch im Hinblick darauf, daß vielfach der platonische Staat, der nicht selten in der öffentlichen Diskussion mit dem (wirklichen) athenischen Staat verwechselt wird, als „Wiege der westlichen Demokratie" gepriesen wird.

Auch die „Gerechtigkeit" wird bei Platon als „seiend" und *ens per se* (seiend durch sich selbst) definiert. Hat Platon, der Verfechter des Klassenstaates, dem die Sklaverei eine Selbstverständlichkeit ist, die gleiche Vorstellung von „Gerechtigkeit" wie wir heutigen Menschen? *Karl Popper* verneint diese Frage. „Ich behaupte", schreibt Popper, „daß er (Platon, W.N.) im ‚Staat' den Ausdruck ‚gerecht' als Synonym für ‚das, was im Interesse des besten Staates gelegen ist', verwendet. Und was ist im Interesse dieses besten Staates gelegen? Daß alle Veränderungen durch Aufrechterhalten einer strengen Klassenteilung und Klassenherrschaft zum Stillstand gebracht werden. Wenn diese Interpretation richtig ist", fährt Popper fort, „dann folgt, daß Platons politisches Programm mit seiner Forderung nach Gerechtigkeit auf dem Niveau totaler Lehren verbleibt. . ."

Für die frühen Kirchenväter, insbesondere für *Augustin*, war die Frage nach der „Gerechtigkeit", die die Frage nach der „Freiheit" einschließt, unerheblich. Auch die Frage, ob Platons Meisterwerk „Vom Staat" Parameter für einen totalitären Staat abgibt, hat sich Augustin nicht gestellt. Für ihn ist dies keine brennende Frage. Für Augustin ist diese Frage längst beantwortet. Für ihn entspringen Gesetz und Gerechtigkeit dem Willen Gottes und nicht einer Tat der Menschen; auch konnte man sie nicht ontologisch „erklären". Karl Popper dagegen sieht aus heutiger Sicht, in der sich die christliche Lehre zu einer esoterischen Theologie zurückgebildet hat, in Platons „Gerechtigkeitsstaat" einen Staat, für den seine „Klassen" *die* Stabilität zu garantieren hatten und „daß der Staat gerecht ist, sobald der Herrscher herrscht, der Arbeiter arbeitet und der Sklave front." (K. Popper, 1980, Bd. 1, S. 130/131) Die daraus folgenden Schlüsse Poppers, die auch die Behandlung der „Freiheit" einschließen, können hier nicht weiterdiskutiert werden. Es geht uns nur um Augustins Übernahme der griechischen Philosophie in sein Lehrgebäude.

Die im „Staat" Platons definierten Maximen, die sicherlich nicht nur für seine Kritiker, sondern auch für seine Verehrer Utopie bleiben dürften, konnten (vor allem der Standpunkt, der Staat, Kultur, Gesetze, Freiheit usw. als „seiend" begrifft) von dem Christen Augustin nicht nur nicht übernommen, sondern mußten auch von ihm als unannehmbar abgelehnt werden. Der durch die Bibel im Alten Testament überlieferte jüdische Monotheismus war längst in die christliche Lehre aufgenommen worden. Die Gesetze erhielt danach Moses durch Gott – Gott „gab" die Gesetze, sie „waren" nicht. Die Gesetze für das gesamte menschliche Verhalten wurden von einem Gesetzgeber „gegeben", sie waren nicht, wie bei Platon, ein schon immer vorhandenes und immerwährendes „Sein", in dem eben auch die Gesetze involviert waren.

Aus vielerlei Gründen, die hier keine Rolle spielen, suchten Augustin und die Neuplatoniker die „Ideen" Platons, wie *Ernst Cassirer* anmerkt, „in die Gedanken Gottes umzuwandeln". Cassirer fährt fort: „Das war keine bloß metaphysische oder ontologische Unterscheidung; es bedeutete viel mehr." Denn wenn es – für Augustin – kein Gesetz, das das Gute und die Gerechtigkeit definiert, ohne einen Gesetzgeber geben kann, dann mußte man Platons ähnliche Ideen von der Gerechtigkeit und dem Guten, die von Anbeginn der Dinge schon „waren", in das Offenbarungs-System übernehmen, weil Platon aus historischen Gründen dieser Offenbarung Gottes noch nicht teilhaftig werden konnte. Platon brauchte keinen Gesetzgeber. Diese Anschauung war für Augustin nicht tragbar. Für Augustin galt, wie Cassirer schreibt: „Das Gute konnte sich nicht mehr selbst aufrecht erhalten und garantieren. Wir können nicht mehr hoffen, das Gute durch dialektische Methoden allein zu erreichen; und wir können seine wirkliche Bedeutung nicht begreifen. Auch hier muß sich der menschliche Verstand einer höheren Macht unterordnen. Wir mögen fortfahren, von einem ,natürlichen' Recht zum Unterschied von dem göttlichen Recht zu sprechen. Aber in christlichem Denken hat nicht einmal die Natur ihre eigene, unabhängige Existenz. Sie ist das Werk und die Schöpfung Gottes. Im selben Sinne sind alle ethischen Gesetze erschaffene Dinge; sie sind die Offenbarung eines persönlichen Willens. Von Anfang an hatten die Kirchenväter diese Ansicht betont." (Cassirer, 1978, S. 130)

In einem verkürzten Sinn darf man zu sagen wagen, daß bei Augustin Platons Ideen zu Ideen Gottes werden, worauf schon andere hinwiesen. Bei Augustin findet die griechische Unendlichkeit, das ewige Sein der Dinge, ihren Ursprung im Willen Gottes, in Gottes Schöpfertum, der uns das Geschöpfte offenbarte. Und wenn alle Dinge von Gott kommen, dann auch die Gesetze, die Wahrheit, die Gerechtigkeit, die Weisheit, die Erkenntnis und auch die *Freiheit*. Cassirer weist darauf hin, daß für Augustin es nicht der Staat ist, der Gerechtigkeitsstaat, der immerwährende, in dem wir geborgen sind, sondern daß allein in Gott die Ruhe zu finden ist. Gott und Gottes Gebote, der Mensch als Gottes Geschöpf und seine unsterbliche Seele sind das Zentrum des christlichen Glaubens und der christlichen Lebensanschauung im frühen Mittelalter. „Gott und die Seele, das ist es, was ich zu kennen wünsche. Sonst nichts? Absolut nichts!" heißt es bei Augustin, und Ernst Cassirer, um ihn noch einmal zu zitieren, sagt zu dieser Aussage Augustins: „Diese Worte sind in gewissem Sinne der Schlüssel zur ganzen Philosophie des Mittelalters." (S. 107) Und dieses Mittelalter kannte nicht den demokratischen Staat, der ohne individuelle Freiheit nicht zu denken ist.

Ohne allen Verästelungen der immer wieder anstehenden Diskussionen um Platons Lehren zu folgen, sei hier festgehalten, daß der platonische Staat kein Vorbild eines demokratischen Staatsentwurfs sein kann, weil die individuelle Freiheit nur den Angehörigen der herrschenden Klasse zugewiesen wird, während die „anderen" dem Staat mehr oder weniger als Sklaven dienen. Wenn aber die individuelle Freiheit auf eine Kaste beschränkt bleibt, kann folglich auch keine demokratische Freiheit dem Staatsentwurf als Grundlage dienen. Augustins Lehre, daß alles „von Gott" ist, also auch die Freiheit, scheint zunächst eher für eine Weltsicht geeignet zu sein, die dem Menschen nur dann eine Freiheit zuweist, wenn sie in Gott „gebunden" ist.

Ehe wir nun aus den frühmittelalterlichen Anschauungen von Welt und Leben eine Plattform schaffen wollen, auf der unsere Diskussion um die Entwicklung der Auffassung von der menschlichen Freiheit fortgeführt werden kann, wollen wir uns der weiteren Umformung der Christenlehre im späteren Mittelalter zuwenden, wozu wir die Lehren aus der Scholastik, z.B. die von *Thomas von Aquin* unter dem Rekurs auf *Aristoteles* und die stoische Weltsicht hinzuziehen müssen.

Dem des Griechischen nicht mächtigen *Aurelius Augustinus* (354–430) blieb die griechische Philosophie weitgehend verschlossen. Er vermochte sie nur über den Umweg über die lateinische Sprache zu rezipieren. Wenn man dabei noch bedenkt, daß von Platons Schriften bis ins 12. Jahrhundert hinein nur „Timaios" bekannt war, so wird diese Kenntnis-Plattform noch schmäler. Wichtig jedoch bleibt festzuhalten, daß das frühe Mittelalter das Wissen der Antike konservieren und in die neue christliche Lehre immer stärker einbringen konnte. Die vielen Seitenwege des christlichen und schulphilosophischen Denkens, wie z.B. der Neuplatonismus des 3. und 4. Jahrhundert – um nur einen dieser „Seitenwege" zu benennen – außer acht lassend, finden wir vor allem in der Hochscholastik den ständigen Versuch der Synthese von Glaube und Erkenntnis, welche tonangebend wurde.

Der *platonische Staat*, der ausdrücklich von den vier Kardinaltugenden Weisheit, Tapferkeit, Besonnenheit und Gerechtigkeit geleitet sein soll, und als Idee immerdar „ist", ging im mittelalterlichen *Gottesstaat* des Augustinus auf. Dieser Augustineische Gottesstaat definierte alle Tugenden neu, ordnete alle Werte aus „gottesstaatlicher" Sicht und bestimmte ihre Anordnung allein aus der Ableitung vom göttlichen Willen. Wenn im neugewonnenen christlichen Verständnis aller Ursprung Gott ist, hat eine durch Dialektik gewonnene Erkenntnis und deren Wertsetzung, wie wir gesehen haben, keinen Platz mehr: eine dialektisch gewonnene Erkenntnis steht dem Glauben diametral gegenüber. Und doch wollte man die „alte" Erkenntnis der Griechen in das christliche „System" einbringen!

Es war *Thomas von Aquin* (1225–1274), neunhundert Jahre nach Augustin, der lehrte, daß menschliche Erkenntnis kein reines Vernunftprodukt sei, der Glaube sei der „Helfer der Vernunft", er allein könne die Vernunft in ihrer Erkenntnis bestärken. Der über einhundert Jahre vor Thomas von Aquin lebende *Anselm von Canterbury* (1033–1109) hatte schon in seinem „Cur Deus Homo" geschrieben: „Wie die richtige Ordnung vorschreibt, daß wir erst die tiefen Geheimnisse des christlichen Glaubens glauben, bevor wir uns unterfangen, sie zu erörtern, so scheint es mir eine Vernachlässigung zu sein, wenn wir nicht, sind wir nur erst fest im Glauben, versuchen zu verstehen, was wir glauben."

Auf diesen Ausspruch bezieht sich Cassirer, wenn er schreibt: „Das war kein wirklicher Ausweg aus dem Dilemma. . . Der Konflikt zwischen Vernunft und Glaube brach je und je wieder aus. Aber die Formel ‚der Glaube, der den Verstand macht' gab wenigstens eine gemeinsame Plattform, eine Basis für alle künftigen Diskussionen. . ." Erst später, im 13. Jahrhundert, wird durch die Autorität und den Einfluß Thomas von Aquins dieses alle theologischen Köpfe bewegende Thema fast konsensual behandelt. „Durch Thomas von Aquins Devise ‚Die durch den Glauben bestärkte Vernunft' wurde die Vernunft in alle ihre Rechte und Würde wieder eingesetzt; sie hatte volle Herrschaft über die natürliche und die menschliche Welt", heißt es dazu abschließend bei Ernst Cassirer. (a.a.O. S. 128)

Unsere kursorischen Anmerkungen zu dieser Epoche sind nicht abzuschließen, ohne auf den Einfluß *Aristoteles'* und der *Stoiker* hinzuweisen, der vor allem bei Thomas von Aquin zu registrieren ist. Denn dieser Einfluß, der in die Kirchenlehre aufging, war wegweisend. Es kommt nicht so sehr darauf an, die wichtigsten Unterschiede zwischen Platon und Aristoteles herauszustellen, sondern nach jenen Brückenfunktionen zu suchen, die es damals ermöglichten, zwischen dem logisch-dialektischen Erkenntnis-Weltbild der platonisch-aristotelischen Lehre, die dem christlich-theologischen Glaubensweltbild polar gegenüberstand, zu vermitteln, um den Glauben, der sich in der Offenbarung einer irrationalen Welterklärung verschrieben hatte, nicht durch rationale Argumente der Vernunft erschüttern oder gar zerstören zu lassen. Diese Furcht stand im Grunde hinter all den jahrhundertelangen Auseinandersetzungen von der Frühscholastik bis zu ihren späten Ausläufern.

Für *Aristoteles* – um in der Geistesgeschichte noch weiterzurückzugreifen – gab es keine reine intelligible Welt, die sich von den Erscheinungen, den Phänomenen, unterschied, wie bei Platon. Die Gottheit ist *nicht* das Ergebnis eines dialektischen Prozesses, sondern beides: Anfang und Ende. Die Gottheit ist Ursprung und Finales, als Handelndes und als „Behandeltes" stellt sie *alles* dar. Ihre Handlungsakte geschehen intellektuell. Sie handelt nicht nach einem Sittengesetz. Nicht Ethik und nicht Moral bestimmen das Handeln der Gottheit.

Moralisches Handeln bringen erst die *Stoiker* ein. Als Eklektiker, die die Elemente ihrer Lehren von Heraklit, Sokrates, Platon und Aristoteles entlehnten, könnte man glauben, daß ihr Einfluß nicht sehr groß war. Das bezweifle ich, vor allem, wenn man die Werke der Scholastiker betrachtet. Ihre Naturgesetze sind moralischer Art. Die stoische Lehre verbreitete sich in der römischen Welt so intensiv und schnell auch deshalb, weil sie, meiner Meinung nach, sehr lebensnah war und sich auch im politischen Handeln verwenden ließ. Männer wie der jüngere *Scipio, Cicero, Seneca*, der Lehrer Neros, *Marc Aurel* – um nur einige zu nennen – handelten und dachten in stoischen Kategorien, in die gerade jene Passagen aus Aristoteles' Werken eingegangen waren, die sich mit den menschlichen Tugenden und ihren öffentlichen Bewertungen – heute sprechen wir von den gesellschaftlichen Bedingungen - befassen, wie Gerechtigkeit und Freiheit, Großherzigkeit und Mut, Mäßigkeit und Tüchtigkeit usw.

Und wie stand es mit der Humanität? Dazu heißt es bei Cassirer: „. . .wir finden. . . nicht die allgemeine Tugend, die ‚Humanität' genannt wird (humanitas). Sogar der Terminus scheint in der griechischen Sprache zu fehlen. Das Ideal der Humanität wurde zuerst in Rom geformt. . . Humanitas war keine vage Vorstellung. Sie hatte eine bestimmte Bedeutung und wurde eine formende Kraft im privaten und öffentlichen Leben in Rom. Sie bedeutete nicht nur ein moralisches, sondern auch ein ästhetisches Ideal; sie war die Forderung nach einem bestimmten Typ des Lebens, der seinen Einfluß im ganzen Leben des Menschen zu erweisen hatte, in seinem moralischen Verhalten ebenso wie in seiner Sprache, seinem literarischen Stil und seinem Geschmack. Durch spätere Schriftsteller, wie Cicero und Seneca, wurde dieses Ideal der Humanität in der römischen Philosophie und der lateinischen Literatur fest verankert." Cassirer stützt sich dabei auf Reitzenstein (Werden und Wesen der Humanität im Altertum, Straßburg, 1907), einem „klassischen" Kenner dieses Sujets. (S. 136)

Die Brückenfunktion der Anschauungen Aristoteles' und die Integration der stoischen Auffassungen bilden jenes Bild des christlichen mittelalterlichen Denkens im 11., 12. und 13. Jahrhundert mit. Es wurde bestimmt von den *Scholastikern* insgesamt, auch wenn Thomas von Aquin alle anderen durch seine Bedeutung überragt. Wenn eingangs von einem monolithischen Block gesprochen wurde, so sollte man nicht übersehen, daß es unendlich viele dialektische, theologische, philosophische und kirchenpolitische Glaubenskämpfe, Disputationen, „Richtungen" und Schulen gab, deren Einfluß, Bedeutung und Wichtigkeit man nicht verkennen darf. Man denke z.B. nur an Kirchenmänner wie *Abaelard* (1079–1142), *Anselm von Canterbury* (1033–1109), *Bernhard von Clairvaux* (1091–1133) oder *Petrus Danuani* (1007–1072) – alle *vor* Thomas von Aquin lebend –, die im 11./12. Jahrhundert den philosophisch-theologischen Krieg zwischen menschlicher Vernunft und göttlichem Glauben äußerst vehement austrugen. Weit davon entfernt, in der Tätigkeit eines *simplificateur terrible*, den riesigen geisteshistorischen Komplex grob zu vereinfachen, um die These des „mittelalterlichen Glaubensmonoliths" abzusichern, möchte ich, indem ich Sekundärquellen weitgehend vernachlässige, dem weiteren Diskurs auf einfache Weise zwei Feststellungen zu Grunde legen:

Einmal geht es um die Tatsache, daß sich das mittelalterliche Denken, d.h. die damalige christliche Lehre aus zwei Quellen speist – aus dem Erbe der platonisch-aristotelisch-stoischen Welt- und Lebensanschauungen, und aus der monotheistischen jüdischen Offenbarungslehre.

Zum anderen geht es um die Tatsache, daß es bei allen Kämpfen, Disputen, Auseinandersetzungen und Differenzen der Kirchenmänner in Sachen christliche Lehre, von der Früh- bis zur Spätscholastik, keinen Zweifel an jener „Wahrheit" der *einen* Gotteswelt gibt, die Gott offenbart hat. Diese „Wahrheit" einte alle Kirchenlehrer, Dialektiker und Glaubenstheologen. Und nur in diesem Sinn wird hier von einem „Monolith" gesprochen. Dieser „Monolith", wie wir ihn grob definiert haben, war die Voraussetzung für die Bildung und die Verfaßtheit der geschlossenen Gesellschaft, die unterhalb der Ebene des Zweifelns an der Existenz der geschilderten Gotteswelt sich in blutigen Auseinandersetzungen aufrieb. Dies ist bei vielen anderen Gesellschaften ebenso festzustellen.

Die Entwicklung des Staates und der Kirche im 12. bis 15. Jahrhundert und das Leben der Menschen in diesem Staat und in der Kirche waren alles andere als erfreulich. Die spätere Romantik hat unser heutiges Bild dieser „mittelalterlichen" Jahrhunderte ganz anders geprägt. Sie ließ die historischen Erkenntnisse, die schon längst während des 18. Jahrhundert bis ins Detail veröffentlicht waren (man denke nur an das umfangreiche Werk „Historische Vergleichung der Sitten und Verfassungen, der Gesetze und Gewerbe, des Handels und der Religion, der Wissenschaften und Lehranstalten des Mittelalters, mit denen unseres Jahrhunderts in Rücksicht auf die Vorteile und Nachteile der Aufklärung" von Christoph Meiners, 3 Bd. 1793–1794), links liegen und verbreitete ein Mittelalterbild, von dem *Joachim Bumke* sagt: Die Romantiker „orientierten sich nicht an den geschichtlichen Quellen, sondern an den poetischen Werken und sahen in den tugendhaften Helden und den minniglichen Frauen der mittelalterlichen Dichtung, die sie für Abbilder der Wirklichkeit hielten, Zeugen einer vergangenen schöneren Welt, in der die Menschen noch in kindlich-frommem Geist mit sich selbst und mit der größeren Ordnung eins waren. . . Die Wirklichkeit sah anders aus. Von dem Leben der einfachen Menschen, ihrer Armut, ihren Nöten und ihrer drückenden Abhängigkeit ist aus den Quellen wenig zu erfahren. . . Die düstere Enge auf den Burgen, die unvorstellbare Primitivität der hygienischen Verhältnisse, der Mangel an Licht und Heizung, das Fehlen einer sachkundigen medizinischen Betreuung, die ungesunde Ernährung, die Rohheit der Tischsitten, das entwürdigende Sexualverhalten gegenüber den Frauen: das war die Realität." (J. Bumke, 1986, Bd. 1, S. 9).

178

Bestechung, Ausbeutung, Versklavung, Kriege, Plünderungen, Brandschatzungen, Vergewaltigungen, Folterungen, bestialische Strafen – das alles zeigen die Quellen auf. Die Päpste begannen ein Lotterleben zu führen, der Ablaßschwindel florierte, die armen Leute wurden in Angst und Schrecken gehalten, Frauen als Hexen verbrannt und von den Pfaffen wurde ständig das nahe Ende der Welt, das Weltengericht gepredigt, um die Menschen in Furcht und Schrecken zu halten – auch diese groben Entgleisungen sind bekannt. Wie immer dieses private und öffentliche Leben – zügellos, fromm, brutal oder vergeistigt – sich gestaltete und gestaltet wurde – es war dennoch stets „zu Gott". Der Adel, das Recht, das Königtum, die Stände, alle Institutionen gründeten in Gott, in der vorgegebenen Welt, in deren Mittelpunkt der Mensch lebte. Wo auch immer Kriege geführt, Massaker veranstaltet, Frauen und Kinder getötet und Unheil verbreitet wurde – alles geschah im Namen Gottes, wobei beide Seiten, Täter und Opfer, sich auf Gott und seine Heiligen beriefen. Diese Weltordnung stand in jenen Jahrhunderten nie zur Disposition, auch wenn riesige soziale Veränderungen die Menschen mit immer neuen Problemen konfrontierten: der Untergang der Ritterkultur, das Aufblühen der Städte-Kultur, die Machtentfaltung der Kaiser und des Papstes, die Entdeckung der neuen Welt (1492), mit der gleichzeitig durch die Zerstörung der Maya- und Aztekenkulturen und deren völlige Vernichtung die gigantische materielle Ausplünderung der außereuropäischen Kulturen, die wir heute die Dritte Welt nennen, und deren totalen Zerschlagung begann. Dies alles geschah auch im Namen Gottes und seiner Welt, nicht nur zu seinem höheren Ruhm, sondern im festen Bewußtsein, daß die eigene Gotteswelt die einzig *wahre* und *eine* war und bleiben mußte, obwohl sich überall in dieser Gotteswelt gefährliche Risse auftaten und schon lange das ferne Donnergrollen zu vernehmen war, das den Untergang dieser Welt ankündigte. Es war der Mensch, der seine Freiheit, seine Persönlichkeit, sein Ich wiederentdeckt hatte, der dieser Welt schließlich den Todesstoß versetzte.

Als Adam und Eva vom Erzengel auf Gottes Geheiß aus dem Paradies vertrieben wurden, hatten sie sich durch Mißachtung der göttlichen Gesetze versündigt: sie aßen von der Frucht des Erkenntnisbaumes. Die gewonnene Erkenntnis trennte die ersten Menschen unwiderruflich vom All, der Totalität der Natur, vom Einssein mit der Schöpfung, in der Gott, Natur, Mensch eine Einheit bilden. Die Erkenntnis erst schuf *Teile*, Einzelheiten und ließ in ihrer dadurch entstandenen Vielheit Verwirrung und Unendlichkeit aufkommen, die mit der Endlichkeit des menschlichen Geistes nie erfaßt werden kann. Hier liegen auch die Wurzeln zu seiner tragischen Existenz.

Der aus der Unität Natur herausgebrochene „erkenntnisvolle" Mensch stand sofort vor der Frageliste der Befriedigung seiner Persönlichkeitsforderungen, deren erste immer die Frage nach der eigenen Freiheit war. Und dann tauchen, wenn der scharfe Wind der Freiheit dem Menschen ins Gesicht schneidet, jene Sehnsüchte auf, die in den Dostojewskischen Visionen vom „Großinquisitor" an die Wand geworfen werden: die Wünsche des gequälten Menschen nach Geborgenheit und Versorgung, die durch die Überantwortung eines Teils seiner Freiheit an „andere" gewonnen werden könnten. Es sei an die betreffende Stelle bei Dostojewski erinnert, wo es heißt: „. . . der Mensch hat keine quälendere Sorge, als den zu finden, dem er möglichst schnell das Geschenk der Freiheit. . . zurückgeben könnte. . ."

Es scheint für den Menschen oft nichts Beruhigenderes zu geben als eine „liebende Macht", der er sich und seine Freiheit anvertrauen kann. Und ist nicht Gott, in dessen Schoß allein Augustin erst ruhen konnte, wenn „sein Herz ruhet in ihm", *die* liebende Macht, die ohne Heuchelei, Lüge und Sünde, als liebender Vater, den Menschen in seine schützenden Arme nehmen kann?

Der aus dem Paradies verstoßene Mensch suchte und fand seine Zuflucht im Gottesstaat und in der Gotteswelt des Mittelalters. Als er aber erneut zum dortigen Baum der Erkenntnis trat und nach der verbotenen Frucht griff, entdeckte er mit Schrecken, daß Gott gar nicht im Himmel wohnte, weil es den Himmel über ihm nicht gab, weil die Welt plötzlich unendlich und die Erde nur ein nackter Stern geworden war, der sinnlos und unaufhörlich durchs All rast.

7. Kapitel

Die Revolte gegen den mittelalterlichen Gottesstaat und der Verlust der Mitte Gottes

„Der Grundzug des Mittelalters ist die Geschlossenheit des sozialen Lebenssystems; die Renaissance ist offen nach allen Richtungen, nachdem schon im ‚Herbst des Mittelalters' die Schranken gebrochen waren. In diesem offenen System, das weder in seiner inneren Struktur, noch in seinen peripherischen Abgrenzungen irgendwelche Ordnungen kennt, bleibt der Mensch entweder selbst ordnungsloses Produkt der erreichten faktischen Lage... oder aber er ergreift die ihm durch die Offenheit des Systems gegebene Chance... In der Spannung zwischen dem ordnungslosen Alltag und dem Fernziel neuer Ordnung... bewegt sich das Werk Machiavellis..." So charakterisiert der Soziologe *René König* den Übergang der geschlossenen Welt des Mittelalters in die Renaissance, d.h. in die beginnende Neuzeit. Diese Zeilen sind in seinem Werk „Niccolò Machiavelli" zu finden, dem der Autor den Untertitel „Zur Krisenanalyse einer Zeitenwende" gab (1979, S. 19/20).

Ich stelle bewußt das König-Zitat an den Beginn dieses Kapitels, weil hier alle Stichworte vereinigt sind, die den Rahmen der Diskussion über den Verlust der göttlichen Mitte, das Ruhen des Menschen in der „Mitte Gottes" und die Ahnung von der Geburt des späteren „Bürgers" abgeben: *Mittelalter* als geschlossenes Sozial- und Lebenssystem, „Herbst des Mittelalters" (hier spielt René König auf den gleichnamigen Titel des berühmten Werkes des holländischen Gelehrten *Johan Huizinga* an), ordnungsloser Alltag, Renaissance, Machiavelli.

Wir können natürlich nicht einen präzisen Zeitpunkt festlegen, zu dem das Mittelalter „unterging" und die *Renaissance*, die Neuzeit, beginnt. „Einen Punkt in dieser Geschichte zu suchen, an welchem das Mittelalter ‚endet' und die moderne Welt ‚beginnt', ist eine klare Absurdität. Aber das beseitigt die Notwen-

181

digkeit nicht, eine geistige Demarkationslinie zwischen den Zeitaltern zu suchen", sagt Ernst Cassirer (a.a.O., S. 172). Die „Demarkationslinie", die Cassirer zwischen den Zeitaltern fordert, ist ebenso zwischen dem Menschenbild des Mittelalters und dem der aufkommenden Neuzeit festzulegen. Alles, was z.B. Kopernikus, Galilei, Machiavelli, Giordano Bruno, Luther, Zwingli, Calvin in ihren Werken, Gedanken und Taten verkörpern, ist einerseits Ergebnis und Ausdruck der sozialen Umwälzungen ihrer Zeit und gleichzeitig ihr persönliches Aufbegehren nach dem Gewinn besserer und tieferer Erkenntnisse gegen verkrustete Zwänge, die durch nichts anderes gerechtfertigt werden, als daß ihre postulierten Gesetzesbedingungen „von Gott" sind. Diese Männer und viele andere ihresgleichen stellten die Maximen der mittelalterlichen Welt infrage, die den Menschen bislang nur als funktionales Mitglied einer Gottesgemeinschaft begriff, welche von der goldenen Kette der Hierarchie, der *aurea catena*, zusammengeschlossen und zusammengehalten wurde. *Luther* sprach „von der Freiheit des Christenmenschen" und meinte damit einen Menschen, der eine Persönlichkeit, ein unverwechselbares Individuum darstellt. Und nur für eine Persönlichkeit wird es etwas wie Freiheit geben können, weil er diese Freiheit erst „versteht", ihrer bedarf, sie geradezu fordern wird und sie auch zum Problem werden läßt.

Wenn wir den Huizinga-Begriff „Herbst des Mittelalters" gebrauchen, dann ist damit das 14. und 15. Jahrhundert gemeint, jene Zeit von Papst *Bonifaz* VIII., der mit der Bulle *Unam Sanctam* (1302) wieder die Papsthoheit über den Staat fordert, bis zum Tod *Karls VIII.* von Frankreich (1498). In diese Zeitspanne fällt der Tod *Dantes* (1321) und *Meister Eckharts*. Es ist das Zeitalter *Petrarcas* (1304–1374) und *Boccaccios* (1313–1375), das der Brüder *Jan* und *Hubert van Eyck*, die Zeit des Konzils von Konstanz und der Verbrennung des *Johannes Hus* (1415), es ist die Epoche der *Jeanne d'Arc*, die man 1431 in Rouen auf den Scheiterhaufen bringt, die Epoche *Karls des Kühnen* von Burgund (1432–1477) und *Philipp des Guten* (1419–1467), in diese Zeit fallen das große *Schisma* und der Hundertjährige Krieg zwischen England und Frankreich, die *Hexenverbrennungen* und der *Schwarze Tod* (die Pest), es ist die große Zeit Burgunds, die Zeit, in der *Sultan Mohammed II.* Konstantinopel erobert, in der die *Medici* in Florenz, die *d'Estes* in Ferrara und die *Borgias* in Rom ihre Herrschaft ausüben – um nur einige Geschichtsdaten zur Orientierung anzubieten. Es ist aber auch die Zeit, in deren Schlußphase einige jener Männer geboren werden, die ich oben nannte: *Kopernikus* 1473, *Machiavelli* 1469, *Luther* 1483 und *Zwingli* 1484 – Männer, die gewaltige Anstöße für jene Anschauungen und Lebenssysteme geben und die die Neuzeit mittragen werden. Wenden wir uns jenen Leistungen zu, die man mit Recht „groß" und „gewaltig" nennen darf, die z.B. *Machiavelli*, *Luther* und *Kopernikus* vollbrachten.

Als *Niccolò Machiavelli* 1513 seinen „Il Principe" (Der Fürst) vollendet (gedruckt wird das Buch erst nach seinem Tod, 1527), sind es noch vier Jahre bis zu Luthers Thesenanschlag am Dom zu Wittenberg und noch 30 Jahre bis zur Veröffentlichung des Werkes von Kopernikus, in dem er das von ihm entdeckte heliozentrische Weltbild beschreibt. Noch immer wird das Leben bestimmt von den strengen Lehren der Kirche, von ihren Strafandrohungen und von den fürchterlichen Verheißungen der ewigen Verdammnis, wenn man der Sünde nachgibt. Die Pest, die als Schwarzer Tod ganz Europa grausam heimsucht, wird als Gottesgericht erkannt, und Hexenverbrennungen und Inquisition schwingen triumphierend ihr schreckliches Zepter.

Die Königs- und Fürstenhöfe entfalten nichtsdestotrotz ihre Pracht, die nicht selten zum Byzantinismus ausartet. Es ist „die Sehnsucht nach dem schönen Leben", wie *Huizinga* sagt: „Der Hofstaat ist das Gebiet, auf dem sich die Ästhetik der Lebensform voll entfalten kann. Es ist bekannt, wie viel Gewicht die burgundischen Herzöge auf alles legten, was die Pracht und den Staat ihres Hofes betraf. Nächst dem Kriegsruhm. . . ist der Hofstaat die erste Sache, auf die man sein Augenmerk richtet und dessen Ordnung und Handhabung von höchster Notwendigkeit sind." (J. Huizinga, 1975, S. 51) Allerdings sind die Darstellungen von Natur und Mensch nicht vom Denken der Gotteswelt befreit. „Die Naturverehrung war noch zu schwach, als daß man der Schönheit des Irdischen in ihrer Nacktheit mit voller Überzeugung zu dienen vermocht hätte, so wie es der griechische Geist gekonnt hatte: das Sündenbewußtsein war zu mächtig; nur indem sie sich in das Gewand der Tugend hüllte, konnte die Schönheit zur Kultur werden." (ibid. S. 50). Die Kunst hatte sich so wenig wie der Mensch von den Fesseln der „goldenen Kette" der Gotteswelt, der „göttlichen Mitte", wie man diese Lebenssicht nennen darf, befreit, deren einzelne Glieder von der Sünde, der Angst vor dem ewigen Feuer und der Knute der Hierarchie gebildet werden. Eine

Zukunft, die Befreiung von diesen Ketten verheißt, winkt nirgends. Es gibt weder ein Bewußtsein, das Veränderung will, noch einen Willen dazu – bisher. „Nichts hat zu der Stimmung von Lebensangst und Verzweiflung über die kommende Zeit so stark beigetragen, wie diese Abwesenheit eines festen Willens aller, die Welt selbst besser und glücklicher zu machen.", schreibt der Mittelalter-Experte *Huizinga*. „Wird erst einmal auch der Weg zu positiver Verbesserung der Welt selbst eingeschlagen, dann beginnt eine neue Zeit, in der die Lebensangst dem Mut und der Hoffnung Platz macht. Es ist eigentlich erst das achtzehnte Jahrhundert, das diesem Bewußtsein Raum gibt." (ibid. S. 44/45)

Bis dahin ist es allerdings noch eine lange Zeit, wenn man das Jahr 1513 in den Blick nimmt. In diesem Jahr hat *Machiavelli* „Il Principe" beendet. Was ist nun das Neue an diesem Werk und wogegen hebt es sich ab? Um diese Frage beantworten zu können, müssen wir noch einmal kurz von der Renaissance zurück ins Mittelalter schauen. Nicht nur die ungeheuren politischen Turbulenzen mit ihren mörderischen Kriegen und Meuchelmorden an den Höfen, sondern auch das karge und entbehrungsreiche Leben in den stinkenden Städten und auf den gruseligen Burgen sowie die Angst vor Pestilenz und Fegefeuer, vor Weltuntergang und Gottesgericht charakterisieren diese Zeit, sondern auch die statische, in Hierarchien begriffene Gotteswelt, in der alles um die Mitte Gottes hierarchisch angeordnet ist - die homologisch geordnete Welt, wie sie Aristoteles schon vor der Zeitenwende gezeichnet hatte. Diese Hierarchie war allen gegenwärtig; in ihr hatten alle Menschen und alle Gegenstände ihren zugewiesenen Platz, der „gottgewollt" war. In einer solchen hierarchischen Ordnung, die sicherlich in der Realität nicht „statisch" war, aber als „statisch" begriffen wurde, in einer Ordnung, in der alles und jeder seinen Platz hatten, wurde oder war das, was wir mit „Freiheit" meinen, kein Problem. Jedenfalls war dies dem Durchschnittsmenschen nicht bewußt. Die göttliche Ordnung wurde nicht infrage gestellt, auch wenn es im alltäglichen Leben noch so mörderisch und grausam zuging. Freiheit oder Selbstbestimmung, Menschenrechte oder Menschenwürde als oberste Ausrichtung im menschlichen Zusammenleben gab es nicht. Erst ganz allmählich blitzte hie und da ein Gedanke auf, der in diese Richtung ging.

Nach diesem kleinen Exkurs in das Mittelalter und dessen hierarchische Lebens- und Weltauffassung kehren wir zurück zu dem

Mann, an dessen Denken wir die Loslösung vom Alten demonstrieren können: zu *Machiavelli*. Machiavelli, so unsere erste Einsicht, zerstörte die geschilderte Hierarchie und damit einen Teil der „Mitte Gottes". Natürlich kann man die Thesen, Erkenntnisse und Postulate, die Machiavelli sowohl in seinem „Il Principe" als auch in seinen „Discorsi" vorträgt, nicht an einem einzigen Punkt festmachen. Dazu sind sie zu vielschichtig, zu originell, zu verästelt und zu vernetzt. Wir wissen recht gut, wie verschieden in den nach Machiavelli folgenden Jahrhunderten seine Gedanken ausgelegt und gedeutet wurden, und es ist auch sehr nützlich, seine Gegner und Feinde anzusehen, um daraus gleichfalls die Front, die Machiavelli aufgebaut hat, zu entdecken, in der sich seine Absichten formierten.

Es ist die Legende, die sich um das Werk *Machiavellis* rankt, die immergleiche, die ihn nur als „Erfinder" des Machiavellismus sieht, als den Prediger der Gewalt bei der Durchsetzung von Politik und als Machtverherrlicher. „Aber", so sagt *Hans Freyer* in seiner Einführung zu Machiavellis „Der Fürst", „die eigentlichen Gegnerschaften gegen ihn setzen tiefer an und haben tiefere Gründe. Machiavelli hat eine Denkweise eröffnet, in der das Politische das absolut herrschende Prinzip ist, keinem anderen Werte untertan, mit keinem auch nur konkurrierend, alle anderen übergreifend... Er ist der theoretische Wegbereiter, der Künder und Rechtfertiger des ‚absoluten' Staates – dieses Wort nicht nur als Name für eine bestimmte Staatsform, sondern als Bezeichnung der Tatsache verstanden, daß der Staat, sobald es um seine Souveränität und sein Machtinteresse geht, alle Instanzen, die höher sein könnten als er, ausgrenzt und die Entscheidungen monopolisiert." (H. Freyer, 1961, S. 29)

Nun ist aber auch Gott ausgegrenzt, die Hierarchie zerschlagen, die „Mitte" ruht nicht mehr in Gott, die Höfe sehen sich nicht mehr als winzigen Teil des Gottesstaates: Gottes Mitte ist verloren, der weltliche Herrscher, in Machiavellis Entwurf, ist sein eigener Souverän, ohne Bindung an eine höhere Macht. Machiavelli denkt die *Staatsraison*. Bei ihm wird der Staat nicht durch Gott erschaffen, sondern von einem starken Mann, von einem „Fürsten", der diesen Staat mit Gewalt gründet und mit Gewalt schützt und verteidigt. Eine solche Konzeption – die Schaffung des souveränen Staates – mußte ein ganzes Heer von Gegnern auf den Plan rufen. Denn die Losbindung von Gottes Mitte ließ fürchten, daß sich der Einzelne ebenfalls von Gottes

185

Mitte entfernt, um *frei* zu leben. Aus der für den Staat geforderten Souveränität konnte ebensogut eine ureigenste und gott-lose Souveränität des Menschen werden.

Die weltliche Macht des Staates, die Machiavelli forderte, rief später die *Jesuiten* auf den Plan. Diese erkannten sofort die Gefährlichkeit der Empfehlung seines absolutistischen *weltlichen* Staates, eines Staates, der nicht mehr „zu Gott" war, der seine Legitimität nicht mehr aus der Hand des Papstes empfing. Dagegen liefen sie Sturm. Wo blieben der Papst und all die nachgeordneten kirchlichen Instanzen, wenn der Staat sie nicht mehr benötigte? Wo blieben die kirchlichen Ratgeber, die kirchlichen Institutionen, die Orden und ihre wertvollen und einflußreichen Verbindungen, wenn sie durch weltliche Einrichtungen ersetzt wurden?

Als Machiavelli seinen „Il Principe" beendet hatte und als das Manuskript auch über Italien hinaus in der gelehrten Welt kursierte, hatte *Ignatius von Loyola* seinen Orden, die *Societas Jesu*, die Jesuiten, noch nicht gegründet. Die erste Regel der Jesuiten wurde erst 1540 durch *Papst Paul III.* (ihre „Constitutiones" erst 1558) gebilligt. Nach Beginn der Reformation in Deutschland und den ihr folgenden Turbulenzen; auch nach den empfindlichen Niederlagen, die die Kirche auf den folgenden Reichstagen hinnehmen mußte, konnte weder die klerikale Macht noch ihre theologische Fundierung solche Einbußen widerstandslos hinnehmen. *René König* weist auf solche Überlegungen in seinem Machiavelli-Werk ebenfalls hin und schreibt, daß die Kirche auch Machiavellis Anwürfe nicht mehr so ohne weiteres hinnehmen durfte. König fährt dann fort: „So begannen Kirchenmänner, insbesondere die Jesuiten, von allen Seiten gegen Machiavellis Werk vorzugehen; wobei es besonders erstaunlich ist, ausgerechnet die Jesuiten auf der Seite seiner Feinde zu finden. Ist doch die jesuitische Disziplin und Methodik des politischen Spiels der von Machiavelli vorgetragenen Lehre von der politischen Taktik bis zum Verwechseln ähnlich." (R. König, a.a.O. S. 25) Was König zunächst „erstaunlich" findet, löst er sofort mit dem Bemerken auf, daß die Jesuiten schon immer einen „transzendenten Bezugspunkt des Handelns" besaßen, während Machiavelli „höchst diesseitige Vorstellungen" vorschwebten.

Schon mit dem Gedanken an eine weltliche Staatssouveränität hat Machiavelli einen Rahmen geschaffen, in dem sich nur *Individuen* tummeln können und nicht total integrierte *Glieder einer Gottesgemeinschaft*. Demnach müßten doch die Erben der Refor-

186

mation seinen Entwürfen positiv gegenüber stehen. Dem war aber nur teilweise so. So meint Hans Freyer, daß „als zweite Welle des Angriffs" die *Protestanten*, „vor allem die Hugenotten" zu nennen, sind. Bei ihren Anwürfen und Kritiken geht es hauptsächlich um die Macht des absolutistischen Staates über das Gewissen des Einzelnen, d.h. daß auch ein „ungerechtes System" Gewalt über den einzelnen Menschen hat, der nicht gegen einen „Unrechtstaat" aufmucken darf. Recht früh schon – von der Mitte des 16. Jahrhunderts bis zum Edikt von Nantes 1598 – erhoben die Hugenotten Frankreichs die *Gewissensfreiheit* zum Essential ihres Glaubens – in Anlehnung an *Luther* und *Calvin*. Im Edikt von Nantes billigt *Heinrich IV.* von Frankreich ihnen diese Gewissens- und Religionsfreiheit zu. Aus der Stoßrichtung der Hugenottenangriffe auf die Thesen Machiavellis ersehen wir recht deutlich, daß es dem Florentiner keineswegs um den Einzelnen und um sein Verhältnis zur Obrigkeit geht, sondern letztlich nur ums Politische, um den Staat. Machiavelli treibt die absolute Priorität des Politischen so weit, daß er dem Herrscher die Loslösung von jeglicher ethischen Bindung zubilligt, wenn es um das Wohl des Staates geht. Er hat sich für seine Taten nicht einmal zu rechtfertigen. Im Staatsnotstand (necessità) ist dem Herrscher alles, aber auch alles erlaubt, er muß nur seiner *"fortuna"* vertrauen und sein *"virtù"* mit Erfolg einsetzen. „Virtù" kann man nicht einfach mit Tugend übersetzen, es ist mehr. Mit diesem Wort „virtù" führt Machiavelli einen sehr interessanten Begriff ein, der sicherlich von Bedeutung ist. „Seiner Sprachwurzel nach ist das Wort durchaus identisch mit ‚virtus romana', eine Richtung, in die wir zunächst getrieben werden durch seine immer wieder zur Schau getragenen Absicht, das Vorbild der Römer für die Gegenwart fruchtbar zu machen", schreibt *René König* über den etwas unklaren Begriff bei Machiavelli und fährt fort: „Die Nachbarvölker Roms verteidigten mit Hartnäckigkeit ihre Freiheit; außerdem suchen sich die Völker grausam an den Räubern ihrer Freiheit zu rächen, so daß ein großer Mut dazu gehört, andere sich zu unterwerfen. Heute versteht man zwar ein solches Gefühl nicht mehr, denn die Gegenwart hat nur noch eine geringe Freiheitsliebe; die Schuld daran trägt das Christentum." Bei dieser Einschätzung stützt sich König auf die „Discorsi" des Machiavelli und dabei vor allem auf das II. Buch. Hans Freyer wird bei der Erklärung des Begriffs „virtù" fast kosmologisch-philosophisch, wenn er sagt: „Eine geheimnisvolle Substanz (nennen wir sie virtù) war immer da und ist auch heute in der Welt, nur ist sie jeweils ganz verschieden verteilt. Zuweilen konzentriert sie sich an einem oder wenigen Punkten, dann wieder zerteilt sie sich zu kleinen Einheiten und verstreut sich über viele Stellen der Erde... Die virtù ist also das Ferment, das im menschlichen Wesen politische Binde- und Bildkraft hervorruft... In der Geschichte zurückblickend gewahren wir sie zuerst in Assyrien. Dann wanderte sie zu den Medern und Persern, dann kam sie nach Rom..." (H. Freyer, a.a.O. S. 16/17)

König wird deutlicher. Nachdem er feststellt, daß bei Machiavelli „virtù" häufig mit „fortuna" (worunter Glück und Zufall zu verstehen sei) aufträte, schreibt er: „Von der militärischen Schlagkraft aus strahlt die Bedeutung von virtù ganz allgemein ins Leben als Energie der Selbstbehauptung. Dieser Selbstbehauptung sind alle Mittel recht: Betrug, Verstellung, planmäßige Heuchelei usf. Durch Bescheidenheit ist der Hochmut nicht zu überwinden, sondern nur dadurch, daß man den Hochmut durch Gewalt terrorisiert... Virtù enthüllt sich.... immer klarer als die vollkommen auf sich selbst gestellte Energie der politischen Schlagkraft, als der wilde und ungebändigte Wille, sein Schicksal allezeit selber zu bestimmen und in der Hand zu halten." (R. König, a.a.O. S. 246–249)

Virtù ist also das, was ein „Fürst", ein Feldherr, ein Staatsmann haben muß. Man hat früher vermutet, daß es sich bei virtù um „Charisma" handele. Dem ist aber nicht so. Virtù schließt das Charisma einer Führerpersönlichkeit sicherlich mit ein, aber es bedeutet viel mehr: es bedeutet Entscheidungsfreude, Mut zur Tat, auch wenn sie noch so böse ist, Tapferkeit, Weitsicht, Selbstvertrauen, bereit sein zur Anwendung von Mord, Intrige, Heuchelei und jeglicher Art von Gewalt (wenn diese nur zum Ziel führen), Selbstbewußtsein, Stolz, Überlegenheitsgefühl und völlige Losgelöstheit von allen Bindungen. Solche Eigenschaften sind die eines Tyrannen, einer herrischen Persönlichkeit, die nur sich und nichts anderes anerkennt. Wie sollten nun solche Forderungen und Lebensentwürfe für den Staat, wie sie Machiavelli aufstellt, Voraussetzungen sein, um den Weg zur menschlichen Freiheit zu bahnen? muß man fragen.

So paradox es klingt, aber die rigorosen Forderungen Machiavellis sind ein weiterer Schritt zur allgemeinen Emanzipation. Man muß sich die unmittelbare Zeit vor der Renaissance, vor Machiavelli und in ihr vorstellen. Wir haben die Finsternis aufgezeigt, die das Mittelalter fest im Griff hielt, die Theokratie des Staates beschrieben und die geschlossene Gesellschaft, die in der „Mitte Gottes" lebte, nachgezeichnet. Vergleicht man nun Machiavellis Denken, das sich in seinen Werken „Discorsi" und „Il Principe" überdeutlich und ohne verschleiernde Schnörkel darbietet, mit einer Reihe Schriften vor und in seiner Lebensspanne, dann entdeckt man darin den Geist einer neuen Zeit. Machiavelli scheint geradezu fasziniert zu sein, wenn er die neuen Leitbilder, die modernen Phänomene beschreibt und dann seine Schlüsse daraus zieht. Man spürt geradezu einen völlig neuen Atem, der durch seine geschichtlichen Bilder weht. Es gibt darin nichts Mystisches mehr, keine Gottgebundenheit, keine transzendentale Bestimmtheit oder Prädestination. Diesen Zustand hat *Ernst Cassirer* am Krassesten ausgedrückt, wenn er von Machiavelli sagt: „In seiner Theorie sind alle früheren theokratischen Ideen und Ideale mit Stumpf und Stiel ausgerottet." (S. 182) Er hat den Staat in seiner Theorie aus dem Monolith Mittelalter herausgebrochen, ihn befreit von der Kirche – aber nicht von der Religion!

Der Vorwurf der späteren Hugenotten, Machiavelli rechtfertige eigentlich nur den Tyrannen und seine Macht, muß man zurückweisen. Die Emanzipation des Staates von der Kirche bedeutet jedoch noch nicht die Emanzipation des Bürgers von der Kirche und vom Staat. So weit reichen weder die Visionen eines Machiavelli noch die Glaubens- und Lebensumstände der *Renaissance* im 16. Jahrhundert. Aber – und das ist das Ungeheuerliche – die Durchtrennung der Lebensadern zwischen Kirche und Staat erschüttert alle Lebensbereiche und schafft Modelle, in denen sich der „befreite Mensch" wiederfinden kann. Der politische Machtmensch wird zum Symbol des *persönlichen* Freiheitswillens, eines Willens, der noch roh und ungebändigt auftritt, aber die Individualität als Existenzform fordert. Die Forderung Machiavellis, daß ein Fürst virtù besitzen muß, ist schon die Grundlegung zu einer *Persönlichkeit*, zu einem *Individuum*, das bislang nicht existierte, sondern allein nur von Gott war und von seinem Ratschluß gelenkt wurde. Mit der virtù wurde nicht nur das antike Ideal des Menschen wieder ausgegraben, sondern das Individuum wiedergeboren. Das ist die eigentliche Renaissance einer wiedergefundenen und neu gewonnenen Lebenssicht.

Machiavelli hatte im Grunde den Mythos vom Gottesstaat gründlich zerstört, das Verhältnis Politik und *Kirche* durch seine Pragmatik in die Formel Politik und *Religion* umgedeutet und dem weltlichen Staat praktisch eine moderne Theorie unterlegt. Ob Machiavelli wiederum einem anderen Mythos, nämlich dem vom Nationalstaat, Vorschub leistete, ist eine ganz andere Frage. Wenn man die Äußerungen und Meinungen *Herders*, *Hegels* und *Fichtes* zu Beginn des 19. Jahrhunderts liest, könnte man tatsächlich der Meinung sein, Machiavelli sei einer der Paten, die den Staat, d.h. den Nationalstaat, als höchste Idee aus der Taufe hoben. Vor allem die Einlassungen Fichtes in seinem Aufsatz „Über Machiavelli" (1807) scheinen Machiavellis Thesen als für den „Notstands-Staat" gedacht zu begreifen. Dies war auch verständlich für die Zeit der napoleonischen Besatzung Preußens, während der Fichte seine Gedanken niederschrieb. Aber weder Herder noch Hegel noch Fichte vereinnahmten Machiavelli für ihre Staatstheorien – im Gegenteil: Sie distanzierten sich später von ihm. Machiavelli ignorierte im Grunde alle bisherigen Regeln und wurde dadurch zu einem modernen Denker. Die gedankliche Zerschlagung des Mythos vom Gottesstaat schuf eine Bühne, auf der sich später auch die Aufklärung darstellen konnte.

Schon vier Jahre nach Fertigstellung des „Il Principe" in Italien trat eine neue Macht gegen die monolitische Herrschaft des mittelalterlichen theokratischen Gottesstaats der Kirche an, dieses Mal in Deutschland. Dieses Mal in Wittenberg.

Mit den Schlägen, mit denen *Martin Luther* am Vorabend von Allerheiligen, am 31. Oktober 1517, seine 95 Thesen an die Pforte der Wittenberger Schloßkriche hämmerte, traf er den innersten Nerv der damaligen Kirche und damit auch das gesamte Staatsgefüge. Seine Revolte galt zunächst ungewollt der Entzauberung des von der Kirche gestalteten Mysteriums der heiligen Verbindung von Himmel, Erde und Hölle, wie sie die päpstliche Kirche um der weltlichen Macht Willen darstellte. Die Auflehnung Luthers richtete sich gegen die Verselbständigung dieser kirchlichen Praxis und vor allem des klerikalen (päpstlichen) Mißbrauchs, die beide sich nach Luthers Meinung immer weiter von Gottes Wort, von der Bibel entfernten. Die traditionelle Kirchenpraxis, innerhalb derer der allenthalben grassierende Ablaßmißbrauch einen großen Raum einnahm, gab den Anlaß zu Luthers *Denk*prozeß, der alsbald in einen *Aktions*prozeß umschlug und in seiner stürmischen Wirkung nicht mehr aufzuhalten war.

Die Wirkung Martin Luthers innerhalb der Geschichte des Abendlandes und der europäischen Geistesgeschichte ist bekannt. Seine Haltung zum freiheitlichen Verhalten des „Christenmenschen" jedoch muß herausgearbeitet werden, weil die oft zitierte Lehre des Reformators hinsichtlich der Stellung des Gläubigen zum „Reich Gottes" einerseits und (weil der Gläubige ja auch im Weltlichen lebt) des Verhaltens dieses Gläubigen zum „Reich der Welt" andererseits meist zu pauschal abgehandelt wird. Weiterhin hat kaum ein anderer in der Neuzeit die deutsche Geschichte so grundlegend verändert, geprägt, beeinflußt und auch gestaltet wie Martin Luther: durch ihn entwickelte sich der Protestantismus zur *zweiten Konfession* in Deutschland, an der Lehre Luthers schieden sich alle Geister, so daß in ihrer Folge sich der *Dreißigjährige Krieg* entzündete wie auch alle anderen nachfolgenden Konflikte, die „religiös" im weitesten Sinne begründet oder auch nicht begründet wurden. Luther schuf die gemeinsame *deutsche Sprache* und schuf, durch die Emanzipation vom mittelalterlichen Denken, eine Weltsicht, die alles bis dahin Nichtantastbare und alle bis dahin geltenden Ordnungsregeln und gottgegebenen Privilegien total infrage stellte.

In seinem Traktat „Von der christlichen Freiheit" (Tractatus de libertate christiana) von 1520, der auf den Papst zielt und der auch in deutscher Sprache unter dem Titel „Von der Freiheit eines Christenmenschen" erscheint, stellt er gleich zu Beginn die Paulus-Worte aus dem Neuen Testament heraus, in denen es heißt: „Obwohl ich frei bin, habe ich mich zum Knecht aller gemacht" (1. Kor. 9,19) und „Ihr sollt niemandem zu etwas verpflichtet sein, außer daß ihr einander liebt" (Röm. 13,8). Auf diese Bibelstellen stützt sich Luther, wenn er in seinem Traktat erklärt: „Um aber den Ungebildeten – denn nur diesen diene ich – einen leichteren Weg zu eröffnen, schicke ich diese beiden Thesen voraus, über die geistliche Freiheit und Bindung:

Der Christ ist völlig freier Herr über alles und niemandem untertan.

Der Christ ist ein allen völlig dienstbarer Knecht und jedermann untertan.

Obgleich diese Sätze einander zu widersprechen scheinen, eignen sie sich doch gut für unser Anliegen, wenn erst einmal gefunden ist, daß sie miteinander vereinbar sind."

Diese Erklärungen Luthers und seine intensive und engagierte Beschäftigung mit allem, was er unter der Freiheit des Christenmenschen begriff, sind nicht nur Thesen zur Abrundung der Wiederherstellung des christlichen Weltverständnisses, sondern sie zielen auf die existenzielle Erschütterung des menschlichen Gesamtlebens, wenn sie auch zunächst vielleicht mehr „intuitiv" unter einem bekannten historischen Aspekt verfaßt wurden. Der Reformator konnte sicherlich nicht ahnen, daß seine Rebellion zur „Reformation" ausufern und daß diese Reformation Ergebnisse zeitigen sollte, die Luther weder vorauszusehen vermochte, noch von Anfang an gebilligt hätte.

Luthers Aufstand gegen Rom hatte viele Gründe, nicht zuletzt den Ablaßhandel. Aber auch das Leben und Treiben der Päpste war von so ungeheuerlicher Art, daß von einem kritischen Menschen kaum noch eine auch nur annähernde Glaubwürdigkeit der „Stellvertretung" Jesu angenommen werden konnte. Die herrschenden Päpste während der Lebenszeit Luthers, deren Papsttum ausschließlich von Habgier, Mord, Bestechung, Intrigen und grenzenloser Sittenlosigkeit geprägt war, glichen in vielem den tyrannischen Renaissance-Fürsten der oberitalienischen Stadtstaaten, ja sie übertrafen diese in der Perversion der Macht sogar beträchtlich. Ihre Schandtaten sind bekannt. Man denke nur an Papst Sixtus IV., der regierte, als Luther geboren wurde.

Sixtus IV. hatte als alleiniges Ziel seines Amtes die Bereicherung seiner Familie im Sinn. Einigen seiner Neffen verschaffte er Kardinalsposten, auch wenn diese Verwandten noch im jugendlichen Alter waren. Andere Neffen wurden Bischöfe oder er verheiratete sie und auch einige Nichten mit Adeligen aus den Fürstenhäusern von Mailand, Neapel oder anderen reichen und einflußreichen Familien. Diese jugendlichen Kardinäle, vor allem sein Neffe Girolamo Riario, führten in aller Öffentlichkeit ein Lotterleben ohnegleichen. Saturnalische Feste, verbunden mit sexuellen Orgien, die selbst jene des antiken Rom an Prunk übertrafen, zeigten die krankhafte Verschwendungssucht überdeutlich auf. Ähnlich benahmen sich die Nachfolger von Sixtus IV., wie die Päpste Leo X. oder Alexander VI., die an halbwüchsige Knaben ganze Bistümer vergaben, um nur den Reichtum ihrer Familien zu sichern.

Die Prachtentfaltung der italienischen Renaissance, die sich nicht zuletzt in den weltlichen Prunkbauten der Fürstentümer und in der kirchlichen Pracht Roms dokumentiert, wurde finanziert durch die Knechtung der Untertanen, die man bis aufs Blut auspreßte, und durch den erzwungenen Ablaß, dessen Erlös die Päpste gleichfalls für die unglaubliche Bereicherung ihrer Familien und für ihre Zügellosigkeit benötigten.

Dagegen wehrten sich viele aufrechte Männer. Unter ihnen

Martin Luther, der sich 1517 entschloß zu handeln. Sehen wir uns an, was innerhalb der drei Jahre von 1517 (Thesenanschlag) bis 1520 (Erscheinen des Freiheits-Tractats) geschehen war. Die Ablaßpolitik des Vatikans beinhaltete nicht mehr und nicht weniger als die Anstrengung, neue Geldquellen zu erschließen. Wenn die Kirche seit ihrem Beginn die Gläubigen zur Kasse bat, in Naturalien oder harter Währung, gab es sicherlich vielerorts und zu allen Zeiten Auflehnung und auch Konflikte, wenn die Abgaben in einen Zusammenhang mit der Sündenerlösung oder dem Gewinn der ewigen Seligkeit gebracht wurden. Denn der Ablaß (lat. indulgentia = Nachlaß) gehörte schon im frühen Mittelalter zum „Nachlaß", d.h. der möglichen Verkürzung der Buße, die man dem Sünder auferlegte. Durch Wallfahrten, Gebete, Almosen, Ausführung guter Werke konnte der Sünder für seine Taten büßen und *außersakramental* seine Bußzeiten (auch im Fegefeuer) verkürzen. Als nun im 16. Jahrhundert die Kirche immer mehr Gelder brauchte, um den Pomp und den römischen Glanz des Papstes herauszustellen, als die damaligen Päpste im weltlichen Luxus lebten und das Geld nicht nur mit vollen Händen zum Fenster hinauswarfen, sondern auch atemberaubende Bauwerke, wie z.B. den Petersdom, errichteten, benötigten sie ungeheure Summen, die aus immer neuen Quellen gewonnen werden mußten. Eine dieser Quellen war die Ablaßpraxis, die vor allem in Deutschland zur exzessiven Durchführung kam. Allen voran praktizierte solche Auswüchse der Dominikanerpater *Tetzel*, der als feuriger Prediger des kommenden Infernos die Massen warnte und ihnen ewige Verdammnis prophezeite, wenn sie nicht Buße taten – wenn sie nicht zahlten. „Wenn das Geld im Kasten klingt, die Seele aus dem Fegfeuer springt", lautete das Motto des furchterregenden Dominikaners, der vielen naiven Seelen wie der Erzengel Michael erschien.

Die Ablaßgelder bildeten eine der wichtigsten Tragsäulen des vatikanischen Budgets. Auf sie verzichten zu müssen, würde den Vatikan und damit die Kirche in ernste Schwierigkeiten bringen. Wenn solche Probleme entstanden, konnte die Kirche (wie auch der Staat) unmöglich einlenken oder gar für dieses Verhalten Verständnis aufbringen. Luthers Thesen waren gegen den Ablaß gerichtet. Schon in der ersten dieser Thesen, die er an die Wittenberger Schloßkirche schlug, heißt es: „Wenn unser Herr und Meister Jesus Christus sagte: ‚Tut Buße', wollte er, daß das ganze Leben der Gläubigen Buße sei." Und weiter heißt es (6. und 36. These): „Der

Papst kann Schuld nur vergeben, indem er erklärt und bestätigt, daß sie von Gott vergeben sei, jedenfalls in den Fällen, die ihm vorbehalten sind. Würde man dies mißachten, so bliebe die Schuld ganz und gar bestehen... Ein jeder Christ, er sei lebendig oder tot, ist durch Gottes Geschenk, auch ohne Ablaßbrief, aller Güter Christi und der Kirche teilhaftig."

Diese und alle anderen 95 Thesen, die Luther sicherlich nur als „Diskussionspapier" gedacht hatte, bedeuteten eine Kriegserklärung. Eberhard Stammler schreibt in seiner Einleitung zur Manesse-Ausgabe 1990 von Luthers Schriften zur Reformation: „Die unmittelbare Obrigkeit Luthers, der Mainzer Erzbischof, war zunächst nicht geneigt, in dieser Aktion eine gefährliche Rebellion zu sehen, während andere, vor allem die Betroffenen selbst, die Gefahr, die von diesem Widersacher aus Wittenberg ausging, rasch erkannten. So trat der Dominikaner Dr. Eck aus Ingolstadt, einer der berühmtesten Theologen, gegen den Ketzer an, nachdem man erkannt hatte, daß enorme Geldquellen verstopft werden könnten, wenn der Aufstand gegen den Ablaß nicht möglichst rasch erstickt würde." (S. 12/13)

Aus vielerlei Gründen zitierte man den vierunddreißigjährigen Augustinermönch Luther, nachdem er seine Thesen nicht öffentlich widerrufen wollte, *nicht* nach Rom, um ihn abzuurteilen. Es waren politische Gründe - denen hier nachzugehen es keinen Anlaß gibt –, weshalb so entschieden wurde. Aber man beorderte ihn nach Augsburg, wo gerade der Reichstag abgehalten wurde. Auch der ihm als Repräsentant des Papstes gegenübertretende römische Kardinal *Cajetan* vermochte es nicht, das „Mönchlein" umzustimmen. Von nun an trachtete man nach seinem Leben. Sein Landesvater Kurfürst Friedrich hielt schon damals seine schützende Hand über ihm, so daß Luther nicht außer Landes zu fliehen brauchte. Nach diesem Reichstag folgten kurz aufeinander seine Schriften: der „Sermon von Ablaß und Gnade" (1518), die „Heidelberger Disputation" (1518), der „Sermon von der Betrachtung des heiligen Leidens Christi" (1519), „An den christlichen Adel deutscher Nation von des christlichen Standes Besserung" (1520), „Von der babylonischen Gefangenschaft der Kirche" (1520) sowie der „Traktat von der christlichen Freiheit" (1520).

Wenn man diese Schriften ernsthaft liest, erkennt man die ungeheure Spannung, in der Luther in diesen Jahren arbeitete und gleichzeitig, unter einem übermenschlichen Druck lebend, seinem einmal erkannten Ziel unbeugsam zustrebte. Im Sommer 1520 wurde ihm durch eine päpstliche Bulle der Bann angedroht, wenn er nicht widerriefe. Er konnte aber nicht mehr zurück. Überall in Deutschland formierten sich schon Anhänger: Professoren, Adelige, Bürger, Studenten, einfache Leute waren es, die ihn bewunderten, ihm zusprachen, ihm ihre Hilfe anboten und ihre Hoffnung auf ihn setzten. Der Gründe, weshalb sie dies taten, gab es viele. Sie sahen in Luther einen Mann, der sich gegen die allmächtige Kirche auflehnte, der dieser Kirche geistig und geistlich gewachsen war, um ihre Laster und Ungerechtigkeiten anzuprangern, einen Mann, der energisch gegen dieses ferne und mächtige Rom antrat, das immer und immer wieder Geld forderte, einen Mann, der sich gegen den Kaiser, einen jungen Spanier, der nicht einmal die deutsche Sprache beherrschte, wehrte, einen Kaiser, in dessen Reich – nachdem vor 25 Jahren Columbus eine neue Welt entdeckt hatte, die von den nachfolgenden Conquistadoren diesem Reich einverleibt wurde – die Sonne nicht unterging; – dieser Mann war nach ihrem Geschmack, mit ihm konnte man der bösen Welt, dem Papst und dem Kaiser trotzen!

Noch ehe 1521 der Reichstag zu Worms stattfand, auf dem Luther standhaft blieb, wo er die berühmten Worte: „Hier steh' ich, ich kann nicht anders!" sprach, wo er auf seiner Rückreise von Worms von den Männern seines Landesvaters Friedrich gekidnappt wurde, um nicht den Häschern des Kaisers in die Hände zu fallen – noch ehe dies alles geschah, waren für Luther schon lange „die Würfel gefallen". Er wehrte jetzt nicht mehr nur ab, sondern ging selbst zum Angriff über. So schrieb er in der Vorrede zu seinem „Traktat über die Freiheit" an Papst Leo X.:

„Was mich betrifft, die Würfel sind gefallen, verächtlich ist nur die römische Gunst oder Wut: Ich will in Ewigkeit mit Ihnen nicht versöhnt sein, noch etwas gemein mit Ihnen haben. Sollten Sie das Meinige verdammen und verbrennen, will ich, wenn ich nur Feuer finde, das ganze päpstliche Recht, diese Ketzerbrut, vor allem Volk verdammen und den Flammen übergeben, und ein Ende soll haben meine bisher so lang vergebens bewiesene Demut, mit der, so will ich es, die Feinde des Evangeliums sich nicht länger plagen sollen." Im letzten Satz finden wir das Stichwort, um das sich bei Luther alles dreht: das *Evangelium*. Es ist das Evangelium, das allein die „Frohe Botschaft", das „Wort Gottes", die Richtschnur und das oberste „Gesetz" für den Christenmenschen sein soll. Was Luther auch predigt, was immer er vorträgt und mit welchen Worten er argumentiert – er zieht stets die Bibel dazu heran und untermauert seine Gedanken und Lehren ausschließlich mit Zitaten aus der „Heiligen Schrift". Daneben läßt er nichts anderes gelten, weder Dogmen noch päpstliche Ex-cathedra-Erklärungen oder theologische Vorschriften, wenn es um den Glauben geht und darum, wie man im Glauben lebt. Von diesem Glauben leitet er auch die *Freiheit des Menschen* ab.

Zunächst vertieft Luther in seinem „Tractatus" jenes Feld menschlicher Existenz, das er als „inneren Menschen" bezeichnet, und setzt voraus, daß es überhaupt keine „äußere Sache" gäbe, die eine irgendwie geartete Bedeutung „für die Entstehung der christlichen Gerechtigkeit und Freiheit wie auch für die der Ungerechtigkeit und Unfreiheit" habe. Der Seele könne es weder nützen noch schaden, wenn der Leib „frisch und frei" sei, „wenn er ißt, trinkt und lebt, wie er will. Denn in dieser Hinsicht gedeihen auch die gottlosesten Sklaven aller Rücksichtslosigkeiten". Auch Krankheiten, Gefangenschaft, Hunger, Durst und alles körperliche Leiden können der Seele nicht schaden, denn: „Es gehört etwas ganz anderes dazu, um die Seele gerecht und frei zu machen." Zur Gerechtigkeit und zur Freiheit des Christenmenschen führe nur „das allerheiligste Wort Gottes". Diese These untermauert er mit Bibelzitaten, aus denen vor allem jenes für Luther wichtig ist, das in Matthäus 4,4 steht: „Der Mensch lebt nicht von Brot allein, sondern von einem jeglichen Wort, das aus dem Munde Gottes kommt." Das „Wort Gottes" ist für ihn, wie er aufzählt: Wahrheit, Licht, Frieden, Gerechtigkeit, Heil, Freude, Freiheit, Weisheit, Kraft, Gnade, Herrlichkeit und „alles Gute(n) in unvorstellbarem Maße". Und so kann der Reformator behaupten: „Die Seele kann alles entbehren, ausgenommen das Wort Gottes."

Der Glaube allein regiert den „inneren Menschen", der Glaube, der durch Christus offenbart wurde, der Glaube, daß der Mensch durch Christus erlöst wurde. Wovon erlöst? Von seinen Sünden! Durch den Glauben wird er von seinen Sünden erlöst, und nicht durch Werke oder gar Bußgelder, mit denen man sich loskaufen möchte. Martin Luther definiert diesen zentralen Kernpunkt der neuen Lehre recht einfach. Gott hat den Menschen (wie es im Alten Testament zu lesen ist) Gebote und Verheißungen gegeben. Die Gebote („Du sollst nicht. . .") sind nicht erfüllbar, jedenfalls nicht alle. Wenn es heißt „Du sollst nicht begehren. . .", lehrt Luther: „Dadurch werden wir alle überführt, Sünder zu sein, da doch niemand in der Lage ist, nicht zu begehren, was er auch dagegen unternimmt. Damit er also nicht begehre und das Gebot erfülle, ist er gezwungen, an sich zu verzweifeln und anderswo und bei einem anderen Hilfe zu suchen. . ."

In diesem Moment der Gebotsübertretung kommt die Verheißung ins Spiel. Der sündige Mensch, der das Gesetz mißachtet hat, wird seiner Strafe entgegensehen, weil ja das Gesetz erfüllt werden muß. Kein „gutes Werk", das er leistet, kein „Ablaß" noch irgendwelche „äußerlichen Taten" können sein Vergehen korrigieren, vergessen oder ungeschehen machen. Allein die Verheißung Gottes kann hier helfen: der Glaube an Jesus Christus und daß dieser Christus alles Leid der Welt und alle Sünden und Geboteverletzungen auf sich genommen und dafür mit seinem Blut am Kreuz auf Golgatha gebüßt hat. „So schenken Gottes Verheißungen, was die Gebote verlangen, und erfüllen, was das Gesetz befiehlt", heißt es bei Luther, und er fährt fort: „Da aber diese Verheißungen Gottes heilige, wahrhaftige, gerechte, freie, friedsame Worte sind und erfüllt von allem Guten, so kommt es, daß die Seele. . . gänzlich in ihnen aufgeht, daß sie nicht nur an ihnen teilhat, sondern ganz und gar gesättigt und trunken gemacht wird von allen ihren Kräften. . . Auf diese Weise (wird) die Seele durch den Glauben allein, ohne Werke, aus dem Wort Gottes heraus gerecht, heilig, wahrhaftig, friedvoll und frei gemacht und mit allem Guten erfüllt."

Eine solche Lehre steht natürlich im krassen Gegensatz zur katholischen Kirchenlehre, die ihre jahrtausendalten Institutionen, wie z.B. Sakramente, Dogmen usw., und die recht schmerzlich gewonnenen Positionen doch nicht aufgeben kann, *wenn sie sich nicht selbst aufgeben will.*

Die wuchtigen Schläge des protestierenden Mönches gegen die bisherigen Glaubensstützen der katholischen Welt trafen den Papst und die Kirche zu einem Zeitpunkt, an dem sie sich in der denkbar schlechtesten Situation befanden: die Kirche benötigte mehr Geld als geistige und pastorale Kraft und bot dabei ein ziemlich verwahrlostes Bild, was den Lebenswandel ihrer Päpste und des Klerus betraf. Ethische Werte, gewissenlose Geschäftemacherei mit der Angst vor Hölle und Fegefeuer, abstruse und ans Pathologische grenzende Hexenverbrennungen, alchimistisches Geheimgetue und unvorstellbarer Glaubensterror wurden bedenkenlos eingesetzt, um das bröckelnde Herrschaftsgebäude der Kirche zu stabilisieren.

Wie aus diesen Schilderungen unschwer herauszulesen ist, zeigte es sich, daß wir es innerhalb der kurzen Zeit, die seit dem Thesenanschlag von 1517 erst vergangen war, nicht nur mit einer harten und gefährlichen theologischen Auseinandersetzung zu tun haben, sondern mit einer gewaltigen sozialen Bewegung religiöser Provenienz. Hinter Luther formierten sich alsbald nicht nur die schon erwähnten Akademiker, Geistlichen und viele andere Interessierte zu einer Front gegen Rom (und gegen den Spanier auf dem deutschen Kaiserthron), sondern auch einige Landesfürsten schlugen sich auf die Seite der protestantischen Formation, unter ihnen Landgraf *Philipp von Hessen*, Kurfürst *Johann von Sachsen*, Fürst *Wolfgang von Anhalt*, die Herzöge *Philippe* und *Ernst von Braunschweig* und eine Reihe von Reichsstädten. Sie schlossen sich später, 1531, im *Schmalkaldischen Bund* zusammen, um die neue Lehre zu verteidigen und sich auch gegen *Kaiser Karl V.* zu wenden. Dieser besiegte im sogenannten Schmalkaldischen Krieg (1546/47) die Protestanten – ein Pyrrhus-Sieg, der letztlich Deutschland konfessionell zerriß und damit die Voraussetzung für die kommenden Religionskriege in Europa schuf. Hier interessiert im Augenblick nur die Tatsache, daß sich die Lehre Luthers (da sich in Schmalkalden 1537 die Lutherische Glaubensschrift bei den Ständen nicht durchsetzte und erst 1580, als „Schmalkaldischer Artikel" bekannt, für die protestantische Kirche obligatorisches Bekenntnis wurde) zunächst nur in Norddeutschland verbreitete und dort einen starken Rückhalt fand.

Diese Lehre, die sich allein auf das „Wort Gottes" stützen sollte, deren einziges Zentralanliegen wiederum ein *Mythos* war, nämlich der *Glaube*, besaß eine große Schwäche, die sich sofort deutlich bemerkbar machte: das „Wort Gottes" konnte sehr unterschiedlich und letztlich mit grundverschiedenen Ansätzen ausgelegt werden! Die Exegese der Bibel durfte praktisch jeder einzelne Geistliche nach Belieben betreiben – nach seiner eigenen freiheitlichen Auffassung. Es war nicht nur der Abendmahlstreit („dies *ist* mein Leib" oder „dies *bedeutet* mein Leib"), der die Reformatoren *Luther*, *Zwingli* und *Calvin* zu theologischen Gegnern werden ließ, sondern auch viele andere, unbekannte Theologen und Prediger deuteten die nicht codifizierte oder in „Artikeln" verfaßte Lehre nach eigenem Gutdünken. Dabei offenbarte sich die heute noch in fast tragischer Weise verknüpfte Dualität von Freiheit und Gebundenheit damals so schmerzlich, daß spätere Jahrhunderte fürchterlich darunter zu leiden hatten.

Um diese Feststellung besser zu verstehen, muß erkundet werden, was Luther dem „äußeren Menschen" zuschreibt, wenn er den Geboten und Verheißungen gegenübertritt. Luther geht sein Thema sehr direkt an, nachdem er von der „Freiheit und von der grundlegenden Gerechtigkeit des Glaubens, die keiner Gesetze und guten Werke bedarf" handelt, die er dem „inneren Menschen" zuspricht. Das waren, wie wir gesehen haben, für die damalige Zeit ungeheuerliche und revolutionäre Gedanken, die Luther nicht nur gepredigt, sondern auch zu Papier gebracht und damit ein unwiderrufliches Bekenntnis gegen „Rom" abgelegt hatte.

„Nun wollen wir uns dem anderen Teil zuwenden", schreibt Luther, „dem äußeren Menschen. Hier wird nämlich allen jenen geantwortet werden, die sich durch das Wort vom Glauben und durch das Gesagte angegriffen fühlen und sprechen: ‚Wenn der Glaube alles tut und er allein zur Frömmigkeit genügt, warum sind dann gute Werke geboten? Wir wollen also müßig sein und nichts tun und uns mit dem Glauben begnügen'. Ich antworte: ‚So nicht, ihr Gottlosen, so nicht!'"

Der innere Mensch ist frei im Glauben und „durch seinen Glauben ist er wieder ins Paradies zurückversetzt". Der äußere Mensch dagegen ist mit seinem Körper an das „Fleisch", an die Erde, an die Notwendigkeit gebunden. Er bleibt „in diesem sterblichen Leben auf Erden, in dem er seinen eigenen Leib beherrschen und mit Menschen umgehen muß. Hier beginnen nun die Werke, hier gibt es kein Müßiggehen."

Jetzt können wir auch Luthers eingangs dieser Betrachtung erwähnten beiden Thesen verstehen, in denen er feststellt, daß der Christ ein völlig freier Herr und zugleich „ein allen völlig dienstbarer Knecht und jedermann untertan" sei. Wir erinnern uns, daß er sich dabei auf das Paulus-Wort (1. Kor. 9,19) stützte, in dem es heißt: „Obwohl ich frei bin, habe ich mich zum Knecht aller gemacht." Das Gegensatzpaar Herr – Knecht wird dem „inneren" und dem „äußeren" Menschen zugeordnet. Der Mensch ist bei Luther frei und zugleich gebunden – frei im Glauben an Gott und als freier Christ gebunden im Gehorsam gegenüber der Obrigkeit, der er untertan ist. Wie Luther hier argumentiert, ist geradezu von klassischer Simplizität.

Luthers Geniestreich besteht in einem einfachen Postulat: Er fordert die Rückkehr zu den „Quellen". Er will die Religion, der er angehört und die die damals bekannte Welt umspannte, wieder zu den Anfängen zurückführen, dorthin, von wo sie einmal ihren Ausgang nahm – hin zu den Worten der Bibel. Da sich die christliche Lehre aber zu einem mächtigen und staatenumfassenden eigenen Imperium entwickelt und eigene Gesetze (z.B. Dogmen) und Lehren (z.B. Ablaß) geschaffen hat, muß und will Luther nun seine neuen Erkenntnisse nicht allein theologisch verteidigen, sondern er ist geradezu gezwungen, sich dafür auch „weltlich" einzusetzen. Darum fügt er dem in Freiheit und im Glauben lebenden „inneren" Menschen den „äußeren" hinzu, der seinem Nächsten in Liebe begegnen und der Obrigkeit „untertan" sein soll, weil keine Obrigkeit ist, „sie sei denn von Gott". Der Mensch bedarf keiner „guten Werke", um seine Seligkeit zu erwerben, aber er muß „gute Werke" um ihrer selbst und des Nächsten willen tun. Selbst zur Steuer äußert sich Martin Luther, indem er auf die Tempelsteuer in der Bibel verweist, die Christus und Petrus in Matthäus 17 erörtern. Luther erklärt dabei, daß Christus sich und die Seinen „als Freie und als Königskinder" bezeichne, die im Grunde eigentlich keine Steuer zahlen müßten. Aber er ordne sich *freiwillig* unter und zahle die Steuer, obwohl ein solches „Werk" keineswegs zur Gerechtigkeit und zum Heil nütze. Nach diesem Beispiel beruft Luther sich auf *Paulus* (Römer 13 und Titus 3) und lehrt: „Die Christen sollen der staatlichen Macht untertan sein, zu jedem guten Werk bereit, nicht um dadurch gerechtfertigt zu werden, da sie schon gerecht sind aus dem Glauben, sondern um damit in der Freiheit des Geistes anderen und auch den Machtausübenden zu dienen und ihrem Willen in freiwilliger Liebe zu gehorchen." Und nun kommt jener Passus, den viele spätere Interpreten in Unkenntnis der Schriften Luthers und aus ideologischer Ignoranz als Beleg anführen, um Luther doch noch als Fürstenknecht zu entlarven. Da heißt es, wenn Luther an die Darlegungen des gerade angeführten Zitats anknüpft:

„Wenn nun jemand dieses Wissen hat, kann er sich leicht und ohne Gefahr in die zahllosen Gebote und Vorschriften des Papstes, der Bischöfe, der Klöster, der Kirchen, der Fürsten und der Stadträte schicken, von denen einige törichte Hirten der Gemeinden behaupten, sie seien zur Gerechtigkeit und zum Heil notwendig... Ein freier Christ sagt so: ‚Ich werde fasten und beten und dies und das tun, was von Menschen befohlen ist, nicht weil mir das nötig wäre zur Gerechtigkeit oder zum Heil, sondern indem ich dem Papst, dem Bischof, dieser Gemeinschaft und jenem Magistrat oder meinem Nächsten gehorsam bin, tue und leide ich alles, als Beispiel für sie. So wie Christus für mich viel mehr getan und gelitten hat, dessen er überhaupt nicht bedurfte; um meinetwillen wurde er dem Gesetz untertan, obwohl er nicht unter dem Gesetz war. Und was auch die Tyrannen für Gewalt und Unrecht tun, indem sie das verlangen, wird es doch nicht schaden, solange es nicht gegen Gott ist.'"

Der Leib gehört der Welt, der Geist und die Seele Gott – so könnte man vereinfachend zusammenfassen, wobei es aber wichtig und unabdingbar ist hinzuzufügen: In Geist und Seele ist der Mensch frei, zu entscheiden, ob er im Glauben an Christus seiner Freiheit leben und den Mächtigen freiwillig gehorchen will. Wenn man Luthers Aussagen auf diese verkürzende Weise bündelt, könnte man die Frage stellen: Weshalb konnte die Kirche mit einer solchen Forderung nicht leben, weshalb konnte sie sich nicht reformieren und ihre Auswüchse selbst beschneiden und dadurch die Spaltung vermeiden? Noch einmal gefragt: Nach Luther soll der Christ nicht nur glauben, frei sein und nicht „müßiggehen"; er soll der Obrigkeit untertan sein, soll Nächstenliebe üben (also auch Ruhe walten lassen) und „gute Werke tun".· Was aber trieb die Kirche und den Staat (verkörpert in Kaiser Karl V.) zum unumstößlichen Willen, diesen Martin Luther zu vernichten und seine Lehre auszurotten?

Gewiß erkannten die damaligen Kirchenmanager in Rom, daß durch solche Lehren die notwendigen Geldquellen und Zahlungsressourcen versiegen könnten. Dies war ein kurzfristiges Problem. Die Bedrohung aber war von anderer Qualität. Denn langfristig werden Luthers Thesen zu einer tödlichen und ungeheuren Gefahr für die kirchliche und weltliche Macht – durch die von vielen, auch einfachen Menschen zu verstehenden Beschuldigungen und mit argumentativer Kraft vorgetragene Kritik, die, wenn die Gläubigen durch die Verbreitung solcher Lehren zu ähnlichen Schlüssen kämen, einen revolutionären Sturm entfesseln könnte, der die Kirche hinwegfegte. Der „Tractatus" enthält eine ganze Reihe solcher gefährlichen Angriffe, von denen wir nur *ein* Beispiel herausgreifen wollen.

Indem Luther die Würde des gläubigen und freien Christen anspricht und preist, dem allein der Glaube zum Teil genüge, kommt er zu dem Schluß, daß dieser Christ allein und ausschließlich im Glauben die Freiheit und auch die Macht seiner Freiheit findet. Daran knüpft Luther mit dem Hinweis auf Psalm 111,4 an und schwärmt geradezu: „Und nicht allein die allerfreiesten Kö-

nige sind wir, sondern auch Priester in Ewigkeit... da wir durch
das Priestertum würdig sind, vor Gott zu erscheinen, für andere
zu beten und einander das, was Gottes ist, zu lehren... Christus
hat uns so in Besitz genommen, wenn wir an ihn glauben, daß
wir ihm wie Mitbrüder... auch wie Mitpriester sind... Wer
kann nun die Größe der christlichen Würde begreifen? Alles beherrscht sie mit ihrer königlichen Macht: Tod, Leben, Sünde
usw. Durch die priesterliche Herrlichkeit aber vermag sie bei
Gott alles... Hier fragst du: ‚Wenn alle, die zur Kirche gehören,
Priester sind, wodurch unterscheiden sich dann die, die wir jetzt
Priester nennen, von den Laien?' Ich antworte: ‚Es ist den Worten Priester, Kleriker, Geistlicher und Prediger Unrecht geschehen, als man sie von allen übrigen Christen auf die wenigen
übertrug, die jetzt mißbräuchlich ‚Geistliche' genannt werden.
Die Heilige Schrift macht da nämlich keinen Unterschied, außer
daß sie die, die jetzt als Päpste, Bischöfe und Herren gerühmt
werden, als Diener, Knechte und Haushalter bezeichnet, die den
übrigen dienen sollen..." Das bedeutete die Revolution, die totale Umkehrung aller bisherigen Hierarchie und Rangordnun-
gen! Der einfache Mann, so witterte die Kirche, würde Luthers
Worte so nehmen, wie er sie ausspricht, und nicht im übertrage-
nen Sinne, der – in den weihevollen Wendungen der theologischen Sprache ist es vorgegeben – *alle Priester zu „Dienern Gottes" verpflichtet.*

Indem Luther auf diese Weise und mit Hilfe des Bibelwortes
(1. Korinther 4,1) praktisch die damalige Hierarchie auf den Kopf
stellte und die selbsternannten Herrscher der Kirche wieder zu
Knechten und Dienern des Wort Gottes werden ließ und diese
monströsen Herren mit der Nase auf ihre von der Bibel bestimmte Haushälter-Pflicht stieß, war dies für das *Imperium
christianum* der *casus belli.* Luther setzte noch „einen" drauf
und führte im Anschluß an das obige Zitat weiter aus: „Aber
diese Haushalterschaft hat sich nun zu solch einer pompösen
Machtentfaltung und zu einer Art schrecklicher Tyrannei entwickelt, daß weder die heidnischen noch irgendwelche Reiche
der Welt damit verglichen werden können – als ob die Laien etwas anderes als Christen wären! Durch diese Verkehrung ist es
gekommen, daß die Kenntnis der christlichen Gnade, des Glaubens, der Freiheit und des ganzen Christus gründlich unterge-
gangen ist. An deren Stelle ist eine unerträgliche Gefangenschaft
in menschlichen Werken und Gesetzen getreten und wir sind...

Sklaven der gemeinsten Menschen auf Erden geworden, die unser Elend mißbrauchen zu allen Schlechtigkeiten und Schandtaten ihrer Willkür."

Es muß daran erinnert werden, daß diese starken Worte und Angriffe in jenem „Tractatus de libertate" stehen, der 1520 vorliegt – also kurz vor dem Wormser Reichstag 1521, zu dem Luther vorgeladen ist, an dem nicht nur die weltlichen Fürsten, sondern auch gewitzte Theologen und der Kaiser teilnehmen, denen er Auge in Auge gegenübertreten wird. Es sind nach meiner Auffassung aber nicht nur diese auf das gesamte Sozialgefüge und auf die weltliche und kirchliche Hierarchie gezielten Anwürfe, die Luthers Lehren und Thesen so gefährlich werden lassen, sondern es ist viel einfacher und revolutionierender: Es ist die von ihm gepredigte *Freiheit des Christenmenschen*, die das gewaltige Beben auslöst! Die *Emanzipation des Individuums* von der „babylonischen Gefangenschaft" der Kirche!

Erinnern wir uns der Dostojewski-Legende vom *Großinquisitor*. Dort erläutert der greise Kardinal im nächtlichen Monolog dem gefangenen Christus, er, Jesus, habe nicht erkannt, daß es drei Kräfte auf dieser Erde gäbe, die das Gewissen der schwachen Menschen besiegen und fesseln können: das *Wunder*, das *Geheimnis* und die *Autorität*. Unterstellen wir einmal, diese dem Kardinal-Großinquisitor in den Mund gelegte Dostojewskische Meinung sei tatsächlich auch die Meinung der katholischen Kirche, seien Pfeiler, die nicht einmal berührt, geschweige denn zum Einsturz gebracht werden dürfen, dann hat Martin Luther mit allen drei Kräften unbarmherzig aufgeräumt – mit dem Wunder, mit dem Geheimnis und mit der Autorität.

Im Grunde ist Luthers Lehrmeinung, daß allein der Glaube frei mache und zur Seligkeit führe, recht rational und läßt dadurch nichts zu, was einem Wunder gleichen könnte. Gott allein kann Wunder vollbringen, nicht die Menschen, und seien sie auch Heilige. Dieser Magnet der Kirche, das *Wunder*, eingeschlossen die Möglichkeit der Wunderheilung, wird stumpf und kraftlos, wenn man allein nur Gott das Wunder-Tun zubilligt. Wenn weiterhin die Christen allesamt Auserwählte, Priester und „Königskinder" sind, dann gibt es keine besonderen „Auserwählteren" mehr, keine Steigerung, keine Hierarchie, dann entfallen die Privilegien, dann verliert die derzeitige Kaste der Priesterschaft den Schlüssel zum Geheimnis, zum *Mysterium*, zum Herrschaftswissen. Kein Geheimnis mehr umgibt dann die heiligen Handlungen, alles liegt offen und für jeden zugänglich. Hat aber jedermann Einblick in *alles*, geht auch die *Autorität* verloren, denn alle anderen sind auch Autoritäten und dadurch ist dieser spezifische Wert, die herausragende Position des Priesters, und auch die des Papstes, aufgehoben und – alle Menschen sind vor Gott gleich!

Der Schlüssel zu all diesem für die Kirche drohenden Ungemach und Unheil liegt in der *Proklamation der Freiheit*. Durch die von Luther verkündete Freiheit werden nicht nur die Sklaven und Knechte frei, sondern alle werden durch den Glauben frei von der Angst vor Hölle und Fegefeuer, frei von der Urangst der Sündhaftigkeit und dadurch frei von der Angst des Verlustes der ewigen Seligkeit. Diese Ängste sind aber die Nabelschnüre, durch die die Gemeindekinder mit der Mutter Kirche fest verbunden und verknüpft sind. Durch diesen Angstverlust, den jeder, nach Luther, erlebt, der seine Kraft und Zuversicht im Glauben – und nicht in den „Werken" – findet, verliert die Kirche praktisch ihre Autorität, die sie auf vielem errichtet hat, auch und vor allem auf dem Wunder, dem Geheimnis und der Autorität.

Wenn Martin Luther die Freiheit am Glauben und am inneren Menschen festmacht und den äußeren Menschen der Obrigkeit untertan sein läßt, so durfte die in über tausend Jahren in der Machterhaltung geübte Kirche nicht eine solche nahezu ideale Zweiteilung des Menschen und seine auf freier Entscheidung basierenden Einsicht ihm zugestehen, ohne ihre Verfassung zu gefährden. Gewiß fußen Luthers Gedanken auf der schon zu Beginn des Christentums erkannten Problematik der zwei Welten. In diesen beiden Welten lebt der Mensch, in jener von Gott und in jener von der Welt. Es ist seine Schwäche und zugleich seine Stärke, als Einzelexistenz in dem Zwei-Welten-System leiden zu müssen und sich nach freiem Willen einzurichten. Der Kirchenvater *Augustin* hatte sich schon sehr eingehend mit dieser Frage nach den beiden Welten befaßt: mit dem Reich, in dem Gott mit Liebe und Gnade regiert und den Menschen darin frei sein läßt, und dem Reich, in dem Gott mit Gewalt und mit dem Gesetz regiert. Luther hat auch darin eindeutig Stellung bezogen. Der schon erwähnte Kommentator von Martin Luthers Schriften, *Eberhard Stammler*, sagt dazu, daß Luthers Gott ein und derselbe Gott sei, wobei er zu seiner „Rechten" mit der Liebe und zu seiner „Linken" durch das Gesetz regiere. Diesem Reich der Liebe gehöre die „Gemeinschaft der Glaubenden" an. Im Reich der Welt lebten „die Menschen mit ihren ursprünglichen Trieben und Begierden". Und dann fährt er, Luther interpretierend, fort: „Diese Welt überläßt aber Gott nicht sich selbst, sondern um sie vor ihrer Selbstzerstörung zu bewahren, setzte er Ordnungen ein, die das menschliche Zusammenleben regeln und sichern sollen... Daß Gott auf diese Weise für die Erhaltung seiner Schöpfung Sorge trägt, ist ebenfalls ein Ausdruck seiner Liebe – letztlich derselben Liebe, die durch Christus die Erlösung der Welt bewirken will." (S. 27/28)

Ganz konkret hat sich Luther zu diesem Problem 1523 in seiner Schrift „Von weltlicher Obrigkeit, wie weit man ihr Gehorsam schuldig ist" geäußert. Für den Reformator war diese Frage kein theoretisches Problem, sondern ein praktisches und sehr hautnahes, aktuelles Problem. Denn um ihn herum begann bereits der soziale und politische Boden zu wanken. Die Fürstenhäuser, die sich auf seine Seite geschlagen hatten, wollten nicht nur die neue Lehre verbreiten. Diese Lehre paßte vorzüglich in ihr politisches Konzept – los von Rom, los vom Kaiser! Die regierenden Häupter sponnen am Intrigennetz, die Stände taten es ihnen nach und die Städte beeilten sich, ebenfalls ihre politischen Interessen durchzusetzen. Die Bauern erhoben sich und zogen mordend und brennend durchs Land, beriefen sich auf Luthers Worte und folgten dem Prediger *Thomas Münzer*, dem „Schwarmgeist" und „Werkzeug des Teufels" (Luther). Zur gleichen Zeit gab es in den reformierten Kirchen keine kirchliche Hierarchie mehr. Luther hatte alle Hände voll zu tun, Ordnung zu schaffen und versuchte, mit seinen Schriften verbindliche Grundlagen zu legen und damit Wege zu weisen. Er griff dabei sowohl die „Fürsten und Herren" als auch die Bauern an und ermahnte sie in seinen Schriften „Ermahnung zum Frieden" und „Wider die räuberischen und mörderischen Rotten der Bauern" von 1525. Martin Luther wurde zur unumstrittenen Autorität, sein Wort galt überall, aber er erlebte mehr und mehr das Entgleiten des durch seine Gedanken- und Wortgewalt Erschaffenen, ohne daß er verhindernd eingreifen konnte.

Er war im Grunde kein Revolutionär, obwohl er eine der größten Umwälzungen in der europäischen Geschichte bewirkt hatte. Er wollte immer eine „Ecclesia semper reformanda" – eine sich ständig erneuernde Kirche. Nicht in seinen Lehren, aber in der Auslegung, in der Vermittlung seiner Thesen, liegen die Keime der in den folgenden Jahrhunderten bis zum heutigen Tag auftretenden Krisen und Erschütterungen. Luther war ein Mann der

Mitte, des Ausgleichs, auch wenn er eine Welt zertrümmert hat – im Gegensatz zu einem *Thomas Münzer*, der auf seine Weise das „Reich der Liebe" schon im „Reich des Gesetzes" verwirklichen wollte. Im Gegensatz zu Münzer, der sich als Auserwählter sah, den ersten Bauernaufstand losbrechen ließ und sich für die Armen und Zukurzgekommenen einsetzen wollte, wurde Luther nie zum „Helden" späterer deutscher Sozialisten, Sozialreformer und Fortschrittler. Thomas Münzer dagegen avancierte zum „Helden" besonders der Linken, der sich für sie in der deutschen Geschichte, zusammen mit dem „Volk", als erster gegen die Fürsten erhoben hatte.

Die protestantische Kirche verkrustete später in den Armen der Landesfürsten und ließ jenen berühmten Schulterschluß von Thron und Altar entstehen, so daß Luther in der deutschen Ikonenreihe stets näher an *Friedrich den Großen*, *Bismarck*, *Kaiser Wilhelm II.* und *Hindenburg* herangerückt wurde als an die Reformer und Revolutionäre.

Sicherlich, zu allen Zeiten, auch vor und nach Luther, hat man sich gegen die allmächtige katholische Kirche aufgelehnt. Man denke dabei nur an die *Cluniacenser*, an die *Waldenser*, die *Katharer*, die *Albingenser* usw. Martin Luther aber hat eine alte Welt aus den Angeln gehoben und die Kategorien einer neuen Welt bestimmt. Man mag Zwingli und Calvin ihm gegenüberstellen, die auf ihre Weise für recht nachhaltige Veränderungen sorgten. „Im Unterschied zu der reformierten Konzeption von Calvin und Zwingli entsprach es allerdings nicht seiner Zielvorstellung, daß das ‚Reich Gottes' beispielhaft auf das ‚Reich der Welt'. . . zu übertragen sei", schreibt Stammler. (S. 30) (Zitate zu Luther: Martin Luther, 1990, S. 9–42 und S. 529–572)

Luthers Tat entsprang dem Willen, die „Babylonische Gefangenschaft der Kirche" (wie ein Titel seiner Kampfschriften lautet) zu durchbrechen und den Menschen von seiner Angst und seinen Fesseln zu befreien. Er wollte die Menschen aus dem verheerenden Dunkel führen, das sie mit der Düsternis der damaligen christlichen Angstlehren umgab. Seine emanzipatorische Tat erstreckte sich, wie wir gesehen haben, nicht nur auf Kirche und Theologie, sondern auch auf die Politik und auf das soziale Leben. Genau so befreiend wie der Anschlag der 95 Thesen an der Wittenberger Schloßkirche wirkte auch sein menschlich-familiäres Vorbild: Er zerbrach die Ordnung des Zölibats und heiratete. Auch diese Tat war von einer revolutionären und sozialen Sprengkraft, die heute viel zu wenig beachtet wird. Wir wollen hier nicht die vielen Einflüsse und Zeitsituationen – wie z.B. das soziale Leben, die Musik, das Aufkommen der Druckkunst, das damalige Leben der Frauen und vieles andere –, die natürlich Voraussetzung für Luthers Wirken bedeuten, nachzeichnen. In der Nachzeichnung der einschlägigen Luthergedanken bleibt uns genug Stoff, um den historischen Strom weiterhin ein wenig zu beleuchten, der der Freiheit eine Bahn brach. Ehe wir zu einer abschließenden Bewertung kommen, sei jetzt noch kurz auf einen anderen Geistesheroen verwiesen, der die Welt verändern half: *Nikolaus Kopernikus*, mit dem wir uns kurz befassen müssen.

Kopernikus war zehn Jahre älter als *Martin Luther* und vier Jahre jünger als *Niccolò Machiavelli*. Seine alles umwälzende Tat, die Entdeckung des heliozentrischen Systems, fand drei Jahre vor Luthers so spektakulärem Thesenanschlag statt und geschah in aller Stille.

Der 1473 geborene Nikolaus Kopernikus, Doktor des Kirchenrechts, Mediziner, Kanzler des Frauenburger Domkapitels und Astronom, legte in seinem Hauptwerk („De revolutionibus orbium coelestium libri VI", 1543) den Grundstein zu unserer heutigen heliozentrischen Weltsicht. Die Wahrscheinlichkeit und die Annahme, daß die Erde um die Sonne kreist und nicht umgekehrt, wurde schon 1514 in seinem „Commentariolus" vorgelegt. Die Öffentlichkeit, die „tumbe Masse", erfuhr davon nichts. Die gelehrte Welt allerdings erhielt ab 1540 in Georg Joachim Rhetikus' „Narratio prima de libris revolutionune copernici" Kunde von den kopernikanischen Entdeckungen, deren Ergebnisse *Johannes Kepler* (1571–1630) und *Galileo Galilei* (1564–1642) später zurechtrückten, verfeinerten und als endgültig gesichertes Wissensgut der Menschheit hinterließen. Gegenüber Kopernikus verhielt die Kirche sich recht moderat, nicht so gegen Galilei. Dies steht jetzt aber nicht zur Debatte. Die „Kopernikanische Wende", von der zum ersten Mal *Immanuel Kant* sprach (in der Vorrede zur „Kritik der reinen Vernunft"), bewirkte eine totale Umorientierung nicht nur im physikalischen Weltbild, sondern auch in der Neustrukturierung der Geistes- und Ideensichtwelt.

Die kosmische und transzendentale Obdachlosigkeit, der der Mensch plötzlich nackt gegenüberstand, deren historischer Ursprung durch die „Kopernikanische Wende" markiert wurde, beförderte die in der Schöpfungsgeschichte so herausgehobene *einmalige* Position der Erde auf den fast wertlosen Stellenplatz eines x-beliebigen Sterns inmitten der anderen unzähligen Sterne, die sich in der mathematisch nicht faßbaren Unendlichkeit des Raumes anscheinend sinnlos tummelten. Es gab nicht mehr den Himmel, der sich über die Erde wölbte, in dem Gottvater, die Heiligen, Jesus Christus und die Engel wohnten. Es gab „unter" der Erde nichts; nichts, in dem der Teufel wohnte und die Hölle hauste. Der Mensch hatte entdeckt, daß er im ozeanischen All auf der Insel „Erde" ausgesetzt war. Wo gab es jetzt noch einen Sinn? Wohin hatte sich Gott verkrochen? Weshalb lebe ich noch, fragte sich der Mensch, wenn es kein „oben" und kein „unten" mehr gab, keine Hölle und keine Ewigkeit? Wer erklärte den Sinn des Lebens, wenn nur noch das existentielle Hausen ohne Behausung blieb, wenn man auf irgendeinem Planeten saß, wenn die sinnvolle Geborgenheit zur sinnlosen Unbehaustheit geworden war?

Wenn man sagt, „der Mensch" entdeckte diese ungeheuerliche Wirklichkeit, dann stimmt das nicht ganz. Es waren zunächst nur wenige Geister, denen sich die rauhe Wirklichkeit auftat, die das erschreckende Ausmaß dieser neuen Erkenntnis begriffen und ihre wahrscheinliche Auswirkung zu antizipieren imstande waren. Die Köpfe, die den Wirklichkeitszusammenhang zu erfassen und seine Tragweite abzuschätzen vermochten, hatten nicht die Macht und den Mut, ihr Wissen der Allgemeinheit zu überantworten. Sie fürchteten sich vor einem solchen Schritt, denn sie wußten, daß die allmächtige Kirche die Entdeckung der Wahrheit zur ketzerhaften Lüge verdammen und auch weiterhin ihre unzutreffende Darstellung der geozentrischen Welt durch die Kirche, den Mythos vom Mittelpunkt der Welt, den die Erde darstellt, als unumstößliche Wahrheit verkünden würde. Die Kirche behielt das Kopernikanische Wissen unter Verschluß, und erst im Laufe vieler Jahrzehnte und Jahrhunderte wurde dieses Herrschaftswissen neu kanalisiert, uminterpretiert, in die jeweils gültigen Lehren integriert und endlich als lehrbares Schulwissen freigegeben. Daß jedoch das Erschrecken über die Kopernikanische Entdeckung verheerende soziale und geistige Erdbeben auslöste, bleibt unbezweifelt.

Die Kopernikanische Wende ließ sich nicht mehr umkehren. Die Würfel waren gefallen. Die davon erfuhren und darüber entsetzt waren, daß man die Menschen immer noch in Unwissenheit hielt, endeten auf dem Scheiterhaufen oder gingen unter im stillen Sterben der Kerker oder im schrecklichen Verschweigen dieser wissenden Botschaft.

Wenn hier Niccolò Machiavelli, Martin Luther und Nikolaus Kopernikus nebeneinander gestellt werden, so nicht deswegen, weil ihr Wirken ein gemeinsames Geschichtsmuster abgäbe. Machiavelli und Luther sind sicherlich so weit voneinander entfernt wie die Inhalte, die man mit den Begriffen „Renaissance" und „Reformation" zu umschreiben versucht. Die veröffentlichten Werke Luthers lassen keineswegs jene Interpretationsbreite zu, über die jene Machiavellis verfügen. Uns soll es nicht darum gehen, ob „Il Principe" von seinem Schluß, d.h. von der Ansprache her, die er an Guiliano und Lorenzo de Medici hält, besser zu verstehen ist oder ob er mit seinen Vorschlägen die Befreiung Italiens im Auge hatte und somit gar der Vater des Risorgimento im 19. Jahrhundert wurde. Die Geschichte lehrt uns, daß große und gigantische Kunstwerke, die die Zeiten überdauern, in Epochen rastloser Unruhe, tiefer Niedergeschlagenheit und in der Trauer um verlorene Sinnhaftigkeit entstanden sind. Das Kunstwerk wird hier zur Kompensation der Trauer um das Verlorene. Auch politische Taten, die umwälzende soziale Bewegungen für lange Zeiträume erschaffen, erwachsen aus der Not erschütternder Krisen. Politisches Handeln wird zur Kompensation der Angst vor dem Untergang.

Der Zusammenbruch der mittelalterlichen Gotteswelt, der Verlust ihrer Sinnhaftigkeit, die gleichzeitig auftretende unbezähmbare Neugier und die gefährlichen Fragen nach den wahren Weltzusammenhängen wie das tragische Wissen um den notwendigen Verlust der bisherigen Heimstatt in der Geborgenheit des Himmels, die die Kirche bereithielt, hinterließen eine grauenvolle Unordnung, die gemeistert werden mußte. Kopernikus zerstörte die bisherige physikalische Welt und damit auch das bisherige schlüssige Weltbild. Luther zerstörte das geistliche Gefängnis, in dem auch der Geist eingesperrt war. Machiavelli zerstörte den Primat des Kirchenstaates und machte das Denken des weltlichen Staates möglich. Und alle lebten unter der gnadenlosen Last der mittelalterlichen Finsternis, obwohl sie das Licht einer anderen Welt schon erblickten. „Wie groß muß die Unruhe sein, die solchem formalen Abenteuer die Triebkraft gibt! Und hier eröffnet sich uns ein letzter Blick auf die Krisensituation der Renaissance: so herrlich ihre Kunstwerke emporragen, sie ist eine Zeit, die verdammt ist bis in den letzten Winkel hinein. Der Mensch, aufsteigend aus tiefinnerer Lichtlosigkeit, baut sich einen goldenen Traum aus Farbe, Wort und Stein. Aber dieser

Traum ist kein glücklicher Traum. Es ist der Traum, aus dem jenes unvollendete Sklavenbildnis zum Grabe Julius II. von Michelangelo aufzuwachen scheint, ein im kreatürlichen Schmerz sich windender Mensch, der einen unsagbaren Moment lang in der atemberaubenden Angst schwebt, nie wieder erwachen zu können." So beschreibt René König den damaligen Zustand des chaotischen Zeitenumbruchs. (1979, S. 343)

Diese Zeit des Umbruchs, der Umorientierung und des Chaos, die die damaligen Menschen in Angst und Schrecken erlebten und die wir Heutigen summarisch historisch klassifizieren und mit Begriffen wie „Renaissance" und „Reformation" bezeichnen, war sicherlich auch eine der fruchtbarsten Epochen in der Kulturgeschichte Europas. Wie finster auch vieles gewesen sein mag – man denke nur an die Hexenverfolgung, die Folter, die Inquisition usw. –, aber seit der Mitte des 15. Jahrhunderts gab es so viele schöpferische und revolutionäre Ereignisse von so ungeheurer Tragweite, die es nicht nur verdienen als historische Fakten registriert zu werden, sondern die auf ihr Fortwirken bis zum heutigen Tag überprüft werden müssen. „In der Religionsgeschichte und der Geschichte der Kultur Westeuropas", sagt der Religionsforscher Mircea Eliade, „gehört das Jahrhundert der Hexenjagd zu den schöpferischsten." (M. Eliade, 1993, Bd. 3/1, S. 226). *Columbus* entdeckt 1492 die neue Welt, *Kopernikus, Kepler* und *Galilei* führen die Menschen zu neuen Gestirnen und überlassen ihnen ein anderes kosmisches System, als es bisher für gegeben gehalten wurde. *Martin Luther* und *Johann Calvin* lassen die Menschen Abschied nehmen von der bisherigen Glaubens- und Religionswelt. *Eliade* faßt diese Umwälzungen wie folgt zusammen: Das schöpferische Jahrhundert sei nicht nur wegen der Reformen von Luther und Calvin so zu bewerten, „sondern diese Epoche – die etwa von Marsilio Ficino (1433–1499) bis Giordano Bruno (1548–1600) dauert – ist auch durch eine Reihe von Entdeckungen auf kulturellem, wissenschaftlichem, technologischem und geographischem Gebiet gekennzeichnet, die ausnahmslos religiöse Bedeutung hatten. Man kann die Werke oder Funktionen religiöser Natur des Neuplatonismus, der von den Humanisten reaktualisiert wurde, der neuen Alchemie, der alchimistischen Medizin des Paracelsus und dem Heliozentrismus des Kopernikus und Giordano Bruno diskutieren. Aber auch eine technische Erfindung wie die der Buchdruckerkunst hatte bedeutende religiöse Folgen: sie spielte eine wesentliche Rolle in der Propaganda und dem Triumph der Reformation. Das Luthertum war ‚seit seinen Anfängen ein Kind des gedruckten Buches', durch das Luther seine Botschaft mit Nachdruck und genau von einem Ende Europas zum anderen verbreiten konnte." (a.a.O., S. 226)

Diese gewaltigen Umbrüche, die gleichzeitig ungeahnte Höhen des künstlerischen Ausdrucks fanden, breiteten sich mit alles hinwegfegender Sogkraft im Norden wie in Italien aus. Was die Renaissance wiedergeboren oder die Reformation re-formiert hat, ist: der Mensch als Individuum. Nicht mehr der gesichtslose Gläubige in der monolithischen Schar der Schäfchen, die dem mittelalterlichen Kirchenhirten gehorsam folgten, stand jetzt inmitten des brausenden Chaos, sondern der Einzelne, der *uomo singolare*, der *uomo unico*, das Individuum. Vor allem in Italien brach sich das Individuum seine Bahn. *Jacob Burckhardt* (1818–1897), der Klassiker unter den Renaissance-Forschern, schildert diese Geburt des Individuums sehr anschaulich: „Im Mittelalter lagen die beiden Seiten des Bewußtseins – nach der Welt hin und nach dem Innern des Menschen selbst – wie unter einem gemeinsamen Schleier träumend oder halbwach. Der Schleier war gewoben aus Glauben, Kindesbefangenheit und Wahn; durch ihn hindurchgesehen, erschienen Welt und Geschichte wundersam gefärbt, der Mensch erkannte sich nur als Rasse, Volk, Partei, Korporation, Familie oder sonst in irgendeiner Form des Allgemeinen. In Italien zuerst verwehte dieser Schleier in die Lüfte; es erwacht eine *objektive* Betrachtung und Behandlung des Staates und der sämtlichen Dinge dieser Welt überhaupt; daneben aber erhebt sich mit voller Macht das *Subjektive*, der Mensch wird geistiges *Individuum* und erkennt sich als solches. So hatte sich einst erhoben der Grieche gegenüber den Barbaren..." (J. Burckhardt, 1976, S.123)

Nur das Individuum konnte nach der Freiheit fragen und auch nach dem Notwendigen. Es geht hier nicht um den freien Willen des Menschen, den fast alle philosophischen Schulen zum obligatorischen Gegenstand ihrer Forschung bestimmten. Die damit zusammenhängenden Fragen mögen uns nicht berühren. Es geht um den *praktischen Gebrauch* der menschlichen Freiheit – und den kann nur das Individuum ausüben. So behauptet denn auch *Jacob Burckhardt* vom Menschen der italienischen Renaissance: „Nun gibt es eine wahrhaft zentrale Frage, um deren Lösung sich schon die Theologie des Mittelalters ohne genügenden Erfolg bemüht hatte, und welche jetzt vorzugsweise von der Weisheit des

211

Altertums eine Antwort verlangte: Das Verhältnis der Vorsehung zur menschlichen Freiheit und Notwendigkeit." (a.a.O., S. 470)

Das *Individuum* stellte jetzt die Frage nach seiner Freiheit an Gott und nach den „Notwendigkeiten" auch an die weltlichen Herren. Diese Fragen, die auch den Sinn des Lebens für das Individuum beinhalten, wie auch die Frage nach seiner unsterblichen Seele, stehen seit der Zertrümmerung des mittelalterlichen Weltgebäudes Gottes im Mittelpunkt des gesamten Lebens: Bin ich frei – frei von allen Ketten? Ich muß aber in der Bindung der Gemeinschaft leben – wie frei und wie gebunden bin ich dann noch? Gibt es ein ewiges Leben – wenn nicht, was nutzt mir die Freiheit? Gibt es kein ewiges Leben – dann werde ich meine Freiheit auskosten bis zur bitteren Neige!

Um diese Fragen und Gedanken kreiste alles Denken der Menschen, die zum zweiten Mal aus dem Paradies vertrieben worden waren. Das Individuum hatte sich endlich befreit – war es nun glücklicher? Was brachte ihm der Verlust der Mitte Gottes, gegen die er so siegreich revoltiert hatte? Was brachten ihm die schrecklichen Wahrheiten eines Nikolaus Kopernikus, eines Martin Luther und eines Niccolò Machiavelli? Gewißheit? Glück? Frieden? Freiheit? Zunächst bescherte die gewonnene Freiheit lediglich Kriege, schreckliche Religionskriege.

8. Kapitel

Die Reformation, die Religionskriege und das Heraufziehen einer neuen Zeit

Die Befreiung des Menschen aus der Unwissenheit über seinen physikalischen Weltraum und das Zerreißen der unwürdigen Ketten, die die Gläubigen an den Kerker der „Babylonischen Gefangenschaft der Kirche" (Luther) fesselten, lassen viele Fragen aufkommen, die zur *Weiterführung* und zur *Wirkung* der Großtaten des Kopernikus und des Reformators aus Wittenberg gestellt werden müssen. Das vorhergehende Kapitel endete mit dem Hinweis auf die nach der Reformation stattgehabten Religionskriege. Hierzu müssen wir mit aller Deutlichkeit zuallererst eine *soziologische* Frage einbringen, ehe wir einen historischen Rahmen erstellen.

Wenn wir bisher versucht haben, die Ursprünge der *Individuation* in den Anfängen der Neuzeit, nachdem das Mittelalter schmerzvoll überwunden worden war, freizulegen und ihr Entstehen aus den Scherben der Überlieferung zu deuten, so geschah dies im skizzierten Nachweis der entsprechenden Thematisierung jener markanten Ideen, die die geistesgeschichtlichen Weichen in die Zukunft stellten. Jenseits von nicht effizientem Methodengeschwätz vieler Autoren wird die Geburt des neuzeitlichen Individuums – Voraussetzung jeglichen praktischen Freiheitsgebrauchs – nicht im Korsett philosophischen Definitionsgestrüpps gesucht, sondern fast ausschließlich in der Manifestation *sozialen* Verhaltens, das sich an jenem menschlichen Gut orientiert, das ich „Freiheit" nenne.

Dieser Begriff ist als Wert nur in einem *sozialen* Kontext erfahrbar, dort auch allein valuierbar, wo es „Gesellschaft" gibt, und so zunächst nur *soziologisch* erfaßbar. Demnach muß gefragt werden, ob sich jenseits von Staat und Kirche, die beide bis zur Reformation ausschließlich darüber befanden, was „wahre" Gültigkeit hat und was nicht, eine Gesellschaft herauskristallisiert hat, die durch das reformatorische Wirken dem einzelnen Menschen

Möglichkeiten eröffnete oder die Option anbot, innerhalb dieser Gesellschaft selbst eine „Persönlichkeit", d.h. ein frei handelndes Individuum zu werden. Diese Frage zieht eine andere nach: gab es außerhalb von Kirche und Staat eine „Gesellschaft"? Das Vorhandensein einer „Gesellschaft" – unabhängig von Staat und Kirche – muß vorausgesetzt werden, wenn man das Problem schärfer herausarbeiten will. Es dreht sich also demnach um die Frage, wie und ob sich eine *Gesellschaft* von Staat und Kirche am Ende der Reformation und Renaissance emanzipierte oder wenigstens Voraussetzungen für eine solche Emanzipation schuf, in der letztlich ein „freier Bürger" denkbar war.

Da wir Freiheitsauffassung in unserem Sinne nur in einer „eigenständigen" Gesellschaft als vorfindbar und funktional effizient angesiedelt wissen, muß der Frage nachgegangen werden, ob in den folgenden Jahrhunderten, im 16. und 17. bis ins 18. Jahrhundert hinein, durch die Erkenntnisse Luthers, der die Freiheit des Christenmenschen proklamierte und das Band mit der Kirche zerriß, und durch praktische Umsetzungen dieser Erkenntnisse in reformatorische Wirklichkeiten sich eine „neue Gesellschaft" herausgebildet hat. Eine Reihe von Autoren verneint das. Ehe wir diese spannenden Auseinandersetzungen verfolgen wollen, muß eine Vorbemerkung Platz finden, um das Gesamtproblem besser verstehen zu können.

Es geht dabei um die verschiedenen Auffassungen von Naturrecht, die bei der Gesellschaftsbildung in der europäischen Geschichte eine große Rolle spielen. Es ist nicht meine Aufgabe, über das Problem des Naturrechts zu befinden und seine Anwendung bzw. seine Definitionen abzuhandeln. Das Naturrecht, das seit der Antike über das Mittelalter bis in die heutige Zeit immer wieder Gegenstand ethischer, religiöser, philosophischer, juristischer, politischer und soziologischer Diskussionen war und ist, beinhaltet die Frage des Anspruchs auf die Unverletzbarkeit von Leib und Leben, auf die Beachtung von Ehre, Würde und Eigentum sowie das Recht auf persönliche Freiheit. Wie nun die Kirche, der Staat und die Wissenschaft sich mit diesen Grundlagen des Naturrechts auseinandersetzten und zu welchen Schlüssen man dabei kam, soll nur beispielhaft an Thomas von Aquin dargestellt werden. Nach ihm hat die Vernunft Gottes in ihrer Offenbarung uns die *lex divina* geschenkt, die wiederum in der *lex aeterna* gründet, d.h. das göttliche Gesetz ruht in der Schöpfungsordnung Gottes. An diesem Gesetz ist die *lex naturalis* angebunden, die für alles Kreatürliche zuständig ist. Die *lex positiva* (oder auch *humana*) ist das Gesetz, in dem alle Vorschriften und Verträge, die eine menschliche Gemeinschaft erst ermöglichen, eingebunden sind.

Die Definitionen, bei denen fast immer die Flügelpositionen der Diskussionsskala, nämlich positives Recht contra Naturrecht, umstritten sind, wandeln sich von Jahrhundert zu Jahrhundert. Das Naturrecht setzt sich auch mit der Soziologie auseinander. Zu diesem Problem wollen wir René König hören: „Wenn wir. . . das Wesen der Revolution in einer Totalumformung bestehender Verhältnisse erblicken, dann bedeutet das zugleich, daß wir durch das Tor der Revolution in den unabgerissen weiterfließenden und immer Neues schaffenden historischen Prozeß eingetreten sind." Einerseits würde mit dieser Wendung ein neues Licht auf das geworfen werden, was König mit „Lebenskämpfe" bezeichnet, aus denen Soziologie entstehen solle. Er fährt dann weiter fort: „. . .diese Lebenskämpfe sind im wesentlichen historischer Natur. Andererseits wird aber auch gesagt, daß der Gegenstand der Soziologie selber historischer Natur ist, sich also immerfort wandelt und mit jeder Revolution ein neuer wird. Dies erlaubt es auch, *die Soziologie im spezifischen Sinne . . . von aller Gesellschafts- und Soziallehre zu unterscheiden*, die zwar ebenfalls einen besonderen gesellschaftlichen Zusammenhang neben dem Staat anerkennt, diesen aber als fest umgrenzte und im Grunde umwandelbare Gestalt ansieht. So nimmt auch die Gesellschaftslehre gern naturrechtliche Formen an, während der von uns beschrittene Weg schießlich auf eine Auseinandersetzung zwischen Naturrecht und Soziologie hinausläuft, wobei das erstere im doppelten Sinne als theologisches und weltliches Naturrecht angesehen wird. Wir bemerken aber. . ., daß eine kontinuierliche Entwicklung vom Naturrecht zur Soziologie insofern besteht, daß eine Gesellschaft *unabhängig* vom Staat vorhanden ist." (R. König, a.a.O., S. 25, Hervorhebungen von mir, W.N.). König weist in diesem Zusammenhang auch auf Thomas von Aquin hin, bei dem schon „am frühesten" diese Sicht hervorgetreten sei, wobei später über die Schiene der naturrechtlichen Widerstandslehre „immer mehr geschichtliche Elemente in das System der Gesellschaftslehre eindringen (beginnend schon mit *Marsilius von Padua* und *Wilhelm von Ockham*), bis sich das naturrechtliche System definitiv in Soziologie auflöst." (ibid.)
Folgt man diesem Weg des so verstandenen soziologischen

Standpunktes und betrachtet das historische Geschehen aus diesem Blickwinkel, dann erhält man eine andere Optik des historischen Geschehens und auch das Verständnis für das vergangene einmalige situative Geschehen eines bestimmten historischen Ereignisses sowie dessen Bedeutung für das Heute. Nun soll im 16. und 17. Jahrhundert näher betrachtet werden, wie die Gesellschaft „außerhalb" von Kirche und Staat sich in einem langen und zähen Prozeß zu einer eigenen Macht entfaltete, die dem Individuum und seiner freien Bestimmung im 18. Jahrhundert zur Geburt verhelfen sollte.

Luthers Großtat, die Zerschlagung der römisch-katholischen Fesseln und die Verkündung der Freiheit des Christenmenschen, die sich, wie seine Eigenverantwortung und sein Glaube, allein auf die Bibel stützen darf und nicht auf „die Werke", hatte natürlich ein kaum vorstellbares Chaos angerichtet. Die tatsächliche und praktische Entmachtung der Priester, die Nichtexistenz einer neuen protestantischen Kirchenhierarchie, die plötzliche Belastung des naiven Gläubigen und die Last seiner Eigenverantwortung, das Infragestellen der Autoritäten hatten alle Dämme brechen lassen. Luther wehrte sich mit seinen ihm zur Verfügung stehenden geistigen und organisatorischen Kräften gegen die Fluten des Chaos, die durch die Lücken der gebrochenen Dämme hereinströmten und alles mit sich wegzuschwemmen drohten. Er reiste von Gemeinde zu Gemeinde, um eine irgendwie geartete kirchliche Hierarchie und Autorität aufzubauen. Seine Schriften, die einen ungeheuren geistigen und physischen Aufwand erforderten, die Leitlinien, Verhaltungsregeln, Schriftauslegungen, Predigten, Aufrufe, Ermahnungen u.v.m. bedeuteten, mußten konzipiert, von ihm aufgeschrieben, gedruckt und verbreitet werden, wenn sie wirken sollten. Sicherlich spielte dabei die Erfindung des Buchdruckes durch Gutenberg eine große und entscheidende Rolle, aber Luther mußte nicht nur die geistige und schriftstellerische Schwerstarbeit leisten, sondern auch noch den Kopf einer Revolution bilden, die er im Grunde gar nicht gewollt hatte. Zu dieser Zeit, ab 1518 (und auch in seiner „Junker-Jörg-Zeit" auf der Wartburg, wo er die Bibel übersetzte), erschien er wie ein mit allen übermenschlichen Kräften ausgestatteter Schiffskapitän, der mit seinem Schiff in eine tosende See mit haushohen Wellen geraten war, und fast allein – oft gegen eine meuternde Mannschaft – die Segel setzen und gleichzeitig das Steuerruder betätigen mußte.

216

Spätestens hier müssen zwei Fragen gestellt werden: Ist Luther verantwortlich für die folgenden Religionskriege und das Versinken des Heiligen Römischen Reiches deutscher Nation im Chaos des Dreißigjährigen Krieges, dessen Folgen bis ins 19. Jahrhundert zu spüren waren? Oder ist die Zertrümmerung der Kirche und die damit verbundene Verkündung der „Freiheit des Christenmenschen" seine eigentliche Großtat, die den Beginn eines Prozesses markiert, der über *Leibniz*, die *Aufklärer*, die „Klassiker", über die Philosophie (*Hegel, Marx, Freud, Nietzsche* u.a.) und andere Wissenschaften in Deutschland, über *Descartes, Pascal, Diderot, Rousseau, Voltaire*, die Revolution in Frankreich und über die anderen europäischen Denker, die sich in die Geschichtsbücher eingraviert haben, hin führt bis zur Verwirklichung dessen, was wir mit persönlicher Freiheit und westlicher Demokratie bezeichnen?

Diese beiden Fragen mag man als falsch oder gar als „naiv gestellt" bezeichnen, aber da von unzähligen Autoren solche Fragen – ohne explizite Fragestellungen – längst beantwortet worden sind, indem man Luther plump oder auch sehr differenziert und kenntnisreich als Urheber der jahrhundertlangen *deutschen Misere* ins allgemeine Geschichtsbild gerückt oder als „großen Deutschen" neben *Hermann den Cherusker, Karl den Großen, Friedrich den Großen* und *Bismarck* im Pantheon der Deutschen plaziert hat. Ob man ihn im teilweise staatsnahen Protestantismus als Schöpfer einer „freiheitlichen" Kirche verehrte, der „einst" einen Felsen errrichtet hat, auf dem das Wilhelminische Reich nach dem Bismarck-Wort „Wir Deutsche fürchten Gott und sonst nichts auf dieser Welt" den Feinden trotzen wollte, oder ob die deutsche Linke ihn als „Herrenknecht" und „Bauernfresser" diffamierte und noch diffamiert, ist unerheblich für unsere Zwecke. Hier geht es allein um die Loslösung der Gesellschaft von Staat und Kirche und wer dies bewirkt hat und wie dies bewirkt wurde und wie sich aus dieser sich allmählich verselbständigenden Gesellschaft das Individuum herauslöste und verselbständigte.

Luthers stürmischer Aufbruch aus der Finsternis der mittelalterlichen Welt in eine neue Zeit war die Tat eines einzelnen Mannes und nicht die einer Organisation oder „Bewegung". Es ist zu eindimensional gedacht, wenn man Luthers und Calvins Denken und Lehren an Jahrhunderte später entdeckten Auswirkungen mißt. Luthers Protestantismus, den wir z.B. in der Nähe dessen antreffen, was wir mit Preußentum benennen, kann nicht nur als konfessionell-religiöse Komponente eines preußisch-militärischen Staates angesehen werden, die nur in Preußen möglich war. Preußens große Männer wie *von Stein, von Yorck, Scharnhorst, Gneisenau, Clausewitz* – und ich nenne bewußt fast nur Militärs – waren alle in ihrem Wirken von wagemutiger Entscheidungsfreude, die aus dem Bewußtsein ihrer freien Persönlichkeit gespeist wurde, aber auch eingebunden war in die Verantwortung ihrem Staat gegenüber – so wie die Maximen der Lutherschriften es verlangen. Die „gottesfürchtige Masse" allerdings, die in „willenlos-passiver Demut" (König) als Soldaten für die Kriege Preußens im 18. und 19. Jahrhundert bereitstand, scheint ein Beweis dafür zu sein, daß das eingeübte Luthertum für rückschrittliches Denken verantwortlich zu machen ist. Daß der viel härtere und strengere Calvinismus zur wirtschaftlichen Blüte in den Ländern führte, wo er später als Religion auch in vielen Sektenvariationen auftrat, und einen Kapitalismus erzeugte, der die Freiheit als oberstes Gebot installierte, gehört, folgt man *Max Weber*, zu den großen Merkwürdigkeiten aller menschlicher Erscheinungsmöglichkeiten. Im Gefolge des calvinistischen Grunddenkens hat auch der Wert der weltlichen Werke und der Arbeit einen ethischen Platz und besorgte eine Integrität, aus der die *Persönlichkeit* und *freiheitliches Denken* erwachen konnten. Vielleicht hat *Ernst Troeltsch* Recht, der sich in einem großartigen Buch („Die Bedeutung des Protestantismus für die Entstehung der modernen Welt") zu dieser Problematik fundiert äußert, wenn er sagt: „Es ist eben das Los der innerweltlichen protestantischen Askese, daß sie Arbeit und Leben in der Welt anerkennt, ihnen aber doch einen innerlich wesentlichen ethischen Wert nicht zuschreibt und dann die Geister nicht mehr loswerden kann, die aus der so zugleich anerkannten und ignorierten Welt heraus ihnen über den Kopf wachsen." (zit. nach König, a.a.O. S. 29/30)

Die Begründung solcher sozialer Ausprägungen – zum einen das Luthertum im Preußentum und zum anderen der Calvinismus im westlichen Kapitalismus – *ausschließlich* bei diesen Reformatoren zu suchen, ist schlichter Unsinn, wie es Unsinn ist, Luther für die nachfolgenden Religionskriege verantwortlich zu machen. Das soziale Leben, das durch den immerwährenden Fluß seines prozessualen Seins gespeist wird, läßt in seiner geschichtlichen Wanderung sehr viele Wege für sich finden, die ständig weitere Überraschungen bereithalten, ohne die große, einmal eingeschlagene Richtung grundlegend und für immer zu ändern – wenn nicht durch die endgültige Termination eines bestimmten sozialen Lebens.

Luthers Reformation bildet den großen zeitlichen Wendepunkt im Leben der deutschen Staaten, der einen Weg zur Freiheit aufweist. Daß seine Lehre auch politisch ausgeschlachtet wurde, war nur zu verständlich. Die Landesfürsten einerseits und die ausgeplünderte Bauernschaft andererseits probierten mit Luthers Lehren als Begründung den großen Aufstand gegen die „Herren", gegen Rom, gegen die Pfaffen und gegen den Kaiser. Das „Volk", d.h. all jene Schichten und Stände, die nicht zum Hof und zum Adel zu zählen sind, lebten ihr Leben im gleichen dumpfen Rhythmus dahin. Es war gekennzeichnet durch harte und entbehrungsreiche Arbeit im ständigen Kampf gegen Krankheit und Tod und ums Überleben.

Krieg und Naturkatastrophen, Plünderungen, Grausamkeiten, Vergewaltigungen, Feuersbrünste, Überflutungen und stetige Angst vor dem Ende der Welt und der ewigen Verdammnis gehörten damals zum „normalen" Ablauf eines Menschenleben. Die Städte oder Ritter, die mit ihren Festungsmauern und durch militärische Macht ein wenig Sicherheit und Schutz boten, verlangten dafür hohe Abgaben und harte Fron. Diesen Schichten war es völlig gleichgültig, in welchen geistesgeschichtlichen, ideologischen oder glaubenskategorialen Epochen sie lebten. Ihnen war nicht bewußt, ob eine „neue Zeit" oder Stilepoche, die man später mit Renaissance, Reformation, Barock oder Rokoko bezeichnen sollte, gerade anbrach oder im Begriff war unterzugehen. Und wenn es ihnen bewußt geworden wäre, war es ihnen gleichgültig und ohne jeglichen realen Bezug. Das Leben der kleinen Leute war – wie zu allen Zeiten – ein erbärmlicher Existenzkampf ums nackte Überleben.

Die geistigen Auseinandersetzungen der *Intellektuellen*, der Gelehrten und Kirchenmänner, verstand das Volk nicht und konnte die Gründe, die Absichten und die Interessensausrichtungen solcher Konflikte auch gar nicht nachvollziehen. In diesem Zusammenhang müssen wir uns noch kurz die „Bauernkriege" ansehen.

In Luthers Auftreten sah das „Volk" vor allem dessen unerschrockenes Aufbegehren gegen die Mächtigen. Der kleine Mönch wagte es, den unnahbaren Kirchenfürsten zu widersprechen und dem fernen, aber allmächtigen Kaiser mit der Faust zu drohen und ihm entgegenzuschleudern: „Hier steh' ich, ich kann nicht anders!" Das wurde verstanden – sowohl vom Volk als auch von den Landesfürsten und Landgrafen. Hatten sich die Bauern schon vor Luthers Wirken im „Bundschuh" gegen die Leibeigenschaft und vor allem gegen die weltliche Macht der Kirchenfürsten gewandt und sich erhoben, so nutzten die Landesfürsten und das untergehende Rittertum die Gunst der Stunde, gestützt auf die reformatorischen Lehren, ihre Konflikte untereinander und gegen den Kaiser auszutragen.

Den Druck, den Kirche und Kaiser auf die von ihnen abhängige Lehensherren und Untertanen ausübten, gaben diese nach unten massiv weiter. Das Volk, vor allem die Bauern, wurden schonungslos ausgepreßt. Schon vor der Reformation ging es den betroffenen Bauern ständig um den Versuch, die drückenden Lasten zumindest zu erleichtern, wenn sie nicht abzuwerfen waren. In diesem Zusammenhang ist auf das nie ganz zu klärende Verhalten des Reichsritters *Franz von Sickingen* (1481–1523) hinzuweisen, dessen Leben beispielhaft für jene Zeit ist. Die einen nehmen ihn als Beschützer der Schwachen und Unterdrückten und als Vertreter der neuen protestantischen Lehre, als Interpretation für ihre eigenen Interessen in Anspruch. Die anderen wollen in ihm den gerissenen Politiker sehen, der seine Auseinandersetzungen mit dem Kurfürsten von Trier klug inszenierte und dem es nicht um die Verteidigung des neuen Glaubens, sondern einzig und allein um dessen Nutzung für seine politischen und kriegerischen Ziele ging. Letztlich aber vereinnahmte jede Seite Franz von Sickingen für ihre eigenen Absichten, die wiederum von ideologisch-politischen Absichten geprägt sind. Es sei dabei nur an die sogenannte Sickingen-Debatte erinnert, die 1859 *Ferdinand Lasalle* mit *Karl Marx* und *Friedrich Engels* führte.

Die sogenannten Bauernkriege von 1524/25 fanden auf dem Hintergrund der ungeheuren Steuerlast, der Rechtsunsicherheit und der herrschenden Leibeigenschaft statt. In Memmingen traten die ersten Unruhen auf, die zu den zwölf Artikeln führten, in denen u.a. die Aufhebung der Leibeigenschaft und die Verkündigung des „reinen Evangeliums" gefordert wurden. Soziale Unterdrückung und religiöse Freiheitsverheißung führten zu einem solch gefährlichen politisch-sozialen Gemisch, das zur baldigen Explosion drängte. In diesem Krieg gab es abenteuerliche Gestalten wie *Götz von Berlichingen*, wie *Florian Geyer* und vor allem wie *Thomas Münzer*, der in radikaler und religiöser Fanatik seinen eigenen Krieg führte. Sie setzten sich an die Spitze der Unzufriedenen und der Geschundenen, wobei sie natürlich ausschließlich ihre eigenen polititschen Absichten verfolgten.

Auf der Suche der Deutschen nach nationalen revolutionären Vorbildern wurde in den folgenden Jahrhunderten immer wieder auf die Bauernkriege von 1524/25 als beispielhafte Tat verwiesen, um sie, in Anlehnung an die Bedeutung der Französischen Revolution für Frankreich, als „Deutsche Revolution" in die Geschichtsbücher zu hieven. Auch die Definition vieler Historiker, daß es sich um eine *soziale* und *politische* Revolution und nicht um einen Religionskrieg handle (wie man auch in vielen Handbüchern und Enzyklopädien nachlesen kann), sagt nur etwas über die Definitionen und deren Benutzer und nichts über die Sache selbst aus.

Die Bauernkriege von 1524/25 in Deutschland und die späteren Bauernkriege in Oberösterreich (1526) wie in der Schweiz (1653) hatten allesamt lokale und, wenn die religiöse Variante eine gewisse Rolle spielte, überregionale (mit lokalen Lösungsversuchen) Entstehungsgründe. Ob in Süddeutschland, am Oberrhein und Franken, in der Pfalz und im Elsaß – die Aufstände entzündeten sich zwar an der gemeinsamen Misere der Knechtschaft, aber ihre Ausgestaltung und Begründung waren höchst verschieden. Die Münzerische Revolte in Thüringen hatte durch den fanatisch-religiös-chiliastischen Impetus ihres Anführers eine eigene, auch in die heutige Zeit hineinwirkende Symbolkraft. Das einzelne Geschehen dieser Bauernkriege, die rund 100.000 Menschen das Leben kosteten – seien es die Aufstände selbst, ihre Ursachen und die Charakteristika ihrer Anführer und Mitstreiter oder auch ihre Zerschlagung bei Würzach, bei Böblingen, bei Ingolstadt und Königshafen, bei Zabern, bei Frankenhausen oder anderswo – bleiben außerhalb des allgemeinen Interesses oder der alles verwertenden Ideologieabsicht – höchstens die Fachgelehrten streiten sich heute noch um Nuancen und Geschichtskorrekturen. Was interessiert, schließt folgende Frage ein: Wie weit hat die Berufung auf die Reformation Luthers der Individuation und damit dem Freiheitsbewußtsein nicht nur auf der geistigen und geistlichen Ebene seiner Zeit und dem nachfolgenden 17. Jahrhundert genutzt, sondern auch dem pragmatischen Gebrauch dieses Freiheits- und Individuationsbewußtseins – nicht zuletzt in den „Bauernkriegen" – der „Gesellschaft" zum Durchbruch verholfen?

221

Wenn wir Luthers Wirken und seine Taten an der Gewinnung des Freiheitsbewußtseins messen und für gut befunden haben und wenn wir die Auswirkungen seines Tuns in unsere Überlegungen mit einbeziehen, dann schockieren möglicherweise Sätze wie diese von *Ernst Bloch*: „Zuletzt. . . lehnt Luther nur deshalb, weil sich der Mensch nicht des Lichts aus eigener Kraft zu vergewissern vermag, den helfenden Priester ab und alles, was sich an ihm vermittelt. . . Weil Luther die menschliche Freiheit in jeglicher Gestalt dermaßen verleumdet und verneint, brach auch sein Glaube dermaßen gewaltsam in die Kirche ein, sich rühmend, nicht nur, wie Hus, bloße Mißbräuche beseitigt zu haben, sondern: ‚Ich habe dem Papst das Herz abgebissen' – das Herz der eigenen Gerechtigkeit, der weiterwirkenden Schlüsselgewalt zum Paradies. Also überrennt Luther die Pfaffen, den Ablaß, das Fegefeuer, die Heiligenverehrung, die gesamte leitende Vermittlungs- und Heilanstalt der Kirche, keineswegs aber aus dem Grund und zu dem Ende, weil sie der eigenen überströmenden Christuserfassung, dem freien Priestertum der Laien sperrend im Wege stünde, sondern aus dem genau umgekehrten Motiv: weil sich die Kirche der eigenen, wenn auch übertragbaren Kraft, der Beicht- und Meßgewalt bedient. Nicht das Ich, sondern Gott braucht keinen Pfaffen; keine Zeit nach Christus, dem Sohn Gottes, hat noch den Beruf zu einer religiösen Vermittlung in sich selber." (Ernst Bloch, 1969, S. 144/145) Ich habe diesen „verquasten" Text bewußt in dieser Länge zitiert, weil man ihn in seiner Informationsgebung als pamphletisch bezeichnen darf, auch wenn es sich um ein Zitat des hochgelobten marxistischen Philosophen *Ernst Bloch* handelt.

Blochs literarisches Gemälde des Lutherischen Glaubens, das er mit massiven und fragwürdigen tiefenpsychologischen Farben eintönt, ist im Grunde ein bösartiges Pamphlet, das einen in sich verbiesterten, von ständigen Depressionen gequälten Menschen beschreibt, der einen einzigen fluchwürdigen Fehler und eine irreparable Unterlassung begangen hat: Er hat nicht zum Aufruhr geblasen! Er hat seine Freiheit nur im Wort Gottes gegründet und im übrigen die äußere Ordnung durch die Fürstenmacht gewahrt wissen wollen. Er war ein Revolutionär, der keiner war, der die mögliche Revolution schnöde verraten und als kleinbürgerlicher Herrenknecht gegen die aufrührerischen und revolutionären „Massen" sowohl im Dienste dieser irdischen Herren gewettert, als auch sie als Gottesdiener verpflichtet hat. Ich bin mir der großen Vereinfachung bewußt, die ich hier mit Blochs Aussagen betreibe. Seine Ausführungen sind geistreich, teils weitschweifig, teils sublimiert, sind angefüllt mit Zitaten und Hinweisen, und wenn man sich durch alle Maniriertheiten seines Textes hindurchgearbeitet hat, bleibt der Extrakt, den ich oben beschrieben habe: Luther hat zwar die „Welt" nicht nur interpretiert, sondern auch verändert – aber nicht in die Richtung hin verändert, die Ernst Bloch gerne gesehen hätte.

Es ist nicht nötig, Ernst Blochs Gedanken hier weiter auszuführen, man muß aber auf ihn hinweisen, denn er inspirierte mit diesen Ideen viele junge Wissenschaftler, vor allem auch jene Leser, die unbedingt eine „Deutsche Revolution" in der „deutschen Misere" haben wollten: die des Thomas Münzer. Diese „Deutsche Revolution" wurde in das historizistische Geschichtsbild der damaligen Neuen Linken, wie sie sich nannten, genau so hineinkonstruiert wie die etwas anmaßende Bezeichnung ihrer Studentenrevolte als „Zweite Aufklärung". Ein Beispiel für die Auswirkung und Darstellung (im wahrsten Sinne des Wortes) dieser Gedanken und Auffassungen bildet das Schauspiel von *Dieter Forte* „Martin Luther und Thomas Münzer oder die Einführung der Buchhaltung", das im Jahre 1971 entstand und an verschiedenen großen Bühnen aufgeführt wurde. Darin erleben wir Luther als einen „Fürstenknecht" und hinterhältigen Speichellecker, der bewußt und unbewußt den Fürsten und dem „Kapital" in Gestalt der Fugger zuspielt. Dafür erhält Luther vom Fürsten ein Kloster geschenkt, woraus seine Frau eine „Pension" machen möchte und für „die 60000", die der Fürst ihm schenkte, kauft er sich ein schönes Bauerngut. Und das zu einem Zeitpunkt, als die „Herren" die aufrührerischen Bauern zusammentrieben und ermordeten. Forte läßt seinen Luther sagen: „Prediger sind die allergrößten Totschläger. Ich, Martin Luther, habe im Aufruhr alle Bauern erschlagen. Ich habe geheißen, sie totzuschlagen. All ihr Blut ist auf meinem Hals. Aber ich schiebe es auf unseren Herrgott, der hat mir befohlen, solches zu reden. Wer diese Dinge sorgfältig abwägt und prüft, der hat etwas gelernt."

Natürlich ist dies eine böse und infame *Karikatur* und natürlich ist der Schluß des Stückes, die „Fuggerlitanei", in dem das *Kapital* angebetet wird, eine *Blasphemie*. Aber es muß hier erwähnt werden, weil dieses Stück zu Beginn der siebziger Jahre an staatlichen und städtischen, d.h. subventionierten Bühnen der Bundesrepublik, aufgeführt wurde – nicht als karikierendes Ka-

223

barett, sondern als Schauspiel, das das Lutherbild prägen half. Um keine Mißverständnisse aufkommen zu lassen: selbstverständlich muß die Gedankenfreiheit aller gewährleistet und auch das Ergebnis dieser Gedanken, z.B. sie in künstlerischer Form umzusetzen, garantiert sein. Wenn es aber darum geht, ideologischen Indoktrinationen, die jegliche Anlehnung an seriöse Recherche und Dokumentation vermissen lassen, auch noch staatliche Subentionen zufließen zu lassen, darf man gebührend darauf hinweisen. Hier geht es nur darum, Geschichtsbildklitterungen, die auch noch durch große Namen „wissenschaftlich" abgestützt werden, beim Namen zu nennen. Verschweigen sollte man sie nicht, denn diese unseriösen Täter haben ganzen Generationen so verzerrte Geschichtsbilder vermittelt, wie alle ideologischen Gesundbeter und Weltanschauungsdiktaturen dies seit jeher getan haben.

Daß Luther diese Welt durch die Initialzündung seines reformatorischen Werkes grundlegend verändert hat, und zwar zum gleichen Zeitpunkt, als die Kopernikanische Wende vielen den Sinn und die Sinne raubte, und dies auch noch zur Zeit, als die Gutenberg'sche Druckerfindung eine nie dagewesene Geschwindigkeit der Verbreitung von Schriften ermöglichte, ist kaum in Zweifel zu ziehen. Die Herausbildung einer eigenen menschlichen Sozietät, einer *Gesellschaft außerhalb des Staates und der Kirche*, die die Entwicklung eines eigenverantwortlichen Individuums erst zulassen würde, *zeigt sich gleichfalls als Ergebnis der lutherischen Reformation.* Luthers oder Calvins Herausbrechen der Gläubigen aus dem strengen Kirchenverband, aus dem „Katholos", galt als Herausbildung einer eigenen unabhängigen Gesellschaft, denn weder bei den Fürsten, Königen und beim Kaiser, noch bei den Kirchenoberen, einschließlich des Papstes, herrschte der Gedanke vor (oder bestand das Bewußtsein), daß sich hier eine neue, andere „Kirche" etablierte. Für sie waren die Protestanten Abtrünnige, Frevler, Gottlose, Revolutionäre, Umstürzler und Terroristen. Deshalb gingen Kirche und Staat gegen diese neuen sozialen Gruppierungen mit allen Mitteln vor, aber nicht, weil eine neue Kirche zu entstehen drohte. Die von Staat und Kirche sich abwendende, sich *selbständig entwickelnde Gesellschaft,* die auch noch das Naturrecht im bestehenden Recht einforderte, war das Ziel staatlicher und kirchlicher Angriffe. Ungestraft durfte sich niemand aus dem strengen Verband von Kirche und Staat lösen. Die Stoßrichtung der Kirche und des Staates zielte gegen die *Emanzipation einer „neuen" Gesellschaft.*

Diese Tatsache zeigte sich überaus deutlich in *Frankreich*.
Man versetze sich in das Jahr 1559, und zwar in das damalige
Paris. Genauer gesagt: man denke sich an den 25. Mai 1559 zurück und noch genauer: an den Ort der Handlung - an Saint Germain-des-Prés. Paris war damals schon eine reich bevölkerte
Stadt, so daß sich die verschworenen Protestanten (oder *Hugenotten*, wie man sie nannte) an einem heimlichen Ort treffen und
auch eine Synode abhalten konnten. König *Heinrich II.* lebte und
regierte noch. Aber nicht mehr lange. Ihm blieben nur noch 46
Tage, denn am 10. Juli 1559 sollte er an den Folgen einer Turnier-
verwundung sterben.

Es waren recht viele protestantische Verschworene, die sich
heimlich in Paris zu treffen beabsichtigten, es waren die Vertreter
von 72 Gemeinden und 12 verschiedenen französischen Kirchen –
Synodalen –, die in der Anonymität der Großstadt im Verborgenen tagen wollten. Worum ging es? Längst hatte sich die protestantische Bewegung, vornehmlich der *Calvinismus*, überall in
Frankreich festgesetzt. Obwohl Heinrich II. sofort nach Antritt
seiner Regentschaft im Jahr 1547 die neue Lehre auszurotten begann, breitete sich der Protestantismus wie ein Flächenbrand aus.
Wie kann man sich die schnelle Verbreitung der asketischen
Lehre Calvins erklären, die von seinen Anhängern eine äußerst
disziplinierte und harte Lebensführung forderte? Um diese Frage
zu beantworten, müssen wir zweierlei in unsere Betrachtung einbeziehen: 1. die „innere" Verfaßtheit des Calvinismus und 2. die
„äußere" Organisation des Calvinismus.

Calvin studierte, wie auch Erasmus von Rotterdam, am Collège
de Montaigu, an dem auch *Ignaz von Loyola* seine Studien begann: drei Persönlichkeiten, die in den einsetzenden Konflikten
um die „rechte Lehre" an vorderster Front kämpfen sollten. Calvin war ein ernsthafter Student und Denker, der sich nicht nur in
die Theorien der Schriften vertiefte, sondern auch die religiösen
Erdbeben in Deutschland und in der Schweiz mit großem Interesse und äußerst engagiert verfolgte. In Paris probte er 1535 bereits den Aufstand, als der gewählte Rektor der Sorbonne, *Nicolas
Cop*, seine Antrittsrede hielt. Ihren Inhalt hatte Cop vorher mit
Calvin abgesprochen. Darin rief der neue Rektor zur Akzeptanz
der protestantischen Lehre auf, forderte nahezu unverhohlen, Luthers Überzeugung, nicht durch „Werke" selig zu werden, sondern allein durch die Gnade Gottes, zu akzeptieren und als neue
Religion zu übernehmen und dadurch die Kirche zu reformieren.

Dies war zuviel. Nicht nur Nicolas Cop, sondern auch Calvin mußten fluchtartig die Stadt verlassen, um nicht als Ketzer dem Scheiterhaufen überantwortet zu werden.

Calvin floh nach Basel und ein Jahr später nach Genf, seiner künftigen Wirkungsstätte. 1536 hatte er bereits seine „Institutio Christianae Religionis" beendet, die zur Richtschnur für jene Lehre werden sollte, die man Calvinismus nennt. Die sich in Paris konspirativ versammelnden Synodalen verband zwar die „innere" Verfaßtheit des Calvinismus, aber die „äußere" Gestaltung des Gottesdienstes sowie die Organisation ihrer Bewegung lagen noch im argen. Von 1536 bis 1559 waren 23 Jahre verflossen, in denen sich Calvins Lehre bei vielen Gemeinden Frankreichs durchgesetzt hatte. Vor allem in Lyon, Montpellier, Grenoble, La Rochelle, Tours, Vassy, Mâcon und Chalon-sur Saône bildeten sich protestantische Zentren heraus. Jetzt mußte darüber verhandelt werden, wie man Gottesdienste gestaltete, wie man die Glaubenssätze in die äußere Form der Verkündigung umsetzte und wie sich die neue Lehre in der Gemeinde Jesu manifestierte, die sich vorher jedoch entsprechend organisieren mußte.

Luthers Lehre, daß jeder Christ ein Priester sei, fand in der französischen Version des Calvinismus eine geradezu demokratische Fassung in der Konkretisierung des kirchlichen Lebens. Calvins *Vierämter-Ordnung* (Ältester, Prediger, Lehrer und Diakon) spielte insofern eine Rolle, als daß keiner dieser Posteninhaber *die* herausragende Rolle übernehmen durfte. Der Pfarrer stand nicht mehr wie bei den Katholiken der Gemeinde vor, er kam *aus* der Gemeinde und wirkte *in* der Gemeinde. Diese demokratische Verfassung, in der alle abstimmen durften, in der kein Platz mehr war für Bischöfe, Kardinäle und Vertreter der abgestuften Hierarchie der Kirche, wurde in allen Gemeinden praktiziert. Es gab jedoch oft so grundlegende Auseinandersetzungen über das Eigenverständnis und über die Unterschiede und deren Vertiefung zur Katholischen Kirche, daß man sich absprach, unter der Leitung des Pfarrers der Pariser Gemeinde, *François de Morel*, sich in Saint-Germain-des-Prés zu treffen, um eine allgemeingültige Regelung für Gottesdienst- und Gemeindeverordnung zu beschließen.

Man stützte sich bei dieser geheimen Gesamtsynode auf Calvins „Confessio de Foi", sein in 40 Artikel gefaßtes Glaubensbekenntnis. Auch die in Genf von Calvin entwickelte „Ordonnances ecclésiastique" wurde angenommen und damit zur Grundlage einer Art von verbindlicher Gemeindeordnung. Durch diese Übernahmen der Genfer Calvinschen Grundlagen nannte man den geheimen Tagungsort Saint Germain-des-Prés unter den Hugenotten „Petite Genève".

Diese Calvinschen „Grundlagen" hatten innerhalb weniger Jahre auch die Kirchen oder, wie die Protestanten in Frankreich die Gotteshäuser nannten, die „Temples", völlig umgestaltet. Sie wurden von allem Äußeren entblößt: Es gab weder Marienbilder noch Kreuze, weder Reliquien noch Christusstatuen, kein Weihwasser, keinen Weihrauch, keinen Beichtstuhl, keine geweihten Hostien, keine Nebenaltäre. Alle Darstellungen, alle manifesten Symbole wurden entfernt. Auch der Gottesdienst selbst wurde in seinem gesamten Ablauf recht spartanisch ausgerichtet: Die Messe und ihre Wandlung verschwanden, der Älteste las die zehn Gebote vor, die Gemeinde sang gemeinsam die geistlichen Lieder – ohne musikalische Begleitung –, die Schrift wurde verlesen und in einer Predigt vertieft, und wenn das Abendmahl gefeiert wurde, dann tat man dies gemeinsam, um den Altar sitzend, mit Wein und Brot. Keine Prozessionen, keine Weihungen, keine Liturgien, kein Fasten, kein Beichten – all das wurde aus dem Kirchenraum verbannt. So wie Rituale und kirchliches Zubehör den Blicken entzogen wurden, so zog sich der Glaube aus seiner in der Messe bislang dargebotenen Schaubarmachung völlig ins Innere des einzelnen Gläubigen zurück, wo dieser seine „Sache" allein mit Gott auszumachen hatte.

Dieser innerweltliche Glaubensablauf gründet in der reformatorischen Glaubenslehre Calvins, in der, wie bei allen christlichen Glaubenslehren, das Seelenheil im Mittelpunkt steht, d.h. das Heil der Seele im ewigen Leben, jenseits des mühevollen Erdenlebens, in Gottes Herrlichkeit. Dieser Herrlichkeit in der gepriesenen Ewigkeit teilhaftig zu werden, bedeutet im Calvinismus nicht, daß man allein durch den Glauben an Jesus Christus selig werden kann, sondern daß dabei auch der unerforschliche Ratschluß Gottes eine große, wenn nicht die einzig große Rolle spielt. Mit anderen Worten: die *Praedestination* und damit die Gnadenwahl, wer von Gott in Gnade aufgenommen und wer „verworfen" wird, ist nicht Sache des Einzelnen, sondern ist schon vorbestimmt in den ewigen Ratschlüssen des Herrn.

Der Synode in Paris ging es nicht allein um die Glaubensgrundlagen. Der neue Glaube hatte sich allerdings in den Gemeinden schon so gefestigt, daß man an seinen Grundfesten nicht mehr rüttelte. Man mußte ihn „organisieren". Luther hatte bereits 1523 seine Gottesdienstordnung für die Gemeinden herausgebracht. Ebenso seinen Katechismus von 1529. Viele, in der heutigen Öffentlichkeit nahezu unbekannte Reformatoren, wie *Guillaume Farel, Johann Oekolampad, Martin Bucer, Théodore Bèze* in Frankreich und der Schweiz sowie *John Knox* in Schottland (um nur einige Namen zu nennen), trugen natürlich dazu bei, die Ströme der Auslegungen und Begründungen des calvinistischen Glaubens zu beeinflussen. Die Pariser Synode von 1559 mußte alle schon in den Gemeinden praktizierten Glaubenslehren und deren Verschiedenheiten berücksichtigen, wobei über allem natürlich der Geist des Wirkens, d.h. der Werke, die Calvin bereits in Genf vollbracht hatte, schwebte. Was hatte nun Calvin tatsächlich in Genf bewirkt, was unterschied sein reformatorisches Wirken von dem anderer Reformatoren?

Nach seiner Flucht aus Paris und dem kurzen Aufenthalt in Basel kam Johann Calvin im Jahre 1536 nach Genf, das gerade protestantisch geworden war. Er setzte seine Glaubenslehre sofort ins konkrete, alltägliche Leben um und erklärte alle Üppigkeiten, äußere Aufmachungen, Mode, gutes Essen und Trinken, Spielen und Tanzen für unvereinbar mit dem christlichen Leben. Auch die vielen Feiertage, die die Kirche eingerichtet hatte, schaffte er ab. *Arbeit* wurde die Losung – bete und arbeite! Der Christ sollte zur höheren Ehre Gottes arbeiten, aber die Früchte seines Schweißes nicht verprassen, sondern sie sparen, aufbewahren für schlechte Zeiten und um Gutes für die kranken und armen Glaubensbrüder tun zu können. Diese Lehre wurde den Bürgern der Stadt Genf zu viel – sie vertrieben den eifernden Reformator.

Aber schon zwei Jahre später holte man Calvin wieder zurück. Mit äußerster Härte und Strenge führte er sein neues asketisches Regime in Genf ein, mit der Absicht, den Staat – hier den Stadtstaat – mit dem christlich-reformatorischen Geist nicht nur zu durchdringen, sondern auch den Staat und die Bürger zu zwingen, den frommen, asketischen Lebensregeln zu folgen. Diese „Lebensregeln" hatte er in seiner Schrift „Discipline ecclésiastique" niedergelegt. Er selbst wurde mit Ämtern überhäuft und zum Zuchtmeister dieses kleinen Stadtstaates, in dem eigentlich nur noch Calvin etwas zu sagen hatte, der seine Gegner einsperren oder gar hinrichten lassen konnte. „Mit diesen Maßnahmen", schreiben *Ingrid und Klaus Brandenburg*, „hätte sich Calvin kaum nennenswert von anderen Reformatoren unterschieden.

Daß der Calvinismus einen neuen reformatorischen Aufschwung bedeutete, daß die reformierte Kirche zur kampfstärksten evangelischen Kongregation wurde, lag an mehr als den einzelnen Maßnahmen. Entscheidend sollte werden, daß Calvins Bibelauslegung und Kirchengestaltung Gemeinden von strikter Gottesorientierung schufen und daß er die Bürgergemeinden seiner Kirchenkonzeption unterordnete." (I. u. K. Brandenburg, 1990).

Man weiß nicht, was erstaunlicher war: die Überzeugung, den rechten Glauben zu haben und ihn nachzuleben oder die ungeheure Strenge und unerbittliche Härte, mit der die Glaubens- und Sittenlehre bei den Gläubigen durchgesetzt wurde. Dieser protestantische „Gottesstaat" hatte sich in einer einzigen Stadt, auf einem überschaubaren und kleinen Territorium, das auch noch von festen Mauern und Wällen umgeben war, etabliert. Hier konnte man geschützt und hart kontrolliert den Glauben leben. Wie aber, wenn man diese Lehre und diese harte Ordnung weit übers Land, hinaus in die europäischen Länder trug?

Das war das Problem der Pariser Synode, die nicht einfach das Genfer Vorbild übernehmen und nicht Regeln schaffen durfte, die nur für eine kleine, in sich abgerundete Welt gelten sollten, sondern überall (hier: in ganz Frankreich) den Gemeinden dienen und sie vor ihren Gegnern schützen mußten. So wurden unter Berücksichtigung aller Verschiedenheit letztlich doch noch die schon erwähnten etwas abgewandelten 40 Artikel zur Kirchenordnung verabschiedet und dadurch erreicht, daß eine geschlossene „Kirche" dem Staat und der alten katholischen Kirche gegenübertrat. Als nun auch noch Angehörige des Adels, allen voran die Königin von Navarra, *Margarete*, die Schwester *Königs Franz I.* und Mutter des späteren berühmten französischen Königs *Heinrich IV.*, dem neuen Glauben beitraten – vor allem gehörte dazu der verarmte Landadel und eine Anzahl von Häusern, die aus politischen Gründen gegen Klerus und Krone standen –, da trat die Staatsmacht, gestützt auf Kirche und Papsttum, diesem neuen Treiben mit aller Härte entgegen.

Es folgten eine Reihe von kriegerischen Auseinandersetzungen, die man historisch unter die Rubrik „Hugenotten-Kriege" einordnet. Teils in erbitterten Kämpfen, teils in grausamen Pogromen, wie in Tours oder in Vasoy, wie in Chartres oder in Cahors, wurden die Hugenotten entweder vertrieben oder bestialisch hingemordet. Die Protestanten stellten eigene Heere unter *Louis I. de Bourbon*, Prinz von Condé, und unter dem Admiral und Gouverneur der Ile-de-France, *Gaspard de Coligny*, auf und machten das Wort des *Kardinals von Sainte-Croix* wahr, der nach Rom berichtete, daß Frankreich schon halb hugenottisch sei. Dem allem bereitete jedoch die berüchtigte „Bartholomäusnacht" vom 24. August 1572 in Paris ein grausiges Ende.

Obwohl der deutsche Religionsfriede von Augsburg des Jahres 1555 Beruhigung nicht nur in die deutsche aufgewühlte Szene bringen sollte, wollte man in Frankreich mit dem Edikt von Saint Germain 1562 ebenfalls das „cuius regio, eius religio" befriedend einsetzen. Es rumorte aber allenorts: *Zwei* Kirchen in *einem* Staat! Der Untertan hatte die Religion anzunehmen, die sein Fürst oder Landesherr ausübte. Eine solche Regelung, so fürchteten viele, diente als brauchbarer Friede kaum jemandem. In Frankreich tobte der *Hugenottenkrieg* als Bürgerkrieg weiter. Friedensschlüsse und neue Auflagen durch Edikte wechselten einander ab und wurden von den Beteiligten kaum eingehalten. Die blutigen Auseinandersetzungen im Volk wurden immer grausamer. In *Deutschland* gab es ähnliche Kämpfe, sie wurden jedoch noch nicht in solcher Größenordnung ausgetragen wie im späteren Dreißigjährigen Krieg, der alle bisherigen Grausamkeiten und Greuel in den Schatten stellen sollte. In *Frankreich* spitzte sich allmählich alles auf die Frage nach der Haltung der Krone zu. Denn im Gegensatz zu Deutschland, in dem die Landesfürsten keineswegs so eng mit dem Kaiser verbunden und auf ihn zugeordnet waren, bildete der König in Frankreich die einzige Bezugsmacht des Adels und seiner Gruppierungen. Wenn auch die protestantischen Heere zunächst noch den Katholiken widerstehen und auch Teilsiege erringen konnten, blieb das Königshaus immer noch handlungsfähig. Die Protestanten stürmten die Kirchen, zerschlugen alle Heiligenbilder und Einrichtungen, brachten Andersgläubige um und schufen ebenfalls ein heilloses Desaster. Natürlich hatten sich die Gruppierungen politisch formiert, und es ging letztlich nur noch um eines: um Einfluß und Macht.

Als *Franz II.* 1560 starb, übernahm die Witwe *Heinrichs II.*, *Katharina von Medici*, die Regentschaft für den noch minderjährigen König *Karl IX.* Sie wurde damit in Frankreich zur entscheidenden Persönlichkeit in den drei folgenden Jahrzehnten. In die außenpolitischen Wirrnisse, in die Frankreich verwoben wurde, brachte sie durch ihre Heiratspolitik ein wenig Ruhe: Ihr Sohn *Franz* wurde mit *Maria Stuart* von Schottland vermählt und *Karl*

230

IX. mit *Elisabeth von Österreich*, die eine Tochter *Maximilians II.* war. Spanien, das ihr immer gefährlicher erschien, gedachte sie sich durch die Heirat *Elisabeths* mit *Philipp II.* näherzubringen. Nur *einen* Feind gab es allerdings noch, dem sie gleichfalls durch eine Heirat entgegenkommen wollte: die Hugenotten.

Sie plante eine Hochzeit zwischen *Margarete von Frankreich*, aus dem Hause Valois, und *Heinrich von Navarra*, der zu den Köpfen der Protestanten zu rechnen war, und setzte diese auch durch. Um diese Hochzeit politisch zur atmosphärischen Beruhigung zwischen Katholiken und Protestanten zu nutzen, lud sie den gesamten Hochadel und den niederen Adel ein – vor allem die Protestanten. Die Protestanten ihrerseits versuchten gleichzeitig, die Bedeutung dieser Hochzeit für sich herauszustellen, vielleicht auch mit dem Gedanken an einen Staatsstreich. Für *Katharina von Medici* war vor allem *Admiral Coligny*, der mächtige Anführer der Hugenotten, gefährlich geworden: Im Kräftespiel zwischen den selbstherrlichen Kriegsparteien und einflußreichen Adelsgruppierungen wurde der diplomatisch geschickt operierende Coligny immer erfolgreicher. So plante sie, den protestantischen Führer bei seinem Aufenthalt zur Hochzeit in Paris ermorden zu lassen.

Am 22. August 1572 erfolgte der Mordanschlag, der jedoch fehlschlug. In diesem Augenblick, so deuten alle Quellen an, mußte Katharina fürchten, daß die Protestanten als Vergeltung sofort losschlagen würden. Sie beschloß mit *Heinrich von Anjou*, ihrem Sohn, dem Herzog von Guise und weiteren Ratgebern, selbst zu handeln, um den Protestanten zuvorzukommen. So kam es, daß noch in der Nacht zum 24. August, am Tag des heiligen Bartholomäus, ein furchtbares und grausames Gemetzel anhob, dem Tausende von Hugenotten zum Opfer fielen. Die Kunde von der Pariser Bartholomäus-Mordnacht verbreitete sich in Windeseile über das ganze Land und wurde dort zum Signal für weitere Morde und Pogrome: in Lyon, Toulouse, Bordeaux, Bourges und vielen anderen Städten. Augenzeugen sprechen von unglaublichen Verbrechen und Massakern. Auch Coligny fiel den Mördern zum Opfer.

„In der Nacht zum 24. August. . . läutete plötzlich die Sturmglocke von Saint-Germain-l'Auxerrois", heißt es bei *Brandenburg*. „Die Straßen füllten sich mit Bewaffneten, die alle ein weißes Kreuz als Erkennungszeichen an Schärpe oder Hut trugen. Sie brachen die Türen zu den Häusern von Protestanten auf und mordeten ohne Pardon – ob Frau oder Mann, Greis oder Kind. . . Ein

Blutrausch und ein Grausen ohnegleichen durchzogen das Land und befleckten die französische Geschichte. Die Bartholomäusmorde hatten bei den französischen Protestanten einen fürchterlichen Aderlaß bewirkt. . . Abertausende bekehrten sich angstgeschüttelt zur alten Glaubensform. Heinrich von Navarra und Heinrich von Condé, die fast als einzige im Louvre das Massaker überlebt hatten, besuchten als Gefangene der Königinmutter ebenfalls wieder die Messe. Die militanten Katholiken frohlockten. Philipp von Spanien sandte Glückwünsche nach Frankreich. . . Auch in Rom feierte man die Morde. . . Der Papst ließ eine Prozession veranstalten, an der er mit allen Kardinälen teilnahm, eine Messe wurde zelebriert und ein feierliches ‚Te Deum' erklang." (a.a.O., S. 62/63) Der schreckliche Aderlaß, der dem französischen Protestantismus in jener Schreckensnacht widerfuhr, war noch nicht der Anfang vom Ende. Der schreckliche Bürgerkrieg tobte nach einer Atempause ungehemmt weiter. Die Hugenotten resignierten nicht, sondern rafften sich auf und leisteten Widerstand, wobei sich viele Orte, darunter das am Atlantik gelegene *La Rochelle,* besonders als „Glaubensfesten" hervortaten.

Die Morde hatten zum Teil das Gegenteil bewirkt. Obwohl im Edikt von Nemours 1585 der Protestantismus verboten wurde, rüsteten sie militärisch auf und schlugen die Katholiken bei Contras 1587, bei Arques 1589 und 1590 bei Ivry sowie 1596 bei Fontaine-Française. Inzwischen war der Thronerbe Franz von Anjou gestorben, der Herzog von Guise und Heinrich III. ermordet und der Thron frei für Heinrich von Navarra, dem späteren Heinrich IV., dem „guten" König Frankreichs. Dem Einzug Heinrich IV. in Paris wurde es nicht zu leicht gemacht. Nicht nur innerfranzösische Machtkämpfe, sondern auch gefährliche außenpolitische Konstellationen, die vor allem durch das mächtige Spanien ausgelöst wurden, ließen Heinrich IV. im Jahre 1593 zum katholischen Glauben konvertieren. *Dieser politische Schachzug war von ungeheurer Bedeutung nicht nur für Frankreich, sondern für ganz Europa.* Denn um nicht von der katholischen Gegenreformation und ihren politischen und militärischen Kräften aufgerieben zu werden, verließ der protestantische Anführer seine Partei, trat zum Katholizismus über („Paris ist eine Messe wert"), rettete für sich die Krone und versuchte, den Religionsfrieden wieder herzustellen, Frankreich zu einigen, und stoppte dadurch die Ausbreitung des Protestantismus in den romanischen Ländern. Der Katholizismus wurde im Edikt von Nantes 1598 zur führenden Religion erklärt und den Protestanten Religionsfreiheit gewährt. Damit waren die Grundlagen für den späteren Absolutismus gelegt: *ein* Land, *eine* Religion, *eine* Krone.

Man muß sich allerdings vor Augen halten, unter welchen Opfern dies alles geschehen ist. Diese Opfer, in Zahlen ausgedrückt, finden sich in allen einschlägigen Quellen: Über 30.000 Adelige und über 10.000 Geistliche waren in diesem Bürgerkrieg umgekommen, die Anzahl der Toten unter den Bürgern, Bauern und Soldaten kann man nur schätzen. Das Land und die Städte waren verwüstet, die Landwirtschaft lag darnieder, der Handel zusammengebrochen. Die Bauern rebellierten vielerorts. Die Krone brauchte Unsummen an Geld, die sie überall herauspreßte, wo immer sie konnte. Sie ließ sich die „Sache der Kirche" vom Klerus teuer bezahlen, der wiederum seine Gläubigen bis aufs Hemd auszog. Viele Ämter, die die Krone zu vergeben hatte, wurden quasi versteigert: wer am meisten bezahlte, erhielt das Amt. Oft wurde ein solches Amt bis zu viermal verschachert. Um die finanziellen Kosten in eine Relation zu bringen: die Staatseinnahmen betrugen zu Heinrichs IV. Amtsantritt etwa 2,7 Millionen Livre, des Königs Einnahmen 30.000 Livre pro Jahr. Allein 30 Millionen erhielt die Katholische Partei, um sie auf der Seite der Krone zu halten, das über Elffache des Staatsbudgets eines Jahres!

Die besondere historische Entwicklung Frankreichs hatte es mit sich gebracht, daß der alte Adel, der „Feudal-Adel" oder die *Noblesse de race*, schon seit dem Hundertjährigen Krieg entmachtet war und daß der vom König verliehene Adel, die *Noblesse de lettre*, merklich wuchs. Heinrich IV. drängte den Einfluß des Hochadels, der durch die Religionskriege wieder Oberwasser gewonnen hatte, weiter zurück, bis unter *Richelieu* der Hochadel sich zum Hofadel wandelte, d.h. in die direkte Abhängigkeit des Königs und in die „Dienstleitung" für ihn geriet. *Heinrich IV.* nutzte diese Chance weidlich aus, verlieh den Amtsadel, die *Noblesse de robe*, reichlich und sicherte dadurch seine Macht nach allen Seiten ab. „Die Feudalität war ihres beherrschenden Gewichts beraubt, und die Staatsmacht ging zunehmend von der Krone aus. Die zentralisierten Einkommen machten die Könige von ihrem Feudalbesitz unabhängig, erlaubten ihnen, das Adelsheer durch besoldete stehende Heere zu ersetzen oder ausländische Söldner anzukaufen und die Staatsverwaltung aus der Hand der Adeligen in die von Beamten zu legen. Die Kirche war aus der römischen Abhängigkeit in die nationale Hoheit genommen, und in den Generalständen entwickelte sich ein Mechanismus des Ausgleichs zwischen Adel, Geistlichkeit und Drittem Stand zugunsten der Krone." (a.a.O., S. 73) Von der Intention der Pariser Synode des Jahres 1559 – pauschal gesagt: einer neuen Kirche eine neue Grundordnung zu geben – waren nur noch Trümmer übriggeblieben. Wenn auch der Protestantismus in Frankreich die fatalen Auswirkungen der Bartholomäusmorde und der Konversion Heinrichs IV. nicht nur überlebt hatte, sondern auch anscheinend gestärkt – durch das Edikt von Nantes – aus der Gesamtmisere daraus hervorkam, so war er doch durch die nachfolgenden harten Schläge innerlich gebrochen und durch die Verfolgung kaum noch in der Lage, eine große Rolle in Frankreich zu spielen.

Nachdem Heinrich IV. 1610 ermordet worden war, gab es unter dem nachfolgenden minderjährigen König Ludwig XIII. immer stärkere Einbußen für den Protestantismus, die er hinnehmen mußte. Auch dagegen konnten in den folgenden friedlichen Jahren (nach der Zusammenkunft von Soumur 1611) die den Protestanten verbliebenen Adeligen, wie der *Herzog von Bouillon*, der *Herzog de Rohan* oder der *Herzog de la Tremouille*, nichts ändern. Als auch noch Kardinal Richelieu erster Minister seines Königs wurde, versuchte er, den Protestantismus ganz auszurotten. *Carl Burckhardt* zitiert in seiner Richelieu-Biographie einen Brief des Kardinals an seinen König. Darin heißt es: „Solange die Hugenotten in Frankreich ein Staat im Staate sein werden, kann der König im Innern seines Reiches nicht Herr sein und er kann nach außen keine großen Taten vollbringen." (C. Burckhardt, 1935, S. 277) Aus dieser Haltung heraus ließ er die „Hauptstadt der Hugenotten", La Rochelle, belagern, das sich, nachdem Tausende von Bewohnern Hungers gestorben waren, 1628 ergab. Die allmähliche Auszehrung des protestantischen Volksteils hatte schon vorher begonnen, nachdem alljährlich auch viele Hugenotten aus Frankreich geflohen waren und in anderen Ländern (Niederlande und vor allem in Preußen) Aufnahme fanden. Nach der Jahrhundertmitte setzte, neben der „stillen" Verfolgung, die offizielle Entmachtung protestantischer Bürger ein. Sie durften keine Richter mehr sein, als Anwalt konnte man nur mit besonderer Genehmigung arbeiten, auch bestimmte Handwerksberufe wurden den Protestanten nicht erlaubt, wie Leinenweber, Drucker, Goldschmied usw. Auf ähnliche Weise wurde unter den Nazis den Juden die wirtschaftliche Basis entzogen.

Wer allerdings konvertierte, wurde belohnt – mit Schuldener-laß und ähnlichem. Dabei kam es zu sonderbaren Auswüchsen: „Paul Pelisson-Fontainier war bei seinem Übertritt mit den Ein-künften zweier Abteien belohnt worden. Dies schien dem Intel-lektuellen, der jetzt als Historiograph und Sekretär des Königs ar-beitete, die geeignetste Methode, um Konvertiten zu gewinnen. Er richtete aus den Einkommen unbesetzter katholischer Stellen eine Bekehrungskasse ein. Ein abgestuftes System von Zahlungen je nach Stand und öffentlicher Bedeutung sah für Bauern 6 Livres, später 10 bis 30, aber höchstens 100 Livres vor; Bürgerliche soll-ten 1000, mitunter 10.000 Livres erhalten, während Adelige mit Ländereien, Titeln und Armeegraden belohnt werden sollten. Pe-lisson brüstete sich mit 50.000 Übertritten. Der Jurist betrieb die Konversionskasse als Bank und belohnte sich mit einem ansehn-lichen Gründergewinn. Wie jede Bank, arbeitete die Bekehrungs-kasse auch mit fremden Mitteln: wer den Glauben wechselte, wurde seit 1663 mit einem Schuldenerlaß gegenüber hugenotti-schen Gläubigern und einem dreijährigen Zahlungsaufschub ge-genüber Katholiken belohnt." (Brandenburg, a.a.O S 92/93)

Dieser Teil der französischen Geschichte ist deshalb für die ge-samte westliche Welt wichtig, weil in ihm die historischen Vor-bedingungen zu erkennen sind, die zur Französischen Revolution drängten. Die spätere Jansenisten-Bewegung und das Verhältnis der Gläubigen zum Ewigkeits- und Seelenheil-Glauben in der Folge der Kopernikanischen Wende, die Geburt des Bürgers, des *citoyen* und seine Forderung nach Freiheit (Gleichheit und Brü-derlichkeit) sind nicht mehr aus der gesamten europäischen Staatsphilosophie und in der weiten zivilisierten Welt wegzuden-ken. Weiterhin entspringt dem rigiden Calvinschen Denken (das auch durch die Hugenotten-Verfolgung nicht ausgerottet wurde) der *Puritanismus*, vor allem in den anglo-amerikanischen Staa-ten, der wiederum zur Grundlage für die persönliche und politi-sche Freiheit des Einzelnen sowie die kapitalistische Wirtschafts-form (wie *Max Weber* nachgewiesen hat) wurde.

9. Kapitel

Wetterleuchten einer neuen Zeit: Die Geburt des Bürgers

Die Geburt des Bürgers und mit ihr die der Freiheit und angeblich die der „Gesellschaft", die in den Geschichtsbüchern meist mit dem 14. Juli 1789 in Paris angegeben und gefeiert wird, zog sich in der Tat über lange Jahrzehnte *vor* diesem Datum äußerst schleppend dahin. Um diese Entwicklung in ihrer überaus großen Kompliziertheit und in ihren komplexen historischen Vernetzungen begreifen zu können, müssen wir verschiedene Wege einschlagen, die uns zu jenem Punkt führen sollen, von dem aus wir einen einigermaßen guten Überblick erhalten können.

Zum *einen* muß man die Frage stellen, wie Staat und Zeitgeist in der europäischen Nachreformation und nach dem Dreißigjährigen Krieg mit neuen Systemen der Welterklärung, des Menschseins, der Staatsform und nicht zuletzt des Lebenssinns die zerborstenen und zerstörten Glaubenssysteme, aber auch die durch die Reformation wiedergewonnenen Glaubensinhalte ersetzten und sinnvoll deuteten. Nicht zuletzt steht hier auch die Frage nach dem Stellenwert *der Freiheit des Individuums* im Gesamtgefüge dieser „neuen Welt" zur Debatte. Zum *anderen* muß man sich fragen, wie der einzelne, der einfache Mensch, der seinen mühevollen Alltag mit den ihm zur Verfügung stehenden kargen Mitteln Tag für Tag bewältigen mußte, die Zerstörung der ihn bisher abstützenden Glaubens- und Lebensinhalte, die ihm die katholische Mutterkirche stets hilfreich dargeboten hatte, verkraftete. Wie verlief die Bewußtseinswandlung z.B. in Frankreich bei den gläubigen Streitern, die sich gegen die hugenottischen Ketzer wehrten und schließlich siegten, bis zu jenem atheistischen Barrikadenstürmen und den Hinrichtungszuschauermassen der Französischen Revolution, für die die Ewigkeit und die persönliche Seligkeit nur noch einen Spott wert waren? Dies zu erfahren, ist für unsere Thematik deshalb wichtig, weil die Französische Revolution die *Menschenrechte*, d.h. die *Freiheitsrechte*, zumin-

236

dest für Europa, proklamiert hat. Und nicht nur das, Frankreich fungierte in vielem als „Vordenker", wobei wir natürlich für Europa entscheidende Geistesströme in England, Holland und Deutschland nicht hintanstellen dürfen.

Die unter dem Oberbegriff „Puritanismus" sich bündelnden Welt- und Glaubensansichten, vor allem in der anglo-amerikanischen Welt – um ein Beispiel anzuführen, dessen Ursprünge in der Reformation liegen und dessen Auswirkungen heute in großen Dimensionen sich verwirklichen – überdauerten nicht nur alle Religionskriege, sondern prägten entscheidend die aufkommende Wirtschaftsform des *Kapitalismus*. Hier drängt sich sofort eine weitere Frage auf: Wenn in diesen vom Puritanismus – dem Protestantismus ausschließlich Calvinscher Prägung – dominierten Ländern, wie England und den USA, die persönliche Freiheit und die Demokratie ihre modernen Fassungen erhalten haben – wieso geschah dies ausgerechnet unter einer solch asketischen Weltauffassung, deren strenge Sittengesetze kaum einzuhalten waren? Wieso ereignete sich dieser Freiheitsdurchbruch dort, wo an eine rigorose Prädestination geglaubt wurde, die eine große Anzahl der Gläubigen bereits „im Vorhinein" zur ewigen Verdammnis bestimmte, während nur eine kleine Anzahl „Berufener" in die ewige Seligkeit gelangen durfte? Wieso geschah dies alles ausgerechnet dort, wo obendrein die These oberste Gültigkeit besaß, die besagt, die Menschen lebten und arbeiteten allein für Gott und dessen höheren Ruhm? Konnten solche Lehren Grundlagen sein für die Herausbildung der persönlichen Freiheit des Menschen und der demokratischen Freiheiten des Staates, in dem derart geprägte Menschen lebten? Gerade in den Ländern des Puritanismus, den angloamerikanischen Ländern, entstanden - wie wir wissen – die großen Durchbrüche zur Grundlegung dieser Freiheiten, die nicht nur unverbindliche Postulate blieben, sondern die Voraussetzungen zu stabilen und staatsbildenden Sozialstrukturen schufen. In diesen Ländern erwuchsen uns die Vorbilder für ein Leben in Freiheit und Menschlichkeit – in den Menschenrechtserklärungen und den entsprechenden Verfassungen.

Wenn man an die *Calivinsche Lehre* denkt oder an die Luthers, ist man versucht zu konstatieren, daß gerade das Gegenteil eingetreten ist zu dem, was sie mit ihrem Wollen beabsichtigten. Denn allen Reformatoren schwebten bestimmte Ziele vor, als sie zum Kampf gegen die Allmacht der Kirche und des Staates antraten; erreicht haben sie oft das Gegenteil. „Wir werden darauf gefaßt sein müssen", schreibt auch *Max Weber*, „daß die Kulturwirkungen der Reformation zum guten Teil. . . unvorhergesehene und geradezu ungewollte Konsequenzen der Arbeit der Reformation waren, oft weit abliegend oder geradezu im Gegensatz stehend zu allem, was ihnen selbst vorschwebte." (Max Weber, 1993, S. 50)

Um diese anscheinend so widersprüchlichen Ereignisse, in denen sich das vordergründig paradoxe Verhalten der Menschen spiegelt, zu verstehen, müssen wir zunächst eine historische Entwicklung verfolgen, die sich in Frankreich abspielte und dann mit ihren Resultaten die übrige westliche Welt beeinflußte.

In *Frankreich* war, wie wir gesehen haben, der Religionsfriede durch das Edikt von Nantes (1598) keineswegs hergestellt. Das Fundament der Religionsfreiheit für die Protestanten (die Hugenotten) gründete auf sehr dünnem Eis. 1628 wurde die „Hauptstadt des Protestantismus", La Rochelle, nach grausamer Belagerung erobert und die Bewohner niedergemacht oder „bekehrt". Die Kardinäle und Staatsminister *Richelieu* (er regierte von 1624–1642) und *Mazarin* (von 1643–1661) errichteten in den Regierungszeiten von *Ludwig XIII.* und *Ludwig XIV.*, dem Sonnenkönig, in Frankreich kraft ihrer Machtpolitik die absolute Königsherrschaft. Richelieu schaffte nach langen Kämpfen die Sonderrechte der Hugenotten ab (praktisch mit dem Fall von La Rochelle), während Mazarin bis 1653 (Fronde) die Selbständigkeit des französischen Adels zerbrach. Damit waren die zwei Haupthindernisse auf dem Wege zum Absolutismus radikal aus dem Wege geräumt.

Der Adel fristete von nun an, was seinen politischen Einfluß betraf, eine Art von höfischer Statistenrolle, die vor allem gekennzeichnet war durch den *ennuie*, die gepflegte Langeweile, einem Zustand, der nur durch den Rausch der höfischen Feste, die Betriebsamkeit der Intrige, den Klatsch und einen geschäftigen und leerlaufenden Aktionismus kompensiert werden konnte. Aber: „Entgegen dem äußeren Anschein bestand das Frankreich jener Zeit nicht allein aus höfischen Festen, vornehmen Salons und vom König unterhaltenen Adeligen, die das Schwert mit der Feder vertauschten. Es war auch ein Land der religiösen Unterdrükkung, intellektueller Polemik, die in die Verbannung von Autoren und Verbrennung von Büchern ausarten konnte, ein Land ausgehöhlter Traditionen, wo katholische Orthodoxie und atheistische Freigeisterei, toleranter Skeptizismus und selbstgewisser Rationalismus um die zukünftige Gestalt der Gesellschaft konkurierten." So beurteilt *Tilo Schabert* die damalige Situation in Frankreich (T. Schabert, 1974, S. 10). Es war nicht nur das glückliche Zeitalter des „aufgeklärtesten Jahrhunderts", das *Voltaire* rühmte (1751, S. 5/6), es war auch die Zeit der Eroberungskriege des Sonnenkönigs, der die Vormachtstellung Frankreichs in Europa sichern wollte, und es war die *Civilisation française* des *Roi Soleil*, des „Sonnenkönigs", die vor allem in Deutschland und Italien, aber auch in England großen Einfluß ausübte.

Der Religionskrieg war keineswegs mit der Eroberung von La Rochelle (1628) beendet. Hatte Richelieu im Sinne der Hugenotten-Befriedung eher eine maßvolle Politik verfolgt, so tat dies weder Mazarin noch Ludwig XIV. nach dessen Tod. Mazarin, der der Kirche und dem König verpflichtet und als Italiener beim Adel ungeliebt, beneidet, ja auch verhaßt war, nahm den Kampf gegen die Generalstände und das Pariser Parlament auf. Schon fünf Jahre nach seinem Amtsantritt brach Mazarin die Konflikte mit dem Adel vom Zaum. Unterstützt von der Mutter des minderjährigen Ludwig XIV., *Anna von Österreich*, hatte er das Pariser Parlament (die Gerichtshöfe) und den Hochadel, der in *Louis II.*, Prince de Condé, seinen „Sprecher" fand, erheblich unterschätzt. Sie schlugen wegen unlösbarer Steuerprobleme 1648/49 los, so daß auch der König fliehen mußte. Erst als Parlament und Adel in ihrer heillosen Zerstrittenheit sich untereinander entzweiten, gewann Mazarin wieder die Oberhand (1653). Danach setzte der Kardinal die *absolute* Macht des Königs durch. Aber erst nach dem Tode Mazarins (März 1661) wurde diese praktisch vollzogen: den Ministern erklärte Ludwig XIV. schon am Tag nach Mazarins Tod, daß er von nun an allein regieren werde. Ab 1679 ließ er gnadenlos die Hugenotten verfolgen und ließ das Protestantenverbot 1685 im Edikt von Fontainebleau besiegeln.

Im Gegensatz zu Deutschland, das sich selbst und mit Hilfe der meisten europäischen Länder 1618–1648 im Dreißigjährigen Krieg zerstört, das Land verwüstet und Mensch und Kultur im buchstäblichen Sinne niedergebrannt hatte, so daß es noch Jahrhunderte darunter zu leiden gezwungen war, schuf man in Frankreich unter Ludwig XIV. die *Einheit* von *Krone, Religion* und *Staat*. Und nicht nur diese Einheit fügte sich „klassisch": In diesem „französischen" Jahrhundert schufen die Dichter *Corneille* (1606–1684), *La Fontaine* (1621–1696), *Molière* (1622–1673) und *Racine* (1639–1699) ihre unsterblichen Werke und initiierten damit eine Blütezeit der Literatur und des Theaters. *Blaise Pascal*

(1623–1662), der große Philosoph und Mathematiker, nahm aktiv teil an den unüberbrückbaren Gegensätzen der Kirche und des Jansenismus, während die Hofprediger und Kirchengelehrten *Bossuet* (1627–1704) und *Fénelon* (1651–1715) um den rechten Glauben, um dessen Durchsetzung, um den Quietismus und die richtige Erkenntnis, sich bis aufs Messer befehdeten. In diesen Zeitraum fällt auch die Gründung der *Académie Française* (1634). Grundlegendes, das in seiner profunden Gediegenheit nicht mehr aus der europäischen Geistesgeschichte hinwegzudenken ist, wurde von *René Descartes* (1596–1650) in dem philosophischen Werk „Discours de la Méthode" niedergelegt. Ihm ging es darum, wie er selbst schreibt, alles Verworrene, alle Irrtümer aus seinem Kopfe zu verbannen, seinen Geist davon zu befreien, um einen sicheren „Felsen" oder auch „Ton" zu finden, nachdem die „lockere Erde" und auch der „Sand" weggeschaufelt worden sind. Descartes wollte Gewißheit. Darum gründete er das menschliche Erkenntnisvermögen auf den Satz: „Ich denke, also bin ich!"

Die Zweifler und Freigeister, die in dieser Zeit sich „libertinistisch" einer Art Naturphilosophie hingaben, alles in Frage stellten und die Welt *nur* skeptisch betrachteten, hatten für ihn, den nach Klarheit suchenden Philosophen, keine Bedeutung. Und doch hatten diese Freigeister, oder *libertins*, wie man sie nannte, Furore gemacht. Zu ihnen gehörte eine große Anzahl von Gelehrten, Abenteurern, Mönchen, Dichtern und Intellektuellen wie Guilio Cesare Vanini (1585–1619) Cyrano de Bergerac (1619–1655), Gabriel Naudé (1600–1653), François de La Mothe Le Veyer (1588–1672), Pierre Gassendi (1592–1655). Sie gebärdeten sich meist atheistisch und bekämpften das Christentum. Die Krone und Mazarin erkannten in ihnen eine große Gefahr und bekämpften sie und ihre Ideen mit allen Mitteln. Ihr begrenzter Einfluß jedoch gab die Plattform ab, auf der die spätere Aufklärung aufbauen konnte. Auf der anderen Seite – und dies ist für unser Thema von Bedeutung – wirkten ihre Naturphilosophien, die sie zum Teil zur „Naturwissenschaft" ausbauten, emanzipatorisch. Der schon erwähnte *Tilo Schabert* schreibt dazu: „Die *libertins* haben das philosophische und politische Denken im Frankreich des 17. Jahrhunderts auf zweifache Weise beeinflußt. 1. Sie vertraten als erste konsequent eine ‚moderne‘, d.h. nicht-christliche, immanentistische Auffassung von Welt, Mensch und Gesellschaft. Während die offiziellen Mächte an einem Königtum von

Gottes Gnaden und einem scholastisch dogmatisierten Christentum festhielten, gingen die *libertins* auf die Entwicklung der Naturwissenschaften und die zunehmende Ungläubigkeit vieler Zeitgenossen ein. . . 2. Mit diesem Weltbild kamen die *libertins* anthropozentrischen Vorstellungen eben jener entgegen, die sich vom Gott der Christen abkehrten. . . Die ‚Naturwissenschaft‘. . . wurde als Emanzipationsinstrument entdeckt. . . Auf diese emanzipatorische Auslegung der Naturwissenschaft geht die soziale Breitenwirkung der *libertins* zurück, wie sie sich gegen Ende des 17. Jahrhunderts einstellte. Sie legitimierte die Revolte gegen das Christentum, indem sie all denen, die im Namen menschlicher Selbstherrlichkeit vom Glauben abfielen, das Argument zur Hand gab, keinen subjektiven, sondern einen ‚wissenschaftlich‘ sanktionierten Akt der Befreiung begangen zu haben." (T. Schabert, 1974, S. 18/19)

Hier traten die Konsequenzen jenes Denkens vehement und personifiziert an die Öffentlichkeit, das durch die naturwissenschaftlichen Entdeckungen von Kopernikus, Galilei, Kepler u.a. angestoßen wurde. Das Wissen um die Geheimnisse der Natur kämpfte gegen den Glauben an die Schöpfung Gottes. Es galt für viele, sich zu entscheiden: für die Wissenschaft oder für den Glauben. Die Staatsmacht in Frankreich, die sich auf die dogmatischen Lehren der Kirche stützte, bekämpfte sowohl die „Wissenschaft" als auch jenen „Glauben", der von den „Dogmen" abwich. Dies lehrt zum einen die Verfolgung der *libertins* und zum anderen der erbarmungslose Kampf gegen den *Jansenismus*. Worum ging es beim Jansenismus?

Der Name geht auf *Cornelius Jansen* zurück, den Bischof von Ypern in Flandern. Zwei Jahre nach dessen Tod (Jansen lebte von 1585–1638) erschien von ihm ein Werk über den heiligen Augustinus. Die göttliche Gnade und der durch die Erbsünde behaftete Mensch, der durch eigenes Zutun kaum zur ewigen Seligkeit gelangen konnte, waren die großen Themen dieses Werkes. Indem er einige Lehrer, wie z.B. den spanischen Jesuiten Molina der Verbreitung von Irrlehren bezichtigte, war für Jansen die Augusteinische Gnadenlehre die einzige *wahre* Lehre.

Im Mittelpunkt des jansenistischen Glaubens stand die Gnade Gottes, deren der von der Erbsünde belastete Mensch nicht teilhaftig werden könne. Nur Gott erkenne seine Gnade demjenigen zu, den allein ER für würdig hält. Diese Lehre ging weit über die des Augustin und Calvins hinaus und wurde dadurch verschärft, daß man glaubte, Gott nie „erfahren" zu können, weil er sich im Verborgenen hält, weil er ein „verborgener Gott" sei, ein *Dieu caché*. Der Mensch selbst müsse deshalb nicht noch weiter „in der Sünde" leben, sondern müsse sich aus dieser Welt völlig zurückziehen, nur noch für sich allein Gott dienen und die „Geschäfte der Welt" absolut meiden. Diese Haltung wäre als sektiererisch abzutun, hätte sie nicht Denkströmungen angestoßen, die überaus stark und für das Staatsdenken der Krone und ihrer Regierungs-Kardinäle überaus *gefährlich* wurden.

Es ging zunächst um zwei Denkströme, die das soziale Verhalten von Adel und Bürgertum signifikant beeinflußten. *Erstens* kam dieses jansenistische Denken einer bereits vorhandenen Glaubensneigung entgegen, die sich im täglichen Leben auswirkte, nämlich der Neigung, sich sozialfürsorglich aus religiöser Überzeugung zu betätigen. Dafür hatten schon die Bewegungen der Salesianer und der Oratorianer den Boden bereitet. Wenn diese Vereinigungen auch nicht direkt mit dem Jansenismus in Verbindung gebracht werden können, bahnte sich hier etwas an, das den kirchlichen wie auch den staatlichen Absichten diametral entgegengesetzt war. Diese Vereinigungen und Orden, die sich zum Teil fast inbrünstig der Fürsorge, der Erziehung und der Krankenpflege annahmen, hatten einen großen Zulauf aus jenen (gebildeten) Schichten, aus denen auch die Kirche und der Staat sein Personal für Administration und mittlere Führung rekrutierten.

Zweitens verschärfte die Abkehr der Adeligen und der Großbürger von der „sündigen Welt" die oben erwähnte Personalfrage derart, daß bei Hof und Kirche die Alarmglocken schrillten. Der Hof verbrauchte ungeheure Geldmengen. So auch die Kirche. Deshalb mußte der stete Steuerfluß garantiert sein und durfte keineswegs abreißen. Kirche und Hof vergaben Pfründe und Stellen innerhalb der Hierarchien des Amtsadels und des Schwertadels, die u.a. die Einnahmen von Hof und Kirche wiederum garantierten. Wenn nun aber eine Anzahl dieser Stellen und Pfründe nicht besetzt werden konnte, indem große Teile der potentiellen Stelleninhaber, die die staatlichen und kirchlichen Geldzuflüsse zu gewährleisten hatten, nicht mehr zur Verfügung standen, weil sie sich aus der „sündigen Welt" zurückgezogen hatten, um im Kloster oder als „Solitaire" nur noch der Frömmigkeit zu leben, dann war höchste Gefahr im Verzug. Dies erkannte als erster *Kardinal Richelieu*. Er ließ sofort den Abt von Saint-Cyran, den er als gefährlichstes Oberhaupt der jansenistischen Bewegung betrachtete, verhaften. Der Abt kam erst nach Richelieus Tod (1642) wieder frei. *Kardinal Mazarin* versuchte, der Denk- und Glaubensströmung des Jansenismus weiterhin Herr zu werden, aber die Kämpfe und die Konflikte, die Staat und Kirche erschütterten, zogen sich weit über Mazarins Tod hinaus bis 1709/11 hin.

Nach der Verhaftung des Abtes von Saint-Cyran im Jahr 1638 übernahm sein Neffe *Martin de Barcos* (1600–1678) in den vierziger Jahren die geistliche Führung im Port-Royal. Er verschärfte die Lehre noch mehr und predigte die *radikale* Abkehr von der „Welt", um sich ganz auf die Gnade Gottes konzentrieren zu können, die Gnade eines verborgenen Gottes, damit man wenigstens *eine* Chance habe, der ewigen Seligkeit teilhaftig zu werden. Um Port-Royal und die jansenistische Bewegung scharten sich neben dem Gros der adeligen Anhänger auch große und bekannte Köpfe. Unter ihnen der Philosoph und Mathematiker *Blaise Pascal* (1623–1662), der Dramatiker *Jean Racine* (1639–1699), *Kardinal de Retz* (1613–1679), die *Herzogin von Longueville* (1619–1679) und der bekannte Anwalt *Antoine Le Maitre* (1608–1658). Gerade der Fall von *Antoine Le Maitre* erregte ungeheures Aufsehen. Er gehörte zu den großen Hoffnungen und aussichtsreichsten Bewerbern für die höchsten Posten in Staat und Kirche, als er beschloß, sich in die klösterliche Einsamkeit zurückzuziehen. Mit Le Maitre zogen sich nicht nur zwei seiner Brüder, sondern auch einige gleichgesinnte Adelige in die fromme Abgeschlossenheit zurück. Großes Aufsehen erregte vor allem Le Maitres Schreiben an den Kanzler *Séguier*, der ihn bisher förderte und ihm eine aussichtsreiche Karriere garantiert hatte. Darin erklärte Le Maitre, daß er von nun an auf alle Berufsaussichten in dieser Welt verzichten werde, um sich in die Abgeschiedenheit von der Welt und in die persönliche Einsamkeit zurückzuziehen. Nur als Christ, nicht als Mönch, wolle er allein und einsam fürderhin seinem Gott dienen. Dieser 1638 verfaßte Brief, der nicht nur als Bekehrung eines hochangesehenen Anwalts zu werten war, sondern als Symptom einer allgemein einsetzenden *Weltflucht*, ließ Richelieus bisherige Befürchtungen in schnelles Handeln umschlagen: die Weltflucht Le Maitres war sicherlich mit ein Anlaß für die Verhaftung des Abtes von Saint-Cyran und vieler anderer.

Inzwischen hatten zwei führende Jansenisten den Schauplatz betreten: *Antoine Arnauld* und *Pierre Nicole*. Arnauld griff mit seiner Schrift „La Fréquente Communion" die *Jesuiten* scharf an, die ebenso heftig reagierten. Dann nahm *Nicolas Cornet* von der Pariser Sorbonne sich das Werk *Augustinus* von Jansen vor und pflückte es im Sinne der kirchlichen Dogmatik auseinander. Dabei destillierte er fünf Lehrsätze aus diesem Buch, die er als „prinzipiell" einstufte – im französischen Text werden sie *propositions* genannt –, die aber im Text des Jansen-Buches wörtlich so nicht zu finden waren. Schließlich legte Cornet im Jahre 1649 seine Arbeit der Sorbonne vor, die sie im folgenden Jahr nach Rom übersandte und dem Papst vorlegte. Der Papst reagierte erst 1653 und verurteilte diese *propositions* und damit das Werk Jansens und folglich auch den Jansenismus. Die Jansenisten focht dies zunächst nicht an. Die Port-Royal-Anhänger holten zum Gegenschlag aus. Sie akzeptierten auf der einen Seite das Urteil des Papstes, auf der anderen Seite aber wiesen sie nach, daß dieser Text so nicht im Werke Jansens stünde. Weiterhin machten sie geltend, daß der Papst nur in Glaubensdingen unfehlbar sei, hier aber handele es sich um Dinge und *faits* (Tatsachen) des Lebens.

Durch diese geschickte Abwehr ließen sich die Jesuiten jedoch nicht beeindrucken. Die Jansenisten erhielten plötzlich Hilfe von einer Seite, die sie nicht erwartet hatten: von *Blaise Pascal*. Zu Beginn des Jahres 1656 veröffentlichte dieser einen Brief gegen die Jesuiten. Es folgten noch weitere siebzehn, die unter dem Titel *Lettres à un Provincial* zu den „polemischen Meisterwerken des französischen Schrifttums" (L. Goldmann) gehören. Die „Provinciales" trafen die jesuitischen Argumente an ihren schwächsten Punkten. Der Papst, es war zu jener Zeit Alexander VII., wollte endlich Ruhe schaffen und verurteilte 1657 nicht nur die fünf *propositions* als „Häresie", sondern die gesamte Lehre des Jansenismus. Aber auch diese päpstliche Entscheidung trug nicht zur Religionsbefriedung bei. Es gab weiterhin eine Reihe von Vermittlungsversuchen hoher Geistlicher und Würdenträger, die keine Resultate zeitigten. Endlich glaubte man an den allmählichen Konsens, als 1669 der sogenannte Kirchenfrieden geschlossen wurde.

Ludwig XIV. dachte nämlich nicht daran, das Land durch den aberwitzigen Religionskonflikt in seinen Grundfesten erschüttern zu lassen. Wie er die Hugenotten durch das Edikt von 1685 vertrieb, ordnete er, nachdem er politisch und militärisch innerhalb seiner europäischen Konflikte den Rücken wieder etwas frei hatte, die totale Verfolgung der Jansenisten an. 1709 wurden die Insassen des Klosters Port-Royal-de Paris vertrieben und gewaltsam auf andere Klöster verteilt. Viele flohen ins Ausland, vor allem nach Holland und Deutschland. Ludwig XIV. ließ das Kloster Port-Royal-des-Champs niederreißen, so daß kein Stein auf dem anderen blieb, ja er ließ sogar den Friedhof umpflügen, um nicht einen Ort zurückzulassen, an dem man zu Märtyrern beten konnte. Damit hatte die Dogmatik und die „alte" Weltsicht der Kirche vorläufig den Sieg davongetragen und der Sonnenkönig das zentralistische Frankreich geschaffen, in dem, wie schon gesagt, die *Einheit* von Krone, Adel, Gesetz und Glaube regierte.

Nun muß man fragen, was bedeutet der Jansenismus als Geistes-, Religions- und Denkbewegung für das *emanzipatorische Streben* des europäischen Menschen? Damit kommen wir zur Frage der Bewertung des Jansenismus selbst und der Bedeutung von *Blaise Pascal*. Mit *Blaise Pascal* betrat eine der bedeutendsten abendländischen Persönlichkeiten die europäische Weltbühne. Alles, was an geistigen und geistlichen Strömungen die intellektuelle Welt des 17. Jahrhunderts befruchtete, scheint in seinem Denken zusammenzuströmen. Er hatte den Rationalismus *Descartes'* und alle Skeptizismen der *libertins* (wie auch deren Naturphilosophie) in sich aufgenommen, und als Mathematiker beherrschte er die mechanische Physik und kannte den festen Grund der Geometrie. Wenn er sowohl *Montaigne* wie *Descartes* ablehnte, dann lehnte er mit ihnen den Rationalismus und den Pyrrhonismus der libertins (Pyrrhon, 360 bis 270 v.Chr., war jener antike Skeptiker, auf den sich die libertins beriefen) ab – weil er immer als *Christ* dachte und handelte.

Lucien Goldmann, dessen Lebenswerk sich im wesentlichen mit dem Jansenismus befaßt (siehe L. Goldmann, 1967 und 1973), dessen Wertungen und Folgerungen aus einer marxistischen Sicht Lukácsscher Prägung entstanden sind, gewähren in ihren deskriptiven Teilen große Einsichten auch in das Leben und Werk von Pascal. Er schreibt: „Was sind Pascals Haupteinwände gegen den Dogmatismus und den Pyrrhonismus? Indem er sofort auf das Wesentliche geht, sieht er die Hauptschwäche des rationalistischen Denkens in dem Glauben, der Mensch könne irgendwelche feststehenden Wahrheiten erkennen, eine Behauptung, welche den zweiten großen Irrtum impliziert, es könne für das Denken einen Anfangspunkt geben, eine Reihe erster Prinzipien, von denen aus es auf festen Boden weiter fortschreitet. Gegen diese Anmaßung ist der Pyrrhonismus im Recht, wenn er die Relativität aller menschlichen Behauptungen feststellt. Er begeht aber den entgegengesetzten, nicht minder großen Fehler zu glauben, daß der Mensch die Forderung der absoluten, feststehenden, *wahren* Wahrheit, der wirklich *gerechten* Gerechtigkeit, aufgeben und in einer relativen, *mehr oder weniger* wahren, *mehr oder weniger* gerechten Welt leben könne. Diesen beiden Weltanschauungen stellt Pascal sein eigenes christliches Denken entgegen, für welches die höchste Aufgabe der menschlichen Vernunft darin besteht, die eigenen Grenzen zu erkennen; die Tatsache, daß der Mensch nur dadurch Mensch ist, daß er das Absolute und nur das Absolute fordert und genau weiß, daß er es nie erreichen und sich ihm auch nie nähern kann." (L. Goldmann, 1967, S. 30/31)

Obwohl Pascal überzeugter Jansenist war, hat er sich nie von seinen Forschungsarbeiten, die im Grunde ja auch die „sündige Welt" beinhalteten, gelöst oder gar radikal getrennt. Er hat sich nach seiner tiefen persönlichen Krise, die er in seinem „Memorial" mit dem Datum vom 23. November 1654 festhält, lange Jahre dem Port-Royal zur Verfügung gestellt und die intelligentesten Argumente jener Zeit zu den anstehenden Konflikten beigesteuert. Er lehnte den Rationalismus und Empirismus nicht „generell" ab, aber mißtraute ihren Resultaten. Dies gilt auch für den Skeptizismus. Denn hinter seinem Denken stand die Gewißheit, daß der Mensch nie die Wahrheit erkennen wird, daß er aber stets danach streben muß, sie zu erkennen. Jenseits der Erkenntnis gab es noch Gott und – unendliche Räume. Im Fragment 206 der *Pensées* sagt er: „Das ewige Schweigen dieser unendlichen Räume macht mich schaudern." Und hinter diesen Räumen scheint sich für ihn Gott zu verbergen. Im Grunde ist diese Anschauung eine zutiefst tragische Weltauffassung.

Dies beweist auch seine „Wette" in den „Pensées". Dieses Werk, das aus vielen Aufzeichnungen Pascals besteht, die nach seinem Tode veröffentlicht wurden, enthält fragmentarisch eine Fülle seiner Gedanken – der „Pensées". Darin ist auch jene Stelle zu finden, die unter dem Begriff der „Wette" bekannt geworden ist. In diesem Text geht er – im Gegensatz zu jenen Textstellen, die seine Gottfindung am 23. November 1654 tiefempfindend und voller Emotionen beschreiben – mit einer unerbittlich scharfen Logik vor, um dem Menschen Gott nahezubringen. Er stellt mit aller Entschiedenheit fest: „Wenn es einen Gott gibt, ist er unendlich, unbegreifbar; da er weder Teile noch Grenzen hat, besteht zwischen ihm und uns keine Gemeinschaft. Also sind wir unfähig zu wissen, was er ist, noch ob er ist. . . Prüfen wir das also, nehmen wir an: Gott ist oder er ist nicht. . . Was werden Sie also wählen? Sehen wir also zu, da man wählen muß, wobei Sie am wenigsten wagen? Zwei Dinge haben Sie zu verlieren: Die Wahrheit und das höchste Gut; und zwei Dinge haben Sie einzubringen: Ihre Vernunft und Ihren Willen, Ihr Wissen und Ihre Seligkeit, und zweierlei haben Sie von Natur zu meiden, den Irrtum und das Elend. . . Wägen wir Gewinn und Verlust für den Fall, daß wir aufs Kreuz setzen, daß Gott ist. Schätzen wir diese beiden Möglichkeiten ab. Wenn Sie gewinnen, gewinnen Sie alles, wenn Sie verlieren, verlieren Sie nichts. Setzen Sie also, ohne zu zögern, darauf, daß er ist. . ." (Fragment 233)

Es wäre absurd und ignorant zugleich, Pascal einen verkappten Zyniker zu nennen. Pascals bittere Erkenntnis ist die der Kopernikanischen *Erschrockenheit*. Pascal konnte als Naturwissenschaftler die Konsequenz aus Kopernikus' Entdeckung mit tiefem Erschrecken nachvollziehen und die Folgen für das menschliche Dasein zu Ende denken. Sein Empfinden und sein Denken wurden aber ausschließlich bestimmt vom „ewigen Schweigen dieser unendlichen Räume" des Alls, das ihn „schaudern" machte. Der Verlust des Himmels und die Ahnung von der sinnlosen Unendlichkeit der Schöpfung, die aber „ist", die, wenn auch ohne Anfang und ohne Ende, sich in unendlicher Vielfalt unentwegt offenbart, ist der Urgrund, auf dem Pascal sich bewegte, auf dem sich auch Kant und Schopenhauer, Kierkegaard und Heidegger, Satre und Camus bewegten, der für alle zum Niemandsland ohne Wiederkehr wurde, eine Falle, aus der jeder sich auf seine Weise zu befreien versuchte. Andererseits *lebte* Pascal in der von ihm tragisch eingeschätzten Welt eine *Freiheit* des Geistes vor, deren Existenz beispielhaft sein mußte.

Pascal hat mit seiner aktiven Beteiligung am Kampf der Jansenisten gegen die babylonische Gefangenschaft im Dogmengefängnis der Kirche Seite an Seite mit den Männern der Port-Royal gefochten und sich gegen den stupiden *Totalitarismus der Jesuiten* zur Wehr gesetzt. Aber er hat sich auf dieser befreundeten Seite nicht wieder in ein neues Dogma einmauern lassen: in das der radikalen Abkehr von der „sündigen Welt". Er benutzte seinen Forschergeist, um frei die weiteren Geheimnisse der Welt zu durchdringen. Und als er schaudernd vor den „schweigenden Räumen" der Unendlichkeit stand, da wurde ihm mit aller Schrecklichkeit bewußt, daß er sich *entscheiden* mußte: zu glauben, daß es einen Gott-Schöpfer gibt, oder zu glauben, daß es ihn nicht gibt. Und wie wir durch seine eigenen Dokumente wissen, erlebte er in dieser persönlichen Krise einen Durchbruch, indem er sich am 23. November 1654 bekannte zu „Gott Abrahams, Gott Isaaks, Gott Jakobs, nicht der Philosophen und Gelehrten!" Und wie er freudig ausruft: „Gewißheit, Gewißheit, Empfinden: Freude, Friede." (Memorial)

Die persönlichen Daten und Entwicklungen Pascals, der schon vor seinem 39. Jahr starb, sind es nicht so sehr, die hier interessieren. Vielmehr wird im Leben, Denken, Empfinden und Handeln des *Blaise Pascal* das kommende Denken, Empfinden und Handeln des Abendlandes bis auf den heutigen Tag wie in einem Brennpunkt für einen Atemzug lang in der Geschichte vereint.

Pascals Denken und Handeln hatte die Tür zur Unendlichkeit für die Nachkommenden endgültig aufgestoßen und sich losgerissen von der Fesselung durch den dogmatischen Glauben. Nun galt es, sich zu entscheiden. Er selbst nahm die Tragik des „schweigenden Raumes" an und wandte sich einem Gott zu, der sich verbarg. Das war seine „Freiheit zu" oder „Freiheit für". Nun konnten sich die Menschen entscheiden: für die Tragik, das Wissen um die Sinnlosigkeit, für den Glauben an Gott, für die Kuhwärme der erschrockenen Menschen, die in Weltängsten auf der Erde näher zusammenrückten und sich häuslich und bürgerlich einrichteten, indem auch der übriggebliebene Glaube zur Ikone verkrustete; oder für die Haltung „Nach uns die Sintflut!", um alles auszukosten, was das Irdische bot, denn eine Ewigkeit gab es ja nicht!

Diese sich wandelnden Einsichten in die neue Welt kann man – zwar verspätet – auch in der deutschen Literatur nachweisen. So ist der Pikaroroman bis Mitte des 18. Jahrhunderts immer eine Darstellung *des* Menschen in *der* Welt. Er erzählt fast stets von den Stationen eines Menschenlebens, das sich als Heils- oder Läuterungsgeschichte in *der* geschlossenen Gotteswelt abspielt. Man denke dabei an den bekanntesten Roman dieser Art, nämlich an Grimmelshausens „Simplicius Simplicissimus". Erst um 1750 werden Menschen, d.h. Einzelschicksale, in *einer* der möglichen Welten dargestellt. Die *eine* Gotteswelt hat sich aufgelöst in *unendlich viele* Welten, die auf der Ebene der künstlerischen Imagination dargestellt werden. Wir können diese Problematik hier nicht weiter verfolgen. Wichtig ist nur die Tatsache, daß im Denken und Darstellen der Menschen in der Mitte des 17. Jahrhunderts in Frankreich (und in Deutschland) ein völlig neues Element

entstand, das man am besten mit dem Begriff der *Moderne* umreißt. Der Verlust der „alten" Welt war schmerzlich, die Befreiung von den Ketten der geistigen Fesselung eine Erlösung – aber
das Erschrecken über die neue Erkenntnis führte zu existentiellen
Ängsten und tragischer Weltsicht.

Das war der Verlust der Totalität, der Einheit der Gotteswelt –
jetzt für immer und endgültig. Die großen Geister hatten den
Durchbruch erlitten und erstritten. Noch in unserem Jahrhundert hat *Georg Lukács* in seiner Phase, als er dem deutschen Idealismus anhing und die Kehrtwende zum Marxismus noch nicht
vollzogen hatte, dieses Grundgefühl des Verlustes der Totalität
zum Ausdruck gebracht, als er damals (1914) schrieb, daß „die
Form des Romans. . . wie keine andere ein Ausdruck der transzendentalen Obdachlosigkeit" sei. Diese transzendentale Obdachlosigkeit breitete sich seit der Mitte des 17. Jahrhunderts aus und
zeigte sich in allen Sparten der Philosophie, der Literatur, der Musik und anderer Ausdrucksmöglichkeiten des Menschen. Der
Mensch hatte jene Zeiten endgültig hinter sich gelassen, die
Lukács folgendermaßen preist: „Selig sind die Zeiten, für die der
Sternenhimmel die Landkarte der gangbaren und zu gehenden
Wege ist und deren Wege das Licht der Sterne erhellt. Alles ist neu
für sie und dennoch vertraut, abenteuerlich und dennoch Besitz.
Die Welt ist weit und doch wie das eigene Haus. . . sie scheiden
sich scharf, die Welt und das Ich, das Licht und das Feuer, und
werden doch niemals einander für immer fremd. . . So wird alles
Tun der Seele sinnvoll und rund in dieser Zweiheit: vollendet in
dem Sinn und vollendet für die Sinne. . . Kants Sternenhimmel
glänzt nur mehr in der dunklen Nacht der reinen Erkenntnis und
erhellt keinem der einsamen Wanderer – und in der Neuen Welt
heißt Mensch-sein: einsam sein – mehr die Pfade. Und das innere
Licht gibt nur dem nächsten Schritt die Evidenz der Sicherheit
oder – ihrem Schein. Von innen strahlt kein Licht mehr in die
Welt der Geschehnisse und in ihre seelenfremde Verschlungen-
heit. . . Die visionäre Wirklichkeit der uns angemessenen Welt,
die Kunst, ist damit selbständig geworden: sie ist kein Abbild
mehr, denn alle Vorbilder sind versunken; sie ist eine erschaffene
Totalität, denn die naturhafte Einheit der metaphysischen Sphären ist für immer zerrissen." (G. Lukács, 1967, S. 32 und 21, 28/29)

Während *Blaise Pascal* dieses Grundgefühl und Grunddenken
des Intellektuellen in der aufkommenden Moderne geradezu pla-
stisch verkörperte, muß man sich fragen, wie der einfache

Mensch in Frankreich empfand, wie er die geschilderten Erschütterungen wahrnahm und *ob* er sie überhaupt wahrnahm. Diese Menschen, wenn sie über die Erschütterungen nachdachten oder davon hörten, daß die Erde um die Sonne kreise und nicht umgekehrt, waren besorgt um ihre Seligkeit. Wenn sie um ihre Seligkeit besorgt waren, dann standen natürlich das Sterben, das „letzte Stündlein", der Tod, die Ewigkeit, das ewige Leben und die ewige Verdammnis im Mittelpunkt ihres Denkens. All dies wurde von ihren Pfarrern, d.h. von der gesamten Kirche, instrumentalisiert, um die einfachen Gläubigen in der „Furcht des Herrn" zu halten. Das waren die äußerst effizienten Fesseln, mit denen man die verschreckten Menschen an die Kirche kettete, um die opferbereite Gemeinde allzeit verfügbar zu haben. Eine Befreiung daraus oder gar eine Selbstbestimmung des Einzelnen von Seiten der Kirche zuzulassen, war kaum denkbar. In Frankreich war eine derartige Ankettung an die Kirche auch für die Krone von eminenter Bedeutung. Diese Ketten wurden nun allmählich durch die neuen Ideen gelockert, so daß die totale Befreiung daraus in nicht allzu großer Ferne lag. Aber ohne den Konflikt mit der Kirche und den einzelnen Pfarrern in der französischen Provinz über die Frage des Sterbens und des Seins nach dem Tode hätte es die emanzipatorische Bewegung unter dem einfachen Volk nie gegeben.

Es ist sehr schwer vorstellbar, daß der Bürger, der am 14. Juli 1789 die Bastille erstürmte, sich noch große Sorgen um Begriffe wie „letztes Stündlein" und ewige Verdammnis machte. Deshalb mußte im Laufe der zweiten Hälfte des 17. und im 18. Jahrhundert auch das Denken des einfachen Mannes auf der Straße in Frankreich sich total geändert haben. *Bernhard Groethuysen* hat darüber minitiuöse Forschungen angestellt und aufschlußreiche Unterlagen gesammelt.

Groethuysen war ein Außenseiter in der deutschen Forscherszene. Der 1880 Geborene siedelte schon früh nach Frankreich über und hat dort 1927 auch das heute immer noch gültige, großartige Werk geschrieben, auf das wir uns im folgenden stützen wollen: „Die Entstehung der bürgerlichen Welt- und Lebensanschauung in Frankreich". Groethuysen, der schon mit 27 Jahren habilitiert war, fand in Deutschland nie seinen festen universitären Platz. 1933 geriet er mit den Nationalsozialisten in Konflikt, so daß er ganz mit Deutschland brach und 1937 die französische Nationalität annahm. Er starb 1946 an Lungenkrebs in Luxemburg. Seine Forschungen galten vor allem der französischen Ideengeschichte des 17. und 18. Jahrhunderts und der Französischen Revolution. Im Rahmen seiner Erkundungen zur Ideengeschichte und Weltanschauung im 17. und 18. Jahrhundert in Frankreich sammelte Groethuysen eine große Anzahl von Predigten und Ermahnungen der Pfarrer und Seelsorger, die gegen das „Aufkommen des Unglaubens" wetterten.

Aus diesen zahlreichen Dokumenten ist der Wandel des Denkens der einfachen Leute sehr gut herauszulesen. Zusammenfassend schreibt Groethuysen: „Der Bürger der Neuzeit hat seine Welt genau so wie der Mensch des Mittelalters. Nur drängt sich diese Tatsache dem Betrachter weniger auf, weil diese Welt nicht in einer bestimmten kosmisch vollendeten Ideologie ihren Ausdruck gefunden hat. Sie bedarf einer solchen Ideologie nicht, und gerade dies ist einer ihrer charakteristischen Züge. Sie genügt sich selbst... Das bürgerliche Bewußtsein der Neuzeit hat es verstanden, das Leben gewissermaßen in sich selbst zu verfestigen, es außerhalb aller kosmischen Problemstellungen als ein in sich zentrierendes Ganzes zu erfassen, das in sich selbst seine Begründung findet. Man könnte in diesem Sinne von einer bewußten Diesseitigkeit des Menschen der Neuzeit sprechen, aber ohne daß diese Diesseitigkeit nun wieder auf bestimmten in sich selbst begründeten Weltanschauungen beruhen würde, die man anderen durch gebildeten Weltanschauungen gegenüberstellen könnte." (B. Groethuysen, 1978, Bd. 1, S. 9/10)

Groethuysen hat in seinem klassischen Werk den Übergang zum bürgerlichen Denken und zur bürgerlichen Weltbetrachtung, die sich im 17. Jahrhundert anbahnte und sich in Frankreich im 18. Jahrhundert neue und gefahrvolle Wege brach, akribisch nachgezeichnet. Die „alte" Welt, die in die „neue" hinüberwuchs, läßt Groethuysen in der Verwandlung ihrer Anschauungen über Gott, Himmel und Hölle, Sterben, Tod und Ewigkeit zu „neuen" Weltsichten über diese den Menschen so bewegenden Themen in scharfen Umrissen entstehen. Vor allem der Todesgedanke, das Wissen um die Sterblichkeit *jedes* Menschen, d.h. daß auch ich selbst sterben werde, sei im Kampf der Kirche gegen die profanen Weltanschauungen als Argument eingesetzt worden. Der Tod ist immer stärker als das Leben, lautet die Erkenntnis. Darum, so die Kirche, kann die Seele des Menschen sich „im Angesicht des Todes" nicht „verhehlen, daß alles, was ihr im Leben wertvoll erschien, eitel und vergänglich war! Das Todeserlebnis führt zu einer Umwertung aller Lebenswerte." (S.93)

Dieser Haltung und den Mahnungen der Pfarrer stand der *Bürger*, der zukünftige Herr der „neuen" Welt, trotzig gegenüber. Von ihm sagt Groethuysen: „Bevor der Bürger die Forderung nach Gerechtigkeit im gesellschaftlich-politischen Leben stellte und in der französischen Revolution sie in Form von Rechtsgrundsätzen zur Geltung brachte, hat er sie Gott gegenüber erhoben und von ihm die Anerkennung seiner Rechte verlangt. Er will einen Gott, der die Natur nach Gesetzen regiert und andererseits den Entscheidungen seiner Kinder nicht vorgreift, sondern den Menschen gewähren läßt, sobald dieser einmal seine Entscheidung getroffen hat." (a.a.O., S. 164) Dieser „neue" Mensch, der Bürger, kennt allmählich seinen Platz auf dem anscheinend unbehausbaren Planeten ganz genau, er will kein Mysterium mehr, er möchte Klarheit haben in seinen Beziehungen, er will Ordnung, Gerechtigkeit, Freiheit, denn er muß seine Arbeit tun, die er durch Fleiß, Pünktlichkeit und Leistung vollenden möchte. Neue Tugenden, neue Werte, die später einmal, in den 68er-Tagen der Bundesrepublik Deutschland, von der antibürgerlichen Studentenbewegung verächtlich zu „Sekundärtugenden" ernannt werden sollten. Diese Leistung des „neuen" Menschen gehört *dieser* Welt, die er behaust, die er komfortabel einrichten und als Herr bewohnen möchte, und nicht einer jenseitigen.

Der „neue" Mensch des heraufkommenden 18. Jahrhunderts suchte neben den Errungenschaften seiner neuen sinnstiftenden Werte seine eigene Beziehung zum alten Gott unbedingt zu regeln. „Er sucht", sagt Groethuysen, „nach einem Gott, der nicht allzusehr ihm seine Macht fühlen lasse und sich vor Eingriffen in die rechtlich begründete Freiheit des Menschen hüte." (S. 164/165) Vor dieser Regelung des Gottesverhältnisses standen aber immer noch die möglichen drohenden Katastrophen, die die Kirche dem Bürger an dessen Horizont als Menetekel zeichnete: die Sünde, die zum ewigen Tod in der Hölle führen konnte und die bange Frage: was kommt in der Stunde des Sterbens auf mich zu? Wird der Tod mir tatsächlich auch endgültig die Augen öffnen: wird dann die ewige Seligkeit oder die ewige Verdammnis auf mich warten? Oder wird es nach dem Tod gar nichts mehr geben? Wird dann alles aus und vorbei sein? Nirwana?

Bei diesen Fragen denke man an den *Shakespeare'schen Hamlet-Monolog* „Sein oder Nichtsein", der gleichsam den bohrenden

252

Zweifel, den diese Fragen beinhalten, zum Ausdruck bringt. Hamlet stellt diese Fragen, die für ihn von existentieller Bedeutung sind, an sich selbst, wenn er sagt: „. . .Sterben, schlafen, nichts weiter! Und zu wissen, daß ein Schlaf das Herzweh und die tausend Stöße endet, die uns'res Fleisches Erbteil – s'ist ein Ziel aufs innigste zu wünschen! Sterben, schlafen, schlafen! Vielleicht auch träumen! Ja, da liegt's: Was in diesem Schlaf für Träume kommen mögen. . . das zwingt uns stillzustehen. . .“

Shakespeare fängt mit diesen Sätzen das Grundgefühl der Angst des damaligen abendländischen Menschen ein, dem es bei der Diskussion um „die letzten Dinge" immer um zwei Fragen ging: Wenn es keinen Gott gibt und keine Ewigkeit, was, um Gotteswillen, geschieht mit mir? Und: Was kommt nach meinem Tod – Seligkeit oder Verdammnis? Der heutige Mensch hat anscheinend diese Fragen als Ärgernis zur Seite geschoben und lebt nach dem Befund: nach mir gibt es nichts! Höchstens die Sintflut! Groethuysen zeichnet viele Beispiele für das Verhalten des Menschen im damaligen Frankreich auf, die in den zahlreichen Predigten der Pfarrer des 17. und 18. Jahrhunderts manifest wurden. Auch führt er zahlreiche Diskussionen an, die Laien und Kirchenmänner recht hitzig führten. Die Pfarrer argumentierten auch mit dem ganz *individuellen* Verhältnis des Gläubigen zum Tode. Da heißt es u.a.:

„Im Angesicht der Ewigkeit darf der Christ sich nie selbst vergessen. . . Die Anschauung des Todes muß ihn ständig daran erinnern, daß er sterblich ist. . . Der Gedanke des Todes stellt für ihn nur eine Form der Selbstbejahung dar. . . Tod bedeutet für ihn sterben, und im Sterben bejaht er das Leben. . . Der Gläubige darf an nichts anderes denken. Die Anschauung der Vergänglichkeit und der Eitelkeit aller Dinge darf ihn nicht dazu führen, daß er sich selbst vergißt. Nur so wird er an sein ‚Heil' denken, wenn er stets an *seinen* Tod, an *seine* Ewigkeit denkt, und nicht an Tod und Ewigkeit schlechthin. Tod muß für ihn heißen: Ich sterbe. Ewigkeit: was meiner wartet. In der unendlichen Dauer gibt es eine Stunde, die im eigentlichen Sinne *seine* Stunde ist: die Stunde seines Sterbens. Diese Stunde muß er sich ständig gegenwärtig halten: nur so wird er ein gläubiger Christ bleiben." (S. 96)

Setzt man den hier gebrauchten Begriff „Christ" gleich mit dem, was der „alte" Mensch ist, – was bedeutet dann für den *"neuen"*, für den „Bürger", Sterben, Tod, Ewigkeit? Indem Groethuysen sich auf des „Hofpredigers" *Bossuets* „Oraison funèbre de

Madame Yolande de Monterby" und seinen „Sermon sur la mort"
beruft, hebt er die Zitate hervor, bei denen es um die Fragen nach
dem „letzten Augenblick" geht, ob in diesem „Augenblick" das
Wesentliche im Leben zusammengefaßt und alles andere, nämlich die lange Zeitspanne des Lebens auf Erden, nur ein Traum sei.
Wenn man diese Einsicht im Sinne Pascals weiterdenkt, dann ist
der Einzelne nur ein winziges Nichts zwischen den Ewigkeiten.
Denn vor seiner Existenz gab es „unendliche" Zeiträume und
nach seiner Existenz wird es auch weitere „unendliche" geben.
„Wie klein ist die Stelle, die ich in diesem ungeheuren Abgrund
der Zeit einnehme! Ich bin nichts; eine so kurze Spanne Zeit kann
nicht genügen, um mich von dem Nichts zu unterscheiden."
(S. 95)

Ein solches Denken läßt für den Einzelnen nicht mehr zu, *sein*
Sterben als eine bedeutende Wichtigkeit anzusehen. Aber ein solches Denken ist *unchristlich*. Für den „alten" Christen muß es
heißen: *Seine* Seele, *sein* Leben, *sein* Sterben ist wichtig und nicht
das Aufgehen „in kosmischen Stimmungen" oder das Verweilen
„im Ewigen und Unendlichen". Und so folgert Groethuysen für
die „alte" Welt: „Nie darf sein (des Christen, W.N.) Weltgefühl
ihn ablenken von der Anschauung seiner Seele, von der Sorge um
sein persönliches Geschick . . . Die Anschauung des Todes muß
ihn ständig daran erinnern, daß er sterblich ist. . . Der Gedanke
des Todes stellt für ihn nur eine Form der Selbstbejahung dar. . .
Tod bedeutet für ihn Sterben, und im Sterben bejaht er das Leben.
In seiner Anschauung zieht sich gewissermaßen die Ewigkeit zusammen." (S. 96)

Zeigt sich hier nicht ein großer Widerspruch? Sollte das „alte"
christliche Denken tatsächlich das Individuelle, das „Einzige"
hervorheben, indem es sich um die Seele des Einzelnen kümmert
und um sie „ringt", während im „neuen", im aufkommenden
bürgerlichen Denken, das individuelle Leben eigentlich in den
„unendlichen Raum" des „Nichts" schwindet, praktisch in der
Unendlichkeit des Raumes und der Zeit versickert? Und wenn
dies für *alle* Individuen gilt, ist dieses mögliche kollektivistische
Denken ein Substitut des bürgerlichen Lebensgefühls? Ich glaube
nicht, daß hier ein Widerspruch vorliegt. Zum einen widerspricht
das Auserwähltsein, die Tatsache, wie es in der Bibel heißt, daß
der Einzelne bei seinem Namen (von Gott) gerufen ist, daß er eine
unverwechselbare Identität und Einmaligkeit besitzt, nicht der
sozialen Geschlossenheit dieser großen christlichen Gemeinde,

die sich über ganz Europa ausgebreitet hatte. Denn *jeder* in diesem gigantischen Chor der Gläubigen ist der Lehre nach und auch durch die Strategie der Anbindung ein Erwählter, ist bei seinem Namen gerufen und einmalig. Diese Qualitäten sind in ihrer Individualität quasi kollektiv und erst die „Eintrittskarten" zur Gemeinschaft. Zum anderen verlangt das bürgerliche Denken nicht die Aufgabe des Individuums, sondern es ist so, daß die dem „alten" Denken gestellten Fragen obsolet sind. Wenn es keinen Himmel gibt, gibt es auch keine Ewigkeit im alten christlichen Sinne. Deshalb kann man auch nicht mehr als Individuum die Vorgaben des „alten" Ewigkeits- und Nach-dem-Tode-Denkens als gegeben ansehen. Wie der Bürger diesen Mangel, diesen Verlust der Ewigkeit und des Himmels kompensiert, ist ein ganz anderes Problem.

Wichtig ist zu erkennen, daß diese tiefgreifenden Wandlungen der Erkenntnis-Topoi gleichzeitig ungeheure Werte-Verschiebungen bei den Menschen bewirkten. Alles, was noch im „alten" Denken einen tiefen Sinn und absoluten Wert hatte, z.B. Himmel und Hölle, Gott und Teufel, ewige Seligkeit und Verdammnis, wurde relativiert und fragwürdig. Die hohen Instanzen, an deren Geboten die sittliche Wertordnung des Menschen sich ausrichtete, die Paradigmen des Glaubens und die Parameter der Moral und der Wertehierarchie, verblaßten langsam aber sicher, schienen sich allmählich aus dem Blick der Menschen zu entfernen, ohne daß sich neue Instanzen als Ersatz anboten.

Der „neue" Mensch begann, sich einzurichten: er machte sich die Erde „untertan", er wollte, als die „alten" Werte in langwierigen und schmerzvollen Prozessen zerfielen, als Gott nicht mehr über den Sternen wohnte, als die „von Gottes Gnaden" abgeleitete Sozialordnung, Herr und Knecht, König – Adel – Dritter Stand, zerbröckelte, sich als *Bürger* dieser Erde auf dem Planeten häuslich aber komfortabel einrichten. Wenn die seligen Gefilde des *Jenseits* nicht mehr zweifelsfrei lockten, mußte das *Diesseits* diese Gefilde anbieten und das Ziel sowie der Sinn des Lebens werden. Alles setzte man dafür ein: Können, Arbeit, Streben nach Reichtum, Wissen und – Solidarität. Man suchte die Gleichgesinnten, die Bürger, die von allem „Alten" nichts mehr wissen wollten, weder vom jenseitigen Gott, noch vom verkommenen, degenerierten Adel, noch von der angstmachenden Lehre des Sterbens und der Drohung der Kirche mit der ewigen Verdammnis. Man ging erst auf die Barrikaden, dann brachte man die Lehren der Aufklärung und die Botschaft der Guillotine unter die europäischen Völker und hatte schließlich nur *ein* Ziel: *das Diesseits*. Gott, Himmel, Hölle, Ewigkeit und Kirche wurden einfach in dieses Diesseits integriert und eingebettet und nicht umgekehrt wie bisher. Von nun an gründete die *Freiheit des Einzelnen* im *Diesseits*. Die „Gebundenheit" der Freiheit ankerte im diesseitigen Leben und in seinen allmählich absolut gesetzten Werten. Die „Freiheit zu" war eine Freiheit zum Leben, eine Freiheit zur Erfüllung im Diesseits, das nun sinnvoll mit den individuellen Bedürfnissen und Wünschen ausgestattet werden mußte.

10. Kapitel

Der Weg in die Moderne

Nur in einer freien Gesellschaft ist die Freiheit des Einzelnen nicht nur denkbar, sondern auch durchsetzbar. Die *freie* Gesellschaft jedoch setzt den Bestand einer eigenständigen, sich selbst bestimmenden und von jeder Bevormundung befreiten Gesellschaft voraus. Deshalb ist der Kampf von Kirche und (absolutistischer) Krone gegen die Suprematie einer *eigenständigen Gesellschaft* für die Diskussion unseres Gesamtthemas über die Freiheit von so großer Bedeutung. Die jahrhundertelangen blutigen Auseinandersetzungen zwischen Herren und Knechten, zwischen Regierung und Regierten, sind nicht nur Konflikte um Ressourcen, Eigentum und Befriedigung von Bedürfnissen, sondern auch harte Kämpfe um die Abschaffung von im Grunde den Unterjochungsmechanismus in Gang setzenden Privilegien. Es geht um die Zerstörung der durch religiöse oder mythische Herleitungen und Begründungen fundierten Vorrechte der herrschenden Schichten, die eine überhöhte „Rechtsgrundlage" zur Legitimation ihrer repressiven Machtausübung errichtet haben. Die Berufung der Kirche auf die Legitimation des heiligen Stuhls Petri sowie die Herleitung des Absolutismus und teilweise des Feudaladels vom „Gottesgnadentum" schuf in der Vorstellung und in der Realität „gottgewollte Unterschiede" der Menschen und kreierte Standespositionen, die nur dazu dienten, innerhalb eines festgefügten Staates die Menschen auszubeuten und Privilegien zu sichern. Religiöser Glaube und die der Krone zugeordneten mythischen Kräfte verhinderten mit äußerster Wirksamkeit das Entstehen einer „Gesellschaft", die zur tödlichen Gefahr für Kirche und Krone zu werden drohte.

Das 17. Jahrhundert entwickelte sich zum Ausgangspunkt und zur Drehscheibe jener Bestrebungen, deren Ergebnisse wir mit dem Begriff der „Moderne" umschreiben. Aus diesem Grunde ist es sicherlich unumgänglich, gerade mit den großen Errungenschaften sich auseinanderzusetzen, deren wesentliche Grundlagen in jenem Jahrhundert gelegt wurden, wie die Problematik des Völkerrechts, Religions-, Meinungs- und Pressefreiheit, Gewaltenteilung, Parlamentarismus usw. Es wird nicht behauptet, daß diese Gegenstände schon als „Errungenschaften" des 17. Jahrhunderts zu werten sind. Aber diese richtungsweisenden Basiskategorien einer noch zu schaffenden eigenbestimmten Gesellschaft wurden nicht nur gedacht, sondern schon so weit fundiert und konzipiert, daß das 18. Jahrhundert schon die ersten Früchte ernten durfte. Einige dieser Optionen und Postulate konnten allerdings erst im 20. Jahrhundert eingelöst werden.

Den gelehrten Köpfen in ganz Europa, die sich um die theoretische Bewältigung dieses gewaltigen Problems der „Moderne" bemühten, war klar, daß man die bestehenden Staatsstrukturen nur zerschlagen konnte, wenn man eine tragfähige neue Ordnung an die Stelle der alten Konstruktionen zu setzen imstande war. So beteiligten sich die bedeutendsten und genialsten Köpfe des 17. und 18. Jahrhunderts an der theoretischen Durchdringung einer *neuen* Gesellschaft, die aber nicht ins Chaos versinken durfte, wenn die alten Säulen des alten Staates in sich zusammenbrachen.

Wie viele Menschen die damaligen Verhältnisse so einschätzten, kann man durch mannigfache literarische Zeugnisse belegen. *Voltaire*, um nur einen Autor zu nennen, schreibt in seinen „Idées républicaines" (1765): „Die nackte Willkürherrschaft ist die Strafe für das unkluge Verhalten der Menschen. Wird eine menschliche Gemeinschaft von einem Einzigen oder wenigen beherrscht, so ist dies ein deutliches Zeichen dafür, daß sie weder den Mut noch das Geschick hatte, sich selbst zu regieren. Eine durch Willkür regierte Gesellschaft gleicht vollkommen einer Herde Ochsen, die zum Dienst ihres Herrn ins Joch gespannt werden. Er ernährt sie nur, damit sie in der Lage sind, ihm zu dienen; er pflegt sie nur, wenn sie krank sind, damit sie ihm nutzen, wenn sie gesund sind; er mästet sie, um ihnen das Mark auszusaugen; er bedient sich der Haut der einen, um die anderen damit vor den Pflug zu spannen. Ein Volk wird also von einem geschickten Mitbürger unterjocht, der aus dessen Dummheit und Uneinigkeit seinen Gewinn zieht, oder von einem Räuber, genannt Eroberer, welcher mit anderen Räubern gekommen ist, sich dieses Landes zu bemächtigen, der diejenigen, die ihm Widerstand leisteten, getötet hat und der die Feigen, denen er das Leben ließ, zu seinen Sklaven machte. Dieser Räuber, der das Rad verdiente, ließ sich manchmal Altäre aufrichten. Das unterworfene Volk sah in den Kindern des Räubers ein Geschlecht von Göttern; sie betrachteten eine Überprüfung ihrer Macht als Gotteslästerung und das geringste Streben nach Freiheit als ein Sakrileg. Die vernunftwidrigste Art des Despotismus, die erniedrigendste für die menschliche Natur, die widersprüchlichste und die verderblichste ist die der Priester, und von allen geistlichen Regierungen ist unstreitig die der Priester der christlichen Religion die verbrecherischste. Es ist ein Hohn auf unser Evangelium, da doch Jesus an zwanzig Stellen sagt: ‚Viele aber werden die letzten sein, die die ersten sind, und die ersten sein, die die letzten sind; mein Reich ist nicht von dieser Welt; gleichwie des Menschen Sohn nicht gekommen ist, daß er sich dienen lasse, sondern daß er diene.'"

Voltaire, der seine zynischen Wortkaskaden wie Kübel, gefüllt mit beißendem Gift, über die verhaßte „christliche Sekte" ausgießt, strahlt in seinen einfachsten Sätzen mehr Religiosität aus als viele unserer heutigen Pastoren, die ihre Gemeinden, falls es sie noch gibt, längst totgepredigt haben. Sein Spott und sein Zynismus scheinen aus der Trauer geboren zu sein, mit der er die trostlosen Ruinen betrachtet, die die weltlichen und geistlichen Herrscher durch ihre Greuel und ihre unmenschliche Brutalität hinterlassen haben. Aber er resigniert nicht. Er sucht nach einem Ausweg aus dieser heillosen Misere und glaubt ihn, mit den anderen Aufklärern in der *Vernunft* gefunden zu haben. Man müsse den Menschen nur aufklären, die Philosophen regieren lassen und man fände Lösungen für das unentrinnbare Chaos, in das die Herrschenden die Menschen gestürzt haben. Seine Ideen und die vieler anderer bereiteten den Boden vor, auf dem jene breite Basis gefunden werden konnte, von der aus die Erhebung gegen die Tyrannen losbrechen mußte. Die Französische Revolution setzte diese Ideen blutig um. Voltaire war zehn Jahre zuvor schon gestorben, ebenso war es Montesquieu und Rousseau nicht mehr vergönnt, diese Erhebung, die den französischen Adel über Nacht aus seinen Schlössern fegte, zu erleben.

Im 17. Jahrhundert wurden die Kenntnisse der Naturwissenschaften (unter Einbezug des heliozentrischen Systems) vor allem in Mathematik und Physik weitergetrieben und in die Philosophie eingebracht. Liest man *Leibniz, Spinoza* oder *Pascal*, dann hat man den Eindruck, daß ihre Fragen und Antworten recht eindeutig und sehr präzis erscheinen. Der Zweifel an der Erkenntnis wird genau benannt und bleibt nicht dem Allgemeinen verhaftet. „Das 17. Jahrhundert sucht im Stil die ernste Würde, den mit strenger Sorgfalt gebauten Satz, den treffenden Ausdruck", schreibt Bernhard Groethuysen und fährt fort: „Von mehreren möglichen Ausdrücken kann nur einer unsere Gedanken wiedergeben. Jeder andere ist daneben unzureichend und kann einen denkenden Menschen nicht befriedigen... Dem 17. Jahrhundert mißfällt der ungenaue Ausdruck, der seiner selbst nicht sicher ist, ihm mißfällt der mangelnde Ernst, der sich darin zeigt, daß man sich eines Wortes bedient, das nicht zwingend ist und genausogut durch ein anderes ersetzt werden könnte. Ein Stil ohne geistige Würde verrät Schwäche, mangelnden Ernst, Unsicherheit. Das 18. Jahrhundert denkt anders. Man liebt jetzt die Feinheiten, die Differenziertheit des Ausdrucks, die Feinheiten, die darin bestehen, vieles nur ahnen zu lassen, ohne es zu sagen... Das 17. Jahrhundert strebte nach einer festen Struktur, einer logischen Verknüpfung der Gedanken, die auf der Objektivität eines Systems außerhalb der Zeit beruht, ganz im Gegensatz zu einer möglichen Gedankenfolge, die durch die Zeit, den Zufall und die Subjektivität des Geistes bestimmt ist. Das 18. Jahrhundert bestreitet allerdings nicht, daß unsere Gedanken einer logischen Struktur bedürfen, aber diese Struktur muß verborgen bleiben und darf nie spürbar werden. Im 18. Jahrhundert liebt man das geistreiche Denken; es ist... bald ein Vergleichen, eine feine Anspielung... Mit anderen Worten: es beruht auf feinsten Beziehungen zwischen Gedanken, die zunächst wenig gemeinsam haben, es ist eine Annäherung von einander entfernten Dingen, und auch eine Trennung dessen, was zusammengehörig scheint." (B. Groethuysen, 1989, S. 20/21)

Diese Beschreibung der Unterschiede im 17. und 18. Jahrhundert kann man analog auf alle Lebensgebiete übertragen, auch auf jene der Lebensanschauung und des philosophischen Denkens. Es ist überflüssig zu erwähnen, daß mit den Begriffen „17. bzw. 18. Jahrhundert" nicht das präzise Kalendarium des jeweiligen Säkulums gemeint ist, sondern, wenn man so will, der dominierende Zeitgeist und der vorherrschende Stil und die Lebensanschauung des entsprechenden Jahrhunderts. Nichts verkörpert die Unterschiede dieser Zeiträume so sehr wie Haltungen und jeweiliger Stil eines Hugo Grotius (1583–1645), eines Thomas Hobbes (1588–1679), eines Gottfried Wilhelm Leibniz (1648–1716), eines John Locke (1632–1704) auf der einen Seite und eines Jean Jacques

Rousseau (1712–1778), eines Antoine de Condorcet (1743–1794), eines Voltaire (1694–1779) und eines Montesquieu (1689–1755) auf der anderen Seite.

Hatten wir bisher die Verhältnisse in Frankreich besonders ausgeleuchtet, so müssen wir uns bei der Suche nach der Entstehung der „Gesellschaft" auch in anderen europäischen Ländern umsehen, d.h. in England, den Niederlanden und Deutschland des 17. und 18. Jahrhunderts. Immerhin traten in England genau 100 Jahre vor der Französischen Revolution, nämlich im Januar 1689, die Bill of Rights sowie die Toleranzakte in Kraft, die die Revolution und ihre Unruhen (beginnend 1640) abschlossen. Die sogenannte „Glorious Revolution" wurde 1688 beendet, damit die Cromwell-Zeit und ihre folgenden politischen und sozialen Erdbeben überwunden, und mit Wilhelm III. von Oranien trat ein König seine Herrschaft an, die sich auf Regeln stützte, die sowohl mit dem Hochadel, den „Baronen" und den Bürgern ausgehandelt worden waren.

Diese Revolution von 1688 griff auf die *Magna Charta* von 1215 zurück, in der Johann I. Ohne Land dem feudalistischen Adel entgegenkommen mußte, wobei „die Magna Charta ursprünglich kein Dokument des bürgerlichen Fortschritts, sondern einer feudalistischen Reaktion gegen das zentralisierende Königtum war." (König, a.a.O., S. 42) Während in Deutschland der Dreißigjährige Krieg (1618–1648) wütete und das gesamte 17. Jahrhundert (und darüber hinaus) mit dem damit verbundenen Leid, der Zerstörung und dem unaufhörlichen Morden in seinen Bann schlug und fast den gesamten europäischen Kontinent mit einbezog, ging es beim englischen Bürgerkrieg des 17. Jahrhunderts um die Durchsetzung des Parlamentarismus, d.h. um das Mitspracherecht. Die verhängnisvolle Entscheidung des sogenannten Augsburger Religionsfriedens (1555), nach der die Untertanen die Religion annehmen mußten, der der jeweilige Herrscher anhing („cuius regio eius religio"), führte mit zu dem grausamen Religionskrieg, der 30 Jahre dauerte. Es ist in der Tat ein gewaltiger Unterschied, wenn man die deutsche und englische Geschichte des 17. Jahrhunderts vergleicht: auf der *deutschen* Seite die völlige Abwesenheit von essentiellen Fortschrittsaktivitäten, die in die Moderne weisen, dagegen brutalste Kriege um die kontinentale Vormachtstellung der Herrscherhäuser in religiösem Gewand, die alle möglichen Errungenschaften durch die Reformation gnadenlos hinwegwischten und zurück ins „finstere Mittelalter" verwiesen; auf der *engli-*

schen Seite dagegen das traditionsgeleitete und zähe Unterfangen, den schon im 13. Jahrhundert eingeleiteten Prozeß der Zurückdämmung des absoluten Königswillens zugunsten der Untertanen (Magna Charta) und den in der „Bill of Rights" verbrieften Minimalanfängen zur Durchsetzung eines geregelten Miteinanders zwischen Herrscher und Beherrschten. Wenn auch England nach außen zur dominierenden Weltmacht heranwuchs (1588 Sieg über die spanische Armada, 1664–1667 Krieg gegen die Niederlande, Inbesitznahme Neuhollands in Amerika, Neu-Amsterdam wurde New York, Ausdehnung des kolonialen Besitzes), indem ihm jedes Mittel recht war, seine Weltmachtabsichten durchzusetzen, so regulierte es doch im Innern seine sozialen Konflikte stetig und unaufhaltsam. Die jeweilige Verfaßtheit stimmte oft nicht mit der Wirklichkeit überein, aber der Rahmen der Regeln war geschmiedet, in dem sich Krone und Untertanen bewegen konnten – vor allem waren die Regelverletzungen *einklagbar*. Dieser Geist war in Deutschland zu jener Zeit nicht vorzufinden.

Nun darf man sich nicht vorstellen, daß durch die siegreich beendete „Glorious Revolution" und durch die gewonnene *Bill of Rights* der Parlamentarismus sich in England schlagartig durchgesetzt habe. Um dieses Ziel zu erreichen, gab es noch viele Kämpfe, sie dauerten bis ins 19. Jahrhundert. Es war aber der lange Atem der Tradition, der ins Ziel führte, und dieser Weg war schon längst eingeschlagen, als in Frankreich noch der Absolutismus seine Blütezeit erlebte und Deutschland sich in religiösen Wahnsinnskriegen verblutete. Es muß in diesem Zusammenhang noch auf eine Besonderheit des englischen Denkens hingewiesen werden: die Idee der Gewaltenteilung. John Locke (1632–1704), der liberale Denker, hatte schon vor Montesquieu (1689–1755) die Gewaltenteilung in die Diskussion gebracht und damit nicht nur das Denken von David Hume (1711–1776), von Immanuel Kant (1724–1804) und von Voltaire (1694–1779) beeinflußt, sondern auch die Verfasser der amerikanischen Unabhängigkeitserklärung von 1776 und die der Menschenrechtserklärung der Französischen Revolution von 1789.

Die *Niederlande*, die sich bereits im 16. Jahrhundert gegen die sie unterjochenden Spanier erhoben hatten, erhielten ihre endgültige Unabhängigkeit erst mit dem Westfälischen Frieden (1648) nach dem Dreißigjährigen Krieg. Daß sich die Reichsgewalt und auch der Druck der „hohen Geistlichkeit" nicht so stark „an den entlegenen Küsten der Nordsee. . . ausgewirkt (hat) wie im zentralen Europa", darauf hat bereits R. König hingewiesen (R. König, 1987, S. 39). Ebenso verweist er auch auf die „völlig untheoretische Diesseitigkeit" der niederländischen Freiheitsbewegung, die „sich jenseits von Kaiser und Papst einen eigenen Lebensraum auszubauen" vermochte (S.39/40). Die Zugehörigkeit der Holländer zum Heiligen Römischen Reich von Karl V. und Philipp II. wurde geprägt durch die harte spanische Besatzung, die alle Bestrebungen zur Abschüttelung dieses Jochs blutig niederschlug. Am schlimmsten wütete 1567/68 der von Philipp II. entsandte Herzog Alba, der sich durch zahlreiche Hinrichtungen (u.a. Egmont) grausamen Respekt verschaffte. Die nördlichen Provinzen (Holland, Zeeland, Geldern, Utrecht, Groningen, Friesland und Overijssel) schlossen sich in der Utrechter Union zur Republik der Vereinigten Niederlande zusammen und sagten sich 1581 endgültig von den Habsburgern, in diesem Fall von Spanien, los. Diese „nördlichen Provinzen" der Niederlande sind vom Gebiet her (bis auf wenige Ausnahmen) fast identisch mit dem Staatsgebiet des heutigen Holland.

Die Freiheitsbestrebungen der Niederländer hatten einige eigentümliche und auch charakteristische Färbungen. Der Calvinismus, der etwa ab 1540 in den Niederlanden sich neben dem Katholizismus als Religion ausbreitete, unterstützte ideologisch die in allen Städten dominierende Kaufmannschaft recht tatkräftig. Das Freiheitsideal der mittelalterlichen Städte in den Niederlanden war geprägt von Wirtschaft und Handel, die die *Kaufleute* betrieben. Dieses Freiheitsideal wurde nicht vom *"Volk"* mitbestimmt, und hatte auch wenig mit der modernen Freiheitsbewegung gemein. Sie war, wie auch der Aufstand gegen die Spanier, „von einem intensiv konservativen Geist, der nicht die nationale Befreiung, wohl aber das Eindringen absolutistischer und zentralistischer Ideen als die eigentliche Neuerung ansah, gegen die man sich zur Wehr setzte." (a.a.O., S.39/40)

Wenn *König* meint, daß seit 1648, d.h. seit der endgültigen Unabhängigkeit, „die Niederlande ein Asyl allen freiheitlichen Denkens" (S. 38/39) wurde, so kann ich dem nicht zustimmen. Das Freiheitsideal in den damaligen Niederlanden war, wie gesagt, das Freiheitsideal einer bestimmten Kaufmannschaft, die sich ihre eigenen Gesetze schuf, auch jene, die die Haltung dessen ausdrückten, was mit „Freiheit" gemeint ist. Es war die Freiheit der mittelalterlichen Städter, der Kaufleute, der Händler und Seefahrer, die über alle religiösen und andere Freiheiten richteten. Die Ostindische Kompanie, die die Holländer 1602 gründeten und mit der sie sich später auf den Inseln Indonesiens, vor allem auf den Molukken, ihre Reichtumsquellen sicherten, zeigt die deutliche Orientierung auf die absolute Herrschaft des Weißen Mannes. Auf die menschenverachtende Brutalität, mit der man auf den Sundainseln, auf Banda und Ceram (noch 1912) gegen die dort lebenden Menschen vorging, um nicht nur das Muskatmonopol zu verteidigen, weisen alle Aktenberge hin, die in den Archiven von Amsterdam, Den Haag und Rotterdam ruhen. Daß man mit solch unerhörter Grausamkeit gegen die eingeborene Bevölkerung vorging, hatte auch etwas mit der allgemeinen Einstellung zu tun, mit der man Menschen begegnete und wie man sie in einen Rechtskodex einordnete. Dies taten zwar alle europäischen Kolonialmächte, nicht zuletzt auch England. Nur – und darauf kommt es hier an – hatte die englische Geschichte bereits eine Magna Charta, aus der sich, wie wir gesehen haben, ein Denken entwickelt hatte, das sich viel weltläufiger und weltoffener präsentierte. Es war nicht die Absicht der Bill of Rights und der späteren Regelungen, die zur Bildung des englischen Staates *durch* die Gesellschaft führten, d.h. zur parlamentarischen Kontrolle des Königs, die erworbenen Rechte nur einer *bestimmten* Gruppe innerhalb des Volkes zuzusprechen, sondern alles zielte auf die *allgemeinen* Bürger- und Menschenrechte, wenn man diesen Begriff auch nicht kodifizierte. Mir scheint, daß diese Elemente in der geschilderten niederländischen Freiheitsbewegung nicht zu erkennen sind.

Kehren wir zu den Staatsphilosophen zurück. *Descartes* hatte auf das europäische Staatsdenken nie unmittelbar Einfluß ausgeübt, aber sein System der Welt- und Naturerklärung wurde für die meisten der nachfolgenden Gelehrten der Denkrahmen, und damit wurden Descartes' Lehren die *mittelbare* Lebenserklärung und -ansicht, auf die sie sich stützten. Dagegen fundierte Descartes' (1596–1650) Zeitgenosse *Hugo Grotius* (1583–1645) seine naturrechtlichen Anschauungen mit den Vorschlägen der *rechtlichen* und *vertraglichen* Absicherungen. Seine völkerrechtlichen Begründungen hielt er in seinem 1625 erschienenen Werk „De iure belli ac pacis" fest. Wenn er auch nicht so weit ging wie sein „Gegenspieler" *Johann Althusius* (1557–1638), so war doch die naturrechtliche Grundlage eine tragbare Ausgangsbasis für die Lehren des *Samuel Freiherrn von Pufendorf* (1632–1694), der übrigens 1661 den ersten Lehrstuhl in Deutschland für Natur- und Völkerrecht in Heidelberg erhielt. Allgemein kann man sagen, daß das schon von Thomas von Aquin vertretene Naturrecht bei Grotius, Althusius und Pufendorf jene „vernunftsnotwendige" Wende erhielt, von der sowohl die amerikanische Unabhängigkeitsbewegung als auch die Französische Revolution zehrten und mit der sie ihre Deklarationen speisten. Das Recht des Lebens, der Freiheit und des Eigentums wird zum vernunftnotwendigen Essential des natürlichen Rechts. Die philosophische Begründung des Vernunftsrechts wurde in Pufendorfs Lehren hergeleitet vom Geselligkeitstrieb, der – wie Grotius zuvor schon lehrte – über den Gesellschaftsvertrag und über das Naturrecht zum Vernunftsrecht führt und dann auch ein Vernunftsrecht bleibt, *falls Gott nicht existiert.*

Zieht man die Verhältnisse in England mit heran, so kommt man nicht um *Thomas Hobbes* (1588–1679) herum, dessen Lebenszeit mit der Cromwell-Epoche, d.h. auch mit der Revolution, zusammenfällt. Seine tiefe Abscheu vor dem Chaos und vor der Anarchie wird in seinen beiden Werken „Behemoth" und „Leviathan" (vor allem in letzterem) überaus deutlich. Sein ganzes Denken wird geprägt von den Greueln des Bürgerkrieges und der anarchischen Zustände. Er floh 1640 vor der Revolution nach Frankreich und kehrte mit *Cromwell* wieder nach England zurück. Wie alle großen Staatsdenker dieser Zeit war auch er fasziniert von den naturwissenschaftlichen Erkenntnissen und von der Philosophie Descartes'. Seine Staatslehre baute er auf dem exakten naturwissenschaftlichen Weltbild auf. Dabei spielte Vernunft die große Rolle. Hobbes wollte, daß die Untertanen der Krone alle ihre Rechte dem Souverän zu übertragen haben, der diese in einem „Staatsvertrag" wahrnimmt.

Es ist sicherlich nicht zu vereinfachend, wenn man – um einen systematisierten Überblick über die Denkströmungen dieser Zeit zu erhalten – versucht zu unterscheiden:
a) Wir haben es mit Denkern und Staatstheoretikern zu tun, die Systeme für und zugunsten des *Absolutismus* prägten und solchen, die den Volkswillen, d.h. die *Gesellschaft* verteidigten und das *Recht auf Freiheit* für die Untertanen durchsetzen wollten.
b) In den europäischen Staaten verliefen die historischen Akte der Durchsetzung des *Gesellschaftswillens* völlig *verschieden.*

Während in den Niederlanden der Kampf um die Freiheit eigentlich zur Freiheit des mittelalterlichen und mittelständischen Stadtbewohners (und nicht des Bürgers im französischen Sinn) wurde, erlebte England eine lange, sich stetig auf Traditionen stützende Periode des ständigen, wenn auch minimalen Abbaus der Vorrechte, der in der Revolution und der Cromwellzeit etwas schneller verlief.

Die englische Revolution war viel „leiser" als die französische von 1789. Außerdem erschien sie auch pragmatischer und nicht so sehr mit Theorien belastet, wie die französische. Die gleiche Feststellung muß man auch für die *Freiheitsidee* treffen, die in England ebenfalls „leiser" und fast selbstverständlich eingebracht wurde. Das Diesseitigkeitsdenken hatte auch hier sich durchgesetzt. Die persönliche Freiheit, die sich aus den religiösen Freiheitsbestrebungen entwickelte, stimulierte das Bestreben zur Verselbständigung der Gesellschaft – und umgekehrt. Diese Emanzipation beinhaltete auch das sogenannte Widerstandsrecht, das, wie wir gezeigt haben, aus dem Naturrecht abgeleitet wurde.

So haben wir es bei Grotius zwar mit einem Denken zu tun, das den *Vertrag* zur Grundlage der Vereinbarung zwischen Krone und Untertanen macht. Aber *Grotius* konnte sich noch nicht zum Widerstandsrecht bekennen. Dieses Bekenntnis finden wir dagegen bei *Althusius*, von dem aus quasi Einflüsse über *Locke* und *Pufendorf* bis zu *Rousseau* und seinem „Contrat social" nachgewiesen sind. Auf der „anderen" Seite finden wir *Bodin* (1530–1596) und *Thomas Hobbes*, der noch stärker als Bodin dem Souverän das absolute Herrschaftsrecht argumentativ zuordnet. Wesentlich sind in dem behandelten Zeitraum vor allem folgende Punkte hervorzuheben:

1. Aus dem Naturrecht wird ein „Vernunftsrecht" entwickelt.
2. Die Diesseitigkeit nach dem Verlust des unbewiesenen Jenseits wird sowohl pragmatisch als auch theoretisch abgesichert.
3. Die Gesellschaft versucht, ihre Freiheitsrechte (Widerstandsrecht) *vertraglich* abzusichern.
4. Der zukünftige Staat, so die Diskussion, sollte so konstruiert sein, daß seine Macht *kontrollierbar* bleibt.

Faßt man auf diese einfache Art die wesentlichen Ergebnisse der jahrhundertlangen Kämpfe, um einen erträglichen Freiheitsraum für den Menschen zu schaffen, kompakt zusammen, so erhält man eine Vorstellung von den unglaublichen und riesigen Opfern, die immerfort gebracht wurden, um das zu erreichen, was wir mit den Begriffen „Freiheit" und „Menschenrechte" umschreiben. Und dennoch: heute, am Ende des 20. Jahrhunderts, befinden wir uns noch immer mitten in der Barbarei, wenn wir an Ruanda, Somalia, Angola und viele andere Staaten Afrikas denken, wenn wir die Verhältnisse im ehemaligen Jugoslawien betrachten wie auch die in China, Afghanistan, Haiti und einer Reihe von Ländern in den verschiedensten Regionen dieser Erde. Das bedeutet, daß wir immer noch nicht am Ziel des Weges angekommen sind, der mit der Französischen Revolution eingeschlagen worden ist.

Diese Revolution, die an ihrer Hybris und letztlich an der Perversion ihres Freiheitsverlangens gescheitert ist, die in die bonapartische Diktatur mündete und einen gewaltigen Scherbenhaufen ihrer idealistischen Theorien hinterlassen hat, setzte geistgeschichtliche Kräfte in Bewegung, die auch heute noch unsere europäisch-amerikanische Zivilisation bestimmen. Um diese Kräfte zu verstehen, müssen wir uns mit den Gedanken dreier Männer beschäftigen, ohne deren Einflüsse unsere moderne Zivilisation nicht denkbar wäre. Diese drei Männer sind *Montesquieu, Voltaire* und *Rousseau*. Der älteste dieser drei, *Montesquieu*, wurde genau hundert Jahre vor der Französischen Revolution geboren. Das Werk, auf das wir uns stützen müssen, heißt „De L'Esprit des Loix", verfaßt 1731 und 1748 in Genf veröffentlicht. In der deutschen Übersetzung heißt der lange Titel des Buches: „Vom Geist der Gesetze oder über den Bezug, den die Gesetze zum Aufbau jeder Regierung, zu den Sitten, dem Klima, der Religion, dem Handel etc. haben müssen, wozu der Autor noch neue Untersuchungen über die römische Erbfolgegesetze, über die französischen Gesetze und über die Feudalgesetze gefügt hat".

Dieser Autor, der 1689 als *Charles-Louis de Secondat* auf Schloß La Brède bei Bordeaux zur Welt kam und sich ab 1716 *de Montesquieu* nannte, intonierte mit dem „Geist der Gesetze" eine Sichtweise, die noch heute repräsentativ ist. Natürlich hat die über zwanzig Jahre dauernde Arbeit an dem Werk dieses ständig in seinem Inhalt verändert. Im Grunde hat Montesquieu das Manuskript von „Geist der Gesetze" nie zu Ende geschrieben und nur zum Druck freigegeben, weil er endlich einen äußeren Schlußpunkt setzen wollte.

Um die große Bedeutung von Montesquieus Denken für unser

Thema darstellen zu können, müssen wir Montesquieus, Voltaires und Rousseaus Wirken in einem bestimmten Zusammenhang sehen. Montesquieu deutet die Welt naturwissenschaftlich-philosophisch, aber in einem steten Austausch mit *empirischen* Erkenntnissen. Die *Kultur* ist bei ihm nicht total von der *Natur* geschieden, sondern ein Integrat dieser Natur. Im Gegensatz zu Montesquieu ist für Rousseau die Natur ein Urzustand, der von der Kultur auch gestört wird. Montesquieu beleuchtet und beschreibt die Vielfalt der menschlichen Möglichkeiten und die vom Menschen hervorgebrachten und sich ständig prozessual entwickelnden Organismen quasi als Fallstudien: Das Zusammenleben der Menschen ist für ihn mehr oder weniger gut geregelt durch Übereinkünfte, Verträge und Gesetze. Diese Gesetze in ihrer Bedeutung zu erkennen und ihren *Geist* zu erfassen, gehört bei ihm zur wichtigsten Methode, um unsere *gesamte* Welt durchdringen zu können.

Für *Voltaire* dagegen sind die menschlichen Gesetze willkürliche Schöpfungen, zufällige Ordnungsstrukturen mächtiger Persönlichkeiten, die damit die Untertanen reglementieren. „Die Gesetze sind nachträglich entstanden", schreibt Voltaire am 20. Juli 1770 an die russische Kaiserin Katharina II., „nach der Art, wie man ein leckes Schiff abdichtet; sie sind zahllos, weil sie immer neuen Bedürfnissen angepaßt wurden; sie widersprechen sich, weil diese Bedürfnisse sich immer wieder änderten; sie sind sehr schlecht abgefaßt, weil sie immer von Pedanten unter barbarischen Regierungen niedergeschrieben wurden."

Für Voltaire gibt es *ein* feststehendes „Gesetz": der allem übergeordnete Wert der *Moral*. Die Welt ist für den Philosophen Voltaire eine einzige Absurdität oder mit seinen eigenen Worten: „ein Chaos von Absurditäten und Greueln", wie er im April 1773 an d'Alembert schreibt. Diese Welt besteht für Voltaire nur aus Revolutionen, Kriegen, Morden, Verbrechen, Aberglauben, Betrug, Massakern und den sich in immer neuen Farben darbietenden Früchten menschlicher Leidenschaften. Das Christentum, das er immer stärker und unerbittlicher angreift, je älter er wird, macht er für das Fürchterliche dieser Welt verantwortlich. Friedrich dem Großen von Preußen schreibt er (am 5. Juli 1767): „Seit siebzehnhundert Jahren hat die christliche Sekte nur Böses getan." Immer mehr Ursachen für das menschliche Leid lastet er den „Pfaffen" und theologischen Lehrern an. Für alles Unglück macht er die fehlende *Vernunft* verantwortlich. Damit taucht das Schlüsselwort der Aufklärer auf: *Vernunft*.

Mit dem Einsatz der Vernunft, so die Überzeugung Voltaires, könne man alle Unbill aus dieser Welt schaffen. Nichts entgeht seiner Kritik, und auf allen Feldern der Wissenschaft, der Politik und des öffentlichen Lebens setzt er seinen kritischen Verstand ein. Dabei isoliert er sich immer mehr und wird immer einsamer. Gleichzeitig aber gestaltet er seine Ansichten kompromißloser und leidenschaftlicher. Er schreibt engagierte Briefe an die Enzyklopädisten, vor allem an *d'Alembert*, um sie für das Heraufkommen und die Schaffung eines „Reiches der Vernunft" zu gewinnen. Dieses Engagement für das „Reich der Philosophen" resultiert aus seinem tiefen Pessimismus gegenüber der Geschichte, die für ihn gleichfalls nur eine Ansammlung von grausamen Absurditäten ist. Allein die Tatsache, daß in Frankreich 20 Millionen Menschen mit ihrer Hände Arbeit ihren Lebensunterhalt verdienen müssen, während etwa 200.000 Adelige, Kirchenmänner, Administrateure und Günstlinge des Hofes auf Kosten des arbeitenden Volkes ihrem schmarotzerhaften Dasein in Luxus frönen und außerdem auch noch das „Volk" verächtlich dem „dritten Stand" zuweisen, ist für Voltaire eine unglaubliche Absurdität, die letztlich und zukünftig nur mit *Vernunft* aus der Welt geschafft werden kann. Insofern mündet sein Pessimismus in den Glauben an eine bessere Zukunft. Die „Aufklärung" des Volkes, die Aufforderung, die Vernunft zu gebrauchen und vor allem den Gebrauch dieser Vernunft zu erlernen, war für Voltaire ein leidenschaftliches Anliegen. Hinter all seiner Ironie und dem kritischen Zynismus, mit dem er sich in seinen Schriften äußerte, standen seine leidenschaftlichen *Plädoyers für die Vernunft*, die ein Leben in Freiheit garantieren sollte.

Montesquieu, für den die Vernunft eine selbstverständliche Voraussetzung menschlicher Zivilisation ist, hat mit *Voltaire* wenig gemein, bildet aber mit seinem Denken und seinem Werk eine Basis, von der aus man das Denken, das zur Französischen Revolution führt, verfolgen kann. *Voltaires* Denken stellt gleichsam, wie wir später sehen werden, eine weitere Variante, quasi eine andere Seite dieser „Medaille" des Denkens Montesquieus dar.

An Hand der Gesetze der verschiedensten Völker und Nationen analysiert Montesquieu den Kern und den „Geist" dieser Gesetze und versucht, diesen „Geist" herauszuarbeiten. Im 1. Buch, im 1. Kapitel von „Geist der Gesetze" heißt es: „In ihrer weitesten Bedeutung sind Gesetze die notwendigsten Bezüge, wie sie sich aus der Natur der Dinge ergeben. In diesem Sinne haben alle Wesenheiten ihre Gesetze. Die Gottheit hat ihre Gesetze, die materielle Welt hat ihre Gesetze, die über den Menschen stehenden Intelligenzen haben ihre Gesetze, die Tiere haben ihre Gesetze, der Mensch hat seine Gesetze. Alle, die gesagt haben, eine blinde Notwendigkeit habe alle in der Welt sichtbaren Wirkungen geschaffen, haben einen großen Widersinn behauptet. Was wäre denn ein größerer Widersinn als eine blinde Notwendigkeit, die intelligente Wesen geschaffen haben würde? *Mithin steht eine Vernunft am Anfang.* Die Gesetze sind die Bezüge, die sich zwischen ihr und den unterschiedlichen Wesen finden, sowie die Bezüge dieser verschiedenen Wesen zueinander. Gott steht zum Weltall in Bezug als Schöpfer und als Erhalter. Er erhält es auch nach den Gesetzen, nach denen er es geschaffen hat. Er hat sie geschaffen, weil sie in Bezug zu seiner Weisheit und Macht stehen. Da wir sehen, daß die durch die Bewegung der Materie geformte und eigener Vernunft beraubte Welt immer währt, müssen ihre Bewegungen unwandelbaren Gesetzen gehorchen. Könnte man sich eine andere Welt als diese vorstellen, so würde sie konstante Regeln besitzen oder untergehen. Die Schöpfung setzt also, so sehr sie als ein Akt freier Wahl erscheint, Regeln voraus, die nicht minder unwandelbar sind als das Fatum der Atheisten. Daß der Schöpfer die Welt ohne diese Regeln zu regieren vermöchte, wäre eine widersinnige Behauptung, weil die Welt ohne sie nicht fortbestehen könnte."

Wenn Montesquieu von Gott spricht, den er „zum Weltall in Bezug als Schöpfer und als Erhalter" stellt, dann müssen wir dabei einen kleinen Augenblick verweilen. In seinem ganzen Werk finden wir bei Montesquieu keine Bestimmung Gottes. Ein Kommentator des Werkes „Vom Geist der Gesetze", Kurt Weigand, schreibt: „Es gibt (bei Montesquieu, W.N.) ein Sinnzentrum. Aber er leugnet eine Identifikation dieses Sinnzentrums mit Gott, denn er verwahrt sich in seiner ‚Verteidigung' gegen jeden Spinozismus. Beschwört er den Deisten-Gott, der nur eine oberste Ursache personifiziert? Aber er trägt ja Gott in die Welt hinein, statt ihn herauszukomplimentieren. Er versichert ausdrücklich, er sei kein Deist. *Er läßt Gott unbestimmt.* Es genügt, daß die kosmische Sinnhaftigkeit den Sinn in den Gesetzen verbürgt. Er lobt allerorten die *Stoa* und philosophiert mit *Leibniz,* ohne ihn zu kennen. Er schreibt weder als Christ noch als Atheist. Er billigt die

270

Natur, aber er entgeistet sie nicht." (Montesquieu, 1965, S. 12, Hervorhebungen von mir, W.N.) Er „entgeistet" sie nicht wie *Rousseau*, ist man versucht hinzuzufügen.

Montesquieu sieht – im Gegensatz zu Voltaire – in den Gesetzen eine *sinnvolle* Bezogenheit, die zwischen den Gruppen und Segmenten einer menschlichen Gemeinschaft vitale und notwendige Verbindungen herstellen. Er untersucht ihre Eigenheiten und ihre ganz individuell auf ein soziales Gebilde oder Staat zugeschnittene Form und, je nach Nation, deren durch die jeweiligen Bedürfnisse eingebrachten Inhalte. Liest man Montesquieu „Geist der Gesetze" aufmerksam, so findet man nicht nur im Text selbst, sondern „hinter den Worten" eine Methode und ein Verhalten, das man aus der heutigen *empirischen Soziologie* kennt. Doch verfällt Montesquieu nicht einem simplen Empirismus, sondern indem er auf den jeweiligen „Geist" der landeseigenen Gesetze (die sich nach Rasse, Verfassung, Staatsform, Klima, Wirtschaft etc. richten) abhebt, bindet er seine „Fallstudien" in ein Untersuchungs-Netz ein, in dem keine Transzendenz vorkommt, das aber zusammengehalten wird von einem übergeordneten Leitgedanken: der Durchdringung der menschlichen *Vielfalt* in einer sozialen Welt. Ihm geht es nicht um die Festbindung des „Geistes" seiner erkundeten Gesetze in einem Glaubens- oder in einem philosophischen Systemkonstrukt oder gar um die Erklärung eines „Welt-Sinns".

Hier schon kann man die gravierenden Unterschiede zwischen den Auffassungen Montesquieus und Rousseaus deutlich erkennen. Bei Voltaire tauchen die Wirklichkeiten der Geschichte und des Heute als Absurditäten, als Chaos und nicht als geordnetes Geschehen auf. Dies darf man aber bei Voltaire nicht im Sinn von „unheilbares Chaos" beurteilen, sonst hätte er nicht jenes leidenschaftliche Engagement gezeigt, das ihn glauben läßt, daß diese Welt durch *vernünftiges* Handeln „gerettet" werden könne. Wir sagten schon, daß es für ihn *ein* Gesetz, ein sozusagen „Obergesetz" gibt, nämlich jenes der *Ethik*. So meint auch Groethuysen: „Für Voltaire schafft also der ethische Wert die *Einheit* in der Vielfalt der Einzeltatsachen, die von der Geistesgeschichte beigebracht werden. Er tritt überall und in jedem einzelnen in Erscheinung als ein Element von objektiver Gültigkeit. In jedem von uns ist das gleiche Prinzip wirksam, ein Naturgesetz, das die Direktiven setzt für unser Handeln, und die Aufgabe des Menschen im Weltganzen bestimmt. Und hier zeigt sich am deutlichsten der

Unterschied zwischen Voltaire und Montesquieu." (R. Groethuysen, 1989, S. 55)

Die Betrachtungsweisen Montesquieus und Voltaires sind auch
auf Grund ihrer Bewertung der Geschichte zu unterscheiden.
Montesquieu hat keinen feststehenden Wertmaßstab oder ein
übergeordnetes Weltkriterium, an denen er die einzelnen Ereignisse oder Epochen mißt, für ihn sind die Geschehnisse „Fälle",
Einzelereignisse, die jedes für sich betrachtet werden müssen.
Voltaire dagegen ordnet die Ereignisse in seinen übergeordneten
Werte-Rahmen ein und kommt dadurch, daß nichts in der Historie diesem Rahmen entspricht, zu dem vernichtenden Urteil, daß
alles bisherige Menschen-Geschehen absurd sei. Für ihn ist die
Betrachtung der Geschichte allein der pessimistischen Weltsicht
verhaftet, wie schon geschildert: die Geschichte als Ansammlung
von Absurditäten. Sie zu beenden – dafür sind die Aufklärer angetreten; in allererster Linie Voltaire.

Im Jahre 1762 erschienen in Paris zwei Bücher, die bis ins 20.
Jahrhundert hinein ihre Wirkung ausstrahlen sollten: die Werke
„Contrat social" („Der Gesellschaftsvertrag oder Die Grundsätze
des Staatsrechts", wie der Titel im Deutschen heißt) und „Émile";
beide verfaßt von *Jean-Jacques Rousseau.* Jedes der beiden Bücher
wird im jeweils ersten Satz wie durch einen markanten Glocken-
schlag eingeläutet: „Der Mensch ist frei geboren und überall liegt
er in Ketten." Damit beginnt der „Contrat social". „Émile" fängt
mit der Feststellung an: „Alles ist gut, wie es aus den Händen des
Urhebers aller Dinge hervorgeht, alles entartet unter den Händen
der Menschen." Beide Sätze sind Programme: der im „Contrat social" für den Aufbau des *Staates,* der im „Émile" für den Aufbau
und die Erziehung des *Menschen.* Beide Werke zielen auf die Gewinnung eines individuellen und gesellschaftlichen humanen Lebens. Geht es in dem einen („Émile") um die Erziehung des Einzelnen hin zu dieser postulierten Lebensform, so finden wir in dem
anderen Werk („Contrat social") die Grundlagen für das Daseins-
angebot einer lebenswerten menschlichen Gemeinschaft. Im
Grunde sollten in beiden Werken die jeweiligen Grundanliegen
(Erziehung des Individuums und Matrix einer freiheitlichen
Staatsordnung) berücksichtigt werden und sich einander gegenseitig bedingen. Es war der große Pädagoge *Pestalozzi*
(1746–1827), der die Kardinaldiskrepanz in dieser Verknüpfung
erkannte. Pestalozzi, zunächst ein glühender Verehrer Rousseaus, der sich aber bald von ihm abwandte, erkannte scharfsinnig,

daß Émile, die Hauptfigur des Werkes, der „Idealknabe", den Rousseau aus seinem sozialen Umfeld herausnimmt, eigentlich das schon ist, was er werden soll. Rousseau selbst hat diesen Fehler auch erkannt und ihn als solchen bezeichnet. Pestalozzi kommentiert enttäuscht das pädagogische Werk Rousseaus: „Die Umstände machen den Menschen, aber der Mensch macht die Umstände." In seiner Zivilisationsfeindlichkeit, die nur nach dem „Natürlichen" ruft (übrigens hat Rousseau nie die Forderung „Zurück zur Natur!" ausgesprochen), fordert Rousseau eine „natürliche" Erziehung, die schon beim Kleinkind einzusetzen habe, um die kleinkindlichen Instinkte zu fördern und zu entwickeln und sie nicht im Dienste einer „negativen Erziehung" abzutöten. Durch die althergebrachte Erziehung werde sich das Kind höchstens zu einem gedrillten Mitglied der jeweiligen Gesellschaft entwickeln. Diese kindlichen Instinkte müßten erforscht werden, damit man die Resultate der Forschung gezielt anwenden könne. In der Anwendung erreiche man dann erst die Ausfaltung der im Kinde angelegten Instinkte.

Diese Hinwendung zur „natürlichen" Pädagogik und die folgenden exemplarisch erzählten Lebensabschnitte des Musterknaben Émile bedeuteten eine Revolution auf dem Gebiet der Erziehung, die die Pädagogen des 19. Jahrhunderts geradezu enthusiastisch aufnahmen. Genau so enthusiastisch stürzten sich auch viele Anhänger der 68er Studentenrevolte in diesem Jahrhundert auf die Rezeption des noch nicht vergessenen „Émile", dessen Originaltext (wie auch die von Karl Marx) nur wenige gelesen haben dürften. Nichtsdestoweniger ist die Legende von Rousseaus „Émile" eines der revolutionären Stimuli dieser Generation gewesen, die in der *Erziehung* des Kindes die *erste Aufgabe* zum Umsturz der bestehenden Gesellschaft sahen, ehe man zum „Marsch durch die Institutionen" antrat. Die Überflutungen der Pädagogischen Hochschulen und Erziehungswissenschaftlichen Fakultäten mit derart engagierten zukünftigen Erziehern in den 70er und Anfang der 80er Jahre dieses Jahrhunderts in der Bundesrepublik, von denen letztlich viele nach dem Examen keine Anstellung fanden, ist die Frucht dieser Rousseauschen revolutionären Erziehungsintention, die über die Pädagogen des 19. Jahrhunderts, über die vielen experimentierfreudigen pädagogischen Schulen dieses Jahrhunderts und über die Melange psychoanalytischer und marxistischer Vorstellungen in die Universitäten der 70er Jahre transportiert wurden. Umsturz bestehender Verhältnisse durch „natürliche" Erziehung der Kinder, die zukünftig als „befreite Menschen" die „neue Gesellschaft" bilden sollen – so hieß die Parole. Der „befreite Mensch" sollte durch die freie Entwicklung und Forderung des Auslebens der Instinkte des Kindes geboren werden. In vielen bundesrepublikanischen Wohngemeinschaften der ideologisierten Pädagogikjünger der 70er Jahre wuchsen die Sprößlinge „antiautoritär" heran und konnten ihre Instinkte voll ausleben: in vielen Reportagen der Medien, die keineswegs gegen diese Auffassung gerichtet waren, sondern sie publizistisch unterstützten, erlebten wir die sich austobenden Kleinkinder, denen auch dann nicht Einhalt geboten wurde, wenn sie das Mobilar, das Geschirr und anderes zerschlugen oder gar mit dem eigenen Kot an den Wänden der Wohnstuben sich „künstlerisch" einübten.

In den Kernthesen seines „Contrat social", des „Gesellschaftsvertrags", lehnt Rousseau im Grunde die zwei *Essentials* einer funktionierenden freiheitlichen Demokratie ab: das repräsentative System, bei dem die Parlamentarier gewählt werden, und die Trennung der „drei Gewalten". Zurückblickend wissen wir, daß der Vertragsgedanke der wichtigste war, der bei einer Staatsverfassung darauf zielte, die Macht *einvernehmlich* zu regeln. Vor allem *Althusius* und *Grotius* leiteten dies, wie gezeigt, von ihrem neu definierten Naturrecht her. Im Gegensatz zu *Hobbes*, der „vertraglich" den Willen und die „Stimme" des Einzelnen an den Souverän abzutreten vorgeschlagen hatte, übertrug *Locke* die Stimme des Einzelnen an den Parlaments-Vertreter dieses besagten Einzelnen, der zusammen mit dem gesamten Parlament den Allgemeinwillen zu repräsentieren hatte. Um diese Macht aber nicht mißbrauchen zu können, wollte Locke die Macht der *Legislative* und die Macht der *Exekutive* absolut getrennt wissen. *Montesquieu* übernahm diesen grundlegenden Gedanken der *Gewaltentrennung* und vervollständigte ihn durch den Vorschlag, daß man der *Legislative* und *Exekutive* die Macht der Gerichtsbarkeit, der *Jurisdiktion*, hinzufügen müsse, zur heute noch gültigen Formel der Gewaltenteilung in einer parlamentarischen Demokratie.

Wie verhält sich nun das Rousseausche System dazu, das im „Gesellschaftsvertrag" entwickelt wird? Zunächst ist für ihn die Freiheit der wesentliche Teil der Menschenrechte und Menschenwürde. Dann erläutert er, daß die Menschen unfähig seien, „neue Kräfte" hervorzubringen, und deshalb eine „Vereinigung" von Kräften im Zusammenwirken suchten, um sich *gemeinsam* zu erhalten. Und so fragt Rousseau: „Wie findet man eine Gesellschaftsform, die mit der gemeinsamen Kraft die Person und das Vermögen jedes Gesellschaftsgliedes verteidigt und schützt und kraft deren jeder einzelne, obgleich er sich mit allen vereint, gleichwohl nur sich selbst gehorcht und so frei bleibt wie vorher?" Diese Frage beantwortet er damit, daß er den *Gesellschaftsvertrag* als Lösung anbietet. Diesen Gesellschaftsvertrag definiert Rousseau wie folgt: „Jeder von uns stellt gemeinschaftlich seine Person und seine ganze Kraft unter die oberste Leitung des allgemeinen Willens, und wir nehmen jedes Mitglied als untrennbaren Teil des Ganzen auf." (alle Zitate 1. Buch, 6. Kapitel)

Hier soll vertraglich das erreicht werden, was es bisher neben Staat und Kirche noch nicht gab: die *Gesellschaft*, die den *allgemeinen Willen* ausdrückt, den *volonté générale*. Wie aber wird dieser Allgemeinwille repräsentiert – oder soll er überhaupt repräsentiert werden? Zur Demokratie, das heißt zum Repräsentativsystem, hat Rousseau, um mich vorsichtig auszudrücken, ein eigenartiges Verhältnis. Er billigt sie im Grunde nur „einem sehr kleinen Staat" zu, „in dem das Volk leicht zu versammeln ist und jeder Bürger genügende Gelegenheit hat, alle anderen kennenzulernen." Diesen Gedanken aufgreifend, spottet Voltaire: „Es ist recht merkwürdig, daß der Verfasser des *Contrat social* auf den Gedanken verfällt, das ganze englische Volk müßte im Parlament sitzen und es höre auf, frei zu sein, wenn sein Recht darin bestehe, sich im Parlament von Abgeordneten vertreten zu lassen. Möchte er, daß drei Millionen Bürger nach Westminster kommen, um abzustimmen?" (Idées républicaines, XXIX.)

Rousseaus Drang nach dem „Natürlichen" läßt ihn immer wieder aus seiner Wirklichkeitsanalyse in den „ganz unpraktischen Traumsinn" (Pestalozzi) verfallen. Wenn auch nicht die theoretische Abwicklung des neuen Staatsgebildes, das ihm vorschwebt, Ziel seiner Anstrengung ist, sondern die *praktische Verwirklichung* von dessen Absichten, gerät er oft ins Undefinierte. So schreibt er (1. Buch, 6./7. Kapitel): „Die Gesellschaftsgenossen führen als Gesamtheit den Namen Volk und nennen sich einzeln als Teilhaber der höchsten Gewalt Staatsbürger und im Hinblick auf den Gehorsam, den sie den Staatsgesetzen schuldig sind, Untertanen. Aber diese Ausdrücke gehen oft ineinander über und werden miteinander verwechselt; es genügt, sie unterscheiden zu können, wenn sie in ihrer eigentlichen Bedeutung gebraucht werden. Aus jener Formel erkennt man, daß der Gesellschaftsvertrag eine gegenseitige Verpflichtung zwischen dem Gemeinwesen und den einzelnen in sich schließt, und daß sich jeder einzelne, da er gleichsam mit sich selbst einen Vertrag abschließt, doppelt verpflichtet sieht, und zwar als Glied des Staatsoberhauptes gegen die einzelnen und als Glied des Staates gegen das Staatsoberhaupt."

Wichtig bei diesen Überlegungen ist auch die Frage, wie Rousseau den Freiheitsraum des einzelnen in sein System einordnet. Er bringt aber nicht nur die Freiheit in dieses System ein, sondern damit auch die *Gleichheit*. Dazu heißt es (1. Buch, 8. Kapitel): „Der *Verlust*, den der Mensch durch den Gesellschaftsvertrag erleidet, besteht in dem Aufgeben seiner *natürlichen* Freiheit und des unbeschränkten Rechtes auf alles, was ihn reizt und erreichen kann. Sein *Gewissen* äußert sich in der *bürgerlichen* Freiheit und in dem Eigentumsrecht auf alles, was er besitzt. . .Nach dem Gesagten würde man noch zu den Vorteilen des Staatsbürgertums die *sittliche* Freiheit hinzufügen können, die allein den Menschen erst in Wahrheit zum Herrn über sich selbst macht; denn der *Trieb der bloßen Begierde ist Sklaverei*, und der Gehorsam gegen das Gesetz, das man sich selber verschrieben hat, ist *Freiheit*."

Dieses sind natürlich profunde und eherne Worte. Wie aber verhalten sie sich zu jener Aussage, die wir im Kapitel zuvor (7. Kapitel) lesen? Da heißt es, daß der Gesellschaftsvertrag die Verpflichtung enthalte, „daß jeder, der dem allgemeinen Willen den Gehorsam verweigert, von dem ganzen Körper dazu gezwungen werden soll; das hat keine andere Bedeutung, als daß man ihn *zwingen* werde, *frei zu sein*. Denn die persönliche Freiheit ist die Bedingung, die jedem Bürger dadurch, daß sie ihn dem Vaterlande einverleibt, Schutz gegen jede persönliche Abhängigkeit verleiht. . ." (Hervorhebungen von mir, W.N.)

Nicht nur an diesen, sondern auch an vielen anderen Stellen des „Contrat" zeigt sich die Zwiespältigkeit, die Rousseau beherrscht. Der volonté générale, der Gemeinwille, der nicht durch die Fesseln der Gewaltenteilung gebändigt ist, sowie die Repräsentanz der Regierung, die nicht gewählt werden soll, läßt aber auch ein System zu, das einer Diktatur ähnelt oder gar ist. In einem Rätesystem z.B. kann es so zugehen, wie im „Contrat" vorgesehen. Dazu paßt auch Rousseaus Haltung zur Gleichheit: „Bei der Untersuchung, worin denn eigentlich das höchste Wohl aller, das der Zweck eines jeden Systems der Gesetzgebung sein soll, be-

276

steht", heißt es im 2. Buch, 11. Kapitel, „wird man finden, daß es auf zwei Hauptgegenstände hinausläuft, Freiheit und Gleichheit. Freiheit, weil jede Abhängigkeit des einzelnen eine ebenso große Kraft dem Staatskörper entzieht, Gleichheit, weil die Freiheit ohne sie nicht bestehen kann... Weil der Lauf der Dinge stets auf die Zerstörung der Gleichheit ausgeht, deshalb muß gerade die Kraft der Gesetzgebung stets auf ihre Erhaltung ausgehen."

Zur *Freiheit* zwingen und die *Gleichheit* mit der Kraft des Gesetzgebung erhalten? Über zweihundert Jahre nach der Niederschrift dieses Konzepts durch Rousseau könnte man dem Autor natürlich kritisch, ja allzu kritisch, vorwerfen, er habe mit seinen „Contrat" auch die Grundlagen für die abscheulichen und blutrünstigen Diktaturen des 20. Jahrhunderts gelegt. Auf welche Weise dies geschehen könnte, ist vielfach zu belegen. Lassen wir dazu einen dieser Kritiker, Heinrich Weinstock, der die Einleitung zum „Gesellschaftsvertrag" in der weitverbreiteten Reclam-Ausgabe verfaßt hat, zu Wort kommen:

„Damit gehört der Träumer in die nicht abreißende Kette jener Schwärmer, die das Gottesreich verweltlichen wollen. Sie beginnt mit Joachim von Fiore und seiner Verkündigung des dritten Reiches des heiligen Geistes und führt über die Schwärmer und Wiedertäufer der Reformationszeit hin zu den nun gänzlich säkularisierten, rationalisierten, moralisierten Erwartungen von Schillers Staat der Freiheit, Hegels Reich der vollendeten Sittlichkeit, über Marxens klassenlose Gesellschaft in den Terror des Bolschewismus, über das dritte Reich Moellers van den Bruck zu Hitlers Diktatur... Der Menschenfreund Rousseau hätte sich mit Abscheu von der Schreckensherrschaft seines Jüngers Robespierre, von dem Faschismus wie von dem Bolschewismus abgewendet. Aber sein Wille, ‚die Menschen zur Freiheit zu zwingen', hat all diesen Tyrannen die Stichworte geliefert, mit denen sie, verblendet und verlogen, ihre Systeme der Unterdrückung rechtfertigen und sich selbst ermächtigt fühlen, über Menschenleichen in eine Zukunft der Menschlichkeit zu gehen."

Es war besonders die „Tugend", die in Rousseaus Denken eine Rolle spielt, wenn er vom Verhältnis des Bürgers zum Staat spricht. So zitiert er (3. Buch, 4. Kapitel) auch Montesquieu, ohne dessen Namen zu nennen, wenn er schreibt: „Aus diesem Grunde hat ein berühmter Schriftsteller die Tugend für das Prinzip der Republik erklärt: denn ohne die Tugend könnten alle die angegebenen Bedingungen nicht bestehen..." Rousseau bezieht sich hier auf eine Stelle in „Vom Geist der Gesetze" (Buch III, Kap. III) von Montesquieu. Dieser mag von ähnlichen Vorstellungen wie Rousseau bei der Verwendung des Wortes „Tugend" ausgegangen sein; aber Montesquieu besaß andere Prämissen. Wie sollte Rousseau ahnen, daß einige Jahre nach seinem Tod *Robespierre*, der Rousseau glühend verehrte und als Alleinherrscher inmitten der Französischen Revolution die Gebeine des großen Denkers ins Pariser Pantheon überführte, im Namen der Tugend Tag und Nacht die todbringende Guillotine ihre blutige Arbeit verrichten lassen würde?

Weinstock kristallisiert in seiner Kritik drei belegbare Merkmale heraus, die das Wesen von totalitären Staaten ausmachen, nämlich: „Propaganda, Terror, der allwissende Führer, der das Volk ist, wie der wahre Volkswille nichts anderes sein kann als der wirkliche Wille dieses göttlichen Führers." Wenn Weinstock dann weiter von der „sanften Seele" Rousseaus spricht, so kann er nicht umhin (wie viele andere einschlägige Kritiker, die hier nicht genannt werden), ihm seine persönlichen Charakterdefizite als Ursprünge der zu Papier gebrachten fragwürdigen Thesen vorzuwerfen. Man dürfe nicht unterschlagen, so Weinstock, „daß der große politische Heiland mit der Aussetzung seiner fünf Kinder ins Findelhaus bewies, wie durchaus fähig zur Unmenschlichkeit er war. Von der Zwielichtigkeit seiner zweimaligen Konversion, seinem unerfreulichen Liebesverhältnis zur ‚Mama', der Frau von Warens, dem Umschmeicheln der von ihm so verachteten Pariser Gesellschaftsgrößen, vor allem aber von der schlimmen Geschichte seiner jugendlichen Sturm- und Drangzeit, gar nicht zu reden, da er es übers Herz brachte, einen eigenen Diebstahl einem unschuldigen Dienstmädchen in die Schuhe zu schieben. . ." (H. Weinstock: Einleitung zu Rousseau, Der Gesellschaftsvertrag, 1969, S. 23–26)

Dies sind wahrlich harte Auflistungen. Sie mögen zwar die zweifelhaften charakterlichen Beschaffenheiten des Autors des „Contrat" beleuchten, doch *drei* Dinge sind hier unbedingt festzuhalten:

1. Rousseau entwickelte inmitten des Absolutismus einen Vorschlag zur Befreiung des Menschen, der neben jenen von Locke oder Hobbes, von Althusius und Grotius und einigen anderen, sich nicht nur als geradezu genial erwies, sondern der auch zeigte, daß hinter dem theoretischen Entwurf die Absicht des Autors stand, den Inhalt in die Praxis umzusetzen. Hier gilt,

was E. Cassirer sagte, indem er die ganze Sache etwas überhöhte: „In Rousseaus Auffassung vom Ziel und der Methode
der politischen Philosophie, in seiner Lehre von den unverletz-
baren und unveräußerlichen Rechten der Menschen gibt es
kaum etwas, das nicht seine Parallele und sein Vorbild in den
Büchern von Locke, Grotius und Pufendorf hätte. Das Verdienst von Rousseau und seinen Zeitgenossen liegt auf einem
anderen Gebiet. Sie beschäftigten sich viel mehr mit dem politischen *Leben* als mit politischer *Lehre*. Sie wollten die Grund-
prinzipien des sozialen Lebens des Menschen nicht beweisen,
sondern bestätigen und anwenden... Sie hatten nicht den Ehrgeiz, mit den großen Systemen des siebzehnten Jahrhunderts
zu wetteifern, mit den Systemen der Descartes, Spinoza oder
Leibniz... Die Periode der Aufklärung hatte sein Interesse für
diese metaphysischen Spekulationen verloren. Seine ganze
Energie war auf einen anderen Punkt konzentriert, nicht so
sehr eine Energie des Denkens als der Handlung. ‚Ideen' wurden nicht mehr als ‚abstrakte Ideen' betrachtet. Sie wurden zu
Waffen für den großen politischen Kampf geschmiedet. Die
Frage war nicht mehr, ob diese Waffen neu waren, sondern ob
sie wirksam waren. Und in den meisten Fällen ergab es sich,
daß die ältesten Waffen die besten und mächtigsten waren." (E.
Cassirer, 1978, S. 231/232)

2. Rousseaus „System" ist ein Entwurf, den man aus seiner Zeit
heraus und nicht in der Retrospektive und nicht damit erklären sollte, was er an späterem Unglück mit ausgelöst haben
könnte. Trotzdem erweisen sich Rousseaus Entwürfe, in der
Heranziehung der Arbeiten von Montesquieu und Voltaire, zu
Beginn der Moderne auch als das fatale Vorbild bei der Anwendung philosophischer, ideologischer und politischer Theorie-
systeme in der Praxis. Wie alle Systeme, sei es das klassenlose
und historizistische System des Karl Marx, das der Weltgeschichte einen „sinnvollen" Beginn und eine chiliastische Zukunft prophezeit, sei es Hegels System, das in der Nation die
weltgeistgeleitete Sinnfälligkeit dieses Daseins gipfeln läßt,
seien es andere Systeme, die auf ihre Art Erklärung, Prophezeiung und vor allem Verheißung bieten und versprechen, finden
ihre massenhaften Mitläufer, Bewunderer und euphorischen
Jünger. Ein „System" erklärt *alles*: Sinn, Welt, Dasein, Vergangenheit und Zukunft. Rousseau war für Karl Marx (wie für Hegel) fast ein Heiliger, Marx war und ist es für Millionen. Man

denke nur an die Wallfahrten vieler westlicher Intellektueller nach Moskau in den 30er, 40er und auch noch 50er Jahren. Auch der Zusammenbruch des Systems in der rauhen Wirklichkeit am Ende der 80er Jahre dieses Jahrhunderts bringt Millionen nicht davon ab zu glauben, daß das „System" *gut* sei, nur die Anwendung sei eben falsch „gelaufen". Daß aber diese „Systeme" immer so angelegt sind, wie sie es sind, daß sie *zwingend* in den Abgrund führen müssen, will niemand von den „Gläubigen" für wahr halten. Rousseau legte sein „System" vor, auf dem wiederum andere ihre eigenen „Systeme" errichteten.

3. Neben Rousseau haben wir ein weiteres *Vorbild* für den Umgang mit Welt- und Menscherklärung, nämlich Montesquieu. Die heutige empirische Soziologie, die den Beginn ihrer Wissenschaft mit *Comte* und *Saint-Simon* datiert, müßte wenigstens am Rande auch Montesquieu zu ihren geistigen Vätern rechnen. Er hat seinen Entwurf zur Erneuerung des Staatswesens mit *Fallbeispielen* bestückt und zwängte die Vielfalt der sozialen Erscheinungen, die er in den Gesetzesbezügen fand, *nicht* in ein „System". Deshalb werden stets die Erkenntnisse, die durch Forschung und Denken die *Vielfalt* erweisen und beweisen, von der Masse, aber auch von vielen Intellektuellen, *nicht* angenommen. Sie sind zu schwierig, zu „barock", zu widersprüchlich und damit zu kalt, um sich in dieser rauhen Vielfalt heimisch zu fühlen. Die vielen Nachfolger, einerseits von Rousseau und andererseits von Montesquieu, haben das bis heute, ohne sich darüber vielleicht klar zu werden, schmerzlich am eigenen Leib verspürt. Ob Politik, ob alltägliche Lebenstätigkeit, ob Wissenschaft oder Wirtschaftstheorie, ob Kunst oder Kultur – Darlegung und Präsentation der „Systeme" werden in allen Bereichen des öffentlichen und gesellschaftlichen Lebens regen Zulauf erfahren. Die Erarbeitung von „Fällen" dagegen, aus denen sich im Grunde die Welt zusammensetzt, wird kaum wahrgenommen, sie ist zu kompliziert und man verdrängt sie oder überläßt sie dem Gebrauch der Gelehrten. Dieses Verhalten hat den Vorteil, daß die unerklärlichen und beunruhigenden Details der vom Nebel der Ideologie, der Wunschträume und der Verlogenheit entkleideten Realität nicht mehr erschrecken und ängstigen. In den „Systemen" dagegen wird alles erklärt – und damit kann man beruhigt der Zukunft entgegensehen,

auch wenn sie auf Lügen, Legenden und hohlen Images aufgebaut ist.

In diesem Zusammenhang muß eine Spezies noch erwähnt werden: der *kritische Intellektuelle*. Diese Rolle übernimmt hier *Voltaire*. Er ist es, der alles verspottet und die Entwürfe seiner Zeitgenossen mit seinem scharfen Verstand seziert. Er verbleibt aber nicht im zynischen Pessimismus, sondern glaubt an die Zukunft des Menschen durch die *Vernunft*. Was er übersieht, ist die Tatsache, daß die Menschen zwar hin und wieder von ihrer Vernunft geleitet werden und von ihr Gebrauch machen, meistens aber doch von ihren Leidenschaften, die auch die Dummheit mit einschließen, abhängig sind.

Die geistigen und theoretischen Grundlagen zum Umsturz des Absolutismus waren nun gelegt. Daß die Revolution, die wir die französische nennen, sich so extrem gebärdete, wie wir alle wissen, daß sie in der Diktatur Napoleons enden mußte, ist bekannt. Ihr Erdbeben hinterläßt noch bis heute in ganz Europa seine Nachwirkungen.

11. Kapitel

Der deutsche Weg in die Unfreiheit

Hatte sich nach vielen blutigen Religionskriegen und den nicht minder blutigen Konflikten mit den Jansenisten, Hugenotten und anderen Sekten christlicher Ausprägung in Frankreich ein *Zentralstaat* herausgebildet, der zum einen die Krone und die Kirche vereinigte und zum anderen die Ansätze einer sich entwickelnden eigenständigen Gesellschaft zuließ, die sich gegen den Adel und die Krone auflehnte und durch eine grausame Revolution das „ancien regime" hinwegfegte, in der Hybris aber zuließ, daß diese Revolution in ein diktatorisches Kaiserreich mündete, so erlebte das „Heilige Römische Reich Deutscher Nation" nach seinem verheerenden Religionskrieg (1618–1648) genau das Gegenteil: Es zersplitterte und teilte sich weiterhin in seine Fürstentümer, Herzogtümer und Königreiche auf, bis Napoleon diesem „Heiligen Römischen Reich Deutscher Nation" den Todesstoß versetzte und das gesamte Land zu Beginn des 19. Jahrhunderts unter die Soldatenstiefel seiner *Grande Armée* zwang.

Die Zertrümmerung des „Reiches Deutscher Nation", die Begeisterung der deutschen Intellektuellen für die Französische Revolution, die Angst des deutschen Adels vor den Auswüchsen dieser Französischen Revolution wie auch die Befreiungskriege (vom napoleonischen Joch), die diesen Kriegen folgende Restauration und das Lebensgefühl des Biedermeier bis hin zum Frankfurter Paulskirchen-Parlament von 1848 führte in Deutschland am Ende des 18. und in der ersten Hälfte des 19. Jahrhunderts zu einer Reihe sich widersprechender und zugleich auch sich gegenseitig ausschließender Grundkonzepte möglicher staatlicher und gesellschaftlicher Systeme, deren Widersprüche bis zum heutigen Tage noch heftig nachwirken. Namen wie Immanuel Kant (1724–1804), Georg Wilhelm Friedrich Hegel (1770–1831), Friedrich Schlegel (1772–1829), August Wilhelm Schlegel (1767–1845), Johann Gottfried Herder (1744–1803), Johann Gottlieb Fichte

(1762–1814), Ludwig Börne (1786–1837), Freiherr von Stein (1757–1831), Carl von Clausewitz (1780–1831), Gerhard J.D. von Scharnhorst (1755–1813), Neidhardt von Gneisenau (1760–1831), Friedrich Hölderlin (1770–1843), Wilhelm von Humboldt (1767–1835), Arnold Ruge (1803–1880), Friedrich W.J. Schelling (1775–1854), Heinrich Heine (1797–1856), Georg Büchner (1813–1837), Karl Marx (1818–1883), Lorenz von Stein (1815–1890), Friedrich Gentz (1764–1832), Arthur Schopenhauer (1788–1860) u.a. sowie die von diesen Männern entwickelten Staats- und Lebenstheorien zeigen auf, wie unterschiedlich und sich gegenseitig paralysierend die Konzepte waren. Nun müssen aber divergierende Gedankensysteme, Lebens- und Staatstheorien sich nicht so grundsätzlich abstoßen, daß sie unweigerlich zum gegenseitigen Sprengstoff werden, sie können sich auch im Widerspruch ergänzen oder aber durch ihre Lebensfremdheit sich selbst ad absurdum führen.

Die Revolutionen in Frankreich und in England entzündeten sich an den Reibungsflächen zwischen *Staat* und aufkeimender *Gesellschaft*. Die französischen Staatsdenker des 18. Jahrhunderts schrieben für die Praxis, sie wollten, wie wir gesehen haben, Politik *erleben* und nicht nur reflektieren. Diese Revolutionen erfaßten den *gesamten* Staat, während in Deutschland die „Revolutionen" fast immer nur zu lokalem Aufbegehren wurden, wenn man von den Ereignissen der Jahre 1830 und 1848 einmal absieht. Selten wurden größere soziale Umwälzungen durch eine *eigene sich selbständig entwickelnde Gesellschaft* bewirkt. Es war fast immer der obrigkeitliche Staat, der die „Entwicklung" bestimmte.

Während in Frankreich die Revolution herrschte, erlebte Deutschland die *Romantik*. Gleichzeitig wurde zu Beginn des 19. Jahrhunderts der *Nationalismus* die treibende politische Kraft. Beide stützten sich in Deutschland auf ein erwachendes historisches Bewußtsein, das sich schon im 18. Jahrhundert stark bemerkbar gemacht hatte.

Das historische Bewußtsein der Romantik war von ganz besonderer Art, indem man die Verklärung und die Verherrlichung der Geschichte mit in das Bewußtsein einschloß, das in dieser Gestalt auch auf den aufkommenden Nationalismus recht kräftig einwirkte. „Es gibt...", schreibt Cassirer, „einen fundamentalen Unterschied zwischen der Geschichtsauffassung des achtzehnten und des neunzehnten Jahrhunderts. Die Romantiker *lieben* die

Vergangenheit *um der Vergangenheit willen*. Für sie ist die Vergangenheit nicht nur eine Tatsache, sondern auch eines der höchsten Ideale. Diese Idealisierung und Vergeistigung der Vergangenheit ist eines der unterscheidendsten Merkmale des romantischen Denkens. Alles wird verständlich, gerechtfertigt, legitimiert, sobald wir es auf seine Ursprünge zurückführen können. Diese Stimmung war den Denkern des achtzehnten Jahrhunderts vollständig fremd. Wenn sie auf die Vergangenheit zurückblickten, so taten sie es, um eine bessere *Zukunft* vorzubereiten. . . Für diesen Zweck ist das Studium der Geschichte nötig, aber es ist kein Selbstzweck. Geschichte kann uns vieles lehren. . . Ihr Urteil als unfehlbar und endgültig anzunehmen, wäre ein Verbrechen gegen die Majestät der Vernunft." (Cassirer, 1978, S. 237/238, Hervorhebungen von mir, W.N.)

Die Romantiker erhoben das Vergangene, das oft Unergründliche, das schon zur Legende Gewordene, den *Mythos*, in den Rang des Majestätischen. „Für alle Denker der Aufklärung war der Mythos etwas Barbarisches gewesen. . ." schreibt Cassirer weiter, „zwischen Mythos und Philosophie konnte es keinen Berührungspunkt geben. . . Diese Ansicht erfährt eine radikale Wandlung, sobald wir zu den romantischen Philosophen übergehen. In dem System dieser Philosophen wird der Mythos nicht nur ein Gegenstand höchsten geistigen Interesses, sondern auch ein *Gegenstand von Ehrfurcht und Verehrung*. Er wird als die *Haupttriebfeder* der menschlichen Kultur betrachtet. . . Es war eines der wichtigsten Ziele von *Schellings* System, dem Mythos seinen richtigen und legitimen Platz in der menschlichen Zivilisation anzuweisen. . . Schelling drückte nur die gemeinsamen Überzeugungen der *ganzen jüngeren Generation* in Deutschland aus. Er wurde der *philosophische Wortführer* der romantischen Poesie." (a.a.O. S. 239/240. Hervorhebungen von mir, W.N.)

Wenn *Ernst Cassirer* Kants „kritischen Idealismus" dem „magischen Idealismus" von Novalis entgegensetzt und meint, daß die Romantiker nie daran dachten, „die Welt zu politisieren, sondern zu ‚poetisieren'", dann stimmen wir hierin noch mit ihm überein. Sehen wir uns jedoch die Glorifizierung der Historie und vor allem die des Mythos genauer an, dann müssen wir die Meinung Cassirers etwas modifizieren.

Zwischen der Kant'schen „Kritik der reinen Vernunft", der „universalen" Sehnsucht eines Novalis und den Ansichten eines August Wilhelm Schlegel sowie dem Hegelschen System bis etwa

1830 gab es nicht nur weitere unterschiedliche Geistesströmungen, die sich gegenseitig ausschlossen, sondern auch eine Anzahl von Grundparadigmen, die sich zu Vorbild-, ja Grundlagenparametern für die deutsche *Zukunft* mauserten. Der Zugriff der Staatsmacht und der Fürstenhöfe in den deutschen Zwergstaaten auf den einzelnen Bürger war sehr direkt und nachhaltig. Der Einzelne war dadurch *unmittelbar* mit der ständigen und repressiven Gewaltanwendung der unmenschlichen Staatsmaschinerie konfrontiert, die jede freiheitliche Regung im Keim erstickte. Wir kennen dafür unzählige Beispiele. Man denke dabei z.B. nur an das Schicksal *Georg Büchners*, der im späteren Exil die deutsche Kleinstaaterei in seinem genialen Lustspiel „Leonce und Lena" geißelte. Er war Bürger des Großherzogtums Hessen, in dem der Landesfürst als absoluter Souverän herrschte. Georg Büchner probte als 20jähriger mit dem Pastor Ludwig Weidig und einigen Freunden den Aufstand. Büchner schrieb dazu das Revolutionsblatt, das unter dem Decknamen „Der Hessische Landbote" heimlich und verschwörerisch verbreitet wurde. Mit einem sprachlichen Trompetenstoß, den Büchner der französischen Revolution entlehnte – „Friede den Hütten! Krieg den Palästen!" – wollte er die geknechteten Bauern gegen die Aristokraten aufrütteln. Im „Hessischen Landboten" heißt es u.a.: „Im Jahre 1834 sieht es aus, als würde die Bibel Lügen gestraft. Es sieht aus, als hätte Gott die Bauern und Handwerker am 5ten Tag und die Fürsten und Vornehmen am 6ten Tag gemacht, und als hätte der Herr zu diesen gesagt: Herrschet über alles Getier, das auf Erden kriecht, und hätte die Bauern und Bürger zum Gewürm gezählt. Das Leben der Fürsten ist ein langer Sonntag. . . Das Geld (d.i. die Steuern, W.N.) ist der Blutzehnte, der von dem Leib des Volkes genommen wird. An 700.000 Menschen (in Hessen, W.N.) schwitzen, stöhnen und hungern dafür. Im Namen des Staates wird es erpreßt. . . Was ist denn nun das für ein gewaltiges Ding: der Staat? . . . Der Staat sind *Alle*; die Ordner im Staate sind die Gesetze, durch welche das Wohl *Aller* gesichert wird, und die aus dem Wohl *Aller* hervorgehen sollen. – Seht nun, was man in dem Großherzogtum aus dem Staat gemacht hat; seht, was es heißt: die Ordnung im Staat erhalten! 700.000 Menschen bezahlen dafür 6 Millionen, d.h. sie werden zu Ackergäulen und Pflugstieren gemacht, damit sie in Ordnung leben. . . Wer sind denn die, welche diese Ordnung haben, und die wachen, diese Ordnung zu erhalten? Das ist die Großherzogliche Regierung. Die Regierung wird

gebildet von dem Großherzog und seinen obersten Beamten. . .
Der Fürstenmantel ist der Teppich, auf dem sich die Herren und
Damen vom Adel und Hofe in ihrer Geilheit übereinander wälzen
– mit Orden und Bändern decken sie ihre Geschwüre und mit
kostbaren Gewändern bekleiden sie ihre aussätzigen Leiber. Die
Töchter des Volkes sind ihre Mägde und Huren, die Söhne des
Volkes ihre Lakaien und Soldaten. Geht einmal nach Darmstadt
und seht, wie die Herren sich für euer Geld dort lustig machen,
und erzählt dann euern hungernden Weibern und Kindern, daß ihr
Brot an fremden Bäuchen herrlich angeschlagen sei, erzählt ihnen
von den schönen Kleidern, die in ihrem Schweiß gefärbt, und von
zierlichen Bändern, die aus den Schwielen ihrer Hände geschnit-
ten sind, erzählt von den stattlichen Häusern, die aus den Kno-
chen des Volkes gebaut sind; und dann kriecht in eure rauchigen
Hütten und bückt euch auf euren steinichten Äckern, damit eure
Kinder auch einmal hingehen können, wenn ein Erbprinz mit
einer Erbprinzessin für einen anderen Erbprinzen Rat schaffen
will, und durch die geöffneten Glastüren das Tischtuch sehen,
wovon die Herren speisen, und die Lampen riechen, aus denen
man mit dem Fett der Bauern illuminiert. Das alles duldet ihr,
weil eure Schurken sagen: ,diese Regierung sei von Gott.'"

Der Sprachgewalt Büchners, die selbst trockenes Zahlenmate-
rial in die revolutionäre Polemik geschickt einbezieht, verdanken
wir diese anschauliche und markante Schilderung der sozialen
Schieflage in einem der damaligen deutschen Zwergstaaten. Wir
bewundern heute die Kunst und die Kultur der ehemaligen
Prunkhöfe und Regierungssitze dieser Duodezfürsten (z.B. Weimar, Dresden, Bruchsal, Ludwigsburg u.v.a.), ohne vielleicht an
das Leid und an die Armut der Bevölkerung zu denken, die mit
harter Faust zu jenen Frondiensten gezwungen wurde, die den
Prunk und den Reichtum dieser Fürstenhöfe erst ermöglichten.
Diese Sozialhistorie überließen wir vielfach der marxistischen
Geschichtsschreibung, die sie wiederum nur für ihre propagandistischen Zwecke und nicht für die historische Wahrheit ge-
brauchte. Die Fürstenhöfe nur mit den Augen der Dichter zu sehen, die sie in romantischer Verklärung beschrieben, haben wir
uns angewöhnt und empfinden z.B. die zynischen und sarkasti-
schen Verse des gleichfalls emigrierten *Heinrich Heine*
(1797–1856) dazu entweder als Provokation oder als unterhalt-
same literarische Leckerbissen. Wie in allen europäischen Ländern wurde die in schreiender Armut lebende Bevölkerung in

Deutschland, die Bauern, die Handwerker und die Häusler, mit allen möglichen Steuerabgaben bis zum Ausbluten erpreßt, wobei sich die Kleinstaaten noch effizienter und drangvoller gebärden konnten, weil der Einzelne stets direkt mit seinen Peinigern konfrontiert war. Die heimliche Verbreitung von Büchners revolutionärem Pamphlet „Der Hessische Landbote" bewirkte bei der Bevölkerung gar nichts. Die der Obrigkeit hörigen Bauern lieferten die Druckschrift gehorsam bei der Polizei ab. Auch Repressionen waren eben von Gott gegeben.

Diese Repressionen hatte es in den deutschen Kleinstaaten natürlich auch schon in früheren Jahrhunderten gegeben. Wenn nun lange vor den dumpfen Jahren der Restauration die *Romantiker* in den Universalismus fliehen, indem sie die gesamte Menschheit umarmen, die ihre mannigfache Kunst, ihre Rituale, Lebensstile und ihre Geschichte – nach Ansicht der Romantiker – von den Mythen oder dem Grundmythos herleitet, dann hat das nicht nur einen *kulturellen* Impetus, sondern auch einen *politischen* – ob bewußt oder unbewußt. Wenn *Schelling, der* Philosoph der Romantik, seine Philosophie der Mythologie auf die gleiche Ebene stellt wie seine anderen Lehrgebäude (z.B. das der Philosophie der Geschichte), dann stellt er sich implizit mit seinen universellen Entwürfen *gegen* die Vorstellungen der engstirnigen Zwergstaatentheoretiker und -praktiker. Wenn *Herder* die Lieder aller Völker sammelt und sie dem deutschen Liederschatz gleichstellt, *Goethe* von der *"Weltliteratur"* spricht oder *A.W. Schlegel* in seinen Vorlesungen die dramatische Literatur der Völker aller Zeiten, und nicht nur die deutsche behandelt, dann enthalten diese Bestrebungen, die das menschliche Universum als Forschungsgegenstand und auch als alles überbrückende Weltläufigkeit beinhalten, einen impliziten *politischen* Gegensatz zu der kleinbürgerlichen Variante des Duodezfürstentums. Weiterhin ist auch die Abkehr der Romantik von der im „Hier und Jetzt" wurzelnden *Aufklärung* durch das Glorifizieren und Idealisieren der *Geschichte* und damit das sich Versenken in die durchidealisierte „romantische" Vergangenheit ein *Politikum.* Insofern sei hier der Meinung Cassirers in diesem Punkt entgegengetreten. Solcher nach Weltweite gerichteter Sinn strahlte natürlich bis in die Restauration hinein und wandelte sich in politische Forderungen.

Bei dieser innigen Beziehung der Romantiker zum Mythos schlechthin und zur Mythologie kreidete man ihnen auch an, mitschuldig am „Mythus des zwanzigsten Jahrhunderts", d.h.

Vorläufer totalitärer Ideen zu sein. Auch hier soll Ernst Cassirer zu Wort kommen, der unter dem Regime dieses „Mythus" gezwungenermaßen während der Nazizeit Deutschland verlassen mußte, und im New Yorker Exil starb: „Es wäre. . . ein Fehler und würde dem romantischen Geist nicht gerecht, wollte man ihn für diese spätere Entwicklung verantwortlich machen. In der neuen Literatur treffen wir oft die Ansicht, daß die Romantik die erste und fruchtbarste Quelle des Mythos des zwanzigsten Jahrhunderts sei. Nach der Meinung vieler Schriftsteller hat sie die Idee des ‚totalitären Staates' hervorgebracht und hat alle späteren Formen eines aggressiven Imperialismus vorbereitet. Aber wenn wir auf diese Weise urteilen, scheinen wir den wichtigsten und, in der Tat, den entscheidenden Wesenszug zu vergessen. Die ‚totalitäre' Ansicht der romantischen Schriftsteller war in ihrem Ursprung und in ihrer Bedeutung eine *kulturelle,* nicht eine politische Ansicht. Das Universum, nach dem sie sich sehnten, war ein Universum menschlicher Kultur. . . Alle Sphären des menschlichen Lebens – Religion, Geschichte, sogar Naturwissenschaft – mit dem ‚poetischen Geist' zu durchdringen, wurde von Friedrich Schlegel als das höchste Ziel der romantischen Bewegung erklärt. Wie die meisten der romantischen Schriftsteller fühlte sich Friedrich Schlegel in der ‚göttlichen Welt der Wissenschaft und Kunst' viel heimischer als in der Welt der Politik. Es war eine Haltung, die dem romantischen Nationalismus eine spezielle Färbung und seinen Charakter gab. Sicherlich waren die romantischen Dichter und Philosophen glühende Patrioten und viele von ihnen waren intransigente Nationalisten. Aber ihr Nationalismus war nicht von imperialistischer Art. Ihre Sorge war, zu bewahren, nicht zu erobern." (Cassirer 1978, S. 241) Es wäre genau so töricht, die Romantiker als direkte Vorläufer des Nazi-Mythos von Blut und Boden zu bezeichnen, wie es unstatthaft ist, Rousseau als direkten Vordenker totalitärer Diktaturen zu benennen. Jedenfalls sind die romantischen Dichter und Denker nicht unmittelbar für den deutschen Weg in die Unfreiheit verantwortlich zu machen.

Es ist sicherlich frappant, wenn man die weite deutsche Geistesebene durchschreitet und neben dem zarten Gespinst der romantischen Poesie, die sich in den Salons der Höfe und Städte und an den Universitäten kultivierte und in höchster Vollendung präsentierte, im Lande eine kaum vorstellbare Armut und Knechtung des Volkes vorfindet. Es ist auch frappant, wie nahe die sich um *rationale* Erklärung von Welt und Leben bemühende *Aufklärung* an das mystische Halbdunkel der dem tiefen Unbewußten und dem *Irrationalen* des Mythos huldigenden Romantischen Bewegung grenzt. Es ist auch frappant, wie *Hegel* als Künder des Weltgeistes, der auch im (preußischen) Staate sich manifestieren soll, nach den alles überragenden Geistestaten eines *Immanuel Kant*, zum tonangebenden Überphilosophen dieses Zeitalters werden konnte. Der Universalgeist Kant, der sich der Aufklärung verschrieben hatte, neben dem Universalgeist Hegel, der sich seinem brotgebenden Herrscher andiente! Aufklärung und Vernunft neben Romantik und Mythos, höchstes Kunstschaffen neben bitterer Armut und Knechtschaft – der Beginn des deutschen Weges in die Unfreiheit! Die Bevölkerung in den deutschen Zwergstaaten litt nicht nur unter der Knute ihrer Herren, sondern auch unter den Soldatenstiefeln des napoleonischen Heeres. Aber es waren zunächst ihre Fürsten, gegen die sie aufstanden.

Nicht jedes revolutionäre Aufbegehren der Bevölkerung in den deutschen Kleinstaaten hatte einen solch sprachgewaltigen Fürsprecher der Armen, wie es in Hessen Georg Büchner war. Der Aufschrei Büchners erfolgte *nach* dem Ablauf der Französischen Revolution, *nach* den Befreiungskriegen, *nach* dem Bekanntwerden der Schriften der Aufklärer; der Aufschrei Büchners erfolgte innerhalb der tiefsten Reaktion, die mit brutaler Polizeistaatlichkeit jegliche freiheitliche Regung im Keim erstickte. Wie konnte dies geschehen? Um diese Entwicklung zu verstehen, muß man in die zweite Hälfte des 18. Jahrhunderts zurückgehen.

Das erste und das zweite Jahrzehnt der zweiten Hälfte dieses 18. Jahrhunderts wurden vor allem durch den Siebenjährigen Krieg (1756–1763) und die damit verbundenen kriegerischen, diplomatischen und politischen Aktivitäten Preußens und Österreichs geprägt. In Preußen erwuchs unter Friedrich II. (dem Großen) ein sogenannter aufgeklärter Absolutismus, in dem ein teils an den Ideen des Souveräns ausgerichtetes Beamtentum sich an einer Reihe liberaler Ideen und Staatstheorien orientieren konnte.

Natürlich entwickelte sich daraus nicht ein tragfähiger Dualismus von Staat und Gesellschaft, sondern eine Art von Zielvorgabe, die einen Staat projizierte, der durch Gesetze und Reformen sich als „liberaler Staat von oben" verstand, in dem der König der „erste Diener" des Staates war.

Die Inhaftnahme Preußens in unserem Jahrhundert, nach dem Zweiten Weltkrieg, für den deutschen Militarismus, der zusammen mit dem Nazitum für die Unmenschlichkeiten des Krieges und seiner Völkermorde verantwortlich gemacht wird, hat nicht nur durch Beschluß der Alliierten Preußen als Staat von der Landkarte verschwinden lassen, sondern auch Geschichtsklitterungen in der Öffentlichkeit und in den Schulen zugelassen, die *Friedrich den Großen* nur als Vorläufer der deutschen Misere und nicht auch als aufgeklärten Monarchen sehen. Sein Zeitgenosse *Immanuel Kant* stellt in seiner Schrift „Beantwortung der Frage: Was ist Aufklärung" (1784) die Frage: „Leben wir in einem aufgeklärten Zeitalter?" und beantwortet sie wie folgt: „Nein, aber wohl in einem Zeitalter der Aufklärung... In diesem Betracht ist dieses Zeitalter das Zeitalter der Aufklärung oder das Zeitalter *Friederichs*. Ein Fürst, der es seiner nicht unwürdig findet, zu sagen, daß er es für *Pflicht* halte, in Religionsdingen den Menschen nichts vorzuschreiben, sondern ihnen darin volle Freiheit zu lassen, der also selbst den hochmütigen Namen der *Toleranz* von sich ablehnt, ist selbst aufgeklärt und verdient von der dankbaren Welt und Nachwelt als derjenige gepriesen zu werden, der zuerst das menschliche Geschlecht der Unmündigkeit, wenigstens von Seiten der Regierung, entschlug, und jeden frei ließ, sich in allem, was Gewissensangelegenheit ist, seiner eigenen Vernunft zu bedienen." Dies sollte auch bedacht werden, wenn man vom Friederizianischen Zeitalter spricht.

In der Rivalität zwischen Preußen und Österreich bahnte sich außerdem zu dieser Zeit, wenn auch den meisten Akteuren nicht bewußt, jenes Streben zu einer „großdeutschen Lösung" an, die erst unter der Hitlerdiktatur im 20. Jahrhundert vollzogen wurde und verhängnisvolle Folgen zeitigte. Daß der angestrebte „liberale Staat" unter einem „aufgeklärten" absolutistischen König nach dem Tode Friedrichs II. wieder in sich zusammenbrach und von Napoleon einfach hinweggefegt wurde, zeigt deutlich, daß hinter der Absicht der Staatsreform (zu einem „liberalen" Staat) keine wirklich starken Kräfte standen, die diese Pläne durchsetzen konnten, noch daß es die Anfänge einer „Gesellschaft" gab, auf die sich potentielle Reformer zu stützen vermochten.

Der konservative Adel wurde außerdem von den Ereignissen in Amerika (1776) und Frankreich (1789) auf lange Jahrzehnte hinaus aufgeschreckt, zumal die liberalen Geister, Hochschulprofessoren, Schriftsteller und auch Staatstheoretiker mit den Revolutionen in Amerika und Frankreich nicht nur liebäugelten, sondern auch deren Ideen als künftige Grundlagen für die Reformen

290

heranziehen wollten. Allen voran *Immanuel Kant*. Doch ehe wir auf diese Problematik eingehen wollen, sollte noch ein anderes Moment der Sozialgeschichte eingeflochten werden, das signifikant auf die geänderten Verhältnisse bzw. Einstellungen hindeutet: die Literatur, dabei auch der *Roman*. Den Roman wollen wir als Seismograph für den sozialen Wandel heranziehen. Denn er reflektiert Lebensinhalte und Lebensmaximen der Wirklichkeit, die sich in den fiktiven Welten des Romans manifestieren. „Der Roman ist als Fixierung eines ausgebreiteten Weltbildes immer zugleich eine – bewußte oder unbewußte – Ausdeutung sozialer Zustände, so daß er geradezu als ein soziologisches Gewissen seiner Zeit aufgefaßt werden kann; der Erkenntnisdrang Balzacs ist dem wissenschaftlichen zwar keineswegs gleich, aber unzweifelhaft vergleichbar. Differenzierte Untersuchungen dieser ‚Weltbildnerei' müssen, sofern sie dem gattungseigentümlichen Zustand des Dargebotenen angemessen sein sollen, den Schauplatz des Romans als eine soziale Landschaft begreifen, die in ihrem gesellschaftlichen Aufbau und in den Meinungen und Schicksalen der in ihnen auftretenden Menschen eine reich gegliederte Aussage über die ‚Welt', über das ‚Leben', über die ‚Gesellschaft' und nicht zuletzt über die Grundsätze der Lebensgestaltung enthält." (Arnold Hirsch, 1979, S. 5)

Es scheint, daß man in und um die Jahrhunderthälfte des 18. Jahrhunderts auch einen einschneidenden Umbruch registrieren darf, was die Konzeption der Romaninhalte betrifft. Nicht, daß dieser Umbruch sich mit einem Schlag in Szene setzte, doch durch eine Reihe von Einflüssen aus England und Frankreich bereitete sich allmählich ein Boden, der den Geschmack des *Bürgers* traf und dessen einfaches Kunstverständnis in die Produktion mit einbezog. Und daraus wiederum ist die Grundhaltung der damaligen Zeitgenossen zum Teil rekonstruierbar.

Johann Christoph *Gottsched* (1700–1766), Friedrich Gottlieb *Klopstock* (1724–1803), Gotthold Ephraim *Lessing* (1729–1781), Christoph Martin *Wieland* (1733–1813) und Johann Gottfried *Herder* (1744–1803) sind die bestimmenden Literaturpäpste des 18. Jahrhunderts in Deutschland, natürlich neben einer ganzen Reihe anderer Dichter, die gleichfalls dieser Zeit ihren künstlerischen Stempel aufdrückten. Da es aber hier nicht um exakte Literaturgeschichtsschreibung geht, wollen wir die fünf Namen der literarischen Größen als Richtungsweiser für Poesie, Epos, Dichtung und Romantheorie benennen.

Was uns hierbei interessiert, ist die Auflösung der Formen der Literaturgattungen, die parallel zum Entstehen des Bürgertums verläuft. Die strengen Regeln der Dichtung, aber auch die der Dramen und Tragödien, die vor allem durch die Franzosen *Corneille* und *Racine* geprägt wurden, werden von Lessing durchlöchert, wobei er die strengen Formen der klassischen (französischen) Tragödie durch eigene Werke in die aufgelockerten Formen des deutschen bürgerlichen Trauerspiels übergehen ließ. Soweit man damals überhaupt den *Roman* ernstnimmt, trat er zuvor als Pikaro- und Schelmenroman („Simplicius Simplisissimus") oder als Erziehungs- oder Entwicklungsroman („Émile") hervor. Das Aneinanderreihen von Episoden (wie in dem berühmten Grimmelshausenschen Werk „Simplicius Simplicissimus") war im Grunde ein Lebens- und Weltentwurf, der als allgemeinverbindlich für alle „Christenmenschen" galt. Darin werden die christlichen Grundwerte und die sozialen Hierarchien nicht infrage gestellt. Hier ist zwar nicht mehr das Vorrecht verpflichtend, nur Könige, Herrscher, Fürsten und diejenigen, die „den Göttern gleichgestellt sind" und deren Taten zu berücksichtigen, wenn der Dichter das Personal für seine Tragödien, Dramen, Epen oder Romane zusammenstellt. Es durften jetzt auch einfache Menschen und Handwerker sein, wie dies schon Shakespeare (z.B. im „Sommernachtstraum") handhabte. Der wesentliche Unterschied aber in den Romanen des auslaufenden 18. Jahrhunderts zu denen davor findet man in der Darstellung des *Welt-* und *Sinnbildes*. Im Pikaroroman, der sich mit dem Erziehungsroman in der Ausdeutung eines *gemeinsamen*, unantastbaren Welt- und Sinnbegründungsbildes trifft, wird, auch wenn noch so viele „auflockernde" Episoden den Eindruck einer bestimmten „Vielfalt" vermitteln, immer eine bestimmte geschlossene Welt dem Menschen angeboten, worin er sich einordnen muß, wenn sein Leben sinnvoll sein soll. Und es gab damals nur *einen* Sinn: christlich zu leben.

Das Neue nun, das wir in der zweiten Hälfte des 18. Jahrhunderts im Roman entdecken, ist die Tatsache, daß der *Mensch*, selbst der vom Dichter entwickelte Charakter, als *Handelnder* seine *eigene* Welt schafft und sie zu gestalten versucht. Es ist die Welt des *Bürgers*, der sich vom verlorenen Mittelpunkt der geschlossenen Gotteswelt, vom allumfassenden Universum der von der Kirche vorgegebenen Weltensicht abgekehrt hat und sich nun, emanzipierend, eine eigene Welt erbaut. So wurde die individuell gezeichnete und individuell beschriebene Darstellung der

Einzelwelt des Menschen möglich – und es entstanden nun unzählige „Welten", die der neue Roman entwickelte, Welten, in denen auch die Freiheit des Individuums in der Ferne wetterleuchtete. Goethes „Leiden des jungen Werthers" ist hier genau so zu benennen wie jene aufkommenden Unterhaltungsromane im Stile von Sophie La Roches (1733–1813) „Geschichte des Fräulein von Sternheim" (erschienen 1771) oder Johann Martin Millers (1750–1814) 1776 herausgekommener Roman „Siegwart. Eine Klostergeschichte". Martin Greiner hat diese Romane ausführlich beschrieben und auch auf die Akzeptanz („Das Siegwartfieber") hingewiesen, wobei vor allem das empfindsame Miterleben (Greiner hat aufgezählt, daß in den drei Bänden des „Siegwart" insgesamt an 555 Stellen geweint wird) eine geradezu fieberhafte Aufnahme garantierte. Die von Goethe in seinem „Werther" geschilderte Kleidung des „Helden" wurde zur nachahmenswerten Mode, genauso wie der liebestrunkene Selbstmord dieses Helden auch seine Nachahmer fand.

Die Flucht aus der strengen, vorgegebenen Form und das drohende Absinken des Romans ins Triviale, dessen Inhalte nicht mehr auf Erbauung und lehrhafte Erziehung setzten, sondern auf die Neugier und auf spannende Unterhaltung des Lesers abzielten, war gleichsam die Folge der Abkehr der Menschen von dem gott- und ewigkeitserfüllten geschlossenen Universum, das die Kirche lehrte. Das Streben hin zu den individuellen Ausdeutungen des Lebens und die bürgerliche Selbstbestimmung in den romanhaften Literaturen zeugen, wie viele andere kulturelle Indizien (Malerei, Musik oder Architektur), von der Tendenz zu einem eigenständigen sozialen Denken, das sich zunächst nicht auf eine unabhängige Gesellschaft stützen konnte, aber die Witterung nach Freiheit bereits aufgenommen hatte.

Es war die Zeit, in der sich in Deutschland Aufklärung und Romantik begegneten, es war eine geistesgeschichtliche Epoche, deren Spannweite gleichsam durch die Namen *Kant* und *Hegel* als Gegenpole markiert wurden. „Die Idee der Freiheit", schreibt René König, „nährt sich in Deutschland im wesentlichen aus zwei Quellen, aus dem Humanismus und dem deutschen Idealismus." (König, 1987, S. 63) Ich möchte dem hinzufügen, daß der deutsche Idealismus ohne die *Rezeption* der *Aufklärung* durch *Kant* und *Fichte* nur den Weg *Hegels* eingeschlagen hätte, der weit weg von dem führte, was wir unter der Idee der persönlichen und der demokratischen Freiheit verstehen.

Wie wir bereits aus dem zitierten Text aus Kants „Was ist Aufklärung?" ersehen konnten, preist er Friedrich II. von Preußen als einen aufgeklärten Fürsten und zeigt schon in seiner „Kritik der reinen Vernunft" (1781) an mehreren Stellen seine Gegnerschaft gegen den absoluten Staat an. Auch in seiner „Idee zu einer allgemeinen Geschichte in weltbürgerliche Absicht" (1784) wird er überaus deutlich, wenn er im 5. Satz schreibt: „Das größte Problem für die Menschengattung, zu dessen Auflösung die Natur ihn zwingt, ist die Erreichung einer allgemein das Recht verwaltenden bürgerlichen Gesellschaft... Da nur in ihr die höchste Absicht der Natur, nämlich die Entwicklung aller ihrer Anlagen, in der Menschheit erreicht werden kann, die Natur auch will, daß sie diesen, so wie alle Zwecke ihrer Bestimmung, sich selbst verschaffen solle: so muß eine Gesellschaft, in welcher *Freiheit unter äußeren Gesetzen* im größtmöglichen Grade mit unwiderstehlicher Gewalt verbunden angetroffen wird, d.i. eine vollkommen *gerechte bürgerliche Verfassung*, die höchste Aufgabe der Natur für die Menschengattung sein; weil die Natur, nur vermittelst der Auflösung und Vollziehung derselben, ihre übrigen Absichten mit unserer Gattung erreichen kann. In diesen Zustand des Zwanges zu treten, zwingt den sonst für ungebundene Freiheit so sehr eingenommenen Menschen die Not; und zwar die größte unter allen, nämlich die, welche sich Menschen untereinander selbst zufügen, deren Neigungen es machen, daß sie in wilder Freiheit nicht lange nebeneinander bestehen können."

Neben seiner Hervorhebung der staatlichen Regulierungen, treffen wir hier bei *Kant* auf das zweite Problem, nämlich das der „ungebundenen Freiheit" und das der „wilden Freiheit", in der die Menschen „nicht lange nebeneinander bestehen können". Wir haben es also mit der sozialen Komponente („demokratische Freiheit" in dem einen Teil unseres Themas) und mit der individuellen (im sozialen Bezug) Komponente („persönliche Freiheit" im anderen Teil unseres Themas) zu tun. König verweist auf die von Kant in dieser zitierten Schrift geäußerte Auffassung, die den Staat als „ein reines Naturphänomen" begreift, wobei der Staat als „bürgerliche Gesellschaft" terminologisiert wird. Er hebt auch mit Recht hervor, daß es sich um eine „Entgegensetzung" handelt, wenn es um den „realen Staat zum idealen Reich der freien Geister" geht. Kant, so René König, erweise sich „als ausgesprochener Gegner des absoluten Staates, dem er eine Verfassung aus Freiheit" gegenüberstelle. König kommt dann zum generel-

len Vergleich und zitiert zunächst den Satz Kants aus seiner
Schrift „Zum ewigen Frieden" (1795): „Das Problem der Staatser-
richtung ist, so hart wie es auch klingt, selbst für ein Volk von
Teufeln (wenn sie nur Verstand haben) auflösbar." Dann zieht König den Schluß: „Welchen Weg der deutsche Idealismus von Kant
bis Hegel ging, kann man daraus ermessen, wenn man diesem
klassisch weltbürgerlichen Satz Kants die um nichts weniger eindeutige Formulierung Hegels aus seiner ‚Philosophie des Rechts'
gegenüberstellt: ‚Der Staat ist die Wirklichkeit der sittlichen
Idee.'" (König 1987, S. 64)
In der Tat haben wir es hier mit geradezu sich gegenseitig aus-
schließenden und unvereinbaren Gegensätzen zu tun, die sich für
den weiteren Verlauf der geistgeschichtlichen Entwicklung und
die enorme Beeinflussung der handelnden Personen auf der poli-
tisch-historischen Bühne Deutschlands fatal, wenn nicht gar ver-
hängnisvoll auswirkten. Wichtig wurde jetzt auch, wie schon zu
früheren Zeiten, *wie* man die objektive Welt erkennt, ob es überhaupt eine objektive Welt gibt. *Erkenntnistheorie* war nicht nur
eine bestimmte philosophische Kategorie, sondern auch eine
Grundlage, auf der man Weltanschauungen und Ideologien aufbaute. Erkenntnistheorien wurden dabei – vor allem in den politischen Auseinandersetzungen – zu Waffen. Darum müssen wir auf
sie kurz eingehen. Kants Denken und Absicht waren völlig darauf
gerichtet, eine Erkenntnissicherheit zu gewinnen, die sich nicht
allein auf empirische Fakten stützt, sondern sich auch an der Annahme einer „transzendentalen Subjektivität" orientiert. Kausalität, Raum, Zeit usw., die der Mensch als Integrat dieser Welt
„erlebt", muß im Menschen selbst schon „angelegt" sein, so
Kant, als „Geist" oder als eine Substanz, die nicht allein in diese
Welt einbezogen ist. Es handelt sich dabei allerdings nicht um
eine göttliche, überirdische und nichtmenschliche Substanz, sondern um eine im menschlichen Subjekt angelegte. Die Objekte
stehen deshalb immer außerhalb des subjektiven Erkennens, so
daß man zwischen den „Dingen an sich" und den subjektiv wahr-
genommenen Erscheinungen unterscheiden müsse. Diese er-
kenntnistheoretische Unterscheidung zwischen den subjektiven
Erscheinungen und den „Dingen an sich" hat *Kant* allerdings nie
verführt, ein Absolutes im Sinn von *Hegel* als Ausgangspunkt für
die Erkundung dieser Welt in Anspruch zu nehmen. Für Kant blieben die menschliche Erkenntnismöglichkeit begrenzt und das All
„unerforschlich".

Es ist nun nicht meine Aufgabe, die erkenntnistheoretischen Grundlagen Kants und die der Begründer des deutschen Idealismus, Fichtes, Schellings und Hegels, in aller Breite zu referieren, um ihre Unterscheidungen herauszuarbeiten. Allerdings muß man diese Unterscheidungen schon deshalb voraussetzen, weil auf den kaum nachvollziehbaren Absonderlichkeiten in *Hegels* Erkenntnistheorien (und nicht nur dort) sich geradezu monströse Denksysteme entwickelten, die im politischen Raum zu Modellen wurden, welche sich in verhängnisvolle Fakten verwandelten.

Da *Hegel* und seine Epoche nach meiner Meinung einen Großteil der geistesgeschichtlichen Grundlagen bilden, auf denen wir uns heute noch (wenn auch modifiziert) bewegen, müssen wir uns die Mühe machen, etwas näher auf sie einzugehen. Es gab nicht nur nach Hegels Tod (1831) sofort die „Rechts"- und „Linkshegelianer", sondern es wurde, wie Ernst Cassirer schreibt, „ein Kampf auf Leben und Tod". Dazu führt er näher aus: „...der Hegelianismus... hat seinen Aktionsradius ungeheuer ausgedehnt, aber seine Einheit und innere Harmonie sind verloren. Es ist nicht mehr ein klares, homogenes, festes System politischen Denkens. Verschiedene Schulen und Parteien berufen sich auf die Autorität Hegels; aber gleichzeitig geben sie vollständig verschiedene und unvereinbare Interpretationen seiner fundamentalen Prinzipien ... Bolschewismus, Faschismus und Nationalsozialismus haben das Hegelsche System aufgelöst und in Stücke zerrissen. Unablässig kämpfen sie miteinander um die Reste der Beute. Und dies ist nicht mehr ein bloß theoretischer Streit. Er hat schreckliche politische Wirkungen... Der Hegelianische ‚rechte' und ‚linke' Flügel bekämpfen einander unablässig... Kürzlich erhob ein Historiker die Frage, ob der Kampf zwischen den Russen und den eindringenden Deutschen im Jahre 1943 nicht im Grunde ein Kampf zwischen dem linken und rechten Flügel der Schule Hegels sei. Das mag als eine übertriebene Formulierung des Problems erscheinen, aber es enthält einen wahren Kern." (E. Cassirer, 1978, S. 323)

Das Schicksal wollte es, daß *Hegel* sich nicht nur mit dem *Philosophen* Schelling auseinandersetzen mußte, sondern auch mit seinem *Jugendfreund* Schelling. Dies wäre dann nebensächlich, wenn man nicht in der Jugendfreundschaft zur Zeit ihrer gemeinsamen Tübinger Stift-Jahre jene Wurzeln ausmachte, die nicht nur das Denken von Hegel und Schelling bestimmten, sondern auch das ihrer Epoche. Nicht nur *Hegel* und *Schelling* verbrachten in gemeinsamer Freundschaft diese Jugendjahre im Stift zu Tübingen – *Hölderlin*, der Dichter des „Hyperion", war der Dritte im Bunde. Es waren die Jahre 1788 bis 1793, die Hegel in Tübingen lebte, und es war die Zeit der Französischen Revolution, für die sich die drei Studenten begeisterten. In diesen Jahren waren sich die jungen Studenten einig, daß diese marode Welt verändert werden müsse. Friedrich Heer sagt dazu: „Die drei Tübinger Stiftschüler Hölderlin, Schelling und Hegel sind drei Seminaristen, die im Widerstand gegen die protestantische Orthodoxie vereint sind. Nicht aus Antireligiösität, sondern wie sie selbst überzeugt sind – sie verabschiedeten sich beim Hinaustritt in die Welt mit dem Losungswort: ‚Reich Gottes' – auf Grund einer tieferen, das All, das Eine, Natur, Gott, Welt und Menschheit umfangenden Frömmigkeit. ‚Das Pathos, das sie im Stift beseelt, ist kein geringeres als der Wille, die Welt von Grund auf neu zu gestalten. Es ist schwer, sich in die eschatologische Hoffnung jener Generation hineinzuversetzen, wo eine solche Entschlossenheit den ersten jugendlichen Rausch überdauert.' (Emil Staiger) Halten wir zumindest in Parenthese fest: hier ist der Ansatzpunkt, an dem die linken Junghegelianer, die Ruge, Bruno Bauer, Köppen, Rutenberg sich im ‚Doktorclub' in Berlin mit dem jungen Karl Marx treffen: es ist der entschlossene Wille, die Welt zu ändern, zu verbessern." (Friedrich Heer, 1955, S. 19) Nicht nur, daß Karl Marx der Meinung war, man müsse das gesamte Hegelsche System vom Kopf wieder auf die Füße stellen, sondern er hatte auch vor, zusammen mit den Junghegelianern „den Titanismus der jungen Tübinger" zu „reinigen", zu „säubern" von all ihren „religiösen Zutaten", wie Heer an der gleichen Stelle schreibt. Und in der Tat stehen wir bei diesen Absichten und Interpretationen Hegelschen Denkens an einer Wegscheide deutschen Denkens: der Universalismus Hegels, den er in seinen späten Jahren geradezu selbst provinzialisierte, wurde von den „Nachfolgern" für alle möglichen Weltanschauungen und politischen Programme instrumentalisiert, für den Marxismus, für die Staatsverherrlichung, für den Nationalismus.

Wie konnte dies geschehen? Der „Titanismus" der Tübinger Stiftstudenten gründete in der Abkehr vom „partikularen" Protestantismus und in der Hinwendung zum Allumfassenden des „Katholos". Schelling war dabei die treibende Geisteskraft. *Friedrich Heer* bezeichnet ihn als „eine der unheimlichsten Erscheinungen im deutschen Raum des 19. Jahrhunderts". *Karl Jaspers* hat vor Schelling gewarnt, *Emil Staiger* ihn „eine ungeheure Hybris" zugeschrieben. Schelling, der Zeit seines Lebens einige Male seine philosophischen Gebäude dabei umgestoßen und neu errichtet hat, glaubte schon in seinen jungen Jahren eine „Weltformel" zu besitzen. Für ihn ist im All alles integriert: Gott, Welt, Natur, Menschen. Mit diesem All und in dieser Einheit findet sich auch die Allmacht des Menschen. Dieses All ist eine Totalität, in der alles aufgehoben ist: Widerspruch und Übereinkunft, das Böse und das Gute, das Leben und der Tod. In der Geschichte offenbart sich Gott, das *Absolute*. Der fünf Jahre jüngere *Schelling* riß den älteren, etwas schwerfälligen *Hegel* mit, genauso wie Schelling als junger Dozent in Jena seine Hörer und mit ihnen die Romantiker mitriß. Er verfügte über ein großes Wissen und einen überschäumenden Enthusiasmus. Heer schreibt dazu: „Der junge Hegel wurde geblendet – er, der Bedächtige, langsam Wachsende und Reifende, der hausbackene Geselle, wie er seinen Tübinger Genossen erscheint – wurde geblendet von der raschen, eleganten, großartigen Art, mit der Schelling sich im Herzen des Absoluten etablierte und in wenigen Jahren die begeisterte Gefolgschaft einer deutschen Elite von Schwärmern errang, die das neue Zeitalter des heiligen Geistes gekommen sahen, in dem der Mensch Gottes Schöpfermacht und -tat aus der Kraft eigener Freiheit übernommen hat. Hegel wurde durch Schelling zum (unbewußten) Nachfolger der Pansophisten des deutschen 16. und 18. Jahrhunderts, zum Erben auch der barocken Weltbaumeister. Pansophie, Alchemie, der Stein der Weisen, der Schlüssel zum All: der *barocke Weltbaumeister* ... der mit einem Zauberwort, einer Zauberformel die Elemente, die Natur, ... den Menschen *begreift* und *verwandelt*, steht hinter Schelling, hinter Hegel." (a.a.O. S. 21)

Überblickt man ihr gemeinsames Leben in Tübingen und ihre Philosophien der späteren Jahre, so scheint es gar nicht so fragwürdig zu sein, wenn Schelling später grollte, Hegel habe seine, Schellings, Ideen und Gedanken *gestohlen*. Überhaupt hat sich Hegel als ein „schlimmer Freund" gegenüber Hölderlin und Schelling erwiesen. Heer formuliert dies, er habe sie „überschwiegen". Im Grunde hatte Hegel, nachdem Hölderlin ihm in schwieriger Zeit eine Hauslehrerstelle besorgte und Schelling ihm beim Ergreifen der akademischen Laufbahn behilflich geworden war, seine Tübinger Freunde verraten, denen er praktisch alles verdankte. Von Hölderlin erlernte Hegel den Gebrauch des

Gefühls und das Empfinden der Natur, das Sichversenken in die allumfassende Frömmigkeit und Demut, mit der man der Schöpfung begegnen sollte. Von Schelling übernahm er den „Durchbruch", jenes über das durch die menschliche Erkenntnisbeschränkung begrenzte Terrain auf das „All" zielende Streben, im „Panlogismus" die Welt und die gesamte Schöpfung erklären zu können, ein Schöpfungsall, in dem alles aufgehoben ist, das Gute wie das Böse, alle Widersprüche und alle Polarität. Er „überschwieg" später die Freunde, nachdem er sie ausgenutzt hatte, aber „nie überwindet er seinen Hölderlin und seinen Schelling in der eigenen Brust" (Heer).

Der Weg Hegels, der als junger Dozent damit begonnen hatte, die gesamte Totalität des Alls zur Grundlage seines Systems zu machen, und der den „Weltgeist" entdeckte, endete später in der preußischen Staatsenklave, um im Provinzialismus eines Denkens zu versteinern, das die höchste Verwirklichung der Sittlichkeit und des Weltgeistes im Staate erkannte und dann auch noch predigte. Der Vorwurf, Hegel habe dies ausschließlich um des schnöden Mammons und um des Ehrgeizes willen getan, der größte Philosoph Europas zu sein, bedeutet, ihm einen bösen Opportunismus zuzuschreiben. Sein Opportunismus aber ist Provinzialismus, und mit dieser Provinzialität wuchsen die Früchte seiner Lehren auf dem deutschen Boden besonders gut, denn die kleinstaatlichen Fluren Deutschlands waren durch provinzialistisches Denken besonders kräftig gedüngt. Was hat nun Hegel im einzelnen gelehrt? In aller Kürze könnte man dazu folgende Zusammenfassung geben:

Hegels großes Werk „Phänomenologie des Geistes" zielt alles in allem auf die Fixierung und Festsetzung eines „Letztendlichen", eines *Absolutums*. Deshalb kann man diesen Buchtitel auch umwandeln, ohne seinen Sinn umzuändern, und zwar in: „Die Wissenschaften von den Erscheinungen des Absoluten". Darauf hat schon Werner Becker hingewiesen. (Werner Becker, 1982, S. 117) Hegels „Absolutes", das für unser Thema besonders interessant wird, wenn man es in seinen Staatstheorien aufspürt, ist in seiner Erkenntnistheorie ein Gemenge von physischen und metaphysischen „Wahrnehmungen", deren Substanzen er im menschlichen Bewußtsein festmacht. Dazu sagt Becker: „Dem Idealisten Hegel zufolge ist das menschliche Bewußtsein der Ort des Absoluten; es ist dies nicht – wie etwa nach Vorstellungen der christlichen Theologie – ein jenseitiger, von der Welt, in der wir

als Menschen leben, unabhängiger absoluter Geist oder etwa –
wie in Grundvorstellungen materialistischer Philosophen – die
bewußtsseinsunabhängige materielle Welt außerhalb von uns.
Das macht deutlich, daß Hegels Philosophie vom Grundansatz
her bereits subjektiver Idealismus im klassischen Sinn des Begriffs ist." (a.a.O., S. 130)

Daß das menschliche Bewußtsein als Ort des Absoluten dient,
kann dann nur so gestaltet sein, wenn in ihm das Subjektive und
die „Dinge an sich" in einer Totalontologie zusammenfallen.
Diese Totalontologie läßt in den Teilen das Ganze erscheinen.
Kant hat zwar neben den empirisch auszumachenden „Dingen"
Begriffe erarbeitet, die „jenseits" der Empirie liegen, wie Raum,
Zeit und Substanz, Wechselwirkung und Kausalität, und findet in
der menschlichen Subjektivität einen „Geist", den er jener schon
erwähnten „transzendentalen Subjektivität" zuweist, aber nie in
eines zusammenfallen läßt. Subjekt und das „Ding an sich" sind
genau unterschieden und treffen sich nicht „absolut" im menschlichen Bewußtsein. Mit anderen Worten: Subjekt und Objekt sind
unterschieden. Das Objekt ist nicht ausschließlich das Produkt
unserer subjektiven Vorstellung.

Fichte allerdings ging hierbei weit über Kant hinaus. Dazu Bek-
ker: „Fichte. . .entwirft eine Philosophie, die die Entstehung des
wissenden Ich wie der an-sich-seienden Welt aus einem absoluten Prinzip erklären will. Dieses absolute Prinzip muß zunächst
einmal mit dem Maßstab der subjektiven Selbstgewißheit ver-
träglich sein. Es muß folglich igendwie in unserer menschlichen
Subjektivität anzutreffen sein. . . In verschiedenen Schriften versucht Fichte nun zu zeigen, daß es in unserer menschlichen Subjektivität so etwas wie einen ‚absoluten Grund' gibt. Er findet diesen Grund in unserem Selbstbewußtsein. . . Nach ihm werden
wir durch keinen äußeren Anstoß oder Anlaß dazu gebracht, uns
als Bewußtsein zu empfinden. . . Diese absolute (=von nichts anderem verursachte) Spontaneität, die zu unserem menschlichen
Denken und Vorstellen gehört, ist für Fichte das herausragende
Kennzeichen eines absoluten Elementes in uns. Er nennt dieses
‚Absolute'. . . ‚absolutes Ich'." Das allerdings heißt nichts anderes, als „daß es der letzte (absolute) Grund ist, auf den alles Wissen zurückgeführt werden muß." (a.a.O. S. 111/112) Die „be-
wußtseinsfähige Subjektivität" und die „Existenz der Welt" seien
„überempirische" Voraussetzungen des Wissens. Fichte nennt sie
„Ich" und „Nicht-Ich". Dazu nochmals Becker: „Wenn das Abso-

lute . . . in uns selbst ist, dann hat es nach Fichte keinen Sinn, in bezug auf die Erkenntnis der Welt zwischen Erscheinungen und Dingen-an-sich, wie Kant es tat, zu unterscheiden. Das ‚absolute Ich' muß nach ihm der ‚absolute' Grund der Welt, wie sie an sich ist, sein." (ibid.) Und gerade auf diesen erkenntnistheoretischen Unterscheidungen beruhen die unterschiedlichen „Weltbetrachtungen". Ich habe sie deshalb – wenn auch in Kurzfassung – hier aufgeführt.

Hegel folgte Fichte nicht nur als Professor auf dessen Berliner Lehrstuhl, sondern auch auf dessen eingeschlagenem Weg, der das „Absolute" im menschlichen Bewußtsein ortete. Hegel ging es stets um die Auffindung, Formulierung und Festsetzung des *Absoluten*, um „Gott", um die „letzten Dinge", die er in Religion und Geschichte – für ihn die wichtigsten Gebiete der Wissenschaft, die philosophisch durchdrungen werden mußten – darstellen wollte. Idee und Weltgeist, Früchte seiner Erkenntnistheorie, die ausschließlich aus dem „Geist" abzuleiten sind, bestimmen die „letzten Dinge", die sich im Gang der Weltgeschichte offenbaren.

Dieses Unternehmen war für ihn Programm. Schon in seiner Antrittsvorlesung an der Berliner Universität, am 22. Oktober 1818, schlägt er die Pfähle ein, die sein Revier abgrenzen. Er sieht sich dabei als der über allem und allen Stehende, weil er nach dem Höchsten greift, nach dem Absoluten, nach der *Idee*, dem Geist, der selbst die Materie in sich „aufgenommen" hat. Was sind gegen ihn die Aufklärer, was ist gegen ihn Kant (von Schelling und Fichte ganz zu schweigen!)? Er sagt in seiner erwähnten Antrittsrede: „Die Verzweiflung an der Vernunft war, wie es bis zu ihr gekommen war, nicht mit Schmerz und Wehmut verknüpft; aber bald haben der religiöse und sittliche Leichtsinn und dann die *Plattheit und Seichtigkeit des Wissens, welche sich Aufklärung nannte*, frank und frei ihre Ohnmacht bekannt und ihren Hochmut in das gründliche Vergessen höherer Interessen gelegt; und zuletzt hat *die sogenannte kritische Philosophie diesem Nichtwissen des Ewigen und Göttlichen* ein gutes Gewissen gemacht, indem sie versichert, bewiesen zu haben, daß *vom Ewigen und Göttlichen nichts gewußt werden könne*. Diese vermeinte Erkenntnis hat sich sogar den Namen Philosophie angemaßt und nichts ist der Seichtigkeit des Wissens sowohl als des Charakters willkommener gewesen, nichts so bereitwillig von ihr ergriffen worden, als diese Lehre der Unwissenheit, wodurch eben diese

Seichtigkeit und Schalheit für das Vortreffliche, für das Ziel und Resultat alles intellektuellen Strebens angegeben worden ist."

Nachdem Hegel mit diesen einführenden und programmatischen Worten nicht nur die gesamte *Aufklärung* ("Plattheit und Seichtheit des Wissens"), sondern auch *Kant* (und mit ihm Fichte und Schelling), ohne deren Namen zu nennen, quasi in die "seichte" Ecke verwiesen und das sokratische Wort vom "Ich weiß, daß ich nichts weiß", samt Kants bescheidener Demut vor der Schöpfung ("das moralische Gesetz in meiner Brust und der gestirnte Nachthimmel über mir") vom Tisch gewischt hat, bringt er sich selbst als Philosoph aller Philosophen ein, indem er in der gleichen Rede mit Überzeugung fortfährt: "Das Wahre nicht zu wissen und nur Erscheinungen des Zeitlichen und Zufälligen – nur das Eitle zu erkennen, diese Eitelkeit ist es, welche sich in der Philosophie breit gemacht hat und in unseren Zeiten noch breit macht und das große Wort führt. Man kann wohl sagen, daß, seitdem sich die Philosophie in Deutschland hervorzutun angefangen hat, es nie so schlecht um diese Wissenschaft ausgesehen hat, daß eine solche Ansicht, welche noch von der vorhergehenden Periode sich herübergeschleppt hat, und welche mit dem gediegenen Gefühl, dem neuen substantiellen Geiste so sehr in Widerspruch steht. *Diese Morgenröte eines gediegenen Geistes begrüße ich, rufe ich an;* mit ihm nur habe ich es zu tun, indem ich behaupte, daß die *Philosophie Gehalt haben müsse,* und *indem ich diesen Gehalt vor Ihnen entwickeln werde.*" (Hervorhebungen von mir, W.N.)

Seine unmittelbaren Vorgänger (Kant, Fichte etc.) haben demnach "das Eitle", die "Erscheinungen des Zeitlichen und Zufälligen" von früher, "von der vorhergehenden Periode" herübergeschleppt, während er, Professor Hegel, nunmehr die "Morgenröte eines gediegenen Geistes" nicht nur begrüßt, sondern vor allem, als alleiniger Besitzer des wahren philosophischen "Gehalts", diesen Gehalt, der implicite die "Morgenröte des Geistes" beinhaltet, endlich "entwickeln" wird.

Nachdem er auf so kurze und bündige Art mit der kritischen Philosophie (Kant) und der gesamten Aufklärung in seiner Antrittsrede abgerechnet und sie des Feldes verwiesen hat, sagt er auch noch schnell, worum *ihm* es gehen wird. Er ruft den Geist der Jugend an, die "noch nicht in dem System der beschränkten Zwecke der Not befangen" ist, die "noch unbefangen... von dem Gehaltlosen eines bloß *kritischen* Bemühens" (wobei "kritisches

302

Bemühen" auf Kant zielt), und steigert sich dann zu der Aussage: „Was im Leben wahr, groß und göttlich ist, ist es durch die Idee; das Ziel der Philosophie ist, sie in ihrer wahrhaften Gestalt und Allgemeinheit zu erfassen. Die Natur ist darunter gebunden, die Vernunft nur mit Notwendigkeit zu vollbringen; aber das Reich des Geistes ist das Reich der Freiheit. Alles, was das Leben zusammenhält, was Wert hat und gilt, ist geistiger Natur, und dies Reich des Geistes existiert allein durch das Bewußtsein von Wahrheit und Recht, durch das Erfassen der Ideen."

Die Natur, die Dinge, die Materie sind dem Geist, der Idee untergeordnet, sie gehen im Geiste auf. Selbst das *Absolute*, das bisher jenseits allen Menschseins gedacht wurde, ist im Bewußtsein des Menschen beheimatet und festgezurrt.

Man stelle sich nur den ungeheuren Wandel vor, der sich von der christlichen Sicht bis zu Hegels Denken vom Absoluten vollzogen hat. Die Existenz Gottes, die *außerhalb* dieser Welt und vor allem *außerhalb* des Menschen *da* ist, war und ist *das* Absolute des christlichen Glaubens. Die weitere Entwicklung auf der Suche nach anderen Möglichkeiten des Absoluten landet bei Hegels Setzung des Absoluten im Bewußtsein des Menschen! Dort ist nun das Absolute fixiert! Welch ein Unterschied, welch eine Wandlung!

Nachdem nun Hegel mit Grundlegung seiner dialektischen Methode in der „Phänomenologie des Geistes" seine Erkenntnistheorie und Totalontologie begründet hatte, setzte er sich in seinen weiteren Schriften (z.B. „Grundlinien der Philosophie des Rechts", „Enzyklopädie der Wissenschaften", „Wissenschaft der Logik", „Naturrecht und Staatswissenschaft im Grundriß" usw.) mit der Weiterverfolgung des „Absoluten" in den mannigfachsten Segmenten der menschlichen und „natürlichen" Erscheinungen auseinander. Hierzu wollen wir, ehe wir zu seinen Auslegungen der *Freiheit* und zu der Kritik daran kommen, zwei Gedanken hervorheben, die bis heute in der philosophisch-sozialwissenschaftlich-staatstheoretischen Auseinandersetzung eine große Rolle spielen: die Methode der Dialektik und die These, daß der Staat die „Wirklichkeit der sittlichen Idee" sei.

Bei der Lektüre der Hegelschen Philosophie hat man – aus heutiger Sicht – den Eindruck, daß die so viel und so oft zitierte dialektische Methode bei ihm nicht jene bedeutende Rolle spielt, die man nach Durchsicht der Sekundärliteratur vorzufinden meint. Becker drückt diese Meinung sehr deutlich aus, wenn er schreibt:

„Was Hegels eigene Vorstellung von Dialektik angeht, so muß man klar herausstellen, daß dieser Begriff in seiner Philosophie überhaupt nicht die Rolle spielt, die er später angenommen hat. . . Was bezeichnet der Begriff bei ihm, wenn es denn schon so ist, daß das Interesse an Hegels Philosophie heutzutage mit dem Interesse an der Dialektik weitgehend identisch geworden ist?" fragt Becker. Darauf antwortet er: „Auf keinen Fall versteht Hegel unter Dialektik eine *Methode* im Sinne von Denkanweisungen. Dialektik ist für ihn ein Begriff, welcher die Eigenschaft der Dinge bezeichnet, wenn man sie *sub specie absoluti* betrachtet; mit anderen Worten: wenn man die Welt aus dem Gesichtswinkel Gottes betrachtet." Und nun kommt die zusammenfaßende Folgerung: „. . .nach seiner (Hegels, W.N.) eigenen Philosophie zeigt sich dann, daß der menschliche Geist den göttlichen bzw. absoluten Geist in sich selber trägt. Diese gesamtidealistische These führt. . . zu der Behauptung von der Identität von Endlichem und Absolutem. Sie ist zugleich die Kurzformel, die die wichtigste Eigenschaft des Hegelschen Begriffs vom Absoluten beschreibt. Und sie ist es auch, die den Ansatz zu all jenen paradoxen Formulierungen enthält, was Hegel unter Dialektik versteht. Bestreitet man ihm diese Konzeption. . . dann beseitigt man auch die Basis, von der aus dialektische Formulierungen im Hegelschen Sinn möglich sind. Dialektik gibt es nur im Rahmen des Hegelschen Konzepts einer absoluten Identität. Sie steht und fällt mit dem idealistischen Ansatz als solchem." (Becker, a.a.O., S. 146/147)

Wie steht es nun um die politisch-staatstheoretischen Entwürfe Hegels? Vielleicht sollte man sich zunächst den wichtigen und kontrovers geführten Diskussionen zu Hegels Staatstheorien aus der Sicht eines seiner Zeitgenossen nähern, der die Vorgänge vom Ausland (Paris) aus beobachtete: *Heinrich Heine*. In seiner Schrift „Die romantische Schule" (1833), die er für ein *französisches* Lesepublikum verfaßt hat, schildert er neben dem Wirken und den Werken der Literaturheroen der Romantik auch die idealistische Philosophieschule, d.h. die Philosophen Schelling und Hegel. „Der frühere Schelling", beginnt Heine seine Einschätzung, „war ein kühner Protestant, der gegen den Fichteschen Idealismus protestierte. Dieser Idealismus war ein sonderbares System, das besonders einem Franzosen befremdlich sein muß. Denn während in Frankreich eine Philosophie aufkam, die den Geist gleichsam verkörperte, die den Geist nur als eine Modifikation der Materie anerkannte, kurz, während hier der Materialis-

304

mus herrschend geworden, erhob sich in Deutschland eine Philosophie, die ganz im Gegenteil nur den Geist als etwas Wirkliches annahm, die alle Materie nur für eine Modifikation des Geistes erklärte, die sogar die Existenz der Materie leugnete. Es schien fast, der Geist habe jenseits des Rheines Rache gesucht für die Beleidigungen, die ihm diesseits des Rheines widerfahren... Diese Philosophie, die wirklich die höchste Spitze des Spiritualismus bildet, konnte sich ebensowenig erhalten, wie der krasse Materialismus der Franzosen, und Herr Schelling war der Mann, welcher mit der Lehre auftrat, daß die Materie, oder wie er es nannte, die Natur, nicht bloß in unserem Geiste, sondern auch in der Wirklichkeit existiere, daß unsere Anschauung von den Dingen identisch sei mit den Dingen selbst... Solches geschah zu Anfang des Jahrhunderts. Herr Schelling war damals ein großer Mann. Unterdessen aber erschien Hegel auf dem philosophischen Schauplatz; Herr Schelling, welcher in letzter Zeit nichts schrieb, wurde verdunkelt... Die Hegelsche Philosophie ward die beherrschende, Hegel ward Souverän im Reiche der Geister, und der arme Schelling, ein heruntergekommener, mediatisierter Philosoph, wandelte trübselig umher unter den anderen mediatisierten Herren zu München. Da sah ich ihn einst, und hätte schier Thränen vergießen können über den jammervollen Anblick. Und was er sprach, war noch das Allerjämmerlichste, es war ein neidisches Schmähen auf Hegel, der ihn supplantiert. Wie ein Schuster über einen Schuster spricht, den er beschuldigt, er habe sein Leder gestohlen und Stiefel daraus gemacht, so hörte ich Herrn Schelling, als ich ihm zufällig mal sah, über Hegel sprechen, über Hegel, welcher ihm ,seine Ideen genommen'; und ,meine Ideen sind es, die er genommen', und wieder ,meine Ideen' war der beständige Refrain des armen Mannes... Daß Unmut wegen Hegels immer steigenden Ansehen den armen Herrn Schelling dahin geführt, wo wir ihn jetzt sehen, nämlich in die Schlingen der katholischen Propaganda, deren Hauptquartier in München. Herr Schelling verriet die Philosophie an die katholische Religion... Es ist wahr, die metaphysischen Systeme der meisten deutschen Philosophen glichen nur allzusehr bloßem Spinngeweb. Aber was schadet das?... Seit Schelling verlor die deutsche Philosophie diesen dünnen, aber harmlosen Charakter. Unsere Philosophen kritisierten seitdem nicht mehr die letzten Gründe der Erkenntnisse und des Seins überhaupt, sie schwebten nicht mehr in idealistischen Abstraktionen, sondern sie suchten Gründe, um das Vorhandene zu rechtfertigen, sie wurden Justifikatoren dessen, was ist. Während unsere früheren Philosophen arm und entsagend in kümmerlichen Dachstübchen hockten und ihre Systeme ausgrübelten, stecken unsere jetzigen Philosophen in der brillanten Livree der Macht, sie wurden Staatsphilosophen, nämlich sie ersannen philosophische Rechtfertigungen aller Interessen des Staates, worin sie sich angestellt befinden. Z.B. Hegel, Professor in dem protestantischen Berlin, hat in seinem System auch die ganze evangelisch-protestantische Dogmatik aufgenommen; und Herr Schelling, Professor in dem katholischen München, justifiziert jetzt in seinen Vorlesungen selbst die extravagantesten Lehrsätze der römisch-katholisch-apostolischen Kirche."

Was *Heinrich Heine* schon im Jahre 1833 in Paris dem Professor Hegel ankreidete – nämlich ein (preußischer) „Staatsphilosoph" zu sein –, haben später unzählige Kritiker vertieft und in immer neue Kritikformen gegossen. Allen voran hat *Arthur Schopenhauer* die schärfsten Attacken gegen Hegel geritten. In der neuesten Zeit war es *Karl R. Popper*, der Hegel zu den Feinden der „offenen Gesellschaft" rechnete. Auf diese Kritiken wollen wir *nur* dort eingehen, wo sie für unser Thema wichtig sind, und weil Hegel ein Mann war, der sich selbst als „Philosoph der Freiheit" einschätzte, aber ein „System" hinterließ, das zur Grundlage vieler Ideologien wurde, die heute noch die gesamte Zivilisation zu zerstören drohen. „Mancher damalige Kritiker durchschaute Hegel." Schopenhauer spricht von einer „Periode der Unredlichkeit".

Damit meint er die Nach-Kant'sche Zeit, von der Karl Jaspers einmal sagte: „Als Kant 1804 starb, war er von vielen vergessen. Kants Schritt ist einzig in der Weltgeschichte der Philosophie. Seit Plato ist im Abendland kein Schritt getan, der in der herben Luft des Denkens so umwendende Folgen hat. . . Hat man Kant angeeignet. . . so ist es wie nach der Besteigung eines höchsten Berges: man übersieht alle anderen Berge und nun wird es leicht, sich zurückzufinden und diese anderen besser kennenzulernen." (K. Jaspers, 1992, S. 613, 615)

Es ist nicht abzuleugnen, daß Hegel tief in der abendländischen Geistesgeschichte wurzelte. Auf seine aristotelische „Herkunft" hat nicht nur Popper hingewiesen. Aber auch Heraklit und Platon gehören zu seinen geistigen Vätern sowie auch Spinoza, Montesquieu und Rousseau, so auch Leibniz und selbstredend Thomas von Aquin sind zu seinen ihn stark beeinflussenden geistigen Ahnen zu zählen. Gerade deshalb, und weil er auch immer noch in aller Welt (in China wie in Osteuropa, aber auch in Frankreich und Italien) studiert und diskutiert wird, muß zum einen seine Schlüsselstellung innerhalb der damaligen deutschen Universität kritisch beleuchtet und zum anderen sein Charakterbild auch von Kritikern gezeichnet werden.

Poppers Kritik setzt mit der These ein, daß es unwahrscheinlich sei, „daß Hegel ohne Unterstützung von seiten des preußischen Staates je zu der einflußreichsten Gestalt der deutschen Philosophie hätte emporsteigen können... Als die reaktionäre Partei im Jahre 1815 in Preußen wieder die Macht übernahm, bedurfte sie dringend einer Ideologie. Hegel wurde ernannt, um diesem Bedürfnis zu entsprechen..." Popper zitiert einige „Stellen" Hegels: „Das allgemeine ist im Staate. Der Staat ist die göttliche Idee, wie sie auf Erden vorhanden ist... Man muß daher den Staat wie ein Irdisch-Göttliches verehren und einsehen, daß, wenn es schwer ist, die Natur zu begreifen, es noch unendlich schwerer ist, den Staat zu fassen... Es ist der Gang Gottes in der Welt, daß der Staat ist. Der Staat ist Organismus, und zum vollendeten Staat gehört wesentlich das Bewußtsein, das Denken; der Staat weiß daher, was er will. Der Staat ist wirklich und... die wahrhafte Wirklichkeit ist Notwendigkeit: was wirklich ist, ist in sich notwendig." (Karl Popper, a.a.O. S. 38–41. Zu den Hegelzitaten siehe die Anmerkung auf S. 385. Hervorhebungen von mir, W.N.)

Hegels Sinndeutungen der Weltgeschichte und des obwaltenden Weltgeistes manifestierten sich im *Staate*. Und diese „Sinndeutung", so glaube nicht nur ich, kommt nicht von ungefähr. Sie ist der Kotau des Staatsphilosophen – der nicht nur seine Jugendfreunde „verraten" hatte, sondern auch der Karriere und des ehrgeizigen Strebens als Welt- und Sinndeuter wegen über manche Leiche ging – vor dem Souverän Friedrich Wilhelm III., der 1810, 1811, 1814 und nicht zuletzt 1820 (als Hegel bereits zwei Jahre in Berlin lehrte) das Versprechen zur Schaffung einer Verfassung nicht nur brach, sondern auch alle Bitten und Forderungen in diese Richtung strikt ablehnte.

Schopenhauer schreibt in seiner Vorrede zur zweiten Auflage seines Werkes „Die Welt als Wille und Vorstellung": „Wie sollte... überhaupt die zum Broderwerb herabgewürdigte Philosophie nicht in Sophistik ausarten? Eben weil dies unausbleiblich ist und die Regel ‚Weß Brod ich ess', deß Lied ich sing' von jeher gegolten hat, war bei den Alten das Geldverdienen mit der Philo-

sophie das Merkmal des Sophisten." (Schopenhauer 1972, S. XVII
– XIX. Die Schreibweise im Original.) Mit dem „Sophisten" sowie
den anderen Anwürfen zielt Schopenhauer auf *Hegel*. An anderer
Stelle wurde er noch deutlicher, wenn er über Hegel sagt: „Hegel,
von oben herunter zum großen Philosophen gestempelt, ein plat-
ter, geistloser, ekelhaft-widriger unwissender Scharlatan, der,
mit beispielloser Frechheit, Aberwitz und Unsinn zusammen-
schmierte, welche von seinen feilen Anhängern als unsterbliche
Weisheit ausposaunt und von Dummköpfen richtig dafür genommen wurden, und ein so völliger Chorus der Bewunderung entstand, wie man ihn nie zuvor vernommen hatte. Die einem solchen Menschen gewaltsam verschaffte, ausgebreitete geistige
Wirksamkeit hat den intellektuellen Verderb einer ganzen gelehrten Generation zur Folge gehabt." (Nach Popper, 1980, Bd. 2,
S. 43) In diesem Zusammenhang sei daran erinnert, daß auch in
unserem Jahrhundert Herbert Marcuse und Adorno, wie auch immer gewendet, „den intellektuellen Verderb einer ganzen gelehrten Generation zur Folge gehabt" haben, wie mir scheint.

Zusammenfassend ist zu sagen, daß Hegels „System", so sehr
man es auch der Unlogik und Flachheit zeihen mag, einen Riesen-
felsblock darstellt, den alle nachfolgenden „Schulen", Ideologen
und Welt-Sinndeuter als Steinbruch nützten, um daraus ihre Göt-
zenbilder zu hauen. Hegel selbst, der die Welt verändern wollte,
scheiterte innerlich an der politischen Krise seiner Zeit und an
seinem Charakter. Seine Lehre, die das „Absolute" im Menschen
selbst entdeckt hatte, hätte dadurch doch zu einer „Freiheits-
lehre" werden müssen: Was ist „freier" als die Überzeugung, das
„Absolute" sei im Menschen verankert? Er zwängte aber alles –
Weltgeist, Sittlichkeit usw. – in das Korsett des „absoluten" Staates, der stets die *Freiheit* des Menschen *abschafft* und als Aufse-
her darüber wacht, daß die Freiheit des Einzelnen seine eigene
Macht nicht gefährdet. Er ist *der* Gegner der Freiheit par excel-
lence.

Mit diesem Menschen- und Weltbild Hegels konnten die kommenden Demagogen guter Dinge sein und Sinn- und Lebensentwürfe propagieren, die auf die höchsten Gipfel der Menschheit
führen sollten, aber in einer Misere endete, von der wir uns bis
zum heutigen Tage noch nicht erholt haben. Der Mensch, so
scheint es, folgt nie den rauhen und schwierigen Pfaden der Vernunft, die zwar kein Schlaraffenland, aber ein Leben in Wahrheit
verspricht, sondern den verheißungsvollen Irrwegen der Scharla-

tane, die nicht nur das Wissen über Ursprung und Ziel der Menschheit allein zu besitzen vorgeben. Sie haben immer jenseits der Einzelerfahrung das Ganze, das All, das *Totale* im Visier ihrer Zukunftsversprechungen und enden im Totalitären.

Die Weisheit des Sokrates, deren Einsicht das „Ich-weiß-nichts" ist, und die Bescheidenheit Kants, der der menschlichen Einsicht die Grenzen aufzeigte – sie sind nicht gefragt. Im Rausch der Verheißung immer wieder lockender Welt- und Menschheitsentwürfe taumelt der Mensch aus der Sicherheit seiner sittlichen Gebundenheit an die Endlichkeit, die ihm allein Freiheit bieten kann, in den Abgrund seiner Hybris, die ihm die ideologisierten Verführer zu allen Zeiten anbieten.

Hegel gehörte zu den größten Verführern seiner Zeit und weit darüber hinaus. Mit ihm begann der deutsche Weg in die Unfreiheit, denn seine Formel, die Karl Popper in die Worte brachte: „Der Staat ist alles und das Individuum ist nichts", ist identisch mit der Weisung: „Du bist nichts, dein Volk ist alles", die ab 1933 zum tödlichen Gesetz in Deutschland wurde.

12. Kapitel

Freiheit zwischen Marxismus und Nihilismus: Schon jetzt das Himmelreich auf Erden

„Das Menschenleben ist so kurz und flüchtig und auf so zahllose Individuen vertheilt, welche scharenweise in den stets weit geöffneten Rachen des sie erwartenden Ungeheuers, der Vergessenheit, stürzen, daß es ein sehr dankenswertes Bestreben ist, doch etwas davon, das Andenken des Wichtigsten und Interessantesten, die Hauptbegebenheiten und Hauptpersonen aus dem allgemeinen Schiffbruch der Welt zu retten. Andererseits kann man die Geschichte auch ansehen als eine Fortsetzung der Zoologie. . . Hieraus folgt sogleich die wesentliche Unvollkommenheit der Geschichte. . . Die Geschichte, von einem Ende zum anderen, erzählt von lauter Kriegen, und das selbe Thema ist der Gegenstand aller ältesten Bildwerke, wie auch der neuesten. Der Ursprung alles Krieges aber ist Diebsgelüste. . . Sobald nämlich ein Volk einen Überschuß von Kräften spürt, fällt es über die Nachbarn her, um statt von seiner eigenen Arbeit zu leben, den Ertrag der ihrigen. . . sich anzueignen. Das giebt den Stoff der Weltgeschichte und ihrer Heldentaten." (Arthur Schopenhauer, 1961)

Schopenhauers Urteil über Geschichte und Geschichtswissenschaft ist eindeutig: er hält davon überhaupt nichts. Das 19. Jahrhundert, das sich gerade anschickt, ein ganz und gar geschichtsbewußtes Säkulum zu werden, sollte Schopenhauers Meinungen (und sein Gesamtwerk) erst gegen seine Mitte, etwa um 1854, interessiert zur Kenntnis nehmen. Es ist zu billig, Schopenhauers Kritik-Positionen daraus erklären zu wollen, daß er nur aus Opposition und Verletzung seine polemischen Stellungen bezog: Stellung *gegen* Hegel (weil dieser eine so glänzende Universitätskarriere machte und Schopenhauer nicht), Stellung *gegen* die Frauen (aus Rache an seiner Mutter Johanna), Stellung *gegen* die Geschichtswissenschaft (weil Hegel der Geschichte ein so bedeutendes Gewicht bei der Fundamentierung seines Systems beilegte) usw. Solche Wertungen sind nicht nur „billig", sondern auch unangemessen und falsch. Selbst *Nietzsche* argumentierte später in diese Richtung, wenn er Schopenhauers negatives Geschichtsverdikt der „unintelligenten Wut auf Hegel" zuordnet. (Fr. Nietzsche, 1953, S. 119)

Deshalb sei zunächst die These gewagt, daß Schopenhauers Hegel-Kritik insofern eine revolutionäre Tat darstellt und mit in unserer Diskussion einbezogen werden muß, weil sie mit dazu beiträgt, jenen Bruch herzustellen, den Karl Löwith als „revolutionären Bruch im Denken des neunzehnten Jahrhunderts" bezeichnet (so der Untertitel seines Buches „Von Hegel zu Nietzsche") und der zur „Überwindung" Hegels führt. Diese „Überwindung" Hegels macht erst den Weg in die *Moderne* frei und ermöglicht ein besseres Verständnis für den heutigen Stellenwert von „Freiheit".

Zu dieser These muß hinzugefügt werden, daß Hegel *sich quasi selbst* „überwunden" hat, indem er nach der „Phänomenologie des Geistes", die in seiner Vor-Berliner Zeit, um 1807 entstanden ist, „immer mehr verflacht", wie König sagt, „so daß am Schluß eine ‚Akkomodation' an die gegebenen Verhältnisse ohne weiteres möglich wird". Hinzu kommt noch, was im vorhergehenden Kapitel ausführlich beschrieben worden ist, daß Hegel sein „System", vorsichtig ausgedrückt, sich völlig am Staate orientieren ließ und letztlich „sich auf die Seite der Reaktion schlug" (nach der Ermordung Kotzebues durch den Studenten Sand sowie nach den Karlsbader Beschlüssen im Jahr 1819). Aus welchen Gründen auch immer, seien diese in seinem Opportunismus oder in seinem Denken zu finden, Hegel scheint den „Aufbruch" zu „neuen Gestaden" durch die Befreiungskriege nicht erkannt, auch nicht verstanden und sich mehr des blutigen Terrors unter Robespierre erinnert zu haben, wenn er, wie in der „Phänomenologie", den Tod als Ergebnis des „einzigen Werkes und Tat der allgemeinen Freiheit" bezeichnet. Der geschichtsbewußte Oberprofessor Deutschlands, Hegel, hatte auch aus der Geschichte Englands und Frankreichs nichts gelernt, hatte nicht verstanden, daß neben dem Staat eine eigene Gesellschaft zum Lichte drängte und dies die Zukunft bedeutete. Er setzte auf das *Absolute*, das er *gedanklich* erarbeitet hatte, und auch auf den *absolutistischen* Staat, den er mit seiner ihm eigenen „praktischen Vernunft" als richtungsweisend nicht nur empfohlen, sondern auch verherrlicht hatte. Mit dieser Wendung spielte er sich selbst ins Abseits und „überwand" sich auch selbst.

Schopenhauers Hegel-Kritik bleibt stets im Allgemein-Unverbindlichen hinsichtlich der einzelnen Hegelschen Schriften. Dieses „Unverbindliche" wertet Alfred Schmidt wie folgt: „Denken wir zunächst daran, daß Schopenhauer, nach eigenem Bekunden, sich mit einer gewollt summarischen Kritik Hegels begnügt, die über sein ganzes Werk verstreut ist und oft genug zu erkennen gibt, daß er mit den Schriften seines Erzfeindes nur oberflächlich vertraut ist." (A. Schmidt, 1988, S. 112) Nehmen wir die weniger mit den Schriften Hegels sich befassende Kritik Schopenhauers, der ständig auf die „Hegelei" eindrischt, den preußischen Staatsphilosophen des „Wischiwaschi" zeiht und ihn mit unzähligen Beleidigungen überzieht; und nehmen wir auch Schopenhauers Einlassung, in der er selbst behauptet, daß sein „Urtheil über Hegel... summarisch gegeben" sei, weil dieses „ganz Schlechte und Untaugliche" eine „ausführliche Beurtheilung" nicht wert sei, dann neigt man dazu, diese Ausfälle der Verbitterung und der Vereinsamung eines alten Mannes zuzuschreiben. Dies mag zwar zum Teil gerechtfertigt sein, trifft aber den Kern der Sache nicht.

Wer das Werk Schopenhauers liest – und in diesem Urteil stimmen viele seiner Kritiker mit mir überein –, ist angetan vom Ernst und der Wahrheitsliebe, mit der der Philosoph seine Ideen vorträgt. Die akribisch, aber stilistisch hervorragend geschriebenen, ausgetüftelten Argumente, Erklärungen und Beschreibungen seiner Definitionen lassen auch nicht den leisesten Verdacht aufkommen, er baue nicht mit voller Überzeugung und Pflichtbewußtsein sein Theoriengebäude auf. Schopenhauer sieht sich in der Nachfolge von Kant, den er „weiterführen" will. Und es sind die Kantschen Positionen, mit denen er nicht nur gegen Hegel vorgeht, sondern vor allem versucht, dem überspitzten Nachkantschen Idealismus den Todesstoß zu versetzen. Und darin liegt die Bedeutung der Schopenhauerschen Hegel-Kritik, daß sie – wenn auch erst am Ende von Schopenhauers Leben – dazu beiträgt, das Hegelsche System vom Thron zu stoßen, den es usurpiert hatte.

Wir sollten hier einen Augenblick innehalten und uns folgende wichtige Schwerpunkte unserer Überlegungen vergegenwärtigen:
1. Mit Hegel entstand ein vollkommen neues Welt-Gott-Mensch-Natur-All-Bild. Für Kant gab es noch die „Ich weiß, daß ich nichts weiß"-Erkenntnis, die auch die Existenz Gottes mit einschloß. Die *reine* Vernunft kann Gott nicht erkennen,

aber die *praktische* muß ihn denken, wenn Gott auch dann „verborgen" bleibt. Diese auf sich selbst eingeschränkte Vernunft Kants weist dem Menschen geradezu zwingend *Freiheit* zu.

2. Mit Hegel ist diese Erkenntnis verschwunden. In seiner „All-Welt" sind alle Gegensätze aufgehoben, Objekt und Subjekt gehen ineinander über und letztlich, wenn Hegel seine eigene „praktische Vernunft" einsetzt, findet man das Absolute und *die* Sittlichkeit des Menschen *im Staate* manifestiert – d.h. die *Freiheit* des Menschen ist ebenso aus seinem System *verbannt* wie Gott, der nur noch als „Substanz" im Menschen selbst vorzufinden ist.

3. Wir haben es mit einem All zu tun, in dem Gott nicht mehr existiert. Nietzsche wird einige Jahrzehnte später Gott für tot erklären. Indem aber der Staat bei Hegel die geschilderte hohe Position einnimmt, verliert auch die von ihm in früheren Jahren theoretisch erarbeitete und argumentierte individuelle Freiheit ihren Wert und wird zur reinen Deklaration, so daß wir mit Arnold Ruge sagen können, „daß die abstrakte Innerlichkeit des Protestantismus (den ja Hegel zu verkörpern in Anspruch nimmt, W.N.)... auch ihn (Hegel) nicht aus der Illusion heraus(läßt), als könne man *theoretisch* frei sein, ohne es *politisch* zu sein".

4. Diese Welt ohne Gott, nur einem vagen „Absoluten" verbunden, und die Verherrlichung des Staates hatten natürlich bis heute ihre nicht nachlassenden Wirkungen. Der von Kant in seiner „Idee zu einer allgemeinen Geschichte in weltbürgerlicher Absicht" aufgezeigte Weg sowie sein philosophischer Entwurf „Zum ewigen Frieden" wurden leichtfertig verlassen. Der preußische Staat, in den Reformen *Steins, Hardenbergs, Humboldts* sowie der Militärs *Gneisenau* und *Scharnhorst* geradezu modern und zukunftsweisend neu errichtet, hatte mit Hegels Propaganda ein Modell geschaffen, das geradezu verbindlich für alle anderen Zwergstaaten in Deutschland wurde: der Staat war noch „absoluter" geworden und konnte nun das Volk in der *Reaktion* noch fürchterlicher knebeln. Wir haben dies schon am Schicksal Georg Büchners miterleben dürfen.

5. In der ersten Hälfte des 19. Jahrhunderts beherrschte die Hegelsche Philosophie fast alle Katheder der Universitäten. Schopenhauer kannte kaum jemand. „Es sollten Jahre vergehen, ehe ein Hegelianer, von Hegel selbst zu schweigen, Schopen-

hauers Schriften auch nur zur Kenntnis nahm. Der wichtigste Grund dürfte sein, daß Hegel in der philosophischen Entwicklung Schopenhauers keine Rolle spielt. Das unterscheidet ihn von jüngeren Zeitgenossen wie Kierkegaard, Feuerbach oder Marx, deren ‚Positionen' erst der . . . Negation des Hegelschen Systems entspringen", urteilt Alfred Schmidt. (a.a.O., S. 11)

6. Schopenhauers Hegelkritik war die erste treffsichere und effiziente Majestätsbeleidigung der „Philosophie von Gottes Gnaden", wenn auch die Junghegelianer, die „links" und „rechts" orientierten Nachfolge-Schulen Hegels, schon längst über den „Rest der Beute" (Cassirer) hergefallen waren. Nicht nur Kierkegaard spann den Faden auf seine Art fort, sondern vor allem Marx benutzte, indem er Hegels Lehre, wie er meinte, wieder vom Kopf auf die Füße stellte, die Hegelsche Dialektik als Vorgabe für einen gigantischen Ausbau dieser Methode, die sich unter dem späteren Marxismus zu gruseligen Ideologien entwickelte.

7. Gerade am Schnittpunkt und an den Kreuzwegen dieser hier behandelten philosophischen Periode, die von Kant, Fichte, Schelling, Hegel, Schopenhauer, Feuerbach, Kierkegaard und Marx markiert werden, zeigt sich die Fragwürdigkeit und auch die Unsicherheit der Philosophie und ihre geistesgeschichtliche Auswirkungen, um bestimmte historisch gebundene Abläufe kultureller und zivilisatorischer Perioden auch nur einigermaßen für unser heutiges Verständnis fruchtbar zu machen. Genau so unsicher und dürftig sind die geschichtlichen Überlieferungen, die neben den uns zur Verfügung stehenden Originaldokumenten eine Unzahl von Sekundärliteratur, von Auslegungen, von politisch-zweckmäßigen Deutungen, von Fach-Exegesen und von Polemiken hervorgebracht haben und die Originale geradezu ständig „zuschütten". Die von Popper in diesem Zusammenhang hervorgehobene unabdingbare Möglichkeit der Falsifizierbarkeit von wissenschaftlichen Erkenntnissen, um dadurch zur „Wissenschaft" zu werden, ist zwar notwendig und richtig, sie führt aber (außerhalb dieser Erkenntnis) nicht weiter in jene Richtung, die mit Hegel so unheilvoll eingeschlagen wurde, als man sich mit der von Kant definierten Beschränktheit menschlichen Erkenntnisvermögens nicht mehr zufrieden geben wollte. Und so setzte, jenseits des Kantschen Rahmens, jene Hybris ein, die schließlich über viele Leidensstationen des 20. Jahrhunderts in den ausweglo-

sen Nihilismus führte, der eine Reihe von Variationen hervorbrachte, an denen wir heute noch leiden. Inmitten dieser Multi-Variationen nihilistischer Grundstimmungen sitzen wir heute und halten die Scherben aller früheren Freiheitsbestrebungen in Händen.

8. Nicht nur Schopenhauer hat der Geschichte und der Geschichtswissenschaft nicht getraut und sie aus seinen Betrachtungen als untauglich weggeschoben. Unzählige andere taten dies auch. *Georg Büchner* beurteilte die Geschichte nicht nur aus pessimistischer Sicht, sondern kam, nach eigenen Worten, als Zwanzigjähriger, zu einem vernichtenden Resümee, wenn er in einem Brief vom 10. März 1833 aus Gießen an seine Braut feststellt: „Ich studierte die Geschichte der Revolution. Ich fühlte mich wie zernichtet unter dem gräßlichen Fatalismus der Geschichte. Ich finde in der Menschennatur eine entsetzliche Gleichheit, in den menschlichen Verhältnissen eine unabwendbare Gewalt, Allen und Keinem verliehen. Der Einzelne nur Schaum auf der Welle, die Größe ein bloßer Zufall, die Herrschaft des Genies ein Puppenspiel, ein lächerliches Ringen gegen ein ehernes Gesetz, es zu erkennen das Höchste, es zu beherrschen unmöglich..."

9. Dieses von Büchner angesprochene Gesetz zu erkennen, sei das Höchste, wie er sagt, aber nicht nur es zu beherrschen ist unmöglich, muß man einwenden, auch es zu erkennen; denn dieses Höchste liegt im „Unendlichen". Büchners Zeit- und Jahrgangsgenosse *Sören Kierkegaard* (1813–1855) weiß, daß man die Welt und unser Dasein nie mit dem Intellekt erfassen, erkennen und begreifen wird. Er wird von den Schellingschen und Hegelschen Schaumhöhen herunterkommen auf irdischen, von ihm als „fest" erkannten Boden, ohne dem gerechtfertigten Fatalismus Büchners zu verfallen. So haben zu allen Zeiten und in allen Epochen die großen Philosophen und Denker die subjektive Welterkenntnis in ihre Erkenntnistheorien eingebracht und verschieden gedeutet. Und wenn sie, die großen Philosophen, das Glück hatten, gehört zu werden und ihnen viele Schüler und Jünger zur Verfügung standen, die ihre Lehre verbreiteten, dann beeinflußten ihr Denken und ihre Schlußfolgerungen die Zeitgenossen, die Intelligenz, die Herrschenden, die Elite, die wiederum ihre Lebensmaximen den von ihnen Abhängigen vermittelten oder auch aufzwangen, so daß der „kleine Mann" sein Handeln an Po-

stulaten ausrichtete, die ein kluger Philosoph einmal aufgestellt hatte, ohne daß dieser „kleine Mann" jemals etwas von diesem Philosophen wußte oder auch nur seinen Namen gehört hatte: „die Größe bloß ein Zufall", muß man noch leise hinzufügen.

10. Natürlich verführt die konjunktivische Form hier dazu, nach dem „hätte" oder „wäre" zu fragen. „Wäre" *Hegel* nie auf den so bedeutungsvollen Berliner Lehrstuhl gelangt, „hätte" er nie den großen oder verheerenden Einfluß sowohl auf Kierkegaard, Marx und alle Nachfolgenden als auch auf die politischen Staatsverherrlicher ausgeübt. „Hätte" *Schopenhauer* an der Berliner Universität glanzvoll reüssiert, „wäre" vieles in der deutschen Geistesgeschichte ganz anders verlaufen. Dieses „Hätte" und dieses „Wäre" kann man natürlich auf alle Zeiten, Personen und historischen Abläufe anwenden, es bleibt aber ohne Sinn, Belang und Auswirkung. Die *Abläufe der Tatsachen* in der Zeit sind stets *einmalig* und *irreversibel*. „Hätte" und „Wäre" bleiben nur Gedankenspielereien. Die historischen Abläufe müssen wir ganz subjektiv zur Kenntnis nehmen und sie unserem subjektiven Verständnis einordnen – immer im Bewußtsein, daß dieses Einordnen und Bewerten usw. *subjektiv* ist –, wie auch meine gesamte Darstellung subjektiv bleiben wird, ob man sie positiv oder negativ, „richtig" oder „falsch" einschätzt.

Doch kehren wir zur Nach-Hegel-Zeit zurück und verfolgen in aller Kürze den weiteren geistesgeschichtlichen Faden, der die Bewertung von Freiheit einschließt.

Sören *Kierkegaard* (1813–1855) wandte sich nicht nur gegen Hegel, sondern auch gegen seine Nachfolger. Vor allem kritisierte er – und das ist für unser Thema das Wichtigste – die nicht strikt auseinander zu haltenden Kategorien von *Logik* und *Existenz* bei Hegel. Hier taucht das magische Wort „Existenz" auf, das auf die Existenz-Philosophie und ihrer französischen Ausprägung dieses Denkens, die *Existentialphilosophie* im 20. Jahrhundert einen so nachhaltigen Einfluß ausübte. Weiterhin lehnte Kierkegaard das Hegelsche System als „System" ab, das er gerade mit der von Hegel selbst praktizierten Vermengung von Logik und Existenz aus den Angeln zu heben versuchte. Kierkegaards Auseinandersetzung mit dem Christentum, vor allem seine Behandlung des „Sünden"-Begriffs, zeitigte zwei weitere intensive Gedankenkomplexe, die sich bis heute als massive und sehr wesentliche

Komponenten nicht nur in der Wissenschaft etablierten, sondern sich im alltäglichen Leben kaum noch wegdenken lassen: die *Psychologie* und die *Angst*.

Hier deutet sich schon sichtbar an, daß der Mensch wieder in den Mittelpunkt der philosophischen Erkenntnis gerückt wird, den der Idealismus mit vielen abenteuerlichen Theorien, die sich zwischen absurder Metaphysik und Weltdeutung tummelten, fast aus den Augen verloren hatte. Die *Angst* z.B., die von der neomarxistischen kritischen Theorie in den 70er Jahren unseres Jahrhunderts fast ausschließlich an dem sie erzeugenden Kapitalismus und selbstverständlich an der den Einzelnen ständig „repressierenden" Gesellschaft festgemacht wurde, wobei Kapitalismus und Gesellschaft oberflächlich als Quellen der Angst denunziert wurden, ist bei Kierkegaard immanenter Bestandteil der menschlichen *Existenz*. Er erklärt dazu: „Die Angst ist die Möglichkeit der Freiheit, und nur diese Angst ist durch den Glauben absolut bildend, indem sie alle Endlichkeiten verzehrt und deren sämtliche Täuschungen aufdeckt. Und kein Großinquisitor hat so entsetzliche Folterinstrumente in Bereitschaft wie die Angst, und kein Spion weiß den Verdächtigen gerade in dem Moment, da er am schwächsten ist, so listig anzugreifen oder die Schlinge, in der er sich fangen soll, so bestrickend auszulegen, wie es die Angst vermag, und kein scharfsinniger Richter versteht auf solche Art zu examinieren. . . wie die Angst, die ihn niemals freigibt, nicht in der Zerstreuung, nicht im Spektakel, nicht bei der Arbeit, nicht bei Tage, nicht in der Nacht." (Kierkegaard, 1992, S. 181/182). Und wenn Kierkegaard den *Glauben* mit in die Angstbegründung einbringt, so definiert er diesen mit den Worten: „Unter Glauben verstehe ich hier. . .: die innere Gewißheit, welche die Unendlichkeit vorwegnimmt." (a.a.O. S. 183)

Neben der *Angst* als Grundthema sind es die dunklen Seiten des Lebens, die Kierkegaard beleuchtet: Schuld, Sünde, Furcht, Verzweiflung – alles Grundstimmungen des heutigen Menschen, die eingebettet sind in das Nachdenken über die *Existenz*, das auch bei Camus und Satre, bei Jaspers und Heidegger den Grundakkord ihrer intellektuellen Lebensmelodie ausmachte. Indem Kierkegaard diese menschlichen Psycho-Kategorien in den Mittelpunkt seines Denkens rückt, rückt er das Individuum, das *Subjekt*, in den Mittelpunkt seiner Philosophie: das *in* der Welt und *an* der Welt leidende Individuum. Mit dieser Wendung des Denkens überwindet er Hegel, der die *Wirklichkeit* im gedachten Abstrakten und in der Objektivation des Endlich-Unendlichen erfassen will, was ihm schon deshalb nicht gelingen kann, weil man – seit Kant – der „denkenden Vernunft" nicht nur mißtraut, sondern auch Zweifel anmelden muß, wenn sie für sich in Anspruch nimmt, die Wirklichkeit zu erfassen. Nach Kierkegaard kann man die Wirklichkeit nicht abstrakt und „allgemein denkend" erfassen, sondern nur *subjektiv*.

Wir haben hier ein völlig neues Denken vor uns, ein Denken, das nicht im abstrakten, objektiven Erfassen des „Wesentlichen" sich der Erklärung der Wirklichkeit zu nähern versucht, sondern in der Existenz des Subjekts. Der Einzelne, das Subjekt, erfährt die Welt, und nicht sein Denken, sondern sein *Handeln* und die Welt, und seine Entscheidungen, die der Einzelne ständig treffen muß, lassen ihn weiterkommen. Diesen Handlungsspielraum zwischen den Möglichkeiten hat später auch *Jean Paul Sartre* zur grundlegenden Basis seiner Philosophie gemacht. Und wenn wir die *Bewegung* bei Kierkegaard betrachten, die er nicht in der *Logik* entdeckt, wie Hegel dies tut (denn Logik *wird* nicht, sie *ist*), die auch im menschlichen Handeln fixiert ist, die die *Veränderungen* bewirkt, so sind wir auch jener Bemerkung von *Karl Marx* nahe, die er in einer seiner „Feuerbach-Thesen" aufstellt, nämlich, daß die Philosophen bisher die Welt zu erklären versuchten, es gelte aber sie zu *verändern*. Wenn auch Welten zwischen den Ausgangspositionen von Marx und Kierkegaard liegen, so schafft es später Sartre, auf Kierkegaard fußend, sich dem Marxismus zu nähern. Andererseits wird gerade der „Subjektivismus", dessen begriffliche und inhaltliche Ursprünge von Kierkegaard herzuleiten sind (wenn auch „Subjektivismus" in der marxistischen Terminologie noch eine andere, dogmatisch festgezurrte Bedeutung hat), in den marxistischen Vorstellungen verdammt. Kierkegaards Subjektivismus steht auch zur deutsch-preußischen (konservativen) Staatsdoktrin in völligem Gegensatz.

Das 19. Jahrhundert war das Jahrhundert der aufblühenden Industrie und des europäischen Imperialismus. Frankreich, England, Belgien und die Niederlande holten sich die für ihre Industrien notwendigen Rohstoffe aus ihren Kolonien und ließen eine von ungeahntem Reichtum strotzende Oberschicht diese Kolonien ausplündern. Die Deutschen kamen wie immer zu spät und holten sich ihre Reichtümer von den Franzosen, die sie im Krieg 1870/71 geschlagen hatten und deren Goldreserven als Kriegsbeute via Kontributionszahlungen über den Rhein flossen. Die

Großindustrie in Europa produzierte nicht nur Ge- und Verbrauchsgüter, sondern auch ein Riesenheer von Arbeitern, die brutal ausgebeutet und in Armut und Abhängigkeit gehalten wurden.

In solchem sozialen und geistigen Klima entzündete sich das Feuer der Kritik an diesen Zuständen, und umgekehrt die Kritik an den Kritikern dieser Zustände. Natürlich kam die Hegelsche Staatsdoktrin auch dem deutschen Kaiserreich, der Monarchie, dem Adel und den in diesem Kreis neu dazugekommenen Großindustriellen entgegen, um alle Angriffe auf den Staat, die herrschende Schicht und ihren unsozialen Regelungen abzuwehren. Kierkegaards Entdeckung des subjektiven Zugangs zur Wirklichkeit, die er der „objektiven" Abstraktion absprach, zielte nicht auf die Begründung eines wie immer gearteten allgemeinen Subjektivismus, sondern hatte ganz andere Zielrichtungen. Aber seine Lehre bot ein Reservoir von Möglichkeiten, aus dem sich die Nachfolgenden, wie dies zu allen Zeiten und mit allen Werken großer Denker stets geschah, skrupellos bedienten. Selbstverständlich handelte es sich um eine „Weiterführung", aber vielfach wurden auch einfach Gedanken und Thesen aus dem Gesamtwerk herausgebrochen, um sie als Bausteine für den Hausbau einer eigenen Doktrin oder eines Systems zu verwenden. Kierkegaards These, der Wirklichkeit könne man sich nur subjektiv nähern (Differenzierungen seien hier einmal weggelassen), rief natürlich die Gegnerschaft jener Vertreter auf den Plan, die einem geschlossenen System anhingen, vor allem die der *Hegelianer* und der Anhänger von *Karl Marx.*

Dazu sei *Georg Lukács* herangezogen: „Vor dem Ausbruch der Revolution von 1848, die ein internationales europäisches Ereignis war, zersetzte sich endgültig der romantische Individualismus. Der bedeutendste Denker seiner Krise und seines Krachs, der Däne Sören Kierkegaard, hat die Philosophie des damaligen romantisch-individualistischen Katzenjammers in der danach originellsten Weise formuliert. Kein Wunder, daß jetzt, als diese Depressionsstimmung in der Form einer Vorahnung künftiger düsterer Ereignisse schon Jahre vor dem Ausbruch der Krise (hier ist die „Krise" kurz vor dem Ersten Weltkrieg gemeint, W.N.) sich geltend zu machen begann, eine *Renaissance* der Kierkegaardschen Philosophie von den führenden Denkern der neuen Etappe, von dem Husserlschüler *Heidegger* und dem einstigen Psychiater Karl *Jaspers* proklamiert wurde. . . Die orthodox-protestantische

Religiösität, der streng lutherische Bibelglauben Kierkegaards waren für die gegenwärtigen Bedürfnisse unbrauchbar. Aber seine Kritik der Hegelschen Philosophie – als Kritik eines jeden *Strebens* nach *Objektivität* und *Allgemeingültigkeit* des vernünftigen Denkens, einer jeden *Fortschrittskonzeption in der Geschichte* –, seine Begründung einer ‚Existentialphilosophie‘ aus der tiefsten Verzweiflung eines extremen, sich selbst zerfleischenden Subjektivismus, der gerade im Pathos dieser Verzweiflung, in der Prätention, alle Ideale des gesellschaftlich-geschichtlichen Lebens im Gegensatz zum einzig existierenden Subjekt als bloße leere und eitle Gedankenprodukte zu enthüllen, seine Rechtfertigung suchte, erhielt eine wirksame Aktualität. Selbstverständlich, der geänderten historischen Lage entsprechend, mit tiefgreifenden Änderungen. Sie zeigen sich vor allem wieder darin, daß die Philosophie Kierkegaards gegen den *bürgerlichen Fortschrittsgedanken*, gegen die *idealistische Dialektik* Hegels gerichtet war, während die Erneuerer der Existentialphilosophie bereits vor allem gegen den Marxismus kämpften, wenn dies in ihren Schriften auch selten offen und direkt zum Ausdruck kommt. . . Daß diese Existentialphilosophie schon bei Kierkegaard nichts weiter ist als die Ideologie des tristesten Philistertums, der Angst und des Zitterns, der Sorge, hindert nicht, daß sie am Vorabend der Hitlerschen Machtergreifung und der damit beginnenden *nihilistischen* Periode des sogenannten ‚heroischen Realismus‘ breite Schichten des denkenden Deutschland eroberte." (G. Lukács, 1966, S. 175/176; Hervorhebungen von mir, W.N.)

Dieses Lukács-Zitat, in dem der Autor einen Bogen von Kierkegaard bis zu Hitler schlägt, enthält alle Ingredenzien und Elemente der geistesgeschichtlichen Varianten in der Zeitspanne zwischen Vormärz und Hitlerdiktatur. Mit Lukács wehrt sich der Marxismus, der über ein geschlossenes Welt- und Geschichtsbild verfügt, polemisch und höhnisch gegen den „dekadenten" Subjektivismus, der natürlich nicht in das starre Gefüge des Marxismus passend eingefügt werden kann. Sehen wir uns dies näher an.

Es gilt hier vor allem, drei wesentliche Positionen von Marx ins Gespräch zu bringen:
1. das Begreifen der Geschichte als einer Geschichte des *Klassenkampfes*;
2. das eschatologische Weltbild, das er entwirft;
3. die materialistische Sicht und die dadurch entwickelte Objektivierbarkeit der Erkenntnis.

Die Radikalität, mit der Marx auf den Plan tritt, scheint von Beginn an nur die Überwindung der bisherigen Geschichte durch die Revolution im Auge zu haben, um die *klassenlose* Gesellschaft zu schaffen, in der alle Klassenunterschiede getilgt sind – angebliche Voraussetzung für die *Freiheit* des Menschen. Dieser „Fortschrittskonzeption" (Lukács) liegt eine endzeitliche Vorstellung, eine bestimmte Eschatologie, zu Grunde, die messianische Ausmaße besitzt. Die Geschichte wird dabei zu einer – auf das Endzeitliche bezogen – berechenbare Größe. Die Geschichte verläuft über die Klassenkämpfe, in denen die jeweils herrschende Klasse unterliegt, weil eine über Menschen *herrschende* Klasse *immer* unterliegt. Der durch die proletarische Klasse revolutionär hergestellte Zustand des *Sozialismus* wird dann folgerichtig in die Endzeit des *endgültigen Kommunismus* münden, in der alle Menschen nicht nur *gleich*, sondern auch *frei* sind. Vor der Endzeit liegt die „apokalyptische Katastrophe". (König) „Die Konzentration der Produktionsmittel und die Vergesellschaftung der Arbeit erreichen einen Punkt, wo sie unverträglich werden mit ihrer kapitalistischen Hülle. Sie wird gesprengt. Die Stunde des kapitalistischen Privateigentums schlägt. Die ,Expropriateurs werden expropriiert.' Danach entsteht ,die Kooperation freier Arbeiter' mit ,Gemeineigentum an der Erde und den durch die Arbeit selbst produzierten Produktionsmitteln'. *Das ist in der Tat reinste Apokalypse"*, stellt König fest und fährt fort: „Paradiesische Urzeit und die verheißene Endzeit werden ineinander verschlungen. Die *wirkliche* Geschichte erscheint als ,Greuel der Verwüstung' – mit den Worten von Marx: ,das Kapital von Kopf bis Zeh, aus allen Poren, blut- und schmutztriefend' – und der Prophet ruft auf zum ,Sprunge' aus dem ,Reich der Notwendigkeit' in das ,Reich der Freiheit', wie es Engels formuliert hat." (R. König, 1987, S. 109/110; Hervorhebungen von mir, W.N.)

Vom Reich der Notwendigkeit ins Reich der Freiheit – eine tödlich-grausige Verheißung! Denn der ständige Marsch in die *Utopie der Freiheit* führte in Wirklichkeit in die Folterkeller der GPU und des KGB, in die Fesseln der Parteischergen und in den sibirischen GULAG. Dies ereignete sich von dem Augenblick an, an dem sich der messianische Glaube des Marxismus „mit dem traditionalen nationalen Messianismus der Russen" (König) verbunden hatte.

Die historizistische (Popper) Vorhersagbarkeit von Geschichte, die durch diese Vorhersagbarkeit ja einen *sinnvollen* Beginn und ein *sinnvolles* Ende geradezu erfordert, gehört zu jedem Glauben und seiner institutionellen Errichtung. Die Eschatologie von Marx ist ohne seine Geschichtsbetrachtung und -auffassung nicht denkbar. Ein solches System, das in sich fest geschlossen ist und das alle Dinge des Lebens und seine Widersprüche nicht nur erklären, sondern auch (auf-)lösen kann, ist allgemeingültig und „objektiv". Die von Hegel entliehene Dialektik ist im Lebenslauf selbst gegründet und läßt jeden Widerspruch im *notwendigen* Ablauf von These-Antithese-Synthese (wobei die Synthese wiederum zur These einer neuen Abfolge wird) „zwingend" verschwinden.

Hat man erst einmal die eschatologische Grundlage von Marxens Weltsicht erkannt, dann ordnen sich die Hauptfelder seiner Lehre nahtlos ins Gesamtbild ein. Wenn Marx auch sehr oft in seinen Schriften von der „Gegenwart" oder von der „nahen Zukunft" spricht, an denen er die Revolution erwartet, so muß man dem entgegen halten, daß hierbei dem Zeitbegriff ein anderes Denk- und Glaubensphänomen unterliegt. Alle Propheten und Revolutionäre erwarten ihre Prophezeiungen und Weissagungen „bald". Als Christus das Ende der Welt predigte und die endgültige Erlösung der Menschheit insgesamt voraussagte, meinte er damit aber auch die „Zeit, die erfüllt" sein mußte. Ich bin mit König einer Meinung, daß diese Zeit-Fehlprognosen nicht als Argument *gegen* Marx verwendet werden dürfen, sondern daß man gegen seine Thesen ganz anders vorgehen muß. Sowohl *Engels* als auch *Marx* haben eingestanden, daß sie sich geirrt haben, wenn sie glaubten, daß die Revolution, die „alles" verändern sollte, sehr nahe sein würde. *Friedrich Engels* (1820–1895) hat vor genau hundert Jahren bekannt, daß die Geschichte ihm und „allen, die ähnlich dachten, Unrecht" gab.

Das „Irren" bei Engels und Marx heißt aber nicht, daß sie sich „im Grunde" geirrt haben. Keineswegs! Auch nach der Himmelfahrt Jesu glauben seine heutigen Jünger, so sie *wirklich* glauben, immer noch an die Wiederkehr des HERRN, auch wenn schon vor fast 2000 Jahren das „Ich komme bald" ausgesprochen worden ist. Marxens soziale Analysen münden allesamt in einen Bereich, der dem „Glauben" zugeordnet werden muß: er denkt *eschatologisch*. „Letztlich", schreibt König dazu, „geht es bei ihm um eine radikale Überspringung jener historischen Einstellung, welche sagt ,die nächste Zukunft', und zwar zugunsten einer Endverheißung, die mit den Worten beginnt: ,wenn die Zeit erfüllt ist'. Die

Zeit ist erfüllt, besagt aber: die Zeit ist an ihr Ende gelangt und zugleich ‚die Stunde hat geschlagen‘. Mit seinen (Marx, W.N.) Worten: damit ‚schließt... die Vorgeschichte der menschlichen Gesellschaft ab‘. Jetzt beginnt die ‚Endzeit‘, und damit wird alle wirkliche Geschichte aufgehoben." (König, 1987, S. 107)

Ein voraussagbarer Ablauf der Geschichte, die in der „Endzeit" ihre Erfüllung findet, dazu eine durch den sogenannten dialektischen Materialismus „wissenschaftlich" abgestützte Lehre, die auf alle sozialen Fragen eine Antwort bereithält: Der Marxismus, dessen durch Engels und Marx hinterlassenen Lücken mit dem breiten Werk Lenins ausgefüllt werden konnten, entwickelte eine Dynamik von urreligiöser Kraft!

Würde man Marx und Engels nur an ihren endzeitlichen Visionen messen, täte man ihnen gewaltig unrecht. Ihr umfangreiches Werk, das in Karl Marx' „Kapital" seinen Höhepunkt findet, zeigt ein hohes Maß an täglicher (politischer) Auseinandersetzung mit ihrer Zeit. Diese Zeit wurde bestimmt von der sich immer schneller entwickelnden Technik und deren produktiver Umsetzung in den trostlosen Fabrikhallen. Diese Industrie hatte sich in England und Frankreich kontinuierlich herausgebildet. In Deutschland verlief diese Entwicklung viel hektischer und sich überstürzender. Die industrielle Produktion bescherte den besitzenden Unternehmern eine ungeheure Kumulation von Kapitel, das wiederum in weitere Produktionsstätten investiert wurde. Daraus entstanden immer modernere, immer größere Produktionsstätten. Der Bedarf an Energie wuchs. Die Dampfmaschine reichte nicht mehr aus, die Kohle wurde aus der Erde gefördert. Die Industriezentren lockten immer mehr Arbeitskräfte an, die aus der bitteren Armut ihrer Landstriche kamen und in den Eisen- und Hüttenwerken und in anderen Großunternehmen Brot und ein neues Leben suchten. Industrie und Städte wuchsen zusehends und mit ihnen das arbeitende Proletariat. Auch Kinder und Frauen arbeiteten für einen Hungerlohn bis zu 12 und 14 Stunden vor den rauchenden Schlunden der Eisenverhüttung.

Die Erbärmlichkeit, in der die Arbeiter mit ihren kinderreichen Familien oft nur dahinvegetierten, kann intellektuell oder gefühlsmäßig heute kaum jemand nachvollziehen. Einen Einblick erhält man z.B., wenn man Friedrich Engels' Werk „Die Lage der arbeitenden Klasse in England" liest. Die sich überschlagenden Neuheiten auf technischem Gebiet ließen oft ganze Werke die Tore schließen, weil sie über veraltete Produktionsmittel verfügten. Die Arbeiter flogen dann gnadenlos auf die Straße. Es gab kein Sozialnetz, das sie auffing. Man denke dabei nur an die Erfindung des mechanischen Webstuhls, der in Deutschland Zehntausende von Familien brotlos machte und die „Weber-Aufstände" verursachte. Krankheiten und Epedemien grassierten in den Arbeitersiedlungen, deren Elend nicht mehr zu überbieten war. So braute sich natürlich ein böses und drohendes soziales Gewitter zusammen. Die Klassengegensätze waren mit Händen zu greifen, sie spitzten sich immer stärker zu, so daß es für Persönlichkeiten wie Marx und Engels geradezu ein dringendes Gebot wurde, die Frage aller Fragen zu stellen: *Woher kommt all dies Elend?*

Mit ihren Recherchen und polemischen Schriften griffen sie in die tägliche Not ein, Schriften, die der Obrigkeit nicht gefielen und die zu Gründen für ihre Emigration wurden. Karl Marx blieb aber nicht stehen bei der aktuellen Tagesfrage: Woher kommt all dies Elend? Er stellte die Frage immer wieder und hob sie auf eine höhere Ebene: *Wie kommt all dieses Elend in die Welt?* Und weiter: *Was ist dafür die Ursache?*

Seine Betrachtungen zur Ökonomie stützten sich auf mühevolle und unermüdliche Untersuchungen, die in seinem Monumentalwerk „Das Kapital" sich niederschlugen. „Der historische Materialismus", „Zur Kritik der politischen Ökonomie", „Kritik des Hegelschen Staatsrechts", „Die deutsche Ideologie" – um nur einige weitere Titel von ihm zu nennen – nehmen sich manchmal wie Vorstudien zu seinem „Kapital" aus. Nun kann man aber nicht die akribische Beschreibung der wirtschaftlichen Zustände innerhalb einer repressiven Politik, die Marx ständig und aktuell betrieb, von seinen Lösungsvorschlägen, von seinem Auf- und Nachweis eines bestimmten revolutionären Weges aus dem sozialen Elend trennen. Das „Kommunistische Manifest" (1848) ist der erste laute Trompetenstoß von Marx, der die Massen aufrüttelte, aber auch darauf hinweisen sollte, was in diesem revolutionären Traktat als Verheißung verkündet wurde: Die proletarische Revolution würde den Kapitalismus und das Bürgertum hinwegfegen und den Weg frei machen, auf dem man in die „Endzeit" gelangte, in der es keine Verwüstungen, kein Elend und keine Knechtung mehr gab.

Bei Karl Marx fielen Theorie und Handeln, Denken und Revolution in eins. Zur gleichen Zeit aber, da Marx die Frage nach den aktuellen Ursachen des herrschenden Elends stellt und sie mit Postulaten, die aus der *allgemeinen* und übergeordneten Frage

„Wie kommt das Elend *überhaupt* in die Welt?" resultieren, zu beantworten versucht, verlegt er die „Erlösung der Massen" in die Transzendenz. Von anderen Glaubenshoffnungen trennt den historizistischen Marxismus nur das *Wie.* Der Christ wird *dermaleinst* im Jenseits mit dem ewigen Leben belohnt, wenn er die Mühsal und das Tränental des Lebens im Glauben erleidet und freudig erduldet, indem er seine Feinde und den Nächsten wie sich selbst liebt und auch die rechte Wange hinhält, wenn er auf seine linke geschlagen wird. Der Marxist dagegen ist ein Revolutionär, der seinen Peiniger angreift, der die ihm aufgezwungene Selbstentfremdung abschüttelt und heldenhaft den Kampf sucht, auch wenn er untergeht, aber seine proletarischen Genossen werden *dermaleinst* das Licht des wahren Kommunismus der klassenlosen Gesellschaft erschauen und dann wird sich die Geschichte erfüllen – jenseits der Verwüstungen und des Elends. Natürlich ist der Marxismus nicht mit allen theologischen und auf Glaubensinhalte sich stützenden Dogmen versehen, aber er installiert wie alle großen Kirchen, Sekten und weltanschauliche Bewegungen Rituale und Hierarchien sowie bestimmte Kulte, die das Zusammengehörigkeitsgefühl der Anhänger stärken und ständig konfirmieren sollen. Man denke nur an die großen öffentlichen Auftritte der kommunistischen Führer vor den Massen in den Ostblockstaaten nach dem Zweiten Weltkrieg, an den Personenkult, der sich in den überlebensgroßen Bildern der Sowjet-Größen oder „Parteiahnen", wie Marx und Engels, Lenin, Karl Liebknecht und Rosa Luxemburg, bombastisch manifestierte, wenn die Massen demonstrierten. Auch die damals täglichen Riesenschlangen von Gläubigen am Mausoleum Lenins in Moskau zeigten das Kultische an. Für viele überzeugte Kommunisten außerhalb des früheren Sowjetreiches unterschied sich eine lang ersehnte Reise ins „Vaterland des Sozialismus" kaum von einer Pilgerfahrt anderer Glaubensrichtung, nur daß dort andere Pilgerzentren aufgesucht wurden.

Die Härte des marxistischen Kampfes und die strenge und brutale Disziplin der Parteikader ließen keine Glaubensabweichungen zu, wobei es unerheblich blieb, welcher „Glaube" gerade aktuell war: Der „Abweichler" wurde ausgemerzt, ermordet, erschossen, erniedrigt, entwürdigt und – vergessen. Zu Stalins Zeiten (auch im kommunistischen China wie in Nordkorea) wurden „Abweichler" zur Unperson, als hätte es sie nie gegeben. Alle Dokumente, vor allem Fotos, wurden von ihnen „gesäubert", so daß die Unpersonen auch nicht mehr in den geschriebenen und in den Bilddokumenten vorhanden waren. Nicht genug damit! Während die unbedeutenden Abweichler und Konterrevolutionäre einfach in den Gräbern der Straflager Sibiriens verschwanden, wurde in liturgisch aufgezogenen Schauprozessen für die „großen" Abweichler die Todesstrafe inszeniert – gleich einem diesseitigen Gottesgericht.

Innerhalb eines so rigide ausgerichteten Systems konnte es keine *Freiheit*, kein selbstgestaltetes, auf *freier* Bestimmung fußendes Leben oder auch nur ein vom Subjekt für sich selbst gefordertes Dasein geben. Die verheißene Freiheit lag erst in der Endzeit, jenseits des heutigen geschichtlichen Geschehens, und zu dieser Freiheit, wenn man nicht mit der Partei, die den Marxismus verkörperte, übereinstimmte, wurde man gezwungen. Wir erinnern uns, daß *Rousseau* in seinem „Contrat social" auch davon sprach, daß man bei bestimmten Voraussetzungen die Menschen zur Freiheit zwingen müsse. Ich glaube nicht, daß man Rousseau mit den Sowjetschergen auf diese Weise in Verbindung bringen sollte; aber die Überzeugung, wenn sie in Fanatismus umschlägt, gebiert teuflische Gedanken, die dann irgend jemand einmal in die Tat umsetzt.

Verblüffend und im Darüber-nachdenken kaum nachvollziehbar bleibt die Tatsache, daß viele westeuropäische, deutsche und osteuropäische Intellektuelle nicht nur in den zwanziger und dreißiger Jahren dieses Jahrhunderts, sondern auch noch nach dem Zweiten Weltkrieg gläubig ins „sowjetische Arbeiterparadies" pilgerten, obwohl alle Informationen über das von Stalin geknechtete Sowjetvolk und über die Vernichtungs- und Straflager in den sibirischen Tundren zur Verfügung standen. Neben individualpsychologischen Gründen bei manchen westlichen Sowjet-Fellow-Travellers muß es die ungeheure Dynamik der Zukunftsverheißung einer solchen Ideologie gewesen sein, die alle momentanen Ungerechtigkeiten, Entwürdigungen und Degradierungen des Humanum zugunsten des versprochenen und zukünftigen gelobten Landes blind in Kauf nahm. All die bekannten und illustren Namen derer zu nennen, die die sowjetischen Potemkinschen Zukunftsdörfer des dermaleinst im klassenlosen Kommunismus verwirklichten Sozialismus erschaut zu haben glaubten, ist hier überflüssig.

Kehren wir nach diesem Exkurs zu einem Zitat von Georg Lukács zurück, in dem er im Zusammenhang mit Sören Kierke-

326

gaard vom „sich selbst zerfleischenden Subjektivismus" spricht und davon, daß sich die Existentialphilosophie des dänischen Philosophen in der „Renaissance" von Jaspers und Heidegger wiederfindet. Lukács kann gar nicht anders als so zu argumentieren: Er sitzt im eindimensionalen Gehäuse der marxistischen Fortschrittskonzeption der Geschichte, an der er alle anderen Konzeptionen mißt und für ungeeignet erachtet. In einem solchen historizistischen Konzept ist kein Platz für einen auch wie immer gearteten Subjektivismus, und jede Nichtübereinstimmung mit dem Grundkonzept des dialektischen Materialismus und seiner apokalyptischen Weltsicht wird zum Irrationalismus oder im Lichte der Negation der optimistischen kommunistischen Verheißung zum *Nihilismus*. Lukács' Kennzeichnung sowohl der politischen als auch der philosophischen Periode vor dem Ersten Weltkrieg – die Zeit nach Kierkegaard, die Zeit Nietzsches, der Lebensphilosophie und Wilhelms II. – mit dem Begriff „imperialistisch" läßt mehr Mitleid als ernsthafte Kritik aufkommen: Mitleid mit einem so befähigten Geist und seiner Potenz des differenzierten Denkens, den er samt seiner Seele in Moskau schon vor langer Zeit an den Chefideologen verkauft hatte.

Nun mag man einwenden, daß jede ideologische, „weltanschauliche", philosophische oder staatstheoretische „Schule" oder Lehre mehr oder weniger rigide ihren Überzeugungs-Standpunkt bis zum äußersten vertritt und sich ebenso polemisch wie vehement gegen andere Systeme, Meinungen und Vorstellungen wehrt. Weshalb sollte man dies nicht auch der marxistischen Schule zubilligen? Hat nicht das ebenso auf ein Eschaton zielende, endzeitlich ausgerichtete Christentum über Jahrtausende hinweg die ewige Seligkeit als Rechtfertigung benutzt, Ungläubige und Ketzer, Abtrünnige und „Hexen" zu Tausenden auf den Scheiterhaufen zu bringen und im Namen des Kreuzes ganze Völker auszurotten? Das ist der Punkt: der Anspruch auf den Besitz der *alleingültigen* Lehre und des *alleingültigen* Glaubens, der die Belohnung seiner Gläubigen jenseits dieser Welt verspricht, läßt *niemals eine andere Lehre* neben sich gelten. Täte sie dies, wären die verkündeten Verheißungen unglaubwürdig und ohne jeden Wert.

Das Marx'sche Theoriengebäude wurde im „Kommunistischen Manifest" zur konzentrierten Handlungsanleitung. *König* spricht unter Bezug auf *Michel Collinet* davon, „daß bereits im Manifest zwei deutlich unterschiedene Linien durcheinanderlaufen. Die

eine führt zu der mit Naturnotwendigkeit eintretenden Endkatastrophe. Mit ihrer Zielidee, der klassenlosen Gesellschaft...
stellt sie die resolut theologische Wendung der idealistischen Geistphilosophie im Sinne der altjüdischen Prophetie oder des christlichen Chiliasmus dar. Während im ersten Falle der Staat zum Verschwinden bestimmt ist, wird er im zweiten als ‚Diktatur des Proletariats' bis zum Äußersten verstärkt, sobald die politische Gewalt in die Hände der Revolutionspartei übergegangen ist... Im Sinne einer ‚erweiterten Strategie' kann es nun durchaus geschehen (und wir erleben es seit siebzig Jahren), daß die Apokalypse der Endkatastrophe mit der Herankunft des Reichs der Freiheit und der klassenlosen Gesellschaft als ideologische Rechtfertigung für den extremsten Terror herhalten muß. Zugleich konnte sich auf dieser Grundlage der Kommunismus ein quasi religiöses Gewand überwerfen, das viele der besten Geister in Europa in verhängnisvoller Weise über seine wahren Hintergründe täuschte." (R. König, 1987, S. 111)

Wenn das „Kommunistische Manifest" zwei „Linien" in sich vereinigt (die sich selbstverständlich auch durch das Gesamtwerk von Marx hindurchziehen), so muß noch auf eine dritte Variante hingewiesen werden, die vor allem später – bis zum Godesberger Programm 1959 – der Sozialdemokratischen Partei Deutschland als Unterbau und Grundlage ihrer Programme dient: indem man viele Teile des Marx'schen Gesamtwerkes ausklammert, biegt man im Grunde das Revolutionäre und Endzeitliche ins Evolutionäre und Diesseitige – im sogenannten „Revisionismus" – um. Dieser Hinweis ist insofern von Bedeutung, weil die KPD, im Gegensatz zur SPD, die in ihrem „Revisionsimus" aufs Heute und „Mittelfristige" abzielte und nicht auf ein Endzeitliches, den Marsch in Richtung „Diktatur des Proletariats" verfolgte. Dieses Endzeitliche, zusammen mit dem sowjetischen Bolschewismus immer auf die Endkatastrophe ausgerichtet und *eschatologisch* motiviert, sollte im erbarmungslosen Kampf gegen den genau so rigide und brutal am *chiliastischen* Zukunftsideal des 1000jährigen Reiches orientierten Nationalsozialismus das politische und soziale Bild in Europa bestimmen: zunächst bis 1952 (Tod Stalins) und zuletzt bis zum Fall der Berliner Mauer 1989 und dem kurz darauf sich ereignenden inneren Zusammenbruch des Sowjetreiches.

Hier müssen wir einen Moment innehalten und verstehen, daß sich hier etwas *Neues* ereignet hat. Deshalb wollen wir versuchen, den tiefen *Einschnitt*, der im Grunde eine große *Wende* bedeutet, aufzuzeigen, der in der Mitte des 19. Jahrhunderts beginnt und sich bis heute stürmisch fortsetzt: die absolute Diesseitigkeit der angebotenen weltlichen Religionen und die geradezu flammende *Verheißung* dieser Religionen, den Menschen hier auf Erden schon zu erlösen – ihn „neu zu schaffen". In seiner Schrift über Deutschland prägt *Heinrich Heine*, der für diese völlig neue Situation und die aufkommende Diesseitigkeitsreligion ein überaus sensibles Gespür bewies, ein Wort, das heute als „geflügelt" gilt und das diesen neuen Lebenseinschnitt treffend umschreibt. Dieses Heine-Wort lautet: *„Wir wollen hier auf Erden schon das Himmelreich errichten."*

Wenn ich auf die Diesseitigkeit der Religionen hinweise, so meine ich damit nicht, daß die christlichen Konfessionen plötzlich die Transzendenz ihrer Glaubensinhalte abgeschafft haben und nun den Himmel auf Erden errichten wollen, sondern: Es sind jene neuen Ideen, die sich als Ideologien konstituieren und das Lebensziel ausschließlich hier auf Erden angesiedelt wissen möchten, die sich als *neue Religionen* etablieren. In einem anderen Zusammenhang müssen wir auf diese religionsähnlichen Diesseitigkeitsideen, die sich in weltanschaulichen, parteilichen und politischen Bewegungen manifestieren, unbedingt zurückkommen. An dieser Stelle sei nur auf einige Hauptlinien dieser Bewegungen eingegangen.

Bei *Karl Marx* haben wir recht eindeutig gesehen, daß er die vom Christentum bislang ins Jenseits verlegte Erlösung des Menschen und seine bisher gepredigte Nähe am Throne Gottes ins Diesseits verlegt hat, wobei die *Geschichte* den immerwährenden *Fortschritt* gewährleistet. Schon die Französische Revolution hatte sich vom Himmel abgewendet und zum „neuen Leben" auf dieser Erde aufgerufen. Vor allem *Antoine Condorcet* (1743–1794) war es, der die grandiose Beherrschung der Welt durch den menschlichen Geist voraussagt, wobei auch der ständige „Fortschritt" garantiert sei. Der Mensch würde gar seine von der Natur ihm gegebenen Voraussetzungen, die ihn zu diesem „Beherrscher" prädestinieren, ständig verbessern.

Marx kannte die Schriften von Condorcet genau, aber der deutsche Revolutionär baute seine Ideen zu einem viel weiteren System aus, das nicht nur die Welt und die menschliche Gesellschaft erklärte und analysierte, sondern auch – wie alle Religionen – den Lebenssinn mitlieferte. Karl Marx avancierte so zum

Religionsstifter einer Diesseitsreligion von rigidem Wahrheitsanspruch. Diesen alleinigen Wahrheitsanspruch reservierte der Marxismus nicht nur *durch den Glauben* für sich, sondern vor allem deshalb, weil er seine Lehre und seine Zukunftsverheißung *"wissenschaftlich"* untermauert zu haben, für sich beansprucht. *"Wissenschaftlich"* abgesichert glaubten auch jene „Religionsstifter" ihre Weltanschauungen zu haben, die die *Rassenlehre* an die Stelle der früheren Religionen emporhoben. Beide, Marxismus und Rassenlehre (die im Nationalsozialismus und Faschismus zur wichtigsten Grundlage ihrer Ideologien wurde), gründeten ihre Glaubenssätze und Weltanschauungen auf „wissenschaftlich bewiesene Fakten". Im Marxismus gehört dazu das monumentale Werk von Marx-Engels-Lenin, während der Nationalsozialismus eine Reihe divergierender Lehren für seine Zwecke heranzog und instrumentalisierte. Dazu gehören der sozial interpretierte *Darwinismus*, die Rassenlehre des französischen Adeligen *Arthur Comte de Gobineau* (1816–1882) und vor allem die Schriften von *Houston Stewart Chamberlain* (1855–1937), dem Schwiegersohn Richard Wagners, wenn man von einer Reihe antisemitischer Demagogen, wie dem Hofprediger *Adolf Stöcker*, dem vielgenannten *Paul de Lagard* und vielen anderen „alldeutschen" Hetzschriften-Autoren einmal absieht. Um keine Mißver ständnisse aufkommen zu lassen: weder den *Grafen de Gobineau* noch *Charles Darwin* sollte man mit der späteren Nazi-Rassenlehre in Verbindung bringen. Gobineau hatte in seinem Werk „Essai sur l'inégalité des races humaines" auf eine, man muß schon sagen, recht naive Weise die menschlichen Rassen (weiß, schwarz, gelb) für bestimmte Abläufe der Kulturgeschichte verantwortlich gemacht. Die *weiße* Rasse sei die einzig fähige, überhaupt „Kultur" zu schaffen. Selbst dort, wo kaum zu beweisen ist, daß je ein Weißer in früheren Epochen seinen Fuß auf z.B. asiatisches Land setzte, „weiß" Gobineau, daß Angehörige der weißen Rasse die dortige Kultur erschaffen hätten. Seine Vermutungen schließen generös und ganz einfach die vorhandenen Wissenslücken. Allein die Tatsache, daß Gobineau auf seine Weise die Rassen in die wissenschaftliche Diskussion brachte, ist von Wichtigkeit.

Für die Ersatzreligion der *Rassenlehre* lieferte *H. St. Chamberlain* die Grundlagen. Nicht nur *Kaiser Wilhelm II.* begeisterte sich an Chamberlains Gedanken und Schriften, sondern auch – und mit schrecklicher und verheerender Wirkung – *Adolf Hitler*.

Wilhelm II. schrieb an seinen Streitkumpan und Bundesgenossen im Kampf um Germanien gegen Rom und Jerusalem (so der deutsche Kaiser in einem Brief an Chamberlain): „. . . all das Urarisch-germanische, was in mir mächtig geschichtet schlief, (mußte) sich allmählich in schwerem Kampf hervorarbeiten, kam in offene Gegnerschaft zum ‚Althergebrachten‘, äußerte sich oft in bizarrer Form, oft formlos, weil es mehr als dunkle Ahnung, oft unbewußt in mir regte und sich Bahn brechen wollte. Da kommen Sie, mit einem Zauberschlag bringen Sie Ordnung in den Wirrwarr, Licht in die Dunkelheit. . . zum Heil der Deutschen und damit zum Heil der Menschheit."

Was war das für ein Licht, das Chamberlain in die Dunkelheit von Wilhelm II. brachte? Es sei an dieser Stelle nur resümierend so viel gesagt, daß Houston Stewart Chamberlain und sein Einfluß auf das Denken der Elite um den Kaiser vor dem Ersten Weltkrieg und danach auf Adolf Hitler sowie auf dessen „Chefideologen" *Alfred Rosenberg* und auf den SS-Chef *Heinrich Himmler* heutzutage zu wenig Beachtung findet. Chamberlain wollte eine Art arisch-germanische Religion schaffen, die er auf die überlegene Rasse und Kultur der Indogermanen gründete. Das Christentum führte er ausschließlich auf Christus zurück (und nicht z.B. auf Paulus oder Augustinus, die er für „minderwertig" hielt), den er zum „Nichtjuden" erklärte. Alles, was „*Kultur*" bedeutet, ist bei Chamberlain das Urgermanische, ist germanisch, „*Zivilisation*", d.h. das Minderwertige, ist „demokratisch, jüdisch, römisch". Die Zukunft, das Licht dieser Welt, kommt nur von den arischen Germanen, den Deutschen und nicht von der „Menschheit", die, nach seiner Meinung, *überhaupt nicht existiert*, wie er schreibt. (Chamberlain, 1900, 2. Bd., S. 703) Wo eine solche Diesseitsreligion im 20. Jahrhundert schließlich endete, wissen wir: in der Vernichtung des Menschen in den Gaskammern von Auschwitz.

Neben Rassenlehre und Marxismus gab es eine große Anzahl von Stiftern von Diesseitsreligionen, die sich anschickten, den von den Philosophen leergefegten Himmel mit ihren Ideen, Versprechungen und Verheißungen auf Erden wieder neu errichten zu wollen. Alle diese politischen Bewegungen, linksradikale *wie* rechtsradikale, stützten sich auf die theoretischen Vorgaben ihrer missionarischen Vordenker oder auf Philosphien, die sie einfach für sich ausschlachteten. Die für sie „arbeitenden" Thesen und Lehren dieser Vordenker versprachen allesamt *Freiheit, Erlösung* und ein *sinnvolles Leben*. Im 19. Jahrhundert, vor allem in der zweiten Hälfte, braute sich das theoretisch-dogmatisch-zu-kunftsorientierte Gewitter zusammen, das sich dann mit verheerender Gewalt in der *ersten* Hälfte des 20. Jahrhunderts entladen sollte. Ehe wir noch kurz auf den großen Philosophen eingehen, der das Unheil nahen sah, *Friedrich Nietzsche,* und einen Blick auf jene *Lebensphilosophie* werfen wollen, die eine Lösung aus dem sich andeutenden Dilemma anbot, sollten wir uns kurz über den politischen Zustand klar werden, der im letzten Drittel des 19. und zu Beginn des 20. Jahrhunderts in Deutschland herrschte.

Nach dem so kläglichen Scheitern des Parlaments der Frankfurter Paulskirche gab es keine einigermaßen konsensuale Gesellschaft, die Träger einer umzusetzenden *politischen Freiheit* hätte werden können, um die deutschen Dynastien in eine Art von konstitutionellen Monarchie innerhalb eines *demokratischen Gemeinwesens* einzubinden. Am französischen Beispiel kann man deutlich erkennen, daß es nicht nur auf eine „effiziente" Revolution ankommt, um eine demokratische Form der Regierung zu erlangen, sondern daß erst ein gewachsener *gesellschaftlicher* Wille für Stabilität sorgen mußte, um nicht einerseits im Terror des Jakobinertums oder andererseits in der Diktatur eines Napoleon unterzugehen. Die französische Gesellschaft brauchte zweimal die Hilfe von außen, um die bonapartistischen Ursurpatoren zum Teufel zu jagen: einmal bei Waterloo 1815 und einmal bei Sedan 1870. Aber jedesmal war sie, die Gesellschaft, in der Lage, danach ihre demokratischen Ziele gegenüber einer ultra-reaktionären Schicht durchzusetzen und auch zu wahren.

Nachdem der Staat Preußen nach den Befreiungskriegen sich auf fast allen Ebenen seiner Struktur reformiert und nach den 48er Beben sich wieder stabilisiert hatte, begann in den 60er Jahren, unter dem Berliner Staatsgewicht, sich die Waage der Macht in Deutschland nach dem Norden zu neigen: Das Haus Habsburg, das noch beim Wiener Kongreß unter Metternich die europäischen Geschicke überaus stark beeinflussen und manche wichtigen Figuren auf dem politischen Schachbrett nach Gutdünken hin- und herschieben konnte, verlor zusehends an Einfluß. Nachdem Preußen 1864 den Krieg gegen Dänemark siegreich und auch mit territorialen Zugewinnen beendet hatte, rüstete es zur Auseinandersetzung mit Österreich und Bayern. Nicht nur der Sieg bei Königgrätz, der Preußens Vormachtstellung in Deutschland bestätigte, sondern auch *Bismarcks* staatsmännischer Entschluß, *nicht* als Besatzer in München und Wien einzumarschieren (was

332

die Militärs allzu gerne getan hätten), um vor allem *die Bayern* nicht zu demütigen, trug bereits im Jahre 1870, als Bayern und Preußen *gemeinsam* gegen Frankreich zu Felde zogen, Früchte. Schon im Januar 1871 setzte Bismarck durch, daß der preußische König im Spiegelsaal von Versailles zum deutschen Kaiser gekürt wurde.

Dies alles war dem „eisernen Kanzler", dem Fürsten *Otto von Bismarck* (1815–1898) zu danken, der ein Deutsches Reich „von oben" schuf, d.h. die Einigung Deutschland mit „Blut und Eisen" erzwang. Wo aber war die „Gesellschaft", das „Volk", das unabhängig vom Staat seine politischen Geschicke selbständig zu betreiben versuchte?

Es war *Johann Gottfried Herder* (1744–1803), der zum ersten Mal systematisch das „Volk" der Öffentlichkeit ins Bewußtsein brachte; mit dem „volkstümlichen" Kulturschatz der Völker, der diese Völker mit ihrer Poesie, ihren Liedern und Erzählungen ins Gespräch brachte. Seitdem lebte neben der elitären Kunst auch die volkstümliche, die vor allem die Romantiker förderten. In diesem Zusammenhang sei auch an die *Brüder Grimm* erinnert.

Die Unruhen von 1830 und 1848 zeigten auf, wie sehr sich der Unmut innerhalb der arbeitenden Massen über ihre Lage und ihre Perspektivlosigkeit ausgebreitet hatte. Es gärte zwar an allen Enden, aber die Politik wurde immer noch mit harter Hand von den Fürsten- und Königshäusern bestimmt und nicht von einer sich in die Geschicke einmischende Gesellschaft. Das „Volk" hatte man im harten Griff.

Wenn auch 1863 von Ferdinand Lasalle (1825–1864) der „Deutsche Arbeiterverein" gegründet wurde, der zur Wiege der *Deutschen Sozialdemokraten* wurde, konnten sich die Arbeiter, d.h. die anschwellende besitzlose Masse, kaum praktisch durchsetzen. Die militärischen Siege der preußischen und deutschen Armeen von 1864, 1866 und 1870/71, die sich zum größten Teil aus wehrpflichtigen Arbeitern und Landarbeitern zusammensetzten, ließen alle sozialen Nöte hinter den glänzenden Fassaden verschwinden. Überall wuchsen über Nacht weitere Fabriken aus dem Boden, vor allem für die Schwerindustrie im Ruhrgebiet, in Oberschlesien und in Lothringen. Diese Industrien benötigten laufend willige und billige Arbeitskräfte. Immer mehr „Gastarbeiter" trafen aus Polen im Ruhrgebiet ein. In Thüringen, Sachsen, Württemberg, Baden und Hessen entwickelte sich außerdem eine Kleinindustrie, die einen gewissen Mittelstand hervorbrachte. Weiterhin entstanden an Main und Rhein große Zentren der aufblühenden chemischen Industrie. Parallel zum rasanten Boom der aufblühenden Wirtschaft wuchs die Masse des unter oft erbärmlichen Bedingungen arbeitenden Volkes, die ihr Heil zum Teil in den neuen politischen Heilslehren und bei den Gewerkschaften suchten.

Die Dynastien (d.h. bestimmte Familien, wie z.B. die Hohenzollern, Wittelsbacher) und der von ihnen abhängige Adel sowie das dem Thron verpflichtete Beamtentum (Richter, Professoren etc.) und die protestantische Kirche, aber auch das durch die Politik Bismarcks zu großen Reichtümern gelangte Großbürgertum, Bürgertum und das Handwerk standen den drohenden Massen ablehnend gegenüber. Mit ihnen wollte man weder Macht noch Wohlstand teilen. Pseudoparlamente, in denen durch das Klassen-Wahlrecht wiederum nur die Oberschicht vertreten war, versuchten, die Partikularinteressen dieser Oberschicht durchzusetzen, aber nicht die Interessen der immer stärker anwachsenden Massen. Der überaus geschickt handelnde „Eiserne Kanzler" Bismarck wußte souverän die Interessen der Krone, d.h. des *Kaiser*reiches, zu wahren. Einerseits brachte er es fertig, den Einfluß der Sozialdemokratie, deren revolutionäre Kaderarbeit sich bedrohlich bemerkbar machte, durch das „Sozialistengesetz" einzudämmen, und andererseits durch das Jahrhundertwerk des Sozialversicherungssystems eine gewisse Abfederung der sozialen Härten einzurichten.

Ein solch starker wirtschaftlicher und politischer Koloß, wie er sich im Deutschen Reich Bismarcks in der Mitte Europas drohend präsentierte, war verdammt dazu, eine geschickte Außenpolitik zu führen, um nicht von den „feindlichen Koalitionen", die zum Alptraum Bismarcks wurden, überrannt zu werden. Diese Alpträume sahen etwa so aus: Auf der einen Seite Frankreich und England, die mittlerweile Afrika unter sich aufgeteilt hatten, und auf der anderen Seite Rußland konnten durch eine einfache „Einkreisungspolitik" zur gegebenen Zeit von allen Seiten über Deutschland herfallen. Frankreich, das 1870/71 von Deutschland gedemütigt wurde, spielte den geschickten Antreiber. England, dessen „Balance-of-power"-Politik es stets an die Seite des „Zweitstärksten" beorderte, war nur allzu bereit, mit Frankreich *gegen* die unheimlich werdende Großmacht Deutschland zu marschieren, wie es dies später im Rahmen der „Entente cordiale" auch tat. Den „russischen Bären" brauchte man vom Osten nur gegen das „Reich" zu führen, dann würde es mit der deutschen Herrlichkeit vorbei sein: In den deutschen Alpträumen arrivierte Frankreich zum „Erbfeind", während Kaiser Wilhelm immer lauter und unverhohlener die militärischen Muskeln spielen ließ.

Mit einer überaus geschickten Bündnispolitik durchkreuzte Bismarck zunächst solche Alptraum-Möglichkeiten, vor allem dadurch, daß es ihm gelang, Rußland für einen „Rückversicherungsvertrag" zu gewinnen, der einem Nichtangriffspakt gleichkam. Dies war schon deshalb vonnöten, weil die russische Expansionspolitik auch den aggressiven Beistand für die „slawischen Brüder" miteinschloß, die im „Gefängnis" des Vielvölkerstaates Österreich-Ungarn „schmachteten". Ein Funke konnte dieses Pulverfaß zur Explosion bringen – wie sich am 28. Juni 1914 in Sarajewo bei der Ermordung des österreichischen Thronfolgerpaares zeigte: Der Erste Weltkrieg nahm von dort aus seinen verheerenden Verlauf.

Der wirtschaftliche Boom im letzten Drittel des 19. Jahrhunderts, der dem Bürgertum in Deutschland großen Wohlstand bescherte, entwickelte aber auch all jene Krisengefühle, jenes „Unbehagen in der Kultur", von dem *Sigmund Freud* (1856–1939) schrieb.

Dieses Krisengefühl, das die abendländische Kultur in Frage stellte, drückte sich vor allem in der Kunst und in der Literatur aus. *Henrik Ibsen* (1828–1906) hatte schon in seinen Dramen die Masken von der moralischen Fassade der bürgerlichen Gesellschaft gerissen. *Gerhart Hauptmann* wurde zum Anwalt der armen und besitzlosen Massen in seinen naturalistischen Schauspielen, wie „Die Weber", „Fuhrmann Henschel", „Der Biberpelz" usw. *Arthur Schnitzler* (1862–1931) und *Hugo von Hofmannsthal* (1874–1929) brachten den „Enui" und die „Décandance" ihrer Zeit zum Ausdruck. Dieses Unbehagen wurde nicht nur zu einem Fin-du-siècle-Katzenjammer, sondern saß viel tiefer, hatte bereits Schichten erreicht, die eine Art tektonischer Verschiebung innerhalb der inneren Kulturlandschaft signalisierten, und verbreitete sich immer stärker im ersten Jahrzehnt des 20. Jahrhunderts bis hin zum Ausbruch des Ersten Weltkrieges 1914.

August Strindberg (1849–1912) und *Frank Wedekind* (1864–1918) bringen dieses dumpfe, ausweglose Gefühl der Unbehaustheit und des gesellschaftlichen Überdrusses in ihren Dramen zum Ausdruck. Daneben versuchen Wissenschaftler wie *Ge-*

org Simmel (1858–1918) und *Wilhelm Dilthey* (1833–1911) „lebensphilosophische" Welterklärungen und Daseinsorientierungen zu vermitteln, nachdem die neukantianische Schule außerhalb der akademischen Kreise im populären Umfeld nie Fuß fassen konnte. Die „Lebensphilosophen" haben Hochkonjunktur: Gegen Absolutes, Rationales, idealistische Erkenntnistheorien, die alles Objektive, alle Materie nur als vom menschlichen Verstand (Vernunft usw.) abhängig, als *gegeben* erklären – gegen diese Lehren stellen sie das *"Leben"*, das natürliche, pulsierende, allgegenwärtige Leben, das sehr schwierig in einer wissenschaftlichen Begrifflichkeit zu fassen ist. Leben ist vor allem – nach Dilthey – *Erlebnis*, und damit schließt er psychologische und historische Begründungen ein. Mit diesem Schwenk zum „Leben" hin wird eine rationale Ebene verlassen und man begibt sich in *irrationale* Gefilde. Die von Dilthey, dem eigentlichen Begründer der deutschen „Geisteswissenschaften", entwickelte *Hermeneutik*, die Lehre vom „Erfassen", „Verstehen", „Begreifen", ist schon ein „Schritt vom Wege". In Frankreich war es *Henri Bergson* (1859–1941), der lebensphilosophisch „Zeit und Freiheit" (so der deutsche Titel seines Werkes „Sur les dornées immédiates de la conscience" von 1888) einfing und eine neue philosophische Richtung zu begründen versuchte. In seinen „Anmerkungen zu Henri Bergson" schreibt Konstantinos P. Romanòs 1989: „Die Tilgung der einst so einflußreichen Lebensphilosophie aus dem Bewußtsein der letzten Jahrzehnte gibt Rätsel auf, die in den gegen sie erhobenen Vorwürfen des ‚Irrationalismus', ‚Biologismus' und ‚Präfaschismus' keine befriedigende Lösung finden. Wäre der Irrationalismus ein Grund für die spätere Ablehnung, bliebe unverständlich, daß die Lebensphilosophie sich zwischen 1880 und 1930 überhaupt ausbreiten konnte, war doch damals der Kreis rationalistischer Kritiker kaum kleiner als heute... Der Vorwurf des ‚Präfaschismus', der vor allem von linken Kritikern erhoben wird, büßt an Glaubwürdigkeit dadurch ein, daß diese Kritiker ihn verschwenderisch gegen nicht-marxistische, bürgerliche Philosophien einsetzen. Die Vertreter der Lebensphilosophie waren in Theorie und Praxis zu verschieden, als daß sie sich unter ein politisches Etikett bringen ließen. Während Oswald Spengler Rasse und Führerprinzip verherrlicht... spricht sich Henri Bergson ... für die offene Gesellschaft und die Demokratie aus und läßt sich 1941 im besetzten Frankreich freiwillig als Jude eintragen, um sich mit seinen verfolgten Brüdern solidarisch zu erklären." (Henri Bergson, 1989, S. 179/180)

Die „Lebensphilosophie", auf die wir keinesfalls vertiefend eingehen wollen, hatte in der Tat eine Reihe von recht unterschiedlichen und häufig total entgegengesetzten Standpunkten aus operierende Vertreter und Sympathisanten, zu denen u.a. Antipoden wie *Oswald Spengler* (1880–1936), der mit seinem „Untergang des Abendlandes" breite Leserschichten ansprach, und *Max Scheler* (1874–1928) gehörten. Außerdem darf man *Ludwig Klages* (1872–1956) nicht übergehen, der den „Geist" als „Widersacher der Seele" einordnete, wie er dies in seinem gleichnamigen und über 1500 Seiten starken Werk („Der Geist als Widersacher der Seele") wissenschaftlich untermauern wollte.

Es war vor allem Oswald Spenglers monumentales Werk „Der Untergang des Abendlandes", das weiteste Verbreitung fand und dessen Aussagen vor allem auf national und nationalistisch gesinnte Bevölkerungskreise ihre Wirkung nicht verfehlten. Das „Leben", dessen „absoluter" und nie umkehrbarer Lauf der Brennpunkt seiner „Geschichtsphilosophie in die Zukunft" ist, kann für Spenglers „Abendland" nur ein „heroischer" Weg sein. Diese Haltung und diese erwähnte Ausgangsposition kommen in folgender Passage des Buches zum Ausdruck: „Es stand bis jetzt frei, von der Zukunft zu hoffen, was man wollte. Wo es keine Tatsache gibt, regiert das Gefühl. Künftig wird es jedem Pflicht sein, vom Kommenden zu erfahren, was geschehen *kann* und also geschehen *wird*, mit der unabänderlichen Notwendigkeit eines Schicksals, und was also von persönlichen Idealen, Hoffnungen und Wünschen ganz unabhängig ist. Gebrauchen wir das bedenkliche Wort Freiheit, so steht es uns nicht mehr frei, dieses oder jenes zu verwirklichen, sondern *das Notwendige oder nichts.* Dies als ‚gut' zu empfinden, kennzeichnet den Tatsachenmenschen. Es bedauern und tadeln heißt aber nicht es ändern können. Zur Geburt gehört der Tod, zur Jugend das Alter, zum Leben überhaupt seine Gestalt und die vorbestimmten Grenzen seiner Dauer. Die Gegenwart ist eine zivilisierte, keine kultivierte Zeit... Wir sind zivilisierte Menschen, nicht Menschen der Gotik und des Rokoko; wir haben mit den harten und kalten Tatsachen eines *späten* Lebens zu rechnen, dessen Parallele nicht im perikleischen Athen, sondern im cäsarischen Rom liegt. Von einer großen Malerei und Musik wird für den westeuropäischen Menschen nicht mehr die Rede sein... Ihm sind nur extensive

Möglichkeiten geblieben... Es ist wahr, daß es für einzelne tragisch ausgehen kann, wenn sich ihrer in den entscheidenen Jahren die Gewißheit bemächtigt, daß im Bereich der Architektur, des Dramas, der Malerei, *für sie* nichts mehr zu erobern ist. Mögen sie zugrunde gehen... Der westeuropäische Mensch, so historisch er denkt und fühlt, ist in einem gewissen Lebensalter sich nie seiner eigentlichen Richtung bewußt... Wenn unter dem Eindruck dieses Buches sich Menschen der neuen Generation der Technik statt der Lyrik, der Marine statt der Malerei, der Politik statt der Erkenntniskritik zuwenden, so tun sie, was ich wünsche, und man kann ihnen nichts Besseres wünschen." (O. Spengler, 1923, S. 52/54)

Die „Morphologie der Weltgeschichte", wie der Untertitel seines Buches lautet, läßt Spengler, wenn auch von der „entgegengesetzten" Seite aus, in die Nähe marxistischer Geschichtsbetrachtung rücken. Seine Zukunftsvisionen sind nicht von der optimistischen Glücksverheißung einer zukünftigen kommunistischen Endzeit durchdrungen, in der alle Menschen gleich und, nach dieser Devise, auch glücklich sein werden, sondern sie rücken – wenn auch nicht so dramatisch – in die atmosphärische Nähe einer nibelungenhaften Götterdämmerung, deren verdammendes Urteil „das Abendland" in die Hölle der abgewerteten Zivilisation schickt. Auch Spengler hatte *Leopold von Rankes* These nicht beherzigt, Geschichte solle die Vergangenheit analysieren und nicht Prognosen für das Kommende aufstellen.

Bleiben wir noch für einen Augenblick beim zitierten Text Spenglers. Angesichts einer durch die „unabänderliche Notwendigkeit eines Schicksals" vorbestimmten Zukunft, in der das „Kommende" nicht nur „geschehen *kann*", sondern „wird", gibt es bei Spengler nichts Persönliches, keine persönlichen Ideale, Hoffnungen oder Wünsche. Das heißt: es wird keine Freiheit geben, sie ist sowieso nur ein „bedenkliches Wort". Niemand kann am Schicksalslauf der Geschichte etwas ändern, es bleibt nichts: keine Kultur, nur *Zivilisation*. Wir sind *zivilisierte* Menschen, weil wir in einer *zivilisierten Zeit* leben. Der Wunsch des Autors ist, „Technik statt Lyrik" zu betreiben, Matrose statt Maler zu werden, sich der Politik zuzuwenden und nicht der brotlosen philosophischen Erkenntniskritik. Denn: Wir werden – auch mit dem „bedenklichen Wort Freiheit" – nur „Notwendiges" verwirklichen können oder – nichts! Hier bricht das „Nichts" in die Visionen ein. Der rote Faden, der sich durch Spenglers „Untergang des Abendlandes" durchzieht, ist nichts anderes als *Nihilismus*.

Spengler hatte sein Buch schon vor dem Ersten Weltkrieg geschrieben, es kam aber erst 1918 auf den Markt und erlebte allein bis 1922 47 Auflagen. Der Zusammenbruch des deutschen Kaiserreiches und der einst prunkvollen Donaumonarchie, die der Niederlage folgenden unerfüllbaren Bedingungen des Versailler Vertrages, die den Deutschen auferlegt wurden, die Perspektivlosigkeit der deutschen Politik, die in neue Armut geratenen und von Hunger geplagten Massen, denen außerdem von allen Seiten die Arbeitslosigkeit drohte, sowie die Orientierungslosigkeit der Intellektuellen, die sich in der gerade entstehenden *Republik* völlig „verraten" vorkamen – in diesem Umfeld wurde „Der Untergang des Abendlandes" zum Wegweiser und geistigen wie ideologischen Wegbereiter in den dunklen Jahren kurz nach dem Ersten Weltkrieg.

Man sollte *Spengler* nicht mit *H.St. Chamberlain* über einen Kamm scheren. Auch *Klages* gehörte einem anderen Denkkategorien-Kreis an. Spengler war von weiterem Horizont und von größerer Tiefe und – er wurde gelesen, gelesen von der gesamten Bildungsschicht! Seine Wirkung ist nicht nur in den Bereichen der aus dem Krieg zurückgekehrten entwurzelten akademischen Jugend, sondern auch bei den großen Jugendverbänden, den „*Bündischen*" und anderen, nachzuweisen. Der *Nihilismus* hat nicht nur, wie wir sehen werden, eine „*pessimistische*" Ausrichtung, sondern auch eine „*optimistische*". Gerade Spenglers Buch, das in seinem Nihilismus die zwingende Notwendigkeit des „Untergangs" predigt und „beweist", wurde teilweise zum Antrieb für die „optimistischen" Chauvinisten und späteren Nationalsozialisten, den „schicksalhaften" Nihilismus zum Ausgangspunkt zu nehmen, von dem aus man ein neues, ein germanisches Reich erbauen konnte. Noch hatte Spengler in seinem „Untergang" nicht den fordernden völkisch-nationalistischen Ton angeschlagen. Sein germanisch-faustisches Idealbild, das er im „Untergang" zeichnete, diente quasi als „Grundsatzerklärung". Aber schon 1919, kurz nach dem Erscheinen des „Untergang", brachte er sein Werk „Preußentum und Sozialismus" heraus, das eine ganz andere Sprache aufwies. Hier wandte er sich expressis verbis „an die Jugend" und rief ihr zu: „Erzieht euch selbst! Werdet Männer! Wir brauchen keine Ideologen mehr, kein Gerede von Bildung und Weltbürgertum und geistiger Mission der Deutschen. Wir brauchen Härte, wir brauchen eine tapfere Skepsis, wir brauchen eine Klasse von sozialistischen Herrennaturen." (O. Spengler, 1919, S. 98)

Es ist nun nicht meine Aufgabe, all jene heute verrückt anmutenden „Völkischen" zu beschreiben, die sich als Schriftsteller als Blut-und-Boden-Wegbereiter und rassistische Vorläufer der Nazis gerierten, wie *Moeller van den Bruck* (mit seinem Buch von 1923: „Das Dritte Reich"), *Karl Harres* (der die Thule-Gesellschaft gründete), *Dietrich Eckart, Artur Dinter* u.v.a.. Wichtig ist nur, daß in diesem Klima, in der beginnenden *Weimarer Republik*, in der nicht nur die Freikorps unter den Abenteurern *Epp, Kapp, Ehrhardt* usw. (General *Ludendorff* gehörte als Idol und Leitbild zu den etwa 400.000 Mann herumvagabundierender „Völkischer"), die das Vaterland an den Grenzen gegen die „Ostvölker" angeblich verteidigten, eine große Gefahr für die gerade gegründete Republik bedeuteten, keine persönliche Freiheit gedeihen konnte, sondern daß diese dort, wo sie als zartes Pflänzchen wachsen wollte, sofort gnadenlos ausgemerzt wurde. 1933 wurde dann auch die demokratische Freiheit ausgelöscht und wurden diejenigen, die sie, gegen die Landsknechte der Diktatur, zu retten versuchten, in den Gestapo-Kellern und KZs umgebracht. Auf dem Boden des Nihilismus konnte nichts anderes gedeihen als die tödliche Verachtung des Menschen und die Entwürdigung seines Daseins.

Oswald Spengler war nun nicht der Erfinder dieses Nihilismus. Er hatte ihn von einem viel Größeren abgeguckt und diesen geradezu pervertiert. Dieser Größere war *Friedrich Nietzsche* (1844–1900). Ich stelle Nietzsche bewußt an das Ende des Kapitels, weil seine Gestalt bis zum heutigen Tage nicht nur einen starken Schatten wirft, sondern seine Lehren und Thesen für viele bis heute nicht enträtselt und damit noch „wirksam" sind. „Wie ein schwerer erratischer Block", schreibt *Horst Althaus* in seiner Nietzsche-Biographie, „liegt das schriftstellerische Werk Nietzsches quer vor dem Eingang ins 20. Jahrhundert und versperrt den Weg, man kommt nicht ohne weiteres an ihm vorbei oder um ihn herum, kann sich nicht mit behendem Sprung darüber hinwegsetzen." (H. Althaus 1985, S. 7)

Nietzsche war, wie Schopenhauer, Kierkegaard und Marx, kein professioneller Hochschulphilosoph. Auch hat er kein umspannendes Welt- und Menschheitserklärungssystem aufgebaut. Seine Lehre faßte er in gezielten Monographien zusammen, in

340

pointierten Aphorismen und essayistisch anmutenden Zeitkritiken, die jedoch alles andere als „Essays" waren, sondern die für sich – und alle in exzellenter stilistischer Präsentation – *Endgültigkeit* in Anspruch nahmen. Über Nietzsche ist so vieles geschrieben worden, daß man bei der Erwähnung seines Werkes und seines Lebens immer von der Vorstellung beherrscht wird, man wiederhole zum xten Male Aussagen anderer.

Für unsere Thematik wichtig ist zunächst die Feststellung, daß Werk und Leben Nietzsches eine, so weit dies menschenmöglich ist, tiefe Übereinstimmung bzw. intensivste Annäherung mit und an den Zeitgeist, mit und an die intellektuelle Problematik, mit und an die geistigen Zeitströmungen jener Epoche darstellen, in der er wirkte: dem letzten Drittel des 19. Jahrhunderts. Und weil alle Strömungen quasi durch ihn hindurchflossen, er sie aber in seinem Sinne um- und weiterleitete, und weil er diese Zeitproblematik so intensiv in sich aufnahm und sie wiederum in exzessiver Form „verabschiedete", war er auch in der Lage, kassandrahafte Visionen für das kommende Jahrhundert zu hinterlassen. „Er kennt sich in der Zukunft aus", schreibt Althaus. „In ihr werden gewaltige Entscheidungen fallen, in denen es um die Erdherrschaft geht. Sie werden durch Kriege fallen, ‚es wird Kriege geben, wie es noch keine auf Erden gegeben hat'", zitiert der Biograph Nietzsche. „Die bisher verfolgbare Geschichte kennt die ‚ewige Wiederkehr des Gleichen'. Eine alt gewordene Welt wird durch einen neue ersetzt. An diesem Rhythmus im Wechsel wird auch in den neuen Größenverhältnissen mit dem ‚Übermenschen' als dem neuen ‚Herrn' und seinen Sklaven nicht gerührt. Der ‚Nihilismus' als Wertezerfall und das Zeitalter der ‚großen Kriege' gehören zu der unerläßlichen Etappe, die den kosmischen Umbau der Welt mit ihrem neuen Menschen vorbereiten hilft." (Althaus, 1985, S. 21 u. 14/15)

Der „neue Mensch" – bei Nietzsche beginnt die Suche nach dem *modernen* „neuen Menschen": Er sucht der Enge der bürgerlichen Welt zu entkommen, einer bürgerlichen Welt, die ihrerseits die Enge und die Fesseln des „ancien regime" gesprengt hat; er flieht aus den Gefängnissen, in die ihn die Kirche und die Moral eingepfercht haben und sucht *Erlösung* und *totale Freiheit*, eine Freiheit der persönlichen Selbstbestimmung, den Glauben an die Wirklichkeit der eigenen Identität, und er sucht die eigene Macht, die keine Fremdbestimmung mehr zuläßt – eine Utopie, der nachzujagen die totale Umwandlung dieser Welt bedeutet, auch das Inkaufnehmen des totalen Chaos und des totalen Nichts. Dieser „neue Mensch" denkt nicht an die Möglichkeit, daß er eines Tages, jenseits von Gut und Böse, in einer selbstgezimmerten Welt sich wiederfinden wird, die ihm alles gebracht und alles geschenkt hat, Wohlstand und Reichtum, Eigenbestimmung und Selbstherrlichkeit – nur *eines* nicht: *Erlösung*, innere *Zufriedenheit* und wirkliches *Glücklichsein*, wie ihm verheißen worden war.

Nietzsche verkörperte *alles* in *allem*. Er war Denker, Künstler, Dichter, Prophet und Visionär. Er stellte quasi seine gesamte Epoche dar. Auch sein Lebenslauf verkörpert alle Daseinsmöglichkeiten seiner Zeit. Das protestantische Pfarrhaus, dem er entstammt, hat ihn und seine Jugend geprägt. Er wurde Philologe und hatte das Glück, bei einem der bedeutendsten Philologen seiner Zeit, *Friedrich Wilhelm Ritschl*, studieren zu dürfen, der ihn von Bonn nach Leipzig mitnahm und dessen Protektion Nietzsche schon mit 24 Jahren Philologieprofessor an der Universität Basel werden ließ. Er lernte dort *Richard Wagner* (den er vorher schon getroffen hatte) kennen, in dessen lähmenden Bann er geriet, und auch *Jacob Burckhardt*, einen der ganz großen europäischen Geschichtsdenker. Mit seinem ersten Werk „Die Geburt der Tragödie aus dem Geiste der Musik" (1872), das praktisch „aus dem Geiste Richard Wagners" geschrieben ist, legte er sich mit der gesamten Philologenzunft an und verscherzte sich die Hilfe und die Gunst seines Lehrers Ritschl. Unter völliger Vernachlässigung sämtlicher professioneller Philologiemethoden setzte er sich über all diese Traditionen hinweg und folgte nur den Eigenerkenntnissen, die er aus langen Diskussionen mit Wagner gewonnen hatte. Nach Meinung der Philologen war „Die Geburt der Tragödie" keineswegs „wissenschaftlich", sie war im besten Sinne für diese „Zunft" höheres Feuilleton. Von der monumentalen und „totalen" Kunst Richard Wagners erhoffte Nietzsche sich die Kunst der Zukunft, *das* Neue. Aber auch mit Wagner brach er, enttäuscht und angewidert von der ständigen „Wiederkehr des Gleichen", und sein ehemaliger Freund wurde zum „Fall Wagner". Als Richard Wagner endlich das Bayreuther Festspielhaus, den Inbegriff der Zukunftskunst, eröffnen konnte, floh Nietzsche entsetzt ins Fichtelgebirge, in die Einsamkeit. Der Pomp und die Selbstinszenierung der „Wagnerei" war unvereinbar mit der eisigen Höhenluft der Einsamkeit des kommenden Zarathustra, der die Umwertung aller Werte einfordern sollte, um endlich die alte

Welt völlig zu zerschlagen, um den „neuen Menschen" zu schaffen.

Nietzsche gab seine Professur in Basel, früh an Leib und Seele erkrankt, auf. Aber er nahm nun noch intensiver, noch sensibler alle Zeitströmungen wahr und formulierte seine Thesen noch radikaler und so präzise wie möglich. Er griff nicht nur die Kirche an, ging nicht nur gegen die kirchlichen Lehren vor, sondern brachte seinen Atheismus in die endgültigste Formel, die man dafür bereithalten kann: „Gott ist tot!" Althaus schreibt zu diesem Thema: „Nietzsches Atheismus ist die theoretisch entwickeltste Form des Atheismus seit den Anfängen des philosophischen Denkens bei den griechischen Vorsokratikern, er enthält seine Summe. Alles was seit dem 18. Jahrhundert, vor allem von Frankreich mit seinen Marterialisten, Sensualisten, Positivisten und Ideologen ausgehend, dem Atheisten benachbart war oder sogar unter diesem Namen firmierte, hat, an Nietzsche gemessen, episodischen Charakter. Nietzsches Atheismus war wie der Hammerschlag von konsequenzenreicher Endgültigkeit." (Althaus, 1985, S. 20/21)

Der „Tod Gottes" gehörte zur ersten Priorität der Umwertung aller Werte bei Nietzsche. Er wollte die Welt nicht verändern, sondern sie zertrümmern, um sie neu aufbauen zu können – alles „umwerten". Schon in seiner „Geburt der Tragödie" war es der Gott Dionysos, der Herr des Orgiastischen, den Nietzsche Apollo, dem „Klaren", vorzog, wie er Aischylos, den „Atavistischen", dem Euripides, dem „Vernünftigen", vorzog. Es war sein Weg zur tragischen Weltsicht, die im Leben der Menschen keine, absolut keine Lösung findet.

Nietzsche kann nicht in einer Welt der „Vielzuvielen" leben, der „Herrenmensch" ist gefragt, der alles in dionysischem Rausch zerstört und wieder neu errichtet. Das Mitleid, die Demut lehnt er ab, verachtet sie. „Das Jasagen zum Leben selbst noch in seinen fremdesten und härtesten Problemen, der Wille zum Leben, im *Opfer* seiner höchsten Typen der eigenen Unerschöpflichkeit frohwerdend - *das* nannte ich dionysisch, *das* erriet ich als Brücke zur Psychologie des *tragischen* Dichters", schreibt Nietzsche später in seiner „Götzendämmerung". „*Nicht* um von Schrecken und Mitleiden loszukommen, nicht um sich von einem gefährlichen Affekt durch dessen vehemente Entladung zu reinigen - so verstand es Aristoteles –; sondern um, über Schrecken und Mitleid hinaus, die ewige Lust des Werdens *selbst zu sein*, – jene Lust, die auch noch die *Lust am Vernichten* in sich schließt. . . Und damit berühre ich wieder die Stelle, von der ich einstmals ausging – die ‚Geburt der Tragödie‘ war meine erste Umwertung aller Werte: damit stelle ich mich wieder auf den Boden zurück, aus dem mein Wollen, mein *Können* wächst – ich, der letzte Jünger des Philosophen Dionysos, – ich, der Lehrer der ewigen Wiederkunft. . .“ (Nietzsche, 1974, 2. Bd. S. 441)

Nietzsche hatte in seinem Denken und in seinen Postulaten alles angesammelt, was einen „Herrenmenschen“ ausmacht: ein Verächter der Massen und damit ein Verächter der *Demokratie* und des heraufkommenden *Sozialismus*. Es galt aber *alles* nur für *ihn!* Für ihn allein! Sein Filigrangeist fürchtete die Zerstörung der Kultur, die er in seinem Denken errichtete, die *neue* Kultur, die ein *neuer* Mensch erschaffen hat, die Zerstörung durch die Allzuvielen, durch die demokratisierten Massen. Der „erratische Block“, von dem Althaus spricht, ist nichts anderes als ein hohes Gebirge aus titanischen und dionysischen Ideen, aus dem alle Nachfolgenden das herausbrechen, was sie an Material gebrauchen können, um ihre eigenen Ideen und Ideologien zu konstruieren. So sagt auch Althaus von ihm: „Nietzsche konnte in Anspruch genommen werden, seine Philosophie glich in ihren Ideen einem Arsenal mit hochexplosiven Waffen. Er war niemands Weggenosse. Und wenn – wie im Fall Wagner –, dann kein lebenslang Bedingungsloser! Er war, was unter Philosophen selten ist, ein Kämpfer. Er forderte seine Zeit, sein Jahrhundert, das, was zweitausend Jahre zu den unantastbaren Überlieferungen, zum Moralregister der Welt gehört hatte, heraus. Kein Wunder, daß Bewegungen umwälzenden Charakters seinen Namen auf ihre Fahnen schreiben mochten! Nietzsche, der Revolutionär, der den ‚neuen Menschen‘ im Auge hatte, für die Zukunft den ‚Übermenschen‘ voraussagte, und zwar als von einer Züchtung im biologischen Sinn hervorgebrachten Typus, konnte freilich zu widerrechtlicher Aneignung verführen. Und sicher besaß er etwas vom Verführer. Was hat Nietzsche als Denker zu dem europäischen Ereignis werden lassen, als das er im 20. Jahrhundert wahrgenommen wurde? In einer sich bereits auf die Demokratie zurüstenden Welt Warner vor der Demokratie zu werden: darin stand er nicht allein. Aber er war der entschiedenste und der folgenreichste von allen.“ (Althaus, 1985, S. 20)

Diese Charakterisierung Nietzsches muß durch die zusammenfassende Feststellung ergänzt werden, daß Nietzsche in seiner radikalen Kulturkritik mit *allem* brach. Er wehrte sich nicht gegen einzelne und bestimmte Strömungen und Entwicklungen innerhalb der europäischen Kultur, er wehrte sich gegen alles. Er war Zerstörer und Messias in einem. Nicht einmal in den Kategorien wissenschaftlicher Begrifflichkeit tat er sich kund, er tat es ausschließlich als Dichter, als Sprachkünstler und als Prophet. Die Inhalte seiner Lehre hat am treffendsten *Karl Löwith* formuliert, wenn er Nietzsches „Gedanken-System" dergestalt analysiert, daß er meint, am „Anfang" stand „der *Tod Gottes*, in dessen Mitte der aus ihm hervorgegangene *Nihilismus* und an dessen Ende die Selbstüberwindung des Nihilismus zur *ewigen Wiederkehr* steht." (K. Löwith, 1987, S. 211)

Und noch ein Letztes: Nietzsche hat im Grunde nur *gedacht* und nicht *gehandelt*. Hinter den Masken, hinter denen er sich verbirgt, hinter Zarathustra, hinter Dionysos, hinter dem „Gekreuzigten" usw. sitzt der Messias Nietzsche und denkt – denkt nach und postuliert die Umwertung aller Werte, den Herrenmensch, den Übermensch, den „neuen Mensch". Er wäre sicherlich aus seinem Denk-Wachträumen entsetzt hochgefahren, hätte er erleben müssen, wie aus seinem Übermenschen ein Herrenmensch wurde, eine „blonde Bestie", die *nicht* gegen die Massen, gegen die „Allzuvielen" vorging, sondern in einer gigantischen Perversion gegen Minderheiten wie die Juden, die Zigeuner, um dann noch in einem verblendeten Rassismus „slawische Untermenschen" auszurotten, um dem nordischen Herrenmenschen Platz zu schaffen für eine germanische „Kultivierung". Mit anderen Worten: Nietzsche ist der Ausgangsdenker der Moderne, er ist aber nicht verantwortlich für alle krankhaften Fehlentwicklungen unserer Zivilisation, denn seine Thesen und utopischen Postulate können stets polar ausgelegt werden und sind selten eindimensional. Das Entscheidende bei Nietzsche ist seine Ausstrahlung und sein Einfluß. Hätte er irgendwo in einer philosophischen Klause gesessen und seine Gedanken in einem hölzernen wissenschaftlichen Kauderwelsch geschrieben, hätte ihn niemand gehört. So aber hat er jederzeit Spektakuläres vollbracht: Er riß mit lautem Getöse die Brücke zwischen sich und der traditionellen deutschen Wissenschaft ein, er attackierte Richard Wagner auf dem Höhepunkt des Lebenswerkes des genialischen Komponisten und nicht zu einer Zeit, als Wagner noch völlig umstritten war, und außerdem wußte Nietzsche seine Visionen in einer packenden und aufrüttelnden Sprache vorzutragen, auch wenn die Inhalte seiner Schriften oft im mysteriösen Dunkel der Weissagungen lagen. So heißt es an einer Stelle im „Zarathustra": „Willst du, mein Bruder, in die Vereinsamung gehen? Willst du den Weg zu dir selbst suchen? Zaudere noch ein wenig und höre mich. ‚Wer sucht, der geht leicht selbst verloren. Alle Vereinsamung ist Schuld': also spricht die Herde. . . Bist du eine neue Kraft und ein neues Recht? Eine erste Bewegung? Ein aus sich rollendes Rad? Kannst du auch Sterne zwingen, daß sie um dich sich drehen?. . . Ach, es gibt so viele große Gedanken, die tun nicht mehr als ein Blasebalg: sie blasen auf und machen leerer. Frei nennst du dich? Deinen herrschenden Gedanken will ich hören und nicht, daß du einem Joche entronnen bist. Bist du ein solcher, der einem Joche entrinnen *durfte*?. . . Frei wovon? Was schiert das Zarathustra! Hell aber soll mir dein Auge künden: frei *wozu*?"

Hier sind wir mit Nietzsche bei jenen Fragen angelangt: Frei *wovon*? Frei *wozu*?, die wir ganz zu Beginn bereits gestellt haben. Nietzsche hebt allein das „Wozu" durch Kursivschrift hervor und nicht das „Wovon". Denn das ist die alles entscheidende Frage: Wenn man sich emanzipiert, befreit und entfesselt hat (wovon auch immer!), *wozu* hat man dies getan, *wozu* hat man sich entschlossen, *wofür* hat man eine Entscheidung getroffen?

Betrachtet man Nietzsches „Zarathustra" als ein Werk, in dem der Dichter mit dem Philosophen zusammenwächst, dann wird dieses im neutestamentlichen Stil verfaßte Großgedicht zum Dialog Nietzsches mit sich selbst, zur Auseinandersetzung seines Ichs mit der überlieferten Kultur und seiner „Freiheit wozu?" Er entschloß sich, als er nur noch wenige Schritte vor seinem Hinüberdämmern in den Wahn stand, in diesem Großgedicht, alle Brücken nun endgültig hinter sich abzubrechen und als „Antichrist" den Weg zu einem Menschentum einzuschlagen, das *über* allem steht – als „Übermensch". Sein Handeln war Denken. Als 1889 in einem dramatischen persönlichen Zusammenbruch sein *bewußtes* Leben endete (er dämmerte bis 1900, bis zu seinem Tod, nur noch dahin), wurde er bekannt und endlich auch gelesen. Vor allem von der Jugend.

Es war die Jugend, die kurz vor der Jahrhundertwende sich zu Vereinigungen zusammenschloß wie „Der Wandervogel". Die Jugend wollte heraus aus den „grauer Städte Mauern", heraus aus der Dumpfheit des puren Wohlstandes, suchte in der Natur sich wiederzufinden, und Nietzsche wurde nicht selten ihr Wegweiser. Dazu haben *Walter Laqueur* und auch bis zu einem bestimmten Grad *Gottfried Küenzlen* in ihren Arbeiten ausführlich berichtet. Die Jugend strebte heraus aus dem nihilistischen Tal, hin zum verheißenen „neuen Menschen", hin zu einer Sinnerfüllung in der Zukunft. Daß dieser „Sinn" 1914 das „Vaterland" wurde, ist die grausame Kehrseite dieses Strebens. Es gab 1914 die Legende, daß Tausende von „zu den Waffen eilenden" Studenten Nietzsches „Also sprach Zarathustra" im Tornister mit sich trugen. Es trugen ihn wahrscheinlich auch einige von den 11.000 jugendlichen deutschen Soldaten im Tornister, die, im November 1914 beim Sturm auf Langemarck, das Deutschlandlied auf den Lippen, von den Maschinengewehren dahingemäht wurden. Ein blinder Nationalismus hatte sie zu dieser Schlachtbank geführt. Und die Bestseller-Autoren dieses blinden Nationalismus, wie *Ettighofer, Zöberlein* u.v.a. verherrlichten dieses Massensterben ebenso im Namen Nietzsches, wie es 30 Jahre später die Naziapostel taten, wie es der „Führer" tat, der noch im Berliner Bunker, in dem er sich erschoß, bei Klängen von Richard-Wagner-Musik, dem Morden keinen Einhalt gebot: Er wollte die „blonde Bestie", den germanischen Übermenschen über die Erde herrschen lassen oder alles sollte zugrunde gehen.

Nietzsche wurde zum Übervater, auf den sich alle beriefen und berufen: seien es Täter oder Denker.

Also sprach Friedrich Nietzsche . . .

Hier wollen wir unseren Gang durch die Geschichte mit dem spezifischen Blick auf die Gewinnung und Anwendung von persönlicher und demokratischer Freiheit beenden. Mir selbst ist die Spärlichkeit der historischen Ausschnitte schmerzlich bewußt, weil das Thema in seiner ganzen Fülle nur skizzenhaft dargestellt werden konnte. Andererseits glaube ich, daß aus der gruseligen und blutreichen Geschichte der Freiheit des Menschen die makabre Bilanz gezogen werden muß, daß am Ende des 20. Jahrhunderts die Menschheit nur geringfügige, nur millimetergroße Fortschritte zur Freiheit hin vollbracht hat. Man kann bei dieser Sicht eigentlich nur noch fatalistisch in die Zukunft blicken, wenn man die „Entwicklung" der Jahrhunderte betrachtet, die letztlich nur blutige Konflikte mit ungeheuren Opfern für ein Minimum an freiheitlichem Gewinn brachten. Das 20. Jahrhundert selbst hatte noch über Jahrzehnte hinweg im Hitler-Wahn und Stalinismus die grausamsten und terroristischsten Diktaturen zu erdulden. Die Mehrheit der Menschen lebt immer noch in den Fesseln von

Diktaturen, Halbdiktaturen, „gelenkten" Demokratien, der fesselnden Armut und in der Knechtschaft von Ideologien und religiösen Fanatismen. Nur die atlantischen (westlichen) Demokratien haben eine Zivilisation hervorgebracht, in der die Selbstbestimmung des Menschen und der Nationen einigermaßen und für kurze Zeit geglückt ist. Im Augenblick jedoch ist diese westliche Demokratie und Zivilisation dabei, sich auszuhöhlen und selbst zu zerstören.

Gerade dies zeigt der geschilderte Gang durch die Geschichte und Geistesgeschichte auch: Welch ein Aufwand an edlem Geist, harter Arbeit, grenzenlosem Leid und einem Meer von Blut leistete sich der europäische Mensch, um ein bißchen Freiheit zu erzwingen! Und kaum ist er an einem Punkt angelangt, von dem aus er das gelobte Land der Freiheit erblickt, schickt er sich an, dieses so teuer erworbene Land zu verspielen – aus historischer Unkenntnis, aus Überheblichkeit, aus Egoismus, aus Dummheit –, vor allem aber aus jener Arroganz, die stets zusammen mit der Ignoranz auftritt.

Teil III

Die Destruktion der Freiheit

Sie sind kalt und suchen sich Wärme bei gebrannten Wassern; sie sind erhitzt und suchen Kühle bei gefrorenen Geistern; sie sind alle siech und süchtig an öffentlichen Meinungen.

Friedrich Nietzsche, Also sprach Zarathustra

13. Kapitel

Freiheit als Wahn und Wirklichkeit

Als ich im Jahre 1950 mit einer Anzahl anderer Studenten die Grenzpfähle und Zollschranken an der deutsch-französischen Grenze niederriß – eine ausschließlich symbolische Handlung –, hatte ich mit vielen beteiligten Kommilitonen das Gefühl eines Aufbruchs, eines Neuanfangs, eines endgültigen Abbruchs einengender Schranken, die die reinigende Luft der wiedergewonnenen Freiheit durch die Lande wehen ließ. Für einen kurzen Augenblick spürte man, daß man vor dem Beginn einer „neuen Zeit" stand.

Die fürchterlichen Jahre des Krieges und die tristen Zeiten des Nachkrieges – Jahre des Lebens in Trümmern und Ruinen, Jahre des Hungers und des Schwarzmarktes, Jahre der Orientierungslosigkeit – lagen hinter uns, es gab wieder einen Staat, dessen Regierung 1949 demokratisch gewählt worden war, in dem man zukünftig sicher leben konnte, und es gab Hoffnung auf etwas Neues, auch Hoffnung auf ein vereinigtes Europa.

Schon nach der Rückkehr von der Grenzpfahlaktion trat die Ernüchterung ein. Wer sich in der Geschichte auskannte, wußte auch, wie oft und wie hoffnungslos all jene „Aufbrüche", „Neuanfänge" und Verkündigungen einer „Neuen Zeit" nach kurzem Aufflackern wieder in der lähmenden Trägheit des Alltags versunken waren. Im Bewußtsein des Nietzsche-Wortes von der „Wiederkehr des Ewig-Gleichen" und angekränkelt von dem ausweglosen Denken Schopenhauers wie dem fatalistischen Urteil Georg Büchners zur Geschichte und ihrem „sinnlosen" Verlauf, setzte man doch darauf, daß dieses Mal der Neubeginn einer Epoche eine ganz *andere Qualität* besaß, weil sich alle Völker in den *Vereinten Nationen* zusammengeschart hatten, um nie wieder einen Krieg zuzulassen. Denn auch mögliche kommende Kriege würden durch den potentiellen Einsatz der Atom- und Wasserstoffbombe eine *andere Qualität* bekommen. Und der

Krieg, der hinter uns lag, führte durch den Mega-Schock Auschwitz ebenfalls eine „andere" Qualität in unser Bewußtsein ein. Daß der *Völkerbund* nur anderthalb Jahrzehnte vorher das Völkermorden nicht verhindern konnte, ja elendlich versagt hatte, verdrängten wir sehr schnell, wie wir auch verdrängten, daß die meisten Deutschen das Jahr 1945 als das Jahr des „Zusammenbruchs" und nicht als das Jahr der „Befreiung" bezeichneten.

Meine Generation wurde während des Krieges im Alter von 17 bis 20 Jahren durch sämtliche Regionen Europas gewirbelt. Alle historischen Städte und Örtlichkeiten konnten wir sehen und erleben: Kreta, Athen, Korinth, Rom, die Abtei Monte Cassino, Paris, Florenz, Krakau, Kiew, Odessa, Wien, Aachen, Berlin, Weimar, Jena, Amsterdam, Rotterdam – nur wenige Namen, die die Geschichte der europäischen Kunst, der Kultur, der Philosophie, kurz, die die Geschichte des menschlichen Geistes symbolisieren. Für viele von uns wurden sie zu Namen von Schlachtfeldern und Zerstörung. Und wer von uns sich ernsthaft mit dieser Geschichte beschäftigt hatte, wußte, daß diese Orte schon immer für menschliche Grausamkeiten und Kriege ebenso standen wie für die Symbolisierung kultureller Größe. Nichts schien sich geändert zu haben.

Aber trotzdem: Dieser Neuanfang im Jahre 1950 hatte für viele tatsächlich eine *andere Qualität*, weil sie spürten, daß die Menschheit gerade noch einmal „davongekommen" und gezwungen war, sich nun Instrumentarien schaffen zu *müssen*, die für alle Zeiten verhinderten, daß solche apokalyptische Untergänge wie 1939 in Polen, 1940 in Frankreich, wie 1945 in Berlin und Hiroshima, wie in Auschwitz und in allen anderen KZ's sich jemals wieder ereignen konnten. Daß im gleichen Jahr 1950 der Korea-Krieg entbrannte, haben viele ebenfalls verdrängt oder ließen sich Erklärungen einfallen, die unseren Glauben an das Neue vor der Realität schützten. Und dies tat eine Generation, die bereits als Kinder und Jugendliche gläubig auf „den Führer" geblickt hatte, mit dem sie als Angehörige einer „jungen Nation" ganz Europa „neuordnen" wollten! Denn die altersschwachen Demokratien im Westen, so hatte man diese Generation gelehrt, waren korrumpiert und verweichlicht im Sumpf plutokratischer Raffgier und jüdischer Verschlagenheit. Diese Generation wurde zur Barbarei erzogen, mit der das „Alte" zerschlagen werden sollte – im Glauben an einen hehren Auftrag, der eine „Neue Zeit", einen „Neubeginn" schaffen würde.

352

Im Gegensatz zu Helmut Schelskys „Skeptischer Generation"
wollte die „junge" Kriegsgeneration 1950 das „Neue" schaffen –
mit wenig Idealismus, mit viel Glauben an die eigene Kraft und in
der Hoffnung, daß jene Freiheit, die uns persönlich und als Gesellschaft versprochen wurde, die wir selbst täglich neugewinnen
mußten, wie uns die Politiker, Lehrer und Professoren verkündeten, den Rahmen schaffte, der eine „freie" Zukunft garantierte. In
jenen Jahren wurden zahlreiche nationale und internationale Verträge geschlossen, in denen alle Übereinkünfte von der *Freiheit*
ihren Ausgang nahmen. Es gab kaum einen Tag, an dem der Rundfunk (und später das Fernsehen) nicht über die Rede eines promi-
nenten Zeitgenossen berichtete, in der es sich meist um den Freiheitsbegriff drehte. Die ehemalige Hauptstadt Berlin, mitten in
der „Zone" gelegen, wurde zum Symbol der Freiheit, die gegen
den Totalitarismus verteidigt werden mußte. Ein amerikanischer
Präsident schenkte dieser Stadt eine „Freiheitsglocke", während
ein anderer Präsident die Bewohner mit den Worten „Ich bin ein
Berliner" ehrte, um zu dokumentieren, daß diese Berliner an vorderster Front die Freiheit verteidigten. Amerikanische Filme mit
Themen zur „Verteidigung der Freiheit" überschwemmten die
deutschen Kinos. Gewiß, die demokratische *Umerziehung* zeigte
allenthalben ihre Wirkung. Wir wußten, daß wir – im Gegensatz
zu den „Brüdern und Schwestern" in der DDR-Diktatur – „Kinder
des Lichts" (Niebuhr) waren, die endlich auf der Sonnenseite, auf
der Seite der Gewinner standen. Und wenn ich noch ein ganz persönliches Erlebnis anmerken darf: schon in jener Zeit hatte ich
das unbehagliche Gefühl, viele Menschen um mich herum (und
auch in der gesamten Bundesrepublik) lebten nur in dieser „Freiheit", weil sie ihnen „befohlen" worden war: sie hatten sie sich ja
nicht selbst erkämpft!
    Wie dem auch war, in der Bundesrepublik Deutschland entwik-
kelte sich jedenfalls ein demokratisches Gemeinwesen, in dem
die persönliche Freiheit zu *dem* Essential innerhalb der staatlichen und gesellschaftlichen Verfaßtheit avancierte.
    Wenn nun heute von mir die These aufgestellt wird, daß von
allen Ursachen des demokratischen Verfalls die Freiheit die gefährlichste dieser Ursachen sei, so bedeutet dies *nicht* – und das
ist an anderer Stelle schon betont worden –, daß die Freiheit „an
sich" eine gefährliche Ursache sei, sondern daß der heutige Gebrauch von Freiheit und vor allem die heutige landläufige Einstellung zu dem, was die meisten unter *persönlicher Freiheit* verste-

hen, destruktive Potentiale beinhalten, die das Gemeinwesen gefährlich bedrohen.

Die in Teil II geschilderten Phasen und Epochen der Geschichte zeigen geradezu mit Überdeutlichkeit auf, wie ungeheuer schwierig es ist, Freiheit zu erringen, und wie noch schwieriger, sie auch zu behalten. Die westlich-atlantischen Demokratien sind sich dieser Tatsachen bewußt und haben nach den Millionen Opfern, die der Kampf gegen die Tyrannei sie im Zweiten Weltkrieg gekostet haben, eine kaum noch durchschaubare Vernetzung von internationalen Verbänden, Organisationen und Verträgen aufgebaut, die fast jede soziale und staatliche Einrichtung betreffen. Wirtschaftliche, kulturelle, ökologische, militärische, wissenschaftliche Teilabkommen, die durch immer neue „Verbesserungen" zu friedenserhaltenden Mechanismen aus gegenseitigen Verpflichtungen stetig anwachsen, dienen nichts anderem als der Zusammenarbeit und Völkerverständigung – wie behauptet wird. Und in der Tat: Es ist bei den verschlungenen internationalen wirtschaftlichen Verflechtungen und bei den Eigeninteressen der beteiligten Staaten, die sie einbringen, bei UNO, NATO, EU, KSZE, UNESCO – um nur wenige dieser Organisationen zu nennen –, kaum vorstellbar, daß die Vertragsstaaten sich gegenseitig wieder mit Krieg überziehen. Gleichzeitig entwickelte sich in diesen Staaten (sieht man einmal von wenigen in Südosteuropa ab) ein fast gleicher Lebensstil und Lebensstandard, der sich zwar graduell unterscheidet, aber nicht in der Ausrichtung.

Nun muß man natürlich zwischen den *Mechanismen* dieser Abkommen, die auf den Erhalt einer sogenannten atlantischen Gemeinschaft zielen, und dem *Geist* und der *mentalen Ausrichtung* der Menschen, die diese Mechanismen tragen und mit Leben füllen sollen, einen deutlichen Unterschied machen. Zum einen versteht der Großteil der europäischen und nordamerikanischen Bevölkerung kaum etwas von den Funktionen, Inhalten und Abläufen dieser Organisationsmechanismen. Zum anderen behaupten die politischen und wirtschaftlichen Technokraten, die diese Mechanismen „bedienen", Hauptsache sei, diese Mechanismen funktionierten reibungslos, auch wenn diejenigen, für die diese Mechanismen eingerichtet wurden, sie nicht verstünden.

Eine solche Haltung ist nicht nur zynisch, sondern sie berücksichtigt auch nicht, daß die Menschen diese Mechanismen – auch wenn sie sie nicht verstehen – anerkennen und auf sie vertrauen können müssen, sonst „funktionieren" sie letztlich wirklich nicht. Wir wissen als gewöhnliche Normalbürger nicht, wie und ob die Mechanismen der EU-Organisationen immer funktionierten. Dies wissen nur die Insider. Wir können jedoch feststellen, daß seit 1945 in Europa kein Krieg mehr stattfand, daß alle Grenzen geöffnet sind und daß allenthalben, ob in Dänemark, Spanien, Italien oder Holland Wohlstand herrscht und mit kleinen Unterschieden es dort so zugeht wie zuhause. Wir denken kaum über die ständigen Streitigkeiten in der Agrarpolitik, im Verkehrswesen oder in den neuen EU-Richtlinien nach, wir schrecken nur hoch, wenn plötzlich eine dieser fast „reibungslos" funktionierenden Organisationen *nicht* funktioniert, wie z.B. UNO und NATO im ehemaligen Jugoslawien.

Man kann an diesem traurigen Beispiel fast alle negativen Mechanismen, die im Beziehungssystem „persönliche-demokratische-Freiheit/persönlicher-gesellschaftlicher (nationaler)-Egoismus" ausgelöst werden, bei ihrem zwangsläufigen Funktionieren nur zu gut beobachten. Wenn nach dem Zweiten Weltkrieg, und auch nach dem jämmerlichen Versagen des Völkerbundes zwischen den beiden Weltkriegen, sich die Völkergemeinschaft nach dem grauenhaften Schock des Holocaust und der barbarischen Verwüstung von halb Europa erneut in der neu errichteten UNO zusammenschloß, dann doch nur deshalb, um in Zukunft jedem Aggressor sofort energisch Einhalt zu gebieten, wenn es ihm in den Sinn kommen sollte, andere Länder zu überfallen. Oberstes Ziel dabei war das Selbstbestimmungsrecht der Völker, das durch demokratische Rechte gesichert sein sollte, um die persönliche Freiheit des einzelnen Menschen garantieren zu können. Das Verhalten von UNO und NATO sowie der gesamten westlichen Welt im Fall Jugoslawiens ist deshalb so unglaublich zynisch, weil dieses Fallbeispiel Jugoslawien auch ein Musterbeispiel ist, für das *gerade* diese Organisationen aufgebaut worden sind. Das taktische Herunterspielen des Krieges und der „ethnischen Säuberungen" zur „inneren Angelegenheit" ist nicht nur ein bigottes Verhalten, sondern auch der Ausverkauf der Deklaration, daß Freiheit für alle, besonders auch „für den anderen" da zu sein hat. Hier steht nicht nur die Glaubwürdigkeit und Entschlossenheit der UNO und NATO zur Debatte, sondern vor allem die Inflation des Freiheitsbegriffs, der nunmehr nur ein „Begriff" bleibt und keine Wirklichkeit, ein frommer Wahn. Der Westen hat sich hinter seinen Wohlstandsmauern eingeigelt.

Es sei noch einmal daran erinnert, daß viele Bürger in Deutschland zum Zeichen ihres Widerstandes gegen das bewaffnete Eingreifen der UNO (eigentlich der USA) gegen Saddam Hussein weiße Tücher aus den Fenstern hängten. Diese Einstellung hieß nichts anderes, als daß man den Überfall auf Kuwait in Kauf nehmen wollte, weil es „nur" um Öl ging. Der sich in dieser Haltung zeigende Antiamerikanismus kann nicht nur angeprangert, sondern auch als verständlich empfunden werden. Denn hier ist auch die Frage zu stellen, ob die USA (und auch die NATO) die ausgehandelten Regeln der Charta nur dort gültig werden lassen, wo sie mit den Eigeninteressen zusammenfallen. Dies ist in der Tat eine berechtigte Frage, denn wo waren die militärischen Kräfte der Völkergemeinschaft, um in *Ruanda* einzugreifen, als es darum ging, die fürchterlichen Massaker zu beeenden? Wo waren diese militärischen Kräfte in *Bosnien*? Dort gibt und gab es kein Öl oder lebenswichtige Interessen der USA, der UNO und der Europäer, antworten die Kritiker.

Welche Hintergründe und Fehler im Detail bei dieser Jugoslawien-Tragödie auch immer eine verhängnisvolle Rolle spielen mögen, die „freiheitlichen Demokratien" des Westens sahen im Grunde nur zu, wie Hunderttausende aus ihren Wohnungen und aus ihrer Heimat vertrieben, Hunderttausende von Menschen – Kinder, Frauen, alte Leute - massakriert und unzählige Frauen vergewaltigt wurden, wobei sich niemand mehr aufregte, wenn das böse Wort von den „ethnischen Säuberungen" von Männern gebraucht wird, die als Kriegsverbrecher schon längst hätten verurteilt werden müssen.

Nun ist diese Bosnientragödie kein einmaliges Ereignis, die Geschichte, seit ihren Anfängen, ist mit solchen Tragödien gespickt. Man denke nur an das tatenlose Zuschauen der ganzen Welt, als 1938 Hitler die Juden systematisch auszurotten begann, als er Österreich, das Sudetenland und die Tschechoslowakei überfallen und teilweise „ethnisch säubern" konnte. Um ja nicht in ihrer Ruhe gestört zu werden, steckten die Westeuropäer die Köpfe in den Sand, ließen die den tödlichen Fängen der Nazis entronnenen Juden zwischen den Grenzen umherirren, wenn sie nicht nachweisen konnten, daß sie dem Aufnahmeland finanziell nicht zur Last fielen. Ganze Schiffsladungen unglücklicher Juden, denen die Flucht gelungen war, wurden aus Dummheit, Gedankenlosigkeit und auch Engstirnigkeit wieder ins Hitlerreich zurückgeschickt, wo sie elendlich in den Gaskammern umkamen. Wo blieb hier noch Raum für Gedanken an die Freiheit und an die Würde der geknechteten Menschen?

Schon immer wurden Unmenschlichkeiten auch aus Untätigkeit gefördert. Freiheit *für sich selbst* wird mit allen Mitteln betrieben, geht es um die Freiheit *des anderen*, schaut man weg oder begründet seine Tatenlosigkeit mit ideologischer Verbrämung. Es ist kaum ein Unterschied zwischen den heutigen politischen Interessen festzustellen, die mit allen Mitteln durchgesetzt werden, wenn auch die Ideale, für die man einmal antrat, wie Freiheit oder Menschlichkeit, dabei zugrunde gehen, und jenem Verhalten z.B. der deutschen Fürsten in der Reformationszeit, die Luthers Lehre zur Begründung für ihren Aufstand gegen den Kaiser benutzten, oder der Renaissancefürsten, die kirchlichen Titelansprüche gebrauchten, um weltliche Interessen durch Morde zu untermauern.

Die Meinung, es habe sich in Europa durch den beschriebenen Schock von 1945 etwas geändert, ist nur ein trügerischer Glaube, der die Realität der nihilistischen Auflösung und die seit den 80er Jahren des vorigen, des 19. Jahrhunderts begonnene Kultur- und Zivilisationskrise nur verschleiert und vernebelt. Wir haben es hier, wie wir schon zu Beginn des Buches festgestellt haben, mit ganz anderen, grausameren und tödlichen Qualitäten zu tun, die bei einer Explosion der aufgestauten Krisenherde nicht nur eine „Kultur", sondern die gesamte Menschheit exterminieren werden.

Verfolgt man unsere Überlegungen von der Antike bis heute, so hat sich im Wesentlichen nicht viel geändert, wenn man das Ringen um die Akzeptanz persönlicher Freiheitsräume in den Mittelpunkt der geschichtlichen Abläufe stellt. Das allmählich ausgehende 20. Jahrhundert hat für die Geschichte der Barbarei und der Knechtschaft, der brutalen Ausbeutung des Menschen durch den Menschen, so viel Stoff geliefert wie fast alle früheren Jahrhunderte zusammen. Die revolutionären Umwälzungen in Rußland von 1917 und in der späteren, der stalinistischen, Sowjetunion sowie die im Zusammenhang mit der Nazis-Expansion in Europa und Asien entfesselten Kriege, Vertreibungen und Tötungen haben 80 bis 100 Millionen Menschen das Leben gekostet.

Noch vor der Jahrhundertwende lebte man teilweise in einem Fortschrittsglauben, der einem Fortschrittsrausch glich. Vor allem glaubte man an die *Wissenschaft*, die den Glauben ersetzen sollte. Die Wissenschaft begründete das zukünftig längere Leben des Menschen durch *Medizin* und *Pharmazie*, sie war auch die Voraussetzung für die *Technik*, die dem Menschen das Leben erleichtern würde. Sie war ebenso die Voraussetzung für die *Vernunft*, die nicht nur die Politik beherrschen, sondern zweifelsohne auch die ethischen Voraussetzungen für den neuen, den besseren Menschen bringen sollte. Die wirtschaftliche Blüte Deutschlands um 1900, die Militärmacht im Glanz des wilhelminischen Throns, die Bismarck einmal sagen ließ: „Wir Deutschen fürchten Gott und sonst nichts auf dieser Welt", der Segen Gottes, den vor allem die protestantische Kirche für den „gottesfürchtigen" Kaiser vom Himmel erbat - alles ruhte, wie wir heute wissen, auf einer hauchdünnen Firnis, die über dem tödlichen Abgrund lag.

Nietzsche, Sigmund Freuds „Unbehagen in der Kultur", die Flucht der Jugend in die Natur, in der der „Wandervogel" eine eigene Welt aufbaute, hatten schon um 1900 längst diesen unter dem Firnis drohenden Abgrund signalisiert. Als 1914 der Weltkrieg ausbrach, glaubte man noch an den frisch-fröhlichen Krieg, der die Soldaten Weihnachten wieder zu Hause feiern lassen würde. Erst die Materialschlachten von Verdun, die Gaskriege an der Somme und die Trommelfeuer bei Cambrai ließen 1916 und 1917 die Siegeszuversicht der Menschen auf ihren Gesichtern erfrieren. Die religiöse Garnierung des Mordens mit dem Segen der Kirchen während beider Weltkriege war irreführende Fassade, sinnentleerte Handlung, die die verlorene Jenseitsbeziehung nur noch als Rudiment symbolisierte. Gott war schon längst tot, ihn anzurufen eine Floskel.

Vielleicht darf ich an dieser Stelle wieder an die persönlichen Erlebnisse von 1950 anknüpfen, die ich eingangs dieses Kapitels beschrieben habe, an den persönlich erlebten „Aufschwung", „Neubeginn" und „Aufbruch". Es war der Wille und das Hoffen auf etwas Neues, auf etwas zu Gestaltendes, um das hinter uns liegende Chaos wieder mit fruchtbarem Leben zu füllen. Der ausbrechende Wohlstand, das Wirtschaftswunder mit seinen satten Gaben, erstickte die Ideale in den Fluten eines Meeres aus Luxus, Überfluß und Maßlosigkeit.

Es war schon immer die Jugend, die auf Entwicklungen, die nicht im Einklang mit den verkündeten Zielen stehen, hart reagiert, wobei das Gefühl des Betrogenwerdens und der Heuchelei eine große Rolle spielt. Sie lehnt sich entweder schroff auf oder verweigert sich. An der Schnittstelle zwischen Jugend- und Erwachsenenkultur kann man am deutlichsten Elemente des Kultur- und des Ideologiewandels beobachten. Wenn im konkreten Fall der „boomenden" Nachkriegszeit die Politiker ständig ihre werbenden Floskeln mit dem Freiheitsbegriff spickten, der durch seine immerwährende Wiederholung trivialisiert und von seinem Sinngehalt entleert wurde, wenn gleichzeitig das gesamte soziale Leben ausschließlich auf das zum Wachsen verurteilte *Bruttosozialprodukt* ausgerichtet wurde und dabei alle *Sinn-* und *Gefühlswerte* nur noch nach dem Marktwert beurteilt wurden, dann mußte die hellhörige Jugend, die die weit auseinanderklaffende Spannweite zwischen Anspruch und Wirklichkeit als erste registrierte, zu irgendeinem Zeitpunkt sich rühren und sich mit aller Macht dagegen wehren.

Die Bundesrepublik entwickelte sich in den 50er Jahren zu einem wirtschaftlichen Riesen und blieb zum anderen ein politischer Zwerg. Diese politische Bedeutungslosigkeit war nicht das Resultat der fehlenden Souveränität (immerhin gaben die Hochkommissare der Alliierten noch die wichtigsten Weisungen), sondern auch Ergebnis der politischen Abstinenz der Bürger, die den Wohlstand genossen: Man baute sein Haus, schaffte sich ein Auto an und reiste nach Italien. Politik? Der Kanzler war dafür zuständig. In Konrad Adenauer, dem ersten Bundeskanzler, sah man einen Übervater, der die Dinge regelte. Nicht von ungefähr bezeichneten einige Kritiker diese Epoche etwas übertrieben als „Restaurationszeit" – ein Begriff, den dann die 1968er Studentenrevolte übernahm. Man mag über die 68er denken wie man will, aber auch sie hatten einen „Neubeginn", einen „Aufbruch" im Visier (sie mußte sich gegen eine Gesellschaft wehren, die alle Sinnbegriffe, auch den der Freiheit, unter den Bergen der Konsumproduktion erstickte), wie jede dritte oder vierte Generation. In der Neuzeit scharten sich die jungen Deutschen zu Beginn des 19. Jahrhunderts zusammen, um das Joch der napoleonischen Knechtschaft abzuschütteln: In der Völkerschlacht bei Leipzig 1813 und der Schlacht bei Waterloo 1815 ging Napoleons Ära unter, der „Neubeginn", der „Aufbruch" begann erneut und wurde in den nach dem Wiener Kongreß einsetzenden polizeistaatlichen Repressionen in allen deutschen Staaten gnadenlos erstickt.

In diesem Zusammenhang denke man an den „Aufbruch" der Jugend aus der prüden Übersättigung der Wilhelminischen Epoche um 1900, an jene *Jugendbewegung*, deren „offizielle Geburtsstunde" *Walter Laqueur*, einer der besten Kenner des Gegenstands, mit dem „späten Abend des 4. November 1901 in einem Hinterzimmer des Ratskellers von Steglitz, einer Berliner Vorstadt" angibt. Der *Wandervogel* und eine Reihe anderer Jugendverbände entstanden in der Folgezeit. Sie hatten einen nicht unerheblichen Einfluß auf die Generation, die zwischen 1890 und 1920 geboren wurde: ihre Angehörigen gehörten zu den von den beiden Weltkriegen und der dazwischenliegenden Zeit geprägten Persönlichkeiten, die ebenso bei den national bis chauvinistisch eingestellten als auch bei den liberalen und linken Kreisen später ihren nicht unerheblichen Einfluß geltend machten. Die wirtschaftliche Blüte zwischen 1860 und 1900 wurde schon angesprochen. Trotz dieses „beispiellosen wirtschaftlichen und technischen Aufstiegs", so schreibt Laqueur, „fehlte (es) nicht an ernsten Symptomen eines kulturellen Niedergangs in dieser Welt des steigenden Überflusses und des raschen technischen Fortschritts... Wir neigen dazu, mit einem Heimwehgefühl, gemischt mit einer gewissen Belustigung, auf jene Welt zurückzublicken, die 1914 endete. Es ist wahr, die große Krise von 1900 erscheint uns irgendwo unwirklich, wenn nicht gar unecht im Vergleich zu den Problemen der zwanziger und dreißiger Jahre. Aber für jene Menschen, die damals lebten, war die Kulturkrise sehr wirklich, sie veranlaßte die einen, sich dem Sozialismus zuzuwenden, und die anderen, sich in aristokratischer Verachtung der Massen und Gegnerschaft zur bürgerlichen Gesellschaft und ihrer Kultur oder ihrem Mangel an Kultur zurückzuziehen. Politisch konnte diese Ablehnung der Gesellschaft und ihrer Werte entweder zu links- oder rechtsextremistischen Lösungen führen. Die deutsche Jugendbewegung war eine unpolitische Form der Opposition gegen eine Zivilisation, die der jungen Generation wenig zu bieten hatte, ein Protest gegen den Mangel an Vitalität, Wärme, Gefühl und Idealen." (Laqueur, 1978, S. 13/14)

Die Studentenunruhen von 1968 hatten, wie wir schon aufzeigten, ähnliche Hintergründe und Anlässe, wenn diese Jugend gegen die Kälte des satten Establishments, aber auch gegen den damaligen Vietnamkrieg so vehement protestierte. Hatten zu Beginn dieses Jahrhunderts der Wandervogel, die Freideutsche Jugend und viele andere Bünde auf ihrem historischen Treffen am 13. Oktober 1913 auf dem Hohen Meißner, kurz vor dem Ersten Weltkrieg, sich noch nicht einigen können, ob man gegen den Krieg oder für den „gerechten" Krieg war, so nahmen die 68er die Friedensbeteuerung und Friedenssicherung ihrer Väter nach den beiden so grausamen Weltkriegen bitterernst. Die Jugendbünde von 1913 auf dem Hohen Meißner, so zeigte sich ganz deutlich, vertraten im Grunde alle politischen und weltanschaulichen Schattierungen der damaligen Zeit, auch wenn sie allesamt beschworen, völlig unpolitisch zu sein. Die Wendung vieler dieser Bünde, die, wie der Wandervogel, nur *wandern* und die Natur suchen wollten, hin zur Heimatverbundenheit und zum Patriotismus – dies zeigte sich auch in der Wahl des Termins für das große Treffen der deutschen Jugendbewegung am 13. Oktober 1913, am 100. Jahrestag der Leipziger Völkerschlacht gegen Napoleon –, tat sich vor allem in der sich überschlagenden Begeisterung kund, mit der diese Jugend im August 1914 zu den Fahnen eilte, um in den Krieg zu ziehen. Die 68er Generation hatte persönlich das Kriegsgrauen des Zweiten Weltkrieges nicht erlebt, aber das Wissen um die beiden Weltkriege und um die Hekatomben von Opfern hing bleiern in ihrem gemeinsamen Gedächtnis.

Nun wissen wir, daß für solche Proteste und Opposition stets multikausale Zusammenhänge verantwortlich gemacht werden müssen. Denkt man an die wirtschaftlichen Hochblüten in Deutschland, in denen sowohl die Generation des Ersten Weltkriegs als auch die der 68er heranwuchsen, mag man mit Laqueur feststellen: „Es wäre gewiß angebracht, sich über die psychologischen Ursachen des Unbehagens, des Gefühls und der Leere und der allgemeinen Unzufriedenheit Gedanken zu machen. . . Derartige Überlegungen würden vielleicht zeigen, daß es dem Menschen oftmals schwergefallen ist, eine längere Periode der Ruhe und des Wohllebens gelassen zu ertragen." Dies mag so sein, denn auch ein altes Sprichwort behauptet: „Es ist nichts schwerer zu ertragen als eine Reihe von guten Tagen."

Nun wissen wir aus vielen Zeugnissen aber auch, daß beide Generationen sich vor allem gegen die Heuchelei, gegen die Lüge (Lebenslüge!) und die Falschheit ihrer Eltern- und Erwachsenengenerationen gewendet haben. Niemand hat ein besseres Gespür für Wahrheit und Lüge als Kinder und Jugendliche. Aus vielen Diskussionen, die ich mit den damaligen Studenten (1968–1972) führen konnte, hörte ich deutlich die Anklage heraus, daß „man" *nichts mehr* haßte als die ständigen, „wiedergekäuten" Floskeln von Freiheit und Frieden, daß diese Floskeln nichts mit der Wirklichkeit zu tun hätten, daß nur die „Anpassung" gefragt sei, die mit „Repression" in der „kapitalistischen Agentur Familie" herbeigeführt werde. Die Knechtung vor allem der Dritten Welt, der

„Verdammten dieser Erde" (Fanon), sei das Ergebnis des westlichen Imperialismus. Diese neomarxistischen Wendungen sollen hier nicht erläutert, sondern es soll nur auf die Tatsache hingewiesen werden, daß ein riesiger Graben zwischen dem Freiheits- und Friedensanspruch auf der einen, der deklamatorischen Seite und der grausamen Wirklichkeit, wo man diesen Anspruch mit Füßen trat, auf der anderen Seite, sich gebildet hatte. Gerade an der erwähnten Schnittstelle zwischen („gläubiger") Jugend und („wissenden") Erwachsenen erhält man auch ein Gespür für *Wirklichkeit* und *Wahn* der Freiheitsverwirklichung, für den Ernst oder für den Zynismus, mit dem man die Freiheitsdoktrin schließlich behandelt.

Die 68er Generation war keine resignierende Generation, wie etwa die heutige junge Generation sich sieht. Die 68er glaubten geradezu fanatisch an den Neubeginn und brachen zum „Marsch durch die Institutionen" auf. Ihre Vordenker waren *belesene* Intellektuelle linker Provenienz, die ohne sinn- und welterklärende Theorien nicht auskamen. Ihre Kinder, die sie im starren Glauben an eine Pädagogik, die die Freiheit mit Wildwuchs verwechselte, (nicht) erzogen, stehen heute zu ihrem eigenen Erschrecken in einer Welt, von der sie glauben, man dürfe darin fast alles tun. Im September 1993 veröffentlichten eine Reihe von Autoren im *Kursbuch* (Heft 113) Beiträge zum Thema „Deutsche Jugend". Peter König, Jahrgang 1971, schrieb darin einen Artikel mit dem Titel „Wir Vodookinder". Daraus soll hier zur Demonstration ein längerer Abschnitt zitiert werden:

„Versucht nicht, uns zu verstehen.

Ihr könnt uns untersuchen, befragen, interviewen, Statistiken über uns aufstellen, sie auswerten, interpretieren, verwerfen, Theorien entwickeln und diskutieren, Vermutungen anstellen, Schlüsse ziehen, Sachverhalte klären, Ergebnisse verkünden, sogar daran glauben. Unseretwegen. Aber ihr werdet uns nicht verstehen. Wir sind anders als ihr. Wir kopieren eure Moden und Utopien, wir haben von euch gelernt, wie man sich durchwindet, durchfrißt, wir sind alle kleine Schmarotzer in euren Häusern, behütet durch dicke Polster aus Wohlstand, die angelegt wurden, weil wir es einmal besser haben sollten. Wir nehmen eure Wohnungen und euren Besitz in Anspruch, warum wollten wir nicht noch mehr wollen, wenn wir schon alles haben; unsereAnsprü-

che sind groß und selbstverständlich und einer Konsumgesellschaft angemessen. Wir nutzen eure Welt, aber wir verweigern
das Nacheifern, wir funktionieren anders, wir sind anders konstruiert, sozialisiert, domestiziert, angeschmiert. Früher war alles
anders, und deshalb kann man uns nicht mit früher vergleichen.
Unsere Jugend ist anders, als eure war...

Wir brauchen eine Vision, eine Mission, das Leben wird wieder
härter, direkter, dreckiger. Deutschland kommt runter, wird wilder, gefährlicher; und wir stellen uns darauf ein, durch die Aufrüstung unserer Mittel. Gebt uns eine Richtung, gebt uns eine Uni-
form, daß wir erkennen, wer wir sind, damit wir bestehen können
im Kampf gegen die anderen. Denn wir dienen in einer Bundeswehr, die beim ersten Schuß aus der Gefahrenzone ausgeflogen
werden muß, und auch die Fußballweltmeisterschaft als Ersatz-
krieg hat ausgedient. Wir brauchen uns keine Hemmungen mehr
aufzuerlegen, die anderen haben ja auch keine. Die Moral, die guten Sitten, die Ordnung sind die Sofakissen der Kleinbürger, der
Duckmäuser, der Schwächlinge, die sich alles gefallen lassen und
sich ständig beklagen, daß ihnen Unrecht geschieht, bloß weil sie
sich nicht wehren. Ihr könnt uns nicht mehr stoppen, es ist zu
spät, es geht ja schließlich um unsere Zukunft, vor der wir keine
Angst haben müssen, wenn WIR sie bestimmen; wir kämpfen um
das, was uns seit Generationen am Herzen liegt, uns zusteht, um
unsere Errungenschaften, Ruhe, Wohlstand, Frieden, Toleranz,
Ordnung, Vaterland, unsere Sozialhilfe, um all das, was uns dieser
Staat verspricht, aber um was wir beschissen werden. Dieser Staat
ist zu schwach, um sich selbst zu verteidigen, also übernehmen
wir das jetzt für euch. Nicht, weil wir eure Demokratie unterstüt-
zen wollen, nicht, weil es unser Staat wäre, aber es geht um unser
Land.

Unsere Demokratie läuft schief. Die Demokratie, die wir leben,
wurde uns in der Schule vermittelt, wo sie immer nur als Argument gegen unsere Interessen herhalten mußte. Wir lernen in der
Schule viel mehr, als im Lehrplan steht und die Statistik des ständig sinkenden Bildungsniveaus glauben machen will. Wir lernen
die heute übliche Form des Zusammenlebens. Der Erziehungs-
auftrag an uns wird zwischen Eltern ohne Zeit und überforderten
Lehrern hin- und hergeschoben, wir gewinnen Freiraum in diesem Chaos, und der gefällt uns. Wir verwildern in diesem Va-
kuum, dessen Ränder aus Watte sind und dessen Grenzen wir
selbst setzen. Daß es auch noch andere Grenzen gibt, merken wir

erst wieder, wenn vor uns ein brennendes Haus steht, das wir angezündet haben, und hinter uns drei Polizisten, die erstaunlich fest zupacken. Unsere Spielregeln sind unlogisch und schwer zu durchschauen, aber auch ein Schlag ins Gesicht ist ein Rausch, denn er hinterläßt ein Gefühl, das eindeutig ist. Demokratie ist das genaue Gegenteil davon, sie ist rauscharm, kompliziert und viel zu anstrengend. Sie macht keinen Spaß, sie ist zu unsinnlich, zu wenig genußbetont. Und der Genuß ist uns ein hoher Wert. Ständig werden wir aufgefordert, am *Rendezvous der Sinne* teilzunehmen, wir sollen den *Gipfel der Genüsse* erklimmen. Duschgels *provozieren* Frauen, und jede Tiefkühlpizza nennt sich *Gourmet*. Wen wundert da noch unser verkrampftes Hinterherrennen hinter der Lust, unsere Genußsucht, die Tendenz zur immer schnelleren Abstumpfung und immer höheren Stimulierung? Wir wollen alle Hedonisten sein, doch unserem Genüsse sind irgendwie schal, wie eingehüllt in kalten Zigarettenrauch. . .

Der *Spiegel* schreibt, daß die Mode gerade dabei ist, die Neunziger wiederzuentdecken. Wir tragen alte Hüte und blankgewichste, fabrikneue Werftarbeiterschuhe, die in unserem Marokkourlaub das erste Mal auf einer Kaimauer standen. Wir lesen Bukowski und regen uns auf, wenn in der Kneipe auf dem Klo das Lokuspapier alle ist. Wir schwelgen in Kulten, die wir nicht leben müssen, Lebensgefühle aus Kultbüchern, Kultfilmen, Kultfestivals, okkulten Subkulturen, ein Punk hört keine Abba-Platten, oder gerade jetzt doch? Unsere Mythen, die RAF, die bessere DDR, Kalifornien, Adolf Hitler und die 68er, kennen wir nur vom Hörensagen, sie sind selbstgemacht und beliebig formbar, denn wir waren keine Augenzeugen. Unsere Tanzreligion versetzt uns in Ekstase, wir werden besessen vom deus ex machina, aus dem Synthesizer, aus dem Drumcomputer, das goldene Kalb, das wir umtanzen, sind wir selbst. Wer kann uns heutzutage noch eine moralische Autorität sein? Wo sollen wir eine Ethik lernen? Und von wem? Und warum? Warum sollen wir nicht machen, was möglich ist? Warum sollen wir uns nicht verhärten lassen in dieser harten Zeit? Wenn es doch nützt? Wundert euch über uns, ihr Wunderkinder, denn wir sind die Vodookinder und haben das Wundern verlernt. . .

Wir können uns nicht mehr wundern, weil wir kein Empfinden für die Wirklichkeit mehr haben. Wir wollen über Solingen, Mölln und die anderen deutschen Städte betroffen sein, kriegen das aber irgendwie nicht auf die Reihe. Wir wissen, daß ein rassistischer Mord etwas Grauenhaftes ist. Aber wir spüren es nicht mehr. Ein Bezugssystem zum Leben entsteht aus authentischen Erlebnissen, aber die gibt es kaum noch. Wir wissen über alles Bescheid, aber aus dritter Hand. Unser Frühling erwacht nicht mehr in dumpfer Unwissenheit wie bei den Wedekindern, nein, wir Vodookinder leiden an schriller Überaufklärung. Wir werden alleingelassen im Wust der verschiedenen Ansätze zur Sexualerziehung, Sexualpädagogik, Sexualtherapie, Sexualphilosophie, Sexualpathologie. Und es fühlt sich dann doch ganz anders an. Soviel, wie wir gehört und gelesen haben, können wir gar nicht erleben, dafür ist das Leben zu kurz. . .

Sie macht Spaß, unsere Welt, wir haben alle Freiheit, das Land der unbegrenzten Möglichkeiten ist hier, ist Deutschland, wir wissen das nur nicht so recht. Die Beliebigkeit regiert, wir sind Spielbälle des Zufalls, der Zufall bestimmt, was wir denken und meinen wollen. Wir sind glücklich, trotz der Sinnleere, warum sich das Leben unnötig schwer machen? Wir sind unausgeglichen, krank, haben einen an der Klatsche, Pickel, Übergewicht oder Bulimie. Und wir erschaffen neue *points*, neue *logs*. Unser Leben ist sehr reich und sehr armselig. Es ist wie die englische Sprache, simpel in der Grammatik und mit einem unglaublichen Wortschatz ausgestattet. Es gab Generationen, die wollten schnell erwachsen werden, und andere hofften zu sterben, bevor sie alt würden.

Wir sind eine Protestgeneration, wir verweigern nicht mehr den Konsum, wir verweigern eure Werte. Wir sind die passive Konterrevolution. Wir sind manisch und depressiv, wir glauben, daß uns die Welt gehört, und uns bedrückt der Gedanke, daß wir in einigen Jahren die Verantwortung für dieses ungeheuer komplexe System Menschheit übernehmen müssen. Wir müssen den Güterwagen bauen können, Kriege führen, Schwimmbäder sanieren, Klos putzen, Weizen anbauen, Bier brauen, Gemälde restaurieren, Rollmöpse wickeln, Gallenblasen entfernen, besetzte Häuser räumen, Haschisch verschieben und die Verluste der Telekom berechnen. Irgend jemand von uns muß das mal machen, diese Aufgaben übernehmen, so wie das jetzt irgend jemand von euch macht. Wir haben es einfach wie kaum jemand und werden davon überfordert. Wir wollen behütet sein und frei. Wir sind hemmungslos verklemmt, unglaublich weltoffen, schön intelligent, unrealistisch und faul. Wir lieben uns wieder und schlafen zu unbedacht miteinander, zu gehemmt und egoistisch. Wir glauben an Gott und die geklauten Nieren im Krankenhaus. Wir sind reizend, häßlich, und wir sind jung. . ."

So weit diese „Jugendpassage".

Nun mag man diese Aussagen bewerten wie man will – als Äußerungen eines Außenseiters, als Grundstimmung der heutigen Jugend –, aber eines zeigt dieser Text deutlich: seine angesprochenen Themen werden jeden Tag in den Medien bis zum Überdruß behandelt. Und noch etwas: Dieser Text, der mit seinem herben Trotz die Probleme geradezu verbissen abspult, ist im Grunde ein *Hilfeschrei*. Diese Hilfeschreie stießen im Grunde alle sich trotzig erhebenden Jugendlichen *aller* Generationen aus, von der Romantik bis heute. Man braucht nur die entsprechende Literatur durchzusehen, um sie zuhauf zu finden und sie auch zu verstehen.

Die heutige Verwandlung des verantwortungsbewußten Freiheitsraumes des Einzelnen in einen unendlichen Raum von „wilder Freiheit", in dem alles gestattet ist, in dem jede physische und psychische Gewalt zur Durchsetzung der Eigeninteressen erlaubt ist, eine Gewalt, die, wenn auch verdeckt, verherrlicht wird, hat den *Ursinn von Freiheit* nicht nur *ver*wandelt, sondern in sein Gegenteil *um*gewandelt. Freiheit als *rationales* Postulat hat im Laufe einer leidvollen Menschheitsgeschichte eine *Gesellschaft* neben dem Staat herausgemendelt, eine Gesellschaft, die, wie wir nach unzähligen schmerzlichen und historischen Irrwegen bitter erfahren mußten, sich am besten in einer *Demokratie* verwirklichen kann. Wir befinden uns heute aber bereits in einem Prozeß, der das *Ego* und seine Bedürfnisse in den Mittelpunkt des Daseins als *Absolutes* stellt, wodurch die *Wirklichkeit* des rationalen Postulats zum *Wahn* wird und dadurch zum irrationalen *Mythos*. Das Infame dabei ist, daß man die Legitimation der egoistischen und egozentrischen Inbesitznahme des Lebens als *persönliche Freiheit* denunziert (falls man überhaupt eine Legitimation benötigt), von dem ständigen Freiheitsstreben der Menschheit herleitet, wodurch dieses heutige Streben quasi als Endpunkt eines langen mythologischen Weges betrachtet wird.

Nun darf man aber nicht annehmen, daß alle sich bewußt auf die geschilderte Weise legitimieren, legitimieren müssen und legitimieren wollen – dies geschieht nur selten und dann nur in vielen Umschreibungen. Die junge Generation faltet stets das aus, was ihre Eltern in sie hineingepackt haben. Die zitierten Lebensauffassungen eines *Peter König* sind vorgeprägt in den Auffassungen der „angeklagten Generation", die diese Auffassungen hinter der Maske der täglichen Gleichgültigkeit mit allen Mitteln verbergen will.

Die mythologische Herleitung des Freiheitsstrebens endet in der säkularisierten Sinnentleerung des Freiheits-Mythos, dessen verbliebene Leerhülse nur noch als Schambedeckung dient. Der brutale Kern, der die zwingende Durchsetzung der individuellen Bedürfnisse fordert, wird zum Sprengstoff einer demokratischen Gesellschaft, die er letztlich zerstört. Hier wird auch die schon von *Immanuel Kant* im fünften Satz der „Idee zu einer allgemeinen Geschichte in weltbürgerlicher Absicht" (1784) entwickelte These wahr, die wir schon im 11. Kapitel zitierten: „Das größte Problem für die Menschengattung, zu dessen Auflösung die Natur ihn zwingt, ist die Erreichung einer allgemein das Recht verwaltenden bürgerlichen Gesellschaft... In diesen Zustand des Zwanges zu treten, zwingt den sonst für *ungebundene* Freiheit so sehr eingenommenen Menschen die Not; und zwar die größte unter allen, nämlich die, welche sich Menschen selbst zufügen, deren Neigungen es machen, daß sie in *wilder* Freiheit nicht lange nebeneinander bestehen können."

Kant war ein Bewunderer und Anhänger der Französischen Revolution, die nicht nur die Freiheit, sondern auch die *Gleichheit* auf ihr Banner geschrieben hatte. Gleichheit als eine mögliche demokratische Forderung, die sich zwischen Wahn und Wirklichkeit bewegt? Ist sie jene Gleichheit, die aus dem Denken Rousseaus entsprang, der die Freiheit auch dort mit Gewalt verordnen wollte, wo man sie ablehnte? Dieses Denken hat vielleicht mit jenem Hintersinn zu tun, der sich in folgendem Spruch ausdrückt: „Und willst du nicht mein Bruder sein, dann schlag' ich dir den Schädel ein!" *Brüderlichkeit* ist demnach auch gefragt, um Gleichheit zu dementieren.

Alexis de Tocqueville hat in seinem Werk „Über die Demokratie in Amerika" Freiheit und Gleichheit zusammen analysiert. Er überschrieb ein Kapitel seines Buches mit dem Titel: „Weshalb die demokratischen Völker die Gleichheit leidenschaftlicher und beharrlicher lieben als die Freiheit". Die politische Freiheit, so Tocqueville, sei leicht zu verlieren, wenn man sie nicht festhielte. „Die politische Freiheit", so heißt es bei ihm weiter, „schenkt einer gewissen Anzahl von Bürgern von Zeit zu Zeit erhabene Freuden... Der politischen Freiheit können sich die Menschen nicht erfreuen, ohne sie durch manche Opfer zu erkaufen, und sie erringen sie immer nur mit vielen Anstrengungen. Die Freuden aber, die die Gleichheit bereitet, bieten sich von selber dar." Und an anderer Stelle heißt es bei Tocqueville: „Die Gleichheit verschafft jedermann täglich eine Menge kleiner Genüsse. Der Reiz der Gleichheit ist jederzeit spürbar und allen zugänglich. Die edelsten Herzen sind für ihn nicht unempfindlich, und er ist die Wonne der gewöhnlichsten Seelen. Die durch die Gleichheit erregte Leidenschaft wird also ebenso kräftig wie allgemein sein." Tocqueville wird an anderer Stelle noch deutlicher, wenn er schreibt: „Die erste und stärkste Leidenschaft, die aus der Gleichheit der gesellschaftlichen Bedingungen hervorgeht, ist... die Liebe zu eben dieser Gleichheit... Jedermann hat bemerkt, daß in unserer Zeit und namentlich in Frankreich diese Leidenschaft für die Gleichheit einen immer größeren Platz im menschlichen Herzen einnimmt... Man kann sich einen äußersten Punkt vorstellen, wo Freiheit und Gleichheit sich berühren und verschmelzen." (Tocqueville 1976, S. 581–583)

Wenn Freiheit sich in vielen Schattierungen innerhalb einer bestimmten Bandbreite darstellen kann – vom brutalsten Anspruch des Individuums, seine Bedürfnisse „legitim" befriedigen zu dürfen, bis zum konsensualen Verhalten, einen bestimmten, durch ethische „Gebundenheit" definierten, Freiheitsraum zu beanspruchen –, so kann sich Gleichheit in noch *größerer* Vielfalt und zahlreicheren Erscheinungsbildern entfalten. Tocqueville, als Kritiker der Französischen Revolution und kritischer Bewunderer der amerikanischen Demokratie, muß man eine gute Beobachtungsgabe und Kompetenz zuschreiben, wenn er Gleichheit und Freiheit in dem erwähnten Zusammenhang reflektiert. Und wenn er von „einem äußersten Punkt" spricht, „wo Freiheit und Gleichheit ... verschmelzen", dann muß man hinzufügen, daß ein solcher „äußerster Punkt" nur dort aufzufinden ist, wo die Vernunft das *Maß* bestimmt, ein Maß, das bestimmt wird von *Mäßigkeit*.

„Freiheit und Gleichheit" (lassen wir Brüderlichkeit einmal beiseite) wurden nicht nur für die Französische Revolution zum höchsten Postulat, zu einer Forderung, die eingelöst werden will. Die Gleichheitsforderung der Französischen Revolution ebnete die hierarchische Ordnung dergestalt ein, daß man König und Adel enthauptete und dadurch eine Nivellierung erreichte. Da diese Gleichmachung nicht ausreichte, nivellierte man weiter mit der Guillotine und ebnete damit auch Köpfe und Meinungen ein, die innerhalb der „Bürger" nicht „gleich" waren.

Forderungen nach Gleichheit stellen, soziologisch ausgedrückt, stets die *ingroups*, das sind diejenigen, die im *Wir-Gefühl* leben, die aber nur deshalb bestehen, weil es *outgroups* gibt, die ein anderes Wir-Gefühl besitzen. Ingroups sind stets *gegen* outgroups eingestellt und sei es nur durch das Sich-selbst-Abgrenzen. Insofern verfügt die Gleichheit, von der Tocqueville meint, daß sie einer Anzahl von Bürgern „erhabene Freuden" bereite, über eine ausgeprägte Ambivalenz. Auf der einen Seite wirkt sie gemeinschaftsbildend, indem sie den „Gleichen" Hilfsbereitschaft und Solidarität anbietet, auf der anderen Seite jedoch ist sie aggressiv gegen jene, die nicht „gleich" sind. Und da es in einer Demokratie eine Vielzahl von ingroups gibt, könnte eine rigide Gleichheitsforderung die bestehenden, miteinander wetteifernden Gruppenvorstellungen in tödlich konkurrierende Gruppen verwandeln.

Daß die Menschen sich durch Hautfarbe, Geschlecht, Sprache, Kultur, Begabung, Körperkraft usw. unterscheiden, ist eine Binsenweisheit. Ihre berechtigten Forderungen nach Freiheit und Unabhängigkeit werden u.a. durch den Individualismus erfüllt. Die Ausgewogenheit zwischen Freiheitsanspruch aller und Freiheitsanspruch des Individuums ist die absolute Voraussetzung für einen demokratischen Staat, der auch eine Ausgewogenheit zwischen Öffentlichkeit und Privatheit anstreben muß, will er nicht zwischen diesen Polen aufgerieben werden. Gleichheit für alle ist eine Widersacherin der Freiheit, wenn sie nicht auf Gleichheit vor dem Gesetz und auf Gleichheit der Chancen beschränkt bleibt. Eine *Forderung* „Gleichheit für alle" endet stets in der brutalen Nivellierung der Gruppen, die sich gegenseitig mit Gewalt begegnen, um Gleichheit herzustellen. Gleichheit für alle wird deshalb nur in Diktaturen praktiziert, in denen eine Oligarchie über die Gleichheit der Mehrheit wacht, wobei Gleichheit zum Unterdrückungsmechanismus gehört.

Die Mannigfaltigkeit der Gruppen in einer Demokratie gerät auch dort in die Gefahr, einer tödlichen Nivellierung, die keine Freiheit zuläßt, zum Opfer zu fallen, wenn sie ihre Informationen nur aus der Nivellierung, d.h. aus der Sucht, auch schwierige Probleme „populär" zu gestalten, bezieht, d.h. aus den desinformierenden Massen-Medien und ihren gleichförmigen Bilderfluten, die die differenzierende Sprache ersetzt haben. Die Sprache, die eine Kultur konstituiert, ist unersetzlich. Die Bilder, die sie ersetzen sollen, sind jenseits der Gleichheitsforderung zum Motor der *Gleichmacherei* geworden, die Öffentlichkeit und Privatheit schon längst ausgehöhlt haben und Information zur Desinformation verkommen ließen. Sie sind Ingredenzien einer Wirklichkeit, die noch nicht bemerkt hat, daß sie einem Wahn folgt.

14. Kapitel

Leben aus zweiter Hand – Die „vermittelte Welt" in einer desinformierten Gesellschaft in Öffentlichkeit und Privatheit

Soziales Sein ist kommunikatives Sein: vom *Ich* zum *Du* und damit zum *Wir*. Mitteilung führt zum vergesellenden Leben, sei es im Konsens oder im Dissens. Mit-Teilung kann nur im Sozialen erfolgen; als isolierte individuelle Handlung ist Mit-Teilen Nonsens. Die Manifestation des *Wir* gebraucht stets „Mittel", d.h. Medien. Schon der vorgeschichtliche Mensch benutzte Medien, um das *hergestellte* WIR *darzustellen*: der unartikulierte Warnschrei, die Körperbemalung, die animistischen Zeremonien, die Liturgien des Ahnenkultes, die Rauchzeichen, die dumpfen Trommeln, der wilde Tanz der Krieger – sie alle sind Formen der Kommunikation. Das Medium zwischen Individuum und den *bekannten* Anderen konstituiert das WIR. Dieses *Wir* kann in vielerlei Gestalt auftreten, in kleiner, großer, mittlerer, komplexer Gruppierung und hat eine Unzahl von Möglichkeiten des Entstehens.

Über dieses vom Wir-Gefühl bestimmte Kommunikations-System hinaus wird natürlich auch kommuniziert mit *unbekannten* Anderen. Früher geschah dies u.a. auf Märkten und öffentlichen Foren. Heute spricht man von *Öffentlichkeit*, innerhalb der sich auch eine *öffentliche Meinung* bilden kann, ohne daß die Menschen irgendwie zusammenkommen müssen. Öffentlichkeit und Öffentliche Meinung spielen innerhalb eines demokratischen Gemeinwesens eine wichtige Rolle – wenn sie funktioniert, wenn vor allem die Medien „funktionieren". Was ist dies – die „Öffentlichkeit", die „öffentliche Meinung"? Eine Antwort von der Wissenschaft, d.h. hier von der *Soziologie* zu bekommen, ist recht schwierig. „Steht die Kategorie Öffentlichkeit in der gesellschaftlichen Praxis. . . hoch im Kurs, so muß es überraschen, daß sie in den Gesellschaftswissenschaften, zumindest in der Soziologie, kaum beachtet wird", schreibt Friedhelm Neidhardt. „In den Sachregistern der weitaus meisten soziologischen Lehrbücher, die gegenwärtig im Umlauf sind, kommen die Wörter ‚Öffentlichkeit' und ‚öffentliche Meinung' nicht ein einziges Mal vor." *Neidhardt* klagt auch die Definierbarkeit der beiden Begriffe, sowohl für die Theorie als auch bei der empirischen Anwendbarkeit, ein und führt „die beiden theoretischen Meinungsführer der deutschen Soziologie, Jürgen Habermas und Niklas Luhmann", für „erfolglose Begriffsarbeit" an. Dies ist umso erstaunlicher, da sowohl Habermas als auch Luhmann über diese Problemfelder in verschiedenen Publikationen sich ausführlich geäußert haben. Schwierigkeiten, meint Neidhardt, ergäben sich für die Forschung „aus der bei Habermas nie völlig aufgegebenen Konfundierung empirischer und normativer Elemente seines Konzepts, so daß immer wieder ungewiß ist, ob das angesprochene Phänomen eine soziale Bestandsgröße oder aber doch nur eine Art regulativer Idee darstellt." So kommt Neidhardt bei *Habermas* zu dem Schluß, daß „sein Begriff von Öffentlichkeit. . . so bedeutungsvoll (ist), daß man mit ihm kaum noch etwas wiedererkennen kann". Bei *Luhmann*, so Neidhardt, passe „Öffentlichkeit und öffentliche Meinung. . . nicht recht ins systemtheoretische Konzept". Ich möchte nun nicht die Theorien und Anmerkungen von Habermas und Luhmann referieren, sondern nur Neidhardts Resumee, das ich teile, zitieren, wenn er schreibt, es entstünden „die Probleme mit Habermas und Luhmann auf gleiche Weise, nämlich durch unzulässige Vorentscheidungen qua definitionem. Inhaltlich unterscheiden sich beide Autoren dann allerdings dadurch, daß der eine dazu neigt, in den Begriff zu viel Bedeutung, der andere zu wenig hineinzustecken". (F. Neidhardt, 1989, S. 25ff.) Es sei darauf hingewiesen, daß nach Abschluß dieses Buches ein kompetentes Werk zu diesem Thema auf den Markt kam, dessen Inhalt nicht mehr für unsere Zwecke verwendet werden konnte (Friedhelm Neidhardt, 1994).

Die Herstellung von Öffentlichkeit und öffentlicher Meinung ist Kommunikation mit *unbekannten* Anderen und ist heute ohne die *Massenkommunikation,* d.h. *ohne* Medien nicht mehr denkbar. Wenn wir diese Überlegung als pragmatischen Einstieg in das Problem betrachten, können wir die Theoriedefizite zunächst getrost verkraften. Durch Öffentlichmachung gemeinsamer Probleme und permanente Diskussion zur Lösung dieser Probleme einen einigermaßen brauchbaren sozialen Konsens zu erreichen, eine Art von Mehrheitsmeinung, sind ideale Voraussetzungen eines idealen demokratischen Funktionsverlaufs. Wie bei allen Idealen ist auch hier zu sagen, daß sie nie erreichbar sind.

Öffentlichkeit will nur der herstellen, der sich durch die Öffentlichmachung etwas verspricht. Öffentliche Meinung herstellen will nur der, der zum einen seine eigene Meinung der öffentlichen überstülpen oder sie mit seiner eigenen überzeugen möchte, zum anderen will sie derjenige herstellen, der die öffentliche Meinung in eine bestimmte Richtung lenken will, weil er sie wiederum für sich benötigt. Bei diesen Absichten und Unternehmungen gibt es auf der Anwendungsskala noch eine Reihe anderer Möglichkeiten, die wir aber hier vernachlässigen dürfen.

An der Herstellung von Öffentlichkeit und öffentlicher Meinung wirken zwei unterschiedliche Hauptfaktoren mit, die jedoch auch personell identisch sein können: *Kommunikator* und *Medium*. Der Kommunikator ist der *Veranlasser* einer „Botschaft", einer Information oder einer Aussage von kurzem oder breit angelegtem Inhalt. Zu diesen „Botschaften" und Informationen gehören u.a. Nachrichten, Mitteilungen, werbende Texte, erläuternde Vorschläge, Berichte, Geschichten sowie Wissens- und Lehrinhalte. Zu den *Medien* die diese Informationen und Botschaften weitertransportieren, rechnen wir Zeitungen und Zeitschriften, Illustrierte, Bücher, Radio, Fernsehen, Film, Computer. Derjenige, der diese Informationen aufnimmt, ist der *Rezipient*. Diese höchst vereinfachte Struktur wird in einem großen Gemeinwesen, wie z.b. dem der Bundesrepublik, zu einem hochgradig komplizierten Gebilde, das vom Einzelnen kaum durchschaut werden kann. Schon allein die Informationsvermittlung innerhalb einer Gemeinde, sei es in einem Dorf oder einer Stadt, ist sehr komplex. Die Anstrengungen, die diesen Informations-Vermittlungs-Prozeß antreiben, dienen der Herstellung von Öffentlichkeit und öffentlicher Meinung: der Veranlasser dieses Prozesses hat ein großes und recht massives Motiv oder recht deutliche Interessen, einen solchen Prozeß in Gang zu setzen.

Jemand möchte etwas verkaufen, ein Fahrrad, ein Auto, einen Schrank oder seine Briefmarkensammlung. Diese Prozedur ist recht einfach: Er setzt eine Kleinanzeige in die Zeitung, von der er meint, daß sie von möglichst vielen Unbekannten gelesen wird, denn seine Bekannten kann er selber fragen, ob sie von seinem

Angebot etwas gebrauchen können. Will dagegen eine Firma ein Produkt verkaufen, muß sie dafür werben. Hier entsteht schon ein recht schwieriger Prozeß, denn auf dem Markt, d.h. „in der Öffentlichkeit", tummeln sich unzählige Produkte, so daß das neue Produkt einen Riesenaufwand verlangt, um es in den Markt einzuführen. Hierbei gibt es sehr viele Varianten: ist es ein Verbrauchs- oder Gebrauchsgegenstand, handelt es sich um ein Produkt, das sehr teuer und zugleich in Serie hergestellt werden soll (z.B. Auto) oder handelt es sich um ein überaus wertvolles und teures Investitionsgut? Je nach Charakter des Produktes wird man die Werbung planen, wobei das Können professioneller Werbeagenturen eingeplant wird. Bei der Eroberung der Öffentlichkeit überläßt man nichts dem Zufall. Es wird deshalb genau überlegt, mit welchen Mitteln – Werbeaussage, Wort, Musik, Bild, Atmosphäre – man das *Image* gestaltet, das auf den Zeitungsseiten, Zeitschriftenfarbseiten, im Radio, in der TV-Werbung das Produkt kauffördernd anbietet; es muß ein *Image* sein, das auch beim Rezipienten – Zuschauer oder Leser – „ankommt".

Firmen, Unternehmen und auch Organisationen, die mit ihren Produkten, Ideen und sonstigen Angeboten an die Öffentlichkeit treten und eine öffentliche Meinung für ihr *Image* (ein „gutes" selbstverständlich) herstellen möchten, bedienen sich einer „Pressestelle" oder einer „Abteilung für Öffentlichkeitsarbeit", vielleicht auch PR (Public Relations)-Abteilung genannt oder, wie es jetzt in Mode gekommen ist, einer „Abteilung für Kommunikation". Sie vertreten die Firma oder die Organisation in allen Fragen professionell nach außen, um sicherzustellen, daß nicht ungefilterte Ansichten und Meinungen der einzelnen Mitarbeiter in die Öffentlichkeit dringen, die dem *Image* des Unternehmens schaden könnten. Man ist nicht daran interessiert, *Wirklichkeit* in die Öffentlichkeit zu bringen, sondern das *Image*, das alles bedeutet.

Selbstverständlich betreiben Parteien, Ministerien und einzelne Politiker diese *Imagepflege* mit ebenso großem Aufwand. Professionelle Medienberater trimmen den Politiker (genauso wie einen Film- oder TV-Star) auf ein bestimmtes Erscheinungsbild, von dem man glaubt, daß es beim Publikum ankommt. Das WAS, das der Politiker seinen Wählern und der Öffentlichkeit vermitteln sollte, wird völlig vom WIE verdrängt.

Nun wird diese *Imagepflege* von seiten der Presseabteilungs- und Öffentlichkeitsprofis nicht den Medien aufgeschwätzt und schmackhaft gemacht, sondern umgekehrt: die Art und Weise, einen Politiker, eine Firma oder einen CD-Star zu „promoten" (wie das neudeutsche Wort heißt), muß der Veröffentlichungsdramaturgie der Medien entgegenkommen. Diese Veröffentlichungsdramaturgie ist ausgerichtet auf das Ziel einer möglichst hohen Akzeptanz bei den Rezipienten. Die Zeitung, die Illustrierte und die Yellow-press will möglichst hohe Auflagenziffern erreichen, Radio und Fernsehen höchste Einschaltquoten erzielen, denn die Einschaltquoten und die Auflagenhöhe sichern von einer bestimmten Größenordnung an die wirtschaftlichen Grundlagen des Mediums, d.h. die Existenz von Zeitschrift, Zeitung und elektronischem Medium steht und fällt mit der Berücksichtigung von Werbung durch Wirtschaft, Handel und öffentlichen Organisationen. Die werbende Wirtschaft vergibt die lukrativsten Anzeigen und Werbespots an diejenigen Medien, die die höchsten Auflagenziffern und die höchsten Einschaltquoten nachweisen können. Und die Medien, die aufzeigen, daß sie die höchsten Auflagenzahlen und Einschaltzeiten haben, erzielen eine breite Akzeptanz beim Publikum ausschließlich durch die Verbreitung unterhaltender und „spannender" Inhalte, wobei die Gewichte der „Information" sich geradezu grotesk verschieben. Nach dem klassischen Schema der crime-and-sex-Regel titeln die Boulevardzeitungen (allen voran „Bild") ihre Aufmacher und größeren Beiträge fast ausschließlich aus dem Bereich der Kriminalität und des Sex. Politische Tagesereignisse finden meist in zehnzeiligen Einspaltern statt, wenn nicht gerade ein herausragendes Geschehen (z.B. Bundestagswahl) alle Gemüter bewegt. Dann schwimmen diese Blätter auf der großen Woge mit. Das neue Schlagwort vom *Infotainment* entlarvt auch das kommerzielle Fernsehen: die Information darf nur noch als Entertainment, d.h. unterhaltend präsentiert werden.

Ehe wir diese vernetzte Interdependenz Informationsgeber - Medien – Rezipienten, deren Informationsfluß vor allem durch unzählige Agenturen, Werbeprofis, Designer, Pressereferenten, PR-Experten, Propagandisten usw. ständig bestimmt wird, auf ihren destruktiven Einfluß zu überprüfen haben, sei in diesem Zusammenhang auf eine in ihrer Absurdität beinahe wieder als wirklichkeitsbeschreibend (weil der reale Ablauf manchen Prozesses absurd ist) zu bezeichnende Studie eingegangen, die sich mit der „Oberflächlichkeit" in der Berichterstattung *positiv* beschäftigt. Für *Norbert Bolz* (Ästhetikprofessor in Essen) ist die heutige ausdifferenzierte Gesellschaft nichts anderes als ein chaotisches System, das sich selbst kontrolliert und selbst organisiert. Deshalb könne man mit unseren auf den Grundlagen des Humanismus ausgebildeten „ethischen" Denkansätzen und Denkweisen die heutige Gesellschaft und auch die neuen Technologien nicht verstehen, um den modernen Herausforderungen zu begegnen. „Das kontrollierte Chaos" (so heißt das Buch von Bolz) benötige nicht mehr eine wie immer geartete humanistische Ethik, denn die Realität finde nur noch *medial* statt. Die Wirklichkeit würde in der „Postmoderne" nicht mehr vermittelt, sondern die mediale, die *vermittelte* Wirklichkeit sei *die* Wirklichkeit. Wenn diese Erkenntnis empirisch auch nicht zu belegen ist, so ist doch zu vermuten, daß viele Menschen bei der Konstruktion ihrer Wirklichkeit von Welt, d.h. ihrer Weltsicht, viele aus der medialen Vermittlung gewonnene Konstrukte in ihre Gesamtkonstruktion einbauen. Hier geht es nun nicht darum, die Thesen eines Autors zu widerlegen und deren Schwächen (es gibt sie reihenweise in diesem Buch) herauszustellen, sondern vorzuführen, wie absurd, ja auch wie brutal die Medienwelt im wahrsten Sinne des Wortes nachgezeichnet werden kann. „Unter ästhetischen Gesichtspunkten gewinnt das Design", schreibt der Kritiker Wolfgang Eichhorn (in: Publizistik 4/1994) zu den Bolz-Thesen, „die Oberfläche an Bedeutung. Mit den Worten Bolz': ‚Wer sagt eigentlich, daß das Tiefe wichtiger ist als das Superfizielle?' Was zählt, ist die Oberfläche der Medienrealität, an das ‚Dahinter' brauchen wir keinen Gedanken zu verschwenden. Die Konsequenz dieser Umwertung: Wir sollten uns den Verlockungen des Oberflächlichen öffnen. Warum nach einer tieferen Bedeutung des Lebens suchen, wenn wir statt dessen pekuniärem Erfolg huldigen können? ‚Geld entlastet uns von dem Zwang, den ‚eigentlichen' Sinn des Lebens zu suchen.' Mit der Deifizierung des Geldes gewinnen neue Kommunikationsformen an Bedeutung. War es bisher schon so, daß Gefühle erst im Kino richtig schön waren (‚Die Kinder der Popkultur wissen heute, daß die Gefühle der Liebe und des Hasses in der Kinohöhle echter sind als im eigenen Schlafzimmer'), so stellt die Werbung den emotionalen und sinnhaften Kontext zur Welt der Waren her. ‚Die Werbung dringt nun in den Bereich der Transzendenz vor', wird zur Religion... Fehlverhalten von Amtsträgern, Korruption von Volksvertretern erscheinen nur dann als Verfall politischer Kultur, wenn man sie aus einer ‚ethischen' Perspektive heraus betrachtet. Die Frage, ob ein Politiker, der ‚gefehlt' hat, zurücktritt, ist letztlich irrelevant, das System wird mit oder ohne ihn in der gleichen Art und Weise weiterfunktionieren. Mit der Entmachtung der politischen Hoffnungsträger wird natürlich auch ihre demokratische Legitimationsbasis gegenstandslos."

Eichhorn seziert das Buch von *Bolz* recht präzise und legt seine Schwächen offen. Nur: Er tut dies aus einer „humanistischen" Position heraus, um in der Bolzschen Sprachregelung zu bleiben. Im Aufweisen der modernen Phänomene der „Oberflächlichkeit", in der Wirklichkeit der Medienrezeption, die Tradition, Hintergrund, Tiefe, Genauigkeit, eben all die „altmodischen" Tugenden, über Bord geworfen wissen will, ist Bolz zuzustimmen, denn dies geschieht ständig und stetig. In der Tat wird allmählich die These von *Marshall McLuhan* (den Bolz nicht nur oft zitiert, sondern auf den er sich beruft), die da heißt, daß *das Medium die Botschaft sei*, zu einer uns alle bedrohenden Wirklichkeit.

Die Kontroverse zwischen Bolz und Eichhorn, die ich hier anführe, ist deshalb so wichtig, weil anscheinend auch einschlägige Wissenschaftler bereits aus Positionen heraus argumentieren, die vom Gros der daran beteiligten Vertreter der involvierten Wissenschaftsdisziplinen ausschließlich einer „irregeleiteten" Rezipientenschaft zugeordnet werden, aber nicht einem Forscher. Bolz lobt die Oberflächlichkeit, ist völlig ahistorisch, indem er Geschichte verwirft und deshalb auf historische Fakten gar nicht einzugehen braucht (wie Millionen Zuschauer auch), verwirft den Humanismus gleich mit und stellt seine An- und Einsichten in einer Weise dar, als wäre er selbst einer der singulären Dauerfernsehgucker, der alles unreflektiert „sich reinzieht" und bei der Reflexion seines Verhaltens Kategorien anwendet, die alle klassischen negieren. So schildert er unser Kommunikationssystem quasi als Black Box, wie auch der Einzelne, der „Gegenüber", eine „Black Box" sei, und meint damit, daß man diese „Undurchsichtigkeit ... als Freiheit" deuten könne. Die Absurdität wird hier zur Normalität, während die bisherigen Positionen bei ihm als völlig veraltet erscheinen, denn sie werden noch aus einem längst „überholten" humanistischen und historischem Geist heraus entwickelt. Deshalb schreibt Eichhorn erbost: „Man kann über Stil und Inhalt der Bolzschen Überlegungen geteilter Meinung sein, eines muß man dem Autor lassen: Er hat ein wesentliches Prinzip chaotischer Systeme verinnerlicht, nämlich deren Selbstbezüglichkeit. Wenn er schreibt, daß heute nicht mehr die ‚Tiefe‘, sondern nur noch die Oberfläche zählt, so liefert er mit der Differenziertheit seiner Argumente einen Beleg dafür. Er zieht eine Vielzahl von Autoren heran, um seine Thesen zu stützen, aber ihre Gedanken sind nur Bruchstücke, aus dem Zusammenhang gerissene Fetzen. Man hat das Gefühl, als hätte der Autor einen umfangreichen Hypercard-Stack mit Zitaten vandalisiert. Und Bolz schreibt selbst: ‚Statt in die Tiefe zu dringen, surfen wir auf Wellenkämmen!‘" (Publizistik 4/94, S. 470/472)

Ich weiß nicht, ob Eichhorn sich bewußt ist, daß er mit seinem Artikel nicht nur eine „Buchbesprechung" abliefert, sondern implicite auch zwei völlig unterschiedliche Welten, die sich gegenseitig ausschließen, blitzartig anleuchtet. Dies ist auch der Grund, weshalb ich diese Kontroverse anführe. Sie ist nämlich nicht nur die übliche Fingerhakelei unter Wissenschaftlern, sondern hier tut sich eine neue Qualität kund, eine „wissenschaftliche" Ebene, die gleichsam die unausgesprochene Allverbindlichkeit von Ethik, Humanismus, referenzieller Historie und Transzendenz der unterschiedlichen Positionen völlig negiert und zur Darstellung ihrer Themen sich quasi selbstreferenziell einbringt.

Die aufgezeigte Tendenz der „Oberflächlichkeit", die wir bei den meisten Medien ohne weiteres feststellen können, ist die „natürliche" Voraussetzung zu jenen Angeboten, die man in den Bereich der *Desinformation* verweisen muß.

Es ist zwischen zwei sich grob unterscheidenden Erscheinungsformen eine scharfe Trennlinie zu ziehen: zwischen *manipulierender* Desinformation und *strukureller* Desinformation. Die manipulierende, d.h. jene Handlungsweise, die Informationen aus den mannigfaltigsten Gründen *bewußt* verfälscht, wollen wir von der Betrachtung der Desinformation ausklammern. Uns soll es nur um die *strukturelle Desinformation* gehen. Die Art und Weise, wie sich strukturelle Desinformation äußert, ist überaus komplex und findet auf der Informationsgeber-Medien-Rezipienten-Schiene ihren Weg zu uns. Wir können hier nur wenige Segmente aus dem massenkommunikativen Phänomen der strukturellen Desinformation herausgreifen, wobei wir fast alle Zusammenhänge auf der psychologischen und sozialpsychologischen Ebene vorerst vernachlässigen müssen.

Nach meiner Meinung liegt schon in dem Begriff *Massen*medium ein Schlüssel zum Problem der Desinformation. Ein Medium, das den „Massen" dienen muß, kann den „Massen" nur dann dienen, wenn es mit seinen Botschaften die „Massen" erreicht. Ohne hier näher auf das Problem des Begriffs der „Masse" eingehen zu können, das seit der Veröffentlichung des Werkes „Psychologie der Massen" von Gustave LeBon im Jahre 1895 in Frankreich („Psychologie des foules") immer noch diskutiert wird, sei nur angemerkt, daß die Soziologie sich aus dieser Diskussion schon lange zurückgezogen und das Feld der Sozialpsychologie überlassen hat, die sich heute um das *kollektive Verhalten* bemüht und nicht mehr um das der „Massen". Der Begriff *Massenmedium* indessen drückt im Grunde nur aus, daß es sich um ein Medium handelt, das „massenhafte" Verbreitung sucht, also ein Medium für „alle" ist.

Wer für *alle* etwas bringen will, muß dieses„etwas" so gestalten, daß *alle* verstehen, was gesagt und was angeboten wird, d.h. daß man eine Mediendramaturgie anzuwenden hat, die hohe Einschaltquoten für die elektronischen und hohe Auflagenzahlen für die Printmedien erwarten läßt. Mit anderen Worten: Diese Dramaturgie richtet sich nach Parametern, die jede Information so zurechtbiegen, daß sie auch noch in das simpelste Denkvermögensfach des einfachen Lesers oder Zuschauers hineinpaßt. Die „schreckliche Vereinfachung" hat Hochkonjunktur, der *simplificateur terrible* ist der gesuchte Experte bei der so verstandenen Inhaltsgestaltung des *Massen*mediums. Extreme Beispiele sind die Boulevardzeitungen, allen voran „Bild", und die unterhaltende Presse, die mittels großlettriger und fetter Schlagzeilen das sogenannte *eyecatching*, (den „Blickfang") betreiben. Mit reißerischen Balkenüberschriften und aufreizenden Fotos wird der Leser geködert. Das notwendige Überbleibsel der sogenannten journalistischen Chronistenpflicht (z.B. „langweilige" Politik) schrumpft auf zehnzeilige Einspalter zusammen, während die Kriminal- oder Sexstory eine große und weiträumige Aufmachung erfährt. Wir brauchen diese Praxis, die überall nachgeprüft werden kann, nicht näher zu beschreiben. Durch die „Notwendigkeit", ständig sex-and-crime-Stories zu veröffentlichen, weil dadurch die massenhafte Verbreitung und damit die wirtschaftliche Basis des Mediums gesichert wird, verschiebt sich der Akzent der Vermittlung der aktuellen und dauernden Weltbeschreibung durch die Berichterstattung auf Gewalt- und Sexdarstellung, die gegenüber den anderen Themen einen bedeutenden Vorrang erhalten, wenn auch die Verinnerlichung der sex-and-crime-Thematik nicht „massenhaft" verlaufen muß. Die ständige Darbietung von

Kriegsgreueln, sensationell aufgemachten Katastrophen und Unglücksfällen, verheerenden Hungerepidemien, die sich wie Flächenbrände in Afrika ausbreiten, wobei vor allem dem Fernsehen das Verdienst zukommt, ständig die ausgemergelten Kinderkörper voll ins Visier zu nehmen, um sie in den Wohnzimmern zur Schau zu stellen, baut deshalb eine einseitige Wirklichkeit auf, weil der Kontext des Nachrichtenkerns aus Geschichte, Umfeld usw. nicht mitgeliefert wird.

Wenn wir die hungernden und frierenden Tschetschenen in der von den Russen bombardierten Hauptstadt Grosny am Bildschirm erleben, hören wir nur von den Kämpfen, der russischen Armee, deren Generalität uneins ist, von Boris Jelzin, von dem man nicht weiß, ob er noch die Demokratie oder schon die Diktatur im Auge hat, wir hören und sehen in diesem Zusammenhang aber nichts darüber, was die wirklichen Ursachen dieses Krieges sind. Der gleiche Mangel zeigt sich in der Berichterstattung über den Krieg im ehemaligen Jugoslawien und den anderen Kriegsschauplätzen in Afrika, Asien und Lateinamerika. Das Argument, man habe die Pflicht der Berichterstattung, auch wenn die Bilder und Schilderungen noch so grausam seien, sticht nicht, weil bei einer solchen Berichterstattung der Kontext nicht mitgeliefert wird und deshalb die so auf den spärlichen Kern zusammengeschrumpfte Informationsgebung zur reinen Sensationsreportage verkommt. Auch das Argument, die seriösen Zeitungen und die öffentlich-rechtlichen Rundfunkanstalten versorgten das Publikum ausreichend mit Hintergrundmaterial und -wissen, überzeugt nicht, weil diese Berichte sich an die schon Vorgebildeten und Interessierten wenden, die nur noch Wissenslücken stopfen wollen. Die aus intellektuellem Hochmut resultierende Auffassung, man wende sich mit dem Hintergrundwissen nur an die Interessierten, jeder habe ja die Freiheit, sich wo, wann und wie zu informieren, ist ebenfalls kein Argument, weil die große „Masse", mangels defizitärer Schul- und Ausbildung, überhaupt keine Chance hatte und hat, sich die Voraussetzungen für das gefragte Verständnis zu verschaffen. Deshalb erweist sich eine solche Informationsgebung als reine *Desinformation*, die durch den aufgeführten Kommunikationsweg strukturiert wird. Die Katastrophen-, Kriegsgreuel-, Gewalt- und Epedemienberichterstattung ordnet sich deshalb nahtlos in die Präsentation der mit Gewalt und Sex bestückten TV-Filmüberflutung ein, die jetzt auch in der Bundesrepublik RTL, SAT.1, Kabel 1, Pro 7, die kommerziellen Sender also, übernommen haben, weil auch sie nach hohen Einschaltquoten gieren. Die gleichzeitige Überflutung mit Werbespots, die nicht nur unentwegt Bedürfnisse suggerieren, sondern auch eine Wirklichkeit konstruieren, die aus Luxus, ewiger Jugend, Gesundheit und Überfluß besteht, bildet zusammen mit der Katastrophenberichterstattung eine Realität und eine Welt aus lauter *Surrogaten*, deren desinformierende Abstützungen nicht nur Schieflagen in der Orientierung hervorrufen, sondern auch eine Reihe anderer gefährlicher Konzentrationen bilden, weil ihr Ersatzcharakter gleichzeitig Lebensersatz, Religionsersatz und Moralersatz darstellt. Die beim ersten stärkeren Windhauch umstürzenden sozialen Abstützungen werden sich explosionsartig entladen, um die Beteiligten mit jenen konkreten Bedürfnissen zu befriedigen, die ihnen das *Pseudo* der Surrogate nicht liefern konnte.

Das Ganze ist eine gefährliche Falle, weil alle Teile im System der Dauer-Desinformation so voneinander abhängen, sich gegenseitig bedingen und konstituieren, daß dieses System nicht ohne einen katastrophalen Zusammenbruch, der unvorhersehbare soziale Destruktionen in seinem Sog zeitigen würde, verändert werden kann. Es gibt deshalb keine Vorschläge zur Änderung, weil das Desinformationssystem irreversibel ist, wenn nicht das gesamte Gesellschaftssystem mit eingerissen wird. Hier zeigt sich ein wahres Gesicht der sogenannten Informationsgesellschaft: Sie führt ein Leben aus zweiter Hand.

Das weitaus schlimmere Problem – und damit kehren wir nach diesem kurzen, aber notwendigen Desinformations-Diskurs zur Problematik der Öffentlichkeit und der öffentlichen Meinung zurück – ist, daß die Medien, die nach dem Verlust der *konsensualen* Öffentlichkeit *die* heutige Öffentlichkeit mitkonstituieren, die Gesamtgesellschaft zum Großteil *in der beschriebenen Weise* desinformieren. Um einige Zahlen zu nennen: Die *Tageszeitungen* erschienen in den beiden letzten Jahrzehnten der alten Bundesrepublik in einer täglichen Auflage zwischen 23 und knapp 25 Millionen. Die *unterhaltenden Zeitschriften* lagen um 1967 etwa bei 49 Millionen und 1988 bei circa 110 (!) Millionen Auflage pro Ausgabe. Außerdem sollte man nicht die hohen Auflagen der Anzeigenblätter, der sogenannten „Sachbücher" und die jährlich rund 300 Millionen Romanhefte vergessen, die eine Welt darstellen, die nichts mit der Realität zu tun hat. Nach der Zulassung von kommerziellen Sendern explodierte die Anzahl der Radiostationen in ungeahnter Weise, die TV-Sender RTL, SAT.1, Pro 7, Kabel 1, VOX nahmen und nehmen den öffentlich-rechtlichen Anstalten ARD und ZDF einen entscheidenden Publikums-Anteil weg – vor allem junge Zuschauer –, so daß ARD und ZDF über 30% (Tendenz steigend) der Werbung einbüßten. Der Kampf um die Einschaltquoten beim Fernsehen wird bis aufs Messer geführt, d.h., da man die „Massen" der Einschaltquoten wegen ansprechen muß, sackt ständig das Niveau der Programme und gleichfalls auch das der Informationsgebung ab (noch nicht so sehr bei ARD und ZDF), die zunehmend den beschriebenen Weg der „schrecklichen Vereinfachung" geht und ein tägliches Trommelfeuer von Desinformationen auf die Rezipienten niederprasseln läßt.

Die Feststellung, daß die Medien, die Öffentlichkeit konstituieren, im Grunde desinformieren und damit auch in dieser geschaffenen Öffentlichkeit Meinungen stabilisieren, die mit *Wirklichkeits*vermittlung und -darstellung wenig gemein haben, hat, wenn man die „Öffentlichkeit" in der Geschichte verfolgt, wenig Dramatisches an sich. In früheren Zeiten, als man fast ausschließlich auf mündliche Überlieferungen angewiesen war, hatte die Vermittlung von Informationen ebenfalls höchst fragwürdige Qualitäten und kam meist dem Klatsch und Tratsch näher als dem seriösen Bericht. Im Zeichen der Hochtechnologisierung unserer heutigen sozialen Kommunikation sollte aber ein Vergleich mit der Informationsgebung etwa des 15. oder 17. Jahrhunderts recht waghalsig sein. Sicherlich hält man auf Anhieb solche Vergleiche für völlig abwegig. Es kommt jedoch bei solchen Einschätzungen auf das Endergebnis an. Und hier liegen die Rezipienten der verglichenen Jahrhunderte gar nicht so weit auseinander: Der Bürger war und ist jedenfalls, mit welchen „Mitteln" er auch informiert wird, *stets desinformiert*. Die mit allen Raffinessen hergestellten heutigen bunten live-Bilder, z.B. aus Afrika oder von einem x-beliebigen Ort dieser Erde, an dem gerade ein blutiger Konflikt, ein Fest, eine Konferenz oder ein anderes Ereignis stattfindet, die via Satellit in unser Wohnzimmer übertragen werden, sagen in ihrer zweiminütigen Kürze nur etwas über die Qualität der Bilder und die technischen Möglichkeiten aus – die Sache selbst bleibt nur für den verständlich, der sie in den ihm schon bekannten Kontext einzuordnen vermag, sei nun der Kontext kognitiv oder via Phantasie gewonnen.

Bei der Fragestellung nach den informativ-desinformativen Praktiken via Medien müssen wir eine Ausnahme bei der Sport-

Berichterstattung machen; bei der Behandlung bestimmter Sportarten wie z.B. Fußball, Tennis oder Skimeisterschaften. Nehmen wir das Beispiel Fußball. Fußball ist ein Breiten-, ein Massensport. Seine Regeln sind überall bekannt, die Mannschaften ebenfalls und die Spieler auch. Das bedeutet, daß alle Voraussetzungen gegeben und die „Probleme" exponiert sind, so daß auch die weitere Informationsgebung (über Spiele, Spieler, Trainer etc.) von den „Massen" ohne Schwierigkeiten selbst im Detail aufgenommen werden kann, weil der dazu gehörende Kontext, der bei vielen anderen Segmenten der Berichterstattung fehlt, bereits vorhanden ist, beim Publikum zur Informationsausstattung gehört und längst verinnerlicht ist. So kann natürlich diese Berichterstattung nicht nur bis ins Detail, in Wort und Bild, informativ verbreitet werden, sondern auch – in welcher Länge und Breite sie immer erfolgen mag – hohe Einschaltquoten garantieren. Es gibt eine Menge weiterer Beispiele, die zu diesem Themenkreis angeführt werden können. Wir wollen es aber zunächst dabei belassen.

Die *wissenschaftlichen* Diskussionen über Öffentlichkeit und Privatheit, die in der gesamten westlichen Welt geführt werden – für Deutschland erwähnte ich schon *Habermas* und *Luhmann* –, zeigen mehr und mehr auf, daß es obsolet ist, sich nur mit der *Definition* von Öffentlichkeit und Privatheit zu befassen und das *Begreifen* von *Öffentlichkeit* z.B. ausschließlich aus der Herkunft der historischen, d.h. der bürgerlichen Auffassung von Öffentlichkeit aufzuzeigen. Die positive Erfassung der *realen* (und *nicht* vermittelten!) Öffentlichkeit und Privatheit und ihre Einschätzung und Bewertung als lebenswichtige Institutionen ist eine der wichtigsten *Entscheidungen, die für das Überleben unserer Kultur, der Demokratie und der Gesamtzivilisation von unwiderruflicher,* ja ich meine von *existenzieller Einmaligkeit ist.*
    Die *Öffentlichkeit* der Vergangenheit ist von der technologischen Revolution des *Cyberspace* endgültig *als Institution* hinweggefegt und eine „neue" Öffentlichkeit ist an ihrer Stelle installiert worden. Cyberspace ist der grenzenlose Raum, in dem unzählige Informationsvernetzungen stattfinden, die mit Bezeichnungen und Namen belegt werden, die man gerne der Science-fiction-Welt zuordnen möchte. Datahighways oder Datenautobahnen, Internet, E-Mail usw. sind die Bezeichnungen für eine Zukunft, die gestern schon begonnen hat. Es sind nicht mehr

die Großrechner, die die Vernetzung allein bestimmen, sondern die unzähligen PCs, die Kleincomputer, die an jedem Ort, auch innerhalb der Privatheit, der Familie, installiert arbeiten, die mit dem schon vernetzten Fernseher, Videogerät, CD-Rom-Gerät, Minirechner, Modulen usw. über die bereitstehenden Kommunikationswege mit aller Welt verbunden sind. Die Kommunikation *verändert* sich dadurch *von Grund auf*. „Im Cyberspace", schreibt Albrecht *Funk*, „gibt es keine ‚Territorien des Selbst' mehr, keine abgrenzbaren Bereiche privater Kommunikation. Die Versuche, aus der Informationssphäre eine eindeutig definierte Teilmenge ‚personenbezogener Daten' auszugrenzen, scheitern... Autonomie und informationelle Selbstbestimmung sind im Reich der digitalisierten Information und Kommunikation nicht als Bereiche individueller Verfügung denkbar, sie bedürfen einer politischen und rechtlichen Neubestimmung. Was in der virtuellen Realität des Cyberspace ‚Eigentum' und ‚Personalautonomie', was ‚privat' und was ‚öffentlich' sein soll, bedarf neuer Festlegungen." Funk fragt dann: „Wäre eine ‚Verfassung der Freiheit im Zeitalter des Cyberspace' denkbar, die Freiheit weiterhin als eine personengebundene Größe in menschenrechtlich-bürgerrechtlicher Tradition definierte?" Seine Antwort lautet: „Eine solche Verfassung ist notwendig durch zwei Grenzen bestimmt: zum einen von der Grenze, die in der behaupteten ‚Unteilbarkeit' (=Individualität) der Person gegeben ist (normativ und faktisch im Sinne der Körperlichkeit der Person...). Zum anderen von der Grenze, die in dem rechtlichen Bemühen selbst liegt, Normen und Verfahren menschlichen Umgangs abzustecken und berechenbar zu machen. In diesem Sinne besitzt jede Verfassung, wie auch die personale Qualität des Menschen, notwendig ein statisch-konservatives Element. *Diese Begrenzungen verlieren aber der Grenzenlosigkeit des Cyberspace gegenüber ihren Sinn.* Die im Rahmen der gegebenen Verfassungen angestrebten Gestaltungs- und Kontrollversuche wirken konsequenterweise von vornherein antiquiert." (A. Funk, 1994, S. 587, Hervorhebungen von mir, W.N.)

Mit dieser Analyse haben wir bereits die technologischen Bedingungen und Strukturen verlassen und das Feld der sozialen Auswirkungen dieser technischen Supermöglichkeiten betreten. Cyberspace, der grenzenlose und unendliche Raum kommunikativer Weltöffentlichkeitsgestaltung, ist natürlich noch nicht voll ausgenutzt und benutzt, aber er wird es bald sein. Die bisherigen

Öffentlichkeits-Bezugspunkte sind fast zu esoterischen Residuen geschrumpft, wenn man die konkreten Institutionen ansieht, die zur Verfügung stehen: Nationale Parlamente, Länder- und Stadtparlamente, Bürgerinitiativen, Vereine, die sich um Einzelereignisse, wie Karneval, Wandern, Sport, Kultur usw. bemühen, Gremien und aktuelle Zusammenschlüsse, Parteien etc. Sie alle besitzen, wenn man sie überprüft, im Grunde einen virtuellen „Nischen-Charakter", auch dann, wenn sie weit über ihre Potenz und ihre Kompetenz hinaus auf Fernes zielen, in dem sie nichts verloren haben, wie z.B. die Parteien.

Die Undurchschaubarkeit schon dieser auf die Nähe (Gemeinde, Bundesland) und auf eine mittlere Reichweite (Bundesrepublik) ausgerichteten „öffentlichen" Aktivitäten ängstigt den Menschen und läßt ihn unsicher werden. Alle Dinge, die außerhalb seiner schon aufs höchste ramponierten Privatheit liegen, haben keine Fixpunkte mehr, sie sind stets relativiert, ändern sich ständig, besitzen keine absoluten Werte, sind so komplex und vielschichtig, daß man für alle Berührungen mit öffentlichen Angelegenheiten, selbst wenn sie einem subjektiv noch so einfach erscheinen, die Hilfe von Experten benötigt: für die Kommunikation mit dem Finanzamt den *Steuerberater*, mit dem Gericht den *Rechtsanwalt*, für die Kompliziertheit der Gas- und Elektrizitätsrechnungen den *Energieberater*, für das Spargeld den *Anlageberater*. Das Mieten von Wohnungen verläuft nur noch über den *Makler*, und für die Rentenzahlung benötige ich den *Rentenberater*, um nur einige wenige Berührungsinstanzen zu nennen, die den Bürger mit der Öffentlichkeit und den installierten Institutionen in Verbindung bringen.

Die meisten der den Einzelnen umgebenden Kristallisationspunkte sozialer Möglichkeiten, *Öffentlichkeit zu erleben*, existieren oder funktionieren nicht mehr, wie z.B. die *Nachbarschaft*, der *Markt* oder der *Einkaufsladen* als Treffpunkt und Meinungsbörse, deshalb schafft sich der Bürger für die aus Verunsicherung und aus seiner Angst ins Wanken geratenen Orientierungsbasen eigene Orientierungsmarken, bei denen er sich eine neue, fast ganz private Öffentlichkeit aufbaut, um dort seine Meinung mit der seiner Freunde abzustimmen, denn ohne eine Meinung, die an der „öffentlichen" orientiert sein muß, kann der Einzelne nicht leben. Erst diese so gebildete Meinung macht ihn *soziabel*, „brauchbar" für seine Freunde und nahen Mitbürger, denn nur ein Bruchteil der Menschen schafft sich die nötige Soziabilität durch eine völlig individuell gewonnene Meinung, die meist nur „Querdenkern" zugebilligt wird. Diese „Orientierungsmarken" als Öffentlichkeitsersatz können Stammtische, Hobbyvereine, Interessengemeinschaften usw. sein, die, um eine Befindlichkeitsbeschreibung der früheren DDR-Bewohner zu benutzen, mit „Nischen-Dasein" bezeichnet werden können.

Zunächst bleibt festzuhalten, daß die „antiquierten" Öffentlichkeitsinstanzen noch ihre Funktion haben. Die Medien, die eine Öffentlichkeit herstellen und öffentliche Meinungen schaffen, haben die Tendenz zum Cyberspace, dazu, in wenigen Jahren eine Weltöffentlichkeit herzustellen, die innerhalb eines so großen und fast unbegrenzten Rahmens stattfindet, daß von seiten des Individuums, das auch noch seine Privatheit längst verloren hat, diesem Sog, dem auch die Freiheit zum Opfer fällt, nichts mehr entgegenzusetzen ist. Denn ihm fehlt schon heute jede Orientierung in der wirklichen Wirklichkeit. Des Bürgers Wirklichkeit ist schon heute eine „vermittelte", die mehr durch Desinformationen konstituiert wird als durch Informationen. Auch die Suche nach realem Verständnis der undurchschaubaren Institutionen und wirren Zusammenhänge hilft dem orientierungslosen Bürger nichts, denn er wird in den ihn „unterrichtenden" Medien seine Fragen nach Erklärung der Probleme nicht beantwortet bekommen, denn diese Probleme findet er in Zeitungen und Fernsehen nie ausgiebig *diskutiert*, sondern lediglich *personalisiert*. Die *Human Story* mit der sanften Zugabe des *Human Interest* wird alles, um die Information „blutvoller" darzubieten, an der Personalisierung der Problematik aufhängen, um ja nicht den Rezipienten zu verschrecken. Er könnte ja durch langatmige Erklärungen auf die Idee kommen, den TV-Sender zu wechseln oder die Zeitung abzubestellen. Koste es, was es wolle, auch die *Information* – die Einschaltquoten und die Auflagenhöhen müssen stimmen. Die Personalisierung ist ein Weg, um vom abstrakt denkenden Menschen zum bilderverschlingenden Halb-Analphabeten zu gelangen, der zwar die Funktionen der technischen Hardware beherrscht, die Software aber nimmermehr versteht, auch gar nicht mehr interessiert ist, sie zu verstehen – man überläßt dieses Verstehen einigen Wenigen. Und diese Wenigen werden auf Grund ihrer Wissensmacht auch nicht mehr an einer Demokratisierung dieses Wissens interessiert sein. Außerdem: Welches menschliche Gehirn ist noch in der Lage, die Bündel von TV- und Print-Medien-Angebote aufzunehmen, bzw. wer hat noch die Zeit und auch die Eigenkompetenz, das im Angebot auszuwählen, was „richtig" ist?

Die *tatsächliche* Desinformation in einer total medialisierten Welt, in der man auch die „informierte Gesellschaft" angesiedelt zu wissen glaubt – diese Bezeichnung wird ohne Ironie gebraucht –, gepaart mit einer Technologie, die zur totalen Vernetzung aller Kommunikationsmöglichkeiten in grenzenlosen Räumen führen wird, hat kein Interesse mehr, eine wie auch immer geartete individuumsnahe Öffentlichkeit zu erhalten. Hinzu kommt, daß diese durch Medien hergestellte Öffentlichkeit von unzähligen Interessenvertretern nicht nur gestaltet, sondern auch manipuliert wird. Politische, wirtschaftliche, kulturelle, kommerzielle, private, bürokratische, gewerkschaftliche, parteipolitische und viele andere Interessen, die in die Medienkanäle eingespeist werden sollen, werden von einem gutbezahlten Heer von Agenten, Pressestellenleitern, Imagepflegern, Marketingleuten, PR-Routiniers, Öffentlichkeitsarbeitern usw. täglich mit Geld und Knowhow in die Informationsgebung hineinmanövriert. Lügen, Falschaussagen, Geschichten- und Märchenerfindung, Täuschungen und Irreführungen werden kaum noch als solche bezeichnet, sondern zugedeckt mit einer Lawine anglisierter Termini, die, wenn man sie auf ihre Substanz zurückschneidet, sofort die Vermutung aufkommen läßt, daß es sich um Betrug handelt. Die *linguistic correctness* tut auch hier ihre Pflicht und läßt jeden gutgekleideten Öffentlichkeitsbetrüger und -beutelschneider, so er den „korrekten Sprachgebrauch" übt, einen Ehrenmann sein. Wir sagten schon:„Mehr scheinen als sein" – das ist die Devise. Die Öffentlichkeit lebt nur noch *künstlich* oder als *Mythos* weiter, sie wird künstlich in einem luxuriösen Dasein erhalten, weil man sie für die Beeinflussung der„Massen" benötigt.

Schon 1977 hat *Richard Sennett* in seinem Buch„The Fall of Public Man" beklagt, daß mit dem„Verfall und Ende des öffentlichen Lebens" bald auch „die Tyrannei der Intimität" einsetzt. In der deutschen Ausgabe von 1983 lesen wir:„Als das Augusteische Zeitalter zu Ende ging, begannen die Römer, ihr öffentliches Leben als lästige Pflicht und Formalität zu behandeln. Die öffentlichen Zeremonien, die militärischen Anforderungen des imperialen Staates, die rituellen Kontakte zu anderen Römern des Familienkreises – dies alles wurde zu einer Verpflichtung, der der Römer mit zunehmender Passivität oblag. Er erfüllte die Regeln der *res publica*, aber er erfüllte sie mit immer geringerer Leidenschaft. In dem Maße, wie das öffentliche Leben blutleer wurde, hielt der Römer im privaten Bereich Ausschau nach neuen Kristallisationspunkten für seine emotionalen Energien, nach neuen Prinzipien, auf die er seine Hingabe und seinen Glauben richten konnte. Diese private Hingabe war mystisch, zielte darauf, der Welt als ganzer und den Förmlichkeiten der res publica als einem Teil davon zu entfliehen. Die Römer schlossen sich verschiedenen nahöstlichen Sekten an, unter denen das Christentum nach und nach die Oberhand gewann; am Ende blieb das Christentum nicht länger ein insgeheim praktiziertes spirituelles Engagement, es trat vor die Welt und wurde selbst zu einem neuen Prinzip öffentlicher Ordnung. Auch heute ist das öffentliche Leben zu einer Pflicht- und Formsache geworden. Ihren Umgang mit dem Staat betreiben die meisten Bürger im Geiste ergebener Zurückhaltung, aber die Entkräftung der öffentlichen Sphäre geht weit über das Politische hinaus... Eine res publica umfaßt allgemein die Beziehungen und das Geflecht wechselseitiger Verpflichtungen zwischen Leuten, die nicht durch Familienbande oder andere Beziehungen miteinander verknüpft sind; sie bezeichnet das, was eine Masse, ein ‚Volk', ein Gemeinwesen verbindet, im Unterschied zu den Familien- und Freundschaftsbanden. Wie in den Tagen Roms ist die Teilnahme an der res publica auch heute eine Sache des beiläufigen Auftritts; die Foren dieses öffentlichen Lebens, etwa die Stadt, sind im Verfall begriffen." (R. Sennett, 1983, S. 15/16)

Man mag nun einwenden, daß diesem Verfall der Öffentlichkeit, die einst aus den „antiquierten" Foren gebildet wurde, eine neukonstituierte Öffentlichkeit, die die Medien bilden, folgte und somit sich nur eine „moderne" Form von Öffentlichkeit durchgesetzt habe. Dem muß entgegengehalten werden, daß diese „neue" Medienöffentlichkeit deshalb keine Öffentlichkeit im Sinne einer lebendigen und funktionierenden Demokratie darstellt, weil sie nicht die Möglichkeit des öffentlichen Diskurses und der Diskussion *für alle* anbietet, sondern nur eine von einer bestimmten Klasse, die die publizistischen Instrumente beherrscht und bedient, instrumentalisierte Maschinerie darstellt, die eindimensional und auf einem Einbahnstraßenkanal einseitige (wenn auch vielfältige) Beeinflussung übt und an Gegenmeinungen der Gesellschaft nur insofern interessiert ist, wie diese Meinungen der die Medien betreibenden Klasse nützen. Zum Verfall der Öffentlichkeit führten nicht nur das von Sennett angeführte mangelnde Engagement und die Passivität des Bürgers hinsichtlich seiner Beteiligung an der Öffentlichkeit, sondern vor allem die *Privatheit*, die gleichfalls ihre ursprünglichen Funktionen verloren hat, und in eine – wie Sennett dies nennt –„Tyrannei der Intimität" mutierte. Diese„intime Tyrannei", so Sennett, könne sich auf zweierlei Weise zeigen, „einmal (als) ein Leben, das aus nichts anderem besteht als den Kindern, der Hypothekenlast auf dem Eigenheim, Streitereien mit dem Ehegatten, den Gängen zum Tierarzt und zum Zahnarzt; ein Leben, das sich in Pünktlichkeit, in den zwei Martinis und den acht Zigaretten, die man sich täglich gestattet, und in der Sorge über die Rechnungen, die ins Haus kommen, erschöpft. . ." Die zweite Weise, in der sich die„Tyrannei der Intimität" zeige, sei die„Privatheit" in einem Polizeistaat, die gekennzeichnet sei von Unterdrückung und Angst. (a.a.O., S. 379)

Uns interessiert nur die erste Art, nämlich die der kleinbürgerlichen Sorgen in einer Demokratie. Dazu müssen wir allerdings feststellen, daß die heutige Privatheit durch *aggressive* Einflüsse von außen eine zerstörerische Tyrannei von einer viel massiveren Qualität erlebt, die sie vollkommen ausgehöhlt hat. Bei dieser Vernichtung und Aushöhlung der Privatheit gewinnt die *Individuation*.

Beide, Öffentlichkeit und Privatheit, sind jedoch zwei unerläßliche Stützpfeiler einer lebendigen Demokratie. Öffentlichkeit und Privatheit existieren allein aus der persönlichen Freiheit des einzelnen Bürgers und aus den institutionalisierten demokratischen Freiheiten heraus. Diese Freiheit und die Institutionen Öffentlicheit/Privatheit bedingen sich funktional gegenseitig und sind erst dadurch lebensfähig. Der Verfall von Öffentlichkeit und Privatheit zeigt auch an, daß die persönliche und demokratische Freiheit (Freiheiten) längst der Destruktion zum Opfer fallen oder schon gefallen sind.

Da der sozialpsychologische Vorgang des Verfalls der *Privatheit* ein wichtiges Indiz für das Funktionieren der Demokratie darstellt, müssen wir im nächsten Kapitel näher darauf eingehen.

15. Kapitel

Privatheit und Intimität unter der Knute der „ psychologisch" verordneten correctness – Sex und Erotik und die Tyrannei der Minderheit

Öffentlichkeit und *Privatheit*, die in einer offenen Gesellschaft die soziale Kraft und Stabilität ausbalancieren, sind für das „gesunde" Bestehen einer demokratischen Sozietät *unabdingbar*. Ihre Aushöhlung oder gar ihr Verschwinden, durch welche Kräfte auch immer, bedeutet gleichzeitig den Beginn des Verfalls aller persönlicher und demokratischer Freiheitsregelungen. Die *Privatheit* und ihre geschützte *Intimität* gehören zu den vitalen Lebenszellen eines gut funktionierenden Gemeinwesen-Körpers.

Die Intimität in der Privatheit findet ihren höchsten Ausdruck in der *Sexualität*. Diese war bislang, d.h. bis in die 60er Jahre unseres Jahrhunderts, im Grunde das Geheimnis von zwei Menschen bzw. das Geheimnis der an intimen sexuellen Handlungen Beteiligten und fand höchstens in Form pornographischer Schriften, die heimlich gehandelt wurden, den Weg in eine sehr eng begrenzte Öffentlichkeit. Heute jedoch: kein Illustriertencover ohne aufreizende Mädchenbrüste, keine Zeitschrift ohne sexuelle Themen, seien sie noch so heikel, tabu oder nicht berichtenswert. Niemand stört es, wenn über den „modernen" Sex, seine technische Ausübung und seine Verfeinerung offen geschrieben und berichtet wird. Zu den vielen Reportagen und Berichten über das Sexleben im allgemeinen und über das von bekannten Stars und Persönlichkeiten des öffentlichen Lebens und Prostituierten gibt es ganze Bibliotheken von „Sachbüchern", die in die Geheimnisse des Sex einführen. Hier erfahren wir Anleitung zum Sex auf die gleiche Weise wie etwa für mechanische Gebrauchs-Geräte oder zu beruflichen Handdiensten: Wer die Anleitungen gelesen hat, die oft denen eines Lehrbuchs ähneln, ist Meister und kann nun auf die Menschheit losgelassen werden. Pornofilme - jetzt auf unzähligen Videokassetten und im abendlichen Fernsehen – dringen in Wohn-, Schlaf- und Kinderzimmer und führen sexuelle Hochleistungen vor, die ein gewöhnlicher Zeitgenosse nie und nimmer vollbringen kann. Der „Held" im Pornofilm befriedigt mit seiner Dauererektion eine Reihe von weiblichen Wesen, wobei der männliche Zuschauer, falls er nicht darüber nachgedacht hat, daß der Film über lange Tage hinweg gedreht wurde und aus vielen Einzelszenen besteht, nur vor Neid erblassen kann und sich sexuell als Oberniete betrachten muß.

Aber auch wer nur etwas weniger Leistung als der Pornoheld erbringt, den kann die Lektüre der Pseudo-Aufklärungsschriften wenn nicht frustrieren, so doch ins Grübeln kommen lassen. Sexualität, so wird dem Leser ständig unterschwellig eingeredet, ist nicht eine Sache, die man dem Einzelnen überlassen darf, sondern eine enorm wichtige Angelegenheit, die jedermann erlernen muß und die eine Reihe von „Ergebnissen" zu erbringen hat: Befriedigung des Partners, eigene Befriedigung, eine hedonistische Grundstimmung, ein Leben, das immer (wenn's geht täglich) höchste Lust zu erreichen sucht und ein stets „bereiter" Typ – kurz: Man muß ein Sexprotz sein! Daß dies erreicht wird und alle körperlichen und psychischen Defizite ausgemerzt werden, dafür stehen unzählige Helfer bereit: die Pharmazie mit entsprechenden Medikamenten, Sex-Shops, Versandhandel, Bekleidungs- und Kosmetikgeschäfte, Verlage, Psychologen, Ärzte und nicht zuletzt die Medien. Die *Desinformation* auf dem Gebiet des Sex ruft ganze Industrien und Dienstleistungsbetriebe auf den Plan, weil damit auch viel Geld zu verdienen ist.

Eine verschämt verpackte Sexualität andererseits, die nicht beim Namen genannt wird, sondern sich im Liebesroman alter Schule hinter den drei Pünktchen am Ende eines Satzes versteckt, können wir auch heute noch im Lektüreangebot finden. Die alte, viktorianisch anmutende Liebesgeschichten-Atmosphäre, deren altfränkische Partnerbeziehungs-Beschreibungen in Form von Liebesroman-Hefte noch in unsere heutige Zeit hineinragen, lebt von Handlungen, die einen *sozialen Raum* als Schauplatz voraussetzen. Dieser soziale Handlungsraum wird gestaltet von einem stereotypisierten Gespinst aus Aktionen und Verhaltensweisen der Protagonisten des Romans, deren soziale Bezüge von den Leserinnen und Lesern verstanden werden. Bei den Liebesbeziehungen dieses Romangenres handelt es sich ausschließlich um *eroti-*

sche und nicht um *sexuelle* Handlungen. Die erotischen Beziehungen der Romanfiguren werden spannend dargestellt, die sexuelle Vereinigung jedoch wird nach dem „Kuß in Ehren" hinter den schon erwähnten drei Pünktchen versteckt. Gewiß, auch hier wird auf einer Art kunsthandwerklicher Ebene in einer gleichfalls desinformativen Art eine unwirkliche Welt gezeichnet. Darauf kommt es uns aber jetzt nicht an. Wichtig allein sind Mentalitäten und Einstellungen der Bürger zum Sex als Teil einer Privatheit, die auch die Formung und Handhabung der Öffentlichkeit einer Demokratie bedingen.

Sexualität „an sich" und „für sich" initiiert kein soziales Handeln, allenfalls nur Vollzug. *Erotik* dagegen zielt auf eine Reihe sozialer Vorgänge, z.B. auf gegenseitiges Erkennen und „Verstehen", zu wählen, zu sondieren, wie die Umwelt auf die Wahl des Partners reagiert, auf Kampf um Erfüllung, auf Einwirkung und Verdrängung. Es geht hier um soziale Interaktion. Sex in der modernen Form des kurzfristigen Befriedigens negiert soziale Interaktion und beschränkt sich allein auf körperlichen Vollzug. Aber wie alle Möglichkeiten menschlicher Interaktionen bestimmt die *Balance* einer Gesellschaft, bestimmen Stabilität und Überleben ihre Nutzung. Die erotische Beziehung zweier Menschen auf der Basis der Liebe kann riesige Konflikte, aber auch lebenswichtige Harmonien zwischen Klassen, Schichten und sogar Ethnien auslösen oder schaffen. Man denke dabei nur an so weltbekannten Paare wie Romeo und Julia, Paris und Helena, Tristan und Isolde, Abaelard und Heloïse. Die vereinfachte These: Erotik ist *soziales* Handeln, Sex ohne Erotik dagegen *asoziales* Für-für-sich-selbst-Handeln, wollen wir zunächst einmal so im Raum stehen lassen.

Uns sollte es jetzt darum gehen aufzuzeigen, wie Interaktionen, z.B. Sex, wenn sie in der Realität bestimmte Wertigkeiten innerhalb der Öffentlichkeit oder Privatheit erhalten, auf diese Institutionen einwirken. Im heute propagierten Trend der Sexualausübung kann völlig auf Liebe und Erotik verzichtet werden. In vielen einschlägigen Schriften wird der „Quicki" angepriesen – ein Ausdruck dieser Mentalität. Dabei verkehrt sich die Liebe in narzißtische Selbstliebe. Der *ausschließlich hedonistische* Topos dieses Verhaltens bestimmt die körperliche Liebe, bei der Probleme, falls sie auftreten, weniger Störungen im sozialen Bereich schaffen, als vielmehr im persönlichen Bereich: Man ist frustriert über Nichterfüllung von Orgasmusfrequenzen, die allenthalben in den (desinformierenden) einschlägigen Medien angepriesen und als „normal" angesehen werden, man leidet unter temporärer oder durch psychische Blockaden ausgelöster Impotenz usw. Hier gibt es nur einen *psychologisch-narzißtischen*, aber *keinen sozialen* Raum, hier herrscht nur nackte Befriedigung.

Bei der Beschreibung der Deformation des öffentlichen Lebens, dem er die Flucht in die Intimität gegenüberstellt, spricht *Richard Sennett* vom Sex als „reiner Selbst-Offenbarung". Er schreibt: „Für das Bürgertum des 19. Jahrhunderts war die Erotik fast vollständig in Angst gehüllt und wurde daher nur durch den Filter der Verdrängung zum Ausdruck gebracht. Alles sexuelle Handeln war von einem Gefühl des Verstoßes oder der Verletzung überschattet... Weite Teile der modernen Gesellschaft haben gegen die damit verbundene Angst und Verdrängungen rebelliert, und das war gut so." Dadurch jedoch, daß diese Rebellion sich „auch gegen den Gedanken (richtet), daß die körperliche Liebe ein Handeln ist, auf das sich Menschen einlassen" und „Sex zur reinen Selbst-Offenbarung" wird, sei eine neue Sklaverei an die Stelle der alten getreten. Man darf dabei nicht vergessen, daß „Handeln" im soziologischen Sinn stets „soziales Handeln" bedeutet, das überall und immer nur im Rahmen von anerkannten Regeln verläuft, die selbstverständlich mißachtet werden können. Ob Einhaltung oder Mißachtung der Regeln – es ist stets Handeln im sozialen Raum, d.h. ein Handeln mit, gegen oder zusammen mit anderen Menschen. „Erotik", sagt Sennett, „bedeutete, daß der sexuelle Ausdruck in Handeln einging – in Handlungen der Wahl, der Verdrängung, der Interaktion. Sexualität dagegen ist kein Handeln, sondern ein Zustand, aus dem sich der Liebesakt fast automatisch, als natürliches Resultat ergibt, wenn Menschen sich intim miteinander fühlen... Heute lernen wir nichts von der Sexualität; statt dessen begeben wir uns auf eine endlose, enttäuschende Suche nach dem Selbst – vermittels der Genitalien." Der Soziologe und Sozialpsychologe *Sennett* stellt dann die Frage: „Warum mußte das gutgemeinte Streben nach sexueller Freiheit in einer unauflösbaren, undurchdringlichen Verwirrung des Selbst enden?" Er gibt dafür eine Reihe Antworten, die er aus verschiedenen Verhaltensweisen und Mentalitäten des heutigen Menschen abstrahiert, auf die wir gleich zurückkommen werden. Die von ihm gestellte Frage läßt sich teilweise auch pragmatisch beantworten.

Aus den Lehren und Beobachtungen der Kommunikationswissenschaft kennen wir die Begriffe der „Thematisierung" und des

„Trend-settings". Einen Trend zu kreieren, zu „setzen", oder ein Thema einfach in die Öffentlichkeit zu bringen, hängt nicht nur davon ab, daß das Thema „in der Luft liegt", daß es gerade „große Mode" ist oder daß ein Interessent aus Politik, Industrie und Wirtschaft ein Thema „steuert", um damit Profit zu machen. Es hängt auch vom Vorhandensein guter „Mitspieler" ab, die den „Ball" des Themas auffangen und ihn gezielt weiterspielen. Diese Beobachtung machen wir bei vielen heutigen *Psychologen.*

Die Studienreformen und der kostenlose Besuch der deutschen Universitäten stampfte in allen Regionen eine Reihe neuer Hochschulen aus dem Boden, die alle Studierwilligen, ob fähig oder nicht, in die weitgeöffneten Hörsäle schwemmten. Von rund 300.000 Studenten in der Mitte der 60er Jahre wuchs die Zahl der Studierenden bis 1995 auf fast 2 Millionen. Die 68er Studentenbewegung und ihr soziales Engagement ließen vor allem die Zahlen der eingeschriebenen Studenten in den Fächern *Soziologie, politische Wissenschaften* und *Psychologie* in schwindelnde Höhe schnellen, wozu vor allem die Popularität der ideologisch eingefärbten Sozialphilosophen *Max Horkheimer, Theodor W. Adorno* und *Herbert Marcuse,* der damaligen „Frankfurter Schule", viel beitrug. In den 70er Jahren gab es an manchen mittelgroßen Universitäten bis zu 600 Soziologiestudenten und noch mehr in der Psychologie im *Hauptfach.* Diese Fächer wurden gleichsam als Horte einer alles erklärenden Heilslehre angesehen. Daß Soziologie, wenn sie sich als Erfahrungswissenschaft versteht, auch aus trockener Methodologie und statistischer Kleinarbeit besteht, kümmerte viele der Anhänger der sozialphilosophischen Heilslehre nicht. Sie pickten sich die Thesen, die sie für ihre Weltsicht brauchten – aber auch nur diese! – aus dem großen Kuchen der sogenannten kritischen Theorie heraus und verballhornten sie zu revolutionären Slogans, wie „Trau' keinem über dreißig", „Macht kaputt, was euch kaputtmacht" usw., und glaubten, durch das Zerstören des „Systems" eine neue Welt aufzubauen.

Hier soll nun keine systematische Kritik der 68er-Bewegung folgen, sondern nur erläutert werden, wie es zur Psychologenbzw. Soziologenschwemme kam und noch kommt. Die Entdeckung des unterdrückten Menschen in der Dritten Welt und die Feststellung, daß sie selbst in ihrer eigenen Wohlstandswelt Repressionen erleiden, erschütterten die im Wohlstand aufgewachsenen und sich darin frei bewegenden Jünglinge und Studentinnen derart, daß sie den Menschen vor der Kälte der kapitalistischen Welt zu „retten" suchten. Zunächst galt es, die Elterngeneration abzuwerten. Für ihre Verdienste beim Aufbau eines völlig in Schutt und Asche darniederliegendes Landes hatte man kein Verständnis. Hinter allen Vätern und Müttern vermutete man verkappte Nazis, die sich im Kriege als KZ-Aufseher betätigt hatten. Der Zweite Weltkrieg bestand - so bekam man in vielen damaligen Diskussionen mit Studenten den Eindruck – nur aus KZs. Das grausige Kriegsgeschehen vom Nordkap bis nach Alexandria, von der Bretagne bis zum Kaukasus, in Ost- und Südostasien, im Atlantik und Pazifik fand nur schemenhaft statt, fand aber als menschliches Leid, das die Väter miterlebten, bei dieser Jugend nicht statt. Für die Verführung, die die gläubige Jugend eines ganzen Volkes erlebt hatte, für die tragischen Verstrickungen und für das verbreitete namenlose Leid, das man anderen Völkern und seinem eigenen zufügte, wurde bei den 68ern kein Verständnis, im Sinne von Durchdringung der historischen Details, aufgebracht. Söhne und Töchter von Kriegsverbrechern und Altnazis „outeten" sich (man denke an die Schriften von Bernward Vesper, dem Sohne des Nazidichters Will Vesper), und manch einer dieser am Wohlstand leidenden Studenten litt auch noch darunter, daß er nicht wußte oder „verifizieren" konnte, ob der Vater nicht doch ein Kriegsverbrecher war. Die Abkapselung von der vorhergehenden Generation betrieb man *total*: in der Kleidung, im Stil, im Wohnen, in der Sprache. Niemand beherrschte das so oft gescholtene Soziologenchinesisch besser als die 68er.

Mit den neuen Vorbildern Che Guevara, Ho-Chi-min und den Altmarxisten Marx und Engels, deren Lehren man „neomarxistisch" auslegte, wurde der „Marsch durch die Institutionen" angetreten. Die „Kritische Theorie" war keineswegs kritisch, sondern entpuppte sich als eine säkularisierte und religionsnahe Ideologie, deren implizierte Zielsetzung darauf abhob, einen neuen Menschen und eine *neue* Gesellschaft zu schaffen. Beide jedoch brauchten eine *neue Glaubenslehre*: man fand sie bei der *Psychologie* und der *Soziologie*.

Die Umfunktionierung dieser altehrwürdigen wissenschaftlichen Disziplinen zu *trivialisierten* Lebensgebrauchsangeboten für orientierungsgeschädigte Jungakademiker wurde vor allem durch zwei Umstände befördert: Zum einen mußte der Massenandrang zu den Universitäten kanalisiert und zum anderen ein ganzes Heer von Universitätslehrern eingestellt werden, das diesen „Massenandrang" bewältigen konnte. Viele Fächer schotteten sich durch den *numerus clausus* ab: Naturwissenschaften, Wirtschaftswissenschaft, Jura, Medizin. Bald folgten so groteske Zustände, daß Fächer wie Theaterwissenschaft und Völkerkunde zu numerus-clausus-Fächern wurden; es sind Fächer, deren Absolventen schon in früheren Zeiten kaum entsprechende Arbeitsplätze fanden. Gefragt wurden besonders die Universitäten, die Psychologie und Soziologie anboten. Die überfüllten Hörsäle und Seminarveranstaltungen waren keine Stätten der Begegnung zwischen Lehrern und Studenten mehr, sie arteten zu politischen Versammlungen und zu Örtlichkeiten aus, wo man einfach Druck und Frust ablassen konnte.

Um diesen alles bedrohenden Massenveranstaltungen eine irgendwie das Chaos regelnde Geschäftsordnung in der Hoffnung überzustülpen, damit ein einigermaßen „normales" Hochschulstudium zu garantieren, ließen die Wissenschaftsbeamten in den Ministerien immer neue Studienordnungen verfassen, deren herausragendste Schöpfung der *obligatorische Seminarschein* wurde. Eine bestimmte Anzahl davon zu erwerben, oblag und obliegt noch heute dem Studenten eines Studienganges, wenn er zu einem Examen zugelassen werden will.

Eine solche Studienkonstruktion zwingt den Lernenden, sich während des Semesters ausschließlich mit dem für das jeweilige Referat oder die Seminararbeit zugeteilten Thema zu befassen, um den wichtigen „Schein" zu erhalten. Dem Lehrer liegen stets Berge solcher Seminararbeiten vor, die als alleinige Beurteilungsgrundlagen (sieht man von den oft nur 5 Minuten dauernden Gesprächen in einer Sprechstunde ab) für den Studierenden dienen. Hier wird, bei aller maßvollen Kritik, eine gewichtige Anzahl von Halbbildungen produziert oder Examenskandidaten werden diplomiert, deren Wissen auf einem möglichst gediegenen schmalen Grat gründet. Da aber examinierte Soziologen und Psychologen nur in geringer Anzahl von der Wirtschaft oder der Verwaltung gebraucht und eingestellt werden – das gleiche gilt für Sozialpädagogen und Sozialarbeiter –, sieht sich das große Heer dieser Absolventen gezwungen, in alle möglichen Berufe und Arbeitsmöglichkeiten einzusteigen, für die sie überhaupt nicht ausgebildet sind. Man findet sie später in Zeitschriften-, Zeitungs-, Rundfunk- und anderen Medienredaktionen, in Presseabteilungen, PR-Büros, Kommunikationsunternehmungen, in eigenen Büros, in denen sie Hilfe für jedermann anbieten, und man findet sie selbstredend in den Psychotherapie-Praxen wieder.

Diese Ausführungen sind nicht *gegen* eine studentische Jugend gerichtet, die diesem pädagogischen, kultur- und wissenspolitischen Unsinn ungeschützt ausgeliefert ist, sondern *gegen* eine sich nur an der *Machtpolitik* und an bestimmten *Ideologien* orientierende politische Klasse, deren Bekenntnis zu einer freiheitlich-demokratischen Staatsregelung nur Lippenbekenntnis bleibt und die sich im Grunde ständig an ganzen Generationen versündigt.

Die *zweite Misere* braucht nur kurz benannt zu werden: die Universitätslehrer. Jedermann sieht ein, daß die schnell anwachsenden Studentenzahlen eine immens große Universitätslehrerschaft erforderten, die natürlich nicht vorhanden war und zum Teil heute noch nicht in der benötigten Qualifikation vorhanden ist. Daß hier – moderat gesagt – Qualitätsdefizite in ungeahntem Maßstab vorhanden sind, wird jeder, der darüber nachdenkt, einsehen.

Wir können nun, ohne von unserem Thema abzuweichen, hier die Hochschulsituation nicht weiterverfolgen, sondern kehren zur Psychologisierung (und Soziologisierung) der heutigen Gesellschaft zurück. Diese Psychologisierung penetriert in destruktiver Weise unter dem Mantel und dem Aushängeschild der *Hilfe* und des *tätigen Beistands* die Privatheit und okkupiert deren intimsten Plätze, wogegen sich der Einzelne nicht zur Wehr setzen kann. Fast alle Gebiete sind davon betroffen: die Kindererziehung, die Partnerschaft, das Konfliktmanagement, das gesamte Seelenleben der Familie usw. einschließlich der schon besprochenen Sexualität. Abgesehen davon, daß dieses weite Gebiet der Privatheit ein Spiel- und Tummelplatz für Paranoiker, Neurotiker und Psychopathen sein kann und manchmal auch ist, sind es gerade die seriöse Aufmachung und die sich in pseudo-wissenschaftlicher Terminologie verbreitenden Ratschläge, die am gefährlichsten sind.

Nach Wegfall und Abschaffung der Religion für den Großteil der Bevölkerung und den spirituellen Verrenkungen bei der Anpassung der Kirchen (vor allem der evangelischen) an den Zeitgeist, die z.B. die Religionslehrer in den Schulen exerzieren, suchen die alleingelassenen Kinder, Jugendlichen und Erwachsenen Hilfe für ihre seelischen Nöte, wo immer sie diese finden. Es ist schon darauf hingewiesen worden, daß die kirchlichen Einrichtungen neben den materiellen Hilfsdiensten auch immer *handfeste Hilfe bei Lebensfragen* und *Krisenbewältigung* leisteten. Dies ist für einen Großteil der Bevölkerung weggefallen. Allein schon die Tatsache, daß die wenigsten Schüler mit den *zehn Geboten* auch nur bekannt gemacht werden – daß sie auswendig zu lernen sind, gehört in den Bereich lächerliche Zumutungen! –, d.h. daß die Aufwachsenden mit den einfachsten Grundlagen der sittlichen Welt und den Grundpfeilern jeglicher Zivilisation überhaupt nicht intensiv konfrontiert werden, ist eine verantwortungslose Unterlassung, die auch mit dem Hinweis, jeder habe die Freiheit zu lernen, was er wolle, oder jeder solle nach seiner Façon „selig" werden, nicht aus der Welt zu schaffen ist. Hier bricht sich jede gegen die Religion gerichtete „Aufklärungs"-Ideologie selbst das Genick. „Du sollst nicht töten! Du sollst nicht stehlen! Du sollst kein falsch Zeugnis reden wider deinen Nächsten. . .!" usw. sind essentielle Basen humanen Zusammenlebens, von denen unsere Kinder nichts mehr erfahren, d.h. sie nicht erfahren als *Gebote* der Menschlichkeit. Antichristliche Fortschrittsbewegungen u.ä. schütten mit der Verhinderung des Erlernens sittlicher Grundwerte das Kind mit dem Bade aus und ziehen brutal-egoistische Generationen heran, die *jede* geistige Anschauung, auch die antichristliche, vom Tisch fegen werden. Daß sehr viele junge Menschen, nachdem man ihnen gesagt hat, daß Gott tot und die Eltern aus der Kirche ausgetreten seien, ihr Heil bei den *Sekten* suchen, ist ein Indiz für die Suche nach einem Ersatz für den Verlust.

Gerade in dieses von Religionsverbundenheit entblößte weite Feld stoßen die psychologisierenden Hilfsdienste vor, um *neue Gebote* in die zerrütteten Seelen zu pflanzen: „Du sollst zu dir selbst finden! Du sollst deine Identität suchen! Du sollst dich selbst verwirklichen!" usw. Unter Berufung auf die Säulenheiligen der psychologischen Wissenschaftsdisziplinen, wie *Freud, Adler, Jung, Fromm, Reich, Mitscherlich* usf. werden auch noch die plattesten Rezepte der Seelenheilung und der psychischen Lebensplanung an den Mann bzw. an die Frau gebracht. Mit ständigen psychologisierenden Erklärungen paralysiert man jede soziale Regelung menschlichen Zusammenlebens: alles ist *erklärbar*, auch der größte Verstoß gegen die Gesetze, sei es Mord oder eine andere kriminelle Handlung. Die gedankliche Folgerung, daß das, was erklärbar ist, auch *entschuldbar* sei, gehört zu der etablierten Psycho-Ideologie, die sich schon lange in den Gerichtssälen breitgemacht hat.

Die Auswirkungen dieser Ideologie muten besonders bedrük-
kend an, wenn sie innerhalb bestimmter und überschaubarer
Gruppen sich kollektiv gebärden. Sie erzeugen z.B. Postulate, die
sich als öffentliche Meinung ausgeben. Unter dem Titel „Hexenjagd auf dem Campus" berichtete „Der Spiegel" (Nr. 20/1994)
über die Auswirkungen des „sexual-harassment"-Fiebers in den
USA (der „sexuellen Belästigung"-Verdächtigungen), das an manchen der dortigen Universitäten ausgebrochen ist. „Die Frauenbüros des Landes", schreibt der Reporter Matthias Matussek,
„haben den Puritanismus zu neuen Hexenjagden wachgeküßt.
Mit dem TV-Evangelisten sind sie sich darüber einig, daß die Frau
schwach ist, der Mann ein Tier und Sex Sünde. ‚Widernatürlich'
findet Feministin Andrea Dworkin den Geschlechtsakt zwischen
Mann und Frau. Die Klagedrohung hat sich wie ein stalinistischer
Frost über alle Bereiche der amerikanischen Öffentlichkeit gelegt, über Parlamente, Firmen, Schulen. Im akademischen Milieu
sorgt sie für Zensuren und Kontaktsperre-Gesetze... Da es beim
Tatbestand der ‚sexuellen Belästigung' genügt, wenn eine Situation auch nur als kränkend empfunden wird, ist der Paragraph
eine Einladung an die Paranoiker dieser Welt." So kann der Reporter von einem Professor Silva, Literaturwissenschaftler, berichten, der bei der Erklärung einer Schreibtechnik eine Metapher aus
dem Sex-Bereich zuhilfe nahm, als er erklärte: „Du und der Gegenstand werden eins." Silva verlor seine Stellung, mußte eine
Geldstrafe bezahlen und eine verordnete Sexualtherapie über sich
ergehen lassen, weil einige Studentinnen durch des Professors
Schreibtechnik-Erklärung sich „erniedrigt" fühlten. Büros für
„Prävention von sexueller Belästigung", „Vergewaltigungsbü-
ros", „Frauenbüros" etc. wachen mit Argusaugen über die Einhaltung der von ihnen erlassenen Verordnungen. Man darf beim Tanzen nicht einfach der Partnerin einen Kuß geben, ihr die Hand auf
die Schultern legen oder sie nur flüchtig berühren, ohne daß sie
laut und hörbar ihr Einverständnis verbalisiert. Einführungskurse
bringen den Mädchen bei, daß man beim Autofahren unter das
Auto schauen muß, ob sich darunter nicht ein Sittenstrolch versteckt hat. Das gleiche gilt für's Bett. Auch darunter kann sich
ein männliches Tier verbergen. In Ohio, am Antioch College,
geht es noch strenger zu, wie der Reporter berichtet. Nur weil er
„zu eng getanzt" habe, wird der „Delinquent" Randy Riess zum
Selbstankläger: „Ich, Randy Riess, bin schuldig geworden...",
heißt es in der Veröffentlichung seiner Selbstkritik. „Das Verge-

hen ereignete sich beim Tanzen gegen ein Uhr morgens am Sonntag... Es geschah ohne ihre ausdrückliche verbale Zustimmung (Randy soll seine Mittänzerin geküßt haben, W.N.). Ich fühle mich schrecklich... Ich arbeite noch daran, mir selbst zu vergeben." Um des drohenden Hinauswurfs aus dem College und in Sorge um seine spätere Karriere handelt dieser Student so und ordnet sich der feministischen Gewalt-Minderheit unter, die außer den psychologisierenden Begründungen auch noch das Vokabular der *political correctness* beherrscht, auch wenn es an Bildung und an der Orthographie mangelt, wie der Reporter nachweist. Er weist auch nach, daß an den Schulen der USA ähnliche Verhältnisse herrschen: „In einer landesweiten Erhebung unter Schülern der Klassen 8 bis 11 gaben 85 Prozent der Mädchen und 76 Prozent der Jungen an, sexuell belästigt worden zu sein. Die Knuffereien auf dem Schulhof werden in der Amtssprache ‚Geschlechter-Terrorismus' genannt." Sind dies alles nur Einzelerscheinungen?

Wolfang Engler hat in seinem Aufsatz „Was ist privat, politisch, öffentlich?" eine Reihe solcher Beispiele, wie ich sie aus dem „Spiegel" zitiert habe, zusammengestellt und kommt zu dem Schluß: „Überengagierte Privatleute im Verein mit solchen Experten – das ist das größte anzunehmende Unglück, das unserer Intimsphäre zustoßen kann." Engler listet eine Reihe von gruseligen Beispielen auf, die man fast täglich in der Presse nachlesen kann: sexueller Kindesmißbrauch, bei dem, glaubt man den Veröffentlichungen, kaum ein männliches Wesen als Täter ausgeschlossen wird – alle Väter, Brüder, Onkel, Neffen, Großväter, Schwiegersöhne sind potentielle Vergewaltiger und Kinderschänder. In Schottland verhörten 1990 drei „Spezialistinnen" des Verbandes „Royal Society for the Prevention of Cruelty to Children" ein siebenjähriges Mädchen. Dieser Fall löste eine Lawine aus. Die englische Presse berichtete ausführlich. Angeblich gefährdete Kinder wurden von den Eltern weggenommen und in Heime gesteckt – um sie zu „schützen". Alles das Werk dieser drei Sozialarbeiterinnen! Das Gericht stellte später die Verfahren ein, die Entscheidungsgrundlagen des Sozialamtes seien „unzulässig" gewesen. Zurück bleiben die Trümmer: heimgeschädigte Kinder, geschockte Eltern, zerstörter Ruf. Die „Zeit" berichtet in diesem Zusammenhang von einem heimgeschädigten Jungen, der „nach fast drei Jahren in Obhut... alle paar Monate vor dem Jugendrichter" steht. „Mal schmeißt er mutwillig Scheiben ein... Neulich legte er seinen Heimaufseher mit einem Kopfstoß flach." Nicht

Folgen des Heimaufenthaltes sind diese Verhaltensweisen, sondern, wie die „Zeit" ironisch urteilt: „Der modischen Theorie zufolge untrügliche ‚Verhaltensindikatoren‘ für Mißbrauch in frühen Kindertagen." (Zit. nach W. Engler, 1994, S. 481/482) Auch der „Fall" des Kindergärtners Moeller aus Coesfeld, dem man 55 Mißbrauchsaktionen anhing, bei denen sich vor allem eine Vertreterin von „Zartbitter" besonders hervortat, führte zu den absurdesten Anschuldigungen. Sie alle aufzuzählen, sträubt sich die Feder. Der Begriff „Hexenjagd" greift hier zu kurz. Das Beispiel aus Coesfeld, meint Engler, zeige eine „weit bedrohlichere Konstellation" als jenes aus Schottland. „Es ist die Gewaltphobie", urteilt Engler, „die Angst vor der Unordnung, dem rechtsfreien Raum, dem Unheil, das sich in ihn einnisten und dem man schon im nächsten Augenblick zum Opfer fallen kann. Das, was Experten im Verein mit staatlichen Gewalten ‚von oben‘ betreiben. . . liegt exakt im Bereich der sozialen Phantasie derer ‚von unten‘, treibt sie ins Bündnis."

Nicht der Wahn ideologisierter Spinner, sich überschlagender Feministinnen und „Aufgaben" suchender Psychologen, nicht der mögliche „soziale Wellenschlag", der zum einen die totale Sexualisierung der Gesellschaft als Postulat hochspült und danach zum anderen die Verdammung der Fleischeslust modisch werden läßt, soll hier weiter behandelt werden. Was aufgezeigt wird, ist die brutale Zerstörung der Privatheit, indem man bestimmte Mitglieder kriminalisiert und deren „Kriminalität" (Mißbrauch von Kindern rüttelt immer auf!) zur Bedrohung der Öffentlichkeit proklamiert.

Zwei Schlüsse sind daraus zu ziehen:

1. Jede sich etablierende Minderheit oder Mehrheit erfüllt eine soziale Funktion. Geschieht der Zusammenschluß aus gleicher Gesinnung oder aus anderen Gründen, gründet dieser Zusammenschluß auf gleichen Interessen seiner Mitglieder. Gibt es diese Interessen nicht, erfindet man sie oder erschafft sie, denn ohne die Wahrnehmung von Interessen findet kein gemeinsames Handeln statt. So wird das so begründete „Handeln" einer Minderheit dann von der Mehrheit toleriert, wenn sie glaubt, daß dies unter dem Siegel der *political* oder *social correctness* geschieht – gleichgültig, ob die Minderheit sich über alle vorhergehenden Regeln hinweggesetzt hat oder nicht. Kraft mangelnder Argumente kuscht die Mehrheit vor der Minderheit.

2. Es gibt – außer den geschilderten Beispielen – eine ganze Reihe von anderen Aggressionen gegen die Privatheit, die völlig durchleuchtet und damit aufgehoben wird. Die Privatheit aufzulösen und sie zu paralysieren, ist zum Teil auf die allgemeine und popularisierte *Psychologisierung* zurückzuführen, die sich sowohl in Handlungen als auch in einer eigenen Sprache mit gräßlichen Neologismen ständig selbst auf den Markt bringt. Die laienhafte Psychologisierung, von intellektuellen und auch von halbgebildeten Feministinnen vorexerziert, hat nichts mit einer ernsthaften und forschenden Universitätspsychologie und -psychiatrie zu tun. Sie wird allerdings von einer verantwortungslosen Bildungspolitik instrumentalisiert, indem man auch halb- und viertelgebildete „Psychologen" auf die Menschen losläßt.

Meine Meinung über diese Halbgebildeten kann keinen besseren Ausdruck finden als bei Wolfgang Engler, der wie folgt formuliert hat: „Der soziologische Impuls, dem die neuen Institutionen ihre Entstehung und Ausbreitung verdanken, hielt nicht lange vor. Im Maße, wie er auslief, bemächtigte sich eine andere Spezies der Szene, Psychologen, die mit groben Stereotypen auf das Publikum einhämmern, auf daß es alles vergesse, was auf umfassendere als familiäre Milieus, frühe und allerfrüheste Erfahrung verweist. Man schlage die Zeitung auf, Unterhaltungspostillen nicht nur, sondern auch seriöse Blätter, halte nach Themen Ausschau, die unseren Alltag betreffen, und wer führt das Wort – Psychologen; man wende sich, weil man das alles nicht mehr hören kann, ans Fernsehen – Psychologen; und von dort an den Nachbarn – Hobbypsychologe auch er. Ihre Herrschaft hat uns so dumm gemacht, daß wir uns keinen Schritt aus dem Haus wagen, ohne zuvor ihr Geschwätz zu vernehmen; das Geschwätz von Mutter und Vater, die wir schon immer umbringen wollten, ohne es uns einzugestehen; vom dominanten Partner, der unsere Hoffnungen durchkreuzt; vom Schul- und Leistungsstreß, diesen professionellen Streicheleinheiten für unsere Faulheit; von narzißtischen und komplementärnarzißtischen Selbstbildern und anderem mehr." (Engler, 1994, S. 486)

Zu dem „anderen mehr" zählen die unglückliche Jugend, die Mutter, die einen nicht „versteht" oder „verstanden" hat, der Vater, der vor Berufsstreß nie Zeit für einen hatte, und wenn er Zeit hatte, auch noch „einen" über den Durst trank – wer soll bei so vielen Gründen, die man für alles heranziehen kann, wenn man sie benötigt, darauf kommen, daß man sein Leben auch einmal aus dem Blick der Selbstverantwortung betrachten kann! Wer sollte als 15- oder 17jähriger, der Fernsehen miterlebt, die neuesten CDs kennen, den Walkman abhören, die neuesten Modetrends verfolgen und auch über alle anderen Äußerungen der Jugendkultur-Industrie Bescheid wissen muß, um bei der eigenen Clique anerkannt zu werden, noch genügend Luft im zusammengeschrumpften Zeitbudget besitzen, um auch noch intensiv Schularbeiten machen zu können? Wie leicht kommen dann die von den Psychologen vorformulierten Entschuldigungen von den Lippen: Leistungsstreß, Überforderung, besser *ausbilden* als *bilden*, weg mit den Fächern, die Tradition involvieren, wie Geschichte, klassische Philologie, Literaturhistorie usw.

Diese Praxis zielt weiterhin auf den teleologischen Punkt: Macht kaputt, was euch kaputtmacht, d.h. sie zielt auf die „Selbstverwirklichung", auf die narzißtische Egoisierung, auf eine alles andere zerstörende Individuation, die die Privatheit vollkommen sprengt. Keine Gruppe, ob Kernfamilie oder nur Einzeleltern mit Kindern, kann ohne *do ut des* existieren. Der Mensch ist aus den vitalsten Gründen auf den anderen Menschen angewiesen. Wie entstand dieses alles überschattende pseudopsychologisierte pamphletische Auftreten und das damit die Menschen einschüchternde Gängeln durch eine fragwürdige Minderheit?

Die Ideologie des heutigen feministischen Psychoterrors resultiert aus den Ideologien der neonarzißtischen 68er-Bewegungen, deren „wissenschaftliche" Heuristik auf die Verschmelzung von (eklektischem) *Marxismus* und (Freudscher) *Psychoanalyse* zielte. *Marxens* Denken bei seiner Verkündigung der anstehenden und eschatologischen Revolution „zur Befreiung des Menschen" hob ausschließlich auf die *Gesellschaft*, auf die *im Kommunismus geeinte Gemeinschaft von Gleichen*, ab und nicht auf einen irgendwie gearteten *individuellen* Narzißmus. Der Marxismus spielte bei diesen Bewegungen die Rolle des Angriffkeils gegen den *Kapitalismus*. Der durch die mögliche Dominanz des Marxismus drohenden *Nivellierung* des Individuums begegnete man mit der *psychoanalytischen Keule*, die man im Feuer der aktuellen Bedürfnisse für den rezenten Gebrauch neu schmiedete, wobei alles, was bei *Freud* zu lesen, aber nicht zu gebrauchen war, als Schlacke zurückblieb.

Die Bewegung zur „Befreiung des Menschen" wurde auch zur

Frauenbewegung, zur Befreiung der Frau von der Vormundschaft des Mannes. Daß dem Auftrag des Grundgesetzes, der die Gleichstellung von Mann und Frau zwingend fordert, bis heute so wenig Genüge getan wurde (wie dem Verlangen, den Frauen in Wirtschaft, Politik und öffentlicher Verwaltung eine in Einfluß und in der hierarchischen Stellung paritätische Position wie den Männern einzuräumen), hat viele Gründe. Sicher ist dieser Auftrag, wenn er denn so gemeint ist, nicht erfüllt worden, doch zum Teil wurde er befolgt. Aber zu welchem Preis!

Immer noch, und hier gibt es keine Alternative, sind Frauen und Männer voneinander, was die biologische Ausstattung betrifft, verschieden. Frauen werden Mütter, Männer nicht. Ein Mann kann sich total an eine Firma und an ein Amt „verkaufen", und er tut dies, um Karriere und Geld „zu machen", dann auch „total", wenn er seine Familie (Frau und Kinder) von der Frau gut versorgt weiß, selbst dann, wenn die Frau berufstätig ist. Die Frau wird stets mehr an das Wohl der Familie (und der Kinder) denken als der Mann – wie alle Erfahrungen lehren. Außerdem sind Frauen potentiell werdende Mütter. Dies wissen auch Wirtschaft und Politik.

Die Wirtschaft wird deshalb sicher immer mehr Männer einstellen und sie auf zeitintensive leitende Posten hieven als Frauen. Das tut sie nur dort, wo sie Frauen benötigt, aus gesetzlichen und anderen Gründen gezwungen wird, am wenigsten jedoch aus ideologischen Überlegungen. Diese Tatsache als Ergebnis einer kapitalistischen Ordnung einzuordnen und zu verdammen, hilft nichts – wir leben in einem kapitalistischen System. Die schon durch die Kindererziehung voll ausgefüllte Mutter erlebt durch das ständige Einhämmern der Stereotype „Selbstverwirklichung" eine Anzahl von psychischen und physischen Defiziten. Markiert werden diese Defizite durch die sogenannte Doppelbelastung der Frau, die unbeaufsichtigten Kinder, denen Drogen- und Kriminalitätsgefahren drohen, und nachlassende schulische Leistungen, Belastung der gesamten Familie, die sich durch die ständige Abwesenheit von Vater und Mutter nicht mehr als Rekreationshort erweist und letztlich zu zerbrechen droht. Feministinnen lasten diese Defizite dem Mann an, der für die Selbstverwirklichung der Frau nicht nur kein Verständnis aufbringt, sondern diese Selbstverwirklichung auch noch blockiert. Daß es tausend andere Gründe, vor allem auch durch die teilweise feministische Psychologisierung der intimen Sphäre der Privatheit hervorgerufen, gibt, übersehen sie oder „verdrängen" sie, um das von ihnen so abgenutzte Fachvokabular zu gebrauchen.

Der soziale Druck zum Wohlstand (und nicht eine überzogene Ideologie) ist es, der beide Eltern „zwingt" zu arbeiten: das Haus, das Auto, die Küche usw. müssen bezahlt werden, die Kinder kosten Geld, und die Ferien, die geradezu obligatorisch für alle geworden sind, auch. Die Stellen, die sich junge Menschen, Frauen wie Männer *wünschen*, in denen sie aufgehen wollen, sind meist rar und nicht so oft verfügbar, wie es die Bewerber gerne hätten. Alle Berufe, die eine akademische Ausbildung voraussetzen, wie Rechtsanwalt, Arzt, Lehrer an Schulen und Hochschulen, Manager in der Wirtschaft, Journalist bei Zeitung und Rundfunk usw. verfügen über eine nur bestimmte Stellenkapazität – davon können alljährlich Tausende von examinierten Akademikern ein Lied singen, die im Laufe der Monate (oder gar Jahre) Hunderte von Bewerbungsbriefe schreiben, um ebenso viele Absagen zu erhalten. Die anstehenden vakanten Stellen werden – trotz der Ausschreibepflicht bei manchen Organisationen – unter der Hand im Kreise von Bekannten und Verwandten gehandelt und besetzt.

Es ist nicht so, wie uns militante Feministinnen weismachen wollen, daß diese Stellen von Männern blockiert werden, nur weil man keine Frau haben möchte. Auch der ideologisch-polemische Hinweis auf die „Arbeitsverfügungsmasse Frau", die man dann brauche, wenn die Wirtschaft boomt (oder in Kriegszeiten) und die man wieder in die Arbeitslosigkeit entlasse, wenn man sie nicht mehr benötigt, wird ganz einfach deshalb keine Wirkung zeigen, weil ein *kapitalistisches System* auf Angebot und Nachfrage reagiert. Eine andere Behandlung dieser von Feministinnen propagierten „Verfügungsmasse Frau" – z.B. die Frauen in den Arbeitsverhältnissen zu belassen, auch wenn man sie nicht benötigt – kann nur in einem *sozialistischen System* stattfinden.

Die feministischen Forderungen werden natürlich von intellektuellen Frauen erhoben. Die von ihnen erhobenen Postulate zur totalen Änderung der Partnerbeziehungen sind natürlich, wie alle propagandistischen Zielstrebungen, gespickt mit *desinformierenden* Aussagen und Thesen. Diese gezielt verwendete *Desinformation*, im Verein mit den *psychologisierenden* Darstellungen und Zeichnungen einer zerrütteten Welt, die vor allem deshalb zerrüttet ist, weil der patriarchische Machomann die Frau knechtet, höhlt durch die Inthronisierung des *narzißtischen* Individuums, das sich selbst zu verwirklichen hat, jede Privatheit aus und zerstört sie. Die „Keimzelle Familie", was sie, im Geiste des Grundgesetzes, für die demokratische Gesellschaft und auch für den Staat bedeutet, wird gleichfalls mit vernichtet. Die Zertrümmerung des Staates stand auf dem Programm der 68er – auch sie ist mit dem langen Marsch durch die Institutionen zu erreichen. Unter der Knute der Minderheiten, die den Ego-Trip auf ihre Fahnen geschrieben haben, werden die *narzißtischen Trends* gesetzt, denen viele aus Mode und aus Gedankenlosigkeit folgen, ohne zu bemerken, daß sie in eine tödliche Falle tappen.

Es darf nun nicht der Eindruck entstehen, als würde hier das hohe Lied des Mannes gesungen, und die Feministinnen seien die finsteren Mächte, die allein am Untergang der menschlichen Zivilisation ihr unheilvolles Garn weben! Weit gefehlt. Noch immer prügeln Männer ihre Frauen, so daß einige nur durch die Flucht ins Frauenhaus sich selbst und ihre Kinder retten können; noch immer betrügen Männer ihre Frauen und umgekehrt; noch immer leben Hunderttausende von Frauen in der Doppelbelastung von Beruf und Haushalt; noch immer wird Frauenarbeit oft schlechter bezahlt als Männerarbeit; noch immer gibt es weniger Frauen in führenden Positionen; noch immer werden Familien mit Kindern gegenüber kinderlosen Ehepaaren benachteiligt; noch immer mißbrauchen Väter ihre Kinder, Brüder ihre kleinen Schwestern und kriminelle Sittenstrolche Minderjährige – diesen Katalog kann man noch weiter fortsetzen. Diese Untaten müssen unbedingt mit aller Härte geahndet und offenkundig schwelende Probleme gelöst werden, ohne daß ständig die schwere Jugend, die Strenge des kalten Elternhauses und der charakterverbildende Leistungsdruck einer gefühllosen Gesellschaft den Tätern Bewährungsstrafen einbringen, die sie schließlich zu neuen Taten animieren. Wir können aber insgesamt nicht – wie bestimmte Interessenten, die meist einer Minderheit angehören, dies tun – *Einzelfälle*, auch dann, wenn sie gehäuft auftreten, zur gängigen Praxis der Allgemeinheit hochspielen.

Zunächst wollen wir deshalb, um eine Klärung dieses Phänomens wenigstens andeutungsweise zu erhalten, einige Überlegungen anstellen, um die Ausgangspositionen zu überprüfen, von denen aus die geschilderten Anomien, so sie denn welche sind, ihren Weg nehmen. Zunächst wollen wir uns an die Regeln *Émile Durkheims* halten, die wir im 3. Kapitel dieses Buches ausführlich besprochen haben. Da heißt es in einer der „Regeln": „Wenn es eine Tatsache gibt, deren pathologischer Charakter unbestritten ist, so ist es das Verbrechen... Es gibt keine Gesellschaft, in der keine Kriminalität existiert... Das Verbrechen als soziale Krankheit hinzustellen, hieße zugeben, daß die Krankheit nicht etwas Zufälliges ist, sondern im Gegenteil in gewissen Fällen der Grundanlage der Lebewesen entspringt; das würde jeden Unterschied zwischen der Physiologie und der Pathologie verwischen. Allerdings kann auch das Verbrechen abnormale Formen annehmen; das kommt beispielsweise vor, wenn es in erhöhter Menge auftritt. Dann ist in der Tat nicht zu bezweifeln, daß dieses Übermaß krankhaft ist. Normal ist einfach die Tatsache, daß eine Kriminalität besteht, vorausgesetzt, daß sie sich im Rahmen des gegebenen Typs hält, dessen Höhe im Sinne der vorgehenden Regeln festgestellt werden kann, und ihn nicht überschreitet." In einer dazugehörenden Fußnote erklärt *Durkheim:* „Daraus, daß das Verbrechen eine normale Erscheinung der Soziologie ist, folgt nicht, daß der Verbrecher vom biologischen und psychologischen Gesichtspunkte aus normal ist..." Um weitere Grundlagen für unsere Überlegungen heranzuziehen, zitieren wir einige weitere Stellen aus dem Durkheim-Text. Da heißt es u.a.: „Wir stehen hier (bei den Aussagen, die wir soeben zitiert haben, W.N.) vor einer recht paradoxen Folgerung... Das Verbrechen unter die Erscheinungen der normalen Soziologie einzureihen, bedeutet nicht bloß, die Ansicht vertreten, daß es eine unvermeidliche, wenn auch bedauerliche Erscheinung ist, die der unverbesserlichen Böswilligkeit der Menschen zugeschrieben werden muß; es schließt auch die Behauptung ein, *daß es einen Faktor der öffentlichen Gesundheit, einen integrierenden Bestandteil einer jeden gesunden Gesellschaft bilde...* Das Verbrechen (ist) deshalb normal, weil eine Gesellschaft, die *frei* davon wäre, ganz und gar *unmöglich* ist." (E. Durkheim, 1965, S. 156/157)

Wenn wir diese „Regel" Durkheims als Ausgang für unsere weiteren Folgerungen heranziehen, dann gehört – um jetzt konkret zu werden – der „pathologische" Kindesmißbrauch bzw. der prügelnde Ehemann (bewegt sich die kriminelle Rate in einer bestimmten Bandbreite, die z.B. durch statistische Vergleiche festgestellt werden kann) zu den „normalen Erscheinungen" einer *gesunden* Gesellschaft, die natürlich in ihrer Vitalität diese *pathologischen* Vorkommnisse ausstößt: durch juristische oder medizinisch-psychiatrische Schritte. Die gesunde Gesellschaft tut dies in ihrem *ständigen* prozessualen Sein auch schon deshalb, um sich *ständig* zu erneuern und zu bestätigen. Der menschliche (biologische) Körper benötigt für die Bereitstellung eines gut funktionierenden und „gesund" reagierenden Immunsystems, damit es optimal funktioniert, auch eine ständige Invasion von Bakterien, die er „spielend" abstoßen kann. Nehmen die Bakterien und vielleicht auch gefährliche Viren beträchtlich überhand, dann sieht es für die Gesundheit des Körpers sehr bedenklich aus – um in diesem Bild zu bleiben.

Ständig steigende und überhöhte Kriminalitätsraten sagen etwas über den bedenklichen „Gesundheitszustand" einer Gesellschaft aus: Das Immunsystem ist schon angeschlagen, die von der Gesellschaft über die staatlichen Stellen eingesetzten Abwehrkräfte, wie Polizei, Justiz, Erziehung usw., sind dann ebenfalls angekränkelt – außer man erklärt eine Reihe von Delikten zu „normalen" Vorgängen. Eine Anzahl von solchen früher mit Strafen belegten Handlungen wie z.B. Ehebruch, Homosexualität (§ 175), Abtreibung (§ 218), um nur diese drei zu nennen, wurden entkriminalisiert und der „Verantwortung der Gesellschaft" übergeben. Der *Ehebruch* wird keineswegs mehr strafrechtlich verfolgt – auch kaum noch moralisch, er wird bei der Scheidung nicht herangezogen, weil die Schuldfrage nicht mehr gravierend (zum größten Teil überhaupt nicht mehr) in die gerichtliche Verhandlung eingebracht wird. Die hohe Zahl der Scheidungen und Trennungen, die auch z.T. auf den „normalen" Ehebruch zurückzuführen ist, bedingt eine andere, zur „Normalität" werdende, bedauernswerte Erscheinung: die Zahl der auf vielerlei Arten geschädigten *Scheidungswaisen* steigt in schwindelnde Höhen und ebenso die Zahl der Alleinerziehenden, die durch die Trennung nicht nur psychische, sondern vor allem materielle Schäden erleiden.

Die *Homosexualität* wird fast überall und allgemein in das „normale" Erscheinungsbild der Gesellschaft eingeordnet. Allenfalls von Bevölkerungskreisen, die kaum oder nicht bewußt mit Homosexuellen in Berührung kommen, wird Homosexualität heute noch als Kuriosität und auch als zugestandene Eigenschaft gewisser Gruppen, wie Schauspieler, Tänzer, Musiker usw., angesehen und bewertet. Skinheads, die durch ihre Handlungen gleichfalls dem Kriminalitätsbereich zugeordnet werden können, sind meist aggressive und aktive Gegner der Schwulen. Wenn allerdings homosexuelle Kreise über die Selbstverständlichkeit ihrer „normalen" Existenz und ihrer stillschweigenden gesellschaftlichen Anerkennung hinaus weitere Postulate an die Gesellschaft richten, die darauf hinauslaufen, Homosexualität in den Rang der „Natürlichkeit" zu hieven (man denke etwa an die Aussage einer Feministin im erwähnten „Spiegel"-Artikel, die den Geschlechtsakt zwischen Mann und Frau „widernatürlich" findet) oder Institutionen wie *die Ehe* für homosexuelle Partner zu beanspruchen, dann ist das nicht nur bedenklich, sondern auch ein Schritt, *Anomisches* zum Regelfall zu erklären. Die Ehe als Institution signalisiert die antizipierte Familie, in deren Schoß das Großwerden der späteren Nachkommenschaft erfolgt. Daß dies auch außerhalb einer Familie, nicht auf einer Eheschließung gegründet, stattfinden kann (bei ledigen Müttern, bei Alleinerziehenden, bei Großeltern, bei Onkelehen, in denen beide Partner nicht heiraten, um erworbene – finanzielle – Rechte nicht zu verlieren usw.), läßt noch lange nicht den Schluß zu, daß deshalb auch für Schwule und Lesbierinnen die offizielle Eheschließung zu ermöglichen sei.

Bei Homosexuellen entfällt die „Aufzucht der Nachkommen" („Sie können", wie unlängst ein großer homosexueller Künstler feststellte, „doch nur Chrysanthemen zeugen!") und deshalb auch der Zweck und Sinn einer Eheschließung. Diese Partnerschaften können ebenfalls vertraglich geregelt werden. Dem Vorhaben bestimmter Homosexueller, die sich ständig in der Öffentlichkeit „outen" und die auch den möglichen Ehestand für Homosexuelle fordern, liegt die Absicht zu Grunde, nicht nur stillschweigend als Homosexuelle anerkannt zu werden, sondern vor allem auch den Hetereosexuellen beizubringen, daß Homosexualität ein völlig *normaler Zustand* und nicht eine Außergewöhnlichkeit sei. Mehrheiten, die Minderheiten anerkannt haben und deren So-Sein passiv oder aktiv tolerieren, werden dann stets verunsichert und schotten sich ab, wenn die Minderheiten ihre eigene Mentalität, ihr Denken und ihr Handeln den Mehrheiten überstülpen oder aufoktroyieren wollen. Von gewissen Mehrheitsgruppen, die Minderheiten „prinzipiell" ablehnen bzw. verfolgen, ist hier nicht die Rede.

Bei der *Abtreibung* gibt es in Deutschland bis heute noch viele Streitfragen und Konflikte, die nicht nur das rationale gesellschaftliche Leben berühren, sondern auch durch harte Glaubensfragen und ideologische Durchsetzungsabsichten gekennzeichnet sind. Hier prallen nicht nur fast kaum anzugleichende und völlig entgegengesetzte Meinungen und Überzeugungen gnadenlos aufeinander, diese Kämpfe finden auch noch vor dem gefahrvollen Hintergrund der drohenden Übervölkerung dieser Erde statt: auf der einen Seite der Vorwurf, Abtreibung greife in den göttlichen Plan der Schöpfung ein, die auf der Tötung werdenen Lebens fuße; auf der anderen Seite die weitverbreitete Auffassung, daß die Frau über ihren Körper ganz allein verfügen und selbst auch bestimmen dürfe, ob sie ein Kind austragen wolle oder nicht. Im letzteren Fall greift die Selbstbestimmung total und beruht auf der Voraussetzung des anerkannten persönlichen Freiheitsgebotes, das jedermann die Entscheidung über seinen eigenen Körper beläßt, solange dieser jemand nicht geistesgestört ist oder unter anderen mentalen Gebrechen leidet.

Abgesehen von diesen drei beschriebenen Kategorien, die sowohl moralische, soziale und juristische Problematiken und Aspekte umschreiben und außerdem im Alltagsleben in der praktischen Umsetzung kaum noch eine größere Rolle spielen – außer den genannten Auswirkungen –, sind es vor allem ethische Verfehlungen, die als Normalitäten längst akzeptiert sind. Lügen und „falsch Zeugnis wider den Nächsten" reden, Täuschung, Betrug, Verleumdung usw. gehören zum ganz normalen Alltags-Gebrauch, werden im Geschäftsleben, in der Politik, in den Publikationen und in vielen anderen Bereichen ohne Skrupel angewendet. Wer diese Praktiken gut beherrscht, gilt als besonders „clever", denn er beherrscht vor allem das 11. Gebot: „Laß dich nicht erwischen!" Diese sittlichen Verfehlungen sowie die Handhabung und Abschaffung „alter" Gesetze und Regeln und die rapiden Steigerungen der Raten aller Kriminalitätssparten signalisieren zwei Möglichkeiten sozialer Befindlichkeit:

Zum einen wird angezeigt – nach Durkheim –, daß die Gesellschaft "krank" ist, weil der „zulässige" Abweichungsindikator viel zu hohe Raten der Anomien aufweist; zum anderen kann sich aber auch die Summe derjenigen Verhaltensweisen, die wir den Abweichungen (Anomien) zuordnen, in die von der Mehrheit der Gesellschaft als „normal" und „gesund" angesehene Bandbreite eingependelt haben. Auf welche Möglichkeit wir bei dieser Auswahl setzen, können wir besser entscheiden, wenn wir noch kurz folgende Gedanken anführen.

Kehren wir zurück zu den Beispielen der Psychologisierung der Privatheit (und der Öffentlichkeit). Bei der Destruktion der Privatheit spielen natürlich eine Reihe anderer Basis-Faktoren, wie z.B. die Auswirkung der Arbeitswelt, um nur einen zu nennen, eine große Rolle. Entscheidend jedoch werden für das Auseinanderfallen von privaten Gemeinschaften jene Topoi des „Überbaus", die die *Verwirklichung der totalen Individuation* fördern, und wenn diese erreicht ist, sie betonieren. Sie basieren auf der psychologisierenden Auslegung der aufgezeigten Lebensziele für den Einzelnen: er soll sich *selbst bestimmen,* er soll sich "verwirklichen", er soll sich selbst „*finden*", er soll seine eigene *Identität* suchen. Diese Forderungen sind nicht nur vollkommen auf den Einzelnen und dessen psychische *Wellness* ausgerichtet, sie sind auch gezielt auf die Verwirklichung eines von jeglicher Bindung an soziale Verpflichtungen gelösten Einzeldaseins, an totale und – im Sinne Kants – „wilde" Freiheit, die dadurch zur stringenten *Gesellschaftsfeindlichkeit* wird. Durch die propagierte Selbstverwirklichung lösen sich sozialfördernde Kräfte wie in einem Säurebad auf: Arbeit und normale persönlichkeitsaufbauende Tätigkeiten verwandeln sich in „Leistungsdruck", soziale Bindungen in „Abhängigkeiten" und „Fremdbestimmungen", Leiden und Leidensfähigkeit verkommen zur hysterischen Selbstbemitleidung, Pflichten stören nur das lustvolle Dasein, das im allgemeinen Hedonismus gipfelt, Höflichkeitsregeln sind im öffentlichen Verkehr mit dem „anderen" abgeschafft und werden nur noch in einem Bereich angewendet, in dem man aus persönlichen Gründen Anerkennung sucht, Mitleid leistet man sich nur dort, wo es steuerlich absetzbar ist, alle Dinge, die keinen Vorteil bringen, werden der Gesellschaft, sprich dem Staat, aufgebürdet – und nicht nur „Dinge", sondern auch Menschen, wenn sie die *Wellness unserer Individuation* beeinträchtigen: Alte, Gebrechliche, schwierige Kinder, Behinderte, Hilflose, Drogenabhängige und den Arbeitsablauf störende Menschen, die man in die Frührente schickt.

Diese zutiefst inhumane Mentalität, die sich auf die freiheitliche Selbstbestimmung des Menschen beruft, ist Ausdruck einer erschreckenden Gesellschaftsfeindlichkeit, die letztlich die *individuelle Freiheit* in eine *individuell-beanspruchte Freiheit* verwandelt, die die auf dem sozial-gebundenen Freiheitsbegriff ruhende und sich gründende *Demokratie* sprengt und sich nur als Spielfeld für eigene, individuelle Interessen begreift.

So verbleibt *Freiheit nur noch als Mythos,* als säkularisierte, von jedem ursprünglichen Sinngehalt entleerte „Kulthülle", die zwei Funktionen besitzt, nämlich die, die Blöße des individuellen Ego-Trips zuzudecken, der in der Diesseitigkeit die hedonistische Selbstverwirklichung anstrebt (weil die Jenseitigkeit verneint

411

wird); sowie als Beschwörungsformel „öffentlicher" Persönlichkeiten, wenn es gilt, als Pflichtübung auf die Demokratie zu verweisen.

Diese als inhuman bezeichnete Mentalität, die eine für die Demokratie zwingend notwendige Öffentlichkeit und eine noch zwingender benötigte Privatheit fast völlig durchlöchert und in den *Verfall* getrieben hat, ist Allgemeingut, breitet sich allenthalben noch weiter aus: in der Politik, in der Verwaltung, in der Kunst, in der Erziehung und nicht zuletzt in den verbliebenen sozialen Gruppen. Die Bejahung und Tolerierung der geschilderten Anomien wird durch diese Mentalität erklärbar – jenseits des Bewußtseins, daß die Viren der Anomien den gesunden Körper der Gesellschaft schon so metastasiert haben, daß es gleichgültig ist, von welchem Standpunkt aus die Diagnose getroffen wird: ob die Gesellschaft *noch* „gesund" ist oder ob ihre „Krankheiten" *normal* sind.

16. Kapitel

Die Widersacher der Freiheit

Die fest etablierte Mentalität der Ich-bezogenen und hedonistischen Selbstverwirklichung verlangt nach Dauer, Sicherheit, Ewigkeit – wie Nietzsche schon dichtete: „. . .denn Lust will Ewigkeit, will tiefe, tiefe Ewigkeit". Der so hart erkämpfte Wohlstand drängt ebenfalls nach Sicherheit, der heimlichen Widersacherin der Freiheit. Nirgends wird der Geist dieser übertriebenen Sekurität sichtbarer als bei den Angehörigen des sogenannten Öffentlichen Dienstes und in den im selben Geist arbeitenden öffentlich-rechtlichen Rundfunk-Anstalten und Körperschaften. Dieser Geist ist in den Mitarbeitern geradezu verkörpert: in allen Verwaltungen des Bundes, der Länder und der Gemeinden sowie in deren Dienstleistungsbetrieben, in Ministerien, Parlamentsadministrationen, Stadt- und Gemeindeverwaltungen, in der Justiz, in den Steuerbehörden, Sozial-, Jugend- und Arbeitsämtern usw.usf. Dazu sind auch die Universitätsverwaltungen und die öffentlich-rechtlichen Anstalten zu zählen. Justiert werden diese bürgerfeindlichen Einrichtungen, die gegen jedes bessere Wissen von ihrer „Bürgernähe" faseln, durch die unaufhörlich rotierenden Gesetzesmaschinen, die von den Länderparlamenten und dem Bundestag angekurbelt und immerfort bedient werden. Sichtbare Auswirkungen: eine Steuergesetzgebung, die nur noch Experten verstehen, Arbeits- und Tarifordnungen, deren Paragraphen auf Tausenden von Seiten zu finden sind und Verordnungen, die ganze Bibliotheken füllen. Die Mentalität, jeden Millimeter gesellschaftlichen Lebens regulieren zu müssen, um sicher zu sein, daß kein sogenannter „rechtsfreier Raum" entsteht, läßt ein Klima entstehen, in dem jede verantwortlich-freiheitliche Regung erstickt wird. Hier herrscht eine Gepflogenheit, die jenem Verhalten gleicht, aus Angst vor dem Tode einfach Selbstmord zu begehen. In den öffentlichen Diensten hat alles seinen geregelten Gang, es herrscht keine kreative Unruhe.

Wichtig allein ist die *eigene Versorgung*, die das in fest geregelten Intervallen steigende Monatsgehalt und das entsprechende Ruhegeld garantieren – obendrein Urlaub, Weihnachtsgeld und das 13. Monatsgehalt.

Geradezu grotesk wirkt sich diese Mentalität dort aus, wo man sie nicht vermutet: im journalistischen und künstlerischen Bereich, genauer gesagt in den öffentlichen-rechtlichen *Rundfunkanstalten*. Hier fanden und finden immer noch jene Köpfe Unterschlupf, die aus einem Hort der Sicherheit heraus nicht nur berichten und kommentieren können, sondern auch die absurdesten Ideologien und die zweifelhafteste Kunst „verkaufen" möchten. Sie gehen dabei überhaupt kein Risiko ein, auch wenn man die krudeste und schlechtgemachteste Reportage im Funk oder Fernsehen als Beitrag einer Minderheit oder als Ausdruck journalistischer Freiheit feilbietet. Man darf auch ein für Millionen D-Mark produziertes maniriertes und dem zahlenden Publikum kaum verständliches Fernsehspiel vorflimmern – was soll's? Wenn es nicht „ankommt", machen wir ein anderes Fernsehspiel! Verluste können ja nicht entstehen, auch wenn die meisten Zuschauer ihr Fernsehgerät ausschalten. Die Produzenten solcher Sendungen sind festangestellt, leben in einem sicheren Job, aus dem man nur fliegt, wenn man die bekannten silbernen Löffel gestohlen hat – und dann auch nicht immer! In diesen Anstalten verläuft der Dienst nach den Strukturen eines wie immer zu definierenden real existierenden Sozialismus. Heute geht es etwas anders zu: man richtet sich aus unerfindlichen Gründen nach den sogenannten Einschaltquoten.

Als das Geld aus den Werbeeinnahmen noch reichlich floß, gab es so viele Mitarbeiter, daß sie sich z.B. bei geringfügigen Außenaufnahmen oder bei einem Interview gegenseitig auf die Füße traten. Ein Beleuchter hätte nie ein Kabel getragen, ein Fahrer nie eine Kamera ausgepackt - das verbot der Tarifvertrag. Aus Prestige hatten in manchen Abteilungsleiter-Vorzimmern ständig zwei „Sekretärinnen" zu sitzen, auch wenn es für sie keine Arbeit gab, während der „Chef" – auf Grund seiner Dienststellung – ein Büro mit drei Fenstern beanspruchen durfte. Die exorbitanten Gehälter, die Unkündbarkeit der Mitarbeiter sowie das allmähliche Versickern großer Werbeeinnahmen (wegen der Erstarkung der konkurrierenden kommerziellen Sender) lassen die „Öffentlich-Rechtlichen" ins finanzielle Schlingern geraten. Niemand kommt auf die Idee, ohne Rücksicht auf erworbene Rechte und

Stellung, die vorhandenen Mitarbeiter das tun zu lassen, was ihre Aufgabe ist : Sendungen effizienter produzieren zu lassen und den fürchterlichen Wasserkopf der Verwaltung abzubauen. Wenn schon keine Mitarbeiter entlassen werden dürfen (Frührentner belasten durch die Pensionen vor allem das eigene Budget und nicht nur das der Rentenkassen!), dann sollte man rigoros einige Jahre auf Neueinstellungen verzichten, um abzuspecken. Das fällt aber niemand ein – und wenn, dann lassen die Arbeitsgerichte dies nicht zu, weil die tarifliche Bezahlung nach Funktionen erfolgt. Wenn ein Hauptabteilungsleiter auch keine Hauptabteilung mehr zur Verfügung hat, so besitzt er doch das Recht auf Bezahlung seiner früheren Funktion.

Die „innere Verfassung" des öffentlich-rechtlichen Systems ist so verwickelt und verquast, daß die Mitarbeiter tagtäglich für den Kampf mit dem Aufbröseln der Verquastheit und im Grabenkrieg um die höheren Gehaltspositionen einen großen Teil ihrer Kraft und ihrer Zeit verlieren. Die Gremien der Anstalten sind fest in der Hand der (Partei-)Politik. Sie haben schon längst ihre Aufgabe verloren, wenn sie je eine hatten. Die Hauptbeschäftigung der „Räte" bestand und besteht stets darin, den „Rat" der anderen Partei zu konterkarieren. Eine echte Kontrolle auszuüben, war und ist praktisch hoffnungslos. Die Gremien wählen die Intendanten und die Direktoren und bestimmen – meist nach dem Parteienproporz – die Personen, die die Leitungen der Redaktionen und der Abteilungen besetzen. So entstehen unzählige Seilschaften parteipolitischer, gewerkschaftlicher oder konfessioneller Provenienz, die ein so lebhaftes Eigenleben führen, daß es die daran Beteiligten vollauf beschäftigt. (Ein Witzbold, der diese Szene genau kennt, meinte, das Leben in einer solchen Rundfunkanstalt wäre wunderbar – nur die Programmarbeit störe.)

Die kommerzielle Konkurrenz und deren (Einschaltquoten-)Erfolge haben die „Öffentlich-Rechtlichen" aus dem Tiefschlaf hochgeschreckt. Sie beharren aber nun nicht allein auf ihrem Konzept der sogenannten „Grundversorgung der Bevölkerung" und der „Versorgung" von Minderheiten, d.h. ein Angebot von gut recherchierten Dokumentationen und Magazinen sowie von anspruchsvollen Filmen und Fernsehspielen zu liefern, was ihr eigentlicher Auftrag ist, was ihr Bestehen und die für sie eingerichteten Rundfunkgebühren ausschließlich rechtfertigt! Nein, sie gleichen sich dem fragwürdigen Niveau der auf Einschaltquoten zielen müssenden „Kommerziellen" an und gieren gleichfalls nach hohen Einschaltquoten – ein törichtes Unterfangen. Dahinter lauert die Angst der Intendanten, einige gewichtige Politiker könnten bei geringer Nutzung des öffentlich-rechtlichen Angebots die Frage nach der Legitimation der Gebührenforderung stellen - darum: hohe Einschaltquoten her!

In den elf ARD-Anstalten arbeiten derzeit (1994/95) 24.000 Mitarbeiter, wobei sie insgesamt etwa 8 Milliarden DM jährlich verbrauchen. Das ZDF, das hinzugerechnet werden muß, verbraucht 1,7 Milliarden DM mit etwa 4.000 Mitarbeitern. Wenn diese Anstalten um die Hälfte ihres Personals im Laufe einiger Jahre abspecken, bleiben sie nicht nur funktionsfähiger, sondern auch flexibler. Sie müssen aber ihrem *ursprünglichen Auftrag* treu bleiben, sonst ist ihre gebührengestützte Existenz hinfällig. Quotenfang mit schwachsinnigen Idiotenfilmen für geistig Minderbemittelte im Fernsehen und mit einer ständigen Musiküberrieselung (unter Ausschluß guter Wortbeiträge) im Hörfunk, ist das Dümmste (und auch dem Gesetzesauftrag nicht entsprechend), was man tun kann.

Ohne auf die alltäglichen Quoten schielen zu müssen, sind die Anstalten doch schon zu Jahresbeginn imstande, präzis zu planen: sie kennen am 1.Januar bereits ihren *Jahresetat*. Welches Unternehmen ist in einer so glücklichen Lage, im Januar schon zu wissen, was es im Dezember verdienen wird? Diese angeführten Beispiele dienen nur der Demonstration einer *bestimmten Mentalität*, die solche Verhaltensweisen erschafft und ins Groteske sich auswachsen läßt.

Die öffentlich-rechtlichen Anstalten haben einen Gesetzesauftrag, der zu *er*füllen ist. Nur muß man ihn mit Leben und Vernunft *aus*füllen und nicht einer Mentalität zur Macht verhelfen, die von selbst nur darauf aus ist, als lebenslängliche Versorgungsanstalt für die in diesen Anstalten tätigen Mitarbeiter zu fungieren. Diese praktische Umsetzung einer solch öffentlichen Mentalität treibt die sonderbarsten Blüten. Eine Praxis, die vor Jahren zwar abgeschafft wurde, zeigte die Absurdität der aus solchen Mentalitäten erwachsenen administrativen Abläufe dieser Häuser auf. Es gab Anstalten, deren Mitarbeiter *nach* ihrer Pensionierung *höhere* Gehälter bezogen als ihr früheres Endgehalt betrug. Sie erhielten nämlich als Pensionsruhegeld 60 Prozent ihres letzten Gehalts plus BfA-Rente. Noch leben die öffentlich-rechtlichen Anstalten von ihren großen Verdiensten. Die geschilderte herrschende Mentalität der Mitarbeiter wird jedoch nicht eine

Verantwortung fördern, die eine „neutrale" Öffentlichkeit garantieren wird. Mit „neutral" ist hier nicht eine „neutrale" journalistische Meinungsvielfalt angesprochen, sondern jene Neutralität, die ein *Forum* darstellt. Auf diesem Forum sollte *jede* Meinung berechtigt sein und Zugang finden und nicht nur diejenige, die, durch parteiengefärbte Seilschaften abgestützt, von den schon längst ergrauten Rundfunkbeamten vorgetragen werden *muß*, weil sie einst von diesen Seilschaften auf ihre heutigen gut dotierten Posten gehoben wurden.

Gerade das öffentlich-rechtliche Rundfunksystem hat die große Chance (durch die kommerzielle Konkurrenz), einen Hort bester journalistischer und verantwortungsvoller Arbeit und künstlerischer Darbietungen darzustellen, falls die Rundfunkgebühren in erster Linie für diese Zwecke und nicht für ein Heer versorgungsabgesicherter (und daher überflüssiger) Mitarbeiter ausgegeben werden. Dazu bedarf es aber einer vollkommenen Renaissance der heutigen vorherrschenden Mentalität, die in groteskem Widerspruch zu jener steht, die ein freiheitliches Denken verlangt. Der öffentlich-rechtliche Rundfunk ist zwingend nötig, wenn er im Geiste seines gesetzlichen Auftrags wirkt und sich nicht in die teils niveaulosen Gefilde kommerzieller TV- und Hörfunk-Sender locken läßt.

Die beschriebene Mentalität ist ebenfalls in den Gerichten, den Finanzämtern, den Ministerien allenthalben verbreitet. Menschen, die mit diesen Mentalitäten sich täglich sozialisieren, sind so auf Sicherheit eingeschworen, daß sie sich in der freien „Wildbahn" des Arbeitslebens sehr schwertun würden. Zum anderen führt diese Mentalität aber auch zur brutalen Ego-Stabilisierung in einer künstlich geschaffenen Welt, die sich um das Ganze nicht bemüht.

Die unzähligen Gesetze, die nicht nur das Leben in der Öffentlichkeit regeln, werden von unseren Parlamenten verabschiedet. Die Abgehobenheit der politischen Klasse vom Leben derer „draußen im Lande" sowie ihr Abstand zur Wirklichkeit der Wähler scheinen Welten zu sein, wenn man sich mit Parlamentariern oder Funktionären unterhält, die angeblich ihre Hände ständig am Puls des Volkes haben. Der Geist und die Mentalität der handelnden politischen Klasse weisen nicht selten eine solche Fremdheit gegenüber dem „Willen des Volkes" aus, daß die geforderte Repräsentanz zur Farce wird und dafür sorgt, daß Politiker nicht für „voll" genommen werden. Die Bezeichnung „Politikver-

417

drossenheit" umschreibt dieses Phänomen. Wie immer man dazu stehen mag: Politiker sind *Parteipolitiker*, die in erster Linie ihrer *Partei* und erst dann, wenn alle anderen Prioritäten abgewickelt sind, ihrem *Wähler* verpflichtet sind. Die *Parteien*, die laut Grundgesetz an der politischen Willensbildung lediglich *mit*wirken sollen, haben sich zu nimmersatten Kraken entwickelt. Sie wirken nicht nur *an* der politischen Willensbildung mit, sondern *in* den Verwaltungen, den Gemeinde-, Landes- und Bundeseinrichtungen, *in* den Banken, Sparkassen und Wirtschaftsunternehmungen, *in* den Stiftungen, *in* den öffentlich-rechtlichen Rundfunkanstalten – kurz ihre Funktionäre und Abgeordneten sitzen in Aufsichts- und Verwaltungsräten, in Kuratorien und Beiräten und werden, wenn sie die parlamentarische Bühne verlassen (müssen), als Direktoren, Vorstände, Vorsitzende und Präsidenten in diesen Verbänden und Unternehmungen wieder auftauchen. Die Parteien sind ubiquitär.

Eine zweite Feststellung umreißt die Tatsache, daß die nie endende Gesetzes- und Verordnungsflut die mögliche politische Manövriermasse so unbeweglich hat werden lassen, daß kaum ein Spielraum für grundlegendes und richtungsweisendes politisches Handeln verbleibt. Große Konzeptionen und weitblickende Projekte werden dadurch schon im Keime erstickt, weil jede Planung notwendiger Änderungen in den durch Gesetzeszäune eingeengten Räumen nicht durchgeführt werden kann.

Aus diesem Grunde wird Politik nicht durch entschlossenes Handeln geprägt, sondern fast nur durch Verlautbarungen und Ankündigungen der Politiker, die zu nichts verpflichten. Wir kennen zur Genüge die *Verlautbarungen* der Politiker, die meist an Sonntagen, wenn die Nachrichten in den Medien nur spärlich fließen, mit der Floskel beginnen: „Nach Ansicht des Politikers X soll. . .." Diese konjunktivischen Ankündigungen dienen nur einem Zweck: den Namen des Politikers in die Öffentlichkeit zu bringen, bzw. dienen sie irgendeinem innerparteilichen Schachzug. Mit der Absicht, eine konsequente Handlung durchzusetzen, haben diese Verlautbarungen nichts zu tun.

Bestimmte Grundzüge innergesellschaftlichen Verhaltens, die mit den Begriffen der Ich-Bezogenheit, Individuation, Selbstverwirklichung beschrieben worden sind, gelten auch für Politiker. Ihr ganzes Streben ist auf ihre Wahl und ihre Wiederwahl ausgerichtet. Sie bilden über Parteiengrenzen hinweg einen konsensualen Clan von Interessenvertretern. Diese politische Klasse besitzt viele Gemeinsamkeiten hinsichtlich der Absicherung ihrer Positionen, der Abwehr der Kritik an ihrem „System", der finanziellen Ausstattung usw. Sie unterscheiden sich nur dann, wenn die Partikularinteressen stärker werden und den einzelnen Politiker zur Profilierung zwingen. Eine solche Mentalität und internalisierte Verhaltensweise, gepaart mit den durch Gesetze und Verordnungen verstellten Ordnungs- und politischen Planungsräumen, lassen keine entscheidungsfreudigen und politisch hochbegabten Persönlichkeiten in diesem „Geschäft" nach oben kommen, sondern nur noch Personen des Mittelmaßes, die allein den daraus entstehenden Anforderungen eines kleinbürgerlichen *Provinzialismus* gerecht werden müssen, die zu befriedigen einem genialen Kopf sehr schwerfallen dürfte. Vielleicht sollte man diese Feststellung an dem Persönlichkeitsraster im Nachkriegsdeutschland, d.h. in der alten Bundesrepublik, überprüfen.

Man hört nicht selten die Meinung, die Politikerschelte in Deutschland sei schon deshalb übertrieben und nicht haltbar, weil gerade die Politiker in Deutschland mit ungeheuren Kraftakten und auch entscheidungsfreudigem Handeln das durch den Krieg völlig zerstörte Land, dessen Bewohner mit unsäglichen sozialen Problemen (12 Millionen Flüchtlinge!) belastet waren, in wenigen Jahren an eine der Spitzenpositionen der Prosperität in der Welt geführt hätten. Der Begriff „Wirtschaftswunder" umreiße diese Tatsache. Nun muß man natürlich gleich einwenden, daß diese wirtschaftliche Blüte nicht allein den Politikern, sondern vor allem dem Fleiß der Bevölkerung und dem Wagemut der Unternehmer zu verdanken ist. Aber dieser Einwand soll die Verdienste der Politiker nicht schmälern.

Hier ist in erster Linie *Konrad Adenauer* zu nennen, der nicht nur sein außenpolitisches Konzept der „Westanbindung" Westdeutschlands, die Wiedergutmachung des durch Naziunrecht entstandenen Totalschadens und eine streitbare und verteidigungswillige Demokratie (gegenüber dem Osten und dem Kommunismus) zu schaffen durchsetzte, sondern es auch verstanden hat, die „richtigen" Leute um sich zu scharen. *Willy Brandt* war, wenn auch durch eine völlig andere Biographie geprägt, aus gleichem Holz geschnitzt. Seine Vorstellung von der Versöhnung mit der UdSSR und anderen osteuropäischen Staaten, seine „Ostpolitik" also, sowie die unter der Devise „mehr Demokratie wagen" angestrebte Auflockerung vieler bildungs- und kulturpolitischen Verkrustungen verwirklichte er zielstrebig in den kurzen Regierungsjahren, die ihm blieben. Auch *Helmut Schmidt* muß man in diesem Zusammenhang nennen, der in harten Krisenzeiten der deutschen Politik insgesamt ein eigenes und unverkennbares Profil gab. Von Adenauers frühen Regierungsjahren, in denen die ersten Gehversuche in der freien demokratischen Wildbahn stattfanden, bis hin zum Sturz von Kanzler Schmidt haben wir es zum großen Teil mit Persönlichkeiten innerhalb der führenden politischen Klasse zu tun, deren Konzeption die gesamte deutsche Gesellschaft auf das Heftigste polarisierte. Diese *Polarisierung*, die vom Geiste eines echten demokratischen *Auseinandersetzungswillens* geprägt war, entstand nicht allein der großen Probleme wegen, die gelöst werden mußten – die Wiederbewaffnung, die konfundierenden Prägungen der großen Sozialgesetzgebung, die 68er-Bewegung, der Terrorismus –, sondern durch die eindeutigen Stellungnahmen und durch die Entschlossenheit der jeweiligen Kanzler, ihr Konzept auch durchzusetzen. Ob *Adenauer* schon wenige Jahre nach dem Krieg die Wiederbewaffnung der Bundesrepublik und deren Einbindung in die NATO gegen alle Widersacher verwirklichte, ob *Brandt* seine Ostverträge nur mit hauchdünner Mehrheit und gegen den Großteil der führenden Presse durch die parlamentarischen Abstimmungen brachte oder ob *Schmidt* in der terroristischen Erpressung hart blieb – sie spalteten stets die Nation in engagierte Befürworter und in überzeugte Gegner. Diese Persönlichkeiten wurden kraft ihrer Vorgaben, ihrer Überzeugungen und ihrer Glaubwürdigkeit (im Hinblick auf ihr politisches Wollen) geliebt und gehaßt – man nahm ihnen ab, daß sie aus einer *bestimmten ethischen Verbindlichkeit*, die man akzeptierte oder heftig ablehnte, ihre Handlungen betrieben und nicht einzig und allein nur aus einem Streben nach persönlicher Macht, obwohl dieses bei allen drei Kanzlern sehr stark ausgeprägt war.

An der Behandlung des großen und wirklich historischen Themas, nämlich dem der *Wiedervereinigung*, die 1989 mit der Maueröffnung begann, kann man die großen Unterschiede zwischen Kanzler *Kohl* und *Adenauer* erkennen. Die Wiedervereinigung haben im Grunde der Russe *Gorbatschow* und die DDR-Bevölkerung bewerkstelligt. Der deutschen Regierung fiel sie quasi unerwartet in den Schoß. Was hätte aus dieser fundamentalen Aufbruchstimmung, die das ganze Land emportrug, ein *Konrad Adenauer* oder ein *Franz Josef Strauß* gemacht! *Kohl und seine Helfer „wickelten ab"*. Gewiß, die Aussage, *Adenauer* und

Strauß (auch *Brandt* und *Schmidt*) hätten möglicherweise aus der plötzlich erwachten Aufbruchstimmung einen *politischen Neubeginn* konzipiert und auch durchgesetzt, ist nicht zu beweisen. Aber die Handhabung der *konkreten* Zusammenführung der ehemaligen beiden deutschen Staaten ist überall dokumentiert und auch ins kollektive Gedächtnis wie folgt aufgenommen: Die Kohl'sche Wiedervereinigungspraxis atmete den Geist der Verwaltungsmentalität und des provinziellen Kirchturmdenkens und nicht den eines Konzepts, das dem großen Ereignis angemessen war und es reflektierte. Über Nacht hatte sich folgendes ereignet: Mit dem Beitritt der ehemaligen DDR zum Gebiet des Grundgesetzes, wie die Vereinigung im administrativen Jargon benannt wurde, entstand mit einem Schlag im Herzen Europas wieder ein deutscher Staatenkoloß, der nicht nur für die benachbarten Länder, sondern auch für das eigene Selbstverständnis hätte definiert werden müssen. Nichts von all dem!

Die völlig desolate Wirtschaft der ehemaligen DDR wurde „abgewickelt" – das galt in aller Augen als vordringlichste Aufgabe, auf die man sich geradezu obsessiv stürzte –, und gleichzeitig die betroffenen Menschen mit. Das Argument, die mit der „Sanierung" der DDR-Wirtschaft betraute „Treuhand-Anstalt" habe auf schnellste Art und Weise die beiden Systeme – Planwirtschaft und Marktwirtschaft – ausgewechselt, um die neuen Bundesländer wirtschaftlich auf Welt- (und Export-)Niveau zu heben, geht an der fundamentalsten Aufgabe eines Staates achtlos vorbei: an den ihm anvertrauten Menschen, deren Lebensgrundlagen und Würde er nicht antasten darf! Ob die „sanierten" Betriebe in einigen Jahren wieder genug Arbeitsplätze zur Verfügung stellen werden, ist sicherlich eine der wichtigsten Fragen, die beantwortet werden muß. Aber die „Abwicklung" der Arbeitsplätze, das „Plattmachen" der Betriebe und die Entlassung der Menschen in die Arbeitslosigkeit wird bei Millionen dieser Leute ein kollektives Trauma hinterlassen, das von einer westdeutschen Mentalität geschaffen wurde, die Konzeption und Perspektive nur noch wirtschaftlich, fiskalisch und administrativ buchstabiert. Diese Menschen verloren nicht nur ihren Arbeitsplatz, sondern auch ihre Würde.

In der administrativen Geschäftigkeit des politischen Alltags blieben die großen leidenschaftlichen Debatten bei der „Wende" aus. Die Gegner der Wiedervereinigung, wie *Günter Grass* und *Oskar Lafontaine*, um bloß diese zwei zu nennen, grummelten nur verärgert vor sich hin, *Kohl* und seine hektische Mannschaft versuchten nach der Maueröffnung, die Russen bei guter Laune zu halten, um den im Gang befindlichen Zusammenschluß nicht zu gefährden, und einige westliche Nachbarn, z.B. Frau *Thatcher* in England, die sich mit aller Macht gegen die Wiedervereinigung stemmte, zu beschwichtigen. Die totalitäre Vergangenheit des DDR-Unrechtssystems mit seinen Gefängnissen und Stasi-Bedrohung ließ sich in einem solchen Klima auch wieder nur von einer *Behörde* „abwickeln": der Gauck-Behörde. Welche Chance der Klärungen deutscher Misere wurde von einem solchen Kanzler vertan, der sich auch noch Historiker nennt! Zum *ersten* Mal in der neuen Geschichte hatte ein Teil des *deutschen Volkes* durch eine *Revolution* ein Unrechtssystem gestürzt. Eine ganze Kompanie Intellektueller, die jahrzehntelang in den Medien, die sie publizistisch beherrschten, die „deutsche Frage" behandelte und ständig Analysen und gewichtige Perspektiven *ex cathedra* verkündete, folgte als Journalisten, Publizisten und Politologen nicht der erkundbaren Wirklichkeit, sondern ausschließlich ihren Ideologien und ihrem Wunschdenken, hatte keine Skrupel, ein Unrechtssystem, das täglich die Menschenrechte mit Füßen trat, als zweiten Staat nicht nur formal anzuerkennen, sondern auch noch für gesellschaftsfähig zu erachten. In diesem Lichte besehen, werden die Kritiken am Naziregime von solchen Verkündern „realpolitischer Fakten" recht zweifelhaft, weil bei einem kommunistischen Gewaltregime anscheinend die Verletzung der Menschen- und Freiheitsrechte *nicht* in die Diskussion einbezogen wird. Bei diesem ideologischen Kunsttrick taten sich eine Reihe linksintellektueller Gruppierungen, die unentwegt ihren Mitgliedern die literarischen und sonstigen *Kulturpreise* zuschieben, besonders hervor und traten im „realpolitischen" Habitus als heimliche Anpreiser der DDR-Welt vor ihr Publikum. Allen voran müssen hier der ZEIT-Redakteur *Theo Sommer*, *Hans Heigert* von der „Süddeutschen Zeitung", Rhetorikprofessor *Walter Jens*, den es drängt, zu jedem beliebigen Thema etwas zu sagen, die Journalisten *Klaus Bölling* und *Günter Gaus*, die zur Politik gewechselt waren, der Schriftsteller *Günter Grass*, der Publizist *Peter Bender* genannt werden, um nur einige Namen anzuführen. Noch im Jahre 1989, kurz vor dem Mauerfall, schrieb Sommer: „Wer heute das Gerippe der deutschen Einheit aus dem Schrank holt, kann alle anderen nur in Angst und Schrekken versetzen. Nichts wäre geeigneter, die sich anbahnende Entkrampfung und Differenzierung in Osteuropa aufzuhalten. . . Es läßt sich deutsche Einheit auch in der Form der Zweistaatlichkeit denken." Jens Hacker, aus dessen Buch (1992, S. 305) das Zitat entnommen ist, schreibt u.a.: „*Michael Wolffsohn*, der sich selbst als ‚deutschjüdischer Patriot' versteht, ist in seinem Buch ‚Keine Angst vor Deutschland!' der Argumentation *Günter Grass'* und *Walter Jens'* entschieden entgegengetreten. Während Grass in seinem Fernseh-Streitgespräch mit *Augstein* Auschwitz als ‚die große Schwelle, die Schamschwelle, die mitgedacht werden muß, besonders heute mitgedacht werden muß, wenn wir. . . die Chance bekommen, Deutschland neu zu gestalten', bezeichnet hatte, schloß er seine Rede ‚Schreiben nach Auschwitz' in der Universität Frankfurt am Main vom 13. Februar 1990 mit dem Hinweis: ‚. . .dem Schreiben nach Auschwitz kann kein Ende versprochen werden, es sei denn, das Menschengeschlecht gäbe sich auf'. *Wolffsohn* konzediert *Jens*: Wer wollte ernsthaft bestreiten, ‚Eingedenken tut not'. Er folgert aber: ‚Legitim, wenngleich nicht meine Position: die Ablehnung der Wiedervereinigung. Objektiv schamlos, wenngleich subjektiv und gewiß aufrichtig von ‚Schamschwelle' redend: die instrumentelle Verwendung von Auschwitz. Auschwitz als Stil- und Kunstmittel, als politisches Mittel zum Kauf von Seelen gegen die Wiedervereinigung. Skandalös! Sollen die Befürworter der Wiedervereinigung als Rechtfertiger von Auschwitz gebrandmarkt werden? Grotesk. Ein Zerrbild Deutschlands und der Deutschen'." (S. 330/331)

Auschwitz und die Naziverbrechen als Argument, um die Wiedervereinigung zu verhindern oder sie zu diskriminieren! Geschieht dies von den Damen und Herren Volksaufklärern und selbsternannten *Praeceptores Germaniae* nur deshalb, um ihre Fehldiagnosen letztlich doch noch zu rechtfertigen! Bei *Hacker* heißt es weiter: „Der Historiker *Albert Wucher* hat Jens' ‚Plädoyer gegen die Preisgabe der DDR-Kultur' zutreffend als ‚rhetorisch konstruierte Widerstandslegende' apostrophiert und dem zitierten Satz von Jens ‚empört' widersprochen: ‚Umgekehrt wird wohl eher ein Schuh daraus: Ist es denn nicht gerade dies, was West- und Ostdeutschland, also das gesamte Restdeutschland verbindet? Der fürchterliche Name Auschwitz bezeichnet das gemeinsame Erbe an Schuld und Scham, das wir denn nun auch gemeinsam zu tragen hätten.' Zu dieser richtigen Einsicht waren und sind viele bekannte deutsche Intellektuelle nicht fähig." (S. 331)

Die Pro-DDR-Stimmungsmache, in welcher Färbung und Akzentuierung auch immer, spielte sich im intellektuellen Diskussionsrahmen und nicht in der breiten Öffentlichkeit ab, die sich entweder nicht dafür interessierte oder für ein solches Gehabe kein Verständnis hatte. In den sozialliberalen Regierungszeiten blieben solche Polit-Kommentare nur affirmativer Chorus, in der folgenden Kohl-Ära einflußlose Publizistik. Wenn die beschriebenen Haltungen zu einer Zweistaatenpraxis und dadurch die strikte Ablehnung einer Wiedervereinigung ein tiefes und wirkliches Anliegen dieser Intellektuellen gewesen wäre, dann hätte diese Haltung überdeutlich thematisiert und in gnadenlosen Diskussionsschlachten überzeugend vorgetragen werden müssen. So aber verbleiben die geschilderten publizistischen Äußerungen nur journalistische Tagesgeschäfte, durch die man hofft, die Neugierde einer entsprechenden Klientel zu befriedigen, die dafür auch bezahlt.

Die Regierung hat bei dem unerwarteten *historischen Vorgang* der Wiedervereinigung, wie auch die Intellektuellen, kläglich versagt. Sie hat die durch die *Wiedervereinigung* erwachsenen neuen Prämissen für eine deutsche Zukunftsgestaltung in Ost und West nicht aufgegriffen, sie hat sie nicht einmal verstanden! Sie ordnete die Wiedervereinigung als „administrativen Vorgang" in ihr Weltbild ein, das Politik stets nur als Administration begreift, aber nicht als ständige Verwirklichung demokratischer Freiheiten, die allein durch verantwortungsbewußte Bürger getragen werden und nicht den von vielen Politikern apostrophierten „Leuten draußen im Lande", die sich nur um ihre eigenen Dinge kümmern – an wem sollten sie sich auf der Suche nach Verantwortung denn orientieren? An den Politikern? Oder an den publizistischen Kündern und Deutern von politischen Zuständen und ihren fragwürdigen Prognosen, die nur im Wunschdenken dieser Autoren existierten? Hierin sind jene Gründe zu finden, die im Westen eine furchtsame Interessenlosigkeit gegenüber der Wiedervereinigung und eine innere Zerrissenheit zwischen „Ossis" und „Wessis" entstehen ließen.

Wenn politische Persönlichkeiten, wie *Konrad Adenauer* u.a., als profilierte Männer hervorgehoben wurden, die Politik noch *gestalteten* und nicht nur *verwalteten*, dann sollte dies nicht als Zustimmung zu all ihren politischen Handlungen zu deuten sein. *Adenauer, Brandt* und *Schmidt* machten wie alle Menschen und führende Persönlichkeiten große und teilweise alberne Fehler. Ihre tatsächlichen Handlungen und politische Entscheidungen stehen indessen hier nicht zur Diskussion, sondern nur ihre ethisch-verantwortungsbewußte Grundbasis, die, von welcher „höheren" Vorstellung auch immer geprägt, sie noch überzeugtes Handeln tun ließen, das auch vom „Volk" gespürt und angenommen wurde, auch wenn es mit vielen Entscheidungen nicht einverstanden oder „grundlegend dagegen" war.

Die heutige Zupflasterung der möglichen politischen „Straßen und Plätze" mit Gesetzen, nach denen man handeln und entscheiden muß, deutet auf eine kollektive Mentalität, die nach *Sicherheit* schreit. Das große *Sekuritäts-Verlangen* der Bürger, das mit dem durch doppelte Böden versehenen sozialen Sicherheitsnetz zur „Abfederung" in Krisenzeiten befriedigt werden soll, wird von der politischen Klasse mehr als gestillt. Es gibt kaum noch unberechenbare Eventualitäten im Lebensverlauf des Bürgers, den der Staat nach der Sicherheits-Devise vorausschauend abgesichert hat. Krankheit und Altersversorgung, Arbeitslosigkeit und soziale Härten gehören sicher zu den *Hilfeleistungen*, für die der Staat verantwortlich zu sein hat. Förderung von *Familien mit Kindern*, Schwangerschaftsschutz und Mieterschutz gehören auch dazu. Wenn es aber darum geht, 13. und 14. Monatsgehälter, Urlaubsgeld, Schlechtwettergeld, unkontrolliertes Fortzahlen von Löhnen und Gehältern in Krankheitsfällen und auch noch Pflegegeld vom Staate absichern zu lassen, dann nähern wir uns *planwirtschaftlichen* Denktoposi, die alle Privatinitiative freier und für sich verantwortlicher Menschen im Keime ersticken. All diese Segnungen des Staates, einschließlich dem kostenlosen Besuch von Schulen, Universitäten, Fach- und Fachhochschulen – wobei der Staat mit Bafög obendrein finanzielle Unterstützung anbietet –, werden im Grunde nicht als *Gratifikationen* von den Empfängern angesehen, sondern als *Rechte* und *Forderungen*, die *einklagbar* sind. Wie sollten *Jugendliche*, die in einem solchen abgesicherten Raum ihre Sozialisation erleben, auf den Gedanken kommen, daß sie für ihre Freiheit etwas *leisten* müssen, wenn jedermann und alle staatlichen Stellen ihre Bedürfnisse befriedigen, ohne daß sie dafür etwas zu tun haben? Wie sollten sie auf die Idee kommen, *nicht* nach der Hilfe des Staates zu rufen oder vermeintliche Rechte einzuklagen, wenn sie einmal im Regen stehen? Für sich selbst verantwortlich zu sein, haben sie von den Eltern in ihren mit Spielzeug zugeschütteten Kinderzimmern nie gelernt.

Für sie, wie für die Politiker und die sozial übervernetzten Bürger in ihrem ausgeprägten Egoismus, wird „*freies Handeln*" zur leeren Worthülse, zu einem *Mythos*, den man allerorts als „Mäntelchen" umhängen kann. Die Maskerade ist vortrefflich: Man braucht nur zu behaupten, alles egoistische Tun sei lediglich ein Handeln in der erwünschten Ausübung der persönlichen Freiheit.

Diese „Mäntelchen" hängen die meisten Politiker heute ständig ihren Handlungen um. Die Regierenden stehen darin deshalb den Regierten in nichts nach. Wieso ängstigt die Parteileute dann das Wort von der „Politikverdrossenheit"? In Wahrheit haben sie Angst vor dem tatsächlichen Befund, nämlich vor der *Politiker*-Verdrossenheit.

Das übertriebene Sicherheitsbedürfnis – und mit ihm jene öffentlich-rechtliche Mentalität – ist auch in die Kulturtempel der Kulturindustrie (dieser Begriff ist nicht mit dem Adornoschen zu verwechseln) eingezogen. Vielleicht ist die Bezeichnung „eingezogen" falsch verwendet: man sollte besser sagen, um die heuchlerische Fassade, die z.B. mancher künstlerische Großfürst um die städtischen oder staatlichen Bühnen errichtet hat, doch noch zu respektieren, daß diese genannten Mentalitäten und Sicherheitsbedürfnisse diese Kulturtempel „unterwandert" haben. Tatsache ist, daß die von fast jeder Groß- und Kleinstadt subventionierten Bühnen auf Eintrittsgelder, die das Publikum bringt, auf Grund der jährlich hohen Budget-Zuweisungen kaum angewiesen sind. Die Theaterintendanten und Regisseure können Stücke inszenieren, wie und auf welche Weise sie wollen: Die Bühnen existieren weiter, auch wenn das Publikum ausbleibt. Ob ein „fortschrittlicher" Regisseur die Sophokleische „Antigone" mit Baader-Meinhof-Ensslin-Texten unterlegt, ob sich die Minna in Lessings „Minna von Barnhelm" mit „ihrer" Franziska hüpfend auf einem Trampolin unterhält, um anschließend auf offener Bühne zu onanieren – was soll's? Die Steuerzahler bezahlen das „Experiment"! Die „fortschrittlichen" Regisseure und Autoren, deren Produktionen von der selbsternannten Zensurbehörde „Theater heute" abgesegnet werden (wenn *Botho Strauß* vom Wege abweicht, kommt er gleich auf den Index!), verbreiten mit Hilfe öffentlicher Gelder, unter Benutzung der klassischen Texte, ihre „gestalteten" pathologischen Obsessionen und verkünden uns, daß dies alles der künstlerischen Freiheit diene.

Man sehe sich daraufhin die hierzulande oft dem Banausentum nahegerückten amerikanischen Produktionen (oder englische Theaterproduktionen) an, die durch Werktreue eine künstlerische Perfektion erreichen, daß diese privaten Häuser monatelang, wenn nicht jahrelang, ausverkauft sind und ohne Subventionen Riesensummen einspielen.

In Deutschland erfand man den Begriff des „Regietheaters". Dahinter verbirgt sich die künstlerische Impotenz der hochgelobten Regisseure, die sich sehr schwer mit der Werktreue tun. Sie tun sich deshalb damit schwer, weil sie „Botschaften" über die Bühnenrampen bringen wollen, „Botschaften" ihrer ideologischen Klientel, deren Verkündigungen sie in die klassischen Dramen, Tragödien und Komödien verpacken. So werden die Klassiker und auch andere Stücke im wahrsten Sinne zur reinen Kulisse. Den Durchschnittsbürger bringt man so nicht ins teure Theater der öffentlich-rechtlichen Konstruktion.

Landauf, landab schlagen die städtischen Bühnen-Subventionsetats in den Gemeindehaushalten gewaltig zu Buche. Diese Summen sind dann gerechtfertigt, wenn die Bürger mit ihrer klassischen und modernen Theaterkultur künstlerisch bekannt gemacht werden. Was geschieht aber wirklich? Wozu lädt eine solche Subventionierung, die von der öffentlich-rechtlichen Mentalität getragen wird, ein? Oft erlebt man auf den subventionierten Bühnen die Schaubarmachung obstruser Polit-„Botschaften" im Gewand klassischer Stücke, die nur für „Insider", aber nicht für das allgemeine Publikum inszeniert sind. Wenn politische Indoktrination oder auch nur Manifestationen psychischer Störungen bestimmter Regisseure mit Interpretationen dichterischer Werke verwechselt werden, sollten die Gemeinden solche Theater nicht mehr fördern, sondern die Gelder für Besseres verwenden. Sie tun es meist aus *zwei* Gründen nicht. Zum einen: Wie sollte ein städtisches Parlament, das mit seiner Verwaltung in einem gleichen Subventionsklima lebt, wie in jenem, das an den Bühnen herrscht, beide getragen von der „öffentlich-rechtlichen Mentalität", diese Bühnen als „freischaffend" verstehen? Zum anderen: Die Gemeinden schmücken sich gern mit den Namen großer Künstler, auch wenn sie Scharlatane sind – und das lassen sie sich etwas kosten: das Geld der Steuerzahler.

Die *Sekuritätsmentalität* der Erwachsenen wird – wie angedeutet – viel stärker bei Kindern und Jugendlichen herausgebildet, weil sie schon in diese, durch die geschilderte Mentalität vorfixierte, Sicherheitswelt hineingeboren wurden. Wie entwickelte sich diese Welt, die eine so fragwürdige Sicherheit anbietet?

Ellen Key schreibt 1900 einen Bestseller, der in Stockholm herauskommt und den Titel trägt: „Das Jahrhundert des Kindes". Darin findet die Ankündigung der Schaffung eines *neuen Menschen* statt, die dann Wirklichkeit werden sollte, wenn durch die totale Bewußtseinsänderung der Eltern auch eine genetische Änderung eintritt. Eine Art von „höherem Typus Mensch" sollte entstehen. Die Übersetzung des Buches, das zu Beginn des Jahrhunderts in verschiedenen Sprachen in Europa verbreitet wird, macht das Thema *Kind* zu einer der damals wichtigsten Auseinandersetzung unter Pädagogen, Eltern, Politikern, pädagogischen Heilslehrern und Scharlatanen.

Die *Entdeckung des Kindes* als Hoffnung auf einen *neuen Menschen* initiierte auch ein wüstes Experimentierfeld, auf dem nicht nur seriöse Pädagogen, sondern auch windige Psychologen, Soziologen, Ideologen, Bildungspolitiker und Erziehungsneurotiker jeder couleur mit ihren Konzepten sich geradezu gefährlich überschlugen. Neben den klassisch gewordenen Erziehungs- und Bildungsplänen von *Montesorri*, von den Anthroposophen sowie einigen unbekannteren Projekten, galt natürlich das klassische Bildungsziel des humanistischen Gymnasiums als oberstes staatliches Erziehungsgebot, das den notwendigen Stamm an Akademikern garantierte. „Volksschule", Real-, Oberreal- und Berufsschulen bildeten den Nachwuchs für Arbeiter, Angestellte und Ingenieure aus. Diese grob gezeichnete Ausbildungsstruktur hatte ihre Gültigkeit bis in die 50er Jahre.

Nach dem Zweiten Weltkrieg und mit der Kulturhoheit (und damit die Schulordnungshoheit) der Länder begannen an allen Pädagogischen Hochschulen und Erziehungswissenschaftlichen Fakultäten unzählige Bestrebungen, Schule und Ausbildung den ständig wechselnden gesellschaftlichen Anforderungen und der durch die rasante technologische Entwicklung sich ändernden Arbeitswelt anzupassen. Dadurch griff man ständig mit neuen Methoden sowohl in den Schulen als auch am Ausbildungsplatz in die Lehrpläne ein. Verstärkt wurde diese überbordende Pädagogikhysterie durch die von der 68er-Bewegung ausgelösten *ideologischen Verformungen*, die den jungen Menschen völlig umändern und ummodeln sollten, um damit das alte, verkrustete „System" zu kippen. Die aus diesem ideologischen Dunstkreis kommenden Schulpolitiker machten das Chaos zu einem mehr „formalen" als zu einem inhaltlichen Problem, weil auch noch dazu kam, daß die Unversitäten kostenlos die Tore für alle öffneten und der Massenbetrieb einsetzte. Das dadurch ausgelöste Absacken des Bildungsniveaus und die fatalen Wissenslücken der Schüler ließen einige benachbarte Staaten der Bundesrepublik Deutschland zu Zulassungsverboten für deutsche Abiturienten an ihren Universitäten greifen, um zu verhindern, daß schlecht vorbereitete Studenten, denen es an allen Ecken und Enden an Wissen fehlte, das eine Reifeprüfung – und das ist ihr Sinn! – ausweisen sollte, die gut ausgebildeten Mitstudenten unverhältnismäßig belasteten.

Die Schulformen wurden allmählich zu politischen Schlachtfeldern. Die in den SPD-Ländern eingeführten Gesamtschulen erfüllen zwar den Zweck, allen Schülern zu ermöglichen, irgendetwas von Bildung zu erwerben. Die klassische Forderung der alten Arbeiterbewegung „Bildung macht frei", ist nun endlich umgesetzt, so daß auch der Arbeitersohn und die Tochter des „kleinen Angestellten" in den Genuß einer „höheren Bildung" gelangten. Jenseits aller bildungspolitischen Auseinandersetzung um Schulformen weiß man heute, daß die Gesamtschule und alle ähnlichen Bestrebungen, *allen* Kindern eine „höhere Bildung" zu gewähren, an der Tatsache scheitern müssen, daß die Menschen (und damit die Kinder) unterschiedliche Begabung und unterschiedliche Interessensausrichtung haben. Das Argument, die in den Gesamtschulen vorhandenen unterschiedlichen Ausbildungszüge seien so differenziert, daß jeder Begabung Genüge getan wird, ist schon deshalb falsch, weil eine solche gegliederte Schulform eine in ausreichender Anzahl vorhandene Lehrerschaft voraussetzt – und dies ist nirgendwo der Fall, so daß schon daran das Grundkonzept dieser Schulform scheitern muß! Jeder Universitätslehrer – aus allen wissenschaftlichen Disziplinen – wird feststellen, daß neben den fatalen Wissenslücken, die in vielen Fächern ein erfolgreiches Studieren infrage stellen, es ganz erheblich an Allgemeinbildung fehlt, die an der Universität nicht mehr aufholbar ist. Nicht nur daß Abiturienten im Laufe der Schulzeit allein *sporadisch* etwas über die deutsche Literatur oder allgemeine Geschichte erfahren haben (ein Gesamtbild beider Fächer zu erwarten, ist Utopie!), sondern es hapert auch schon an der einfachen Beherrschung von Orthographie und Grammatik. In vielen Zeitungs- und Rundfunkredaktionen z.B., deren Personal ja akademisch ausgebildet sein muß, erlebt man tagtäglich sein blaues Wunder, wenn man die Artikel liest oder die Moderatoren hört, die die einfachsten Grundlagen der Syntax nicht beherrschen. Die Aussage eines der Betroffenen, weshalb er Orthographie und Syntax beherrschen müsse, wenn er seinen Computer beherrsche, spricht für sich.

Überzogenes Anspruchsdenken der Eltern und nichtreflektierte schulische Anforderungen an ihre Kinder („Sie sollen es einmal besser haben!"); vollmundige Angebote der Schulpolitik, die aufgrund fehlender Lehrkräfte dieses Angebot überhaupt nicht aufrechterhalten kann; Umsetzungsversuche, über die Erziehung ideologischen Einfluß zu gewinnen; die aus den kostenlosen freien Zugängen zu allen Bildungseinrichtungen resultierenden Schüler- und Studentenmassen – all das sind Gründe, die *Schul-* und *Ausbildung* nicht zu einem *geplanten* Vorgang werden zu lassen. Letztlich bleibt es dem Zufall oder dem Glück überlassen, ob die jungen Menschen ihr Berufsziel erreichen. So arbeiten heute Tausende von Jungakademikern in Jobs, die auch ein ungelernter Arbeiter verrichten könnte. So kommen Examenskandidaten erst mit dreißig Jahren zum Studienende. So verfallen Tausende von ihnen in Depressionen wegen unerfüllter Berufswünsche. Die Härte, einfach Geld verdienen zu müssen, läßt eine völlig überqualifizierte Ausbildung unbeachtet. Diese Zustände – ihre Jugend in eine Aussichtslosigkeit hineinzuerziehen – sind einer demokratischen Gesellschaft nicht würdig.

Die Bindung an die Gesellschaft findet schon in den Schuljahren nicht statt und fördert die unheilvolle Singularisation: Geschichte, Literatur, Musik – kurz das überkommene Kulturgut hat kaum einen angemessenen Platz im Lehrplan. Sie sind ein wesentlicher Teil, die heranwachsende Persönlichkeit zu prägen. Die ideologische Verpönung von Tradition und Herkommen tut das ihre, um Bindungen zu kappen. Ein Beispiel: Der Begriff „Auschwitz" wird für alle Zeiten der nicht wegzudenkende (und vor allem nicht wegzudiskutierende) dunkelste Abschnitt in der Geschichte der Deutschen bleiben. *Mit ihm müssen wir leben, mit ihm müssen wir denken.* Das Sich-wehren junger Leute gegen „Auschwitz" mit der oft gehörten Floskel, damals lebte man ja noch nicht, resultiert vielfach aus der Instrumentalisierung des „Auschwitz"-Begriffs für alle möglichen Zwecke. Eine solche Instrumentalisierung, von welcher Seite auch immer, ist nicht nur fatal, sondern auch heuchlerisch und unredlich, ja skandalös! Um aber als heutiger Schüler das *Ungeheuerliche* dieses Holocausts zu begreifen, das ein Volk angerichtet hat, das in einem Land lebte, das von der Welt als das der „Dichter und Denker" gepriesen, als das Volk der Musiker, der Romantiker, der Wissenschaft (vor allem der Medizin) und der Kultur hochgelobt wurde, muß man den *Kontext* dieser Geschichte erlernen. Er muß von den Lehrern an Kinder herangebracht werden, die nicht einmal mit den zehn Geboten bekannt gemacht werden, die man nicht anhält, diese essentiellen Grundlagen der Humanität und der Zivilisation auch zu beherzigen.

Die Unbedarftheit (auch Faulheit und Gedankenlosigkeit) der Eltern und Lehrer, die ihren ihnen anvertrauten Kindern in dieser *permissiven Gesellschaft alles* „gestatten" und *nicht* Grenzen und auch Härte bei der Erziehung anwenden, grenzt teilweise an bösartiger Fahrlässigkeit. Wie soll sich ein junger Mensch an die Härten des Lebens gewöhnen, wenn er nicht darauf vorbereitet wird? Im Grunde machen es sich Lehrer und Eltern damit nur leicht, indem sie Kinder „gewähren" lassen. Die eigene Faulheit und Gedankenlosigkeit wird von der Floskel verdeckt, Jugend muß *in Freiheit aufwachsen.* Wir wissen heute, daß es nichts Törichteres gibt als „wilde" Freiheit, vor der schon *Kant* warnte. Auf die Politiker ist kein Verlaß – die Gründe wurden ausreichend aufgezählt. Die ganze Fragwürdigkeit mangelnden Nachdenkens und eines verheerenden Provinzialismus wird z.B. darin offenkundig, daß man im Oktober 1994 in Deutschland ein „Zukunftsministerium" inthronisiert hat. Dies geschieht in einer Zeit, da die *wirkliche Zukunft* eines Volkes, nämlich die Jugend, in einem Desaster erzogen wird, das *no future* garantiert. Das Geld fließt in alle Richtungen, bis hin zu den unkontrollierten Privatschatullen mancher zweifelhafter Regierender in Entwicklungsländern, nur nicht in die Ausstattung der Schulen und Universitäten, die an Lehrkräftemangel vor sich hinwurschteln, und nicht für die Zukunft, die Jugend – höchstens für die Hand-in-den-Mund-Praxis. Auch hier liegen Wurzeln der Drogensucht, der Orientierungslosigkeit und des Zulaufs zu den lebenstötenden Sekten. Eine *demokratische Gesellschaft* bleibt letztlich für eine solche Jugend allenfalls abgewerteter *Mythos.*

Das „Jahrhundert des Kindes" hat in seinen pädagogischen Bestrebungen geradezu *gespenstische Wirkungen* hervorgebracht: eine Generation, die im Ersten Weltkrieg in „Stahlgewittern" überlebte und am Ende des verlorenen Krieges ihre erlernten Ideale begraben mußte; eine weitere Generation, die von einer unmenschlichen Weltanschauung zum grausamen Töten und zum eigenen Sterben erzogen wurde; eine spätere Generation, die, am Wohlstand leidend, in die vernichtendsten Utopien floh, deren Kinder heute in der Kälte der Singularisation umherirren und, jeglicher Orientierungsinstrumentarien bar, sich den eigenen Weg suchen müssen, dessen Ziele für Außenstehende vielfach nur als chaotisch erscheinen.

Das „Jahrhundert des Kindes" wurde tatsächlich ein Jahrhundert, in dem das Kind alle destruktiven Mentalitäten *und* Praktiken beigebracht bekam – und dies mit fragwürdiger elterlicher Liebe im Zeichen einer wissenschaftlichen Pädagogik, die an vielen Universitäten jede noch so unsinnige Theorie lehrt, nur nicht das, was man braucht: eine *praktische* Erziehung des Kindes zum verantwortungsvollen Mitglied einer erst dadurch „gesund" werdenden Gesellschaft.

Am Schluß unserer weitgespannten Überlegungen angekommen, gilt es nicht nur, die obligatorischen zusammenfassenden Sätze zu schreiben, sondern auch den Standort des Autors mit wenigen Strichen noch einmal klar zu verdeutlichen. Es mag nach aller, teils mit Spott, vorgetragenen Kritik an unserem persönlichen und gesellschaftlichen Lebensstil als großes Paradoxon erscheinen, wenn ich behaupte, daß wir in unseren heutigen westlichen Demokratien in einer Welt leben, die nie besser war! Bei aller Ungerechtigkeit und allen fürchterlichen Geschehnissen und dem egoistischen Treiben der Menschen lebt der Großteil der Bevölkerung dieses Westens heute noch unter dem Schirm von Recht und Fürsorge. Und gerade weil dies in einer *Demokratie* erreicht wurde, die nur immer so gut und so schlecht sein kann wie ihre *Demokraten* (denn „Demokratie an sich" und ohne Menschen ist Unsinn), ist es eine Sünde und eine Schande, sie leichtfertig zu verspielen. Diese Leichtfertigkeit fußt auf der *Verantwortungslosigkeit* der *Demokraten*. Hierzu sind an erster Stelle die Mitglieder unserer *politischen Klasse* und allen voran die *Intellektuellen* zu nennen.

Im Jahre 1983 hat auf einem Symposium der damals 81jährige Philosoph Karl R. Popper ein „Plädoyer für die Bescheidenheit" gehalten. Darin sagte er u.a.: „Ich habe mir vorgenommen, für den Rest meines Lebens für intellektuelle Bescheidenheit Propaganda zu machen. Es gibt eine Tradition, eine ungeheure starke Tradition der intellektuellen Unbescheidenheit und Unverantwortlichkeit. Ich habe ungefähr im Jahr 1930 einen Spaß gemacht. Ich

habe gesagt: Viele der Studenten gehen an die Universität nicht
mit der Einstellung, daß da ein großes Reich des Wissens ist, von
dem sie vielleicht ein kleines Stück erfassen können, sondern sie
gehen an die Universität, um zu lernen, wie man unverständlich
und eindrucksvoll redet. Das ist die Tradition des Intellektualis-
mus. Ich habe das damals als Spaß gesagt. Wie ich aber dann selbst
Universitätslehrer geworden bin, habe ich zu meinem Entsetzen
bemerkt, daß das Wirklichkeit ist. . . Es gibt eine Tradition an den
Universitäten, die diese Einstellung legitimiert. . . diese uner-
hörte intellektuelle Unbescheidenheit, die unter den Intellektuellen grassiert. Sie ist es, die ich in meinen letzten Jahren bekämpfen möchte. . . ich möchte die Mode der intellektuellen Bescheidenheit einführen, des dauernden Denkens an das, was wir nicht
wissen. Wir müssen uns dauernd klarmachen, wie ungeheuer viel
wir *nicht* wissen. Und es ist vor allem die Wissenschaft, die uns
lehrt, *was* wir nicht wissen. Und wir sollen vor allem die Wissenschaft in dem Sinne ansehen, daß sie uns überall zu den Grenzen
führt, wo wir sehen: Ja, wir wissen ja eigentlich noch gar nichts.
Das möchte ich als neue Mode bei den Intellektuellen einführen." (Popper u. Lorenz, 1993, S. 102/103)

Die intellektuelle Unbescheidenheit, die ihre unverständliche
Sprache gleichzeitig als Ausweis für die Mitgliedschaft im Kreise
der Unbescheidenen benutzt und sie zur Verdunkelung der Ignoranz ihrer Träger verwendet, ist auch eine Quelle der intellektuellen *Unredlichkeit,* die, gepaart mit einer bestimmten Verantwortungslosigkeit, sich auch zum Teil voll in Lehre und Forschung an
den deutschen Universitäten ausgebreitet hat. Die Unredlichkeit
beginnt schon in der unsinnigen Anhäufung von Pflichtschriften,
die in eine Literaturliste eingehen müssen, um sich „lehrend"
auszuweisen. Der soziale Druck, möglichst viele Literatur-Titel –
auch wenn der Inhalt noch so fragwürdig ist – vorweisen zu können, deutet auf die beschriebene Mentalität hin, die wir für die
Administration herausgefunden haben. Diese Unredlichkeit
setzt sich fort in der inflationären Produktion des *Gutachtenwe-*
sens. In Politik und Wirtschaft, in Justiz und Verwaltung geht das
Sprichwort um: „Für jede These findet sich ein Gutachter, der für
eine bestimmte Summe sie beweist." Die studentischen Massen
so zu betreuen, daß jeder Einzelne zu seinem Recht kommt, liegt
in der Verantwortung der führenden Bildungspolitiker. Die Professoren aber, die an vorderster Front das universitäre Chaos täglich erleben, spielen auch täglich das grausame Spiel mit, das über

viele jugendliche Schicksale entscheidet. Sicherlich gibt es eine Anzahl von Rezepten, die Universitäten wieder zu Universitäten im ursprünglichen Sinne des Wortes zu machen, wenn auch den Professoren an der grundlegenden Verbesserung des Studiums und seiner Abläufe gelegen wäre und wenn sie massiv gegen die heutigen Zustände protestierten. Die *Verantwortungslosigkeit* von Forschern und Lehrern liegt in der Teilnahmslosigkeit für das Ganze und in der geschäftigen und hektischen Wahrnehmung der eigenen Interessen, die sich neben der absoluten sicheren Position eines Beamten, die „unkündbar" ist, noch in den Gratifikationen, Frei- und Forschungssemestern, in Gutachtertätigkeiten und anderen lukrativen Geschäftigkeiten ausdrückt. Daß Ausnahmen von der Regel vorhanden sind, ist gewiß.

Hinweis auf die *intellektuelle* Unbescheidenheit, Verantwortungslosigkeit und Unredlichkeit muß an oberster Stelle dieser Zusammenfassung stehen. Sie sind es, die man zu allererst anprangern muß, wenn man nach den Gründen sucht, die eine einmal gewonnene, bis heute „am besten" dastehende „Welt" aller bisherigen „Welten", die sich in einer freiheitlichen Demokratie manifestiert, in die Gefahr des Verfalls manövrieren.

Wenn die geistige Führung, die per se von den Intellektuellen in Anspruch genommen wird, sich von der freiheitlichen Durchdringung der allgemeinen Zeit- und Lebensprobleme auf einen selbstreferenziellen Eigendialog zurückzieht, den man auch noch in der esoterischen Kunstsprache der Insider vor sich hin kauderwelscht, dann ist das nur Eigenbefriedigung, die nichts einbringt außer der materiellen Eigenversorgung. Forschung wird zum Forschungsbetrieb, Lehre zum Lehrbetrieb – die geistige Führung verkommt zu einem schamanenhaften Tanz für Eingeweihte. Dieser Tanz mutet wie ein Totentanz um den *Mythos Freiheit* an.

– Die Freiheit-von-Bewegung ist heute *nicht* mehr eine *Freiheit von Knechtschaft*, sondern eine *Freiheit von allem*, vor allem frei von Verantwortung für den Nächsten und frei von Verantwortung für die Gemeinschaft. Den Rückzug auf sich selbst, auf die eigene Singularität, kann man nicht als *Freiheit wozu* werten, denn der „Mensch für sich" ist nur der höchste Ausdruck eines *zerstörerischen Narzißmus*, der Feind jeglichen gemeinschaftlichen Lebens- und Gestaltungswillens. Wir wollen die Notwendigkeit demokratischer und persönlicher Freiheit in einem demokratischen Staat nicht „beweisen", denn ihre *zwingende* Notwendigkeit lehrten nicht nur die jahrtausendalte Geschichte, sondern auch die ungeheuerlichen Ereignisse, die uns das 20. Jahrhundert bescherte. *Humanität* und *Zivilisation* sind allein in einer Demokratie zu verwirklichen. Wir haben es heute mit einer zweifelhaften *Freiheit von* zu tun. Mit einer Freiheit von

- der Öffentlichkeit, die wir zerstört haben;
- der Privatheit, deren Intimität wir ausgehöhlt und ruiniert haben;
- der Verantwortung für das Ganze, die wir durch die narzißtische Eigenversorgung ersetzt haben;
- den zehn Geboten und den humanistischen Grundregeln einer lebendigen Zivilisation, an deren Stelle eine die gesamte Gesellschaft metastasierende Pseudopsychologie getreten ist, die auch noch in einer albernen Sprache ihre Berechtigung auszudrücken versucht;
- den religiösen Fundamenten jeglichen Menschentums, deren heutige Repräsentanten die Metaphysik leugnen und in die diesseitigen Ersatzreligionen fliehen, die sich im Konsum, im Hedonismus, im Materialismus darstellen;
- der Konzeption einer Kindererziehung, die unter dem Motto „Ich will nur das Beste für mein Kind" Jugendliche heranwachsen läßt, die weder die humanistischen Lebensgrundlagen, noch ethische Regeln kennen und in ihrer Singularisation hoffnungslos nach Orientierung suchen;
- der gediegenen Information, die man in einer komplizierten Welt benötigt, die von der Massenkommunikation, den Medien, bereitgestellt wird, und nur Desinformationen anbietet;
- einer Mentalität, die den Staat, die Gesellschaft, die Gemeinschaft als verbesserungswürdige Einrichtung betrachtet, die sich heute in eine Mentalität verwandelt hat, die diese Einrichtungen als Selbstbedienungsläden betrachtet.

Diesen Katalog könnte man weiter fortsetzen oder die Umkehrungen seiner Inhalte unter dem Rubrum „Freiheit wozu" aufzählen. Diese Widersacher der Freiheit, die die Menschen (und *nur mittelbar* das „System") entwickelt haben und deren furchtbaren Geist sie aus der Flasche entkommen ließen, werden sicher nicht leicht zu beseitigen sein.

Wir haben gesagt, daß alle Abläufe einer Gesellschaft, wie auch die des Einzellebens, *prozessual* und nicht statisch, d.h. *irreversi-*

bel sind: Wir befinden uns auf einer steten Wanderung ohne Wiederkehr. Der vielfach in diesem Buch benannte kleine Stern „Erde", der sinnlos durch das All rast, wird als „Bedeutung" kaum wahr- noch ernstgenommen. Unser menschliches Leben jedoch ist einmalig und in seiner Individualität von einer so ungeheuren Bedeutung, daß wir – verblendet vom luxuriösen Glamour und Geglitzer unserer heutigen westlichen Konsumgesellschaft – täglich in die Falle der narzißtischen Überhöhung des Ichs taumeln, die eine tödliche Falle einer gnadenlosen Ausweglosigkeit bereithält.

Durch die Berauschung an der angeblich ungebundenen persönlichen Freiheit im heutigen Westen haben wir alles, was Verantwortung und Redlichkeit heißt, als Ballast über Bord geworfen. Wir berücksichtigen nicht, daß die persönliche Freiheit nur durch eine demokratisch-freiheitlich organisierte Gesellschaft garantiert werden kann. Die sich als fortschrittliche und „postmoderne" Zukunftsapostel ausweisenden psychologisierenden Auchpolitiker predigen diese ungebundene Freiheit, als läge das Glück allein im egoistischen Ausleben. Diese sich an der Verantwortungslosigkeit entwickelte Ego-Mentalität schuf auch die „administrative" Mentalität, die sich in der *Makro-Welt* der öffentlichen Dienste und in der politischen Klasse fortsetzt, die nichts anderes sucht als eigene und egoistische Sicherheit auf Kosten der Gesellschaft und der Gemeinschaft, deren Erhalt und Gesundheit die unabdingbare Voraussetzung für den Erhalt des Individuums ist – man wende es, wie man wolle.

Die Makro-Welt hält auch noch andere schwere Prüfungen für uns bereit. Nachdem der Nationalsozialismus, Leninismus-Stalinismus und Marxismus unser Jahrhundert in ein Tal von Blut und Tränen gestürzt haben, der Sozialismus seine Kraft verloren hat, orientieren sich die industrialisierte westliche Welt und die entwickelten Staaten in Asien heute am Kapitalismus, der die Wirtschaftsform der westlichen Demokratien bildet. Die Demokratie ist die Garantie für ein würdevolles Leben in Freiheit. Freiheit aber heißt Verantwortung und Gebundenheit, die beide in einem sittlichen Bewußtsein gründen. *Gleichheit* dagegen ist eine der größten Widersacher der Freiheit.

Draußen, vor den Toren unserer so unsinnig abgesicherten Welt, vegetieren Millionen von Menschen vor sich hin, Milliarden leben am Rande eines kaum vorstellbaren Existenzminimums: das ist die Dritte Welt. Die Übervölkerung dieser Erde wird immer drückender. Aber auch jene Menschen (es sind Milliarden), die in Rußland, in den osteuropäischen Ländern, in den asiatischen Räumen der ehemaligen UdSSR und in China leben, werden ihre materiellen Forderungen unmißverständlich anmelden. Sie werden eines Tages nicht nur an unsere Tür klopfen, sondern, wenn sie der Hunger und die Not treibt, auch zur Gewalt greifen – sie haben absolut nichts zu verlieren.

Mit der bei uns herrschenden Ego-Mentalität, die Caritas nur als finanzielle Spende begreift, ist dieser Bedrohung nicht entgegenzutreten. In einem Konfliktfall werden sich viele Ego-Wohlstandsjünglinge auf die Wehrdienstverweigerung berufen, wie mancher Spinner mit „sozialem Widerstand" einem drohenden Krisenfall begegnen will, um mit der Berufung auf das Gewissen sich vor dem zu drücken, was ihm heute sein gutes Leben garantiert: die Freiheit und die Demokratie.

Da ich weiterhin nicht an eine generelle Umkehr der Einstellungen der Menschen und an den totalen Wandel von Mentalitäten glaube, weil sie erwiesenermaßen irreversibel sind, und falls obendrein ein irgendwie geartetes revolutionäres Geschehen nicht alles grundlegend umkehrt, wird sowohl im Mikrobereich des Einzelnen und der Gemeinschaften, als auch in der Makro-Welt der Gesellschaftssysteme und der Staaten der Verfall und die Destruktion der westlichen Demokratien am Ende des 20. Jahrhunderts weitergehen bis zum bitteren Ende. *Freiheit* bleibt dann nur noch eine aus dem *Mythos* abgeleitete inhaltsleere Deklamation.

Unser gedanklicher Ausflug in die Geschichte (Teil II), bei dem wir von Platon bis Nietzsche den Kampf um die Freiheit herausgearbeitet haben, sowie die Darstellung unserer heutigen Probleme lassen eigentlich nur eine fatalistische Beurteilung unseres Strebens zu, die wir stets im Bewußtsein gegenwärtig haben sollten. Dieser Fatalismus jedoch kann nicht den Glauben und die im Menschen immerwährende und nie erlöschende Hoffnung zerstören, daß wir in einem unablässigen Bemühen das Geschenk der Freiheit unbedingt erhalten müssen. Freiheit wozu? Die kurze Antwort: Um in der Gebundenheit der Verantwortung dieser *wirklichen* Freiheit zu leben.

Sollte sich dieses heutige demokratisch ausgerichtete System unserer westlichen Zivilisation, besonders das in Deutschland, auf eine andere Weise lebensfähig arrangieren, indem es die zerstörenden Verhaltensweisen der Regierung, der politischen

Klasse, der Verwaltungen und der Organisationen wie auch der Bürger „positiv" integriert, dann wird dies ein anderer Staat sein – *aber keine freiheitliche Demokratie.* Anders ausgedrückt: Wenn die als zerstörerische Verhaltensweisen gekennzeichneten Destruktionskräfte, die im Durkheimschen Sinne als „krank" zu benennen sind, allmählich von der Allgemeinheit als „normal" oder „gesund" angesehen werden, dann leben wir nicht mehr in einer *freiheitlichen* Demokratie, sondern in einem ganz anderen Staat. Dieser andere Staat hat dann nichts mehr mit *dem* zu tun, für *das* wir streiten und für das wir die mit aller Liebe und Sorge vorgetragene Kritik einbringen: für den Erhalt einer verantwortungsvollen persönlichen Freiheit, die ihr kreatives „Wozu" in einer von allen mit Anstand und Verantwortung getragenen freiheitlichen Demokratie findet, die uns bisher die beste aller möglichen Lebensweisen geschenkt hat.

Bibliographie

In diese Bibliographie sind alle Werke aufgenommen, die für die Arbeit am vorliegenden Buch wichtig waren, auch wenn daraus nicht zitiert wird.

Adam, Konrad, 1994, Die Ohnmacht der Macht. Wie man den Staat ausbeutet, betrügt und verspielt. Berlin.

Althaus, Horst, 1985, Friedrich Nietzsche – Eine bürgerliche Tragödie. München.

Aron, Raymond, 1981, Über die Freiheiten. Stuttgart.

Baumgart, Hans Michael (Hrsg.), 1979, Prinzip Freiheit. Eine Auseinandersetzung um Chancen und Grenzen transzendental-philosophischen Denkens. Freiburg und München.

Beck, Ulrich, 1986, Risikogesellschaft. Auf dem Weg in eine andere Moderne. Frankfurt a.M.

Beck, Ulrich, 1993, Die Erfindung des Politischen. Zu einer Theorie reflexiver Modernisierung. Frankfurt a.M.

Becker, Werner, 1982, Georg Wilhelm Hegel. In: Norbert Hoerster: Klassiker des philosophischen Denkens, Band 2. München.

Bergson, Henri, 1989, Zeit und Freiheit, Frankfurt a.M.

Bittermann, Klaus und Henschel, Gerhard, (Hrsg.), 1994, Das Wörterbuch des Gutmenschen. Berlin.

Bloch, Ernst, 1969, Thomas Münzer als Theologe der Revolution. Frankfurt a.M.

Bolz, Norbert, 1994, Das kontrollierte Chaos. Vom Humanismus zur Medienwirklichkeit. Düsseldorf.

Brandenburg, Inge und Klaus, 1990, Hugenotten – Geschichte eines Martyriums. Leipzig.

Brecht, Martin, 1993, Geschichte des Pietismus, Band 1: Das 17. und frühe 18. Jahrhundert. Göttingen.

Bude, Heinz, 1994, Stichwort „Wütend und traurig zugleich". In: Bittermann und Hentschel, Hrsg., Das Wörterbuch des Gutmenschen. Berlin.

Büchner, Georg, 1986, Werke und Briefe. Nach der historisch-kritischen Ausgabe von Werner R. Lehmann. 6. Auflage. München.

Bumke, Joachim, 1986, Höfische Kultur. München.

Burckhardt, Carl, 1937, Richelieu: Der Aufstieg zur Macht. München.

Burckhardt, Jacob, 1976, Die Kultur der Renaissance in Italien. Ein Versuch. 10. Auflage. Stuttgart.

Burke, Edmund, 1986, Betrachtungen über die französische Revolution. Übersetzt von Friedrich Gentz. Gedanken über die französischen Angelegenheiten. Übersetzt von Rosa Schnabel. Zürich.

Calvin, Jean, 1955, Unterricht in der christlichen Religion. Institutio Christianae Religiones. Neukirchen.

Cassirer, Ernst, 1975, Freiheit und Form. 4. Auflage. Darmstadt.

Cassirer, Ernst, 1978, Der Mythus des Staates. Philosophische Grundlagen politischen Verhaltens. 2. Auflage. Zürich und München.

Chamberlain, Houston Stewart, 1900, Die Grundlagen des 19. Jahrhunderts, 2. Auflage, 2 Bände. München.

Chamberlain, Houston Stewart, 1920, Briefe. München.

Condorcet, Antoine, 1963, Entwurf einer historischen Darstellung des Fortschritts des menschlichen Geistes. Hrsg. Wilhelm Alff, Frankfurt. Übersetzung von: Esquisse d'un tableau historique des progrès de l'esprit humain, Paris (Vor allem sei in diesem Zusammenhang auf das 10. Kapitel von „Esquisse. . ." hingewiesen.)

Crozier, Michael u. Friedberg, Erhard, 1993, Die Zwänge kollektiven Handelns. Über Macht und Organisation. Frankfurt.

Descartes, Renè, 1978, Discours de la Méthode, Deutsch: Von der Methode des richtigen Vernunftgebrauchs und der wissenschaftlichen Forschung. Hamburg.

Dreitzel, Hans Peter, 1967, Sozialer Wandel.. 2. Auflage. Neuwied.

Durkheim, Émile, 1965, Die Regeln der soziologischen Methode. Herausgeben und eingeleitet von René König, 2. Auflage. Neuwied und Berlin.

Durkheim, Émile, 1973, Der Selbstmord. Neuwied und Berlin. Übersetzung von „Le Suicide", Paris 1897.

Durkheim, Émile, 1973, Erziehung, Moral und Gesellschaft. Vorlesungen an der Sorbonne 1902/1903. Neuwied und Darmstadt. Übersetzung von „L'education morale" von Ludwig Schmidts.

Durkheim, Émile, 1977, Über die Teilung der sozialen Arbeit. Übersetzung von „De la division du travail social", 1930, von Ludwig Schmidts. Frankfurt a.M.

Durkheim, Émile, 1981, Die elementaren Formen des religiösen Lebens. 1. Auflage, Frankfurt a.M.

Eichhorn, Wolfgang, 1994, Buchbesprechung „Das kontrollierte Chaos" von Norbert Bolz. In: Publizistik. Vierteljahreshefte für Kommunikationsforschung Heft 4,39. Jahrgang, S. 472 ff.

Eliade, Mircea, 1993, Geschichte der religiösen Ideen. 3 Bände. Freiburg i.Br.

Engels, Friedrich, 1845, Die Lage der arbeitenden Klasse in England. (Hier: Karl Marx und Friedrich Engels, Historisch-kritische Gesamtausgabe 1958 ff. Berlin-Ost)

Engler, Wolfgang, 1994, Was ist privat, politisch, öffentlich? In: Leviathan. Zeitschrift für Sozialwissenschaft. Heft 4, Jahrgang 22, S. 470 ff.

Erikson, Kai T., 1978, Die widerspenstigen Puritaner. Zur Soziologie abweichenden Verhaltens. Stuttgart.

Fest, Joachim, 1993, Die schwierige Freiheit. Über die offene Flanke der offenen Gesellschaft. Berlin.

Forte, Dieter, 1971, Martin Luther und Thomas Münzer oder die Einführung der Buchhaltung. Berlin.

Freyer, Hans, 1939, Machiavelli. Leipzig.

Freyer, Hans, 1961, Einführung zu Machiavellis „Der Fürst". Stuttgart.

Fromm, Erich, 1977, Die Kunst des Liebens. Frankfurt a.M., Berlin, Wien.

Fromm, Erich, 1990, Die Furcht vor der Freiheit. München.

Funk, Albrecht, 1994, Öffentlichkeit und Privatheit im Zeitalter technischer Kommunikation. In: Leviathan. Zeitschrift für Sozialwissenschaft. Heft 4, Jahrgang 22, S. 560 ff.

Gauchet, Marcel, 1991, Die Erklärung der Menschenrechte. Die Debatte um die bürgerlichen Freiheiten 1789. Reinbek bei Hamburg.

Geiger, Theodor, 1953, Ideologie und Freiheit. Eine soziologische Kritik des Denkens. Stuttgart und Wien.

Goblot, Edmond, 1994, Klasse und Differenz. Soziologische Studie zur modernen französischen Bourgeoisie. Konstanz. (Übersetzung von „La Barrière et le Niveau. Étude sociologique sur la bourgeoisie française moderne. Paris 1925)

Goldmann, Lucien, 1967, Weltflucht und Politik. Dialektische Studien zu Pascal und Racine. Neuwied und Berlin.

Goldmann, Lucien, 1973, Der verborgene Gott. Studie über die tragische Weltanschauung in den Pensées Pascals und im Theater Racines. (Siehe das Original: Le Dieu caché. Étude sur la vision tragique dans les Pensées de Pascal et dans le théâtre de Racine. Paris 1959)

Greiner, Martin, 1964, Die Entstehung der modernen Unterhaltungsliteratur. Reinbek bei Hamburg.

Groethuysen, Bernhard, 1956/1980, Philosophie de la révolution française. Paris. (dt. Philosophie der Französischen Revolution, 1980. Göttingen.)

Groethuysen, Bernhard, 1978, Die Entstehung der bürgerlichen Welt- und Lebensanschauung in Frankreich. Band 1 und Band 2. Frankfurt a.M.

Guardini, Romano, 1960, Freiheit als Werterfahrung. In: Das Parlament, Beilage „Aus Politik und Zeitgeschehen", B 38/60, vom 21.9.1960.

Habermas, Jürgen, 1981, Theorie des kommunikativen Handelns, 2 Bände. Frankfurt a.M.

Hacker, Jens, 1992, Deutsche Irrtümer. Schönfärberei und Helfershelfer der SED-Diktatur im Westen. Berlin und Frankfurt a.M.

Halbwachs, Maurice, 1967, Das kollektive Gedächnis. Stuttgart.

Heer, Friedrich (Hrsg.), 1955, Hegel. Frankfurt a.M. und Hamburg.

Henscheid, Eckhard, 1993, Dummmdeutsch. Stuttgart.

Herlihy, David, 1978, The Social History of Italy and Western Europe, 700 – 1500. London.

Herlihy, David, 1985, Did Women have a Renaissance? A Reconsideration. In: Medievalia et Humanistica, New Series.

Hirsch, Arnold, 1979, Bürgertum und Barock im deutschen Roman. 3. Auflage, Köln und Wien.

Hobbes, Thomas, 1651, Leviathan. London.

Huizinga, Johan, 1975, Herbst des Mittelalters. 11. Auflage. Stuttgart.

Jaspers, Karl, 1992, Die großen Philosophen. Band 1. München.

Jensen, Ad.E. (Hrsg.), 1950, Mythe, Mensch und Umwelt. Bamberg.

Kant, Imanuel, 1977. Werkausgabe.

Kelly, Joan, 1984, Woman, History and Theorie: The Essays of Joan Kelly. Woman in Culture and Society. Chicago. Besonders der Aufsatz: Early Feminist Theories and the Querelle des Femmes, 1400 – 1789.

Kierkegaard, Sören, 1992, Der Begriff der Angst. Stuttgart.

King, Margaret L., 1993, Frauen in der Renaissance. München.

König, René, 1967, Soziologie. Frankfurt a.M.

König, René, 1974, Materialien zur Soziologie der Familie. Köln und Berlin.

König, René, 1979, Niccolò Machiavelli. Zur Krisenanalyse einer Zeitenwende. München und Wien.

König, René, 1987a, Ferdinand Tönnies. (In: René König, Soziologie in Deutschland. Begründer, Verächter, Verfechter. München und Wien, 1987, S. 122–197)

König, René, 1987, Soziologie in Deutschland. München und Wien.

Kofler, Leo, 1976, Zur Geschichte der bürgerlichen Gesellschaft. 6. Auflage. Darmstadt und Neuwied.

Krings, Hermann, 1966, Über akademische Freiheit. Reihe: Saarbrükker Universitätsreden 2. Saarbrücken.

Küenzlen, Gottfried, 1994, Der Neue Mensch. Zur säkularen Religionsgeschichte der Moderne. München

Kursbuch, 1993, Deutsche Jugend. Nr. 113.

Laqueur, Walter, 1978, Die Deutsche Jugendbewegung. Eine historische Studie. Köln.

Lepsius, M. Rainer,1993, Demokratie in Deutschland. Soziologischhistorische Konstellationsanalysen. Ausgewählte Aufsätze. Göttingen.

Löwith, Karl, 1987, Von Hegel zu Nietzsche. Hamburg.

Lukács, Georg, 1966, Von Nietzsche zu Hitler oder der Irrationalismus und die deutsche Politik. Frankfurt a.M. und Hamburg.

Lukács, Georg, 1971, Die Theorie des Romans. Neuwied und Berlin.

Luhmann, Niklas, 1991, Soziologie des Risikos. Berlin.

Luther, Martin, 1990, Von christlicher Freiheit. Schriften zur Reformation. Zürich.

Marx, Karl, 1864–1894, Das Kapital, (Hier: Karl Marx und Friedrich Engels, Historisch-kritische Gesamtausgabe 1958 ff. Berlin-Ost.)

Marx, Karl und Engels, Friedrich, 1971, Über Literatur. Ausgewählt und herausgegeben von C. Sommer. Stuttgart.

Masse, Karl, 1895, Die Klassenkämpfe in Frankreich. 1848–1850. Einleitung von Friedrich Engels. Berlin.

Massie, Robert K., 1993, Die Schalen des Zorns. Großbritannien und das Heraufziehen des Ersten Weltkriegs. Frankfurt a.M.

Matussek, Matthias, 1994, Hexenjagd auf dem Campus. In: Der Spiegel, 20/1994, S. 152 ff.

Meinecke, Friedrich, 1929, Die Idee der Staatsraison in der neueren Geschichte, 3. Auflage. München und Berlin.

Mill, John Stuart, 1969, Über Freiheit. Frankfurt a.M.

von Mohl, Robert, 1858, Die Geschichte und Literatur der Staatswissenschaften. 3 Bände. Erlangen.

Montesquieu, 1965, Vom Geist der Gesetze. Eingeleitet und übersetzt von Kurt Weigand. Stuttgart.

Mühlmann, Wilhelm, 1964, Rassen, Ethnien, Kulturen. Neuwied und Berlin.

Neidhardt, Friedhelm, 1989, Auf der Suche nach „Öffentlichkeit". In: Walter Nutz (Hrsg.) Kunst – Kommunikation – Kultur. Festschrift zum 80. Geburtstag von Alphons Silbermann. Frankfurt a.M., Bern, New York, Paris.

Niebuhr, Reinhold, 1947, Die Kinder des Lichts und die Kinder der Finsternis. München. (Deutsche Übersetzung von „The Children of Light and the Children of Darkness".)

Nietzsche, Friedrich, 1953, Jenseits von Gut und Böse. Stuttgart.

Nietzsche, Friedrich, 1974, Werke in 3 Bänden. Zürich.

Noelle-Neumann, Elisabeth und Köcher, Renate (Hrsg.), 1993, Allensbacher Jahrbuch der Demoskopie 1984–1992, Band 9. München, New York, London, Paris.

Nolte, Ernst, 1993, Streitpunkte. Heutige und künftige Kontroversen um den Nationalsozialismus. Berlin und Frankfurt a.M.

Paret, Peter, 1993, Clausewitz und der Staat. Der Mensch, seine Theorien und seine Zeit. Bonn.

Parsons, Talcott, 1955, Family, Socialisation and Interaction Process. Glencoe, Ill.

Pascal, Blaise, 1956, Pensées. Stuttgart. (Diese Reclam-Ausgabe stützt sich auf die von Ewald Wasmuth herausgegebene Ausgabe, Heidelberg 1954, 5. Auflage, an der sich die Zitate der Fragmente orientieren.)

Poliakov, Léon, 1993, Der arische Mythos. Zu den Quellen von Rassismus und Nationalismus, Hamburg.

Popper, Karl, 1980, Die offene Gesellschaft und ihre Feinde. 2 Bände, 6. Auflage. München.

Popper, Karl und Lorenz, Konrad, 1993, Die Zukunft ist offen. 5. Auflage. München.

Rauschning, Hermann, 1938, Die Revolution des Nihilismus. Zürich und New York.

Reale, Giovanni, 1993, Zu einer neuen Interpretation Platons. Eine Auslegung der Metaphysik der großen Dialoge im Lichte der „ungeschriebenen Lehren". Paderborn.

Rees, Nigel, 1993, The Politically Correct Phrasebook. London.

Röhl, John C.G., 1993, Wilhelm II. Die Jugend des Kaisers 1859–1888. München.

Rohde, Peter P., 1959, Sören Kierkegaard. Hamburg.

Rostock, Eugen, 1951, Die europäischen Revolutionen. Jena.

Rousseau, Jean Jacques, 1969, Der Gesellschaftsvertrag oder die Grundsätze des Staatsrechtes. Herausgegeben und eingeleitet von Heinrich Weinstock. Stuttgart.

Rudolph, Enno, 1991, Odyssee des Individuums. Zur Geschichte eines vergessenen Problems. Stuttgart.

Ruge, Arnold, 1842, Die Hegelsche Rechtsphilosophie und die Politik unserer Zeit. In: Hallesche Jahrbücher (Deutsche Jahrbücher), im August 1842.

Schabert, Tilo, Hrsg, 1974, Aufbruch in die Moderne. Politisches Denken im Frankreich des 17. Jahrhunderts. München.

Schmidt, Alfred, 1988, Idee und Weltwille. Schopenhauer als Kritiker Hegels. München und Wien.

Schopenhauer, Arthur, 1971, Sämtliche Werke. Band 1–7. Wiesbaden.

Schopenhauer, Arthur, 1972, Die Welt als Wille und Vorstellung. Sämtliche Werke. Hrsg. Arthur Hübscher, 2 Bände. Wiesbaden.

Sennett, Richard, 1983, Verfall und Ende des öffentlichen Lebens. Die Tyrannei der Intimität. Frankfurt a.M.

Seneca, Lucius Annaeus, 1993, Philosophische Schriften. 4 Bände, Nachdruck der ersten Auflage von 1923/24. Hamburg.

Silbermann, Alphons, 1995, Propheten des Untergangs. Das Geschäft mit den Ängsten. Bergisch Gladbach.

Silbermann, Alphons, 1977, Massenkommunikation. In: R. König (Hrsg.), Handbuch der empirischen Sozialforschung. Stuttgart.

Spengler, Oswald, 1923, Untergang des Abendlandes. Umrisse einer Morphologie der Weltgeschichte. 82. Auflage, 2 Bände. München.

Stern, Fritz, 1986, Kulturpessimismus als politische Gefahr. München.

Teusch, Ulrich, 1993, Freiheit und Sachzwang. Baden-Baden.

Thomer, Hans-Ulrich, Weltbürgerkrieg der Ideologien. Antwort an Ernst Nolte. Berlin.

Thomas von Aquin, 1934, Summa Theologica. Band 2 der Deutschen Thomas-Ausgabe. Salzburg und Leipzig.

Tönnies, Ferdinand, 1925, Das Wesen der Soziologie. In: Studium und Kritiken. Band 1. Jena.

Tönnies, Ferdinand, 1979, Gemeinschaft und Gesellschaft. Darmstadt (zuerst 1887).

Tocqueville, Alexis de, 1969, Der alte Staat und die Revolution. Reinbek bei Hamburg.

Tocqueville, Alexis de, 1976, Über die Demokratie in Amerika. München.

Troeltsch, Ernst, 1923, Renaissance und Reformation. In: Gesammelte Schriften. Band 5. Tübingen.

Troeltsch, Ernst, 1924, Die Bedeutung des Protestantismus für die Entstehung der modernen Welt. München und Berlin.

Vollari, Pasquale, 1895/97, Niccolò Machiavelli e i soni tempi, 3 Bände. Milano.

Voltaire, 1751, Le Siècle de Louis XIV. (Hier: Paris 1962)

Voltaire, 1978, Schriften. Band 1: Recht und Politik. Band 2: Republikanische Ideen. Frankfurt a.M.

Weber, Max, 1993, Die protestantische Ethik und der „Geist" des Kapitalismus. Textausgabe auf der Grundlage der ersten Fassung von
1904/05. Bodenheim.

Wokart, Norbert, 1992, Antagonismus der Freiheit. Wider die Ver-
harmlosung eines Begriffs. Stuttgart.

Wolf, Jean Claude, 1942, John Stuart Mills „Utilitarismus". Ein kritischer Kommentar. Freiburg.

Personenregister

449

edition q – Buchtip

Prof. Dr. Dr. Wolfgang Mommsen (Hrsg.)
Der lange Weg nach Europa
Historische Betrachtungen aus
gegenwärtiger Sicht

320 Seiten, gebunden,
mit Schutzumschlag
Format 14,8 × 22,2 cm
ISBN 3-86124-125-0, Bestell-Nr. 9125

Europäischer Binnenmarkt ab 1. 1. 1993 – Europa vereint? In diesem, von Prof. Dr. Wolfgang Mommsen (Düsseldorf) herausgegebenen und eingeleiteten Sammelband kommen acht namhafte Historiker zu Wort: die Professoren Bédarida (Paris), Ajnenkiel (Warschau), Wallace (Oxford), Loth (Essen), Křalka (Prag), Berend (Budapest), Castronovo (Rom) und Tschubarjan (Moskau).

In ihren Essays behandeln die Autoren den europäischen Aspekt aus durchaus verschiedener nationaler Sicht – was für den Leser in der Zusammenschau eine ebenso anregende wie umfassende Erörterung des wichtigen politischen Themas bedeutet.

edition q Verlags-GmbH

edition q – Buchtip

Ein politisches Standardwerk –
bereits in 3. Auflage

Hans Klein (Hrsg.)
Die Bundeskanzler
432 Seiten mit 120 Fotos,
Hardcover mit Schutzumschlag
Format 14,8 × 22 cm
ISBN 3-86124-286-9, Bestell-Nr. 9286

Die sechs Bundeskanzler aus der Sicht von sechs Autoren, die jeweils „ihrem" Kanzler nahestanden oder -stehen. Das ergibt in der Zusammenschau ein Buch von zeitgeschichtlichem Rang.
Es schrieben Horst Osterheld über ADENAUER, Hans Klein über ERHARD, Günter Diehl über KIESINGER, Peter Zudeick über BRANDT, Reinhard Appel interviewte SCHMIDT und Oskar Fehrenbach schrieb über KOHL. 120 seltene Fotos, biographische Zeittafeln sowie Auswahlbibliographien zu den Kanzlern machen das Buch zu einem politischen Standardwerk.

Pressestimmen nach Erscheinen der 1. Auflage

„Ein äußerst informatives und plastisches Bild deutscher Nachkriegsgeschichte" *(Welt am Sonntag)*

„Hans Klein hat ein wichtiges Buch herausgegeben"
(Deutschland Magazin)

„Neben der Kompetenz der Autoren machen nicht zuletzt auch die zahlreichen Fotos die Lektüre zu einem spannenden Exkurs durch die noch junge Geschichte der Bundesrepublik" *(RIAS Berlin)*

 edition q Verlags-GmbH